柯蔚南

语言学论文选

张美兰 ［美］史皓元 主编

商务印书馆
创于1897 The Commercial Press

图书在版编目（CIP）数据

柯蔚南语言学论文选 / 张美兰,（美）史皓元主编 . —北京：商务印书馆，2024

ISBN 978-7-100-23524-2

Ⅰ. ①柯…　Ⅱ. ①张…　②史…　Ⅲ. ①语言学—文集
Ⅳ. ① H0-53

中国国家版本馆 CIP 数据核字（2024）第 070681 号

本书为国家社会科学重大项目“近代北方汉语语言接触演变研究”（23&ZD315）阶段性成果。湖南省海外中国学研究基地成果。

柯蔚南语言学论文选

张美兰　〔美〕史皓元　主编

商　务　印　书　馆　出　版
（北京王府井大街 36 号　邮政编码 100710）
商　务　印　书　馆　发　行
北京盛通印刷股份有限公司印刷
ISBN 978 - 7 - 100 - 23524 - 2

2024 年 6 月第 1 版　　开本 787 × 1092　1/16
2024 年 6 月北京第 1 次印刷　　印张 40¼

定价：160.00 元

目　录

西北方言史断代[①]

摘要：本文介绍西北方言历史的演变过程，并以此历史过程加以断代。所讨论的年代，由汉末三国开始，至现代为止。地域主要包括陕西南部的关中平原，以及甘肃走廊。断代系统基于各个历史阶段的现有文献资料，并着重讨论材料中最为明晰的那些历史时期。由于词汇和句法方面的材料较为缺乏，乃以声韵演变为断代之标准，划分出七个历史阶段。总之如下：

一、前古代西北话阶段（公元280年左右）；

二、古代西北话阶段（公元400年左右）；

三、隋唐长安阶段（公元580—650年）；

四、盛唐长安与盛唐沙州阶段（公元700—800年）；

五、晚唐长安与沙州阶段（公元800—1000年）；

六、后沙州阶段（公元12世纪）；

七、现代方言阶段。

一、引言

语言史断代研究需要参照现有的材料。历史上“重要”时期的断定往往都需有据（文献）可依。否则，我们无法获知当时的语言特点，也无法开展此类工作。这里所提及的文献证据，可以是完整的音系、语法、词汇材料等，也可以是零碎的注解、进入其他语言中的或来自其他语言的借词等等（后者仅能告知我们消亡语言的某些局部特征）。

汉语语言学史（相对于史前史）实际上是方言史，汉人至少从青铜时代以来就说这些方言。它们中有些具有极其重要的文化及政治地位，有些则不然，但它们共同构成了演进中的汉语语言学史。华夏文明有文字记载的历史十分久远，但汉语书面语在多大程

---

① 原文初稿曾在加州大学伯克利分校举办的研讨会（1994年2月）上宣读，终稿刊于*Journal of Chinese Linguistics*, 27卷，1期（1999年1月），104—119页。

本译文曾在《长江学术》2023年第1期发表。——译者

度上反映了历史上真正的方言口语，却是一个值得商榷的问题。前者对后者的反映程度可能会因时间、地域的不同而呈现出明显的差异。另外，书面语系统在多大程度上反映或者曾经反映了真正的方言音系，也同样难以判断。

在汉语西北方言史上，反映前现代时期（pre-modern）的音系、语法及词汇等全套内容的材料虽间或可得，但通常甚为罕见，因为大部分材料仅涉及音系。从地理上来看，历史术语“西北”所涵盖的地域至少应包括陕西南部的“关中”地区以及甘肃走廊，并且也很有可能包括被现代方言学家称为“晋”的山西地区。本研究主要讨论前者（关中地区和甘肃走廊），后者固然重要，但是本研究仅简单介绍其在西北语言史中的作用。先前的研究（Coblin 1994a，第1章）已对前者的历史背景做了全面的概述。我们在此仅指出一点：尽管关中地区从很早的时候起就已开始讲汉语，但甘肃走廊地区直至西汉时才开始受到汉人的政治统治。因此，我们推断，上述两地同时持续地或多或少受到汉语的这种影响是从西汉时开始的。

二、最早的阶段

我们将以公元400年为切入点来展开西北方言史的断代工作。4世纪中叶，位于关中地区的长安城相继成为两个外族王朝前秦（351—394）和后秦（384—417）的都城。这一时期，关中佛教文化十分兴盛，经甘肃走廊向西传播至中亚腹地。大规模翻译佛经的活动也在这个西北佛教的“黄金时代”应运而生，随之出现了我们感兴趣的梵汉对音材料。这部分材料代表着我们所关注的两个重要的次方言。鸠摩罗什（Kumārajīva）的大量译本对应关中地区。这部分译本产生的时间大概在公元400年后不久，地点在长安。相关讨论详见Coblin（1991：8—9）。另外，至少有两类对音材料对应甘肃走廊地区。一类是4世纪末的佛陀耶舍（Buddhayaśas）对音材料和竺佛念对音材料。这些材料已在最近的一篇文章（Coblin，1994b）中详细讨论过。另一类是随后不久（约公元420年）出现的昙无谶（Dharmakṣema）对音材料，亦在（Coblin 1991：9—10）中有所述及。总之，这些可能是最早详细记录前现代时期西北方言音系的资料。因此，我们暂且将该时期称为“古代西北话阶段”（ONWC）。

对于“古代西北话阶段”以前的时期，我们有出自竺法护译本的对音材料。竺法护（Dharmarakṣa）于公元230年左右出生在敦煌的一个世居家族——月氏家族（Zürcher 1959：23，65—70），他的大部分翻译工作似乎都是在3世纪80年代（280’s）完成的，他从业于长安和甘肃走廊各地，一生著述颇丰，但遗憾的是其作品中的对音用例仅占一小部分。这部分对音用例经（Coblin，1994a）考察并收录。至少就目前而言，这个时期也许是拥有早期西北方言可靠对音材料的最早的阶段。我们称其为“前古代西北话阶段”(Pre-ONWC)。

汉代中期出现了另一批对音材料，并非僧人所著。蒲立本（尤其是(Pulleyblank 1962）做过介绍，因而人们并不陌生。我们最近为这批材料做了索引，并在一篇未刊稿(Coblin，手稿）中述评了若干相关的问题。该批材料中的一些汉代用例也许出自西北。除此之外，我们尚未发现有进一步论述甘肃走廊地区方言的材料。同时期，关中诗人也撰写了一批诗歌韵文资料，某种程度上可能是以当时的地域方音为基础创作的（参见Coblin 1986，1987)。较汉代中期更早的阶段，有一批来自古秦地的金石资料(paleographic data）可能与当前研究相关。此处主要指的是云梦墓（秦时期）出土文献中的及东周秦国青铜器铭文中的“假借”材料。韵文和假借材料可能都以某种方式反映了西北方言音系极为早期的面貌，但在我们看来，我们并不知道这种类型的资料是否一定可用于上述时期音系的实际构拟。因此，是否可将其纳入该断代系统也是无法确定的。但如果执意如此的话，我们可以借鉴考古学领域的术语，称这种类型的材料代表了“前古代西北话的阶段”之前的那个时期(Archaic Northwest phase)①。

三、中古阶段

1. 古西北话阶段(ONWC)之后相当长一个历史时期的材料几乎全都来自关中地区。此期第一个主要阶段（包括6世纪后半叶和7世纪前半叶）以两种不同类型的材料为代表。第一种是可能出自6世纪后半叶长安地区的阇那崛多(Jñānagupta)对音材料。尉迟治平(1982，1985)、柯蔚南(Coblin 1991：5—7，1994a）最近对此进行了讨论。早期水谷真城(1960)、蒲立本(Pulleyblank 1965）也围绕这些材料展开过专门的研究，第二种是颜师古(581—645)《汉书音义》（成书于公元641年）注解中的反切和直音材料。人们通常认为它是以同时期的长安方言音系为基础创作的。如果这种观点成立的话，相较于阇那崛多的对音材料（第一种材料）而言，第二种材料可能代表着稍晚期的语言变化。大岛正二(1969—1971，1971)、董忠司(1978）及钟兆华(1982）对此进行了详细研究。这些研究通过严密的内部分析和比较，揭示了有关反切基础音系的大量信息。最后我们要提到的是一小部分7世纪的“藏汉对音”及“汉藏对音”材料。其中有些肯定至少可追溯到约公元650年或稍早时期，故而这些对音材料同颜师古的材料属同一时期。以上所有这些材料代表的是“隋唐长安阶段”(STCA)。从“古代西北

① 此处的“Archaic Northwest phase”指的是比“Pre-ONWC”更早的时期。——译者

话阶段”（ONWC）到“隋唐长安阶段”（STCA）的过渡是以某些明显的音系变化为标志的。声母中，双唇塞音（bilabial stops）在元音*u前变为唇齿音，舌尖塞音（dental stops）中开始出现一种带有卷舌音特征的新的塞音系列。韵母中，止摄内部广为合并，一等东、冬两韵已完全合二为一。

2. 接下来的一个阶段时间上基本与8世纪重合，我们称之为“盛唐长安阶段”（MTCA）。这一时期主要的材料来源是不空［金刚］（Amoghavajra）的对音材料。不空［金刚］（公元705—774年）是一个印度僧人，他后半生将近四十年的时间都是在西北地区（长安城或其附近）度过的。马伯乐的知名研究（Maspero，1920）以及最近刘广和（1984，1993）两篇文章讨论过他的对音材料。参阅柯蔚南相关著述（Coblin，1991：4，1994a）。另外，我们也可将若干8世纪以来的藏汉及汉藏对音材料划归在这个阶段。从“隋唐长安阶段”（STCA）到“盛唐长安阶段”（MTCA）的转变是以*m-的轻唇化（dentilabialization），以及鼻音声母部分语音特征的转变为标志的。*m-的轻唇化是在一定的条件下发生的，并且这种条件早期也曾影响到双唇塞音。鼻音声母转变为通常所谓的“鼻冠浊塞音”（prenasalized voiced stops）或者“后塞鼻音”（post- stopped nasals）之类的音［也就是所谓的“唐代去鼻音化”（Tang denasalization）①］。这个时期的韵母以许多语境中出现*-u到*-eu，*-iu到*-ieu的变化，以及早期*-ø（传统上所谓的yu鱼韵）到*-y的转变为标志。

“盛唐长安阶段”（MTCA）还有另外一种重要的资料来源，即慧琳的《一切经音义》。现代对该著述的主要研究是黄淬伯（1931）。慧琳生卒年不详。我们暂且采纳周法高（1968：202—203）的观点，认为其人生于公元737年，卒于820年，于783年至810年期间编写了《一切经音义》。其为不空［金刚］的弟子，是来自喀什噶尔地区的中亚人（有报告称）。不过也有消息来源说他是关中本地人。大概前者指的是他的祖籍，而后者反映了他实际的居住地。慧琳在长安完成了《一切经音义》。景审为之作序。序言中特别提及：慧琳的反切基于同时代的西北（即“秦”）方言，且其出自两部更早期的著述，即《韵英》（大概成书于约公元750年）和《考声切韵》（大概是7世纪末的最后几十年完成的）。我们无法完全肯定慧琳实际在多大程度上依照了以上这些早期研究（周法高1968：204），但是需要注意的是，他的《一切经音义》反映的语言年代可能早于他生活的年代。使用山田孝雄的《一切经音义索引》（山田孝雄1963），我们逐条考察慧琳的材料，发现有不一致的情况。这可能揭示出“材料本身是有层次的”这个事实。并且在我们看来，

① “Tang denasalization”指的是唐代标准关中方言鼻音声母变成鼻冠音。《语音学与音系学词典》，〔英〕R. L. 特拉斯克 编，《语音学与音系学词典》编译组译，北京：语文出版社2000版，第77页。——译者

应该带着这个特别的疑问来重新审查整个材料。总之，按照时间顺序，《一切经音义》应该涵盖了整个“盛唐长安阶段”（MTCA），或许实际上也可向前延展至“隋唐长安阶段”（STCA）的后半段。

3. 人们普遍认为，“821—822年唐蕃会盟碑”中的对音用例反映了9世纪的长安方言音系。高田时雄（1988：294—297）已将这部分内容收集整理为便于我们使用的材料。“821—822年唐蕃会盟碑”的完整版本及相关研究，见（Richardson，1985）、李方桂及柯蔚南（Li and Coblin 1987）。该时期可划归为晚唐长安（LTCA）阶段。从“盛唐长安阶段”（MTCA）到该阶段的转变以浊擦音清化及多种元音的变化为特征。其中最显著的变化是没有了传统音韵学术语所谓“重纽”的区别。

至于同期及略晚的一段时期，甘肃走廊地区有着相当丰富的材料。它们主要是用藏文对音转写的，也有极少部分采用的是婆罗米文（Brāhmī scripts）。这部分材料主要出自敦煌藏经洞，其时间跨度大概是从9世纪到11世纪。学界至少从20世纪30年代开始就已了解到相当多的这类材料（虽然绝非全部），并进行了十分广泛的研究。其中，高田时雄（1988）（现已全套刊出）涵盖了最新且最丰富的资料。关于全套婆罗米材料的专门研究，也可参阅高田时雄（1988bis）。亦可比较恩默瑞克和蒲立本（Emmerick and Pulleyblank，1993［1994］）。有一个例外是藏文圣彼得堡中国《妙法莲华经》，高田时雄分别在另外两篇文章（高田时雄，1990—1991）中讨论。另外，还有一个非常重要的文献，即《伦敦长卷》，这是大英图书馆印度事务部资料室收藏的一部宏大且复杂的资料，最近刊出的高田时雄的文章（1993）对这部写本进行了音译和分析。因此，据我们了解，迄今为止，仅剩下一些零星的材料还未发表。

上述材料代表着若干不同的汉语方言，我们称它们为“沙州方言”（沙州是敦煌地区早期的中文名称）。高田时雄喜欢用“河西”这个术语。这些方言的历史可以划分为至少两个阶段，早期阶段明显保留着古老的浊的塞音和塞擦音（old voiced stops and affricates），而到了晚期，浊的特征（voicing）似乎已经消失。这两个阶段可称为“早期沙州”（Early Shazhou）和“晚期沙州”（Late Shazhou）。然而，我们要注意到非常重要的一点是，这些命名是类型学的，而非年代学的。我们无法知晓“有浊音的方言”和“无浊音的方言”是否同时存在过，至少在某些情况下是这样。因为大部分写本代表的有可能是汉字的文读音，而非口语音。它们是对现存文献的一种形式或另一种形式的转写。[①]有两个十分重要的例外。其中之一是一系列“口语手册”，它们可能是进入到甘肃走廊汉语区的藏人和于阗人（Khotanese）所使用的实用语言手册。几乎可以肯定的是，它

① 这些藏文写本大部分是将汉语原文转写为藏文。——译者

们记录着那个时代真实的西北汉语口语。我们将这种口语称为“沙州白话”（Colloquial Shazhou），以区别于文读音。第二种类型的口语材料来自《伦敦长卷》（正面页117—173行）。这类材料似乎是涉及各种佛教术语及概念的讲经记录①。它包含大量句末虚词，也展现了有趣的形态音位变化（morphophonemic processes）②，可能代表着一种正式的或“讲经风格”的沙州白话。正是因为同时享有这些拼音文字记录的真实口语材料（vernacular texts），我们的“沙州研究”资料才显得异常丰富。这使得我们有可能直接研究这些具有千年历史的方言的音系、语法及词汇系统。这种情况在汉语历史方言学领域是极为罕见的。③

沙州方言音系的比较研究构拟出了所谓的“共同沙州”（Common Shazhou［CSZ］），一种假定的沙州方言祖语（the putative ancestral prototype）。由于沙州方言之间明显具有非常相近的关系，所以CSZ阶段与上述8世纪的MTCA阶段，事实上可能属同一时期。④有时，我们甚至也有可能推测出沙州方言史更为早期的阶段，并将其（这种构拟）称为“前沙州”（pre-Shazhou）。

除了对音材料，我们还有另一种完全不同的沙州方言音系资料，即敦煌地区各种口语文学作品中的别字异文。它们是用于确定沙州时期音类的一种非常重要的材料。就此展开的一项主要研究是邵荣芬（1963）。许多这类材料尚待研究，值得进一步关注。别字异文材料有时反映方言差异，这些差异我们在对音材料中亦可观察到。例如，在某些材料中，所谓的“鱼”yu韵（切韵系统［QYS］中的-jwo韵母，这里引用的是高本汉先生的观点）可以和虞韵（高本汉-ju）自由替换。然而在其他材料中，它似乎与传统止摄类韵母同音（可能这个时期沙州白话中全都是*-i）。在某些对音材料中也可观察到类似的方言差异，有些把“鱼”yu写成了藏语的-u或者-yu，而另一些则将其拼写为-i或者-e。有趣的是，我们在敦煌韵文文献中也观察到了同样的模式（Pulleyblank，1984：109）。

最后，另外一种类型的沙州材料也许尤其需要注意。即鸠摩罗什（Kumārajīva）中文版《金刚经》（Vajracchedikā）的婆罗米对音材料。陈国（Csongor，1972：67—68）曾假设，这个材料是已失传原书的晚期复本，包含了某些书写变体（scribal corruptions）。因

① “讲经记录”指的是听人讲经时所做的笔记。——译者

② 例如“变调”，福州话里有很多这种现象。——译者

③ 这里指的是，因研究材料十分丰富，故我们对这些方言的研究可不必局限于音系，亦可涉及语法及词汇系统。但这种情况在汉语历史方言学领域并不多见。例如，因为材料的原因，我们较易研究汉朝的语音系统，而不易研究其口语语法及词汇系统；相反，我们较易研究《祖堂集》的词汇、语法系统，而不易研究其语音系统。——译者

④ 如若用于比较的语言或方言之间的关系极为相近，那么它们从祖语或祖方言分离出来的时间大概不会太久远。所以，CSZ（共同沙州）阶段与上述8世纪MTCA（盛唐长安）阶段，可能是同一时期。——译者

此，虽然它在某些方面反映出所谓的舌上（QYS *ṭ*-，等）和照三组声母（QYS *tś*-，等）的区别，但是在其他方面却忽略或者模糊了这种区别。陈国（Csongor，1972）还提到，早期区别特征的保留可能是原书的一个特征，而这种特征在晚期复本制作时被抹消了。[①]有趣的是，区别特征的留存是我们所谓的MTCA时期的一个特点，而两种声类的合并则是沙州方言的一个特征，就像别字异文材料和对音材料中所反映的那样。假设《金刚经》的婆罗米对音材料反映了一种沙州方言（这种假设显得似乎很有可能。高田时雄也在材料中发现了其他一些同陈国的假设相一致的特点），那么它可能横跨了语言史的两个时期。第一个时期，即原书的那个时期，也许与MTCA同期，第二个时期即沙州时代本身。如果这种假设成立，那么我们所讨论的早期阶段[②]则可以被称为"盛唐沙州"（MTSZ）[③]。

对于中世纪晚期而言，我们有12世纪西夏语（Tangut）对音材料中的西北方言材料。相关研究主要有龚煌城（1981，1989，手稿）。另见王洪君（1987，1992）。这些西北方言材料处理起来相当困难，我们必须以构拟的西夏语（Tangut）音系为媒介来对其进行考察。就像王洪君（1987，1992）所指出的那样，这些西北方言材料究竟代表着甘肃走廊地区的方言，还是与现代晋方言的联系更为直接，依然尚待确定。我们暂且将这些对音材料所反映的语言称为"后沙州"（post-Shazhou）。

四、现代方言阶段

再往下，跳过大约六七个世纪，我们直接到了现代方言。目前，关于兰州、敦煌、西宁现代走廊地区方言，以及乌鲁木齐回民方言的长篇著述颇丰，还有很多各种各样的小文章。另外需要提到的是《甘肃方言概论》（甘肃方言概况，1960），它对大量方言做了简要介绍。关中地区，据我们目前的了解，尚未有方言志出版。多项研究已充分报道了西安方言音系。另外，也有针对整个地区的音系调查（白涤洲1954）。关于晋方言，方言志类调查报告为数众多，且数量稳步增加。新近又出现了专门讨论山西省内晋方言的一本专著（侯精一 和 温端政1993）。

现代走廊地区方言所显现出的某些音系特征，似乎让人联想到沙州方言，并且它的有些词汇也可能是从沙州时期留存下来的。但总体来看，它的前身似乎并不是沙州话，

---

① 早期原书中舌上（QYS *ṭ*-，等）可能和照三组声母（QYS *tś*-，等）界限分明，但晚期复本中二者边界已模糊。这大概是因为，晚期这两种音在口语中已经混合，所以人们在传抄原书时未能将其完全区别开来。——译者

② "早期阶段"指的是上述"第一个时期"。——译者

③ "盛唐长安"（MTCA）方言同"盛唐沙州"（MTSZ）方言所属时间相同（盛唐时期），分布地域不同。——译者

而是后来进入该地区的中原人所讲的话（高田时雄，1988：7—8；Coblin，1994a，第5章）。它与中世纪方言的偶然相似可能是底层现象，也可能仅仅是某些情况下的偶然相似。另一方面，对晋方言白话层的深入研究表明，这些语言可能源于一种与古代沙州方言极为相似的古代方言。最终，我们可能会发现，沙州和晋实际上是由"古秦晋方言"（the old Qin-Jin complex）演化而来的姐妹方言。这个"古秦晋方言"是研究杨雄《方言》地理术语的学者所假定的汉代的方言名称（Serruys 1959）。因此，基于晋方言白话词汇层面的古代晋语音系的构拟，有望成为未来西北方言历史比较研究中成果丰硕的领域。

文末附上相关表格，对所述西北方言史断代系统做简要概括。表格依地理分布分关中地区和走廊地区两栏，并列出了前现代时期主要的资料集。

<table>
<tr><td>关中地区</td><td>甘肃走廊地区</td></tr>
<tr><td colspan="2">第一阶段　前古代西北话阶段（公元280年左右）</td></tr>
<tr><td colspan="2">竺法护对音材料</td></tr>
<tr><td colspan="2">第二阶段　古代西北话阶段（公元400年左右）</td></tr>
<tr><td>鸠摩罗什（Kumārajīva）对音材料</td><td>佛陀耶舍（Buddhayaśas）和竺佛念对音材料
昙无谶（Dharmakṣema）对音材料</td></tr>
<tr><td colspan="2">第三阶段　隋唐长安阶段（公元580—650年）</td></tr>
<tr><td>阇那崛多（Jñānagupta）对音材料
颜师古《反切》</td><td></td></tr>
<tr><td>第四阶段　盛唐长安阶段（公元700—800年）</td><td>盛唐沙州[1]阶段（？）</td></tr>
<tr><td>不空［金刚］（Amtoghavajra）对音材料
慧琳《一切经音义》</td><td>《金刚经》（Vajracchedikā）的婆罗米文（Brāhmī）对音材料（最古老的部分）</td></tr>
<tr><td>第五阶段　晚唐长安阶段（约公元820年）</td><td>沙州阶段（公元800—1000年）</td></tr>
<tr><td>"821—822年唐蕃会盟碑"</td><td>藏文和婆罗米文对音材料
别字异文材料
［诗歌韵文资料］</td></tr>
<tr><td colspan="2">第六阶段　后沙州阶段（公元12世纪[2]）</td></tr>
<tr><td></td><td>西夏语（Tangut）对音材料</td></tr>
<tr><td colspan="2">第七阶段　现代方言阶段</td></tr>
<tr><td>关中方言</td><td>甘肃走廊方言</td></tr>
</table>

① 原文中文摘要中，"Mid-Tang Shazhou"译为"前沙州"。但文中"前沙州"为"pre-Shazhou"。故此处修正如上。中文摘要一并改之。——译者

② 原文中文摘要中，"twelfth century"译为"公元1200年左右"。此处修正如上。中文摘要一并改之。——译者

参考文献[①]

BAI, Dizhou 白涤洲 1954. *Guanzhong fangyin diaocha baogao* 关中方音调查报告 Beijing.

COBLIN, W. South. 1986. "The Rimes of Chang-an in Middle Han Times. Part I: The Late Western Han Period." *Acta Orientalia* (Copenhagen) 47.93-131.

——. 1987. "The Rimes of Chang-an in Middle Han Times. Part II: The Early Eastern Han Period." *Acta Orientalia* (Copenhagen) 48.89-110.

——. 1991. Studies in Old Northwest Chinese. *Journal of Chinese Linguistics* Monograph Series Number 4. Berkeley. 1991.

——. 1994a. A Compendium of Phonetics in Northwest Chinese. *Journal of Chinese Linguistics* Monograph Series Number 7. Berkeley. 1994.

——. 1994b. "Remarks on Some Early Buddhist Transcriptional Data from Northwest China." *Monumenta Serica* 42.151-169.

——. Ms. "Beyond BTD: an Excursion in Han Phonology." Unpublished.

CSONGOR, B. 1972. "A Chinese Buddhist Text in Brāhmī Script." *Unicorn* 10.36-77.

DONG, Zhongsi 董忠司 1978. Yan Shigu suozuo yinqie zhi yanjiu 颜师古所作音切之研究 Doctoral dissertation, Zhengzhi University. Taipei.

Gansu fangyan gaikuang 甘肃方言概况 .1960. Lanzhou.

EMMERICK, Ronald, and E. G. PULLEYBLANK. 1993 (1994). *A Chinese Text in Central Asian Brahmi Script*. Roma. [Actually appeared in 1994]

GONG, Hwang-cherng 龚煌城 1981. "Shi'er shiji mo Hanyude xibei fangyin (shengmu bufen)" 十二世纪末汉语的西北方音（声母部分）*BIHP* 52.1.37-78.

——. 1989. "Shi'er shiji mo Hanyude xibei fangyin (yunwei wenti)" 十二世纪末汉语的西北方音（韵尾问题）*Proceedings of the Second International Conference on Sinology*, pp. 145-190.

——. Ms. "Shi'er shiji mo Hanyu xibei fangyin yunmu xitongde gouni" 十二世纪末汉语西北方音韵母系统的构拟

HOU, Jingyi 侯精一 and Wen Duanzheng 温端政 1993. *Shanxi fangyan diaocha yanjiu baogao* 山西方言调查研究报告 Taiyuan.

HUANG, Cuibo 黄淬伯 1931. *Huilin yiqie jing yinyi kao* 慧琳一切经音义考 Academia Sinica. Shanghai and Beiping.

LI, F. K., and W. South COBLIN. 1987. *A Study of the Old Tibetan Inscriptions*. Academia Sinica, Institute of History and Philology, Special Publications No. 91. Taipei.

① 本书"参考文献"采用各篇文章原著格式。——中文编辑

LIU, Guanghe 刘广和 1984. “Tangdai ba shiji Chang-an yin shengniu” 唐代八世纪长安音声纽 *Yuwen yanjiu* 语文研究 1984.3.45-50.

——. 1993. “Tangchao Bukong heshang Fan-Han duiyin zipu” 唐朝不空和尚梵汉对音字谱 . *Kai Pian: Chūgoku gogakukenkyū* 开篇：中国语学研究 11.7-15.

MASPERO, Henri. 1920. “Le dialect de Tch’ang-ngan sous le Tang”. *BEFEO* 20. 1-124.

MIZUTANI, Shinjō 水谷真城 1960. “Bongo ‘sorishita’ boon o arawasu kanji” 梵语 “ソリ舌” 母音さ表わす汉字 *Gengō kenkyū* 37.45-55.

ŌSHIMA, Shōji 大岛正二 . 1969-1971. “Gan Shiko Kanjo ongi no kenkyū” 顔师古汉书音义の研究 *Hokkaidō Daigaku Bungaku kiyō* 北海道大学纪要 [Part I] 17 (1969): 45-238; [Part II] 19 (1971): 3-85.

——. 1971. “Gan Shiko Kanjo ongi inrui kō” 颜师古汉书音义韵类考 . *Gengo kenkylu* 59.43-61.

PULLEYBLANK, E.G. 1962. “The Consonantal System of Old Chinese.” Part I: *AM* (n.s.) 9.58-144. Part II: *AM* (n.s.) 9. 206-265.

——. 1965. “The Transcription of Sanskrit *k* and *kh* in Chinese”. *AM* 11.199-210.

——. 1984. *Middle Chinese*. Vancouver.

RICHARDSON, H.E. 1985. *A Corpus of Early Tibetan Inscriptions*. Royal Asiatic Society. Hertford.

SERRUYS, Paul L-M. 1959. *The Chinese Dialects of Han Time According to Fang Yen*. Berkeley.

SHAO, Rongfen 邵荣芬 . 1963. “Dunhuang suwenxue zhong de biezi yiwen he Tang-Wudai xibei fangyin” 敦煌俗文学中的别字异文和唐五代西北方音 . *Zhongguo yuwen* 中国语文 3.193-217.

TAKATA, Tokio 高田时雄 . 1988. *Tonkō shiryō niyoru Chōgokugo shi no kenkyū* 敦煌资料による中国语史の研究 .Tokyo.

——. 1988bis. “Kōtan monjojū no Kango go-i” コータン文中の汉语 语汇 . In *Kangoshi no shom ondai* 汉语史の诸问题，Kyoto, pp. 71-128.

——. 1990-1991. “Leningrad ni aru Chibetto moji tensha Hōkakyō fumonhon” レニングラードにあるチベット文字转写法华经普门品 .（Parts I and II.) *Kobeshi gaigokugo daigaku gaigokugaku kenkyū* 神户市外国 语大学外国学研究 23(1990), pp. 1-34; 24 (1991), pp. 13-41.①

——. 1993. “Chibetto moji shosha ‘Chōken’ no kenkyū（hombun hen）” チベット文字书写「长卷」の研究（本文编）. *Tōhō gakuhō* 东方学报 65. 3. 380-313 [pagination reversed in the original].

WANG, Hongjun 王洪君 .1987. “Shanxi Wenxi fangyande baiduceng yu Song xibei fangyin” 山西闻喜方言的白读层与宋西北方音 . *Zhongguo yuwen* 中国语文 1987.1.24-33.

——. 1992. “Wenbai yidu yu diezhishi yinbian” 文白异读与叠置式音变 . *Yuyanxue Luncong* 语言学论丛 17.122-154.

YAMADA, Yoshio 山田孝雄 . 1963. *Issaikyō ongi sakuin* 一切经音义索引 .Tokyo.

YUCHI, Zhiping 尉迟治平 .1982. “Zhou-Sui Chang’an fangyin chutan” 周隋长安方音初探 . *Yuyan yanjiu*

① 原文为“レニングラードにある文字转写法华经普门品”，此处修正如上。——译者

语言研究1982.2.18-33.[1]

——. 1985. "Lun Sui-Tang Chang'an-yin he Luoyang-yin de shengmu xitong—jian da Liu Guanghe tongzhi" 论隋唐长安音和洛阳音的声母系统——兼答刘广和同志.*Yuyan yanjiu*语言研究2.38-48.

ZHONG, Zhaohua 钟兆华 1982. "Yan Shigu fanqie kaolue" 颜师古反切考略，in *Gu Hanyu yanjiu lunwenji* 古汉语研究论文集. Peking, pp. 16-51.

ZHOU, Fagao 周法高.1968. *Xuanying fanqie zibiao (fu Xuanying fanqie kao)*玄应反切字表（附玄应反切考）Hong Kong.

ZÜRCHER, E. 1959. *The Buddhist Conquest of China*. Leiden.

（译者：邓晓玲　山东大学文化传播学院）

① 原文将作者姓氏译为"蔚迟"，此处修正如上。——译者

官话简史

一般认为，标准官话以北京话为基础已经至少有600年的历史了。近期的研究显示这种观点是有缺陷的，标准语在其历史上的大部分时间里与北京话几乎无关。这一新观点目前只在一个小的专家圈子里讨论，外界很少知晓。本文将详细介绍这些新进展。

一、引言

当我们使用“官话”这一术语指称语言时，它有不同的含义。它最初也是最久的用法是用来指称中国明代（1368—1644年）和清代（1644—1912年）的官员和读书人所说的通用的标准语或通语（koiné）。在这一意义上，它仿效了早期南欧传教士的一些表述并与这些表述相当，如la lengua mandarina、falla mãdarin，等等。这一意义又直接对应产生了中国本土的术语“官话”（“官方语言或朝廷语言”）——一个最初在明中期出现的合成词。近来，历史语言学家将“官话”这个词的使用范围回溯扩展到元代（1260—1368年），他们将学界推测的这一时期的标准语称为早期官话（Old Mandarin）。同时，方言学家和比较语言学家又用它来指称整个北方的或与其类似的汉语方言（即现代汉语所说的“北方方言”或“官话方言”）。此外，当不严格限定时，今天我们还常用它来指称现代标准汉语，即汉语通行区的“普通话”“国语”或“华语”。本文将使用“官话”这个词最初的含义，因此我们的关注点主要在明清时期汉语通语口语（与“书面语”相对）的历史。对于这一历史的一个普遍认可的、目前也是主流的意见是：官话在它的整个历史上都等于北京话或者以北京话为基础。然而，近期的研究显示这种观点基本上是错误的，标准语在其历史上的大部分时间里与北京话几乎无关。这一新观点目前只在一个小的专家圈子里讨论，外界很少知晓。

为了理解官话史，我们有必要将它分成三个独立的部分，即语音、词汇、句法。相应地，我们的讨论将围绕这三部分来组织。

二、官话语音的演变

我们对于前现代官话（pre-modern Mandarin）语音的最清楚的观察源自汉语的外文字母转写，它们是由那些想学习或教授汉语标准语的非中国人设计的。这其中，最早的转写材料是由朝鲜汉学家及政府翻译官申叔舟（1417—1475年）用朝鲜文字母记录的。据申叔舟所言，这些材料记录的是当时的“正音”（Standard readings）。尉迟治平（1990：18）爬梳史料后指出，正音反映了15世纪的官话，它们是申氏与倪谦（一名曾于1450年出访朝鲜的明朝官员）多次细致讨论后的结果。正音保存在两类材料中：《洪武正韵译训》（成书于1455年）和《四声通考》（约成书于1450年）。后者已经亡佚，但它对汉语音系的拼写保存在崔世珍（1478？—1543年）所著的《四声通解》（成书于1517年）中。近期的一篇英文著作（Kim 1991）讨论了所有这些材料。申氏正音系统的细节与本文主旨无关，但它的一些突出特点却值得注意。正音系统有一系列浊音声母音节，对应于传统音韵学的浊声母［有时称为“带音性”（voiced）的声母］音节，例如，袍baw（平）、抱baw（上）、除dʒy（平）、柱dʒy（上去）[①]。申氏对这些音的精确描述提示这一特征并不是声母发音时的声带振动，而是与哞声或尖锐的气嗓音相似，是某种可能与调域有联系的、音节上的特征。这一系统没有单独的软腭音声母，喉音和咝音声母（sibilant）能自由地出现在前高元音前，例如，经kiŋ（平）、精ʦiŋ（平）、虚xy（平）、须sy（平）。韵母方面最引人注目是一套喉塞音［-ʔ］结尾的闭音节。元音也有一些有趣的格局。例如，今天同音的“官”与“关”当时发音不同，分别可注音为kwɔn（平）与kwan（平）。另一个显著的特征是某些音节还有韵尾-m，如心sim（平）、三sam（平）。这一系统共有五个声调，阴平、阳平、上声、去声、入声。所有入声音节都有喉塞尾，喉塞尾也只出现在入声音节中。例如，白bəj（入），语音性标音［bəjʔ］；肉ru（入），语音性标音［ruʔ］。

申叔舟记录的是什么时代和地域的语音系统？申氏本人对此未置一词。不论是在一般性的特征上还是在大量的细节上，他的系统和元代的字音表《中原音韵》（1324年出版）所代表的音系之间都显示出巨大的差异。如果按照一般的意见，《中原音韵》反映元朝首都大都（即后来的北京）的语音，那么申氏的系统就一定源自别的地方，而不是北京地区[②]。将申氏记录的形式和八思巴字正音相比较，我们会有有趣的发现。八思巴字创制于13世纪60年代，略早于元代首都建成的1276年。它看起来是一个混合性质的音

① 申氏的读音用国际音标转写。下文中括号的语音形式也都是国际音标标音。

② 《中原音韵》的方言基础这个问题是有争议的。另一种观点认为这本书反映洛阳或者更上位的中原地区的音系。参见梅祖麟（Mei 1977：258，n.4）和李新魁（1994）。

系，并且某种程度上说，是几个时间上紧邻元代的前元代（pre-Yuán）标准音系统的杂糅（Coblin 1999）。它与申叔舟的正音系统有许多显著的相似点。下面我们再重新考察一下上一段引用过的那些字。中括号内的形式是八思巴正字音的语音性说明。我们在表中还添加了蒲立本（Pulleyblank 1991）对《中原音韵》的拟音，用作比较。

八思巴音系	申氏音系	中原音韵
袍 paw（平）[baw]	baw（平）	*phaw´
抱 paw（上）[baw]	baw(上)	*paw`
除 cÿu（平）[dʒy]	dʒy（平）	*tʂhy´
柱 cÿu（上）[dʒy]	dʒy（上去）	*tʂy`
经 gÿing（平）[kjiŋ]	kiŋ（平）	*kiŋ
精 dzing（平）[tsiŋ]	ʦiŋ（平）	*ʦiŋ
虚 hÿu（平）[xy]	xy（平）	*xy
须 sÿu（平）[sy]	sy（平）	*sy
官 gon（平）[kɔn]	kwɔn（平）	*kɔn
关 gwan（平）[kwan]	kwan（平）	*kwan
心 sim（平）[sim]	sim（平）	*sim
三 sam（平）[sam]	sam（平）	*sam
白 pay（入）[bajʔ]	bəj（入）[bəjʔ]	*paj´
肉 Zhÿu（入）[ryʔ]	ru（入）[ruʔ]	*riw`, ry`

在这些例子中，《中原音韵》的拟音没有哗声（或者浊音）声母和喉塞音韵尾，而八思巴系统和申氏系统却都有。不过，虽然八思巴系统和申氏系统有很多相同点，更细致的比较显示它们仍有区别，明代的正音系统不可能直承自八思巴系统（Coblin 待刊a）。试比较以下的词形。

八思巴	申叔舟	中原音韵
鱼 xÿu（平）[ɦy]	ŋy（平）	*y´
雨 xÿu（上）[ɦy]	y（上）	*yˇ

在这个例子中，申氏记音保存了古代声类的区别，而在八思巴系统中这一区别消失了，它无法从八思巴字的拼写上反映出来。这样的例子让我们推想，尽管申氏的正音可能源自类似八思巴的某个音系，但它们不可能直承自八思巴系统。它们似乎出自一个或

多个前元代的音系，八思巴系统也属于这些音系。不论《中原音韵》的基础语言为何，这些音系与《中原音韵》的基础语言有别。

下一个我们可以清楚描绘其音系的标准官话时代出现在申叔舟记录之后的150年，材料是来自欧洲天主教传教士的记录（鲁国尧 1985、Yang 1989）。利玛窦（Matteo Ricci，1552—1610年）在他生命的最后十年里（17世纪初）于北京撰写了一系列中文文章。这些文章里的汉字都伴有罗马字母注音，后被收入《西字奇迹》集中（文字改革出版社 1957）。第二份材料是金尼阁（Niklaas/Nicola/Nicolas Trigault）编纂的《西儒耳目资》，它是一部大型的正音读法的字音表，出版于1626年。这些材料反映的音系与申氏的朝鲜文拼写反映的音系非常相似，只是浊声母和韵母的-m尾消失了。事实上，申氏系统似乎直接注入了利玛窦和金尼阁的记音系统之中，这两种类型之间在大部分时候可以视作是直接的、直线式的发展。我们不妨再次比较前文的那些例字。

申氏音系	金尼阁音系
袍 baw（平）	’pâo［p’au］
抱 baw(上）	pào, páo［pao］
除 dʒy（平）	c’hû［tʂ’ɥ］
柱 dʒy（上去）	chù, chú［tʂɥ］
经 kiŋ（平）	kīm［kiŋ］
精 tsiŋ（平）	çīm［tsiŋ］
虚 xy（平）	hiụ［xy］
须 sy（平）	siū［sy］
官 kwɔn（平）	kuōn［kuɔn］
关 kwan（平）	kuān［kuan］
心 sim（平）	sīn［sin］
三 sam（平）	sān［san］
白 bəj（入）［bəjʔ］	pĕ［pɛʔ］
肉 ru（入）［ruʔ］	jŏ［ʐoʔ］

前文提到，申叔舟对于他的正音所依据的实际语言几乎没有任何说明。与此相反，欧洲的传教士们对他们记录的语言则留下了细致的说明。首先，很显然当时确实有一个标准语言叫作“官话”，“正音”构成了它的语音部分。以下我们摘引杨福绵（Yang 1989：198—199）一文中的一些段落予以说明。

1. 范礼安（Alessandro Vilignano，1539—1606年）《东印度耶稣教会之起源及其发展史（1542—1564年）》[Historia del Principio y progesso de la compaña de Jesus en las Indias Orientales（1542—1564）]：

> 中国的各省有不同的语言，差异大到彼此无法听懂……他们有另一种通用性的语言，这是一种官员和朝廷使用的官方语言，这一语言在方言中的地位好比我们的拉丁语……我们的两个神父[罗明坚（Michele Ruggieri，1543—1607年）和利玛窦]一直在学习这种官方语言。

2. 利玛窦1592年11月12日书信：

> 中国所有15省使用的汉字是相同的，但各省的语言是不同的。他们有一个通用语言，我们称它朝廷语言，因为来自不同省份的地方官在所有的公堂上都使用这种语言。我们现在学习的就是这种语言。

3. 利玛窦《天主教传入中国史》(Storia dell' introduzione del cristiane-simo in Cina)：

> 在所有的语言中，有一种语言我们称之为官话，即朝廷的语言，上朝时和公堂上都使用这种语言。谁学了它，就可以在所有的省份使用这一语言。另外，甚至对它有足够知识的孩子和女人都可以通过它跟另一个省的所有人交流。

其他这一时期可供参考的文献也为我们考察官话通语的地域属性这一问题提供了启发。例如，在利玛窦的日记里，我们可以找到他1600年写的一篇游记。在那次自南京到北京的旅途中，他受到了一个叫刘婆惜（Leupusie）的热心太监无微不至的帮助。下文引自那篇游记（Yang 1989：228)：

> 出发前，太监刘婆惜非常开心，把他在南京买的一个男孩作为礼物送给了神父们。这个男孩中国话说得非常好，他可以教庞迪我[Fr. Pantoja，即迭戈·德·庞迪我（Diego de Pantoja)（1517—1618年）]汉语。庞迪我准备跟他学汉语。

在金尼阁校对刊行版的利玛窦日记里，这段文字是这样记录的（Yang 1989：228)：

负责远航队的太监高高兴兴地乘船走了，并把他在南京买的一个男孩作为礼物留给了神父们。他说送给他们这个男孩是因为他口齿清楚，可以教迪达戈神父（Didaco）[①]纯粹的南京话。

可见，在以那名太监为代表的当时的中国人的观念里，官话音系与南京城的语言有紧密的联系。这一点现在很容易理解。从1346年到1421年，南京一直是中国的首都，大概就是在那个时候，南京地区的方言开始被视作全国性的标准。到了利玛窦时期，虽然北京作为首要的政治中心已近180年，但通语的语音基础仍未转向北京话。之所以会出现这一情况，可能正如利玛窦在日记里（Ricci 1953：268—269，309）提到的，在晚明时代，南京仍然是国家的文化中心，而不是北京。

利玛窦之后，我们可以找到17世纪标准官话更晚的传教士记录。其中最全面、最丰富的著作是西班牙多米尼加人万济国（Francisco Varo，1627—1687年）写的一部语法（《华语官话语法》，*Arte de la Lengua Mandrina*，［广州，1703］，实际上最终在1682年完成于福州）和一部罗马字母记音的西班牙语-汉语官话字典（《华语官话词典》，"Vocabulario de la Lengua Mandrina"，手稿，现存于柏林德国国家图书馆和伦敦大英图书馆）。他所记录的语言的音系几乎与利玛窦和金尼阁的著作一致，他对于标准语音的态度也和他的前辈们一致。他在其所著的语法书（Varo 1703：8）中提到，为了发好官话词语的音，"我们必须知道中国人是以什么方式发这些音的，但不是任何地方的中国人，而仅仅是那些拥有能说好官话的天然优势的中国人，比如南京或其他官话说得好的省的土著"（Coblin and Levi 2000：31）。他在《华语官话词典》序言中指出，他的汉语词条的拼写遵循的是南直隶的读音。

万济国之后50年，我们又有了另一本官话语法，马若瑟（Joseph Prémare，1666—1736年）的《汉语札记》（*Notitia Linguae Sinicae*），该书约1730年完成，有1831年和1893年两个版本。马若瑟描写的语言的音系较之万济国的音系有一些细微的变化，例如，官［kuɔn］和关［kuan］的区别消失了，在马若瑟时代它们都读为［kuan］。尽管如此，很明显，马若瑟描写的语言是他的前辈们记录的语言的后续阶段，它们本质上是相同的。

我们官话语音史的下一站是19世纪早期英国人编写的语法书和词典。首先是罗伯特·马礼逊（Robert Morrison，1782—1834年）编写的伟大的《华英字典》（*Dictionary of the Chinese Language*）。他在其1815年写的序言里说到，"官话方言或者官话一般是江南省和河南省的语言，朝廷都曾入驻过此二省"（Morrison 1815—1822：p.x）。在这段话

① 即前文的庞迪我Fr. Pantoja。——译者

的后面几页，他又说“这本书里记录的发音，中国人称为南京方言，而不是北京方言”（Morrison 1815—1822：p.xviii）。有趣的是，他描述的、当时不认为是标准的、北京人的发音有很多特征仍然可以在今天以北京话为基础的标准音中看到。例如，前高元音之前的舌根音腭化、古入声音节的喉塞尾消失，等等[①]。他告诉我们，这种类型的发音是一种“鞑靼化的汉语（Tartar-Chinese）方言”。不过，尽管在字典中他不把这种方言当作标准，却也认为这种方言“现在正逐渐地为人们所接受，如果王朝长久地延续的话，它最终会盛行开来”（Morrison 1815—1822：p.x）。清晰可见的是，马礼逊字典以及那个时代一些相似的著作中的汉字拼音所代表的音系是一个世纪以前万济国和马若瑟所描写的音系的后续阶段，且按照马礼逊本人的描述，它不同于他那个时代的北京话。我们再看一看上文示例音节的表现：

金尼阁	马若瑟	马礼逊
袍 ’pâo [p’au]	’pâo [p’au]	pāou [p’au]
抱 pào, páo [pao]	páo [pau]	pāou [pau]
除 c’hụ̂ [tʂ’ɥ]	tch’û [tʂ’y]	ch’ōo [tʂ’u]
柱 chụ̀, chụ́ [tʂɥ]]	tchú [tʂy]	choo [tʂu]
经 kīm [kiŋ]	kīng,kīn [kiŋ~kin]	kīng [kiŋ]
精 çīm [ʦiŋ]	tsīng [ʦiŋ]	tsīng [ʦiŋ]
虚 hiụ [xy]	hiū [xy]	heu [xy]
须 siụ̄ [sy]	siū,sū [sy]	seū [sy]
官 kuōn [kuɔn]	kouōn,kouān [kuɔn,kuan]	kwān [kuan]
关 kuān [kuan]	koūan [kuan]	kwān [kuan]
心 sīn [sin]	sīn [sin]	sin [sin]
三 sān [san]	sān [san]	sān [san]
白 pĕ [pɛʔ]	pĕ [pɛʔ]	pǐh [pɪʔ]
肉 jŏ [ʐoʔ]	jŏu,jŏ [ʐuʔ~ʐoʔ]	jŭh [ʐuʔ]

通过马礼逊的描述我们知道，在他所处的时代，被他蔑视为“鞑靼化汉语”的、以北京话为基础的北方语音正在与他所记录的标准官话发音的竞争中攻城略地。马礼逊将北方的言语习惯和满族统治阶层——他们被蔑称为“鞑子”（即“鞑靼人”）——联系到一起，这一观点可能反映的是当时士大夫阶层的看法。然而很清楚，很多中国人已经倾

① 完整的引述及相关内容参看Coblin（1997：288—291）。

向于将北方语音视作更有前途的新标准。马礼逊本人也不得不承认这一新的标准发音"最终会盛行开来",不过他仍然认为在他的字典中用旧标准标音更好。他认为这种旧标准是与江南和河南地区的语音相联系的。

马礼逊、卫三畏(S. Well Williams)这些"南京拥护派"(Nankingist)基本上都是传教士,他们在中国各地工作,南部地区、中原地区都有。不过,大约1850年以后,出现了一批"北京拥护派"(Pekingist)的语言专家,他们与英国的外交和领事馆有千丝万缕的联系。威妥玛爵士(Sir Thomas Wade,1818—1895年)、艾约瑟(Joseph Edkins,1823—1905年)以及稍后的翟理斯(Herbert Giles,1845—1935年)等是个中翘楚,他们极力主张英国学习标准汉语的人应采用北京话的发音。威妥玛(Wade1867:vi)引用过一段艾约瑟的话,艾约瑟解释到,尽管"南京官话的交际区域比北京话更广,但那些要说帝国朝廷语言的人必须学习北京方言,当其中的土语成分被净化掉以后,它被认定是帝国的官话"。可见,从英国的立场来看,北京话的地位在四五十年间已经发生了变化。虽然与南京话相关的官话发音在中国拥有更广的交际区域,但以北京话为基础的系统(减去其中方言性的土语)在19世纪中叶的时候就已经被认为是官话语音的真正代表了。它是帝国朝廷首选的语言中介,并快速地被士大夫阶层接受。正如马礼逊五十年前预测的那样,它确实最终胜出,成为晚清官话的标准发音,并且接着成了今天的标准官话——新的通语普通话(国语)——的标准发音。北京话发音典型特征的起源是北京方言通史的一部分,俞敏(1984)、林焘(1987)对此做了开创性的研究。正如我们已经看到的,这些特征在马礼逊时代已经出现了,而且很明显,它们产生的时间要早于马礼逊。其中的一些特征在18世纪中期的朝鲜文转写中就已经有所反映(Kim 1991:265—268)。其他一些特征约翰·巴罗(John Barrow)已经听到,他是出使乾隆朝的马戛尔尼使团中的一员(Barrow 1806:241—270),于1793年到访过北京。满族人占领北京后,北京话在人口变动后发生了什么,它在清代是如何继续演变的,这些问题都有待进一步的研究。但不管怎样,有一点是确定的,在艾约瑟时代,一个基于这种语言的语音代表了"这个国家标准的官话"①。

我们总结一下以上对明清官话语音史的考察。申叔舟最先记录了15世纪中期的正音系统,它与创制于13世纪60年代的八思巴汉语系统虽然不同,但极其相似。因此,申氏系统可能出自一个或多个紧邻元代的前元代(pre-Yuán)时期中原地区的正音系统。实际

---

① 然而,必须指出,这一时期北京城的语言状况远不是稳定的。甚至艾约瑟时期仍然能碰到语音上混合的系统。他指出(Edkins 1864:279):"许多江南来的人居住在北京城,尤其是学者阶层。他们保持了许多南方发音的特征,甚至间隔三、四代人之后依然如此。在这些情况下,北京话的声调有时配搭的是南京话的声母和韵母。"

上，它在某种程度上可能是晚宋标准音的延续（参考Norman 1997：26—27）。一些学者认为《中原音韵》代表了元代首都大都的标准发音，申氏系统看上去与《中原音韵》音系没有直承关系。我们可以推测在明代最初的几十年间，政治力量的核心落在扬子江流域下游且南京是首都，这时申氏的正音开始占据上风。16世纪后期这种通语被通称为“官话”。虽然从命名上来说，“正音”与“官话”这两个术语在传统音韵学上有细微的区别（耿振生1992：117—126），但在一般人的用语中，它们是同义的，这反映在传教士编的方言字典以及词汇表中，即la lengua mandarina=官话=正音。

在传教士的记述中，官话的标准发音一般被认定为“南京话”，他们的记述比较能反映当时中国人的观念。然而，这一认定的意义需要进一步地思考。尽管正音系统与南京话发音有很多的相似之处，但显然它从一开始就缺乏一些南京话和中心区江淮官话的典型特征，比如声母l-和n-不分，以及（在特定环境下）韵尾-n与-ŋ不分（Coblin 待刊b）。试看以下这些例子：

	申氏	金尼阁	马若瑟	马礼逊
能	nəjŋ（平）	nêm［nɛŋ］	nêng［nɛŋ］	năng［næŋ］
冷	ləiŋ（上）	lèm［lɛŋ］	1èng［1ɛŋ］	1ăng［1æŋ］
内	nuj（去）	núi［nui］	nuéi,núi[nuɛi~nui］	núy［nui］
泪	luj（去）	lúi［lui］	loúi［lui］	lúy［lui］

在这些例子中，所有的标准官话文献[①]都严格区分声母n-和l-。下面我们比较一下这些字在中心区江淮官话中的词形，语料来自江苏省和上海市方言调查指导组（1960：499）：

	南京	句容	扬州	高邮
能	［ləŋ$^{13\text{阳平}}$］	［nən$^{24\text{阳平}}$］	［ləŋ$^{34\text{阳平}}$］	［ləŋ$^{213\text{阳平}}$］
冷	［ləŋ$^{22\text{上}}$］	［nən$^{213\text{上}}$］	［ləŋ$^{42\text{上}}$］	［ləŋ$^{21\text{上}}$］
内	［luəi$^{44\text{去}}$］	［nəi$^{55\text{去}}$］	［luəi$^{55\text{去}}$］	［luəi$^{53\text{去}}$］
泪	［luəi$^{44\text{去}}$］	［nəi$^{55\text{去}}$］	［luəi$^{55\text{去}}$］	［luəi$^{53\text{去}}$］

与正音系统不同，这些方言没有一个能区分n-/l-。当考察i元音后的韵尾-n/-ŋ是否对立这一问题时，我们可以找到类似的材料。

① 本文的“官话文献”指字母标音的、外国人记录的汉语官话材料。——译者

	申氏	金尼阁	马若瑟	马礼逊
宾	pin（平）	pīn [pin]	pīn [pin]	pīn [pin]
兵	piŋ（平）	pīm [piŋ]	pīng [piŋ]	ping [piŋ]

	南京	句容	扬州	高邮
宾	[piŋ^{31阴平}]	[pin^{31阴平}]	[piŋ^{31阴平}]	[piŋ^{44阴平}]
兵	[piŋ^{31阴平}]	[pin^{31阴平}]	[piŋ^{31阴平}]	[piŋ^{44阴平}]

尽管如此，申氏系统和传教士拼音系统的比较显示，在1450年到1600年之间，正音系统确实获取了某些它以前没有的、类似南京话的特征（Coblin 待刊c）。下面是其中的一个典型例子：

	申氏	金尼阁	马若瑟	马礼逊
详	zjaŋ（平）	siâm, ç'iâm [siaŋ~ts'iaŋ]	ts'iâng [ts'iaŋ]	tseang [ts'iaŋ]

在这个例子中，我们所考察的字在申氏系统中是一个擦音声母z-，然而到了金尼阁时代，它出现了擦音和塞擦音读法（s-/ts'）的竞争。最后塞擦音的读法胜出。值得注意的是，在南京话以及与它关系紧密的其他方言中，这种音韵地位的字也读塞擦音声母。在我们上文所引用的方言中，“详”字的读音如下：

	南京	句容	扬州	高邮
详	[tɕ'iã^{13阳平}]	[tɕ'iã^{13阳平}]	[tɕ'iaŋ^{34阳平}]	[tɕ'iaŋ^{213阳平}]

该如何理解这一现象呢？我们可以设想，1450年左右的正音系统不是以某单个方言或单个地区的发音为基础的，相反，它是一个混合体，反映了很多南方中原型方言的音系，这其中就包括扬子江下游南京话之类的方言。（例如，在上文援引的马礼逊的一段话中，马礼逊就认为正音系统出现的典型地域是南京和河南地区，而不仅仅是南京。）从1400年到1850年，正音系统一直在南京使用的这一事实，导致了整个这一时期方言不断地趋同，进而在人们的认知中形成这样的观念：正音系统和南京话差不多是等同的。不过也要记住，这种观念只是一般的主观性的想法，并不是严格的、精确的、分类学上的判断。无论如何，在传统中国，南京可能是最著名的城市，在那里，每天都可以听到有人模仿正音系统的音。

1421年，国家的首都从南京迁到了北京，但正音系统的地域基础并没有马上随之转移，相反，类南京（Nanking-like）的系统仍有国家标准的地位，直至清初万济国活跃的时代，这种情形仍未改变。不过，马若瑟就已经开始不时地提及官话的另一选项——北京发音（尽管他认为它不是标准音），例如，他观察到（Prémare 1983：15）tchū[tʂy]（在“猪”这个词中）这个音节被北京人（错误地）发成tchōu［tʂu］。到了18世纪中叶，朝鲜观察团记录了更多这些特征。18世纪90年代，约翰·巴罗明确听到这些特征在北京的大街上与标准发音（即类南京的发音）相竞争。约10年后，马礼逊只好不情愿地承认朝廷选择了这种“鞑靼化的汉语”，并预测这种发音可能最终会成为国家标准。到了大约1850年的时候，这一预测成为了现实，一次大规模的以类北京话（Pekingese-like）为语音基础的转向出现了。这一结果一直持续到今天。

本节的最后，我们可以讨论一些从正音的角度来说属于“不标准”的官话发音变体。第一个变体出现在一部葡汉辞典的手稿里。这部字典现藏于罗马耶稣教会档案馆（Archivum Romanum Societatis Jesuin Roma），一般认为是利玛窦和（或）罗明坚所作，而且编纂于16世纪80年代的广州附近（Yang 1989）。它也许代表的是晚明官话的一个地域性变体（可能是南方的）。利玛窦和他的同伴在1600年左右放弃了这种发音，转而选择了上文讨论的那些语言变体。第二个官话变体也记录在这个耶稣会会士的手稿上，它与第一个变体接近，是一些土语对话。古屋昭弘（1988，1989）研究分析了里面的材料。第三种官话变体出现在一本汉语启蒙读物《唐话纂要》中，这本书于1716年在日本出版，史皓元（Richard Simmons）最近的两篇文章（Simmons 1995、Simmons 1997）检视了这本书，他认为书中的音系代表了杭州地区使用的一个官话变体，它与申氏的正音很像，都保留了一套浊声母。这些官话变体与正音材料之间的相互关系仍需经过细致的比较，不过，我们可以看出官话只是一个集合，里面有很多互相竞争的、正音的地域性变体。其中一些变体在欧洲人看来比另外一些更有声望。

三、词汇

蒋绍愚认为唐以后的词汇研究仍处于初期阶段（蒋绍愚1989：240），他可能是当今汉语词汇史领域最重要的专家。他在自己的研究中对实际口语语言［传统上所说的通语（koiné）］及同时代的书面的或文学性的白话文做了细致的区分。前者是“口语的共同语”，后者是“书面共同语”，后者以通语的口语为基础或与之相关（参看蒋绍愚1994：126）。基于这一观念，他指出迄今为止口语材料只能间接地以文学性的材料为中介获得（蒋绍愚1994：252）。这导致了词汇的研究只能着墨于对个别词条做独立的考察，无法将口语词汇当作一个系统做充分的考察（蒋绍愚1989：第十章、蒋绍愚1994：287—288）。

对官话通语来说，蒋绍愚先生提出的问题现在可以通过新的材料来解决，即上文提到的近期发现的语法书、词典和对话文本等。因为这些著作是用来学习语言的材料，编纂者希望它们反映真实的语言而不是书面性的白话。我们有必要一方面将它们与书面文献做系统的比较，另一方面与现代标准官话做系统的比较。只有这样，我们才能建立起它们之间确切的关系。不过，在此之前，我们值得去勇敢尝试一些初步的研究。

例如，如果我们随机选择万济国《华语官话词典》中的一些文本样本，会发现它的词汇与现代官话词汇有相当强的一致性，（其中，如果我们知道某个现代官话的词汇是19世纪以及20世纪产生的新词，它会被排除在比较序列之外[①]。）让我们检视以下的词条，它们是从万济国的手稿（现藏于柏林）中连续10页的文本中摘录的，文中有汉字作为参考。

Casamentero［男性婚姻介绍人[②]］. moêy jîn 媒人.

Casamentera［女性婚姻介绍人］. moêy pô' 媒婆.

Cascaras, ut de guebos, o cosas duras［外壳，鸡蛋或坚硬物的外壳］. kiǒ' 壳.

Cascaras, o mondaduras de frutas［水果的外皮］. pŷ' 皮.

Cascaras de texas quebradas［破碎的瓦片］. uà súy 瓦碎 / uà pién' 瓦片.

Cascajo, piedreçuelas［破碎容器的碎片、碎石、砾石］. uà liě 瓦粒.

Cascos de calabaza［头盖骨］. nào kiǒ' 脑壳.

Cascos de cebollas［洋葱皮］. çhūng' pŷ' 葱皮. de canas［竹竿的皮］, chǒ çhīng' 竹青.

Cascabeles［鹰嘴铃、动物身上系的小铃］. lîng ûl 铃儿 / hiàng lîng 响铃 / chuén' lîng 串铃.

Casco de morrion［铁的头盔］. tiě' kuēy' 铁盔.

多数的项目至今仍在现代标准官话中使用。{瓦片}[③]是常用词汇。{瓦碎}在明清时代的文献中出现，但可能在今天的官话口语中已经不说了。{脑壳}出现在现代的词典中，语义为“头”，而不是“头盖骨”，且有方言色彩。{串铃}出现在晚清民国时期的白话文中，可能今天仍有部分人在使用。当时和今天的一致性高达约85%—90%，不可能达到100%，在我们所考察的时期内，一种语言的词汇有一定量的磨损和替换，这是可以预期

① 关于这些新词的细致的讨论，参看Masini（1993），文中还提供了更早期研究的参考文献。

② 这里我们用中文翻译了原文中柯蔚南先生的英文注释，下同。——译者

③ 为区别期间，本节用花括号标示原文的词条名。——译者

的。这似乎表明这个语言在词汇上并没有我们在语音上看到的那样大规模的变化。但如果选择特定的常用词条来做细致地考察，我们将会看到一个不同的情形。不妨看看下面的例子。

1.{地方}。在清代小说中，这个词一般表示“地方”的意思，“北京拥护派”的教科书和字典的编纂者们对它非常熟悉。万济国将它用作了一个特殊的意义“地区、附近”。他有时单列这个词，有时则有长长的语义解释，说明它的一般义“地方”。不过，当列“地方”义的词条时，它常常排在第二位，在首选项{所在}的后面。在其语法书①的例句里，他从不用{地方}，用的都是{所在}。{所在}一词在今天中国的一些中部和南部的方言里仍在使用。它也出现在19世纪北京话的字典中，例如Stent（1877：438），不过{地方}才是这些语言文献中常用的词。{地方}似乎在19世纪中叶的标准通语中已经完全取代了{所在}，它的源头可能是北京话或者一般的北方方言。

2.{都}。万济国、马若瑟和马礼逊在他们的官话文献中给这个词的标音都是tū（=现代官话的dū），19世纪标准北京官话的教科书标的也是这个音。然而，艾约瑟（Edkins 1864：69）却提到这个词在北京方言（与那时的标准北京官话不同）中的实际读音不是tū，而是一种俗的读法tēu（=现代标准话的dōu）。翟理斯（Giles 1892：1187）将dōu视为北方方言的形式。20世纪初dōu已经进入标准通语，完全驱逐了dū，因为在翟理斯的口语官话文献中，“全部”义的{都}他只标dōu这个音（Gile 1901）。这个变化并不只是简单的一个语音变化，而是一个词汇上的替换，北京话的词取代了官话里的词。这一点非常重要。

3.{给}。较为早期的官话文献里没有这个词，一般用{与}或者{把与}表示“给予（与）”义。马礼逊列了{给}这个词，它与{与}一起置于这一意义之下。太田辰夫（1958［1987］：241）指出{给}在清代被认为是北京话的形式。它实际上一定非常早地出现在某种北方汉语中，因为我们可以在一本来自敦煌的汉-藏双语口语常用语手册中（高田时雄1988：199）看到它。19世纪中叶的“北京拥护派”很熟悉这个词。它也出现在现代江淮官话里，但几乎总是出现一个反常的音节类型中。比如，在南京话里，它的音形是［ki^{11}］，它违反了这个方言前高元音前不能有舌根音声母的规则。这表明它在这些方言里可能是晚期的外来成分（Coblin 待刊b）。而且事实上，艾约瑟（Edkins 1864：278—279）注意到，在他那个时候，扬子江下游方言表达“给予（与）”义的常用词汇是{把}而不是{给}。总而言之，{给}来自一个诸如北京话这样的北方方言，并在19世纪下半叶进入了标准通语的词汇系统。

① 指《华语官话语法》。——译者

4.{还}。在官话文献中，表{仍然}义的词通常拼作现代官话的huán，马若瑟将它写作“还”。大多数的江淮方言保存了这一形式，只不过只有年纪较大的人才倾向于说这个音形。崔世珍提到，在他那个时代，这个词的发音有时跟{孩}hái同音（Kim 1991：218，n.1）。19世纪北京话教科书的编写者给它列了两个读音：hái和hán。这样看起来，大约在马礼逊之后的某个时候，hái取代了huán，成了标准通语的音形。

5.{喝}。这个词在元代文献中已经出现，19世纪的“北京拥护派”对它很熟悉。但在马礼逊时代之前，它并不见于口语官话文献中。与{给}相似，它似乎是个来北方汉语的18世纪的外来词。

6.{很}（更早也写作“狠”“哏”）。在现代标准官话中，它用在形容词和某些动词前，表程度的加深。它既没出现在万济国的词典中，也不出现在清中期任何字母标音的官话文献中，直至马礼逊时代仍是如此。口语官话中表“非常、极其”义时通常用{甚}和{极}。然而，{很}表程度加深的用法早在元代的文献中就出现了，在清代小说中更是司空见惯，“北京拥护派”的语法学家们对它也很熟悉。现在的标准通语采用了这个词，这可能表明标准通语在19世纪转向了以北京话词汇为基础。

7.{瘊子}。这个词在宋代文献中已经出现，在19世纪中叶的北京话词典中也很常见（例如Stent 1877：175）。因此它是一个历史久远的、广泛被接受的北京话名词，也出现在马礼逊的字典中。但有趣的是，万济国根本不知道有这个词。他给出了一个完全不同的表述{老鼠奶}，这个词在他的词典中出现了两次。{老鼠奶}见于今天某些扬子江下游方言[①]，其他的地方似乎未见使用。它很像是万济国时代标准官话里的词汇。在19世纪早期，北京话的词汇{瘊子}取代了它，并且作为“肉赘”义的常用词形一直用到今天。

8.{所有的}。这个词最初见于明清小说，19世纪北京官话教科书的作者们常用到它，但万济国、马若瑟、马礼逊记录的官话中却没有这个词，他们用其他的修饰词来表达这一意义，如{全的}{完全的}{整个的}{四面的}，等等。因此，{所有的}似乎是一个19世纪标准通语的外来词，可能来自北京话。

9.{信}。{书信}这个词非常古老，至少可追溯到六朝时代，{家信}一词见于唐朝文献。单音节{信}表“消息”义出现在清代小说中，比如《红楼梦》。{信}表“信件”义对于19世纪北京话教科书的编写者们来说非常熟悉，现代标准官话中表“信件”义时也通常用{信}。相反，万济国只用{书}表“信件”义。虽然在他的时代，{信}表“信件”义在某些地区一定存在，因为他使用{信钱}作为“邮费”义的一个可选形式（另一个形式是{待书钱}）。但不管怎么说，他像是不把{信}看作表“信件”义的标准词汇。马

① 感谢史皓元教授提供这一信息。

若瑟的语法书中似乎也没有{信}作“信件”的用例。马礼逊的字典中列了{书信}一词，但它可能是从文献中摘引过来的书面语形式。看上去，官话中表“书信”义的词一开始是{书}，后来北京话的{信}取代了它在标准通语中的地位，并一直沿用至今。

10.{找}。这个动词首见于马礼逊的字典中，表“补充”的意思，在这之前，它不见于任何官话文献。不过，马礼逊在字典中提供了一个合成词{找寻}，他释义为“寻找”。单音节的{寻}是官话文献中常用的表“寻找”义的词。{找}见于明清时期的白话文，也见于19世纪所有的北京官话教科书。它可能是在马若瑟和马礼逊时代之间从北京话进入到标准通语中的。

类似这样的例子表明，尽管明清官话通语词汇的大部分可能大体上直接传到了现代标准官话中，但现代标准官话中一部分常用、高频词汇并非直接承自明清官话通语，它们或者来自广大的北方汉语区，或者来自更具体的北京地方语言。这一词汇的演变与语音的演变平行，但跟18、19世纪之间语音上大规模转向以北京话为基础相比，它的变动规模要小一些，词汇演变的结果经常是通行的官话词汇完全传入到现代标准官话中。

早期官话文献和现代标准官话的词汇差异中有一个小得多但同样有趣的部分。一些方言中的复合词曾进入过通语的特定地域分支中，它们在语音上折合成了官话的音系外形。不过，这批词都没有在官话全体词汇中长期存在下去。例如，万济国记录的词条{冬}（tūng，“收获谷物”）和{收冬}（xēu tūng，“收获”）。这两个词广泛见于福建省及其相邻的闽语地区，一般不见于其他地区的方言。另一个例子是万济国记录的{嫩牛}，它与{小牛}一同出现。{嫩牛}大概是万济国从闽东方言中采入的，他在那里居住、工作。与它类似的还有利玛窦-罗明坚字典中的{牛仔}（“一岁的小牛”，文本中写作gnieu zai{牛子}），这个词大概是从粤方言借入通行于广州地区的官话变体。这些词没有一个在后来的标准官话词汇中保存下来。这显示通语词汇系统似乎一直有阻挡区域性影响的能力并能变换方言基础。它可以短暂接受一些词条，但最终会抛弃大部分明显的方言性或地区性的成分（参看Hanan 1981：2，8）。

尽管万济国的词典没有标汉字，但几乎其中所有的音节都可以马上标上汉字，马若瑟也毫无困难地在他的示例短语和句子上标上了汉字。这种现象意味深长。今天的方言口语中经常有数百个词源不明的语素，不知道该用什么字去记录。与此不同的是，几乎每一个口语官话中的词条似乎都有汉字给它们做正式的认证。似乎标准官话词汇的成长是由我们心目当中这种“可认证性”（authorizability）来有意识地监管的。

官话文献（如万济国的词典等）及现代标准官话共有的常用词汇系统的时间深度比清代初期要早多少？这一老的词汇系统与明清书面白话的关系是什么？已经在书面白话

文本中出现过的北方方言的词汇是否有一种特别的优势，让它们能更容易进入新产生的19世纪通语中？抑或它们的强势仅仅是因为它们在当时文化和政治的心脏地带的口语白话中大量被使用？正如蒋绍愚先生所说的，整个词汇系统的全面比较也许可以揭示口语和书面材料的相互关系，并且也许最终会显示标准官话词汇作为一个整体是非常古老的，可能早于我们这里定义的“官话”时代。

四、句法

在刚刚过去的半个世纪里，无论在中国还是其他地方，文学性或书面的白话文句法的研究越来越受到关注①。这里我们仍然要注意蒋绍愚关于“书面共同语”和“口语共同语”的忠告。其他学者也表达过类似的意见。例如，罗杰瑞（Norman 1988：111）指出：“没有人能够指着一本文献铁口直断，说它是用纯白话风格写的。所有的文献都是文学性语言和口语某种程度混合的结果。”最近，陈平（Chen 1999：69—70）将传统上的“白话”（与“文言”相对）的特点归纳为“更接近同时期的口头语言”“一个口语白话的类似物”。看起来，这些学者之间有个共识，传统的文学性的文献最多只能接近口语。这必然带来一个结果：每当我们尝试发掘历史上口语的证据时，我们都必须审慎地看待它们。正因为如此，类似上文提到的那些汉语语言教学的材料，对于口语官话语法的研究有特别的作用。各种字典和对话手稿都有对口语的直接记录。不过，对于句法的研究更为重要的是其中分析性的教学语法。比如万济国的《华语官话语法》和马若瑟的《汉语札记》，以及新近发现的手稿《汉语官话纲要》（“Principios da lingua Sinica Mandarina”），该书现藏于里斯本的皇家科学院（Royal Academy of Sciences in Lisbon），作者是约瑟夫·蒙泰罗（Joseph Monteyro，1646—1720）。这些材料本身可以作为例证来研究早期官话口语，然后我们还可以将它们与书面官话及现代标准官话这两种材料做比较。

整体看来，官话口语材料与现代官话的语法似乎并没有巨大的差异，如果我们考虑到两者漫长的时间距离的话，就更是如此了。这也许表明老官话（old Guānhuà）②和今天的标准语基本上源于同一个线性的历史演变进程。不妨看一下下面三个文献的示例（我们在语料上标写了现代汉语拼音和汉字，在马若瑟的材料中，作者已经标写了汉字，本文沿用他使用的汉字）。我们的释义是针对西班牙语或拉丁语的，而不是直接译自汉语文本。

① 更多的文献学上的参考可以参看诸如蒋绍愚（1989：第四章）、Sun（1996）等著作，也可以参看Norman（1988）和Chen（1995）中的参考文献。

② 本文的“老官话”指外国人记录的官话口语材料反映的官话。——译者

万济国（Varo 1703：2）：

El que quiesiere subir à el çielo, le conviene obrar la virtud, y de no, segino no lo conseguirà.［一个人如果想要升入天堂，他就必须行善，如果他不这么做，他就一定不能成功升入天堂。］

Tán fân jîn iáo xīng t'iēn, kāi tāng goêi xén, jǒpǒ̉goêi xén, çhǘjên pǒ̉ hoéi xīng t'iēn.

但凡人要升天，该当为善。若不为善，自然不会升天。

叶尊孝：《忏悔室》（Basilio Brollo de Glemona：Confesionario），引自万济国（Varo 1703：76，appendix）：

1. Furatus ne es aliquid alienius?［你偷了别人的东西了吗？］

Nì t'ēu leào jîn tiě̉ vuě kién mò?

你偷了人的物件么？

2. Hoc aliquid quanti valet?［你偷的东西值多少钱？］

Ché kó vuě kién chě̉ tō xào în çhù̉?

这个物件值多少银子？

3. Quae post postreman confesionem furatus es, simul sumpta quanti valent?［自从上次忏悔后，你偷过的所有的东西一共值多少钱？］

Nì káo kiài héu t'ēu tiě̉ tūng sī, kúng chě̉ tō xào în çhù̉?

你告解后头的东西共值多少银子？

马若瑟（Prémare 1983：46）：

Utinam possem illius cor jecurque avellere, et dare canibus ad vorandum!［我真希望能把他的心和肝扯出来，拿去喂狗！］

Ngò hén pǒu tě ouă t'chǒu t'ā tī sīn kān, pà iù keoù k'ï.

我恨不得挖出他的心肝把与狗吃。

与语音方面的巨大变化相比，我们从这些例子中看不出一个大规模的语言基础的转移。但与词汇部分类似，如果我们检视一些特殊的语法要素或特征，就可以看到一个复杂得多的情形。下面我们将考察这样的一些例子。

1.动物的性别标记。在现代标准官话和北方汉语方言中，家养动物的性别标记

（“公”和“母”）一般是前置的，比如“公牛”“母牛”。在官话文献中，这些标记常常是后置的，并且雄性的标记常是“牯”而不是“公”。比如“狗牯”“狗母”“鸡公”“鸡母”。这一构词法是罗杰瑞分类系统中典型的中部和南部方言的特征（Norman 1988）。在现代标准通语中，它现在已经完全被北方型的构词法取代。

2.量词。官话文献中的某些量词与现代标准官话和19世纪中叶标准北京官话不同。只要将万济国（Varo 1703：72—73）、《华语官话词典》各处的词条、艾约瑟（Edkins 1864：第5章）以及赵元任和杨联陞（Chao and Yang 1962：283—286）做一个全面的比较，我们就可以看出这一点。例如，在今天以及19世纪中叶的北京官话中，修饰山的量词是“座”，但万济国一直用的是“头”。艾约瑟用“头”作为修饰家养动物的量词，赵元任和杨联陞只用它来修饰家畜。威妥玛用“个”做“碗”的量词（Wade 1867：第三部分，第17页），这种用法在今天的标准官话中仍然存在。万济国用的却是“块”，这个量词今天仍在标准语中使用，但不用来修饰“碗”。在类似这样的例子中，可能是北京话的词形取代了老官话的量词。

3. 包括式代词“咱们”。这个词在宋代和元代的文献中已经出现，在19世纪的北京话语法中更是俯拾皆是。今天的各种现代汉语词典都把它列为标准形式。然而，它一直不见于官话文献，直到马礼逊时代。马礼逊列出了这个词，但同时指出“这个词限于北方人使用”。因此，它可能是一个19世纪从中国北方进入到标准官话代词系统的外来词。

4. 疑问副词“怎么”（语义是“如何”）。一般认为现代标准语的“怎（么）”源自一个更早的形式“作么”。“作么”在宋代的白话文中已经出现。它书面上的读音是zěn（me），但实际口语中的读法是zěm（me）。它广泛出现在19世纪的北京官话手册中。在官话文献中，与它相对应的词形是tsèng（mó）[=现代官话的zěng（mò）]。马若瑟也将它写作“怎么”，但在官话文献中，它的第一个音节从来不拼作tsèn或tsèm。官话的tsèng也无法从一个更早的-n或-m尾的音节有规则地演变而来。在唐代有另一个词，写作“争”，它的语义也是“如何”。王力（1958，中册：294）认为它与“怎么”同源，后来演变成了“怎么”，但吕叔湘（1985：336）不同意这一看法。我们必须注意到，“争”在官话文献中都有规则地拼作tsēng，它与官话文献中的“怎”tsèng仅有声调上的差别。这很容易引发联想：两者之间是否可能有历史上连接？无论如何，到了大约1860年左右，zěm（me）在标准通语中已经取代了官话词汇tsèng（mo），而北京方言在这一时期表“如何”义的词也是zěm（me）（Stent 1877：568）。

5. 完成式否定词。除了一些极少且明显是文学性的表达外，完成式否定词在官话文献中有三种差不多等几率出现的词形：“未曾”“不曾”“没有”。艾约瑟（Edkins 1864：196）也记录了他那个时代标准官话中的这三种形式。前两个今天与中部方言相关。最后一个与存在否定词同形，是典型的北方形式。现代标准通语最终只选择保留了最后一种形式，这一选择似乎反映了北方汉语的影响。

6. 被动结构中的施事标记。在官话文献中，"被"用作动词被动式的施事标记。马若瑟用"吃"来表达这一功能，"吃"这个小品词也出现在明清小说中（蒋绍愚1994：229）。万济国从不使用"吃"来表达这一功能。现代标准官话使用"被"作为被动标记，这与官话文献有一致之处。但它也使用致使义的词（"叫~教""让"）充当这一角色。事实上，"教"字被动标记的用法非常古老，唐代文献中就已经出现。这种用法的"教"写成"叫"字，是从清代开始的（太田辰夫1958［1987］：232）。它在19世纪"北京拥护派"的材料中很常见（比如Wade 1867：第三部分，第256—257页）。艾约瑟（Edkins 1864：126）专门指出它是北京话的形式。"让"在这些文献中不用作被动标记。现代标准官话使用"叫"作为施事标记的做法看起来承自北京话，而不是官话（Guānhuà）①。

7. 持续性后缀"着"。19世纪北京官话的语法学家们很熟悉持续性的"着zhe"（也读作zhī），他们习惯于称它是一个"分词性"（participial）的成分，并把它拼写成cho。威妥玛（Wade 1867）记录了它的两个读音变体cho与che，但在他的例证中，这个词仅标音cho。艾约瑟（Edkins 1864：192）给出了两种标音choh和chï（=现代标准话的zhī），他说后一种形式来自"山东的口语"。他还指出"这不是书本认证的口语形式，也不是正确的官话。可能它是从'着choh'这个正确的形式弱化而来"。老官话中的"着"（拼写作chǒ）作为一个动词后缀有很多功能，但持续体或者进行体的功能在当时的语法书中却很难找到明确的用例。不过，也有一些例子让人很容易联想到现代官话中的"着zhe"。例如，在万济国的《华语官话词典》中我们可以看到以下用例：

Dormir de lado［一边侧着睡］. çhě' chǒ xúy 侧着睡。

Estar en pie［站着］. chán chǒ 站着。

Estar sentado［坐下，坐着］. çhó chǒ 坐着。

"着"从一个实义动词演变成持续体标记，这一语法化过程极其细微和复杂（参看梅祖麟1989、Chen 1995、Sun 1998）。也可能持续体标记的用法在当时的官话中已经存在，但万济国和马若瑟无法完全理解。不过，如果他们真的无法感知到这一用法，我们倒可以据此怀疑它是19世纪从北京话进入官话的。

① 这里的"官话"指字母标音的、外国人记录的汉语官话材料反映的"官话"。——译者

8.句尾小品词“了”。一般认为动词后缀“了”由动词“了”（语义为“完成”）虚化而来。不过，赵元任（Zhao 1968：246）认为句尾“了”，作为一个表示当下相关状态的完成体小品词，实际上由句尾“来”弱化而来，这种用法可以追溯到宋元时期的文献。这一设想后来得的一些学者的支持（如Sun 1996：第4章）。当然，还有学者提出过其他的意见。比如，刘勋宁（1985）根据陕西清涧方言相关现象的平行性，认为句尾“了”是早期“了也”两个词的融合。这些理论都认为句尾“了”并非直接来自早期的“了liǎo”，赵先生甚至认为句尾“了”的直接源头并不是“了liǎo”。

以下句尾“了”的例子来自于我们的官话文献：

万济国（Varo 1703：57）：

t'ā xí Petelo tà tiě leào

他是Petelo打的了

Aquel fue aporreado de Pedro.［那个人是被彼得打的。］

叶尊孝：《忏悔室》（Varo1703：76，appendix）：

nì jŏ pŏ k'èng hô mŏ, çhiéu pŏ k'ò vuáng t'iēn chù xé nì tiě çhúi leào

你若不肯和睦，就不可望天主赦你的罪了

Si tu non vis inimico reconciliari, non potes sperare Deum tibi tua peccata dimissurum.［如果你不愿意与你的敌人和解，你就无法期待神会宽恕你的罪。］

马若瑟（Prémare 1893：72）：

tchì p'á nì kién leào kouèi leào

只怕你见了鬼了

Lemures, credo,vides; je crois que tu reves.［拉丁文意为：我认为你见着鬼了。/法文意为：我觉得你在做梦。］

在上述所有例子中，句尾的“了”在官话文献中都拼写作leào［=liǎo］。与此相似的是，这个小品词的读法出现在一些保守的江淮方言中。例如，我们在湖北的礼山方言中看到了下面的材料（Chao et al.1948：896）：

ŋo^{53} mən tɕiəu^{44} iəu^{55} iau^{424} təu^{11} tɕi^{53} tien^{53} tʂoŋ^{55} ʂɥ^{44} niau

我们就又要读几点钟书了

艾约瑟（Edkins 1864）将书中所有位置上的“了”都标音为liǎo，他没有做更多的阐释。威妥玛（Wade 1867：第三部分，第7页）对于句尾的“了”做了更多的说明。他提到“在短语的结尾，‘了’有轻微感叹色彩，发音为la或lo”。在20世纪初，翟理斯（Giles 1901）将动词词尾及句尾的“了”都只标作［lə］。看起来，在19世纪中叶的标准北京官话中，这个句尾小品词的两个读音（liǎo和le）正在竞争之中。我们该如何解释这一现象呢？一种可能是赵先生和刘先生错了，这个句尾小品词是由“了”（语义“完成”）演变而来，它的读音在19世纪弱化为le。不过，还有另一种可能更好的解释。赵先生和刘先生可能是对的，在中国的某些地区也以与北方白话（包括北京话）相同的方式产生了“了le”。19世纪早期的标准北京官话（与这个城市的口语方言相对）中可能仍在使用官话形式liǎo，这一形式可能基于江淮官话。不过，到了世纪中叶，北方白话的le形式已经进入北京的标准语，与liǎo展开了竞争，并在1900年左右最终胜出，成为首选的词形。如果这一设想合理的话，我们在这个例子中就看到了语法基础从老官话向北方白话的一个转变。

9. 句尾“罢~吧ba”。这个小品词在现代标准官话中非常常见，它可以传递祈使、建议、规劝等多种语气。它至迟在元代的白话文中已经出现，并且为19世纪中叶北京官话的语法学家们所熟知。它在老官话文献中从未出现。艾约瑟的书中有一个句尾小品词bō，它与ba有一些相似的地方，例如（Edkins 1864：77）：

k’ò poǔ ché pō

可不是波

an-non ita est?［难道不是如此吗？］

bō这个词在早期白话中已经出现，写作“啵”。太田辰夫（1958［1987］：340）认为它与现代的ba有词源上的联系。之前万济国、马若瑟等记录的明清通语中没有这个词，看起来，ba加入到标准通语语法中的时间刚好与19世纪以北京话为基础的标准官话出现的时间重合。

10. 句尾疑问词吗“ma”。根据太田辰夫（1958［1987］：3334）的研究，“吗”作为句尾疑问小品词最早出现在清代文献中，他的例证来自《红楼梦》。在此之前，“么”通常在老白话文献中被用来执行类似“吗”的功能。官话文献中从未使用过ma，相反，它有一个句尾疑问小品词mò（=现代官话mǒ），功能与现代官话的ma相似。马若瑟用“么”这个字来记录mò。不少现代江淮官话都有这样一个句尾疑问词，语音形式也相近（即声母是m-，后接一个圆唇、后、中元音）。在19世纪的教科书编纂者中，艾约瑟（Edkins 1864）通常将这个句尾语气词拼写作mo，记作汉字“么”。但是他偶尔也使用ma，记作汉字“吗”，并说这是一个在“口语中频繁能听到的词形”（Edkins 1864：218）。在威妥玛的书中，mo与ma这两个变体都有，分别写作“么”与“吗”。ma可能是北方话或地区性的北京话的小品词，mo则可能是早期官话的遗留。当然，最终ma在现代标准官话中胜出了。

总之，以上我们选择了一些语法特征，对它们进行了简要的考察，结果显示它们与词汇系统有着相似的演变。也就是说，前19世纪（pre-nineteenth-century）的官话句法系统的大部分都进入了晚清的标准官话，但看起来，现代通语的一些基础的、高频的功能词可能源自北京方言，或者至少是一般的北方方言。这个问题还有待更多的比较研究来厘清。

五、结论

我们现在来总结一下上文关于官话史的研究结果。我们经常可以听到“官话”（明清时代的标准汉语通语）就是北京方言的说法，本文一开始的目的是要说明这种观点是不正确的。不过我们在追寻这一目标的过程中有了更多的思考。最终我们认为官话实际上从来不是任何一个特定地方的方言，它也根本不是一个实际存在的“方言”。我们推测，官话在最早的阶段是一个混合体，它与南方中原地区方言的音韵系统类似。这一系统在某一时间点后逐渐地与南京话趋同，但事实上从未与南京话完全相同过。相反，从方言基础上说，它一直是模糊的。官话的词汇和句法可能有以文学性语言或书面语为基础的特点，而不是以某个确定的地域方言为基础。在长达几个世纪的时间里，词汇和句法保持相对的稳定，而语音在19世纪中叶急遽地转向了与北京话类似的系统。现代标准官话直承自19世纪晚期通语，它并不是北京的方言（参看胡明扬1987：27—31、Chen1999：37—41）。

我们这里设想的历程与一个“自然”的语言或方言预期的历史大为不同。这大概是因为官话确实是一种通语而不是一个地域性的方言。事实上，在传统时代它甚至可能不作为母语使用，而是一种几乎人人都会使用的第二语言①。这一设想衍生的问题是，这样

① 在新设置的地区可能有例外的情形，比如西南和西北的边境。在这些地方，通语的军队和垦殖变体可能是很多人的第一语言。

一种“不自然”的语言或第二语言是如何被学习和传播的。关于这一点，我们手头有一些有意思的趣闻证据。赵元任（1892—1982）出生的年代已经接近传统官话的末期了，他观察过这种语言的传播，并做过如下的描述：“多数受过教育的人习得了一种勉强可以称为官话的语言，他们或者从说官话的人——甚至只是学过一些官话的人——那里顺走一点官话，或者仅仅使用官话小说（比如《红楼梦》）里的词汇而不去努力让这些词的发音靠近官话。”（Chao 1948：7）大约300年前，万济国在他的语法书的前言中写道，正如一个有抱负的拉丁语学者必须完全精通西塞罗（Cicero）一样，一个人想要学好官话“也需要熟悉［今天］的西塞罗们，而这在中国就是指那些被称为‘小说’的书”。万济国之后50年，马若瑟（Prémare 1893：35）也表达了类似的观点。因此，看起来在官话历史上的很长时间内，白话文学既是官话词汇和句法的仓库，也是它们的传播工具。不论一个人的母语方言为何，如果想正确使用官话，他就可以以白话文学为指导。

口语官话和丰富的书面白话文之间的亲密关系给我们带来更多的启示。以前对这些文献的语法研究时常聚焦在它们的方言基础这个问题上，甚至想要查明它们代表“哪一个方言”。不过我们的研究表明，从它们反映的汉语口语的程度来看，它们可能并不直接与方言本身相关联，而是与口语通语官话的各种变体相关。白话书面文献包含的方言成分顶多是偶然入侵的地区性成分移植到已被广泛接受的词汇和句法库中，比如万济国的“收冬 xēu tūng”。口语官话和白话文学语言关联的程度仍有待考察，我们还需要将本文提及的官话文献与丰富的白话文文献做细致地比较。

与词汇和句法比起来，官话音系的传播过程就没有那么清楚了。尽管在明清官话的各个历史时期，传统韵书及与之相关的著作以各种方式讨论了官话音系（参看耿振生1992），但这些都是只有专家才有能力涉足的传统音韵的专业领域，我们不太清楚一般的读书人对它们的研究有多深入。在18世纪30年代，朝廷为了推行官话语音曾在福建和广东开设学校（Paderni 1988；耿振生1992：120，脚注①；Masini1993：4），但其他地区的语音似乎由当地决定[①]。对于绝大多数官话的使用者来说，正如赵先生的考察所显示的，习得正确的读音可能是一件较为随意的、个性化的事情。这也许能解释为什么大规模的转向更可能出现在19世纪中叶的官话音系中，而不是词汇或句法这样文献形式的领域中。

以上的结论可以帮助我们对汉语通语的性质做更一般性的推论。明清官话是离现在最近的、也是最容易细致考察的传统通语。正因为如此，它提供了一个模型，让我们可

① 清中期的官话学校究竟用什么样的教材？这是一个有趣的问题。稍后的沙彝尊编写的《正音切韵指掌》（广州，1860）可能某种程度上可被视为这种教材的一个代表。这是一部同音字表的汇编。我们可以想象当时的教学方式，教师将每一组同音字的正确读音口授给学生，然后要求他们练习正确的读音并记住这一组所有的字。巴德尼（Paderni 1988：262，n.20）还提到过另外两部这样的教科书，我暂时无法获得。

以设想更早阶段（比如中世纪）的标准语性质。我们几乎没有其他的直接证据可以用来做这样的设想，因此，这一模型是非常富于启发性的。首先，我们必须考虑这样的可能性：这些更早期的标准语从来（至少在帝国一统时期）不是特定地点的自然方言。其次，我们还要考虑这样的可能性：它们的音系是混合的，且它们的词汇某种程度上是以书面语为基础的，因此反常地受到书面形式的制约。最后，我们必须怀疑，这种类型的通语是否能如传统的语言学者（比如高本汉等）所主张的那样成为后来实际存在的口语方言的祖语。中国的历史语言学家们通常认为汉语通语的变化路径是：上古汉语＞中古汉语＞现代汉语变体。我们也必须怀疑接续出现的通语在历史源流上是否是这样直线式的演变。作为中国历史语言学的一部分，官话（明清通语）的研究本身就非常有意义，此外，它还可以作为研究历史上传统中国通语一个实验室。

参考文献

Barrow, John. 1806. *Travels in China*. London: Cadell & Davies.

Chao, Y. R. 赵元任 . 1948. *Mandarin Prèmer.* Cambridge, Mass.: Harvard Univ. Press.

——.1968. *A Grammar of Spoken Chinese*. Berkeley: Univ. of California Press.

Chao, Y. R., and Lien-sheng Yang. 1962. *Concise Dictionary of Spoken Chinese.* Cambridge, Mass.: Harvard Univ. Press.

Chao, Y. R. et al. 1948. *Húděi fāngyán diàochá bào gào* 湖北方言调查报告 . Shanghai: Shangwu.

Chen, Ping. 1995. "Path of Grammaticalization of 'Zhu': A Case Study of Aspect Genesis in Chinese." In *Studies on the History of Chinese Syntax,* ed. Chaofen Sun. Pp. 203-223. *Journal of Chinese Linguistics* monograph series, no. 10.

——. 1999. *Modern Chinese: History and Sociolinguistics.* Cambridge: Cambridge Univ. Press.

Coblin, W. South. 1997. "Notes on the Sound System of Late Ming *Guanhua.*" *Monumenta Serica* 45: 261-307.

——. 1999. "Thoughts on the Identity of the Chinese 'Phags-pa Dialect." In *Issues in Chinese Dialect Description and Classification*, ed. Richard V. Simmons. Pp. 84-144. *Journal of Chinese Linguistics* monograph series, no. 15.

——. Forthcoming *a*. "Phags-pa Chinese and the Standard Reading Pronunciaton of Early Míng A Comparative Study." Forthcoming in *Language and Linguistics* (Academia Sinica).

——. Forthcoming *b*. "The Phonology of Proto-Central Jiāng-Huái: An Exercise in Comparative Reconstructure." Forthcoming in F. K. Li memorial volume.

——. Forthcoming *c*. "A Diachronic Study of Míng Guānhuà Phonology." Forthcoming in *Monumenta*

Serica 48 (2000).

Coblin, W. South, and Joseph A. Levi. 2000. *Francisco Varo's Grammar of the Mandarin Language (1703): An English Translation of the 'Arte de la lengua Mandarina'*. Amsterdam: John Benjamins.

Edkins, Joseph. 1864. *A Grammar of the Chinese Colloquial Language Commonly Called the Mandarin Dialect*. Shanghai: Presbyterian Mission Press.

Furuya, Akihiro 古屋昭弘. 1988. "Hinshu mondō shigi no onkei" 賓主問答私擬の音系.*Kai Pian: Chūgoku gogaku kenkyū* 开篇：中国语学研究 6: 38-56.

——. 1989. "Mindai kanwa no isshiryō: Ricci, Ruggieri no 'Hinshu mondō shigi'—" 明代官话の一资料：リッチ·ルッジェーリの「賓主問答私擬」—. *Tōyō gakuhō* 东洋学报 70.3-4:1-25.

Gěng, Zhènshēng 耿振生. 1992. *Míng-Qīng děngyùnxué tōnglùn* 明清等韵学通论. Peking: Yuwen.

Giles, Herbert A. 1892. *A Chinese English Dictionary*. London: B. Quaritch.

——. 1901. *Chinese without a Teacher, Being a Collection of Easy and Useful Sentences in the Mandarin Dialect*. Shanghai: Kelly & Walsh.

Hanan, Patrick. 1981. *The Chinese Vernacular Story*. Cambridge, Mass.: Harvard Univ. Press.

Hú Míngyáng 胡明扬. 1987. *Běijīnghuà chūtàn* 北京话初探.Peking: Shangwu.

Jiǎng, Shàoyú 蒋绍愚. 1989. *Gǔ Hànyǔ cíhuì gāngyào* 古汉语词汇纲要. Peking: Peking Univ. Press.

——. 1994. *Jìndài Hànyǔ yánjiū gàikuàng* 近代汉语研究概况. Peking: Peking Univ. Press.

Jiāngsū shěng hé Shànghǎi shì fāngyán diàochá zhǐdǎozǔ 江苏省和上海市方言调查指导组.1960. *Jiāngsū shěng hé Shànghǎi shì fāngyán gàikuàng* 江苏省和上海市方言概况.N.p.: Jiangsu renmin.

Kim, Kwangjo. 1991. "A Phonological Study of Middle Mandarin: Reflected in Korean Sources of the Mid-15th and Early 16th Centuries." Ph.D. diss., University of Washington.

Lǐ, Xīnkuéi 李新魁. 1994. "Lùn 'Zhōngyuán yīnyùn' de xìngzhí jí tā suǒ dàibiǎo de yīnxì" 论《中原音韵》的性质及它所代表的音系. In *Lǐ Xīnkuí yǔyánxué lùnjí* 李新魁语言学论集. Peking: Zhonghua.

Lín, Tāo 林焘."Běijīng *guānhuà* sù yuán 北京官话溯源." *Zhōngguó yǔwén* 中国语文 3: 161-169.

Liú, Xūnníng 刘勋宁. 1985. "Xiàndài Hànyǔ jùwěi 'le' de láiyuán" 现代汉语句尾"了"的来源. *Fāngyán* 方言 1985: 128-133.

Lǔ, Guóyáo 鲁国尧. 1985. "Míngdài *guānhuà* jí qí jīchǔfāngyán wèntí" 明代官话及其基础方言问题. *Nánjīng dàxué xuébào* 南京大学学报 4: 47-52.

Lǚ Shūxiāng 吕叔湘. 1985. *Jìndài Hànyǔ zhǐdàicí* 近代汉语指代词. Shanghai: Xuelin.

Masini, Frederico. 1993. The Formation of Modern Chinese Lexicon and its Evolution toward a National Language: The Period from 1840 to 1898. *Journal of Chinese Linguistics* monograph series, no. 6.

Mei, T. L. 梅祖麟. 1977. "Tones and Tone Sandhi in Sixteenth Century Mandarin." *Journal of Chinese Linguistics* 5:237-260.

——. 1989. "Hànyǔ fāngyánlǐ xūcí 'zhe/zhuó' zì sānzhǒng yòngfǎ de láiyuán" 汉语方言里虚词"著"字三种用法的来源. *Zhōngguó yǔyánxué bào* 中国语言学报 3: 191-206.

Monteyro, Joseph (1646-1720). No date."Principios da Lingua Sinica Mandarina." Bibliotheca da Academia Real das Sciencias de Lisboa, Lisbon.

Morrison, Robert. 1815-1822. *Dictionary of the Chinese Language. in Three Parts*. Macao and London: The Honorable East India Company's Press.

Norman, Jerry L. 1988. *Chinese*. Cambridge: Cambridge Univ. Press.

——. 1997. "Some Thoughts on the Early Development of Mandarin." In *Hashimoto Mantarō kinen: Chūgokugogaku ronshū* 桥本万太郎纪念：中国语学论集, ed. Anne Yue Hashimoto and Endo Tamaki. Pp. 21-28. Tokyo: Uchiyama shoten.

Ōta, Tatsuo 太田辰夫. 1958（1987）. *Chūgoku rekishi bumpō* 中国语历史文法. Tokyo: Kōnan shoin. Chinese translation by Jiǎng Shàoyú 蒋绍愚 and Xú Chānghuá 徐昌华. 1987. Peking: Peking Univ. Press.

Paderni, Paola. 1988. "The Problem of *kuan-hua* in Eighteenth Century China: The Yung-cheng Decree for Fukien and Kuangtung." *Annali, Istituto Orientale de Napoli* 48.4: 257-265.

Prémare, Joseph. 1730. *Notitia Linguae Sinicae*. First circulated in manuscript; then published 1831, Malacca: Academiæ Anglo-Sinensis; 1893, Hong Kong: Société des Missions-Etrangères. [Both editions used in the present study.]

Pulleyblank, E. G. 1991. *Lexicon of Reconstructed Pronunciation in Early Middle Chinese, Late Middle Chinese, and Early Mandarin*. Vancouver: Univ. of British Columbia Press.

Ricci, Matteo. 1953. *China in the Sixteenth Century: The Journals of Matthew Ricci: 1583-1610*. Tr. Louis J. Gallagher, S.J. New York: Random House.

Simmons, Richard VanNess. 1995. "A Note on the Phonology of the *Tōwa sanyō*." *JAOS* 115: 26-32.

——. 1997. A Second Look at the *Tōwa sanyō*: Clues to the Nature of the Guanhuah Studied by the Japanese in the Early Eighteenth Century." *JAOS* 117: 419-426.

Stent, George C. 1877. *A Chinese and English Vocabulary of the Pekinese Dialect*. Shanghai: American Presbyterian Mission Press.

Sun, Chaofen. 1996. *Word-Order Change and Grammaticalization in the History of Chinese*. Stanford: Stanford Univ. Press.

——. 1998. "Aspectual Categories that Overlap: A Historical and Dialectal Perspective of the Chinese Zhe." *Journal of East Asian Linguistics* 7.2: 153-174.

Takata, Tokio 高田时雄. 1988. *Tonkō shiryō ni yoru Chūgokugo shi no kenkyū* 敦煌资料にする中国语史の研究. Tokyo: Sobunsha.

Trigault, N. 1626. *Xirú ěrmùzī* 西儒耳目资. Rpt. Peking, 1933.

Varo, Francisco. 1703. *Arte de la Lengua Mandarina*. Ed. Pedro de la Piñuela. Canton. Biblioteca dell' Accademia Nazionale dei Lincei e Corsiniana, Rome, and Bibliothèque Nationale de France, Paris.

——.MSS. "Vocabulario de la Lengua Mandarina." German State Library, Berlin, and the British Library,

London.

Wade, Thomas F. 1867. *A Progressive Course Designed to Assist the Student of Colloquial Chinese as Spoken in the Capital and the Metropolitan Department*. London: Trübner & Co.

Wáng Lì 王力 . 1958. *Hànyǔ shǐgǎo* 汉语史稿 . Peking: Kexue.

Wénzì gǎigé chūbǎnshè 文字改革出版社 . 1957. *Míngmò luómǎzì zhùyīn wénzhāng* 明末罗马字注音文章 . Peking: Wenzi gaige.

Williams, S. Wells. 1844. *English and Chinese Vocabulary in the Court Dialect*. Macao: Office of the Chinese Repository.

Yang, Paul F.-M. 1989. "The *Portuguese-Chinese Dictionary* of Matteo Ricci: A Historical and Linguistic Introduction." *Proceedings of the Second International Conference on Sinology, Section on Linguistics and Paleography*, 1: 191-241. Taipei: Academia Sinica.

Yú, Mǐn 俞敏 . 1984. "Běijīng yīnxì de chéngzhǎng hé tā shòu de zhōuwéi yǐngxiǎng" 北京音系的成长和他受的周围影响 . *Fāngyán* 方言 1984: 272-277.

Yùchí, Zhìpíng 尉迟治平 . 1990. "Lǎo Qǐdà Piáo tōngshì yànjiě Hànzìyīn de yǔyīn jīchǔ" 老乞大，朴通事谚解汉字的语音基础 . *Yǔyán yánjiù* 语言研究 1990.1: 11-24.

（译者：孙顺　南方科技大学人文科学中心）

明代官话音系的历时研究

一、引言

“官话”（官方语言）一词最早出现在明代（1368—1644）的文献中，指的是在整个中华帝国中作为一般交流媒介使用的通用语或共通语。大多数学者普遍认为这种语言是与南京方言有关的一些变体，并非完全等于这种方言（鲁国尧1985；Yang 1989；Coblin 1997）。从1356年到1421年南京作为国家的首都，“南京官话”的首次兴起通常归因于这一时期。有趣的是，南京话作为国家地位的语言（明代官话）一直到19世纪前半期，即四百年后，首都转移到了北京。至1850年左右，官话的语音基础几乎完全转移到了同时期的北京语音系统。目前尚不清楚语法和词汇在多大程度上也发生了变化，但不管怎样，南京型官话的时间范围可以确定在1350—1850年之间。

本文主要研究1450年到1650年之间的语音系统，并集中关注这两个阶段之间发生的变化。我们将特别考虑三个问题：第一，我们试图确定这两个阶段之间的对应关系在多大程度上可以直线式的或用新语法学派的音变来解释。换言之，1450年的官话音系在多大程度上可以被视为是1650年的祖先？第二，当直线式的演变不可能时，什么因素可以解释后期出现的问题特征？最后，这些知识能告诉我们哪些汉语共通语音韵史一般情形以及官话音韵史的具体情形？[①]

① 本文缩略语：

EMing 明初	EQing 清初
Fr. 法语形式	GH 官话
LMing 明末	LQing 清末
LR 崔世珍左音	MGZY《蒙古字韵》
MQing 清代中期	ModNanking 现代南京音
PR 申叔舟俗音	QYS 切韵音系
SR 申叔舟的正音	Voc. 万济国《汉语词汇表》
ZYYY《中原音韵》	

二、资料来源和方法

研究明代早期官话语音特别重要的材料是由朝鲜汉学家申叔舟（1417—1475）以字母表的方式（字母顺序）记载的大量谚文转写材料。这些是金光洙（Kim 1991）最近的一项研究主题，我们将在此广泛引用。我们关注以下三种类型的文献材料：

（1）申叔舟的正音（SR），记载于《洪武正韵译训》（1455）和《四声通考》（1450）之中。《四声通考》已亡佚，其大量的拼写材料保存在崔世珍（1478？—1543）《四声通解》（1517）中。

（2）申叔舟的俗音（PR），记载于《译训》和《通解》之中。

（3）崔世珍《翻译老乞大》《翻译朴通事》之中的左音（LR），金光洙（Kim 1991）被认为是来源自申叔舟。本文的研究，所有申叔舟材料中的谚文转写形式来源于金光洙（Kim 1991）。本来申的材料以音位标音来表示，但是我们将其恢复到严式标音或音位形式（以金光洙为准），这更加利于我们的研究。在这里，金光洙的复合音［ju］语音上转写作［y］。此外，金光洙的滑音［j］和［w］保留在谚文转写中。

根据金光洙（Kim 1991：第三章），正音是以《洪武正韵》语音系统为代表的读书音。但两者几乎完全一致的俗音和左音，是基于申叔舟当时实际听到并记录的时音。尉迟治平（1990：18）认为申叔舟的所有读音（记录）都是基于15世纪明代官话的变体。他的依据是，正音和俗音（+左音）这两种材料类型来自于两位不同的中国发音人，从历史材料看，他们都曾因为申叔舟质正过音韵而知名。在他看来，申音正音是基于与倪谦所讨论的《洪武正韵》，他曾作为明代官员于1450年出访朝鲜。尉迟指出，倪谦是杭州人氏，在南方朝廷南京任职。此外，申音俗音来自于另一个人，黄瓒（1413？—1448？）。此人为江西吉水人氏，在南京任职翰林院，但后来被发配至辽东。1445年，申叔舟多次赴辽东拜访，向他质正音韵、并用谚文字母记录汉字的发音，这被尉迟认为是申叔舟俗音的基础。尉迟的假设正确与否是一个值得进一步探讨的问题。但可以确信的是，正音和俗音（左音）是两种截然不同的语料。无论如何，它们并不代表相同的汉语底层形式。

申叔舟给不同的语音系统所做的命名非常重要。其著作中看似没有使用“官话”这一术语。但“正音”的名字，即“正确的读音”，在明末与汉语口语中的官话实质上是同义词。实际上16、17世纪欧洲传教士的字典手稿中，两者作为等义词以“falla Mãdarin”和“lengua Mandarina”（官话）的表达互换使用。现在提及的金尼阁，称其正字法下的语音系统为正音，但拼写系统与之相近的万济国（如下所介绍），强调他所写的却是官话。因此，至少在以后的时间里，正音从狭义上来说是明代官话的标准音系统，但从广义上来说它是官话。此外，俗音在申叔舟的命名法里被贬低为“俗”，因为它缺少正音系统的准确性和规范性，属于另一种性质的语音。

我们有时会引用一些与申叔舟材料相关的一些材料——八思巴字和元代词汇的音类《中原音韵》(ZYYY)的拼写形式。近年来学者们关于八思巴字语音基础的问题存在分歧。这里我们采取早期的研究结果(Coblin 1999)，即坚持认为转写代表的语音基础为1269年八思巴字发明之前，中原地区一地或多地的共通语。关于《中原音韵》语音性质的观点，同样多种多样。目前最流行的两种观点：1)“中原音韵”反映的是元代大都之地的语音；2)“中原之音”是当时中原地域通行的一种共同语音，并不仅仅局限于大都地区(杨耐思 1981)。这两种观点我们不置可否，仍然继续认为(Coblin 1999)：八思巴字和《中原音韵》代表了不同的底层语音系统。八思巴材料我们以《蒙古字韵》(MGZY)作为主要来源。《蒙古字韵》现存的版本出版于1308年，但几乎可以肯定它是基于较早的，完成于13世纪晚期的范本(Pulleyblank 1970；Nakano 1971；Cheng 1985)。我们使用被大家熟知的罗常培、蔡美彪(1959)的版本和由照那斯图、杨耐思(1987)编著的较新的版本。中野美代子的注释也同样很有帮助。本文使用的转写系统和音标(用方括号表示)引自柯蔚南(Coblin 1999)。《中原音韵》的字表排列是以同音字组的形式呈现的，我们无法直接得到这些字组的读音。但目前有很多为这些同音字组做语音阐释的尝试，引入这样的拟音作为音类参照将为本文的讨论带来便利。这里我们采取蒲立本(Pulleyblank 1984：238—254)和他(详见Pulleyblank 1991:8—9)之后稍微修改的观点。

相对晚于申叔舟的谚文转写材料，大量的欧洲拉丁字母材料反映出明末清初(1644—1912)的官话。这类材料我们将会引用到如下几种：

明末时期

一般型[①]：代表性材料有两种，第一是利玛窦(Matteo Ricci 1552—1610)去世前十年在北京写的一系列汉语札记。文中的汉字用一套相当复杂的罗马字注音，显示出内部的一致性，标示出声调等。这种材料在中国明末时期曾有一定的流通，有一些现在保留在著名的《西字奇迹》中(见文字改革出版社1957)。第二是《西儒耳目资》，由金尼阁(Trigault 1577—1628)编写并出版于1626年的一个官话音节表。这些和随后的一些材料，我们都会列出拟定的音标，并以方括号表示。

---

① 英文为“General Type”。柯先生私下指出：在本文中，“一般型”指的是可以称为“成熟”或“复杂”的官话罗马化系统，其中辅音、元音、声调都以一致的方式充分表现出来。例如，在利玛窦晚期的文章和《西儒耳目资》中，人们都能找到它们。这时，传教士对官话的语音，辅音、元音、声调都有了很好的掌握。“一般型”与《葡汉辞典》手稿中早期的南方罗马化系统形成鲜明对比，它没有声调指示，没有送气和不送气辅音的区分，元音和辅音的拼法也经常不一致。这些代表了传教士最早的努力，当时他们还没有很好地掌握官话语音，也不知道在中国受过教育的人认为哪种形式的官话最标准。——译者

南方型：这种材料有两种来源。（1）意大利耶稣会档案馆保存的《葡汉辞典》手稿（编号：ARSI Jap.—Sin., I, 198，189fol., cm.23×16.5），是由利玛窦和罗明坚（Michele Ruggieri 1543—1607）合著。杨福绵（Yang 1989）认为编纂于1580年的广州附近[①]。它可能代表明末官话语音的一个地域性（南方）变体。我很感谢我的同事兼合作者李维（Joseph A. Levi）博士对本文的帮助。（2）一系列方言对话，包括上面提及的手稿。这些材料已经由古屋昭弘（Furuya 1988；1989）分析研究，我们的例子取自其文章。

清代早期

（1）万济国（Francisco Varo）《华语官话语法》（*Arte de la Lengua Mandarina*），广州，1703；实际上1684年完成于福州。此文本是关于早期清代官话的语法。我们的材料取自于此书的英译本（Coblin and Levi 2000）。特殊的法语形式前面加上缩写Fr.《华语官话语法》的补充材料是新发现的万济国题为《华语官话词典》的手稿本。此书的版本保存在柏林的德国国家图书馆和伦敦的大英博物馆，取自于此书的条目标记为Voc.。

（2）马若瑟（Joseph Prémare）《汉语札记》（*Notitia Linguae Sinicae*），内容为官话语法，大概完成于1730年。我的资料基本上来源于1893年的印刷版，其次是1831年较早的版本。

清代中期以后，我们会偶尔引用两种材料：

（1）马礼逊（Robert Morrison）《华英字典》三卷（*Dictionary of the Chinese Language, in three Parts*），澳门、伦敦，1815—1822；第二部分是按字母编排的《五车韵府》（1820），这是一本有关南京官话的字典。

（2）卫三畏（Swells Willians）《英华韵府历阶》（*English and Chinese Vocabulary in the Court Dialect*），澳门，1844，这是南京官话的音节表。

最后，我们将在特定例子中引用近现代南京方言材料：

清代晚期南京话：

（1）弗朗茨·屈奈特（Franz Kühnert），《南京字汇》（*Syllabar des Nankingdialektes oder der correkten Aussprache sammt Vocabular*）（1898）。这是南京市方言的同音字汇。为了解读屈奈特的转写，也会参考其早期的文章（Kühnert 1894）。因为其转写非常混乱和复杂，这里会适当简化和规范化。

① 杨福绵（Yang 1995）认为此书稿完成于1584—1588年间。详见中国语言学会编《中国语言学报》第5期，商务印书馆，1995年，第35—81页。——译者

（2）赫美玲（K. Hemeling），《南京官话》（*Die Nanking Kuanhua*）（1907）。哥廷根。其工作表面上是研究南京官话的同音字汇，但实际上是关于南京市方言的口语变体而不是共通语本身。赫美玲（Hemeling 1907：v—vi）指出，他记载的南京话的类型在某些方面与屈奈特的研究不同。

现代南京话：

（1）《江苏省和上海市方言概况》（江苏省和上海市方言调查指导组1960）

（2）《南京方言词典》（刘丹青1995）

我们当前研究的目标是将申叔舟的SR系统，作为最有代表性的明代早期官话和以金尼阁（和利玛窦）、万济国、马若瑟为代表的明代晚期官话语音明确的范本之间做一比较。南方官话类型，如《葡汉辞典》和*Dialogues*①所示，将会偶尔提及但不做比较。后期的材料从清代早、中期到现代南京话如需要也会给出。此方法将检验SR系统是晚期官话类型的直接祖先这一假设，并将重点放在出现的任何反例上。在可能的情况下，早期和后期阶段之间的语音对应关系将被认为是历时演变，每一个阶段至少用一个例子来说明。在这些例子中，《切韵》（QYS）的拟音以李方桂修改高本汉的中古拟音为准。它在这里不代表任何时期的实际读音，仅作为参考。

三、比较研究

（一）声母

申叔舟正音声母系统（SR initial system）如下：

p	p‘②	b	m	f	v	ʋ	
t	t‘	d	n	l			
ts	ts‘	ʣ			s	z	
tʂ	tʂ‘	dʐ			ʂ	ʐ	r
k	k‘	g	ŋ	ʔ	x	ɣ	
Ø							

明代晚期官话（官话简称：GH）的典型类型以金尼阁的声母系统为代表：

① 即《宾主问答私拟》（Furuya 1989）。——译者

② 原文送气符号“[’]”者，本译文一律改作“[‘]”。——译者

p	p‘	m	f	v
t	t‘	n	l	
ts	ts‘	s		
tʂ	tʂ’	ʂ	ʐ	
k	k‘	ŋ	x (ɣ)	w
Ø				

3.1 SR的浊声母

SR声母系统与晚期官话声母系统的主要区别在于前者有一系列不同的辅音，对应于传统的浊音类，由金光洙用浊音字母转写。这两种系统类型在很大程度上是现代普通话方言中常见的典型类型。即，除了下面要讨论的某些例外情况，浊擦音大部分对应晚期的清不送气擦音。浊塞音和浊塞擦音依照平声送气仄声不送气规律。申叔舟SR系统的浊声母的精确语音性质是有疑问的。他对这一问题有两个重要的看法：

（1）《四声通考·序》（俞昌均1973：XXi）：

全浊上去入三声之字，今汉人所用初声与清声相近，而亦各有清浊之别。独平声之字初声与次清相近。然次清则其声清。故音终自佀（=低）。浊声则其声浊。故音终稍厉。

（2）《洪武正韵译训·序》（原文由Mr. Hong-soo Kim提供）：

四声为平上去入，而全浊之字平声近于次清。上去入近于全清。世之所用如此。然亦不知其所以至此也。

从上述评论中，我们注意到几个重点。第一，在SR系统中，浊声母分成两类。这跟传统浊声母类清化成不送气和送气平行，正如现代官话方言声母系统所示。第二，也是最重要的是，虽然SR的浊声母的分化“接近”分别相应的清不送气和清送气声母，它们并未合并清声母。相反，某种区别仍然存在，申叔舟可以清楚地听出来。并最终这个区别被他描写成不单是声母的性质，相反是作为音节的某种性质，它显而易见地出现在音节末尾。即浊音被认为是有一种刺耳或尖锐的音色。因此，申叔舟所描写的不是简单的人们通常理解的辅音声母发音，而是某种特殊的嗓音类型，如杂音，可能跟音高区域有微妙的联系。无论如何，申叔舟记载的SR浊音类可以毫无困难地被设想成明代晚期官话类型特定声母的祖先。确定了这点，我们现在可以考察各个声母组。

3.2 唇音和唇齿音。其声母的发展可以归纳总结如下：

3.2.1 SR p-> GH p-

bǎ把 切韵系统pa:

A. EMing: 申叔舟SR pa（上）; PR—；LR—

B. LMing

General: 利玛窦—金尼阁pà[pa]

C. EQing: 万济国pà, Fr. pàs[pa]; 马若瑟 pà [pa]

3.2.2 SR p'-> GH p'-

pà 怕 切韵系统pha-

A. EMing: 申叔舟SR p‘a（去）; PR —；LR —

B. LMing

General: 利玛窦p'á[p‘a]; 金尼阁 'pá; [p‘a]

C. EQing: 万济国p'á [p‘a]; 马若瑟p'á; [p‘a]

3.2.3 SR b-> GH p'-, p-

pí 皮 切韵系统bje[3]

A. EMing: 申叔舟SR bi（平）; PR —；LR —

B. LMing

General: 利玛窦—；金尼阁 'pî [p‘i]

C. EQing: 万济国 p'î [p‘i]; 马若瑟 p'î [p‘i]

bái 白 切韵系统 bɐk

A. EMing: 申叔舟 SR bəj（入）; PR —；LR bəjʔ

B. LMing

General: 利玛窦—；金尼阁 pě[pɛʔ]

C. EQing: 万济国 pě, Fr. păi [pɛʔ]; 马若瑟 pě[pɛʔ]

3.2.4 SR m-> GH m-

mǎ马 切韵系统 ma:

A. EMing: 申叔舟 SR ma（上）; PR—；LR—

B. LMing

General: 利玛窦 mà [ma]; 金尼阁 mà [ma]

C. EQing: 万济国 mà [ma]; 马若瑟 mà [ma]

3.2.5 SR f-> GH f-

fāng方 切韵系统 pjwang

A. EMing: 申叔舟SR faŋ（平）；PR—；LR—

B. LMing

General: 利玛窦 fām［faŋ］；金尼阁 fām［faŋ］

C. EQing: 万济国 fāng［faŋ］；马若瑟 fāng［faŋ］

3.2.6 SR v-> GH f-

fáng房 切韵系统 bjwang

A. EMing: 申叔舟SR vaŋ（平）；PR—；LR—

B. LMing

General: 利玛窦—；金尼阁 fâm［faŋ］

C. EQing: 万济国 fâng, Fr. fâns［faŋ］；马若瑟 fâng［faŋ］

3.2.7 SR ʋ-> GH v-。这是各种官话类型普遍的演变，除了利玛窦和马若瑟偶尔的*øu*-异读，比如：

wàn万 切韵系统 mjwɐn-

A. EMing: 申叔舟SR ʋwan（去）；PR—；LR ʋwan

B. LMing

General: 利玛窦 uán,ván［uan~van］；金尼阁 ván［van］

C. EQing: 万济国 vuán［vuan］；马若瑟 ouán［uan］

wèn问 切韵系统 mjuən-

A. EMing: 申叔舟SR ʋun（去）；PR ʋən; LR ʋən

B. LMing

General: 利玛窦 vén［vɛn］；金尼阁 vén［vɛn］

C. EQing: 万济国 vuén［vuɛn］；马若瑟 vén, ouén［vɛn~uɛn］

wú无 切韵系统 mju

A. EMing: 申叔舟SR ʋu（平）；PR —; LR ʋu

B. LMing

General: 利玛窦 vû［vu］；金尼阁 vû［vu］

C. EQing: 万济国 vû［vu］；马若瑟 voû, oû［vu~u］

但是，在申叔舟正音（SR）音节中有*vi*，金尼阁也经常给出*øui*异读，例如：

wéi 微 切韵系统 mjwei

A. EMing: 申叔舟 SR ʋi（平）；PR —; LR ʋi

B. LMing

General: 利玛窦— ；金尼阁 vî, uî［vi~ui］

C. EQing: 万济国 vûi［vui］；马若瑟 ouéi, oûí［uɛi~ui］

wèi 未 切韵系统 mjwei-

O. 八思巴字 蒙古字韵 wi（去）［ʋi］

A. EMing: 申叔舟 SR ʋi（去）；PR —; LR ʋi

B. LMing

General: 利玛窦 ví［vi］；金尼阁 ví,uí［vi~ui］

C. EQing: 万济国 ví［vi］；马若瑟 ouéi,oúi［uɛi~ui］

在“尾”字例中，万济国一律使用零声母形式取代*v*-：

wěi 尾 切韵系统 mjwei:

A. EMing: 申叔舟 SR ʋi（上）；PR—; LR ʋi

B. LMing

General: 利玛窦— ；金尼阁 vì, uì［vi~ui］

C. EQing: 万济国 uì［ui］, ùy（Voc.）［ui］；马若瑟 ouèi, oùi［uɛi~ui］

3.3 齿音

3.3.1 SR t->GH t-

dāng 当 切韵系统 tâng

A. EMing: 申叔舟 SR taŋ（平）；PR—; LR—

B. LMing

General: 利玛窦— ；金尼阁 tām［taŋ］

C. EQing: 万济国 tāng［taŋ］；马若瑟 tāng［taŋ］

3.3.2 SR t'-> GH t'-

tā 他 切韵系统 thâ

A. EMing: 申叔舟 SR t'ɔ（平）；PR t'a; LR —

B. LMing

General: 利玛窦 t'ā［t'a］；金尼阁 'tā［t'a］

C. EQing: 万济国 t'ā［t'a］；马若瑟 t'ā, t'á［t'a］

3.3.3 SR d->GH t'-, t-

tán谈 切韵系统 dâm

A. EMing: 申叔舟 SR dam（平）；PR dan; LR —

B. LMing

General: 利玛窦 t'ân［t'an］；金尼阁 'tân［t'ân］

C. EQing: 万济国 t'ân［t'an］；马若瑟 t'ân, t'án［t'an］

dàn但 切韵系统 dân:, dân-

A. EMing: 申叔舟SR dan（上）；PR—; LR—

B. LMing

General: 利玛窦 tán［tan］；金尼阁 tán［tan］

C. EQing: 万济国 tán［tan］；马若瑟 tán［tan］

3.3.4 SR n-> GH n-

néng 能 切韵系统 nəng

A. EMing: 申叔舟SR nəjŋ（平）；PR nəŋ; LR nəŋ

B. LMing

General: 利玛窦 nêm［nɛŋ］；金尼阁 nêm［nɛŋ］

C. EQing: 万济国 nêng, Fr. nêns［nɛŋ］；马若瑟 nêng［nɛŋ］

3.3.5 SR l-> GH l-

liǎng 两 切韵系统 liang:

A. EMing: 申叔舟 SR ljaŋ（上）；PR—; LR —

B. LMing

General: 利玛窦—；金尼阁 leàm［liaŋ］

C. EQing: 万济国 leàng［liaŋ］；马若瑟 lèang［liaŋ］

3.4 咝音

3.4.1 SR ts-> GH ts-

zǎo 早 切韵系统 tsâu:

A. EMing: 申叔舟SR tsaw（上）；PR—; LR—

B. LMing

General: 利玛窦— ；金尼阁 çào［tsau］

C. EQing: 万济国 çhào［tsau］; 马若瑟 tsào［tsau］

3.4.2 SR ts'-> GH ts'-

cài 菜 切韵系统 tshậi-

A. EMing: 申叔舟 SR ts‘aj（去）; PR—; LR—

B. LMing

General: 利玛窦 — ；金尼阁 'çái［ts‘ai］

C. EQing: 万济国 çh'ái［ts‘ai］; 马若瑟 t'sái［ts‘ai］

3.4.3 SR ʣ-> GH ts'-, ts-

cáng 藏 切韵系统 ʣâng

A. EMing 申叔舟 SR ʣaŋ（平）; PR—; LR—

B. LMing

General: 利玛窦 ç'âm［ts‘aŋ］; 金尼阁 'çâm［ts‘aŋ］

C. EQing: 万济国 ç'âng, Fr. ts'âns［ts‘aŋ］; 马若瑟 ts'âng［ts‘aŋ］

zì 自 切韵系统 ʣi-

A. EMing: 申叔舟 SR ʣɿ（去）; PR—; LR—

B. LMing

General: 利玛窦 çǘ［tsɿ］; 金尼阁 çǘ［tsɿ］

C. EQing: 万济国 çhǘ［tsɿ］; 马若瑟 tsée［tsɿ］

3.4.4 SR s-> GH s-

sī 思 切韵系统 sï

A. EMing: 申叔舟 SR sɿ（平）; PR—; LR—

B. LMing

General: 利玛窦 sṻ［sɿ］; 金尼阁 sṻ［sɿ］

C. EQing: 万济国 çủ［sɿ］; 马若瑟 ssē, ssēe［sɿ］

3.4.5 SR z-> GH s-, ts'-。仄声字中，SR *z*-无一例外地对应晚期的*s*-。例如：

sú 俗 切韵系统 zjwok

A. EMing: 申叔舟 SR zy（入）; PR —; LR —

B. LMing

General: 利玛窦 sǒ［so?］; 金尼阁; sǒ［so?］

C. EQing: 万济国 sǒ（Voc.）［sʊ?］; 马若瑟 sioǔ［siu?］

xiè 谢 切韵系统 zja-

A. EMing: 申叔舟 SR zje（去）; PR—; LR—

B. LMing

General: 利玛窦—；金尼阁 sié［siɛ］

C. EQing: 万济国 sié, Fr. siáis［siɛ］; 马若瑟 sié［siɛ］

这种类型的例子也出现在平声字中：

xié 邪 切韵系统 zja

A. EMing: 申叔舟 SR zje（平）; PR—; LR—

B. LMing

General: 利玛窦 siê［siɛ］; 金尼阁 siê［siɛ］

C. EQing: 万济国 siê［siɛ］; 马若瑟 siê［siɛ］

xún 旬 切韵系统 zjuen

A. EMing: 申叔舟 SR zyn（平）; PR —; LR —

B. LMing

General: 利玛窦 siûn［syn］; 金尼阁 siûn［syn］

C. EQing: 万济国 siûn［syn］; 马若瑟 sûn［syn］

但是，有些例子金尼阁有 *s*- 和 *ts'*- 的异读，而万济国和晚期官话材料只选择其中之一，这种选择带有倾向性和一致性。比较下面的例子：

cí 辞 切韵系统 zï

A. EMing: 申叔舟 SR zɿ（平）; PR—; LR zɿ

B. LMing

General: 利玛窦 ç'û［ts'ɿ］; 金尼阁 'çû, sû［ts'ɿ~sɿ］

Southern: 葡汉辞典—；*Dialogues* ssi［sɿ］

C. EQing: 万济国 çh'û［ts'ɿ］; 马若瑟 ts'eê［ts'ɿ］

D. MQing: 马礼逊 tszē［ts‘ɿ］；卫三畏 ts'z'^{2}［ts‘ɿ］

E. LQing Nanking: 屈奈特 tsŷ［ts‘ɿ］；赫美玲 tz'ŭ^{2}［ts‘ɿ］

F. ModNanking: 江苏省［ts‘ɿ^{13阳平}］；南京方言［ts‘ɿ^{24}］

xiáng 详 切韵系统 zjang

A. EMing: 申叔舟 SR zjaŋ（平）；PR—；LR zjaŋ

B. LMing

General: 利玛窦 c'iâm［ts‘iaŋ］；金尼阁 siâm, ç'iâm［siaŋ~ts‘iaŋ］

C. EQing: 万济国 çh'iâng［ts‘iaŋ］；马若瑟 ts'iâng［ts‘iaŋ］

D. MQing: 马礼逊 tseang（常读音），seang［ts‘iaŋ~siaŋ］；卫三畏 siáng^{2}［siaŋ］

E. LQing Nanking: 屈奈特 tsïã［ts‘iã］；赫美玲 ts'iang^{2}［ts‘iaŋ］

F. ModNanking: 江苏省［tɕ‘iã^{13阳平}］；南京方言—

xún 寻 切韵系统 zjəm

A. EMing: 申叔舟 SR zim（平）；PR zin; LR zin

B. LMing

General: 利玛窦 sîn［sin］；金尼阁 ç'în, sîn［ts‘in~sin］

C. EQing: 万济国 sìn［sin］；马若瑟 sûn, siûn［syn］

D. MQing: 马礼逊 sīn［sin］；卫三畏 sin^{2}［sɪn］

E. LQing Nanking: 屈奈特 sïwîn［siyn］；赫美玲 ts'in/ts'ing^{2}［ts‘ɪn~ts‘ɪŋ］

F. ModNanking: 江苏省［tɕ‘yəŋ^{13阳平}］；南京方言 —

xú 徐 切韵系统 zjwo

A. EMing: 申叔舟 SR zy（平）；PR—; LR —

B. LMing

General: 利玛窦—；金尼阁 ç'iû, siû［ts‘y~sy］

C. EQing: 万济国—；马若瑟 sû［sy］

D. MQing: 马礼逊 seū［sy］；卫三畏 sü^{2}［sy］

E. LQing Nanking: 屈奈特 sïwí［siy］；赫美玲 ts'ü^{2}［ts‘y］

F. Mod Nanking: 江苏省［tɕ‘y^{13阳平}］；南京方言［ts‘y^{24}］

这里我们假设：金尼阁的 *s-* 是直接继承自早期的 SR 系统，而 *ts'-* 读法，作为异读一般有分布上的限制，是由其他方言类型而来的异源读音。现在值得注意的是在平声字中，比如近现代的南京话常常使用塞擦音而非擦音。通过比较可以看出，这种塞擦音在以《江苏省和上海市方言概况》(1960)为代表的江淮方言中实际上是相当普遍的。事实上，我们发现即使在诸如“邪”“旬”这样官话和南京话一致为摩擦音声母的字中，相对保守的江淮方言如南通，是tɕ‘-而不是ɕ-。因此，这些字的塞擦音读法在某种程度上也许是这个语系比较普遍的特征。无论如何，我们可以推测某些这样的方言类型，甚至某种形式的一些老南京话或者相关的早期江淮方言，是出现在金尼阁和后来所引用数据中塞擦音的来源。

3.5 **卷舌音**。申叔舟的SR卷舌音通常直接对应官话的卷舌音，如下所示：

3.5.1 SR tʂ-> GH tʂ-

zhēn真 切韵系统 tśjen

A. EMing: 申叔舟SR tʂin (平); PR— ; LR—

B. LMing

General: 利玛窦 chīn [tʂin]; 金尼阁 chīn [tʂin]

C. EQing: 万济国 chīn, Fr. tchīne [tʂin]; 马若瑟 tchīn,tchīng [tʂin~tʂiŋ]

3.5.2 SR tʂ'-> GH tʂ'-

chuān穿 切韵系统 tśhjwän

A. EMing: 申叔舟 SR tʂ‘yen (平); PR— ; LR—

B. LMing

General: 利玛窦— ; 金尼阁 c'huēn [tʂ‘uɛn]

C. EQing: 万济国 chuēn' (Voc.) [tʂ‘uɛn]; 马若瑟 tch'ouēn, tch'oūan [tʂ‘uɛn~tʂ‘uan]

3.5.3 SR dʐ-。在仄声字中，这个声母对应于官话的tʂ-:

zhàng丈 切韵系统 ḍjang:

A. EMing: 申叔舟 SR dʐjaŋ (上); PR— ; LR—

B. LMing

General: 利玛窦— ; 金尼阁 chàm, chám [tʂaŋ]

C. EQing: 万济国 cháng [tʂaŋ]; 马若瑟 tcháng [tʂaŋ]

平声字中，通常对应官话的tʂ‘-，比如：

chái 柴 切韵系统 dẓaï

A. EMing: 申叔舟 SR dẓaj（平）；PR—；LR—

B. LMing

General: 利玛窦—；金尼阁 c'hâi［tʂ'ai］

C. EQing: 万济国 chây'（Voc.）［tʂ'ai］；马若瑟 tch'âi［tʂ'ai］

chóng 虫 切韵系统 ḍjung

A. EMing: 申叔舟 SR dzjuŋ（平）；PR dẓuŋ; LR—

B. LMing

General: 利玛窦 ch'ûm［tʂ'uŋ］；金尼阁 c'hûm［tʂ'uŋ］

C. EQing: 万济国 ch'ûng（Voc.）［tʂ'uŋ］；马若瑟 tch'ông［tʂ'oŋ］

但是，在一些特例中，金尼阁记载有竞争性异读*tʂ'*-和*ʂ*-，比如：

cháng 常 切韵系统 źjang

O. 八思巴字 蒙古字韵 zhang（平）［ʐaŋ］；中原音韵 tʂʰaŋ'

A. EMing: 申叔舟 SR dzjaŋ（平）；PR —; LR —

B. LMing

General: 利玛窦 ch'âm［tʂ'aŋ］；金尼阁 c'hâm, xâm［tʂ'aŋ~ʂaŋ］

Southern: 葡汉辞典 ciam, ciã［tʂ'aŋ］；*Dialogues* cia'［tʂ'aŋ］

C. EQing: 万济国 ch'âng［tʂ'aŋ］；马若瑟 t'châng, tch'âng［tʂ'aŋ］

D. MQing: 马礼逊 ch'ang［tʂ'aŋ］；卫三畏 cháng²［tʂ'aŋ］

E. LQing Nanking: 屈奈特 tshã［tʂ'ã］；赫美玲 ch'an/ch'ang²［tʂ'an~tʂ'aŋ］

F. ModNanking 江苏省［tʂ'ã^{13阳平}］；南京方言［tʂ'ãŋ^{24}］

chén 臣 切韵系统 źjen

O. 八思巴字 蒙古字韵 zhin（平）［ʐin］；中原音韵 tʂʰin'

A. EMing: 申叔舟 SR dẓin（平）；PR—; LR—

B. LMing

General: 利玛窦—；金尼阁 xîn, chîn［ʂin~tʂ'in］

C. EQing: 万济国—；马若瑟 t'chîn［tʂ'in］

D. MQing: 马礼逊 chĭn［tʂ'in］；卫三畏 chin²［tʂ'ɪn］

E. LQing Nanking: 屈奈特 tshêng,tshên［tʂ'en~tʂ'eŋ］；赫美玲 ch'ên/ch'êng²［tʂ'ən~tʂ'əŋ］

F. ModNanking: 江苏省 [tʂʻəŋ$^{13\text{阳平}}$]; 南京方言—

chéng 城 切韵系统 źjäng

O. 八思巴字 蒙古字韵 zhing（平）[ʐi̯ŋ]; 中原音韵 tʂ^{h}iŋ'

A. EMing: 申叔舟 SR dʐi̯ŋ（平）; PR —; LR —

B. LMing

General: 利玛窦 c'hîm [tʂʻiŋ]; 金尼阁 c'hîm,xîm [tʂʻiŋ~ʂiŋ]

Southern: 葡汉辞典 cin [tʂʻin]; *Dialogues*—

C. EQing: 万济国 ch'îng, Fr.tch'îne [tʂʻiŋ]; 马若瑟—

D. MQing: 马礼逊 ching [tʂʻiŋ]; 卫三畏 ch'ing^{2} [tʂʻɪŋ]

E. LQing Nanking: 屈奈特 tshêng [tʂʻɛŋ]; 赫美玲 ch'ên/ch'êng^{2} [tʂʻən~tʂʻəŋ]

F. ModNanking: 江苏省 [tʂʻəŋ$^{13\text{阳平}}$]; 南京方言 [tʂʻən^{24}]

chéng 承 切韵系统 źjəng

O. 八思巴字 蒙古字韵 zhing（平）[ʐi̯ŋ]; 中原音韵 tʂ^{h}iŋ'

A. EMing: 申叔舟 SR dʐi̯ŋ（平）; PR —; LR —

B. LMing

General: 利玛窦—；金尼阁 c'hîm,xîm [tʂʻiŋ~ʂiŋ]

Southern: 葡汉辞典 sin [sin]; *Dialogues* cin [tʂʻin]

C. EQing: 万济国—；马若瑟 tch'ing [tʂʻing]

D. MQing: 马礼逊 chīng [tʂʻiŋ] 卫三畏 —

E. LQing Nanking: 屈奈特 tshêng [tʂʻɛŋ]；赫美玲 ch'ên/ch'êng^{2} [tʂʻən~tʂʻəŋ]

F. ModNanking: 江苏省 [tʂʻəŋ$^{13\text{阳平}}$]; 南京方言 [tʂʻən^{24}]

这种类型的例子值得注意的是，它们一律使用《切韵》的禅母三等ź-。因此它们可以从《切韵》的语音系统进行预测，但不能从SR的语音系统的角度来预测。在这些例子中，晚期官话系统一律选择*tʂʻ*-的读法，现代江淮方言也是如此。类似的塞擦音读法明显地存在于《中原音韵》的系统之中。另外，八思巴也许代表了一个早期中原某种标准音，这些例子都存在擦音的读法。可能的解释是在金尼阁的时代，这些擦音形式依然存在于标准的语音系统中并且和塞擦音形成竞争。但是也许受比较权威语言类型的影响，而这种类型又偏于塞擦音读法，因此塞擦音的读法盛行开来，并独自留存于后来不同官话之中。

3.5.4 SR ʂ-> GH ʂ-

shàn 扇 切韵系统 śjän-

A. EMing: 申叔舟 SR ʂjen（去）；PR—；LR—

B. LMing

General: 利玛窦—；金尼阁 xién, xén［ʂiɛn~ʂɛn］

C. EQing: 万济国 xén［ʂɛn］；马若瑟 chán［ʂan］

3.5.5 SR ʐ->GH ʂ-

shàn 善 切韵系统 źjän:, źjän-

A. EMing: 申叔舟 SR zjen（上去）；PR（去）；LR zjen（上）

B. LMing

General: 利玛窦 xén［ʂɛn］；金尼阁 xién, xén, xièn,xèn［ʂiɛn~ʂɛn］

C. EQing: 万济国 xén, Fr. chéne［ʂɛn］；马若瑟 chén［ʂɛn］

平声字中，金尼阁偶尔会有 *tʂ'*- 和 *ʂ*- 的异读，但是在这些例子中，官话类型常常选择 *ʂ*- 的读法。比较如下：

chén 辰 切韵系统 źjen

A. EMing: 申叔舟 SR zin（平）；PR—；LR dzin

B. LMing

General: 利玛窦 —; 金尼阁 xîn［ʂin］

C. EQing: 万济国 xîn, xín［ʂin］；马若瑟—

D. MQing: 马礼逊 shīn［ʂin］；卫三畏 shin² ［ʂɪn］

chún 唇 切韵系统 dźjuen

A. EMing: 申叔舟 SR zyn（平）；PR—；LR—

B. LMing

General: 利玛窦 —; 金尼阁 c'hûn, xûn［tʂ'un~ʂun］

C. EQing: 万济国 xûn［ʂun］；马若瑟 chûn, chouên［ʂun~ʂuɛn］

D. MQing: 马礼逊 shun［ʂun］；卫三畏 shun² ［ʂʊn］

3.5.6 SR r->GH ʐ-

rén 人 切韵系统 ńźjen

A. EMing: 申叔舟 SR rin（平）；PR—；LR—

B. LMing

General: 利玛窦 gîn［ʐɿn］；金尼阁 jîn［ʐɿn］

C. EQing: 万济国 jín［ʐɿn］；马若瑟 gîn［ʐɿn］

在以下的音节中，SR 声母 *r*- 完整的丢失，产生出一个特殊的音节类型［ɚ］：

èr 二 切韵系统 ńźi-

A. EMing: 申叔舟 SR ri（去）；PR rʅ; LR rʅ

B. LMing

General: 利玛窦 lh'［ɚ］；金尼阁 úl［ɚ］

Southern: 葡汉辞典 gi［ʐɿ］；*Dialogues*—

C. EQing: 万济国 úl［ɚ］；马若瑟 éull, éul［ɚ］

金尼阁（Trigault 1626: I: 65a）意识到 *ʐɿ*（他记作 *ji*）有异读，但是他认为是土音而没有在他的音节表中列出来。南方官话类型在这些例子中整齐地读作 *ʐɿ*。

除了上面提到的官话卷舌音的对应之外，还有另一种不太常见的类型，其中金尼阁有咝音和卷舌音的异读，或者有时只有咝音，比如：

zhēng 争 切韵系统 tṣɛng

A. EMing: 申叔舟 SR tṣəjŋ（平）；PR tṣəŋ; LR tṣəŋ

B. LMing

General: 利玛窦 —; 金尼阁 chēm, çēn［tṣɛŋ~tsɛŋ］

Southern: 葡汉辞典 —; *Dialogues* çen［tsɛn］

C. EQing: 万济国 çhéng［tsɛŋ］；马若瑟 tsēng［tsɛŋ］

D. MQing: 马礼逊 tsăng［tsæŋ］；卫三畏 tsang^{1}［tsəŋ］

E. LQing Nanking: 屈奈特 dshēng, dsēng［tṣɛŋ~tsɛŋ］；赫美玲 tsên/tsêng^{1}［tsən~tsəŋ］

F. ModNanking: 江苏省［tsəŋ$^{31\text{阴平}}$］；南京方言［tsən^{31}］

chū 初 切韵系统 tṣhjwo

A. EMing: 申叔舟 SR tṣ‘u（平）；PR—; LR—

B. LMing

General: 利玛窦—；金尼阁 c'hū, 'çū［tṣ‘u~ts‘u］

Southern: 葡汉辞典 zu［ts'u］；*Dialogues* zo［ts‘o］

C. EQing: 万济国 çh'ū, Fr. ts'ōu; çh'ō［ts‘u~ts‘o］; 马若瑟 ts'ōu［ts‘u］

D. MQing: 马礼逊 tsōo, choo［ts‘u~tʂ‘u］; 卫三畏 ts'ú^{1}［ts‘u］

E. LQing Nanking: 屈奈特 tshwē［tʂ‘u］; 赫美玲 ts'u^{1}［ts‘u］

F. ModNanking: 江苏省［ts‘u$^{31\text{阴平}}$］; 南京方言［ts‘u^{31}］

zhòu 骤 切韵系统 dẓjəu-

A. EMing: 申叔舟 SR dẓəw（去）; PR—; LR—

B. LMing

General: 利玛窦—；金尼阁 çéu［tsɛu］

D. MQing: 马礼逊 tsòw［tsʌu］; 卫三畏 —

E. LQing Nanking: 屈奈特 dsǒ［tsəu］; 赫美玲 tsou^{4}［tsəu］

F. ModNanking: 江苏省［tsəɯ$^{44\text{去}}$］; 南京方言—

shā 杀 切韵系统 ṣăt

A. EMing: 申叔舟 SR ʂa（入）; PR—; LR—

B. LMing

General: 利玛窦 —; 金尼阁 xă, să［ʂaʔ~saʔ］

Southern: 葡汉辞典 sa, scia［saʔ~ʂaʔ］; *Dialogues*—

C. EQing: 万济国 xǎ［ʂaʔ］; 马若瑟 chǎ［ʂaʔ］

D. MQing: 马礼逊 shǎ［ʂæʔ］; 卫三畏 sháh^{7}［ʂaʔ］

E. LQing Nanking: 屈奈特 sha'［ʂɑʔ］; 赫美玲 sha^{5}［ʂaʔ］

F. ModNanking: 江苏省［ʂɑʔ$^{5\text{入}}$］; 南京方言［ʂɑʔ］

shēng 生 切韵系统 ṣɐng

A. EMing: 申叔舟 SR ʂəjŋ（平）; PR ʂəŋ; LR ʂəŋ

B. LMing

General: 利玛窦 sēm［sɛŋ］; 金尼阁 sēm［sɛŋ］

Southern: 葡汉辞典 sen［sɛn］; *Dialogues* sen, se'［sɛn］

C. EQing: 万济国 sēng［sɛŋ］; 马若瑟 sēng［sɛŋ］

D. MQing: 马礼逊 sǎng［sæŋ］; 卫三畏 sang^{1}［səŋ］

E. LQing Nanking: 屈奈特 sēng［sɛŋ］; 赫美玲 sên/sêng^{1}［sən~səŋ］

F. ModNanking: 江苏省［səŋ$^{31\text{阴平}}$］; 南京方言［sən^{31}~ʂən^{31}］

chǎn产 切韵系统 ṣǎn

A. EMing: 申叔舟 SR tʂ'an（上）；PR—; LR —

B. LMing

General: 利玛窦 ç'ân［ts'an］；金尼阁 ch'àn, ç'àn［tʂ'an~ts'an］

Southern: 葡汉辞典—；*Dialogues* —

C. EQing: 万济国 çh'àn［ts'an］；马若瑟 t'chàn［tʂ'an］

D. MQing: 马礼逊 ch'àn［tʂ'an］；卫三畏 ch'án^{1}［tʂ'an］

E. LQing Nanking: 屈奈特 tshã'［tʂ'ã］；赫美玲 ch'an/ ch'ang^{3}［tʂ'an~tʂ'aŋ］

F. ModNanking: 江苏省［tʂ'ã^{22上}］；南京方言—

当出现异读时，晚期官话通常选择咝音的读法，南京和某些江淮方言的声母演变类型通常符合这一选择。这些咝音的发展有时可以从SR系统中预测。比如：当SR卷舌音出现在韵母*-u*，*-əw*，*-ən*，*-əjŋ*和*-ʅʔ*等的时候，咝音规则地出现。但在其他情况下，这种可预测性并不存在，比如：

shī师 切韵系统 ṣi

A. EMing: 申叔舟 SR ʂi（平）；PR ʂʅ; LR ʂʅ

B. LMing

General: 利玛窦 —；金尼阁 xī, sū̆［ʂi~sɿ］

Southern: 葡汉辞典 ssi［sɿ］；*Dialogues* si［sɿ］

C. EQing: 万济国 çū（Voc.）［sɿ］；马若瑟 sēe, ssēe,sē,chē［sɿ~ʂʅ］

D. MQing: 马礼逊 szē［sɿ］；卫三畏 sz'^{1}［sɿ］

E. LQing Nanking: 屈奈特 sȳ［sɿ］；赫美玲 ssŭ^{1}［sɿ］

F. ModNanking: 江苏省［sɿ^{31阴平}］；南京方言［sɿ^{31}］

cè厕 切韵系统 tṣhï-

A. EMing: 申叔舟 SR tʂ'ʅ（去）；PR—; LR tʂ'ʅ

B. LMing

General: 利玛窦—；金尼阁 c'hí, ç'ú［tʂ'i~ts'ɿ］

Southern: 葡汉辞典 çi［ts'ɿ］；*Dialogues* —

C. EQing: 万济国 çh'ú（Voc.）［ts'ɿ］；马若瑟 —

D. MQing: 马礼逊 tszé［ts'ɿ］；卫三畏 ts'z'^{5}［ts'ɿ］

E. LQing Nanking: 屈奈特 dsè［'］, tsỳ［tsɛʔ~ts'ɿ］；赫美玲 —

F. ModNanking: 江苏省［tsʻɿ⁴⁴去; tsʻəʔ⁵入］; 南京方言［sɿ⁴⁴; tsʻəʔ］

我们可以和这些例子进行比较：

shī施 切韵系统 śje

A. EMing: 申叔舟 SR ʂi（平）; PR ʂʅ; LR ʂʅ

B. LMing

General: 利玛窦 —；金尼阁 xī［ʂi］

Southern: 葡汉辞典 ssi［sɿ］; *Dialogues* —

C. EQing: 万济国—；马若瑟 chē［ʂʅ］

D. MQing: 马礼逊 shē［ʂi］; 卫三畏 shí[1]［ʂi］

E. LQing Nanking: 屈奈特 shī［ʂi］; 赫美玲 shih[1]［ʂʅ］

F. ModNanking: 江苏省［ʂʅ³¹阴平］; 南京方言［ʂʅ³¹］

chì炽 切韵系统 tśhï-

A. EMing: 申叔舟 SR tʂʻʅ（去）; PR—; LR—

B. LMing

General: 利玛窦 chiĕ［tʂieʔ］; 金尼阁 c'hí［tʂʻi］

D. MQing: 马礼逊 ch'e［tʂʻi］; 卫三畏 —

E. LQing Nanking: 屈奈特 —；赫美玲 ch'ih[5]［tʂʻʅʔ］

这两组例子中SR形式分别相同。现在，在一个相似的例子中，注意SR的ʂuj读法与金尼阁官话的suj/ʂui读法：

shuāi 衰 切韵系统 ṣwi

A. EMing: 申叔舟 SR ʂuj（平）; PR ʂwaj; LR —

B. LMing

General: 利玛窦 sūi［sui］; 金尼阁 sūi, xūi, xoāi［sui~ʂui~ʂuai］

Southern: 葡汉辞典 soi［soi］; *Dialogues* —

这些可以和以下例子相比较：

shuǐ水 切韵系统 świ:

A. EMing: 申叔舟 SR ʂuj, ʂi（上）; PR ʂi; LR ʂuj

B. LMing

General: 利玛窦 xùi［ʂui］; 金尼阁 xùi［ʂui］

Southern: 葡汉辞典 scioj, scioi［ʂoi］; *Dialogues* scioi［ʂoi］

从《切韵》的角度看，存在明确的模式。比如，当照二（《切韵》tʂ-, tʂh- 等）出现在三等韵时，官话的咝音是可预测的（例外是《切韵》韵母 *-jang*，详见章节 3.15.18）。此外，照二组在一定数量的二等韵前时，如：*-ɛng, -ɛk, -ɐk, -ɐng, -ăn, -ăt, -åk*，咝音也出现。有些例子中，《切韵》澄母（ḍ-）在相同的条件下也发展成咝音，比如：

zé 择 切韵系统 ḍɐk

A. EMing: 申叔舟 SR dzəj（入）; PR —; LR —

B. LMing

General: 利玛窦 cĕ［tsɛʔ］; 金尼阁 çĕ［tsɛʔ］

Southern: 葡汉辞典 ze［tsɛʔ］; *Dialogues* —

C. EQing: 万济国 çhĕ（Voc.）［tsɛʔ］; 马若瑟 tsĕ［tsɛʔ］

D. MQing: 马礼逊 tsĭh［tsɪʔ］; 卫三畏 tseh[8]［tsɛʔ］

E. LQing Nanking: 屈奈特 dse'［tsɛʔ］; 赫美玲 tsai[5]［tsəʔ］

F. ModNanking: 江苏省［tsəʔ[5入]］; 南京方言［tsəʔ］

zhái 宅 切韵系统 ḍɐk

A. EMing: 申叔舟 SR dzəj（入）; PR—; LR dzəjʔ

B. LMing

General: 利玛窦—；金尼阁 çĕ［tsɛʔ］

C. EQing: 万济国 çhĕ（Voc.）［tsɛʔ］; 马若瑟 —

D. MQing: 马礼逊 tsĭh［tsɪʔ］; 卫三畏 tseh[8]［tsɛʔ］

E. LQingNanking: 屈奈特 dse'［tsɛ‘］; 赫美玲 tsai[5]［tsəʔ］

F. ModNanking: 江苏省［tsəʔ[5入]］; 南京方言 —

无论如何，官话中的咝音声母看起来不容易解释成是从 SR 系统中规则发展而来。相反，金尼阁记录的异读似乎表明其中的咝音读法在官话中是异源读音，来自类似江淮官话之类的方言，这些方言的照二系（和一些其他声母）在特定条件下已经变成了咝音。到了金尼阁的时代，以 SR 为代表的许多早期的卷舌音已经完全被取代，而其他的依然作为异读仍保存在金尼阁记录的官话类型中。在明代晚期官话中它们几乎全部失去而变成咝音。

3.6 喉音

3.6.1 SR k->GH k-

gǎn感 切韵系统 kậm：

A. EMing: 申叔舟 SR kam（上）；PR kan; LR —

B. LMing

General: 利玛窦 càn［kan］；金尼阁 kàn［kan］

C. EQing: 万济国 kàn［kan］；马若瑟 kàn［kan］

3.6.2 SR k'-> GH k'-

kāi开 切韵系统 khậi

A. EMing: 申叔舟 SR k‘aj（平）；PR—; LR—

B. LMing

General: 利玛窦 k'āi［k‘ai］；金尼阁 k'āi［k‘ai］

C. EQing: 万济国 k'āi［k‘ai］；马若瑟 k'āi［k‘ai］

3.6.3 SR g-> GH k'-, k-

qí其 切韵系统 gjï

A. EMing: 申叔舟 SR gi（平）；PR—; LR—

B. LMing

General: 利玛窦 k'î［k‘i］；金尼阁 'kî［k‘i］

C. EQing: 万济国 k'ŷ, k'î［k‘i］；马若瑟 k'î［k‘i］

jìn近 切韵系统 gjən:, gjən-

A. EMing: 申叔舟 SR gin（上去）；PR—; LR—

B. LMing

General: 利玛窦— ；金尼阁 kìn, kín［kin］

C. EQing: 万济国 kín［kin］；马若瑟 kín［kin］

3.6.4 SR ŋ-。这个声母在SR的元音 *a* 和 ɔ 之前保持不变，比如：

ài碍 切韵系统 ngậi-

A. EMing: 申叔舟 SR ŋaj（去）；PR—; LR—

B. LMing

General: 利玛窦 ngái [ŋai]; 金尼阁 gái [ŋai]

C. EQing: 万济国 gáy (Voc.) [ŋai]; 马若瑟 ngái [ŋai]

wǒ 我 切韵系统 ngâ:

A. EMing: 申叔舟 SR ŋɔ (上); PR ɔ; LR ɔ

B. LMing

General: 利玛窦 ngò [ŋɔ]; 金尼阁 gò [ŋɔ]

C. EQing: 万济国 gò [ŋɔ]; 马若瑟 ngò [ŋɔ]

在SR的*y*和*i*之前消失，比如：

yú 鱼 切韵系统 ngjwo[①]

A. EMing: 申叔舟 SR ŋy (平); PR —; LR —

B. LMing

General: 利玛窦 —; 金尼阁 iû̥ [y]

C. EQing: 万济国 iû [y]; 马若瑟 iû [y]

yuè 月 切韵系统 ngjwɐt

A. EMing: 申叔舟 SR ŋye (入); PR—; LR —

B. LMing

General: 利玛窦 iuĕ [yɛʔ]; 金尼阁 iuĕ [yɛʔ]

C. EQing: 万济国 iuĕ [yɛʔ]; 马若瑟 iuĕ [yɛʔ]

yín 银 切韵系统 ngjen

A. EMing: 申叔舟 SR ŋin (平); PR in; LR in

B. LMing

General: 利玛窦— ; 金尼阁 în [in]

C. EQing: 万济国 în [in]; 马若瑟 în [in]

在下列例子中，规则的官话形式*øi-* 在连续的时间内和另一个有低元音并保留声母*ŋ-*的读音竞争。这种异读的来源仍然不确定：

① 原文群母作“g”或“g”，疑母作“ng”或“ng”，现统一作“g”和“ng”。——译者

yìng硬 切韵系统 ngɛng-

A. EMing: 申叔舟 SR ŋiŋ（去）；PR —；LR —

B. LMing

General: 利玛窦 —；金尼阁 ím, gém［iŋ~ŋɛŋ］

C. EQing: 万济国 géng, íng（Voc.）［ŋɛŋ~iŋ］；马若瑟 nghéng［ŋɛŋ］

D. MQing: 马礼逊 găng, yíng［ŋæŋ~iŋ］；卫三畏 ngang[6]［ŋəŋ］

在SR中-*w*-之前，声母*ŋ*-丢失而产生官话的*øu*-，有时与*v*-形成竞争。而这些例子，万济国一律选择*v*-的读法。比如：

wă瓦 切韵系统 ngwa：

A. EMing: 申叔舟 SR ŋwa（上）；PR wa; LR wa

B. LMing

General: 利玛窦—；金尼阁 uà［ua］

C. EQing: 万济国 và［va］；马若瑟 ouà［ua］

wài外 切韵系统 ngwâi-

A. EMing: 申叔舟 SR ŋwaj（去）；PR ŋwaj, waj; LR waj

B. LMing

General: 利玛窦 vái［vai］；金尼阁 vái, uái［vai~uai］

C. EQing: 万济国 vái［vai］；马若瑟 ouái, vái［uai~vai］

wán玩 切韵系统 nguân-

A. EMing: 申叔舟 SR ŋwɔn（去）；PR wɔn; LR —

B. LMing

General: 利玛窦 —；金尼阁 uôn,uón,uán［uɔn~uan］

C. EQing: 万济国 —；马若瑟 ouân,ouán［uan］

对于SR的*ŋu*音节，金尼阁经常给出有无*ŋ*的异读。晚期官话类型选择两者之一，万济国几乎一律选择*ŋ*-的形式：

wú吾 切韵系统 nguo

O. 八思巴 蒙古字韵 u（平）［u］；中原音韵u'

A. EMing: 申叔舟 SR ŋu（平）；PR —; LR —

B. LMing

General: 利玛窦 gû［ŋu］; 金尼阁 û, gû［u~ŋu］

C. EQing: 万济国 gû［ŋu］; 马若瑟 ngoû, oû［ŋu~u］

D. MQing: 马礼逊 wōo［u］; 卫三畏 wu^2［u］

E. LQing Nanking: 屈奈特 'wê［u］; 赫美玲 u^2［u］

F. ModNanking: 江苏省 — ; 南京方言［u^{11}~ŋ］

wù误 切韵系统 nguo-

O. 八思巴 蒙古字韵 u（去）［u］; 中原音韵u`

A. EMing: 申叔舟 SR ŋu（去）; PR —; LR —

B. LMing

General: 利玛窦 — ; 金尼阁 ú, gú［u~ŋu］

C. EQing: 万济国 gú（Voc.）［ŋu］; 马若瑟 oú［u］

D. MQing: 马礼逊 wóo［u］; 卫三畏 $wú^6$［u］

E. LQing Nanking: 屈奈特 'wè［u］; 赫美玲 u^4［u］

F. ModNanking: 江苏省［$u^{44去}$］; 南京方言［u^{44}］

一个有趣的例外是“五”字。金尼阁没有给出“ŋu”的形式，晚期官话类型通常也是如此。万济国在他的语法中使用“ù［u］”，但是在他的字典中只有“gù［ŋu］”：

wǔ五 切韵系统 nguo:

O. 八思巴 蒙古字韵 u（上）［u］; 中原音韵uˇ

A. EMing: 申叔舟 SR ŋu（上）; PR —; LR ŋu

B. LMing

General: 利玛窦 —; 金尼阁 ù［u］

C. EQing: 万济国 ù［u］; gù（Voc.）［ŋu］; 马若瑟 où［u］

D. MQing: 马礼逊 wòo［u］; 卫三畏 $wú^4$［u］

E. LQing Nanking: 屈奈特 'wé［u］; 赫美玲 u^3［u］

F. ModNanking: 江苏省［$u^{22上}$］; 南京方言［u^{11}］

值得注意的是八思巴字拼写、《中原音韵》系统和现代的江淮方言在这种音节类型中都缺少声母ŋ-。我们官话例子中的零声母形式可能来源于此。到了19世纪早期，它们在标准语中完全取代了鼻音读法。

-j-前，SR ŋ-一般丢失，比如：

yá牙 切韵系统 nga

A. EMing: 申叔舟 SR ŋja（平）；PR ja; LR ja

B. LMing

General: 利玛窦 yâ［ia］；金尼阁 iâ［ia］

C. EQing: 万济国 iâ（Voc.）［ia］；马若瑟 iâ［ia］

yǎn眼 切韵系统 ngǎn:

A. EMing: 申叔舟 SR ŋjan（上）；PR jan; LR jen

B. LMing

General: 利玛窦 —；金尼阁 ièn［iɛn］

C. EQing: 万济国 —；马若瑟 ièn［iɛn］

例外是以下类型的字，即变体形式有声母*n*-（金尼阁和绝大多数其他的标准官话类型）或者*ɲ*-（利玛窦和南方的官话类型）存在。这些变体是异源的，似乎代表了有些其他的、也许是密切相关的方言类型，其中早期的*ŋ*-在各种前高元音前已经腭化而不是丢失。详细的讨论请参考柯蔚南（Coblin 1999）。

yè业 切韵系统 ngjɐp

A. EMing: 申叔舟 SR ŋje（入）；PR —; LR —

B. LMing

General: 利玛窦 nhiĕ［ɲiɛʔ］；金尼阁 niĕ, iĕ［niɛʔ~iɛʔ］

Southern: 葡汉辞典 gnie', ie'［ɲiɛʔ~iɛʔ］；*Dialogues* —

D. MQing: 马礼逊 nëĕ［niɛʔ］；卫三畏 nieh[8]［niɛʔ］

与此相关的例子如下：

yǎng仰 切韵系统 ngjang:

O. 八思巴字（ngÿang>）ngyang（上）［ŋjaŋ］

A. EMing: 申叔舟 SR ŋaŋ（上）；PR jaŋ, ŋjaŋ; LR jaŋ

B. LMing

General: 利玛窦 nhàm［ɲiaŋ］；金尼阁 gâm［ŋaŋ］

Southern: 葡汉辞典 —；*Dialogues* gnia'［ɲiaŋ］

C. EQing: 万济国 niàng［niaŋ］；马若瑟 niàng［niaŋ］

D. MQing: 马礼逊 yang, neang, gang [iaŋ~niaŋ~ŋaŋ]；卫三畏 yáng[4], ngang[4] [iaŋ~ŋaŋ]

此字显示似乎存在早期竞争性异读*ŋjaŋ*和*ŋaŋ*，八思巴字只选择前者，而后者出现在SR系统里。申叔舟的俗音/左音材料已有另一个异读*jaŋ*。明代晚期官话保留前两者类型，19世纪三种读音类型处于活跃的竞争状态。

3.6.5 SR ʔ-。在中低元音前SR的声母对应于官话的*ŋ*-。比如：

ài爱 切韵系统 ʔậi-

A. EMing: 申叔舟 SR ʔaj（去）；PR —; LR —

B. LMing

General: 利玛窦 ngái [ŋai]；金尼阁 gái [ŋai]

C. EQing: 万济国 gái [ŋai]；马若瑟 ngái [ŋai]

ān安 切韵系统 ʔân

A. EMing: 申叔舟 SR ʔɔn（平）；PR ʔan; LR ʔan

B. LMing

General: 利玛窦 —；金尼阁 gān [ŋan]

C. EQing: 万济国 gān, Fr. gāne [ŋan]；马若瑟 ngān [ŋan]

ēn恩 切韵系统 ʔən

A. EMing: 申叔舟 SR ʔən（平）；PR —; LR —

B. LMing

General: 利玛窦 —; 金尼阁 gēn [ŋɛn]

C. EQing: 万济国 gēn [ŋɛn]；马若瑟 nghēn [ŋɛn]

这里，金尼阁（Trigault 1626：I，96b—97a）注意到官话类型有*ø*-而不是*ŋ*-，但他认为这些读法不标准或是方音。SR的*ʔ*-在以-*j*-、*i*和*y*开头的韵母前完全丢失，比如：

yān烟 切韵系统 ʔien

A. EMing: 申叔舟 SR ʔjen（平）；PR —; LR —

B. LMing

General: 利玛窦 —；金尼阁 iēn [iɛn]

C. EQing: 万济国 iēn（Voc.）[iɛn]；马若瑟 iēn [iɛn]

yī一 切韵系统 ʔjiet[4]

A. EMing: 申叔舟 SR ʔi（入）; PR —; LR —

B. LMing

General: 利玛窦 yĕ [ieʔ]; 金尼阁 iĕ [ieʔ]

C. EQing: 万济国 iě [iɪʔ]; 马若瑟 ĭ [iʔ]

yú於 切韵系统 ʔjwo

A. EMing: 申叔舟 SR ʔy（平）; PR —; LR —

B. LMing

General: 利玛窦 yû [y]; 金尼阁 iụ̌ [y]

C. EQing: 万济国 iů [y]; 马若瑟 iū, iû [y]

SR 的ʔ-在以u开头的很多韵母前也同样失去。如果别的晚期官话的元音在u之后，在万济国的系统中u变成vu-。比如：

wēng翁 切韵系统 ʔung

A. EMing: 申叔舟 SR ʔuŋ（平）; PR —; LR —

B. LMing

General: 利玛窦 ῡm [uŋ]; 金尼阁 ūm [uŋ]

C. EQing: 万济国 uung, ūng（Voc.）[uŋ]; 马若瑟 ōng [oŋ]

wēn温 切韵系统 ʔuən

A. EMing: 申叔舟 SR ʔun（平）; PR —; LR —

B. LMing

General: 利玛窦 — ; 金尼阁 uēn [uɛn]

C. EQing: 万济国 vuēn（Voc.）[vuɛn]; 马若瑟 ouēn [uɛn]

当后接SR的韵母为-uj时，声母ʔ-丢失并产生øu-和ɣu-的异读，此处的ɣu-可以解释为半元音 [w] 的形式。

huì秽 切韵系统 ʔjwɐi-

A. EMing: 申叔舟 SR ʔuj（去）; PR —; LR —

B. LMing

General: 利玛窦 goéi [ɣuɛi]; 金尼阁 goéi, uéi [ɣuɛi~uɛi]

C. EQing: 万济国 goéy［ɣuɛi］；马若瑟 —

wèi慰 切韵系统 ʔjwei-

A. EMing: 申叔舟 SR ʔuj（去）；PR —; LR —

B. LMing

General: 利玛窦 —；金尼阁 uéi,goéi［uɛi~ɣuɛi］

C. EQing: 万济国 goéy（Voc.）［ɣuɛi］；马若瑟 —

万济国（Varo 1703:18—19）特别提到他的时代官话中*øu-~ɣu-*的异读，并认为前者读音形式并非标准音。除了万济国仅有*ŋu*或者还有*u*的异读外，SR的音节类型*ʔu*在所有的官话类型中产生出普通的*u*。例如：

wū污 切韵系统 ʔuo

A. EMing: 申叔舟 SR ʔu（平）；PR —; LR —

B. LMing

General: 利玛窦— 金尼阁 ū［u］

C. EQing: 万济国 gū（Voc.）［ŋu］；马若瑟 oū［u］

wù恶 切韵系统 ʔuo-

A. EMing: 申叔舟 SR ʔu（去）；PR —; LR —

B. LMing

General: 利玛窦 ú［u］；金尼阁 ú［u］

C. EQing: 万济国 gú,ú［ŋu~u］；马若瑟 oú［u］

3.6.6 SR x-> GH x-

hǎi海 切韵系统 xậi:

A. EMing: 申叔舟 SR xaj（上）；PR —; LR —

B. LMing

General: 利玛窦 hài［xai］；金尼阁 hài［xai］

C. EQing: 万济国 hái［xai］；马若瑟 hài［xai］

3.6.7 SR ɣ-> GH x-

hòu后 切韵系统 ɣəu:

A. EMing: 申叔舟 SR ɣəu（上）；PR —; LR —

B. LMing

General: 利玛窦 héu［xɛu］；金尼阁 hèu, héu［xɛu］

C. EQing: 万济国 héu［xɛu］；马若瑟 heóu［xɛu］

值得关注的是以下的例子：

wán完 切韵系统 ɣuân

O. 八思巴字 蒙古字韵 Xon（平）［ɣɔn］；中原音韵 ɔn'

A. EMing: 申叔舟 SR ɣwɔn（平）；PR wɔn, yen; LR yen

B. LMing

General: 利玛窦 —；金尼阁 huôn［xuɔn］

Southern: 葡汉辞典 cuon［xuɔn］；*Dialogues* cuõ［xuɔn］

C. EQing: 万济国 huôn［xuɔn］；马若瑟 houān, oüân, ouân［xuan~uan］

D. MQing: 马礼逊 hwan,wan［xuan~uan］；卫三畏 wán²［uan］

E. LQing Nanking: 屈奈特 'wã［uã］；赫美玲 wan/wang²［uan~uaŋ］

F. ModNanking: 江苏省［uã¹³阳平］；南京方言 —

wán丸 切韵系统 ɣuân

O. 八思巴字 蒙古字韵 Xon（平）［ɣɔn］；中原音韵 ɔn'

A. EMing: 申叔舟 SR ɣwɔn（平）；PR wɔn, yen; LR yen

B. LMing

General: 利玛窦 —；金尼阁 huôn［xuɔn］

Southern: 葡汉辞典 yuon［yɔn］；*Dialogues* —

C. EQing: 万济国 iuên（Voc.）［yɛn］；马若瑟 —

D. MQing: 马礼逊 hwan,wan［xuan~uan］；卫三畏 hwán²［huan］

E. LQing Nanking: 屈奈特 'wã［uã］；赫美玲 wan/wang²［uan~uaŋ］

F. ModNanking 江苏省［uã¹³阳平］；南京方言［uaŋ¹¹］

在这两个例子中，金尼阁的形式直接对应于SR的读法，但是晚期官话类型有ø-的异读或只有ø-的读音。这种零声母形式存在于现代江淮方言中。它们也同样出现在PR、LR材料和较早的《中原音韵》系统中。零声母可能已经从这些来源进入标准官话中。

3.7 零声母。当SR音节以半元音［j］为开头，这个音在官话中被当作声母*øi-*:

yán 言 切韵系统 ngjɐn

A. EMing: 申叔舟 SR jen（平）; PR —; LR —

B. LMing

General: 利玛窦 yên［iɛn］; 金尼阁 iên［iɛn］

C. EQing: 万济国 iên［iɛn］; 马若瑟 iên［iɛn］

一般来说，SR以［i］开头的音节在官话中保持不变：

yǐ 以 切韵系统 jiï:

A. EMing: 申叔舟 SR i（上）; PR —; LR —

B. LMing

General: 利玛窦 ì［i］; 金尼阁 ì［i］

C. EQing: 万济国 ỳ［i］; 马若瑟 ì［i］

yín 淫 切韵系统 jiəm

A. EMing: 申叔舟 SR im（平）; PR in LR in

B. LMing

General: 利玛窦 ŷn, în［in］; 金尼阁 în［in］

C. EQing: 万济国 în［in］; 马若瑟 în［in］

但是，在另一些例子中，官话有*n-*（标准官话类型）或*ɲ-*（利玛窦和南方类型），比如：

yí 仪 切韵系统 ngje[3]

O. 八思巴字 蒙古字韵 ngi（平）［ŋi］

A. EMing: 申叔舟 SR i（平）; PR —; LR —

B. LMing

General: 利玛窦 —；金尼阁 nî, î［ni~i］

Southern: 葡汉辞典 —；*Dialogues* gni［ɲi］

C. EQing: 万济国 ŷ［i］(Voc.)；马若瑟 î［i］

nǐ 拟 切韵系统 ngjï:

O. 八思巴字 蒙古字韵 ngi（上）［ŋi］

A. EMing: 申叔舟 SR i（上）; PR —; LR —

B. LMing

General: 利玛窦 — ；金尼阁 ì, nì［i~ni］

Southern: 葡汉辞典 — ；*Dialogues* gnì［ɲi］

这实际是上文3.6.4节提到现象的进一步表现，早期的声母*ŋ*-在某些方言中已经腭化而非丢失。金尼阁认为这些异读可以接受。有意思的是，在一些例子中SR材料实际上包含了*ŋ*-的异读。但是申叔舟谨慎地指出，这些拼法抄自八思巴字典。但是，要注意的是实际上相应的口语*ŋ*-形式已经被LR材料记录。例子如下：

yí宜 切韵系统 ngje[3]

O. 八思巴字 蒙古字韵 ngi（平）［ŋi］

A. EMing: 申叔舟 SR i,（ŋi）①（平）；PR —; LR ŋi,i

B. LMing

General: 利玛窦 nhî［ɲi］；金尼阁 nî,î［ni~i］

Southern: 葡汉辞典 gni, i, y［ɲi~i］；*Dialogues* —

C. EQing: 万济国 ŷ［i］；马若瑟 î［i］

yí疑 切韵系统 ngjĭ

O. 八思巴字 蒙古字韵 ngi（平）［ŋi］

A. EMing: 申叔舟 SR i,（ŋi）②（平）；PR —; LR ŋi

B. LMing

General: 利玛窦 nhî［ɲi］；金尼阁；nî, î［ni~i］

Southern: 葡汉辞典 gni, i, y［ɲi~i］；*Dialogues* —

C. EQing: 万济国 ŷ［i］；马若瑟 î［i］

SR中以半元音w-开头的音节被当作官话v-或u-的变体，比如：

wáng王 切韵系统 jwang

A. EMing: 申叔舟 SR waŋ（平）；PR —; LR —

B. LMing

General: 利玛窦 — ；金尼阁 vâm, uâm［vaŋ~uaŋ］

C. EQing: 万济国 vâng［vaŋ］, vuâng（Voc.）［vuaŋ］；马若瑟 ouâng,vâng［uaŋ~vaŋ］

① 以《蒙古字韵》为准。

② 以《蒙古字韵》为准。

wǎng往 切韵系统 jwang:

A. EMing: 申叔舟 SR waŋ（上）; PR —; LR —

B. LMing

General: 利玛窦 vàm［vaŋ］; 金尼阁 uàm［uaŋ］

C. EQing: 万济国 vàng［vaŋ］, vuâng（Voc.）［vuaŋ］; 马若瑟 vàng, ouàng［vaŋ~uaŋ］

SR音节*uj*在官话中有*ɣu-*和*øu-*的异读：

wéi为 切韵系统 jwe

A. EMing: 申叔舟 SR uj（平）; PR —; LR —

B. LMing

General: 利玛窦 guêy, guêi［ɣuɛi］; 金尼阁 goêi,uêi［ɣuɛi~uɛi］

C. EQing: 万济国 goêi［ɣuɛi］; 马若瑟 ouêi［uɛi］

wèi位 切韵系统 jwi-

A. EMing: 申叔舟 SR uj（去）; PR —; LR —

B. LMing

General: 利玛窦 —；金尼阁 goéi, uéi［ɣuɛi~uɛi］

C. EQing: 万济国 goéi［ɣuɛi］; 马若瑟 óuei［uɛi］

这和上面3.6.5节中SR音节*ʔuj*的模式是一样的。

（二）韵母

SR的韵母系统如下：

ɿ	ʅ	ʅʔ	əʔ								
i	iʔ	iw	in	im	iŋ						
u	uʔ	uj	ujʔ	un	uŋ	juŋ	ujŋ	jujŋ			
y	yʔ	yjʔ	yn								
je	jeʔ	ye	yeʔ	jej	jew	jen	yen	jem			
ɔ	wɔ	ɔʔ	wɔʔ	ɔn	wɔn						
a	ja	wa	aʔ	jaʔ	waʔ	aj	jaj	waj	aw	jaw	
	awʔ	jawʔ	wawʔ	an	jan	wan	aŋ	jaŋ	waŋ	am	jam
əjʔ	əw	jəw	ən	əm	əjŋ						

金尼阁的韵母系统如下：

ɿ	ʮ	ʮʔ													
i	in	iŋ													
u	ui	uŋ	iuŋ												
y	yʔ	yn													
ɛ	iɛ	yɛ	uɛi	ɛu	iɛu	ɛn	iɛn	uɛn	yɛn	ɛŋ	ɛʔ	iɛʔ	uɛʔ	yɛʔ	
eʔ	ieʔ														
ɔ	uɔ	uɔn	ɔʔ	iɔʔ											
oʔ	ioʔ														
a	ia	ua	ai	iai	uai	au	iau	an	uan	aŋ	iaŋ	uaŋ	aʔ	iaʔ	uaʔ
ɚ															

3.8 韵尾辅音。SR的*-m*韵尾规则地对应于官话的*-n*。此外，SR和官话系统都有相同的*-n*和*-ŋ*。SR和官话系统有各自的入声类。SR系统通过给入声字一个单独的声调标记来表示入声调。大多数的官话拼写系统通过在元音上加一个短弱音表示入声。此处假定这种类型的音节在两者的系统中以*-ʔ*结尾。

3.9 韵母 ɿ ʅ ʅʔ əʔ

3.9.1 SR-ɿ> GH -ɿ

cì 次 切韵系统 tshi-

A. EMing: 申叔舟 SR ts'ɿ（去）；PR —; LR —

B. LMing

General: 利玛窦 ç'ú［ts'ɿ］；金尼阁 'çú［ts'ɿ］

C. EQing: 万济国 çh'ù［ts'ɿ］；马若瑟 ts'eé［ts'ɿ］

3.9.2 SR-ʅ> GH -i。这一韵母只发生在卷舌音声母后并且在SR系统中很少见。官话通常的表现是*-i*，在官话咝音声母异读的例子（见上文第3.5节）中则是*-ɿ*：

cè 厕 切韵系统 tṣhï-

A. EMing: 申叔舟 SR tʂ'ʅ（去）；PR —; LR tʂ'ʅ

B. LMing

General: 利玛窦 —；金尼阁 c'hí, ç'ú［tʂ'i~ts'ɿ］

C. EQing: 万济国 ç̌h'ú (Voc.) [ts'ɿ]；马若瑟 —

chì 炽 切韵系统 tśhï-

A. EMing: 申叔舟 SR tʂ'ʅ (去); PR —; LR —

B. LMing

General: 利玛窦 chiĕ [tʂieʔ]；金尼阁 c'hí [tʂ'i]

D. MQing: 马礼逊 ch'e [tʂ'i]；卫三畏 —

chì 翅 切韵系统 śje-

A. EMing: 申叔舟 SR tʂ'ʅ ,ʂi (去)；PR ʂʅ ; LR tʂ'ʅ

B. LMing

General: 利玛窦 — ；金尼阁 c'hí, xí [tʂ'i~ʂi]

C. EQing: 万济国 — ；马若瑟 t'chí [tʂ'i]

3.9.3 SR -ʅʔ,-əʔ > GH -ɛʔ。这些韵母是同一底层形式的位置变体，这实际上在SR系统中相当罕见。它们有共同的官话表现：

sè 瑟 切韵系统 ʂjɛt

A. EMing: 申叔舟 SR ʂʅ(入)；PR —; LR —

B. LMing

General: 利玛窦— ；金尼阁 sĕ [sɛʔ]

Southern: 葡汉辞典 scie' [ʂɛʔ]; *Dialogues* —

C. MQing: 马礼逊 sĭh [sɪʔ]；马若瑟 seh[7] [sɛʔ]

hé 纥 切韵系统 ɣət

A. EMing 申叔舟 SR ɣəʔ (入); PR —; LR —

B. LMing

General 利玛窦 — ；金尼阁 hĕ [xɛʔ]

3.10 声母 i iʔ iw in im iŋ

3.10.1 SR -i > GH -i。这是一般的对应关系。在唇齿音声母后，马若瑟的官话类型进一步发展成 *-ei*。

bèi 被 切韵系统 bje:^{3}, bje-^{3}

A. EMing: 申叔舟 SR bi（上去）；PR —; LR bi

B. LMing

General: 利玛窦 —；金尼阁 pì, pí［pi］

C. EQing: 万济国 pí［pi］；马若瑟 pí［pi］

qí 奇 切韵系统 gje^{3}

A. EMing: 申叔舟 SR gi（平）; PR —; LR —

B. LMing

General: 利玛窦 k'î［k‘i］；金尼阁 'kî［k‘i］

C. EQing: 万济国 kŷ'（Voc.）［k‘i］；马若瑟 k'î［k‘i］

féi 肥 切韵系统 bjwei

A. EMing: 申叔舟 SR vi（平）；PR —; LR vi

B. LMing

General: 利玛窦 fi［fi］；金尼阁 fî［fi］

C. EQing: 万济国 —；马若瑟 fêi［fei］

当SR的-*i*韵母在卷舌音后时，马若瑟有时给出-*i*和-ʅ的异读。比如：

zhī 知 切韵系统 ṭje

A. EMing: 申叔舟 SR tʂi（平）; PR —; LR —

B. LMing

General: 利玛窦 —；金尼阁 chī［tʂi］

C. EQing: 万济国 chī, Fr. tchȳs［tʂi］；马若瑟 tchī, tchē［tʂi~tʂʅ］

D. MQing: 马礼逊 che［tʂi］；卫三畏 chí^{1}［tʂi］

shí 时 切韵系统 źï

A. EMing: 申叔舟 SR ʐi（平）；PR ʐʅ; LR ʐʅ

B. LMing

General: 利玛窦 xî［ʂi］；金尼阁 xî［ʂi］

C. EQing: 万济国 xî［ʂi］；马若瑟 chê, chî［ʂʅ~ʂi］

D. MQing: 马礼逊 shē［ʂi］；卫三畏 shí^{2}［ʂi］

当SR的-*i*在声母*ʂ*-或*ʐ*-后，官话的类型有时有*ʂi*和*sɿ*的异读。这些类型的例子一律在3.5节中讨论，照二的声母（即ṣ-和dẓ-）已产生出官话*ʂ*-和*s*-的变体。有趣的是，这些例子中申叔舟的俗音和左音形式有舌尖元音-*ʅ*。现代江淮方言像南京话经常（不是总是）有*sɿ*的读法。*sɿ*读法的官话类型显示出来源自一个方言，它有类似俗音/左音的元音系统但是声母经过了江淮方言*ʂ*->*s*-的典型变化，即，*ʂʅ,ʐʅ*>*sɿ*。这种类型的例子，马若瑟一律给出舌尖元音的形式。比如：

shī 师 切韵系统 ṣi

A. EMing: 申叔舟 SR ʂi（平）；PR ʂʅ；LR ʂʅ

B. LMing

General: 利玛窦 —；金尼阁 xī, sū̆[ʂi~si]

C. EQing: 万济国 çū̆（Voc.）[sɿ]；马若瑟 sēe, ssēe, sē, chē [sɿ~ʂʅ]

D. MQing: 马礼逊 szē [sɿ]；卫三畏 sz'¹ [sɿ]

E. LQing Nanking: 屈奈特 sȳ [sɿ]；赫美玲 ssŭ¹ [sɿ]

F. ModNanking: 江苏省[sɿ³¹阴平]；南京方言[sɿ³¹]

shǐ 使 切韵系统 ṣï:

A. EMing: 申叔舟 SR ʂi（上）；PR ʂʅ；LR ʂʅ

B. LMing

General: 利玛窦 sù[sɿ]；金尼阁 xì, sù[ʂi~sɿ]

C. EQing: 万济国 çù[sɿ]；马若瑟 chè, cheè, chèe [ʂʅ]

D. MQing: 马礼逊 szè [sɿ]；卫三畏 sz'³ [sɿ]

E. LQing Nanking: 屈奈特 shí [ʂi]；赫美玲 shih³ [ʂʅ]

F. ModNanking: 江苏省[ʂʅ²²上]；南京方言 —

shì 事 切韵系统 dẓï-

A. EMing: 申叔舟 SR ʐi（去）；PR ʐʅ; LR ʐʅ

B. LMing

General: 利玛窦 sú[sɿ]；金尼阁 xí, sú[ʂi~sɿ]

C. EQing: 万济国 sú, çú [sɿ]；马若瑟 ssée, sseé [sɿ]

D. MQing: 马礼逊 szè [sɿ]；卫三畏 sz'⁶ [sɿ]

E. LQing Nanking: 屈奈特 sỳ [sɿ]；赫美玲 ssŭ⁴ [sɿ]

F. ModNanking: 江苏省[sɿ⁴⁴去]；南京方言[sɿ⁴⁴]

3.10.2 SR -iʔ

在SR卷舌声母之后，这个韵母的官话表现是*-eʔ*，利玛窦偶尔写作*-ieʔ*。万济国的表现是*-ɪʔ*。比如：

shí 十 切韵系统 źjəp

A. EMing: 申叔舟 SR ʐi（入）；PR —; LR —

B. LMing

General: 利玛窦 xĕ, xæ［ʂeʔ］；金尼阁 xĕ̌［ʂeʔ］

C. EQing: 万济国 xĕ̌［ʂɪʔ］；马若瑟 chĕ［ʂeʔ］

shí 石 切韵系统 źjäk

A. EMing: 申叔舟 SR ʐi（入）；PR —; LR —

B. LMing

General: 利玛窦 xiĕ, xiĕ̌［ʂieʔ］；金尼阁 xĕ̌［ʂeʔ］

C. EQing: 万济国 xĕ̌［ʂɪʔ］；马若瑟 chĕ, chĕe［ʂeʔ］

此外，一个发现：*-iʔ>-ieʔ*,甚至产生更晚的*-iɪʔ,-iʔ*，比如：

bǐ 笔 切韵系统 pjet[3]

A. EMing: 申叔舟 SR pi（入）；PR —; LR —

B. LMing

General: 利玛窦 piĕ［pieʔ］; 金尼阁 piĕ̌［pieʔ］

C. EQing: 万济国 piĕ̌（Voc.）［piɪʔ］; 马若瑟 pǐ［piʔ］

yī 一 切韵系统 ʔjiet[4]

A. EMing: 申叔舟 SR ʔi（入）; PR —; LR —

B. LMing

General: 利玛窦 yĕ［ieʔ］；金尼阁 iĕ̌［ieʔ］

C. EQing: 万济国 iĕ̌［iɪʔ］；马若瑟 ǐ［iʔ］

3.10.3 SR -iw。这个韵母在卷舌音后一般对应于官话的*-ɛu*，比如：

chòu 臭 切韵系统 tśhjəu-

A. EMing: 申叔舟 SR tʂ‘iw（去）; PR —; LR —

B. LMing

General: 利玛窦 ch'éu［tʂ'ɛu］；金尼阁 c'héu［tʂ'ɛu］

C. EQing: 万济国 ch'éu（Voc.）［tʂ'ɛu］；马若瑟 tch'eóu［tʂ'ɛu］

但是，在SR的ʂ-和ʐ-声母后，金尼阁常常给出的异读*-iɛu*，但却并不存在于晚期官话类型中，比如：

shǒu 手 切韵系统 śjəu:

A. EMing: 申叔舟 SR ʂiw（上）；PR —; LR —

B. LMing

General: 利玛窦 xèu［ʂɛu］；金尼阁 xiѐu,xѐu［ʂiɛu~ʂɛu］

C. EQing: 万济国 xèu［ʂɛu］；马若瑟 cheoù［ʂɛu］

shòu 受 切韵系统 źjəu:, źjəu-

A. EMing: 申叔舟 SR ʐiw（上）; PR —; LR —

B. LMing

General: 利玛窦 xéu［ʂɛu］；金尼阁 xiѐu, xѐu［ʂiɛu~ʂɛu］

C. EQing: 万济国 xéu［ʂɛu］；马若瑟 cheoú［ʂɛu］

此外，SR的*-iw*，官话的表现是*-iɛu*。比如：

jiǔ 久 切韵系统 kjəu:

A. EMing: 申叔舟 SR kiw（上）; PR —; LR —

B. LMing

General: 利玛窦 kièu［kiɛu］；金尼阁 kièu［kiɛu］

C. EQing: 万济国 kièu［kiɛu］；马若瑟 kieòu［kiɛu］

jiǔ 酒 切韵系统 tsjəu:

A. EMing: 申叔舟 SR tsiw（上）；PR —; LR —

B. LMing

General: 利玛窦 —；金尼阁 çièu［tsiɛu］

C. EQing: 万济国 çhièu［tsiɛu］；马若瑟 tsieòu［tsiɛu］

3.10.4 SR -in, -im > GH -in

xīn 心 切韵系统 sjəm

A. EMing: 申叔舟 SR sim（平）; PR sin; LR sin

B. LMing

General: 利玛窦 sīn［sin］; 金尼阁 sīn［sin］

C. EQing: 万济国 sīn［sin］; 马若瑟 sīn［sin］

xīn 辛 切韵系统 sjen

A. EMing: 申叔舟 SR sin（平）; PR —; LR —

B. LMing

General: 利玛窦 sīn［sin］; 金尼阁 sīn［sin］

C. EQing: 万济国 sīn［sin］; 马若瑟 sīn［sin］

3.10.5 SR-iŋ > GH -iŋ

bīng 兵 切韵系统 pjweng

A. EMing: 申叔舟 SR piŋ（平）; PR —; LR —

B. LMing

General: 利玛窦 —; 金尼阁 pīm［piŋ］

C. EQing: 万济国 pīng［piŋ］; 马若瑟 pīng［piŋ］

3.11 韵母 u uʔ uj ujʔ un uŋ juŋ ujŋ jujŋ

3.11.1 SR -u > GH -u

tú 徒 切韵系统 duo

A. EMing: 申叔舟 SR du（平）; PR —; LR —

B. LMing

General: 利玛窦 t'û［tʻu］; 金尼阁 'tû［tʻu］

C. EQing: 万济国 t'û［tʻu］; 马若瑟 t'ôu［tʻu］

3.11.2 SR -uʔ > GH -oʔ。万济国和马若瑟分别将这个韵母写作 *-ʊʔ* 和 *-uʔ*:

shóu 熟 切韵系统 źjuk

A. EMing: 申叔舟 SR ʐu（入）; PR ʐuʔ; LR ʐuʔ

B. LMing

General: 利玛窦 —; 金尼阁 xǒ［ʂoʔ］

C. EQing: 万济国 xǒ（Voc.）［ʂʊʔ］; 马若瑟 choǔ［ʂuʔ］

fú 服 切韵系统 bjuk

A. EMing: 申叔舟 SR vu（入）；PR —; LR —

B. LMing

General: 利玛窦 —；金尼阁 fŏ［foʔ］

C. EQing: 万济国 fở, fử［fʊʔ］；马若瑟 foŭ［fuʔ］

除了这个共同的发展之外，还有一个子类，金尼阁给出官话*-uɛʔ*的变体，这个读法在之后的官话类型中占主导地位。比如：

fó 佛 切韵系统 bjuət

A. EMing: 申叔舟 SR vu（入）；PR —; LR —

B. LMing

General: 利玛窦—；金尼阁 foĕ, fở［fuɛʔ~foʔ］

Southern: 葡汉辞典 fe［fɛʔ］；*Dialogues* fe`［fɛʔ］

C. EQing: 万济国 foĕ, Fr. foăi［fuɛʔ］；马若瑟 foĕ［fuɛʔ］

D. MQing: 马礼逊 fŭh［fʊʔ］；卫三畏 fuh^7［fʊʔ］

E. LQing Nanking: 屈奈特 fw*e*', fw*o*'［fwɛʔ（？）~fuʔ］；赫美玲 fu^5［fuʔ］

F. ModNanking: 江苏省［fuʔ^{5入}］；南京方言［fuʔ］

wù 物 切韵系统 mjuət

A. EMing: 申叔舟 SR ʋu（入）；PR ʋuʔ; LR ʋuʔ

B. LMing

General: 利玛窦 voĕ［vuɛʔ］；金尼阁 voĕ, vở［vuɛʔ~voʔ］

Southern: 葡汉辞典 —；*Dialogues* uoe'［uɛʔ］

C. EQing: 万济国 vuĕ［vuɛʔ］；马若瑟 ouĕ, oüĕ, voĕ, oŭ, oŭo［uɛʔ~vuɛʔ~uʔ~uoʔ］

D. MQing: 马礼逊 wŭh［uʊʔ］；卫三畏 wuh^8［uʊʔ］

E. LQing Nanking: 屈奈特 'we'［uʔ］；赫美玲 u^5［uʔ］

F. ModNanking: 江苏省［uʔ^{5入}］；南京方言［uʔ］

这些例子常常是《切韵》的韵母*-juət*，声母为唇音声母（>SR和官话的唇齿音）。但是根据SR的语音系统本身是无法预测。有趣的是，一些现代江淮方言对这种类型的音节的韵母表现是*-əʔ*或*-uəʔ*，比如，扬州：佛 *fəʔ* 物 *uəʔ*。我们推测这些方言是金尼阁异读的来源，它倾向于取代有继承和语源性的“正确”的*-uʔ*>*-oʔ*演变形式。

3.11.3 SR -uj。一般而言，这个韵母在唇音、喉音和ø之后变成官话的*-uɛi*：

bèi 贝 切韵系统 pwâi-

A. EMing: 申叔舟 SR puj（去）；PR pəj; LR pəj

B. LMing

General: 利玛窦 pœi［puɛi］；金尼阁 poéi［puɛi］

C. EQing: 万济国 poéy（Voc.）［puɛi］；马若瑟 poéi［puɛi］

guǐ 鬼 切韵系统 kjwei:

A. EMing: 申叔舟 SR kuj（上）; PR —; LR —

B. LMing

General: 利玛窦 —；金尼阁 kuèi［kuɛi］

C. EQing: 万济国 kuèi［kuɛi］；马若瑟 kouèi, koùi［kuɛi, kui］

wéi 为 切韵系统 jwe

A. EMing: 申叔舟 SR uj（平）; PR —; LR —

B. LMing

General: 利玛窦 guêy, guêi［ɣuɛi］；金尼阁 goêi, uêi［ɣuɛi~uɛi］

C. EQing: 万济国 goêi［ɣuɛi］；马若瑟 ouêi［uɛi］

但是，在*m-*之后，金尼阁一律给出*-uɛi*和*-ui*的异读：

měi 每 切韵系统 muậi:

A. EMing: 申叔舟 SR muj（上）；PR məj; LR məj

B. LMing

General: 利玛窦 —；金尼阁 moèi, mùi［muɛi~mui］

C. EQing: 万济国 moéi［muɛi］；马若瑟 mèi, moèi［mɛi~muɛi］

měi 美 切韵系统 mji:[3]

A. EMing: 申叔舟 SR muj（上）; PR məj; LR məj

B. LMing

General: 利玛窦 —；金尼阁 moéi, múi［muɛi~mui］

C. EQing: 万济国 moèy（Voc.）［muɛi］；马若瑟 mèi, moèi［mɛi~muɛi］

此外，官话的表现一致为 *-ui*，比如：

duì 对 切韵系统 tuậi-

A. EMing: 申叔舟 SR tuj（去）；PR —; LR —

B. LMing

General: 利玛窦 túi［tui］；金尼阁 túi［tui］

C. EQing: 万济国 túi［tui］；马若瑟 toúi［tui］

3.11.4 SR -ujʔ>GH -uɛʔ

guó 国 切韵系统 kwək

A. EMing: 申叔舟 SR kuj（入）; PR kujʔ; LR kujʔ

B. LMing

General: 利玛窦 quoĕ［kuɛʔ］；金尼阁 kuŏ, kuĕ［kuɔʔ~kuɛʔ］

Southern: 葡汉辞典 cuo［kuɔʔ］；*Dialogues* cuo'［kuɔʔ］

C. EQing: 万济国 kuĕ［kuɛʔ］；马若瑟 kouĕ［kuɛʔ］

D. MQing: 马礼逊 kwŏ［kuɔʔ］；卫三畏 kwóh^{7}［kuɔʔ］

E. LQing Nanking: 屈奈特 gwe'［kueʔ］；赫美玲 kuai^{5}［kuəʔ］

F. ModNanking: 江苏省［kuəʔ$^{5\text{入}}$］；南京方言［kueʔ］

huò 或 切韵系统 ɣwək

A. EMing: 申叔舟 SR ɣuj（入）；PR —; LR xujʔ

B. LMing

General: 利玛窦 hoĕ［xuɛʔ］；金尼阁 hoĕ［xuɛʔ］

Southern 葡汉辞典 cuo［xuɔʔ］；*Dialogues*—

C. EQing: 万济国 hoĕ［xuɛʔ］；马若瑟 hoĕ［xuɛʔ］

D. MQing: 马礼逊 hwŏ［xuɔʔ］；卫三畏 hwóh^{8}［xuɔʔ］

E. LQing Nanking: 屈奈特 xwo'［xuoʔ］；赫美玲 hua/huai^{5}［xuaʔ~xuəʔ］

F. ModNanking: 江苏省［xuəʔ$^{5\text{入}}$］；南京方言［xueʔ］

竞争形式 *-uɔʔ* 出现在这两者例子中。值得注意的是 *-uɔʔ* 规则地对应于南方官话类型。保守的现代江淮方言在这些例子中有韵母 *-ɔʔ*。比如，扬州：国 *kɔʔ*，或 *xɔʔ*。这个类型的一些言语形式可能导致了一般的官话异读 *-uɔʔ*。

3.11.5 SR-un。齿音和咝音之后，这个韵母在官话中保持不变。比如：

cūn 村 切韵系统 tshuən

A. EMing: 申叔舟 SR ts‘un（平）；PR —; LR —

B. LMing

General: 利玛窦 —；金尼阁 'çūn［ts‘un］

C. EQing: 万济国 çhūn'（Voc.）［ts‘un］；马若瑟 t'sūn［ts‘un］

tūn 吞 切韵系统 thən

A. EMing: 申叔舟 SR t'un（平）；PR t‘ən; LR —

B. LMing

General: 利玛窦—；金尼阁 'tūn［t‘un］

C. EQing: 万济国 tūn'（Voc.）［t‘un］；马若瑟 t'ūn［t‘un］

此外，官话的表现是*-uɛn*，比如：

běn 本 切韵系统 puən:

A. EMing: 申叔舟 SR pun（上）；PR pən; LR pən

B. LMing

General: 利玛窦 puèn［puɛn］；金尼阁 puèn［puɛn］

C. EQing: 万济国 puèn［puɛn］；马若瑟 pèn［pɛn］

hūn 婚 切韵系统 xuən

A. EMing: 申叔舟 SR xun（平）；PR —; LR —

B. LMing

General: 利玛窦 —；金尼阁 hoēn［xuɛn］

C. EQing: 万济国 hoēn（Voc.）［xuɛn］；马若瑟 hoēn［xuɛn］

在SR的*ʋ-*之后，*-uɛn*到金尼阁简化为*-ɛn*：

wén 文 切韵系统 mjuən

A. EMing: 申叔舟 SR ʋun（平）; PR ʋən; LR ʋən

B. LMing

General: 利玛窦 —；金尼阁 vên［vɛn］

C. EQing: 万济国 vuên［vuɛn］；马若瑟 vên,ouên［vɛn~uɛn］

3.11.6 SR -uŋ > GH -uŋ（马若瑟 :-oŋ）

dōng 东 切韵系统 tung[①]

A. EMing: 申叔舟 SR tuŋ（平）; PR —; LR —

B. LMing

General: 利玛窦 —；金尼阁 tūm［tuŋ］

C. EQing: 万济国 tūng, Fr. tōns［tuŋ］；马若瑟 tōng［toŋ］

fēng 风 切韵系统 pjung

A. EMing: 申叔舟 SR fuŋ（平）；PR —; LR —

B. LMing

General: 利玛窦 fūm［fuŋ］；金尼阁 fūm［fuŋ］

C. EQing: 万济国 fūng, Fr. fons［fuŋ］；马若瑟 fōng［foŋ］

3.11.7 SR-juŋ。这个韵母在SR的零声母之前，特定的喉音声母（即*x-*, *v-*, *ʔ-*）前和*-g*声母的平声字前产生官话的*-iuŋ*（马若瑟：*-ioŋ*），比如：

yòng 用 切韵系统 jiwong-

A. EMing: 申叔舟 SR juŋ（去）；PR —; LR —

B. LMing

General: 利玛窦 yúm［iuŋ］；金尼阁 iúm［iuŋ］

C. EQing: 万济国 iúng［iug］；马若瑟 ióng［ioŋ］

xióng 熊 切韵系统 jung

A. EMing: 申叔舟 SR ɣjuŋ（平）；PR —; LR —

B. LMing

General: 利玛窦 —；金尼阁 xiûm［xiuŋ］

C. EQing: 万济国 —；马若瑟 hiông［xioŋ］

qióng 穷 切韵系统 gjung

A. EMing: 申叔舟 SR gjuŋ（平）；PR —; LR —

B. LMing

① 原文《切韵》后鼻音韵尾的音标作-ng或-ng，此处一律改作-ng。——译者

General: 利玛窦一；金尼阁 'kiûm［k‘iuŋ］

C. EQing: 万济国 k'iûng［k‘iuŋ］；马若瑟 k'iông［k‘ioŋ］

此外，SR的*-juŋ*简化为*-uŋ*（马若瑟：*-oŋ*)，例如：

cóng 从 切韵系统 ʣjwong

A. EMing: 申叔舟 SR ʣjuŋ（平）；PR ʣuŋ; LR ʣuŋ

B. LMing

General: 利玛窦 ç'ûm［ts‘uŋ］；金尼阁 'çûm［ts‘uŋ］

C. EQing: 万济国 çh'ûng［ts‘uŋ］；马若瑟 ts'ông［ts‘oŋ］

zhōng 中 切韵系统 ţjung

A. EMing: 申叔舟 SR tʂjuŋ（平）；PR tʂuŋ; LR tʂuŋ

B. LMing

General: 利玛窦 chūm［tʂuŋ］；金尼阁 chūm［tʂuŋ］

C. EQing: 万济国 chūng, Fr. tchōns［tsuŋ］；马若瑟 tchōng［tʂoŋ］

kǒng 恐 切韵系统 khjwong:

A. EMing: 申叔舟 SR k‘juŋ（上）；PR k‘uŋ; LR k‘uŋ

B. LMing

General: 利玛窦 一；金尼阁 'kùm［k‘uŋ］

C. EQing: 万济国 k'ùng［k‘uŋ］；马若瑟 k'òng［k‘oŋ］

3.11.8 SR -ujŋ>GH -uŋ

héng, hèng 横 切韵系统 ɣwɐng; ɣwɐng-

A. EMing: 申叔舟 SR ɣujŋ（平）; PR ɣuŋ; LR —; SR ɣujŋ（去）；PR ɣuŋ; LR ɣuŋ 或 ɣəŋ？

B. LMing

General: 利玛窦 一；金尼阁 hûm, húm［xuŋ］

C. EQing: 万济国 hûng（Voc.）［xuŋ］; 马若瑟 一

3.11.9 SR -jujŋ>GH -iuŋ

xiōng 兄 切韵系统 xjwɐng

A. EMing: 申叔舟 SR xjujŋ, xjuŋ（平）；PR —; LR xjuŋ

B. LMing

General: 利玛窦 hiūm［xiuŋ］；金尼阁 hiūm［xiuŋ］

C. EQing: 万济国 hiūng［xiuŋ］；马若瑟 hiōng［xioŋ］

yǒng 永 切韵系统 jwɐng：

A. EMing: 申叔舟 SR jujŋ（上）；PR juŋ; LR juŋ

B. LMing

General 利玛窦 —；金尼阁 iùm［iuŋ］

C. EQing: 万济国 iùng［iuŋ］；马若瑟 —

上面的第一个例子，SR系统的异读形式已经反映出这个变化。它可能借自其他系统，比如PR/LR读音。

在下面的例子中，金尼阁记录一个异源读音 *-iŋ*，这种读法后来成为官话的主导。这个读音已经出现在申叔舟的PR/LR之中，现代江淮方言也存在。它显然是从这些来源入侵的：

yíng 营 切韵系统 jiwäng

A. EMing: 申叔舟 SR jujŋ（平）；PR juŋ, iŋ; LR iŋ

B. LMing:

General: 利玛窦 —；金尼阁 îm, iûm［iŋ~iuŋ］

Southern: 葡汉辞典 yn［in］；*Dialogues* in［in］

D. MQing: 马礼逊 yīng［iŋ］；卫三畏 ying²［ɯ］

E. LQing Nanking: 屈奈特 îng［iŋ］；赫美玲 yin/ying²［ɪn~ɪŋ］

F. ModNanking: 江苏省［iŋ¹³阳平］；南京方言 —

3.12 韵母y yʔ yjʔ yn

3.12.1 SR -y。在卷舌音后，这个SR韵母一般对应于官话的 *-ʅ*，例外是马若瑟有 *-y* 和 *-u* 的异读：

shū 书 切韵系统 śjwo

A. EMing: 申叔舟 SR ʂy（平）；PR —; LR —

B. LMing

General: 利玛窦 xū［ʂʅ］；金尼阁 xṹ［ʂʅ］

C. EQing: 万济国 xǜ, Fr.chūs［ʂʮ］；马若瑟 chū, choū［ʂy~ʂu］

rú 如 切韵系统 ńźjwo

A. EMing: 申叔舟 SR ry（平）；PR —; LR —

B. LMing

General: 利玛窦 jû［ʐʮ］；金尼阁 jụ̂［ʐʮ］

C. EQing: 万济国 jû［ʐʮ］；马若瑟 jû, joû［ʐy~ʐu］

此外，SR的-*y*在官话中保持不变：

qù 去 切韵系统 khjwo-

A. EMing: 申叔舟 SR k'y（去）；PR —; LR —

B. LMing

General: 利玛窦 k'iú；金尼阁 'kiụ́［k'y］

C. EQing: 万济国 k'iú, k'iǘ［k'y］；马若瑟 k'iú［k'y］

nǚ 女 切韵系统 ṇjwo:

A. EMing: 申叔舟 SR ny（上）；PR —; LR —

B. LMing

General: 利玛窦 niù［ny］；金尼阁 niụ̀［ny］

C. EQing: 万济国 niù［ny］；马若瑟 niù［ny］

3.12. 2 SR -yʔ。

这个韵母的官话对应形式相当复杂。第一，它们受SR声母类型的制约，发生在齿音、卷舌音和喉音/*Ø*之后。第二，它们的分化取决于是否对应于《切韵》的-*juət*或-*juk*/-*jwok*类型的韵母。

l-或齿咝音之后，对应于《切韵》-*juət*，金尼阁记载有-*yʔ*、-*yɛʔ*变体，而其他则是记作-*yʔ*。对于《切韵》-*k*，我们发现早期的官话-*oʔ*，一般变成后来的-*ʊʔ*或-*uʔ*（马若瑟有时也作-*iuʔ*），如：

lǜ 律 切韵系统 ljwet

A. EMing: 申叔舟 SR ly（入）；PR —; LR —

B. LMing

General: 利玛窦 —；金尼阁 liụ̌, liuě［lyʔ~lyɛʔ］

C. EQing: 万济国 liụ̆ (Voc.) [lyʔ]；马若瑟 liŭ [lyʔ]

E. LQing Nanking: 屈奈特 lïwi' [liyʔ]；赫美玲 lü5 [lyʔ]

F. ModNanking: 江苏省 [lyʔ5入]；南京方言 [lyʔ]

sú 俗 切韵系统 zjwok

A. EMing: 申叔舟 SR zy（入）；PR —; LR —

B. LMing

General: 利玛窦 sǒ̇ [soʔ]；金尼阁 sǒ̇ [soʔ]

Southern: 葡汉辞典 —；*Dialogues* sio [sioʔ]

C. EQing: 万济国 sǒ̇ (Voc.) [sʊʔ]；马若瑟 sioŭ [siuʔ]

E. LQing Nanking: 屈奈特 swe' [suʔ]；赫美玲 su5 [suʔ]

F. ModNanking: 江苏省 [suʔ5入]；南京方言 —

zú 足 切韵系统 tsjwok

A. EMing: 申叔舟 SR tsy（入）；PR tsuʔ; LR tsuʔ

B. LMing

General: 利玛窦 çǒ [tsoʔ]；金尼阁 çǒ [tsoʔ]

Southern: 葡汉辞典 —；*Dialogues* zo` [tsoʔ]

C. EQing: 万济国 çhŏ (prob.=çhǒ̇; Voc.) [tsʊʔ]；马若瑟 tsoŭ, tsiŏu [tsuʔ~tsiuʔ]

E. LQing Nanking: 屈奈特 dswe' [tsuʔ]；赫美玲 tsu5 [tsuʔ]

F. ModNanking: 江苏省 [tsuʔ5入]；南京方言 [tsuʔ]

在喉音和*ø*-之后，金尼阁又有*-yʔ~-yɛʔ*对应*-juət*类型，晚期官话类型除了万济国外只有*-yʔ*。官话的*-ioʔ*对应于*-k*类型，而万济国记作规则的*-iʊʔ*:

qū 屈 切韵系统 khjuət

A. EMing: 申叔舟 SR k'y（入）；PR —; LR —

B. LMing

General: 利玛窦 —；金尼阁 k'iụ̆, k'iuě [k'yʔ~k'yɛʔ]

Southern: 葡汉辞典 —；*Dialogues* —

C. EQing: 万济国 k'iǒ̇ [k'iʊʔ] (Voc.)；马若瑟 k'iŭ [k'yʔ]

E. LQing Nanking: 屈奈特 kjwi' [c'yʔ]；赫美玲 ch'ü5 [c'yʔ]

F. ModNanking: 江苏省 [tɕ'yʔ5入]；南京方言 —

qǔ 曲 切韵系统 khjwok

A. EMing: 申叔舟 SR k'y（入）；PR —; LR —

B. LMing

General: 利玛窦 —； 金尼阁 'kiǒ[k'ioʔ]

Southern: 葡汉辞典 chio ［ k'ioʔ ］；*Dialogues* —

C. EQing: 万济国 k'iǒ[k'iʊʔ]（Voc.）；马若瑟 k'iŏ, k'ioŭ ［ k'ioʔ~k'iuʔ ］

E. LQing Nanking: 屈奈特 kjwi' ［ c'yʔ ］；赫美玲 ch'ü⁵ ［ c'yʔ ］

F. ModNanking: 江苏省［ tɕ'yʔ⁵入 ］；南京方言［ tɕ'yʔ ］

yù 欲 切韵系统 jiwok

A. EMing: 申叔舟 SR y（入）；PR —; LR —

B. LMing

General: 利玛窦 yŏ, ȳǒ［ ioʔ ］；金尼阁 iǒ, iú ［ ioʔ~y ］

Southern: 葡汉辞典 io ［ ioʔ ］；*Dialogues* —

C. EQing: 万济国 iǒ［ iʊʔ ］；马若瑟 iŏ ［ ioʔ ］

E. LQing Nanking: 屈奈特 ïwi' ［ iyʔ ］；赫美玲 ju⁵ ［ ʐuʔ ］

F. ModNanking: 江苏省［ ʐuʔ⁵入 ］；南京方言 —

在卷舌音之后，我们发现官话的*-ɥʔ,-yʔ*或*-uʔ*对应于*-juət*类型，*-oʔ*（后来变成*-ʊʔ*，等等）对应于*-k*类型：

chū 出 切韵系统 tśhjwet

A. EMing: 申叔舟 SR tʂ'y（入）；PR —; LR —

B. LMing

General: 利玛窦 c'hŭ ［ tʂ'ʔ ］；金尼阁 c'hụ̆ ［ tʂ'ɥʔ ］

Southern: 葡汉辞典 cio ［ tʂ'oʔ ］; *Dialogues* cio' ［ tʂ'oʔ ］

C. EQing: 万济国 ch'ǔ, Fr.tch'ŭ ［ tʂ'ɥʔ ］；马若瑟 tch'ŭ, t'chǒu ［ tʂ'yʔ~tʂ'uʔ ］

E. LQing Nanking: 屈奈特 tshwe'［ tʂ'uʔ ］；赫美玲 ch'u⁵ ［ tʂ'uʔ ］

F. ModNanking: 江苏省［ tʂ'uʔ⁵入 ］；南京方言［ tʂ'uʔ ］

zhú 逐 切韵系统 ḍjuk

A. EMing: 申叔舟 SR dzy（入）；PR dzɥʔ; LR —

B. LMing

General: 利玛窦 chǒ[tʂoʔ]; 金尼阁 chǒ[tʂoʔ]

Southern: 葡汉辞典 cio [tʂoʔ]; *Dialogues* —

E. LQing Nanking: 屈奈特 — ; 赫美玲 chu⁵ [tʂuʔ]

zhú 竹 切韵系统 tjuk

A. EMing: 申叔舟 SR tʂy(入); PR tʂuʔ; LR tʂuʔ

B. LMing

General: 利玛窦 — ; 金尼阁 chǒ[tʂoʔ]

Southern: 葡汉辞典 — ; *Dialogues* cio' [tʂoʔ]

C. EQing: 万济国 chǒ[tʂʊʔ]; 马若瑟 tchoŭ [tʂuʔ]

E. LQing Nanking: 屈奈特 dshwe'[tʂuʔ]; 赫美玲 chu⁵ [tʂuʔ]

F. ModNanking: 江苏省[tʂuʔ⁵入]; 南京方言[tʂuʔ]

《切韵》*-juət* 对应 *-k* 类型在官话中的分界不能从SR系统中推导出来。但是，从齿音和卷舌音声母的数据中，我们在申叔舟的PR/LR材料中看到这个区别的线索。对于*-juət*类型的声母,PR/LR系统，申叔舟没有给出分隔符在这里，和SR系统的读音一致写作*-yʔ*。但是对*-k*类型，PR/LR读音如果有，则写作*-uʔ*。现代南京话的形式在这两个类型中显示出类似的区别。因此，这类输出语可能是这里官话不同结果的来源。对于喉音*/ø-*声母音节，我们必须换个思路。《字典》和Dialogue数据也许部分是基于早期的一些江淮类型的方言（Yang 1989，Coblin 1997），而且它们的*-ioʔ*韵母和其他官话材料所对应的《切韵》*-k*类型韵母的表现形式相同。它们也许代表了导致这里官话*-ioʔ*形式的基础方言的类型。

3.12.3 SR -yjʔ> GH -yʔ

yì 役 切韵系统 jiwäk

A. EMing: 申叔舟 SR ŋyj (入); PR iʔ; LR —

B. LMing

General: 利玛窦 — ; 金尼阁 iụ̌[yʔ]

C. EQing: 万济国 iǔ (Voc.) [yʔ]; 马若瑟 —

3.12.4 SR -yn。在SR卷舌音之后，此韵母产生出官话的*-un*,除了利玛窦的类型是另一个反映*-iun*[-yn/-ɥnʔ]:

chún 唇 切韵系统 dźjuen

A. EMing: 申叔舟 SR ʐyn（平）; PR —; LR —

B. LMing

General: 利玛窦 —； 金尼阁 c'hûn, xûn［tʂ'un~ʂun］

C. EQing: 万济国 xûn［ʂun］; 马若瑟 chûn,chouên［ʂun~ʂuɛn］

shùn 舜 切韵系统 śjuen-

A. EMing: 申叔舟 SR ʂyn（去）; PR —; LR —

B. LMing

General: 利玛窦 xiún［ʂyn or ʂɥn?］; 金尼阁 xún［ʂun］

D. MQing: 万济国 shūn［ʂun］; 马若瑟 shun^3［ʂun］

此外，SR的*-yn*在官话中保持不变：

jūn 君 切韵系统 kjuən

A. EMing: 申叔舟 SR kyn（平）; PR —; LR —

B. LMing

General: 利玛窦 kiūn［kyn］; 金尼阁 kiūn［kyn］

C. EQing: 万济国 kiūn, Fr. kiūne［kyn］; 马若瑟 kiūn［kyn］

yún 云 切韵系统 juən

A. EMing: 申叔舟 SR yn（平）; PR —; LR —

B. LMing

General: 利玛窦 —； 金尼阁 iûn［yn］

C. EQing: 万济国 iûn（Voc.）［yn］; 马若瑟 iûn［yn］

3.13 韵母 je jeʔ ye yeʔ jej jew jen yen jem

3.13.1 SR-je。在卷舌音后产生出官话的*-ɛ*，其他声母后则是*-iɛ*。

zhě 者 切韵系统 tśja:

A. EMing: 申叔舟 SR tʂje（上）; PR —; LR —

B. LMing

General: 利玛窦 chè［tʂɛ］; 金尼阁 chè［tʂɛ］

C. EQing: 万济国 chè, Fr. tchè［tʂɛ］; 马若瑟 tchè［tʂɛ］

qiě 且 切韵系统 tshja:

A. EMing: 申叔舟　SR ts‘je（上）; PR — LR —

B. LMing

General: 利玛窦 ç'iè［ts‘iε］; 金尼阁 'çiè［ts‘iε］

C. EQing: 万济国 çh'iè［ts‘iε］; 马若瑟 ts'iè［ts‘iε］

3.13.2 SR -jeʔ。这个韵母在卷舌音之后产生出官话的是 *-εʔ*，其他声母后则是 *-iεʔ*:

rè 热 切韵系统 ńźjät

A. EMing: 申叔舟　SR rje（入）; PR —; LR —

B. LMing

General: 利玛窦 —；金尼阁 jĕ［ʐεʔ］

C. EQing: 万济国 jĕ, jĕ（Voc.）［ʐɿʔ~ʐεʔ］; 马若瑟 jĕ, gĕ［ʐεʔ］

jié 节 切韵系统 tsjet

A. EMing: 申叔舟　SR tsje（入）; PR —; LR —

B. LMing

General: 利玛窦 çiĕ［tsiεʔ］; 金尼阁 çiĕ［tsiεʔ］

C. EQing: 万济国 çhiĕ［tsiεʔ］; 马若瑟 tsiĕ［tsiεʔ］

3.13.3 SR -ye>GH -yε

xuē 靴 切韵系统 xuâ

A. EMing: 申叔舟 SR xye（平）; PR —; LR —

B. LMing

General: 利玛窦 —；金尼阁 hiuē［xyε］

C. EQing: 万济国 hiụē（Voc.）［xyε］; 马若瑟 —

3.13.4 SR-yeʔ。此韵母在卷舌音声母后对应于官话的 *-uεʔ*，其他声母后对应于 *-yεʔ*。南方官话类型规则的有 *-uɔʔ*/*-yɔʔ* 两读，在下面的第一个例子中，这种类型的一个形式已经入侵并取代了几个晚期官话类型中规则的 *-uεʔ* 韵母：

shuō 说 切韵系统 śjwät

A. EMing: 申叔舟　SR ʂye（入）; PR —; LR —

B. LMing

General: 利玛窦 xoĕ［ʂuɛʔ］；金尼阁 xuĕ［ʂuɛʔ］

Southern: 葡汉辞典 sciuo［ʂuɔʔ］；*Dialogues* sciuo［ʂuɔʔ］

C. EQing: 万济国 xuĕ［ʂuɛʔ］；马若瑟 chouĕ, chŏ［ʂuɛʔ~ʂɔʔ］

D. MQing: 马礼逊 shwŏ［ʂuɔʔ］；卫三畏 shwóh[7]［ʂuɔʔ］

jué 绝 切韵系统 dzjwät

A. EMing: 申叔舟 SR dzye（入）；PR —; LR —

B. LMing

General: 利玛窦 çiuĕ［tsyɛʔ］；金尼阁 çiuĕ［tsyɛʔ］

Southern: 葡汉辞典 z (i) uo［tsyɔʔ］；*Dialogues* —

C. EQing: 万济国 çiuĕ, Fr. tsiuăi［tsyɛʔ］；马若瑟 tsuĕ［tsyɛʔ］

D. MQing: 马礼逊 tseuĕ［tsyɛʔ］；卫三畏 tsiueh[8]［tsyɛʔ］

yuè 月 切韵系统 ngjwɐt

A. EMing: 申叔舟 SR ŋye（入）；PR —; LR —

B. LMing

General: 利玛窦 iuĕ［yɛʔ］；金尼阁 iuĕ［yɛʔ］

Southern: 葡汉辞典 iuo［yɔʔ］；*Dialogues* Juo`［yɔʔ］

C. EQing: 万济国 iuĕ［yɛʔ］；马若瑟 iuĕ［yɛʔ］

D. MQing: 马礼逊 yuĕ［yɛʔ］；卫三畏 yueh[8]［yɛʔ］

3.13.5 SR -jej> GH -i

dī 低 切韵系统 tiei

A. EMing: 申叔舟 SR tjej（平）; PR ti; LR —

B. LMing

General: 利玛窦 —；金尼阁 tī［ti］

C. EQing: 万济国 tý［ti］；马若瑟 tī［ti］

qǐ 起 切韵系统 khjï:

A. EMing: 申叔舟 SR k'jej（上）; PR k'i; LR —

B. LMing

General: 利玛窦 —；金尼阁 'kì［k'i］

C. EQing: 万济国 k'ỳ［k'i］；马若瑟 k'ì［k'i］

3.13.6 SR -jew。在卷舌音声母后这个韵母对应于官话 *-au*，其他对应于 *-iau*：

shǎo 少 切韵系统 śjäu:

A. EMing: 申叔舟 SR ʂjew（上）; PR ʂjaw; LR —

B. LMing

General: 利玛窦 xào［ʂau］；金尼阁 xào［ʂau］

C. EQing: 万济国 xào［ʂau］；马若瑟 chào［ʂau］

jiào 叫 切韵系统 kieu-

A. EMing: 申叔舟 SR kjew（去）；PR kjaw; LR —

B. LMing

General: 利玛窦 —；金尼阁 kiáo［kiau］

C. EQing: 万济国 kiáo［kiau］；马若瑟 kiáo［kiau］

3.13.7 SR -jen。对于这个SR韵母，在卷舌音后（除了官话的 *ʐ-*）经常给出 *-iɛn* 和 *-ɛn* 的异读。其他的官话类型一律为 *-ɛn*：

rán 然 切韵系统 ńźjän

A. EMing: 申叔舟 SR rjen（平）; PR —; LR —

B. LMing

General: 利玛窦 gên［ʐɛn］；金尼阁 jên［ʐɛn］

C. EQing: 万济国 jên［ʐɛn］；马若瑟 gên, jên［ʐɛn］

zhàn 战 切韵系统 tśjän-

A. EMing: 申叔舟 SR tʂjen（去）; PR —; LR —

B. LMing

General: 利玛窦 —；金尼阁 chién, chén［tʂiɛn~tʂɛn］

C. EQing: 万济国 —；马若瑟 tchén［tʂɛn］

shàn 扇 切韵系统 śjän-

A. EMing: 申叔舟 SR ʂjen（去）; PR —; LR —

B. LMing

General: 利玛窦 —；金尼阁 xién, xén［ʂiɛn~ʂɛn］

C. EQing: 万济国 xén［ʂen］；马若瑟 chán［ʂan］

（马若瑟的形式*-an*在这里出乎意料）

shàn 善 切韵系统 źjän:, źjän-

A. EMing: 申叔舟 SR zjen（上去）；PR（去）; LR zjen（上）

B. LMing

General: 利玛窦 xén［ʂen］；金尼阁 xién, xén, xièn, xèn［ʂiɛn~ʂɛn］

C. EQing: 万济国 xén, Fr. chéne［ʂen］；马若瑟 chén［ʂɛn］

此外，官话的表现通常是*-iɛn*：

biān 边 切韵系统 pien

A. EMing: 申叔舟 SR pjen（平）；PR —; LR —

B. LMing

General: 利玛窦 —；金尼阁 piēn［piɛn］

C. EQing: 万济国 piēn［piɛn］；马若瑟 piēn［piɛn］

3.13.8 SR -yen。卷舌音之后，这个韵母对应于官话的*-uɛn*：

chuān 穿 切韵系统 tśhjwän

A. EMing: 申叔舟 SR tʂ'yen（平）；PR —; LR —

B. LMing

General: 利玛窦 —；金尼阁 c'huēn［tʂ'uɛn］

C. EQing: 万济国 chuēn'（Voc.）［tʂ'uɛn］；马若瑟 tch'ouēn, tch'oūan［tʂ'uɛn~tʂ'uan］

此外，它还产生官话的-yɛn，比如：

quán 全 切韵系统 dzjwän

A. EMing: 申叔舟 SR dzyen（平）；PR —; LR —

B. LMing

General: 利玛窦 ç'iuên［ts'yɛn］；金尼阁 'çiuên［ts'yɛn］

C. EQing: 万济国 çh'iuên, Fr. ts'iuên［ts'yɛn］；马若瑟 t'suên［ts'yɛn］

3.13.9 SR -jem。对于这个SR韵母，在卷舌音后（除了官话的ʐ-），金尼阁有*-iɛn*

和-*ɛn*的异读。其他的官话只有-*ɛn*：

rǎn 染 切韵系统 ńźjäm:

A. EMing: 申叔舟 SR rjem（上去）；PR —; LR —

B. LMing

General: 利玛窦 —；金尼阁 jèn, jén［ʐɛn］

C. EQing: 万济国 jèn（Voc.）［ʐɛn］；马若瑟 gèn［ʐɛn］

shǎn 闪 切韵系统 śjäm:

A. EMing: 申叔舟 SR ʂjem（上）; PR—; LR—

B. LMing

General: 利玛窦 —；金尼阁 xién, xén, xièn, xèn［ʂiɛn~ʂɛn］

C. EQing: 万济国 xèn（Voc.）［ʂɛn］；马若瑟 chèn［ʂɛn］

此外，官话的表现是-*iɛn*，例如：

diǎn 点 切韵系统 tiem:

A. EMing: 申叔舟 SR tjem（上）; PR —; LR —

B. LMing

General: 利玛窦 —；金尼阁 tièn［tiɛn］

C. EQing: 万济国 tièn（Voc.）［tiɛn］；马若瑟 tièn［tiɛn］

3.14 韵母 ɔ wɔ ɔʔ wɔʔ ɔn wɔn

3.14.1 SR -ɔ > GH -ɔ

duō 多 切韵系统 tâ

A. EMing: 申叔舟 SR tɔ（平）; PR —; LR tɔ, twɔ

B. LMing

General: 利玛窦 tō［tɔ］; 金尼阁 tō［tɔ］

C. EQing: 万济国 tō［tɔ］; 马若瑟 tō［tɔ］

这个方程式有两个常用字例外，官话所对应的韵母是-*a*:

nà 那 切韵系统 nâ-

A. EMing: 申叔舟 SR nɔ（去）; PR na; LR na

B. LMing

General: 利玛窦 —；金尼阁 ná, nò［na~nɔ］

Southern: 葡汉辞典 —；*Dialogues* na［na］

C. EQing: 万济国 ná［na］；马若瑟 ná［na］

D. MQing: 马礼逊 ná［na］；卫三畏 —

E. LQing Nanking: 屈奈特 lá［lɑ］；赫美玲 na⁴［la］

F. ModNanking: 江苏省 —；南京方言［lɑʔ］

tā 他 切韵系统 thâ

A. EMing: 申叔舟 SR t'ɔ（平）；PR t'a; LR —

B. LMing

General: 利玛窦 t'ā［t'a］；金尼阁 'tā, 'tō［t'a~t'ɔ］

Southern: 葡汉辞典 ta［t'a］; *Dialogues* ta［t'a］

C. EQing: 万济国 t'ā, tā［t'a］；马若瑟 t'ā, t'á［t'a］

D. MQing: 马礼逊 ta［t'a］；卫三畏 t'á¹［t'a］

E. LQing Nanking: 屈奈特 tā［t'a］；赫美玲 t'a¹［t'a］

F. ModNanking: 江苏省［t'ɑ³¹阴平］；南京方言［t'ɑ³¹］

这个-*a*形式同样也出现于PR/LR系统，南方官话类型和现代江淮方言。这种类型的一些外部来源也许导致了这种读法，也许起初是作为异读，正如在金尼阁材料中出现的那样。

3.14.2 SR -wɔ > GH -ɔ

bō 波 切韵系统 puâ

A. EMing: 申叔舟 SR pwɔ（平）；PR —; LR —

B. LMing

General: 利玛窦 pō［pɔ］；金尼阁 pō［pɔ］

C. EQing: 万济国 —；马若瑟 pō［pɔ］

zuò 坐 切韵系统 dzuâ:, dzuâ-

A. EMing: 申叔舟 SR dzwɔ（上去）；PR —; LR —

B. LMing

General: 利玛窦 tsŏ［tsɔ］；金尼阁 çò, çó［tsɔ］

C. EQing: 万济国 çhó, Fr. tsós［tsɔ］；马若瑟 tsó［tsɔ］

在喉音之后，官话有时产生出 *-uɔ*，常常和规则形式 *-ɔ* 竞争：

guò 过 切韵系统 kuâ-

A. EMing: 申叔舟　SR kwɔ（去）；PR —; LR —

B. LMing

　General: 利玛窦 —；金尼阁 kó, kuó［kɔ~kuɔ］

C. EQing: 万济国 kuó［kuɔ］；马若瑟 kó, kouó［kɔ~kuɔ］

huǒ 火 切韵系统 xuâ:

A. EMing: 申叔舟　SR xwɔ（上）；PR —; LR —

B. LMing

　General: 利玛窦 huò［xuɔ］；金尼阁 hò, huò［xɔ~xuɔ］

C. EQing: 万济国 hò［xɔ］；马若瑟 hò［xɔ］

3.14.3　SR -ɔʔ> GH -ɔʔ

gē 割 切韵系统 kât

A. EMing: 申叔舟　SR kɔ（入）；PR —; LR —

B. LMing

　General: 利玛窦 —；金尼阁 kŏ［kɔʔ］

C. EQing: 万济国 kŏ［kɔʔ］；马若瑟 kŏ［kɔʔ］

3.14.4　SR -wɔʔ。喉音后，这个韵母产生出官话 *-uɔʔ*:

kuò 阔 切韵系统 khuât

A. EMing: 申叔舟　SR kʻwɔ（入）；PR —; LR —

B. LMing

　General: 利玛窦 —；金尼阁 'kuŏ［kʻuɔʔ］

C. EQing: 万济国 k'uŏ（Voc.）［kʻuɔʔ］；马若瑟 k'ouŏ［kʻuɔʔ］

此外，官话的表现是 *-ɔʔ*，比如：

mŏ 抹 切韵系统 muât

A. EMing: 申叔舟　SR mwɔ（入)；PR —; LR mwɔʔ

B. LMing

　General: 利玛窦 —；金尼阁 mŏ［mɔʔ］

C. EQing: 万济国 mo [mɔʔ]；马若瑟 —

tuō 脱 切韵系统 thuât

A. EMing: 申叔舟 SR tʻwɔ（入）；PR —; LR —

B. LMing

General: 利玛窦 —；金尼阁 t'ŏ [tʻɔʔ]

C. EQing: 万济国 tŏ'（Voc.）[tʻɔʔ]；马若瑟 t'ŏ [tʻɔʔ]

3.14.5 SR-ɔn> GH-an。这个变化只发生在SR的喉音之后，一些痕迹保存在南方官话类型中：

ān 安 切韵系统 ʔân

A. EMing: 申叔舟 SR ʔɔn（平）; PR ʔan; LR ʔan

B. LMing

General: 利玛窦 —；金尼阁 gān [ŋan]

Southern: 葡汉辞典 ngon, ngõ [ŋɔn]；*Dialogues* —

C. EQing: 万济国 gān, Fr. gāne [ŋan]；马若瑟 ngān [ŋan]

gān 干 切韵系统 kân

A. EMing: 申叔舟 SR kɔn（平）；PR kan; LR kan

B. LMing

General: 利玛窦 —；金尼阁 kān [kan]

Southern: 葡汉辞典 con [kɔn]；*Dialogues* cã [kan]

C. EQing: 万济国 kàn [kan]；马若瑟 kān [kan]

kàn 看 切韵系统 khân-

A. EMing: 申叔舟 SR kʻɔn（去）；PR kʻan; LR kʻan

B. LMing

General: 利玛窦 —；金尼阁 'kán [kʻan]

Southern: 葡汉辞典 can [kʻan]；*Dialogues* ca', cã [kʻan]

C. EQing: 万济国 k'án [kʻan]；马若瑟 k'án [kʻan]

3.14.6 SR -wɔn> GH -uɔn

bān 搬 切韵系统 puân

A. EMing: 申叔舟 SR pwɔn（平）; PR pɔn; LR pɔn

B. LMing

General: 利玛窦 —； 金尼阁 puōn［puɔn］

C. EQing: 万济国 puōn（般）［puɔn］； 马若瑟（般）pouān, poüān, pouōn［puan~puɔn］

duǎn 短 切韵系统 tuân:

A. EMing: 申叔舟 SR twɔn（平）; PR —; LR —

B. LMing

General: 利玛窦 —； 金尼阁 tuòn［tuɔn］

C. EQing: 万济国 tuòn［tuɔn］； 马若瑟 touàn［tuan］

到了马若瑟时代，官话的 *-uɔn* 进一步转化成 *-uan*。

3.15 韵母 a ja wa aʔ jaʔ waʔ aj jaj waj aw awʔ jaw jawʔ wawʔ an jan wan aŋ jaŋ waŋ am jam

3.15.1 SR -a> GH -a

bǎ 把 切韵系统 pa:

A. EMing: 申叔舟 SR pa（上）; PR —; LR —

B. LMing

General: 利玛窦 —； 金尼阁 pà［pa］

C. EQing: 万济国 pà, Fr. pàs［pa］； 马若瑟 pà［pa］

3.15.2 SR -ja > GH -ia

jiā 家 切韵系统 ka

A. EMing: 申叔舟 SR kja（平）; PR —; LR —

B. LMing

General: 利玛窦 kiā［kia］； 金尼阁 kiā［kia］

C. EQing: 万济国 kiā［kia］； 马若瑟 kiā［kia］

3.15.3 SR-wa > GH -ua

guā 瓜 切韵系统 kwa

A. EMing: 申叔舟 SR kwa（平）; PR —; LR —

B. LMing

General: 利玛窦 koā［kua］; 金尼阁 kuā［kua］

C. EQing: 万济国 kuā［kua］; 马若瑟 kouā［kua］

3.15.4 SR -aʔ。喉音后，这个韵母对应于官话的 -ɔʔ:

hé 合 切韵系统 ɣâp

A. EMing: 申叔舟 SR ɣa（入）; PR ɣɔʔ; LR ɣɔʔ

B. LMing

General: 利玛窦 —; 金尼阁 hŏ［xɔʔ］

C. EQing: 万济国 hŏ［xɔʔ］; 马若瑟 hŏ［xɔʔ］

此外，保持不变：

dá 答 切韵系统 tâp

A. EMing: 申叔舟 SR ta（入）; PR —; LR —

B. LMing

General: 利玛窦 —; 金尼阁 tă［taʔ］

C. EQing: 万济国 tà［ta］, tă（Voc.）［taʔ］; 马若瑟 tă［taʔ］

此处万济国的不规则形式可能是拼写错误。

3.15.5 SR -jaʔ > GH -iaʔ

jiă 甲 切韵系统 kap

A. EMing: 申叔舟 SR kja（入）; PR —; LR —

B. LMing

General: 利玛窦 kiă［kiaʔ］; 金尼阁 kiă［kiaʔ］

C. EQing: 万济国 kiă［kiaʔ］; 马若瑟 kiă［kiaʔ］

3.15.6 SR -waʔ。唇齿音之后，这个韵母简化为官话的 -aʔ:

fā 发 切韵系统 pjwɐt

A. EMing: 申叔舟 SR fwa（入）; PR faʔ; LR faʔ

B. LMing

General: 利玛窦 fă［faʔ］; 金尼阁 fă［faʔ］

C. EQing: 万济国 fă [faʔ]; 马若瑟 fă [faʔ]

此外，它产生出*-uaʔ*:

huá 滑 切韵系统 ɣwăt

A. EMing 申叔舟 SR ɣwa（入）; PR —; LR —

B. LMing

General: 利玛窦 hoă [huaʔ]; 金尼阁 hoă [huaʔ]

C. EQing: 万济国 —；马若瑟 hoă [huaʔ]

3.15.7 SR -aj > GH -ai

lái 来 切韵系统 lậi

A. EMing: 申叔舟 SR laj（平）; PR —; LR laj

B. LMing

General: 利玛窦 lâi [lai]; 金尼阁 lâi [lai]

C. EQing: 万济国 lâi,lây [lai]; 马若瑟 lâi [lai]

以下的常用字，有一个竞争形式*-a*，已经发现于PR/LR材料中，出现在金尼阁的材料中，然后在大多数晚期官话类型中完全取代了*-ai*形式：

dà 大 切韵系统 dâ-,dâi-

O. 八思巴字 蒙古字韵 tay（去）[daj]

A. EMing: 申叔舟 SR daj（去）; PR da; LR da

B. LMing

General: 利玛窦 tá [ta]; 金尼阁 tá, tái [ta~tai]

Southern: 葡汉辞典 ta [ta] ; *Dialogues* ta, taj [ta~tai]

C. EQing: 万济国 tá [ta]; 马若瑟 tá [ta]

D. MQing: 马礼逊 tá [ta]; 卫三畏 tá[6] [ta]

3.15.8 SR -jaj> GH -iai

jiě 解 切韵系统 kaï:

A. EMing: 申叔舟 SR kjaj（上）; PR kjej; LR kjej

B. LMing

General: 利玛窦 kiài [kiai]; 金尼阁 kiài [kiai]

C. EQing: 万济国 kiài [kiai]; 马若瑟 kiài, kiái [kiai]

3.15.9 SR -waj> GH -uai

kuài 快 切韵系统 khwai-

A. EMing: 申叔舟 SR k‘waj（去）; PR —; LR —

B. LMing

General: 利玛窦 — ; 金尼阁 'kuái [k‘uai]

C. EQing: 万济国 k'uái [k‘uai]; 马若瑟 k'ouái [k‘uai]

3.15.10 SR -aw > GH -au

hǎo 好 切韵系统 xâu:

A. EMing: 申叔舟 SR xaw（上）; PR —; LR —

B. LMing

General: 利玛窦 hào [xau]; 金尼阁 hào [xau]

C. EQing: 万济国 hào [xau]; 马若瑟 haò [xau]

3.15.11 SR -jaw > GH -iau

jiào 教 切韵系统 kau-

A. EMing: 申叔舟 SR kjaw（平去）; PR —; LR—

B. LMing

General: 利玛窦 kiáo [kiau]; 金尼阁 kiāo,kiáo [kiau]

C. EQing: 万济国 kiāo, kiáo [kiau]; 马若瑟 kiáo [kiau]

3.15.12 SR -awʔ > GH -ɔʔ

lè 乐 切韵系统 lâk

A. EMing: 申叔舟 SR law（入）; PR —; LR law

B. LMing

General: 利玛窦 lŏ [lɔʔ]; 金尼阁 lŏ [lɔʔ]

C. EQing: 万济国 lŏ [lɔʔ]; 马若瑟 lŏ [lɔʔ]

在下面的例子，金尼阁给出*-εʔ*的异读，这在晚期官话类型中变成主流：

gé 格 切韵系统 kɐk

A. EMing: 申叔舟 SR kaw（入）; PR —; LR —

B. LMing

General: 利玛窦 — ; 金尼阁 kĕ, kŏ ［kɛʔ~kɔʔ］

Southern: 葡汉辞典 — ; *Dialogues* che ［kɛʔ］

C. EQing: 万济国 kĕ ［kɛʔ］; 马若瑟 —

D. MQing: 马礼逊 kĭh ［kɪʔ］; 卫三畏 keh[7] ［kɛʔ］

E. LQing Nanking: 屈奈特 ge'［kɛʔ］；赫美玲 kai[1] ［kəʔ］

F. ModNanking: 江苏省［kəʔ入］；南京方言［kəʔ］

比较下一个例子，类似的异读并没有在晚期官话中得到流通：

mò 莫 切韵系统 mâk

A. EMing: 申叔舟 SR maw（入）; PR —; LR mawʔ

B. LMing

General: 利玛窦 mǒ, mw̌［moʔ］；金尼阁 mĕ, mŏ ［mɛʔ~mɔʔ］

C. EQing: 万济国 mŏ ［mɔʔ］; 马若瑟 mŏ ［mɔʔ］

D. MQing: 马礼逊 mŏ ［mɔʔ］; 卫三畏 móh[8] ［mɔʔ］

E. LQing Nanking: 屈奈特 mo'［mɔʔ］；赫美玲 mo[5] ［moʔ］

F. ModNanking: 江苏省［moʔ5入］；南京方言 —

3.15.13 SR -jawʔ。卷舌音之后，这个韵母产生出官话的 *-ɔʔ*：

ruò 弱 切韵系统 ńźjak

A. EMing: 申叔舟 SR rjaw（入）; PR —; LR rjawʔ

B. LMing

General: 利玛窦 jŏ ［ʐɔ̨ʔ］; 金尼阁 jŏ ［ʐɔ̨ʔ］

C. EQing: 万济国 jŏ（Voc.）［ʐɔ̨ʔ］; 马若瑟 jŏ ［ʐɔ̨ʔ］

此外，对应的官话形式是 *-iɔʔ*，比如：

xué 学 切韵系统 ɣåk

A. EMing: 申叔舟 SR ɣjaw（入）; PR —; LR ɣjawʔ

B. LMing

General: 利玛窦 hiŏ ［xiɔʔ］; 金尼阁 hiŏ ［xiɔʔ］

C. EQing: 万济国 hiŏ, hiǒ［xiɔʔ~xiʊʔ］; 马若瑟 hiŏ［xiɔʔ］

3.15.14 SR -wawʔ。卷舌音之后，这个韵母对应于官话的-ɔʔ:

zhuō 卓 切韵系统 ṭåk

A. EMing: 申叔舟 SR tʂwaw; PR —; LR tʂwawʔ

B. LMing

General: 利玛窦 chŏ［tʂɔʔ］; 金尼阁 chŏ［tʂɔʔ］

D. MQing: 马礼逊 chŏ［tʂɔʔ］; 卫三畏 ch'óh[7]［tʂɔʔ］

此外，对应的官话韵母是-uɔʔ:

kuò 廓 切韵系统 khwâk

A. EMing: 申叔舟 SR k'waw（入）; PR —; LR —

B. LMing

General: 利玛窦 q'uŏ［k'uɔʔ］; 金尼阁 k'uŏ［k'uɔʔ］

D. MQing: 马礼逊 k'wŏ［k'uɔʔ］; 卫三畏 kwóh[7]［kuɔʔ］

3.15.15 SR -an、-am > GH -an

dàn 但 切韵系统 dân:,dân-

A. EMing: 申叔舟 SR dan（上）; PR —; LR —

B. LMing

General: 利玛窦 tán［tan］; 金尼阁 tán［tan］

C. EQing: 万济国 tán［tan］; 马若瑟 tán［tan］

gǎn 感 切韵系统 kậm:

A. EMing: 申叔舟 SR kam（上）; PR kan; LR —

B. LMing

General: 利玛窦 càn［kan］; 金尼阁 kàn［kan］

C. EQing: 万济国 kàn［kan］; 马若瑟 kàn［kan］

3.15.16 SR -jan、-jam > GH -iɛn

jiān 间 切韵系统 kăn

A. EMing: 申叔舟 SR kjan（平）; PR —; LR —

B. LMing

General: 利玛窦 kiēn [kiɛn]; 金尼阁 kiēn [kiɛn]

C. EQing: 万济国 kiēn [kiɛn]; 马若瑟 kiēn [kiɛn]

xiàn 陷 切韵系统 ɣăm-

A. EMing: 申叔舟 SR ɣjam（平）; PR ɣjan; LR ɣjen

B. LMing

General: 利玛窦 hién [xiɛn]; 金尼阁 hién [xiɛn]

C. EQing: 万济国 hién [xiɛn]; 马若瑟 —

3.15.17 SR -wan。卷舌音后这个韵母变成*-an*：

fǎn 反 切韵系统 pjwɐn:

A. EMing: 申叔舟 SR fwan（上）; PR fan ; LR —

B. LMing

General: 利玛窦 — ; 金尼阁 fàn [fan]

C. EQing: 万济国 fàn [fan]; 马若瑟 fàn [fan]

此外，它产生出官话的*-uan*：

guān 关 切韵系统 kwan

A. EMing: 申叔舟 SR kwan（平）; PR —; LR kwɔn

B. LMing

General: 利玛窦 kuān [kuan]; 金尼阁 kuān [kuan]

C. EQing: 万济国 kuān（Voc.）[kuan]; 马若瑟 koūan [kuan]

3.15.18 SR -aŋ。卷舌音之后，这个韵母产生出一般型官话的*-uaŋ*，比如：

chuāng 窗 切韵系统 tṣhång

A. EMing: 申叔舟 SR tʂʻaŋ（平）; PR tʂʻwaŋ; LR —

B. LMing

General: 利玛窦 — ; 金尼阁 c'hoām, c'huām [tʂʻuaŋ]

Southern: 葡汉辞典 zan [tsʻan]; *Dialogues* —

C. EQing: 万济国 choāng'（Voc.）[tʂʻuaŋ]; 马若瑟 t'chouāng, ts'ang [tʂʻuaŋ~tsʻaŋ]

D. MQing: 马礼逊 chwang [tʂʻuaŋ]; 卫三畏 chw'áng [tʂʻuaŋ]

E. LQing Nanking: 屈奈特 tshwɑ̃¯［tʂʻuã］；赫美玲 ch'uan/ch'uang^{1}［tʂʻuan~tsʻuaŋ］

F. ModNanking: 江苏省［tʂʻuɑ̃$^{31\text{阴平}}$］; 南京方言［tʂʻuɑŋ^{31}］

chuāng: 疮 切韵系统 tṣhjang

A. EMing: 申叔舟　SR tʂʻaŋ（平）; PR tʂʻwaŋ; LR tʂʻwaŋ

B. LMing

General: 利玛窦 —；金尼阁 c'hoām, c'huām［tʂʻuaŋ］

Southern: 葡汉辞典 zam［tsʻaŋ］; *Dialogues* —

C. EQing: 万济国 choāng'（Voc.）［tʂʻuaŋ］; 马若瑟 —

D. MQing: 马礼逊 chwang［tʂʻuaŋ］; 卫三畏 chw'áng［tʂʻuaŋ］

E. LQing Nanking: 屈奈特 tshɑ̃¯［tʂʻuã］; 赫美玲 ch'uan/ch'uang^{1}［tʂʻuan~tsʻuaŋ］

F. ModNanking: 江苏省［tʂʻuã$^{31\text{阴平}}$］; 南京方言［tʂʻuɑŋ^{31}］

zhuàng 状 切韵系统 dẓjang-

A. EMing: 申叔舟　SR dʐaŋ（去）; PR dʐwaŋ; LR —

B. LMing

General: 利玛窦 ciám［tʂaŋ］; 金尼阁 choám, chuám［tʂuaŋ］

Southern: 葡汉辞典 zan,ciam［tsan~tʂaŋ］; *Dialogues* —

C. EQing: 万济国 choáng［tʂuaŋ］; 马若瑟 tchöáng, tchoáng［tʂuaŋ］

D. MQing: 马礼逊 chuang［tʂuaŋ］; 卫三畏 chwáng^{6}［tʂuaŋ］

E. LQing Nanking: 屈奈特 dshwã'［tʂuã］; 赫美玲 chuan/chuang^{4}［tʂuan~tʂuaŋ］

F. ModNanking: 江苏省［tʂuã$^{44\text{去}}$］; 南京方言［tʂʻuɑŋ^{44}］

这些形式尤其令人关注的是它们没有经过卷舌音>齿龈音的音变，而这在一般型官话类型中是可以预料到的（见上3.5.6节）。但是，这里需要注意的是，南方类型的官话经过了这个音变但是没有发展成*-uaŋ*。实际上在第一个例子中，马若瑟显示出这个南方类型的一个异读。如第三个例子中所示，利玛窦更古老的官话类型既没有经过卷舌音到龈音的音变，也没有经过*-aŋ*到*-uaŋ*的变化。一个疑问是此处*tʂʻuaŋ/tʂuaŋ* 的音节类型是否实际上是从其他语言类型比如申叔舟的PR/LR材料或者江淮方言最终入侵到一般型官话中的。也许利玛窦的读音是SR系统的直接反应，而南方语体和金尼阁及其继承者的一般读音由于与其他语体的融合而被取代。在所有其他的条件下，SR的*-aŋ*在官话中保持不变。比如：

bāng 邦 切韵系统 påŋg

A. EMing: 申叔舟 SR paŋ（平）; PR —; LR —

B. LMing

General: 利玛窦 pām［paŋ］; 金尼阁 pām［paŋ］

C. EQing: 万济国 pāng［paŋ］; 马若瑟 pāng［paŋ］

3.15.19 SR-jaŋ。卷舌音之后，这个韵母简化成官话的 *-aŋ*：

cháng 常 切韵系统 źjang

A. EMing: 申叔舟 SR dʑjaŋ（平）; PR —; LR —

B. LMing

General: 利玛窦 ch'âm［tʂ'aŋ］; 金尼阁 c'hâm, xâm［tʂ'aŋ~ʂaŋ］

C. EQing: 万济国 ch'âng［tʂ'aŋ］; 马若瑟 t'châng, tch'âng［tʂ'aŋ］

此外，它在官话中保持不变：

jiāng 将 切韵系统 tsjang

A. EMing: 申叔舟 SR tsjaŋ（平）; PR —; LR —

B. LMing

General: 利玛窦 çiām［tsiaŋ］; 金尼阁 çiām［tsiaŋ］

C. EQing: 万济国 çhiāng［tsiaŋ］; 马若瑟 tsiāng［tsiaŋ］

3.15.20 SR -waŋ > GH -uaŋ

guǎng 广 切韵系统 kuâng:

A. EMing: 申叔舟 SR kwaŋ（上）; PR —; LR —

B. LMing

General: 利玛窦 quàm［kuaŋ］; 金尼阁 kuàm［kuaŋ］

C. EQing: 万济国 kuàng［kuaŋ］; 马若瑟 kouàng［kuaŋ］

3.16 韵母 əjʔ wəj wəjʔ əw jəw ən əm əjŋ

3.16.1 SR -əjʔ > GH -ɛʔ

bái 白 切韵系统 bɐk

A. EMing: 申叔舟 SR bəj（入）; PR —; LR bəjʔ

B. LMing

General: 利玛窦 — ; 金尼阁 pĕ［pɛʔ］

C. EQing: 万济国 pĕ, Fr. păi［pɛʔ］; 马若瑟 pĕ［pɛʔ］

dé 得 切韵系统 tək

A. EMing: 申叔舟 SR təj（入）; PR —; LR təjʔ

B. LMing

General: 利玛窦 tĕ［tɛʔ］; 金尼阁 tĕ［tɛʔ］

C. EQing: 万济国 tĕ［tɛʔ］; 马若瑟 tĕ［tɛʔ］

3.16.2 SR -əw > GH -ɛu

tóu 头 切韵 dəu

A. EMing: 申叔舟 SR dəw（平）; PR —; LR —

B. LMing

General: 利玛窦 — ; 金尼阁 'têu［t‘ɛu］

C. EQing: 万济国 t'êu［t‘ɛu］; 马若瑟 t'eôu［t‘ɛu］

fú 浮 切韵系统 bjəu

A. EMing: 申叔舟 SR vəw（平）; PR —; LR —

B. LMing

General: 利玛窦 — ; 金尼阁 fêu［fɛu］

C. EQing: 万济国 fêu［fɛu］; 马若瑟 feóu［fɛu］

下面是一个奇怪的例子，金尼阁给出*-ieu*的异读。这个读音的声母同样也是不规则的，因此我们应该期待找到官话的*ts*‘-。

chóu 愁 切韵系统 dẓəu

A. EMing: 申叔舟 SR dẓəw（平）; PR —; LR —

B. LMing

General: 利玛窦 — ; 金尼阁 çieū, 'çeû［tsiɛu~ts‘ɛu］

C. EQing: 万济国 çhêu'（Voc.）［ts‘ɛu］; 马若瑟 ts'eôu［ts‘ɛu］

3.16.3 SR -ən> GH -ɛn

gēn 根 切韵系统 kən

A. EMing: 申叔舟 SR kən（平）; PR —; LR —

B. LMing

General: 利玛窦 —；金尼阁 kēn［kɛn］

C. EQing: 万济国 kēn（Voc.）［kɛn］; 马若瑟 kēn［kɛn］

3.16.4 SR -əm>GH -ɛn

sēn 森 切韵系统 ʂjɛm

A. EMing: 申叔舟 SR ʂəm（平）; PR —; LR —

B. LMing

General: 利玛窦 —；金尼阁 sēn, xīn［sɛn~ʂin］

C. EQing: 万济国 —；马若瑟 sēn［sɛn］

下面常见的疑问词，晚期官话类型是韵尾-*ŋ*，利玛窦和金尼阁的读音没有记载。

zěn 怎 切韵系统 —

A. EMing: 申叔舟 SR tsəm（上）; PR —; LR tsəm

B. LMing

Southern: 葡汉辞典 —；*Dialogues* çen, çẽ［tsɛn］

C. EQing: 万济国 çhèng［tsɛŋ］; 马若瑟 tsèng［tsɛŋ］

D. MQing: 马礼逊 tsăng'［tsæŋ］; 卫三畏 tsang³［tsəŋ］

3.16.5 SR -əjŋ> GH -ɛŋ

céng 曾 切韵系统 dzəng

A. EMing: 申叔舟 SR ʥəjŋ（平）; PR ʥəŋ; LR ʥəŋ

B. LMing

General: 利玛窦 —；金尼阁 ç'êm［ts'ɛŋ］

Southern: 葡汉辞典 çen［ts'ɛn］; *Dialogues* çen~çe［ts'ɛn］

C. EQing: 万济国 çh'êng［ts'ɛŋ］; 马若瑟 t'sêng, ts'êng, ts'ên［ts'ɛŋ~ts'ɛn］

kěn 肯 切韵系统 khəng:

A. EMing: 申叔舟 SR k'əjŋ（上）; PR k'ən；LR k'ən

B. LMing

General: 利玛窦 —；金尼阁 k'èm［k'ɛŋ］

Southern: 葡汉辞典 — ; *Dialogues* quen［k‘ɛn］

C. EQing: 万济国 k'èng［k‘ɛŋ］; 马若瑟 k'èng, k'èn［k‘ɛŋ~k‘ɛn］

在这些例子中，马若瑟常常给出 *-ɛn* 的异读，实际上这个读音规则地对应于南方官话类型。

（三）声调

以申叔舟为代表的SR的声调系统有四个声调，即，平上去入；如上面第3.1节所见，声母也分清浊。晚期官话类型分为五个声调，即，阴平（在大多数文献中用长音符号标记）、阳平（抑扬音符）、上（钝重音符）、去（锐重音符）、入（短音符号）。这两个阶段之间的关系类似于汉语各方言中的典型关系，特别是江淮官话。

SR 清平 > GH 阴平

bān 班 切韵系统 pwan

A. EMing: 申叔舟 SR pan（平）; PR —; LR —

B. LMing

General: 利玛窦 pān［pan］; 金尼阁 pān［pan］

C. EQing: 万济国 — ; 马若瑟 pān［pan］

qīn 亲 切韵系统 tshjen

A. EMing: 申叔舟 SR tshin（平）; PR —; LR —

B. LMing

General: 利玛窦 ç'īn［ts‘in］; 金尼阁 'çīn［ts‘in］

C. EQing: 万济国 çh'īn［ts‘in］; 马若瑟 t'sīn［ts‘in］

SR 浊平>GH 阳平

qián 前 切韵系统 dzien

A. EMing: 申叔舟 SR dzjen（平）; PR —; LR —

B. LMing

General: 利玛窦 c'iên［ts‘iɛn］; 金尼阁 'çiên［ts‘iɛn］

C. EQing: 万济国 çh'iên［ts‘iɛn］; 马若瑟 ts'iên, ts'iêng［ts‘iɛn~ts‘iɛŋ］

tú 徒 切韵系统 duo

A. EMing: 申叔舟 SR du（平）; PR —; LR —

B. LMing

General: 利玛窦 t'û［t‘u］; 金尼阁 'tû［t‘u］

C. EQing: 万济国 t'û［t‘u］; 马若瑟 t'ôu［t‘u］

SR 清上 > GH 上

běn 本 切韵系统 puən:

A. EMing: 申叔舟 SR pun（上）; PR pən; LR pən

B. LMing

General: 利玛窦 puèn［puɛn］; 金尼阁 puèn［puɛn］

C. EQing: 万济国 puèn［puɛn］; 马若瑟 pèn［pɛn］

kě 可 切韵系统 khâ:

A. EMing: 申叔舟 SR k‘ɔ（上）; PR k‘ɔ; LR k‘ɔ

B. LMing

General: 利玛窦 — ; 金尼阁 'kò［k‘ɔ］

C. EQing: 万济国 k'ò［k‘ɔ］; 马若瑟 k'ò［k‘ɔ］

SR 浊上 > GH 去

dàn 但 切韵系统 dân:, dân-

A. EMing: 申叔舟 SR dan（上）; PR —; LR —

B. LMing

General: 利玛窦 tán［tan］; 金尼阁 tán［tan］

C. EQing: 万济国 tán［tan］; 马若瑟 tán［tan］

bào 抱 切韵系统 bâu:

A. EMing: 申叔舟 SR baw（上）; PR —; LR —

B. LMing

General: 利玛窦 — ; 金尼阁 pào, páo［pau］①

① 原文作［pao］，现改正。——译者

C. EQing: 万济国 páo［pau］; 马若瑟 páo［pau］

biàn 辩 切韵系统 bjän:3

A. EMing: 申叔舟 SR bjen（上）; PR —; LR —

B. LMing

General: 利玛窦 pién［piɛn］; 金尼阁 pièn,pién［piɛn］

C. EQing: 万济国 pién［piɛn］; 马若瑟 —

dài 待 切韵系统 dậi:

A. EMing: 申叔舟 SR daj（上）; PR —; LR —

B. LMing

General: 利玛窦 —；金尼阁 tài, tái［tai］

C. EQing: 万济国 —；马若瑟 tái［tai］

shì 是 切韵系统 źje:

A. EMing: 申叔舟 SR zį（上）; PR zʅ; LR —

B. LMing

General: 利玛窦 xý, xỳ́［ʂi］; 金尼阁 xì, xí［ʂi］

C. EQing: 万济国 xí［ʂi］; 马若瑟 ché, chí［ʂʅ~ʂi］

有趣的是，这个声调的例子，金尼阁常常给出异读，一个是上声而另一个是去声。但是，他在说明材料（Trigault 1626：I.94b）中指出，上声是基于传统的韵书分类而不是实际的口语音。实际上其他官话材料一般读作去声。

SR 去 > GH 去

qù 去 切韵系统 khjwo-

A. EMing: 申叔舟 SR k'y（去）; PR —; LR —

B. LMing

General: 利玛窦 k'iú［k'y］①; 金尼阁 'kiụ́［k'y］

C. EQing: 万济国 k'iú, k'ǘ［k'y］; 马若瑟 k'iú［k'y］

① 原文缺音标，现补上。——译者

dài 代 切韵系统 dậi-

A. EMing: 申叔舟 SR daj（去）; PR —; LR —

B. LMing

General: 利玛窦 tái, táy［tai］; 金尼阁 tái［tai］

C. EQing: 万济国 —；马若瑟 tái［tai］

SR 入 > GH 入

bǎi 百 切韵系统 pɐk

A. EMing: 申叔舟 SR pəj（入）; PR —; LR pəjʔ

B. LMing

General: 利玛窦 pœ̆［poɛʔ］; 金尼阁 pĕ［pɛʔ］

C. EQing: 万济国 pĕ［pɛʔ］; 马若瑟 pĕ［pɛʔ］

què 却 切韵系统 khjak

A. EMing: 申叔舟 SR k'jaw（入）; PR k'ɔʔ; LR k'ɔʔ

B. LMing

General: 利玛窦 —；金尼阁 'kiŏ［k'iɔʔ］

C. EQing: 万济国 —；马若瑟 k'iŏ［k'iɔʔ］

四、结论

通过比较申叔舟的正音（SR）和官话（GH）的语音系统，最引人注目的是两者之间高度的一致性。因为如果有人假设，正如我们为了论证而做的那样，即它们可能是同一种语言发展的阶段，然而确实存在相对较少的点，后者不能通过直接的语音规则从前者推导出来。实际上，我们可以有把握地得出结论：官话的语音系统在很大程度上是从SR系统中演变而来，也许根本上确实是从与之类似的东西中衍生出来。

但那些不能直接推导出来的例子呢？正如我们所知，在大多数情况下这些不规则的官话形式是作为异读，通常是出现在较早的金尼阁的官话类型中。换言之，它们与词源上的规则形式相反，与之处在明显的竞争之中。不规则的语音结构作为一个整体，流行于明代晚期官话，这似乎是由于它们被言语社区的人选择而舍弃规则结构的结果。然后我们开始思考这些不规则形式的起源，对于这个问题，我们的数据给出了两个答案。第一，在大多数的例子中，这些不规则的特征类似于无论是在现代江淮方言中，还是在南方早期的官话词典和*Dialogues*文本中的特征，这些特征本身就可能反映出一些早期的，具有强烈江淮方言色彩的共通语。第二，一小部分不规则的形式与申叔舟PR/LR的读音一致，这代表了申叔舟时代流行于华北地区“通俗/粗俗”的共通语。这表明大多数不规则的结构，即那些不能从SR系统中规则地推导出来的形式，也许是来源于同时期不同方言间接触和融合而产生的替换过程之中。

这一假设引起了某些历史上的考虑。一开始，我们看到的是1450年的标准语音系统（即正音）在200年的过程中以某种方式同化江淮地区长江中下游的语音类型。这表明，将既存的或已被接受的标准体系引入江淮地区的语言环境之中，与现在普遍认为的有明一代，南京成为并保持着中国主要的文化和语言中心的观点是一致的。另外，我们看到某些比较微妙的同化现象，似乎表明支持北方的用法，正如《中原音韵》系统和后来的PR/LR材料所反映的那样。我们知道，北京实际上自1421年以来就一直是中国的政治首都，而且在很长一段时间之后，北京用自己的语音系统取代了老的官话正音标准。也许在这些例子中所见的正是北方或北京话对一般型官话语音施加影响的初期阶段。

综上所述，我们可以假设明代晚期官话的语音基于一个尚未确定出处的公认的标准之上。这种语音系统，正如在一般型官话材料中所表现的那样，可能与南京话本身的发音并不完全相同。但是到了约1650年，它具有了南京地域语音的某些特点，这使得当时的观察者们把它与南京话紧密地联系在一起。此外，到1600年左右，它也受到某些其他的影响，也许是北方话的影响。因此，至少在音系上，它可能从来就不是某一特定地区的方言，尽管它不断地受到与之密切而持续接触的口语方言的影响。

明代官话之所以引起人们极大的兴趣，是因为其提供了一个近代汉语共通语发展的一个模式。目前的研究仅涉及官话历史的语音成分。我们的研究结果表明，一个拥有新首都的新王朝的建立，并不一定会导致采用首都的发音作为语音标准。相反，早期被接受的系统可以长期使用，随着时间的推移，新首都的语音可能会以各种方式影响该标准的发展，但不一定会取代它。一个朝代政治中心的转移也不一定会导致标准共通语语音的急剧变化。几个世纪之后，这些变化才会开始。申叔舟时代来说，我们在PR/LR形式中看到的是一种表面上粗俗但却与SR系统共存的当前的语音类型。16世纪末在字典和*Dialogues*中见到南方官话类型，这是第一批耶稣会传教士到达中国南方开始学习的语言，但是在十年左右的时间里他们舍弃并开始选择利玛窦随笔和金尼阁字音表中记载的更为一般型的语言。从这一点我们可以看出，在连续的时期内，国家的共通语可能会存在不断发展的规范和新兴的区域子类型。从某种意义上说，这些规范和子类型似乎是浮在无数口语之上，接受它们的供养并毫无疑问地对它们产生影响，但从未真正成为其中之一。事实上，几乎所有使用明代官话类型的人都是双语者，因为他们既说自己母语或“真正的"方言也说官话共通语，可能真正说明代官话的单语者并不多。

这些观察结果对中国历史音韵学领域有何普遍意义呢？首先，它们指出在历史时期，可能至少有两种类型的语音，即方言/白话和标准语/共通语，在不同的层次和以不同的原则同时使用。而且，迄今为止在这一领域，中国古代典籍所关注的主要涉及共通语音系，而非方言音系。如果是这样，那么摆在我们面前的是错综复杂和引人入胜的一项任务，即独立地研究这两种类型，同时注意它们之间必然发生的相互作用。其次，同样重要的是，我们的结论对中国历史音韵学的发展模式提出了质疑。高本汉认为，他的现任追随者们仍然相信，唐代的标准音（据称是首都长安的语音）从字面上取代了中世纪汉语的大部分方言，成为现代方言体系的起源。我们的研究结果表明，应当慎重地看待高本汉的观点，因为明代的官话材料表明，近代的共通语不一定是任何一地的方言，很可能是独立于实际的方言而存在，认为这样一种共通语音系取代了传统时代的口语方言，可能是没有根据的。最后，我们的观察使我们怀疑，传统汉学语音构拟方法能够在多大程度上可以成功地再现没有书面材料证明的假定的历史共通语的语音特征。如果连续时期的共通语语音的演化是通过标准转换、语音替换和接触等复杂的过程而不是新语法学派直线式的进程，那么在没有书面记录的情况下，它的这一过程在多大程度上可以从一个时期追溯到另一个时期？比如，从高本汉的中古汉语到其上古汉语，就好像这是线性演化的两个真实阶段，这是可能的吗？我们对官话材料的研究对这一观点提出问题，对答案的寻找可能会改变我们对于汉语语音史研究的方法。

参考文献

Cheng Tsai Fa. 1985. *Ancient Chinese and Early Mandarin*. Journal of Chinese Linguistics Monograph Series No. 2. Berkeley.

Coblin, W. South. 1997. "Notes on the Sound System of Late Ming *Guānhuà*." *Monumenta Serica* 45: 261-307.

——. 1999. "Thoughts on the Identity of the Chinese 'Phags-pa Dialect." *Journal of Chinese Linguistics* Monograph Series No.15. *Issues in Chinese Dialect Description and classification*. Ed. by Richard Van Ness Simmens, pp. 84-144.

——. Ms. "A Palatal Nasal in Late Míng Guānhuà."

——. and Joseph A. Levi. 2000. *Francisco Varo's Grammar of the Mandarin Language(1703): An English*

Translation of the Arte de la Lengua Mandarina. Amsterdam:John Benjamins.

Furuya, Akihiro古屋昭弘.1988. "Hinshu mondō shigi no onkei"賓主問答私擬の音系. *Kai Pian: Chūgoku gogaku kenkyū* 开篇,中国语学研究6. 38-56.

——.1989. "Mindai kanwa no isshiryō: Ricci, Ruggieri no 'Hinshu mondō shigi'"—明代官話の一資料：リシチ。ルシゾェーりの「賓主問答私擬」. *Tōyō gakuhō* 东洋学报70.3-4.1-25.

Hemeling, K. 1907. *Die Nanking Kuanhua*. Göttingen.

Jiāngsū shěng hé Shànghǎi shì fāngyán diàochá zhǐdǎozǔ 江苏省和上海市方言调查指导组.1960. *Jiāngsū shěng hé Shânghǎi shì fāngyán gàikuàng*江苏省和上海市方言概况. Jiāngsū rénmín chūbǎnshè.

Junast (Zhaonasitu)照那斯图and Yáng Nàisī 杨耐思. 1987. *Měnggǔ zìyùn jiàoběn*蒙古字韵校本. Beijing.

Kim, Kwangjo. 1991. *A Phonological Study of Middle Mandarin: Reflected in Korean Sources of the Mid-15th and Early 16th Centuries*. University of Washington Doctoral Dissertation. University Microfilms, Ann Arbor.

Kühnert, Franz. 1894. "Die Chinesische Sprache zu Nanking."*Sitzungsberichte der Philosophisch-Historischen Classe der Kaiserlichen Akademie der Wissenschaften. Wien*.131. Abhandlung VI.1-38.

——.1898. *Syllabar des Nankingdialektes oder der correkten Aussprache sammt Vocabular.* Wien.

Ledyard, Gari. 1965. "Biographical Notes on Huang Tsan." *Asea yŏn'gu* 亚细亚研究8.1.129-137.

Liú Dānqīng 刘丹青. 1995. *Nánjīng fāngyán cídiǎn*南京方言词典. Nanjing.

Lǔ Guóyáo 鲁国尧. 1985. "Míngdài guānhuà jí qí jīchǔ fāngyán wèntí" 明代官话及其基础方言问题. *Nánjīng dàxué xuébào*南京大学学报4.47-52.

Luó Chángpéi 罗常培 and Cài Měibiāo 蔡美彪. 1959. *Bāsībā zì yǔ Yuándài Hànyǔ*八思巴字与元代汉语. Beijing.

Morrison, Robert. 1815–1822. *Dictionary of the Chinese Language, in three Parts,* Macao and London.

Nakano, Miyoko. 1971. *A Phonological Study in the 'Phags-pa Script and the Meng-ku Tzu-yün*. Canberra.

Prémare, Joseph Heinrich. 1730. *Notitia Linguae Sinicae*. First circulated in manuscript;then published: Malacca, 1831; Hong Kong, 1893. [Both editions used in the present study.]

Pulleyblank, Edwin G. 1970. "Notes on the fiP'ags-pa Alphabet for Chinese." In *W.B. Henning Memorial Volume*. Edited by M. Boyce and I. Gershevitch. London, pp.358-375.

——. 1984. Middle Chinese: a study in historical phonology. V ancouver.

——. 1991. *Lexicon of Reconstructed Pronunciation in Early Middle Chinese, Late Middle Chinese, and Early Mandarin*. Vancouver.

Trigault, Niklaas. 1626. *Xīrú ěrmùzī* 西儒耳目资. Reprint of the Wénkuítáng 文奎堂.Beijing, 1933.

Varo, Francisco. 1703. *Arte de la Lengua Mandarina*. Edited by Pedro de la Piñuela. Canton. Edition held by the Bibliothèque Nationale de France.

——. Ms. "Vocabulario de la Lengua Mandarina." Manuscripts held by the German State Library in Berlin and the British Library in London.

Wénzì gǎigé chūbǎnshè 文字改革出版社. 1957. *Míngmò luómǎzì zhùyīn wénzhāng* 明末罗马字注音文章. Beijing.

Williams, S. Wells. 1844. *English and Chinese Vocabulary in the Court Dialect*. Macao.

Yáng Nàisī 杨耐思 .1981. *Zhōngyuán yīnyùn yīnxì* 中原音韵音系. Beijing.

Yang, Paul F.-M. 1989. "The Portuguese-Chinese Dictionary of Matteo Ricci: A Historical and Linguistic Introduction." *Proceedings of the Second International Conference on Sinology, Section on Linguistics and Paleography*. Taipei. Vol. I, pp. 191-241.

Yu Chang-kyun. 1973. *Sa-seong thong-ko or Ssŭ-shêng t'ung -k'ao*. Chinese Materials Research Center, Occasional Series, No. 16. Taipei.

Yùchí Zhìpíng 尉迟治平 .1990. "Lǎo Qǐdà Piáo tōngshì yànjiě Hànzìyīn de yǔyīn jīchǔ" 老乞大、朴通事谚解汉字音的语音基础. *Yǔyán yánjiū* 语言研究 1990.1.11-24.

（译者：侯俊　四川大学中国俗文化研究所）

南京方言的一种晚起舌尖后元音

摘要：现代南京方言有两个舌尖元音，[ɿ]和[ʅ]。本文讨论这两个舌尖元音从明清时期到现在的历史演变结论是：现代南京方言中的舌尖前元音[ɿ]至迟产生于明代，而舌尖后元音[ʅ]则是19世纪以后产生的，它由早期的[i]发展而来。

一、引言

现代南京话中有两个舌尖元音（赵元任1929，江苏省和上海市方言调查指导组1960，刘丹青1994）。第一个是[ɿ]，它出现的语音环境是舌尖前塞擦音[ts]、[ts‘]以及擦音[s]之后的开音节。第二个是[ʅ]，它出现在卷舌音（retroflexes）[tʂ]、[tʂ‘]、[ʂ]和[ʐ]之后，既可以出现开音节中，也可以出现在闭音节中。本文关注这二组舌尖元音的早期来源，并特别关注后一个舌尖元音及其相配的卷舌音辅音出现的最早的证据。我们认为，南京话中的舌尖后元音是在19世纪中期或晚期才产生的，其产生的时间比北京话中舌尖后元音要晚得多。

二、文献材料及研究方法

一般认为，明清时期汉语官话的基础方音是南京音（鲁国尧1985，Yang 1989，Coblin 1997）。至明代晚期，南京音仍然是拼读汉语的标准音。直到18世纪中期，它在全国标准音的地位才被北京音所取代。从那以后，南京话只是南京城自己的方音，这一直延续到了现在。因此，我们以现代语言学角度去描写南京话是可行的。作为通语的南京音和南京城自己的方音，或许它们在音系上从来都不是完全相同的，这就像普通话之于北京话一样。但是，这两种南京话的变体之间却又是相当接近的，时至今日，在学者们所撰写的相关论文当中，此二者似乎仍被认为是遵循着同种历史发展路径演变而来的。

现在，我们简要梳理一下我们所使用的文献材料中众多不同历史时期的南京音。

（一）作为通语的南京音（The Nanking Koine）

1.明代晚期

这一时期的代表文献有两种。其一，是利玛窦（Matteo Ricci，1552—1610）在他生命的最后十年，寓居北京时所撰写的一系列汉语札记。在这些札记中，每个汉字之后，都附着以罗马字母转写的，相当复杂的音注。这些音注有很强的内部一致性，并且它们在声调上的标注也是相当完善的。这些札记在当时的中国具有一定的影响力，其中的四篇还被集结成《西字奇迹》一书而保存至今。其二，是由金尼阁（Niklaas Trigault，1557—1628，其中的Niklaas亦作Nicola、Nicolas等）撰写，出版于1626年的《西儒耳目资》。此书用拼音文字的形式记录了大量的官话语料。

2.清代早期

（1）弗朗西斯科·万济国（Francisco Varo），又译作“万济国”。他的《华语官话语法》（*Arte de La lengua Madarina*）在1684年成书于福州，1703年出版于广州。该书记录了清代早期官话的语法。我们所用的本子，是这部书即将出版的英文译本（Coblin and Levi）。书中记载的“语法形式”（Arte forms）是万济国稍晚时在一些官话文本中发现的，它们对其早期作品——《官话词典》（*Vocabulario de la lengua Mandarina*）有重要的补充作用，后者今藏于柏林德国国家图书馆。在本文中，凡出此书的例子皆以“（Voc）”的形式加以表示。

（2）马若瑟（Joseph Prémare）的《汉语札记》（*Notitia Linguae Sinicae*）。该书是一部汉语官话语法书，大约成书于1730年。本文主要采用此书1893年的印本，而出版于1831年的早期本子我们也加以参考。

3.清代中期

（1）罗伯特·马礼逊（Robert Morrison）《华英字典》（*Dictionary of Chinese Language in three Parts*）中的第二部分《五车韵府》（*Chinese and English Arranged Alphabetically*）的第二卷。《华英字典》全书分三部分，它们在1815—1822年期间分别于伦敦、澳门两地出版。其中《五车韵府》部分出版于1820年，它是一部南京官话的字典。

（2）卫三畏（S. Wells Williams）《英华韵府历阶》（*English and Chinese Vocabulary in the Court Dialect*），此书在1844年出版于澳门，是一份南京官话的音节表。

（二）作为南京城方音的南京音（The Nanking City Dialect）

1.晚清南京音

（1）屈奈特（Franz Kühnert）《南京字汇》（*Syllabar des Nankingdialektes oder der correkten Aussprache sammt Vocabular*）。该书在1898年出版于维也纳，是一份南京城方音的音节表。为了解释屈奈特的注音，我们还引用了一篇屈奈特早期的论文（Kühnert 1894）。在这篇论文中，前书中涉及面极广、相当复杂的音注，都已被简化和规范化了。

（2）赫美玲（K. Hemeling）《南京官话》（*Die Nanking Kuanhua*）。该书在1907年出版于哥廷根。它表面上是南京官话的研究和音节表，但事实上却不仅仅讨论了作为全国通语的南京音，也涉及了南京音的变体——南京城的方音。赫美玲还提到，他所记录的南京话的变体和屈奈特研究的是有所不同的（1907 v—vi）。

2. 现代南京音

取自《江苏省和上海市方言概况》（1960）。

在后文中，我们先讨论现代南京话中的舌尖元音［ʅ］是怎样演变而来的，后讨论［ʅ］。在讨论舌尖元音［ʅ］时，先讨论开音节，后讨论闭音节。

三、元音［ʅ］

舌尖元音［ʅ］似乎至迟在明朝晚期就已存在于南京话中了，它在我们所有的注音材料中的表现十分突出。通过以下的例子，我们就可以看出这一现象。在每个例字的旁边，我们附上了高本汉（Karlgren）的《切韵》音系拟音（以下简称为QYS），以备参考。

zǐ 子 QYS tsï:

明晚期：利玛窦 çù; 金尼阁 çù

清早期：万济国 çhù; 马若瑟 tseè

清中期：马礼逊 tszè; 卫三畏 tsz‘3

清晚期南京音：屈奈特 dsý；赫美玲 tzŭ3

现代南京音：江苏省［tsʅ22上］

cí 辞 QYS zï

明晚期：利玛窦 ç‘û；金尼阁 ‘çû, sû

清早期：万济国 çh‘û；马若瑟 ts‘eê

清中期：马礼逊 tszē; 卫三畏 ts‘z‘2

清晚期南京音：屈奈特 tsŷ；赫美玲 tẓŭ2

现代南京音：江苏省［ts‘ʅ13阳平］

sī 思 QYS sï

明晚期：利玛窦 su̇̄；金尼阁 su̇̄

清早期：万济国 çu̇̄；马若瑟 ssēe

清中期：马礼逊 szē；卫三畏 sz‘^{1}

清晚期南京音：屈奈特 sŷ；赫美玲 ssŭ^{1}

现代南京音：江苏省［s‘ɿ^{31阴平}］

在利玛窦、金尼阁和万济国的拼写中，我们所讨论的舌尖元音是用字母*u*上加点的形式来表示的。万济国还对此元音的发音方法做过一个很有趣的描写："张开嘴唇至可见牙齿的程度，舌头用一定程度的力抵住牙齿，使得发出的声音带着嗡嗡声。"（p.16）马若瑟用*e*或*ee*的形式来描写这一元音，马礼逊则采用了*-ze*的形式，卫三畏作*-z‘*，屈奈特以字母*y*来表示，赫美玲使用威妥玛拼音法中的*ŭ*来记录。我们使用的现代汉语南京话采用现行的国际音标来记录。以上每种材料都使用了特殊的标记来表示这一元音，可见至少在这一点上，所有材料是很一致的。

近来有学者（尉迟治平 1990:18）认为朝鲜汉学家申叔舟（1417—1475）所撰的所谓"正音"（以下简称SR，即Standard Reading的缩写）中的记录，反映了15世纪时以南京音为标准音的官话音。有趣的是，我们前面提到过的那些例子，朝鲜语在转写它们的时候都带着一个特别的元音二合字母（这一符号我们用*ɨ*表示）。一般认为，这一符号是用来表示汉语中的舌尖元音的（Kim 1991，以下所使用的所有朝鲜语转写都取自此文），例如："子" SR作 "tsɨ（上）"；"辞" SR作 "zɨ（平）"；"思" SR 作 "sɨ（平）"。如果尉迟治平的观点是正确的，那么，南京话中的元音ɨ［ɿ］的起源至迟能够追溯到明代早期。

四、在开音节中的元音［ʅ］

现代南京话中带［ʅ］元音的开音节如下：

zhī 之 QYS tśï

明晚期：利玛窦 chȳ；金尼阁 chī

清早期：万济国 chī；马若瑟 tchī

清中期：马礼逊 chè；卫三畏 chí^{1}

清晚期南京音：屈奈特 dshī, dshȳ；赫美玲 chih^{1}

现代南京音：江苏省［tʂʅ^{31阴平}］

zhī 知 QYS ṭje

明晚期：利玛窦 —；金尼阁 chī

清早期：万济国 chī；马若瑟 tchī，tchē

清中期：马礼逊 che；卫三畏 chí^{1}

清晚期南京音：屈奈特 dshī, dshȳ；赫美玲 chih^{1}

现代南京音：江苏省［tʂʅ^{31阴平}］

zhǐ 指 QYS tśi:

明晚期：利玛窦 chì；金尼阁 chì

清早期：万济国 chỳ（Voc.）［tʂi］；马若瑟 tchì

清中期：马礼逊 chè；卫三畏 chí^{3}

清晚期南京音：屈奈特 dshí, dshý；赫美玲 chih^{3}

现代南京音：江苏省［tʂʅ^{22上}］

chí 持 QYS ḍi

明晚期：利玛窦—；金尼阁 c‘hî

清早期：万济国 chŷ‘（Voc.）［tʂ‘i］；马若瑟 tch‘î

清中期：马礼逊 chē；卫三畏—

清晚期南京音：屈奈特 tshî（tshŷ）；赫美玲 ch‘ih^{2}

现代南京音：江苏省—

chǐ 齿 QYS tśhi:

明晚期：利玛窦—；金尼阁 c‘hì

清早期：万济国 ch‘ì；马若瑟 t‘chì, tch‘ì

清中期：马礼逊 che；卫三畏 ch‘í^{3}

清晚期南京音：屈奈特 tshí（tshý）；赫美玲 ch‘ih^{3}

现代南京音：江苏省［tʂ‘ʅ^{22上}］

shí 时 QYS źi

明晚期：利玛窦 xî；金尼阁 xî

清早期：万济国 xî；马若瑟 chê, chî

清中期：马礼逊 shē；卫三畏 shí^{2}

清晚期南京音：屈奈特shî；赫美玲shih[2]
现代南京音：江苏省［ʂʅ¹³阳平］

shì 是 QYS źje:
明晚期：利玛窦xý, xỷ；金尼阁xì, xí
清早期：万济国xí；马若瑟ché, chí
清中期：马礼逊shè；卫三畏shí[6]
清晚期南京音：屈奈特shì；赫美玲shih[4]
现代南京音：江苏省［ʂʅ⁴⁴去］

如前所述，我们所讨论的舌尖后元音只出现在现代汉语的卷舌音声母之后。刘丹青（1994）在南京话的卷舌音声母的音色方面没有特别的描写，但在赵元任（1929：1008）看来，在他那个年代，南京话中的这个卷舌音声母在舌位上较之北京话中的卷舌音要靠前一些。在万济国的年代里，这个声母无疑已经卷舌音化了。因为，他在字母*x*-(即［ʂ］)的发音上做过如下的说明：此音在发音时“舌尖或舌头上的某个点应当加倍用力，直到它翘起来”（p.18）。

这种类型音节的元音，利玛窦以*y*或*i*记之，万济国记作*i*，偶然也记作*y*，金尼阁只记成*i*。学者们对这一元音的转写和他们对舌面前高元音［i］的转写几乎是相匹配的。万济国的转写在这一方面的表现特别突出，在他的系统中，诸如“知”chī这种音节，其元音和他所转写的别的-*i*（或-*y*）并不构成音位对立关系，例如：“地”也转写作*ti*，“礼”也转写作*ly*。在另一方面，金尼阁则意识到了某些不同点，他在用罗马体转写该元音时，对自己的转写进行了一些讨论，而在元音字母*i*下他做了如下的评论（Trigault I.53b−54a）：

> 元母之三，衣i，用不用未详，盖风气不同。有为甚，亦有为次，如“知”“纸”之类，但忒细易乱。故从便寻之用，一甚之中俱包之，未敢细别，余心未安故耳。

“我不确定在给这些字注音时，该不该在第三号元音*i*（文中的‘衣’）上加点（即在金尼阁的拼写系统中用于细分元音的上加点和下加点）。总地来看，它们之间是有细微差别的。一些字在音值上是‘甚’（即不加点），还有一些字的音值是‘次’（即下加点），例如：‘知［chī］’和‘纸［chì］’，但是这种差别太细微了，以致容易混淆。我不敢对这些音做更细致的区分，我因此感到不安。”

金尼阁在这里指出，诸如“知”“纸”这类字，它们的元音和“衣”字的元音是有些不同的，但他本人无法将它们很好地区别开来。值得注意的是，金尼阁并没有试图将这一存疑的元音和舌尖前元音［ɿ］联系在一起。正如我们所见，他把舌尖前元音写成了*u̇*。我们再看马若瑟，他原本将我们所讨论的这个元音记作*i*，但后来他又记作了*e*，这也是它记录舌尖前元音［ɿ］的方式之一。可见在这些例子中他的“*e*”通常就是“*i*”的拼法的一个变体，后者更加常见罢了。但重要的是，马若瑟在他的记音中从来没有将舌面前音［i］记成*e*。

马礼逊的转写是以英语为基础的，因此他也用字母*e*来表示［i］，例如“地”他就记作*te*。我们所讨论的这一元音也是用这个字母表示的，且不带任何添加符号。通读他所著的字典，我们看到在他的拼写规则简要解释中有两条解例跟我们的讨论相关。第一条，在第32页，这条和马礼逊的音节*che*（例如“知”和“指”等字）相关。他说：“*E*和*Me*接近相同（nearly as the same）”（这里的*Me*是马礼逊对诸如的“米”字读音的转写）。在这里需要特别指出的是马礼逊此处的措辞是“接近（nearly）”，可见马礼逊认为“知”字的元音和“米”字的元音虽然很接近，却不是完全相同的。第二条需要引起我们重视的解释则跟音节*She*（例如“尸”“始”和“世”等字的音节）相关。马礼逊在其著作的第733页中说：“严格地说，北方音中音节*She*中的元音不是*E*的开放音（open sound），它在发音上需做一些调整：舌头抵着上颚，延长发*i*的声音。在音节*Sze*和*Tsze*中，*E*的发音方法也是一样的。”（如前所述，马礼逊的音节*sez*和*tsze*相对应于例如“思”和“子”等字）。这条解释相当重要，首先，它反映了马礼逊对当时的北方音相当熟悉，并且他还对北方音做过仔细的观察。其次，在马礼逊看来，北方音中像“尸”和“始”这类字中的舌尖后元音跟“思”和“子”所带的舌尖前元音关系密切。最后，也是对我们最重要的一点，这证明了就马礼逊字典中所记的南京官话而言，肯定还没有出现舌尖后元音。相反，舌尖后音是一个南京话中没有的，且带有浓重北方音色彩的元音。

卫三畏将我们所讨论的这一元音转写作*í*（即带着尖头的*i*），这个符号也可以表示舌面元音［i］。他也没有对出现在卷舌音后的*i*做任何的说明。

屈奈特的注音是个新的类型。在诸如“知”和“指”等字的注音上，他换了一种形式，记作*dshi*和*dshy*，前者的记法比较普遍，后者则比较少见。字母*i*通常对应着国际音标中的［i］，而*y*则对应［ɿ］。这似乎可以说明他听到的这些音节在发音上产生了改变，一种发成前高元音，而另一种则发作舌尖元音。而像“尸”和“始”这类声母属擦音的字，屈奈特却从不用舌尖元音去记录。有意思的是，在瞿氏的记录之后不久，赫美玲在记录这些音的时候，只采用威妥玛系统的*-ih*。显然，他听到了一个纯粹的舌尖元音。

此外，我们还可以从上述材料中得出这样一个结论：现代南京话开音节中的［ʅ］，其历史来源比［ɿ］更为复杂。从明代晚期至18世纪中叶，现代南京话中［ʅ］元音的记录方式往往与舌面前高元音［i］相同。从金尼阁和马若瑟对这个音的描写看，它的读音在音色上是比较特殊的，但是直到马礼逊时代，它的读音和北音中的舌尖元音［ʅ］还不完全相同。而在一个世纪以后，在赫美玲听来这个音已然是个舌尖元音了。并且，在稍早一些时候，屈奈特的证据也表明，这一音值的改变，实际是从他那个时代开始的，舌尖元音在彼时是与正常读音相竞争的一个变体。

我们还可以将以上这些例子再和朝鲜语材料做一些比较：

之 SR tʂi（平）；PR tʂɨ；LR tʂɨ
知 SR tʂi（平）；PR—；LR—
指 SR tʂi（上）；PR tʂɨ；LR tʂɨ
持 SR dʐi（平）；PR—；LR—
齿 SR tʂ‘i（上）；PR tʂ‘ɨ；LR tʂ‘ɨ
时 SR ʐi（平）；PR ʐɨ；LR ʐɨ
是 SR ʐi（上）；PR ʐɨ；LR —

在我们所增加的例子中，除了有正音（SR）的形式外，还增加了另外两个形式——俗音（PR 即 Popular Readings 的缩写）和左音（LR 即 Left Readings 的缩写）。尉迟治平认为，这两种形式的音和当时的汉语“正音”有所不同，它们可能源于北音。值得注意的是，这些例子中的“正音”都带着元音 *i*，而俗音、左音则读作舌尖元音。所有材料都表明，在明代早期的官话中，这类音节中的元音可能还是非舌尖元音。

五、在闭音节中的元音［ʅ］

现代南京话中带［ʅ］元音的闭音节如下：

zhí 值 QYS（ḍjək）ḍï-
明晚期：利玛窦 chiĕ；金尼阁 chė̌
清早期：万济国 chí；chė̌（Voc.）；马若瑟—
清中期：马礼逊 che, chĭh；卫三畏 chih^{8}
清晚期南京音：屈奈特 dshi‘, dshy‘；赫美玲 chih^{5}
现代南京音：江苏省［tʂʅʔ^{5入}］

zhí 直 QYS ḍjək

明晚期：利玛窦— ；金尼阁 chě

清早期：万济国 chě；马若瑟 tchĭ，tchě

清中期：马礼逊 chĭh；卫三畏 chih[8]

清晚期南京音：屈奈特 dshi‘, dshy‘；赫美玲 chih[5]

现代南京音：江苏省［tʂʅʔ⁵入］

chī 吃 QYS（khjət），khiek

明晚期：利玛窦— ；金尼阁 kiě, ‘kiě,

清早期：万济国 ch‘ě; 马若瑟 k‘ĭ，tch‘ě

清中期：马礼逊 chĭh; 卫三畏 k‘ih[8]

清晚期南京音：屈奈特 tshi‘（tshy‘），kji‘；赫美玲 ch‘ih[5]

现代南京音：江苏省［tʂ‘ʅʔ⁵入］

（此条实际上包含了两个词源，这两个词源都与“吃”这个字相关。但只有声母是卷舌音、表示“吃饭”义的那个，是和讨论相关的）

shí 十 QYS źjəp

明晚期：利玛窦 xě，xæ；金尼阁 xě

清早期：万济国 xě；马若瑟 chě

清中期：马礼逊 shĭh；卫三畏 shih[8]

清晚期南京音：屈奈特 shi‘；赫美玲 shih[8]

现代南京音：江苏省［ʂʅʔ⁵入］

shí 石 QYS źjäk

明晚期：利玛窦 xiě，xiě；金尼阁 xě

清早期：万济国 xě；马若瑟 chě, chěe

清中期：马礼逊 shĭh；卫三畏 shih[7]

清晚期南京音：屈奈特 shi‘；赫美玲 shih[5]

现代南京音：江苏省［ʂʅʔ⁵入］

shí 实 QYS dźjət

明晚期：利玛窦 xiĕ；金尼阁 xẻ̆

清早期：万济国 xẻ̆；马若瑟 chĕ, chĭ

清中期：马礼逊 shĭh；卫三畏 shih[8]

清晚期南京音：屈奈特 shi‘；赫美玲 shih[5]

现代南京音：江苏省［ʂʅʔ⁵入］

shí 日 QYS ńźjət

明晚期：利玛窦 gĭ；金尼阁 jẻ̆

清早期：万济国 jẻ̆；马若瑟 gĕ

清中期：马礼逊 jĭh；卫三畏 jih[8]

清晚期南京音：屈奈特 ʎjy‘~ʎji‘；赫美玲 jih[5]

现代南京音：江苏省［ʐʅʔ⁵入］

在这种类型音节元音的选择上，利玛窦通常在舌面元音 *e* 和双元音 *ie* 之间摇摆，另有一次他选择了 *i*。金尼阁自始至终都以上面带点的 *ė* 来表示，它和一般的舌面前半高元音 *e* 有所不同。万济国和金尼阁一样，也用元音 *e*，但他又对这个元音做过一些说明："它既不是 *e* 也不是 *i*"。换句话说，其实际的音色或介于二者之间。马若瑟通常记作 *e*，但在某些变体中也偶记作 *i*。在马礼逊的拼写系统中，这类音通常以字母组合 *ĭh* 表示，他认为这等同于英文单词 *with* 中的元音部分，而在赫美玲的年代，该元音在标准英式英语中恐怕该发作［ɩ］（Prins 1974：150）。卫三畏认为，这个音的音值等同于 *i*（这与他记音系统中的 í［i］是不同的）。屈奈特换了一种拼写方法，在辅音［tʂ］、［tʂ‘］和［ʐ］之后的元音，他用 *-i‘* 和 *-y‘* 的方式拼写，而［ʂ］之后的音则只写作 *-i‘*。赫美玲记作 *-ih*，对应于威妥玛拼音法中的［ʅ］。此元音在闭音节中的拼写法和在开音节中的写法，各家的转写几乎相同，在闭音节中此元音也是从非舌尖元音发展而来的（至少，在万济国的时代它的音值可能是［ɩ］）。而屈奈特的材料展现了一个非舌尖元音和舌尖元音相互竞争的过程，这说明语音在彼时正发生着转变，并且从那之后舌尖元音也取得了压倒性的优势。

在朝鲜语的转写中，只有"正音"的形式是规则的，在"正音"中，此元音写作 *ï*，不作 *i*。

六、结论

我们从传统材料中可看出现代南京话中的舌尖元音［ʅ］源于早期的两个非舌尖元

音。开音节中的［ʅ］源于［i］，闭音节中的［ʅ］源于［ɩ］，而元音的舌尖化趋势可能发生于19世纪后半叶。在19世纪80年代屈奈特所记录的南京话中，舌尖化的趋势仍在进行中，而到了20世纪初，在赫美玲的材料中，舌尖化的进程已经完成了。我们可以很清晰地在屈奈特的转写中看到此元音舌尖化的转变过程：同一个字的读音同时存在着非舌尖元音和舌尖元音的两种相互竞争的语音变体。马礼逊的材料表明，大约在1815年的时候，至少在北京话的开音节中，这个元音已经是舌尖元音了，艾约瑟的描述（Edkins 1864）也证实了这一观点。事实上，南京话在这个点上的发展趋势恰是变得跟北京话相同，这也表明南京话演变的大方向就是趋同于北京话。

如果我们在南京话的历史方言研究方面所得出的结论是正确的话，那么这种方言实际上曾有过卷舌音声母后可直接跟前高元音［i］和［ɩ］的阶段。但这种组合关系在汉语中却是天然地相互排斥的。可现在我们至少找了一个反例，有一种现代汉语方言存在这种声韵组合。正如江苏省和上海市方调指导组（1960）及丁邦新（1966）的研究，在江苏如皋方言中就存在这种组合。具体例子如下：

	江苏省（1960）	丁邦新（1966）
然	ʐiĩ	rĩ
日	ʐiɪʔ	rɪʔ

丁邦新（1966：576）认为，如皋话中的元音［ɪ］比严式国际音标［ɪ］的位置要稍靠后一些。丁教授的母语就是如皋话，他本人实际在发这类音的时候，也加入了一个非常轻微的唇势，使得这个音有点像个弱化的半元音。我们在私下交流的时候，他就认为这种现象是一种异读或是自由变体。而这些例子中的声母［r］，其舌位显然没有它在其他语音环境下时那么靠后。

我对一个语言现象很好奇，可以在此稍提一句：在京剧的传统发音中，［i］是可以出现在卷舌音之后的（罗常培 1963：170-176）。有的学者考虑这是否是早期汉语口语中的旧音，它通过京剧演员的口耳相传，保留了下来。

总而言之，在早期南京话的内部，的确存在过卷舌音声母和前高元音相配的情况。但到了19世纪晚期，随着新元音［ʅ］的出现，这种组合也就消失了。这使得南京话的辅音、元音配合分布模式变得与更远的北方方言的模式相一致。这一语音现象也许是诸多汉语方言的发展的总趋势或大方向的一个代表，而这种趋势或方向导致了各种汉语方言的趋同。我们认为，正是因为这种趋同，使得现在的人们产生了一种先入为主的观念：那就是在汉语中，卷舌音声母和前高元音二者是根本不相容的。

参考文献

COBLIN, W. South. 1997. "Notes on the Sound System of Late Ming Guānhuà." MS 45:261-307.

——. and Joseph A. Levi. ms. *Grammar of the Mandarin Language* (An English translation of the *Arte de la Lengua Mandarina* of Francisco Varo). In press.

CHAO, Y. R. 赵元任.1929. "Nánjīng yīnxì" 南京音系.*Kēxué* 科学 13.1005-1036.

EDKINS, Joseph. 1864. *A Grammar of the Chinese Colloquial Language Commonly Called the Mandarin Dialect.* Shanghai.

HEMELING, K. 1907. *Die Nanking Kuanhua*. Göttingen.

JIANGSU SHENG HE SHANGHAI SHI FANGYAN DIAOCHA ZHIDAOZU 江苏省和上海市方言调查指导组. 1960. *Jiāngsū shěng hé Shànghǎi shì fāngyán gàikuàng* 江苏省和上海市方言概况.Jiāngsū rénmín chūbǎnshè.

KIM, Kwangjo. 1991. *A Phonological Study of Middle Mandarin: Reflected in Korean Sources of the Mid-15th and Early 16th Centuries*. University of Washington Doctoral Dissertation. University Microfilms, Ann Arbor.

KUHNERT, Franz. 1894. "Die Chinesische Sprache zu Nanking." *Sitzungsberichte der Philosophisch-Historischen Classe der Kaiserlichen Akademie der Wissenschaften , Wien* 131. Abhandlung VI. 1-38.

——. 1898. *Syllabar des Nankingdialektes oder der correkten Aussprache sammt Vocabular.* Wien.

LIU, Dānqīng 刘丹青.1994. " 'Nánjīng fāngyán cídiǎn' yǐnlùn"《南京方言词典》引论. *Fāngyán* 方言 1994.2.81-102.

LUO, Chángpéi 罗常培.1963. "Jīngjùzhōng de jǐge yīnyùn wèntí" 京剧中的几个音韵问题，in *Luó Chángpéi yǔyánxué lùnwén xuǎnjí* 罗常培语言 学论文选集. Peking, pp. 157-176.

LU, Guóyáo 鲁国尧.1985. "Míngdài guānhuà jí qí jīchǔ fāngyán wèntí" 明代官话及其基础方言问题. *Nánjīng dàxué xuébào* 南京大学学报 4.47-52.

MORRISON, Robert. 1815-22. *Dictionary of the Chinese Language, in three Parts*, Macao and London.

PREMARE, Joseph. 1730. *Notitia Linguae Sinicae*. First circulated in manuscript; then published: Malacca, 1831; Hong Kong 1893. [Both editions used in the present study.]

PRINS, A. A. 1974. *A History of English Phonemes*. Leiden.

TING, Pang-hsin 丁邦新.1966. "Rúgāo fāngyánde yīnyùn" 如皋方言的音韵，*BIHP* 36.573-633.

TRIGAULT, N. 1626. Xīrú ěrmùzī 西儒耳目资. Reprint of the Wénkuítáng 文奎堂. Peking 1933.

WENZI GAIGE CHUBANSHE 文字改革出版社.1957. *Míngmò luómǎzì zhùyīn wénzhāng* 明末罗马字注音文章.Peking.

WILLIAMS, S. Wells. 1844. *English and Chinese Vocabulary in the Court Dialect*. Macao.

YANG, Paul F.-M. 1989. "The *Portuguese-Chinese Dictionary* of Matteo Ricci: A Historical and Linguistic

Introduction." *Proceedings of the Second International Conference on Sinology, Section on Linguistics and Paleography*. Taipei. vol. I, pp. 191-241.

YUCHI, Zhìpíng 尉迟治平 .1990."Lǎo Qǐdà Piáo tōngshì yànjiě Hànzìyīn de yǔyīn jīchǔ"老乞大、朴通事谚解汉字音的语音基础. *Yǔyán yánjiū*语言研究 1990.1.11-24.

（译者：余柯君　复旦大学古籍整理研究所）

八思巴汉字音与明初正音的比较研究

1450年前后，朝鲜汉学家申叔舟以字母作注方式记下的正音，同八思巴拼写系统（成书于1269年）之间，不乏惊人的相似之处。八思巴系统，大概代表了13世纪的通语发音，而正音则大概代表了明代使用的大部分官话正音的早期形式。本文验证如下假设："八思巴拼音中体现的系统，可能直接祖述申叔舟正音"。两相比较，反映了如下现象：正音系统的音系差别，并不见于八思巴系统，因而也表明二者之间的发展并不在一条直接的线条上。本文提出，二者应该代表元代或者明代正音的通语系统的"姊妹"语，而且对这个假设的某些历史含义也应加以思考。

关键词：八思巴，朝鲜汉学，申叔舟

一、介绍

在别处（Coblin 1999），我们已论证过如下问题：根植于八思巴汉字音拼写系统的语音系统，所据大概是13世纪60年代前后，元世祖忽必烈身边一个或多个汉人随从当时的通音方言。从许多方面来看，八思巴系统是明代前期正音系统的回顾，为朝鲜学者申叔舟（1417—1475）于1450年前后用拼音所记载。其间的相似性提出如下问题：这两个系统过去应该是一种什么样的关系？申叔舟拼写系统反映的读音，是否直接源自八思巴系统的底层读音？如果可以，为什么？如果不可以，其间关系的本质如何？本文将就这些问题做出回答。

二、来源和规定

2.1

八思巴系统是基于藏语字形的正字法，为喇嘛八思巴（1235—1280）所创制，或者至少在其指导下创制，而后，于1269年上呈朝廷。这里所征引的八思巴形式，大部分源自《蒙古字韵》（后径作"MGZY"）。该文献的现存版本于1308年完成，不过，可大致肯

定的是，该版本以13世纪晚期就已完工的早期底本（earlier exemplar）为据。我们已用罗常培、蔡美彪（Luó and Cài 1959）所收的著名旧版，亦用新版，新版以照那斯图和杨耐思（Junast and Yáng 1987）为据而有所编辑。在探讨该问题的时候，便捷的做法是使用拉丁字母转写原先的字母（grapheme），同时添加语音注释。这里所用之转写，我们在此前的论文（Coblin 1999：91—99）中也有所介绍。

八思巴字符（script）不标声调。《蒙古字韵》中的文字（character），按照《切韵》系统（QYS）词汇的传统四调排列。不过还是不能确定：这是彼时某些现行声调系统的准确表达，抑或只是一种人为的排列？

2.2

申叔舟正音（The Standard Readings，后径称“SR”）出现在如下两处：（1）《洪武正韵译训》（*Hongmu chông'un yôkhun*，成书于1455年）；（2）《四声通考》（*Sasông t'onggo*，成书于1450年），该书已散佚，其拼写则保存在崔世珍（1478？—1543）《四声通解》（*Sasông t'onghae*，成书于1517年）。本文源出申叔舟材料中的朝鲜转写形式，选自金光洙（Kim 1991）。在其来源上，它们使用音位转写，不过，我们尽力将它们恢复至窄式形式或者语音形式（通常由金光洙来裁决），这将更符合我们的目的。金光洙的［ju］，我们代之以［y］。除此之外，金光洙的滑音［j］和［w］还保留朝鲜翻译。正音之外，在特定的例证中，我们还将征引两种朝鲜翻译：

> 申叔舟的俗音（The Popular Readings，后径称“PR”），保留在《译训》（*Yôkhun*）和《通解》（*T'onghae*）。
>
> 崔世珍的《翻译老乞大》（*Pônyôk No Gôltae*）和《翻译朴通事》（*Pônyôk Pak T'ongsa*）的左音（The Left Reading，后径称“LR”）。在此处文献中，人们相信，左音源自申叔舟。

我们也大致赞同尉迟治平（1990：18）的观点，该文认为，申叔舟的所有读音，大多依据若干15世纪明代官话变体。尉迟治平坚信，两类基本材料（也即正音和俗音（包括“左音”））来自两个说不同汉语的人，据传，两人有不同的历史来源，也都当过申叔舟的发音人。两人均来自长江流域（Yangtze watershed area），迁居北方之前，在南京为官数年。更多细节，参看尉迟治平（1990: 17—19）和柯蔚南（Coblin 2000）。

2.3

比较八思巴系统和正音系统的目标是验证后者是否可能直接源于前者。因而，我们一定会确认该假设的任何一个反例，并关注每一个反例。在该讨论中，前后阶段的语音对应，无论在何处，均可设想为它们是历史发展的。不可能发生的例证，那么就会成为我们着重关注的焦点。在诸多例证中，切韵系统（Qièyùn system，QYS）读音，采用李方桂校订过的高本汉“古音”系统（“Ancient Chinese” system of Bernhard Karlgren）。这里并没有假设它们代表任何年代的真正语言形式。它们仅用作参考而已。

三、比较研究

（一）声母

八思巴声母系统如下：

p	p'	b	m	f	v	ʋ	
t	t'	d	n	ɳ	l		
ts	ts'	dz			s	z	
tʂ	tʂ'	dʐ			ʂ	ʐ	r
k	k'	g	ŋ	ʔ	x	ɤ	ɦ
ø							

正音系统与其极其相似：

p	p'	b	m	f	v	ʋ	
t	t'	d	n		l		
ts	ts'	dz			s	z	
tʂ	tʂ'	dʐ			ʂ	ʐ	r
k	k'	g	ŋ	ʔ	x	ɤ	
ø							

3.1 唇音和唇齿音

3.1.1 八思巴 p- ＞正音 p-。八思巴*p*-直接对应正音*p*-，且是其唯一对应对象，可设想前者曾是后者的祖源，比如：

biān 边 切韵系统 pien

八思巴：蒙古字韵 bÿan（平）[pjɛn]

申叔舟 正音 pjen（平）；俗音 —；左音—

3.1.2 八思巴 p'- ＞正音 p'-

pò 破 切韵系统 phuâ-

八思巴：蒙古字韵 phwo（去）[p’wɔ]

申叔舟 正音 p’wɔ（去）；俗音 —；左音—

3.1.3 八思巴 b- ＞正音 b-。八思巴系统和正音系统都有一套声母，对应传统音韵学所命名的“浊”（zhuó）或者“浑浊”（turbid）。申叔舟用表性质的“厉”（harsh）或“急”（strident）等特征来描述这些音节（详参 Coblin 2000: 273）。很明显，对申叔舟而言，所考量的，并非浊音之类的音节声母浊化，而是将作为整体的音节视为低语声（murmur）。尚无法确定它在八思巴系统中的表现。

péng 篷 切韵系统 bung

八思巴：蒙古字韵 pung（平）[buŋ]

申叔舟 正音 buŋ（平）；俗音 —；左音—

3.1.4 八思巴 m- ＞正音 m-

mài 卖 切韵音 mai-

八思巴：蒙古字韵 may（去）[maj]

申叔舟 正音 maj（去）；俗音 —；左音—

3.1.5 八思巴 f- ＞正音 f-

fēng 风 切韵系统 pjung

八思巴：蒙古字韵 hwung（平）[fuŋ]

申叔舟 正音 fuŋ（平）；俗音 —；左音—

3.1.6 八思巴 v- ＞正音 v-

féng 缝 切韵系统 bjwong

八思巴：蒙古字韵 Hwung（平）[vuŋ]

申叔舟 正音 vuŋ（平）；俗音 —；左音—

3.1.7 八思巴 ʋ-。该音往往对应于正音 ʋ-；比如：

wàng 望 切韵系统 mjwang-

八思巴：蒙古字韵 wang（去）[ʋaŋ]

申叔舟 正音 ʋaŋ（平）；俗音 —；左音—

不过，相对此处声母而言，这里有一组有趣的例外，如下例所示：

mèng 梦 切韵系统 mjung-

八思巴：蒙古字韵 wung（平）[ʋuŋ]

申叔舟 正音 muŋ（去）；俗音 —；左音—

móu 谋 切韵系统 mjəu

八思巴：蒙古字韵（khuw＞）wuw（平）[ʋuw]

申叔舟 正音 məw（平）；俗音 —；左音—

mù 目 切韵系统 mjuk

八思巴：蒙古字韵 wu（入）[ʋu]

申叔舟 正音 mu（入）；俗音 —；左音—

mù 牧 切韵系统 mjuk

八思巴：蒙古字韵 wu（入）[ʋu]

申叔舟 正音 mu（入）；俗音 —；左音—

在这些例证中，八思巴有与正音*m-*对立的声母*ʋ-*。这里的正音，同所有已知汉语的现代形式保持一致，也同讨论中追溯至近代汉语的绝大部分形式保持一致。不过，类似于八思巴的例证，起码出现在某种古代方言里，这种方言可在伦敦长卷（London Long Scroll）的背面得到验证（Takata 1993）。长卷是敦煌出土的大型藏汉转写文献，由大量独立篇章构成。写卷背面的词语“目”（切韵系统 *mjuk*），以我们预测得到的藏语转写形式 *'bug*出现，或许表示业已确证的中古时期的西北汉语［ᵐbuk］。然而在背面的第156行（line 156），则转写成 *'wug*，这或许反映了类似［ᵐvuk］或者［vuk］这样的读音。长卷数据库里，类似的例证是词语“牟”（切韵系统 *mjəu*）。该音节出现在长卷文献中多次。在写卷正面，该音节往往拼写为藏语的 *'bu*［ᵐbu］，相应地，背面则一律视为 *'wu*［ᵐvu］或者［vu］。八思巴的对应形式是wuw（平），而正音系统读为*məw*。这样看来，长卷背面的某些材料或许反映了某种方言，该方言类似八思巴系统，在此处讨论这类音节中，早期的**m-*经历了唇齿化（dentilabialization）。如果正音所遵照的，一定是最为权威的汉语方言的话，那么在这点上，正音跟八思巴并不一致。

3.2 舌前塞音和响音

3.2.1 八思巴 t- ＞正音 tdāng 当 切韵系统 tâng

八思巴：蒙古字韵 dang（平）[taŋ]

申叔舟 正音 taŋ（平）；俗音一；左音一

3.2.2 八思巴 t'- ＞正音 t'-

tiān 天 切韵系统 thien

八思巴：蒙古字韵 then（平）[t'ɛn]

申叔舟 正音 t'jen（平）；俗音一；左音一

3.2.3 八思巴 d- ＞正音 d-

táng 唐 切韵系统 dâng

八思巴：蒙古字韵 tang（平）[daŋ]

申叔舟 正音 daŋ（平）；俗音一；左音一

3.2.4 八思巴 n- ＞正音 n-

ní 泥 切韵系统 niei

八思巴：蒙古字韵 ni（平）[ni]

申叔舟 正音 njej（平）；俗音 ni；左音一

3.2.5 八思巴 ŋ̥- ＞正音 n-。在这个例证上，正音缺少出现在八思巴系统中的对立，不过可以想象，作为从后往前直接发展的一部分，这个对立已经丢失了。

nǐ 你 切韵系统 nï:

八思巴：蒙古字韵 ñi（平）[ŋ̥i]

申叔舟 正音 njej（上）；俗音 ni；左音 ni

nǚ 女 切韵系统 ṇjwo:

八思巴：蒙古字韵 ñÿu（上）[ŋ̥y]

申叔舟 正音 ny（上）；俗音一；左音一

niáng 娘 切韵系统 ṇjang

八思巴：蒙古字韵 ñang（平）[ŋ̥aŋ]

申叔舟 正音 njaŋ（平）；俗音一；左音一

3.2.6 八思巴 l- ＞正音 l-

liǎng 两 切韵系统 liang:

八思巴：蒙古字韵（lÿang＞）lyang（上）[ljaŋ]

申叔舟 正音 ljaŋ（平）；俗音 —；左音—

3.3 咝音

3.3.1 八思巴 ts- ＞正音 ts-

zǎo 早 切韵系统 tsâu:

八思巴：蒙古字韵 dzaw（上）[tsaw]

申叔舟 正音 tsaw（上）；俗音 —；左音—

3.3.2 八思巴 ts’- ＞正音 ts’-

cǐ 此 切韵系统 tshje:

八思巴：蒙古字韵 tsh^{h}i（上）[ts’ɿ]

申叔舟 正音 ts’ɿ（上）；俗音 —；左音—

3.3.3 八思巴 dz- ＞正音 dz-

cái 才 切韵系统 dzậi

八思巴：蒙古字韵 tsay（平）[dzaj]

申叔舟 正音 dzaj（平）；俗音 —；左音—

3.3.4 八思巴 s- ＞正音 s-

sēng 僧 切韵系统 səng

八思巴：蒙古字韵 s^{h}ing（平）[səŋ]

申叔舟 正音 səjŋ（平）；俗音 səŋ；左音 səŋ

3.3.5 八思巴 z- ＞正音 z-

cí 词 切韵系统 zï

八思巴：蒙古字韵 z^{h}i（平）[zɿ]

申叔舟 正音 zɿ（平）；俗音 —；左音 —

sòng 诵 切韵系统 zjwong-

八思巴：蒙古字韵 zÿung（去）[zjuŋ]

申叔舟 正音 zjuŋ（去）；俗音 suŋ；左音 —

对于这些本书常见的对应而言，尚有两个奇怪的例外：

chóu 愁 切韵系统 dẓjəu

八思巴：蒙古字韵 z^{h}iw（平）[zəw]

申叔舟 正音 dʐəw（平）；俗音一；左音一

zòu 骤 切韵系统 dẓjəu-

八思巴：蒙古字韵 z^{h}iw（去）[zəw]

申叔舟 正音 dʐəw（去）；俗音一；左音一

这里八思巴形式承载着跟某些现代南方方言特异的对应；比如：

《汉语方音字汇》（*Hànyǔ fāngyīn zìhuì* 1989:207）

	苏州（Sūzhōu）	温州（Wēnzhōu）	梅县（Méixiàn）
愁	꜁zY	꜁zau	꜁sɛu

不管造成这种情况的原因是什么，正音系统已经遵循了不一样的历程，并且显示出卷舌化的塞擦读音。

3.4 卷舌音

3.4.1 八思巴 tʂ - ＞正音 tʂ -

zhǎng 掌 切韵系统 tśjang：

八思巴：蒙古字韵 jang（上）[tʂaŋ]

申叔舟 正音 tʂjaŋ（平）；俗音一；左音一

3.4.2 八思巴 tʂ' - ＞正音 tʂ'-

chāo 抄 切韵系统 tshau：

八思巴：蒙古字韵 chaw（平）[tʂ'aw]

申叔舟 正音 tʂ'aw（平）；俗音一；左音一

3.4.3 八思巴 dʐ - ＞正音 dʐ -

chéng 程 切韵系统 ḍjäng

八思巴：蒙古字韵 cing（平）[dʐiŋ]

申叔舟 正音 dʐiŋ（平）；俗音一；左音一

zhí 直 切韵系统 ḍjək

八思巴：蒙古字韵 ci（入）[dẓi]

申叔舟 正音 dẓi（入）；俗音 —；左音 —

这是一个常见的对应。不过，存在一个次类，次类里的八思巴 *dẓ-* 对应于正音 ẓ-，如下所示：

shén 神 切韵系统 dźjen：

八思巴：蒙古字韵 cin（上）[dẓin]

申叔舟 正音 ẓin（平）；俗音 —；左音 —

shí 食 切韵系统 dźjək

八思巴：蒙古字韵 ci（入）[dẓi]

申叔舟 正音 ẓi（入）；俗音 —；左音 —

shí 实 切韵系统 dźjət

八思巴：蒙古字韵 ci（入）[dẓi]

申叔舟 正音 ṣi（入）；俗音 —；左音 —

shéng 绳 切韵系统 dźjəng

八思巴：蒙古字韵 cing（平）[dẓiŋ]

申叔舟 正音 ẓiŋ（平）；俗音 —；左音 —

shì 示 切韵系统 dźi-

八思巴：蒙古字韵 ci（去）[dẓi]

申叔舟 正音 ẓi（去）；俗音 ẓɿ；左音 —

shù 述 切韵系统 dźjuet

八思巴：蒙古字韵 cÿu（入）[dẓy]

申叔舟 正音 ẓyn（去）；俗音 —；左音 —

shùn 顺 切韵系统 dźjuen

八思巴：蒙古字韵 cÿun（去）[dẓyn]

申叔舟 正音 ʐyn（去）；俗音 —；左音 —

shì 事 切韵系统 dẓï-

八思巴：蒙古字韵 $e^{h}i$（去）[dʐʅ]

申叔舟 正音 ʐi（去）；俗音 ʐʅ；左音 ʐʅ

shì 士 切韵系统 dẓï-

八思巴：蒙古字韵 $e^{h}i$（去）[dʐʅ]

申叔舟 正音 ʐi（上去）；俗音 ʐʅ；左音 —

许多这样的例证，牵涉切韵系统的声母 *dź-*（床三母）。其他还有若干则牵涉到切韵系统的 *dẓ-*（床二母）。在八思巴正字法中，它们和切韵音系 *ź-*（禅母）合并，形成通常的八思巴声母 *dʐ-*。在正音系统中，它们并未如此这般地合并，相反，它已经成为正音中 ʐ- 的一部分。尽管从切韵音系的角度来看，它是这么描写的，不过，我们也无法预测：在八思巴系统的基础上，这里的正音会出现一分为二的裂化（bifurcation）情形。有一种中古汉语早期方言材料的表现与八思巴文材料很相近，那就是六世纪晚期由今南京地区的僧人康僧会翻译的《孔雀明王经》所含对音材料。在康僧会的语音系统中，切韵音系的床三与禅母合流，成了一个浊塞擦音声母，这些字都用来对梵语的辅音 *j-*（Coblin 1990: 206—207）。《切韵》音系中，声母属禅二的字完全没有出现在《孔雀明王经》中，因此我们也不确定床二与禅母有没有直接平行演变。但是八思巴文音系反映的一些现象同康僧会的对音材料反映的现象有相似之处，这是清楚的。而俗音系统的表现却与上述材料截然相反、大相径庭，它不可能是中古汉语早期的直接后裔。

3.4.4 八思巴 ʂ- ＞正音 ʂ-

shān 山 切韵系统 ṣǎn

八思巴：蒙古字韵（zhan＞）shan（平）[ʂan]

申叔舟 正音 ʂan（平）；俗音 —；左音 —

3.4.5 八思巴 ʐ- ＞正音 ʐ-。对于该声母而言，这是通常的对应模式，如下所示：

chén 辰 切韵系统 źjen

八思巴：蒙古字韵 zhin（平）[ʐin]

申叔舟 正音 ʐin（平）；俗音 —；左音 dʐin

shàn 善 切韵系统 źjän:，źjän-

八思巴：蒙古字韵 zhen（上）[ʐɛn]

申叔舟 正音 zjen（上去）；俗音（去）；左音 zjen（上）

shàng 上 切韵系统 źjäng:，źjäng-

八思巴：蒙古字韵 zhang（上去）[ʐaŋ]

申叔舟 正音 zjaŋ（上去）；俗音 —；左音 —

shèng 盛 切韵系统 źjäng-

八思巴：蒙古字韵 zhing（去）[ʐiŋ]

申叔舟 正音 ʐiŋ（去）；俗音 —；左音 —

shí 时 切韵系统 źï

八思巴：蒙古字韵 zhi（平）[ʐi]

申叔舟 正音 ʐi（去）；俗音 ʐʅ；左音 ʐʅ

然而，在下面的例证中，尚存若干附带的发展：

cháng 常 切韵系统 źjang

八思巴：蒙古字韵 zhang（平）[ʐaŋ]

申叔舟 正音 dzjaŋ（平）；俗音 —；左音 —

cháng 尝 切韵系统 źjang

八思巴：蒙古字韵 zhang（平）[ʐaŋ]

申叔舟 正音 dzjaŋ（平）；俗音 —；左音 —

cháng，sháng 裳 切韵系统 źjang

八思巴：蒙古字韵 zhang（平）[ʐaŋ]

申叔舟 正音 dzjaŋ（平）；俗音 zjaŋ；左音 zjaŋ

chéng 成 切韵系统 źjäng

八思巴：蒙古字韵 zhing（平）[ʐiŋ]

申叔舟 正音 dʐiŋ（平）；俗音 —；左音 —

chéng 城 切韵系统 źjäng

八思巴：蒙古字韵 zhing（平）[ʐiŋ]

申叔舟 正音 dʐiŋ（平）；俗音 —；左音 —

chéng 盛 切韵系统 źjäng

八思巴：蒙古字韵 zhing（平）[ʐiŋ]

申叔舟 正音 dʐiŋ（平）；俗音 —；左音 —

chéng 承 切韵系统 źjəng

八思巴：蒙古字韵 zhing（平）[ʐiŋ]

申叔舟 正音 dʐiŋ（平）；俗音 —；左音 —

在这些例证中，八思巴 *-aŋ*/ 正音 *-jaŋ* 和八思巴 / 正音 *-iŋ* 这些韵母中的平调音节，规则地发展出正音的声母 *dʐ-*，而发展不出声母 *ʐ-*。

最后，我们或许注意到下面八思巴 / 正音 *-in* 韵母的例证，这些例证中，正音的声母是意料之外的 *dʐ-*：

chén 臣 切韵系统 źjen

八思巴：蒙古字韵 zhin（平）[ʐin]

申叔舟 正音 dʐin（平）；俗音 —；左音 —

此为孤例。（比较上述“辰 *chén*”，该词有预料之中的正音声母 *ʐ-*。）尽管该例是例外，但是并不表示八思巴系统和正音系统之间存在通常的对应。有趣的是，金尼阁（Nicolas Trigault）记录了晚明官话的异读 *ʂin*（意即不读时音 *ts'in*），该读音将规则地对应正音 *ʐin*。因而，在早期，很明显存在这类权威读音，但是申叔舟若非不承认该记载，便是忽略了这个记载。

3.4.6 八思巴 r- ＞正音 r-

rén 人 切韵系统 ńźjen

八思巴：蒙古字韵 Zhin（平）[rin]

申叔舟 正音 rin（平）；俗音 —；左音 —

3.5 腭辅音

3.5.1 八思巴 k- ＞正音 k-

gǎi 改 切韵系统 kậi:

八思巴：蒙古字韵 gay（上）[kaj]

申叔舟 正音 kaj（上）；俗音 —；左音 —

3.5.2 八思巴 k'- ＞正音 k'-

kāi 开 切韵系统 khậi

八思巴：蒙古字韵 khay（上）[k'aj]

申叔舟 正音 k'aj（平）；俗音 —；左音 —

3.5.3 八思巴 g- ＞正音 g-

jìn 近 切韵系统 gjən:, gjən-

八思巴：蒙古字韵 kin（上去）[gin]

申叔舟 正音 gin（上去）；俗音 —；左音 —

3.5.4 八思巴 ŋ-。这个声母出现在八思巴元音 *i* 和 *ε* 之前，但在正音系统中，这个声母一般都会丢失，比如：

yì 义 切韵系统 ngje-[3]

八思巴：蒙古字韵 ngi（去）[ŋi]

申叔舟 正音 i（去）；俗音 —；左音 —

yán 言 切韵系统 ngjɐn

八思巴：蒙古字韵 ngen（去）[ŋεn]

申叔舟 正音 jen（平）；俗音 —；左音 —

不过，在这个问题上，存在若干例外。有些例外牵涉异读：

yí 宜 切韵系统 ngje[3]

八思巴：蒙古字韵 ngi（平）[ŋi]

申叔舟 正音 i,（ŋi）*（平）；俗音—；左音 ŋi, i

*遵从《蒙古韵》。

yí 疑 切韵系统 ngjï

八思巴：蒙古字韵 ngi（平）[ŋi]

申叔舟 正音 i,（ŋi）*（平）；俗音 — ；左音 ŋi

*遵从《蒙古韵》。

在这些例证中，申叔舟明确宣称正音形式的*ŋ*-沿袭过八思巴词典。从正音系统的立场来看，很明显，它们是读书音（“bookish” reading）。或许有人告诉过申叔舟，这些读音实际上出现在左音系统中，申叔舟才把它们加进去的。在下面的例证中，申叔舟拿出*ŋ*-异读，此异读在正音系统中已为人所熟知。

niú 牛 切韵系统 ngjəu

八思巴：蒙古字韵 ngiw（平）[ŋiw]

申叔舟 正音 ŋiw, iw（平）；俗音 niw；左音 niw

最后，我们有如下例子，在这里的例子中，八思巴*ε*:之前的*ŋ*-，已经不规则地保留了下来：

yè 业 切韵系统 ngjɐp

八思巴：蒙古字韵 — ；（旧写作nge [ŋɛ]）

申叔舟 正音 ŋje（入）；俗音— ；左音—

在其他地方，八思巴*ŋ*-直接对应于正音*ŋ*-；比如：

wǒ 我 切韵系统 ngâ：

八思巴：蒙古字韵 ngo（上）[ŋɔ]

申叔舟 正音 ŋɔ（上）；俗音 ɔ；左音 ɔ

ài 碍 切韵系统 ngâi-

八思巴：蒙古字韵 ngay（去）[ŋaj]

申叔舟 正音 ŋaj（去）；俗音— ；左音—

3.5.5 八思巴 ʔ - ＞正音 ʔ -

ài 爱 切韵系统 ʔâi-

八思巴：蒙古字韵 ’ay（去）[ʔaj]

申叔舟 正音 ʔaj（去）；俗音— ；左音—

3.5.6 八思巴 x- ＞正音 x-

hēi 黑 切韵系统 xək

八思巴：蒙古字韵 hiy（入）[xij]

申叔舟 正音 xəj（入）；俗音— ；左音—

3.5.7 八思巴 ɣ- ＞正音 ɣ-

hóng 红 切韵系统 ɣung

八思巴：蒙古字韵 Xung（平）[ɣuŋ]

申叔舟 正音 ɣuŋ（平）；俗音— ；左音—

3.5.8 八思巴 ɦ-。对应该声母的如下例子所示：

wǎ 瓦 切韵系统 ngwa:

八思巴：蒙古字韵 xwa（上）[ɦwa]

申叔舟 正音 ŋwa（上）；俗音 wa；左音 wa

wài 外 切韵系统 ngwâi-

八思巴：蒙古字韵 xue（去）[ɦwɛ]

申叔舟 正音 ŋwaj（去）；俗音 ŋwaj，waj；左音 waj

yú 鱼 切韵系统 ngjwo

八思巴：蒙古字韵 xÿu（平）[ɦy]

申叔舟 正音 ŋy（平）；俗音— ；左音—

yuán 元 切韵系统 ngjwɐn

八思巴：蒙古字韵 xwÿan（平）[ɦyɛn]

申叔舟 正音 ŋyen（平）；俗音— ；左音—

yuè 月 切韵系统 ngjwɐt

八思巴：蒙古字韵 xwÿa（入）[ɦyɛ]

申叔舟 正音 ŋye（入）；俗音— ；左音—

wáng 王 切韵系统 jwang

八思巴：蒙古字韵 xwang（平）[ɦwaŋ]

申叔舟 正音 waŋ（平）；俗音—；左音—

wǎng 往 切韵系统 jwang:

八思巴：蒙古字韵 xwang（上）[ɦwaŋ]

申叔舟 正音 waŋ（上）；俗音—；左音—

wéi 为 切韵系统 jwe

八思巴：蒙古字韵 xue（平）[ɦuɛ]

申叔舟 正音 uj（平）；俗音—；左音—

yǒng 永 切韵系统 jwɐng

八思巴：蒙古字韵 xÿung（上）[ɦjuŋ]

申叔舟 正音 jujŋ（上）；俗音 juŋ；左音 juŋ

yǔ 雨 切韵系统 ju:

八思巴：蒙古字韵 xÿu（上）[ɦy]

申叔舟 正音 y（上）；俗音—；左音—

在这些（例证）中，八思巴 *ɦ-* 对应两个不同的正音声母 *ŋ-* 和 *ø-*。根据八思巴系统，我们无从预测正音系统出现过一分为二的语音裂化。不过，这从切韵系统角度出发就能加以解释，这是因为第一类有切韵音系的声母 *ng-*（疑母），与此同时，第二类则有切韵音系的 *j-*（喻三母）。这里引用的若干例证，表明正音系统仍保留了切韵系统的完整区分，不过，八思巴形式通过合并了某个独立单位，从而对正音系统造成影响，使其实现为 *ɦ-*。那么，在这点上，八思巴系统不可能成为正音系统的直接源头。

在一般模式上，数据上还存在一个例外。

yuē 曰 切韵系统 jwɐt

八思巴：蒙古字韵 xwya（入）[ɦyɛ]

申叔舟 正音 ŋye（入）；俗音—；左音—

在切韵音系声母是*j*-的地方，这里正音形式不应出现*ŋ*-。

3.6 八思巴*Ø*-。正音*ø*-是该声母最为常见的对等形式；比如：

yán 盐 切韵系统 jiäm

八思巴：蒙古字韵 yem（平）[jɛm]

申叔舟 正音 jem（平）；俗音 jen；左音 jen

yáng 羊 切韵系统 jiang

八思巴：蒙古字韵 yang（平）[jaŋ]

申叔舟 正音 jaŋ（平）；俗音—；左音—

yǐ 以 切韵系统 jiï：

八思巴：蒙古字韵 yi（上）[ji]

申叔舟 正音 i（上）；俗音—；左音—

yǔ 与 切韵系统 jiwo：

八思巴：蒙古字韵 yÿu（上）[jy]

申叔舟 正音 y（上）；俗音—；左音—

yuán 缘 切韵系统 jiwän

八思巴：蒙古字韵 ywÿan（平）[jyɛn]

申叔舟 正音 yen（平）；俗音—；左音 yen

注意：所有的这些音节都有切韵系统的声母*ji*-（喻四）。存在如下一个例外：

é 额 切韵系统 ngɐk

八思巴：蒙古字韵 yay（入）[jaj]

申叔舟 正音 əj（入）；俗音 ŋəjʔ；左音—

常见模式中，规则的次异读（sub-variety）是八思巴音节类型[yi]，该音节规则地产生正音*ʋi*；比如：

wéi 惟 切韵系统 jiwi

八思巴：蒙古字韵 jwi（平）[yi]

申叔舟 正音 ʋi（平）；俗音—；左音—

无论如何，对于该一般模式，存在一种重要的例外类型，这里正音中对等八思巴*ø*-的是*ŋ*-。在该门类中，其次类如下：

yìng 硬 切韵系统 ngɛng-

八思巴：蒙古字韵 ying（去）[jiŋ]

申叔舟 正音 ŋiŋ（平）；俗音 —；左音 —

yá 涯 切韵系统 ngaï

八思巴：蒙古字韵 yay（平）[jaj]

申叔舟 正音 ŋja，jaj（平）；俗音 ja；左音 aj

yǎn 眼 切韵系统 ngăn：

八思巴：蒙古字韵 yan（上）[jan]

申叔舟 正音 ŋjan（平）；俗音 jan；左音 jen

正如上述所知，八思巴系统中以*Øj*-开头的音节，规则地对应声母为*Ø*-的正音音节。因而，根据八思巴语音系统并不能预测出正音出现这类*ŋ*-的例子。无论如何，值得注意的是，所有这类用例都有切韵系统中的声母*ng*-。这表明：在这些例证中，某些时间点上，八思巴*ŋ*-丢失，与此同时，正音系统却还保留。从结果来看，我们肯定会假定：此处，两种类型代表不同的语言张力（linguistic strains）。

与此紧密相关的，则是下面类型的例证：

wán 玩 切韵系统 nguân-

八思巴：蒙古字韵 on（去）[ɔn]

申叔舟 正音 ŋwɔn（去）；俗音 wɔn；左音 aj

wò 卧 切韵系统 nguâ-

八思巴：蒙古字韵 o（去）[ɔ]

申叔舟 正音 ŋɔ（去）；俗音 ɔ；左音 ɔ

wú 吾 切韵系统 nguo

八思巴：蒙古字韵 u（平）[u]

申叔舟 正音 ŋu（去）；俗音 —；左音 —

wǔ 五 切韵系统 nguo:

八思巴：蒙古字韵 ŋu（上）[u]

申叔舟 正音 ŋu（上）；俗音 — ；左音 ŋu

既然八思巴系统缺少*ŋwɔno*、*ŋwo*和*ŋu*这类音节，这里就有可能假设：在这些例子中，正音系统*ŋ-*是规则地对应着早期*ø-*。无论如何，从前述这类例子的角度出发，这更可能是另一种类型的例证，在这里，正音系统保留着八思巴系统的声母，但换一个思路，则是这类声母已经消失。

（二）韵母

八思巴系统的韵母如下：

ɿ　ʅ　ʅʔ
i　ji　ijʔ　yi　yiʔ　iŋ　jiŋ　in　jin　win　iw　jiw　im　jim
u　uʔ　uɛ　uɛʔ　yɛ　yɛʔ　uŋ　wung　juŋ　un　uw
y　yʔ　yn
aj　ajʔ　jaj　jajʔ　waj　wajʔ　aŋ　jaŋ　waŋ　yaŋ　an　jan　wan　aw
awʔ　wawʔ　jaw　jawʔ　am　jam　(a　aʔ)　ja　jaʔ　wa　waʔ
Aŋ
ɛn　jɛn　yɛn　ɛw　ɛwʔ　jɛw　jɛwʔ　((yɛwʔ))　ɛm　jɛm　(ɛ ɛʔ jɛ jɛʔ)　wɛ　wɛʔ
ɔŋ　ɔn　yɔn　ɔw　ɔ　ɔʔ　wɔ　wɔʔ
əjʔ　əŋ　ən　əw　əm

置于双括号里的韵母罕见，因而在这里不予处理。置于单括号里的韵母，则在已得《蒙古字韵》文献中付之阙如。

申叔周的韵母如下：

ɿ　ʅ　ʅʔ　əʔ
i　iʔ　iw　in　im　iŋ
u　uʔ　uj　ujʔ　un　uŋ　juŋ　ujŋ　jujŋ
y　yʔ　yjʔ　yn
je　jeʔ　ye　yeʔ　jej　jew　jen　yen　jem
ɔ　wɔ　ɔʔ　wɔʔ　ɔn　wɔn
a　ja　wa　aʔ　jaʔ　waʔ　aj　jaj　waj　aw　jaw　awʔ　jawʔ　wawʔ
　an　jan　wan　aŋ　jaŋ　waŋ　am　jam
əjʔ　əw　jəw　ən　əm　əjŋ

3.7 韵母ɿ ʅ ʅʔ

3.7.1 八思巴 -ɿ＞正音 -ɿ

cí 词 切韵系统 zï

八思巴：蒙古字韵 z^{h}i（平）[zɿ]

申叔舟 正音 zɿ（平）；俗音— ；左音—

3.7.2 八思巴 -ʅ 。在八思巴系统中，该韵母只出现在卷舌音之后。在清塞音之后，该韵母直接对应正音 -ʅ；比如：

cè 厕 切韵系统 tṣhï-

八思巴：蒙古字韵 ch^{h}i（去）[tʂ’ʅ]

申叔舟 正音 tʂ’ʅ（去）；俗音— ；左音 tʂ’ʅ

其他地方，则对应正音 -i；比如：

shī 师 切韵系统 ṣi

八思巴：蒙古字韵 sh^{h}i（去）[ʂʅ]

申叔舟 正音 ʂʅ（平）；俗音 ʂʅ；左音 ʂʅ

shǐ 使 切韵系统 ṣï

八思巴：蒙古字韵 sh^{h}i（上）[ʂʅ]

申叔舟 正音 ʂi（上）；俗音 ʂʅ；左音 ʂʅ

shì 事 切韵系统 dẓï-

八思巴：蒙古字韵 c^{h}i（去）[dʐʅ]

申叔舟 正音 ʐi（去）；俗音 ʐʅ；左音 ʐʅ

拼写法之间的关系具有系统性，而且可能是直接演化发展的结果。不过，让人印象深刻的是，在这些例证中，八思巴韵母 -ʅ 一直出现在切韵系统照二组的塞擦音（也就是 *tʂ*- 等）。因而，在我们看来，在这些例证中，另有一个可能的标准，即八思巴系统和正音系统的源头形式有原始的 *-i*，在照二组之后，八思巴系统发展出 -ʅ，而正音系统未尝发展出 -ʅ。该方案需要如下假设：在发展的同一条线索上，两个系统不是独立的阶段。

3.7.3 八思巴 -ʅ(ʔ) >正音 -ʅ(ʔ)

sè 瑟 切韵系统 ʂjɛt

八思巴：蒙古字韵 sh^{h}i（入）[ʂʅ]

申叔舟 正音 ʂʅ（入）；俗音 —；左音 —

3. 8 韵母 i ji ij? yi yi? iŋ jiŋ in jin win iw jiw im jim

3.8.1 八思巴 -i。在正音系统中，该韵母有若干不同对应。在各类齿音声母中，通常的正音韵母是 *-jej*；比如：

dì 弟 切韵系统 diei:

八思巴：蒙古字韵 ti（上）[di]

申叔舟 正音 djej（上）；俗音 di；左音 di

lǐ 里（裡、裏）切韵系统 lji:

八思巴：蒙古字韵 li（上）[li]

申叔舟 正音 ljej（上）；俗音 li；左音 li

xī 西 切韵系统 siei

八思巴：蒙古字韵 si（平）[si]

申叔舟 正音 sjej（平）；俗音 si；左音 si

在腭辅音声母 *k-*、*k'-* 和 *ɣ-* 之后，同样如此；比如：

jī 基 切韵系统 kjï

八思巴：蒙古字韵 gi（平）[ki]

申叔舟 正音 kjej（平）；俗音 ki；左音 ki

qī 欺 切韵系统 khjï

八思巴：蒙古字韵 khi（平）[k'i]

申叔舟 正音 k'jej（平）；俗音 k'i；左音 —

qì 气 切韵系统 khjei-

八思巴：蒙古字韵 khi（去）[k'i]

申叔舟 正音 k'jej（去）；俗音 k'i；左音 —

在腭辅音*g*-、*x*-和*ʔ*-之后，正音系统韵母对应的是-*i*；比如：

qí 奇 切韵系统 gje[3]

八思巴：蒙古字韵 ki（平）[gi]

申叔舟 正音 gi（平）；俗音 —；左音 —

xǐ 喜 切韵系统 xjï:

八思巴：蒙古字韵 hi（上）[xi]

申叔舟 正音 xi（上）；俗音 —；左音 —

yì 意 切韵系统 ʔjï-

八思巴：蒙古字韵 'i（去）[ʔi]

申叔舟 正音 ʔi（去）；俗音 —；左音 —

zhī 之 切韵系统 tśï

八思巴：蒙古字韵 ji（平）[tʂi]

申叔舟 正音 tʂi（平）；俗音 tʂʅ；左音 tʂʅ

zhī 知 切韵系统 ṭje

八思巴：蒙古字韵 ji（平）[tʂi]

申叔舟 正音 tʂi（平）；俗音 —；左音 —

zhǐ 指 切韵系统 tśi:

八思巴：蒙古字韵 ji（平）[tʂi]

申叔舟 正音 tʂi（上）；俗音 tʂʅ；左音 tʂʅ

chǐ 齿 切韵系统 tśhï:

八思巴：蒙古字韵 chi（上）[tʂ'i]

申叔舟 正音 tʂ'i（上）；俗音 tʂ'ʅ；左音 tʂ'ʅ

chí 持 切韵系统 ḍï

八思巴：蒙古字韵 ci（平）[dʐi]

申叔舟 正音 dʐi（上）；俗音 —；左音 —

shī 施 切韵系统 śje

八思巴：蒙古字韵 shi（平）[ʂi]

申叔舟 正音 ʂi（平）；俗音 ʂʅ；左音 ʂʅ

shí 时 切韵系统 źï

八思巴：蒙古字韵 zhi（平）[ʐi]

申叔舟 正音 ʐi（平）；俗音 ʐʅ；左音 ʐʅ

不过，这里有若干例外；比如：

chì 炽 切韵系统 tśhï-

八思巴：蒙古字韵 chi（去）[tʂ'i]

申叔舟 正音 tʂ'ʅ（平）；俗音 —；左音 —

chì 翅 切韵系统 śje

八思巴：蒙古字韵 shi（去）[ʂi]

申叔舟 正音 tʂ'ʅ, ʂi（去）；俗音 ʂʅ；左音 tʂ'ʅ

这类例外的例证，一直都属于切韵系统的照三组声母（比如，*tś-*等）。现从上述各种例证来看，很显然，在数据可获取的地方，俗音/左音系统的读音，在照三组声母中往往是-ʅ，不过，在此环境下，正音系统往往是*-i*。这里出现*-i*，也许曾是俗音/左音发音中的典型特征（an epitomizing feature）。而且在正音的例外例证中，似乎发生过的，则是作为异读或者替换读音，它们经历过偶然的借用，引发了八思巴系统中的不规则对应。

在唇齿音和唇塞音之后，八思巴*-i*对应于正音*-i*：

fēi 非 切韵系统 pjwei

八思巴：蒙古字韵 h (w) i（去）[fi]

申叔舟 正音 fi（平）；俗音 —；左音 fiɦ

bǐ 比 切韵系统 pi:[4]

八思巴：蒙古字韵 bi（上）[pi]

申叔舟 正音 pi（平）；俗音 pəj；左音 pi

在*m-*之后，对应正音的韵母是*-jej*：

mí 弥 切韵系统 mjie[4]，-：

八思巴：蒙古字韵 mi（平）[mi]

申叔舟 正音 mjej（平上）；俗音 —；左音 —

mǐ 米 切韵系统 miei：

八思巴：蒙古字韵 mi（上）[mi]

申叔舟 正音 mjej（上）；俗音 —；左音 —

3.8.2 八思巴 -ji。该韵母出现在声母 ø- 和腭辅音之后。在声母 ***k***-、***k'***- 和 ***ɣ***- 之后，该韵母则对应于正音 *-jej*：

jī 鸡 切韵系统 kiei：

八思巴：蒙古字韵 gÿi（平）[kji]

申叔舟 正音 kjej（平）；俗音 ki；左音 ki

qì 弃 切韵系统 khi-[4]

八思巴：蒙古字韵 khÿi（去）[k'ji]

申叔舟 正音 k'jej（去）；俗音 k'i；左音 —

在其他地方，该韵母对应于正音系统的 *-i*；比如：

yǐ 以 切韵系统 jiï：

八思巴：蒙古字韵 yi（上）[ji]

申叔舟 正音 i（上）；俗音 —；左音 —

yī 伊 切韵系统 ʔjii[4]

八思巴：蒙古字韵 Yi（平）[ʔji]

申叔舟 正音 ʔi（平）；俗音 —；左音 —

3.8.3 八思巴 -ijʔ ＞正音 -əjʔ

hēi 黑 切韵系统 xək：

八思巴：蒙古字韵 hiy（入）[xij]

申叔舟 正音 xəi（入）；俗音 —；左音 xəjʔ

3.8.4 八思巴 yi＞正音 ʋi

wéi 惟 切韵系统 jiwi

八思巴：蒙古字韵 jwi（平）[yi]

申叔舟 正音 ʋi（平）；俗音 —；左音 —

3.8.5 八思巴 -yiʔ＞正音 -yjʔ

yì 役 切韵系统 jiwäk

八思巴：蒙古字韵 jwi（入）[yi]

申叔舟 正音 ŋyi（入）；俗音 iʔ；左音 —

3.8.6 八思巴 -iŋ＞正音 -iŋ

jīng 精 切韵系统 tsjäng

八思巴：蒙古字韵 dzing（平）[tsiŋ]

申叔舟 正音 tsiŋ（入）；俗音 iʔ；左音 —

bīng 兵 切韵系统 pjweng

八思巴：蒙古字韵 bing（平）[piŋ]

申叔舟 正音 piŋ（平）；俗音 —；左音 —

jīng 惊 切韵系统 kjeng

八思巴：蒙古字韵 ging（平）[kiŋ]

申叔舟 正音 kiŋ（平）；俗音 —；左音 —

jìng 竟 切韵系统 kjeng-

八思巴：蒙古字韵 ging（去）[kiŋ]

申叔舟 正音 kiŋ（去）；俗音 —；左音 —

这里提及的对等（equation）例外，如下所示：

zèng 甑 切韵系统 tsjəng-

八思巴：蒙古字韵 dzing（去）[tsiŋ]

申叔舟 正音 tsəjŋ（去）；俗音 tsəŋ；左音 tsəŋ

3.8.7 八思巴 -jiŋ ＞正音 -iŋ。这是该韵母的通常对应模式。

jīng 经 切韵系统 kieng

八思巴：蒙古字韵 gÿing（平）[kjiŋ]

申叔舟 正音 kiŋ（平）；俗音 一；左音 一

xíng 形 切韵系统 ɤieng

八思巴：蒙古字韵 Hÿing（平）[ɣjiŋ]

申叔舟 正音 ɣiŋ（平）；俗音 一；左音 一

xíng 行 切韵系统 ɣɐng

八思巴：蒙古字韵 Hÿing（平）[ɣjiŋ]

申叔舟 正音 ɣiŋ（入）；俗音 一；左音 一

xìng 幸 切韵系统 ɣɛng：

八思巴：蒙古字韵 Hÿing（上）[ɣjiŋ]

申叔舟 正音 ɣiŋ（上）；俗音 一；左音 一

héng 衡 切韵系统 ɣɐng；（ɣwɐng）

八思巴：蒙古字韵 Hÿing（平）[ɣjiŋ]

申叔舟 正音 ɣiŋ（平）；俗音 一；左音 一；正音 ɣujŋ；俗音 ɣuŋ；左音 一

不过，对应正音音系中，在韵母是*-əjŋ*的地方，有大量例外；比如：

gēng 更 切韵系统 kɐng

八思巴：蒙古字韵 gÿing（平）[kjiŋ]

申叔舟 正音 kəjŋ（平）；俗音 kəŋ~kiŋ；左音 kiŋ

gēng 耕 切韵系统 kɛng

八思巴：蒙古字韵 gÿing（平）[kjiŋ]

申叔舟 正音 kəjŋ（平）；俗音 kiŋ, kəŋ；左音 kiŋ

hēng 亨 切韵系统 xɐng

八思巴：蒙古字韵 hÿing（平）[xjiŋ]

申叔舟 正音 xəjŋ（平）；俗音 xiŋ；左音 —

在这种类型的例证中，俗音/左音的读音，在*-iŋ*中，有时表现出意料之中的读音。在讨论的切韵系统，韵母往往是*-ɐŋ*或者*-ɛng*，出现在传统韵图（the traditional rime tables）的二等。不过，正如我们之前所看到的，也有若干规则例证，它们有跟切韵系统一样的韵母（也就是说，此处，八思巴*-jiŋ*＝正音*-iŋ*）。因而，从切韵系统范畴的角度出发，能部分描写正音韵母一分为二式的裂化。只从八思巴系统的立场来看，该韵母完全不能预测，因而，从彼系统来看，它曾经也不可能是规则发展。

最后，表现出完全不规则韵母对应的常用词如下所示：

xiōng 兄 切韵系统 xjwɐng

八思巴：蒙古字韵（Hÿing＞）hÿing（平）[xjiŋ]

申叔舟 正音 xjuiŋ，xjuŋ（平）；俗音 —；左音 xjuŋ

3.8.8 八思巴 -in，-jin＞正音 -in

qīn 亲 切韵系统 tshjen

八思巴：蒙古字韵 tshin（平）[tʂ'in]

申叔舟 正音 tʂ'in（平）；俗音 —；左音 —

jīn 巾 切韵系统 kjen[3]

八思巴：蒙古字韵 gin（平）[kin]

申叔舟 正音 kin（平）；俗音 —；左音 —

jǐn 紧 切韵系统 kjen:[4]

八思巴：蒙古字韵 gÿin（平）[kjin]

申叔舟 正音 kin（上）；俗音 —；左音 —

yīn 因 切韵系统 ʔjien[4]

八思巴：蒙古字韵 Yin（平）[ʔjin]

申叔舟 正音 ʔin（上）；俗音 —；左音 —

yǐn 引 切韵系统 jien:

八思巴：蒙古字韵 yin（上）[jin]

申叔舟 正音 in（上）；俗音 —；左音 —

3.8.9 八思巴 -win＞正音 -yn

yún 云 切韵系统 juən

八思巴：蒙古字韵 xwin（平）[ɦwin]

申叔舟 正音 yn（平）；俗音 —；左音 —

3.8.10 八思巴 -iw＞正音 -iw。这是一般对应。

jiǔ 久 切韵系统 kjən:

八思巴：蒙古字韵 giw（上）[kiw]

申叔舟 正音 kiw（上）；俗音 —；左音 —

liú 流 切韵系统 ljən

八思巴：蒙古字韵 liw（平）[liw]

申叔舟 正音 liw（平）；俗音 —；左音 —

不过，在腭塞擦音之后，其对应的正音韵母是-əw；比如：

hòu 后 切韵系统 ɣəu:

八思巴：蒙古字韵 Xiw（上）[ɣiw]

申叔舟 正音 ɣəw（上）；俗音 —；左音 —

3.8.11 八思巴 -jiw＞正音 -iw

yòu 幼 切韵系统 ʔjiən-[4]

八思巴：蒙古字韵 Yiw（去）[ʔjiw]

申叔舟 正音 ʔiw（去）；俗音 —；左音 —

yóu 由 切韵系统 jiən

八思巴：蒙古字韵 yiw（平）[jiw]

申叔舟 正音 iw（平）；俗音 —；左音 —

3.8.12 八思巴 -im＞正音 -im。这是一般的对应。

jīn 今 切韵系统 kjəm

八思巴：蒙古字韵 gim（平）[kim]

申叔舟 正音 kim（平）；俗音 kin；左音 kin

xīn 心 切韵系统 sjəm

八思巴：蒙古字韵 sim（平）[sim]

申叔舟 正音 sim（平）；俗音 sin；左音 sin

不过，在唇音之后，其对应的正音韵母是*-in*；比如：

bǐng 禀 切韵系统 pjəm:

八思巴：蒙古字韵 bim（上）[pim]

申叔舟 正音 pin（上）；俗音 —；左音 —

pǐn 品 切韵系统 phjəm:

八思巴：蒙古字韵 phim（上）[p'im]

申叔舟 正音 p'in（上）；俗音 —；左音 —

3.8.13 八思巴 -jim＞正音 -im。

yín 淫 切韵系统 jiəm

八思巴：蒙古字韵 yim（平）[jim]

申叔舟 正音 im（平）；俗音 in；左音 in

3. 9 韵母 u uʔ uɛ uɛʔ yɛ yɛʔ uŋ（wung）juŋ un uw

3.9.1 八思巴 -u＞正音 -u

bù 布 切韵系统 puo-

八思巴：蒙古字韵 bu（去）[pu]

申叔舟 正音 pu（去）；俗音 —；左音 —

chū 初 切韵系统 tʂhjwo

八思巴：蒙古字韵 chu（平）[tʂ'u]

申叔舟 正音 tʂ'u（平）；俗音 —；左音 —

cū 粗 切韵系统 tshuo

八思巴：蒙古字韵（麤）tshu（平）[tʂ'u]

申叔舟 正音 tʂ'u（平）；俗音 —；左音 —

3.9.2 八思巴 -uʔ ＞正音 -uʔ

bù 不 切韵系统 pjəu, pjəu:, pjəu-, pjəut

八思巴：蒙古字韵 bu（入）[pu]

申叔舟 正音 pu（去）；俗音 —；左音 —

dú 读 切韵系统 duk

八思巴：蒙古字韵 tu（入）[du]

申叔舟 正音 du（入）；俗音 —；左音 —

3.9.3 八思巴 -uɛ。在唇音之后，该韵母对应于正音的 *-i* 或者 *-uj*：

bēi 悲 切韵系统 pji[3]

八思巴：蒙古字韵 bue（平）[puɛ]

申叔舟 正音 pi（平）；俗音 pəj；左音—

bèi 被 切韵系统 bje:[3], bje-[3]

八思巴：蒙古字韵 pue（上去）[buɛ]

申叔舟 正音 bi（上去）；俗音 —；左音 bi

pí 皮 切韵系统 bje[3]

八思巴：蒙古字韵 pue（平）[buɛ]

申叔舟 正音 bi（平）；俗音 —；左音 —

mí 靡 切韵系统 mje[3],-:

八思巴：蒙古字韵 mue（平上）[muɛ]

申叔舟 正音 mi（平），mjej（上）；俗音 məj（平）；左音 —

péi 陪 切韵系统 buâi

八思巴：蒙古字韵 pue（平）[buɛ]

申叔舟 正音 buj（平）；俗音 bəj（平）；左音 —

měi 每 切韵系统 muậi：

八思巴：蒙古字韵 mue（上）[muɛ]

申叔舟 正音 muj（上）；俗音 məj（平）；左音 məj

mèi 妹 切韵系统 muậi-

八思巴：蒙古字韵 mue（去）[muɛ]

申叔舟 正音 muj（去）；俗音 məj（平）；左音 məj

该正音一分为二式的裂化，没法根据八思巴的形式预测。不过，很明显，它同对应的切韵形式上的差异有亲属关系，也就是说，在切韵系统中，带 *-uậi* 韵母的音节，在正音音系中会有 *-uj*，与此同时，带有各种三等韵的音节，在正音中，会带上 *-i*。

在其他地方，八思巴 *-uɛ* 通常对应正音 *-uj*；比如：

chuī 吹 切韵系统 tśhjwe

八思巴：蒙古字韵 chue（平）[tʂ'uɛ]

申叔舟 正音 tʂ'uj（平）；俗音 —；左音 —

duì 对 切韵系统 tuại-

八思巴：蒙古字韵 due（去）[tuɛ]

申叔舟 正音 tuj（去）；俗音 —；左音 —

不过，下面的形式是例外：

wài 外 切韵系统 ngwâi-

八思巴：蒙古字韵 xue（去）[ɦuɛ]

申叔舟 正音 ŋwaj（去）；俗音 ŋwaj, waj；左音 waj

凭此，我们可以比较下面两个例子：

wèi 位 切韵系统 jwi-

八思巴：蒙古字韵 xue（去）[ɦuɛ]

申叔舟 正音 uj（去）；俗音 —；左音 —

wèi 位 切韵系统 jwi-

八思巴：蒙古字韵 xue（去）[ɦuɛ]

申叔舟 正音 uj（去）；俗音 —；左音 —

wèi 为 切韵系统 jwe

八思巴：蒙古字韵 xue（去）[ɦuɛ]

申叔舟 正音 uj（去）①；俗音 —；左音 —

在八思巴中，这三个音节同音。在正音系统中，*wài*外 的独立发展对应着切韵系统形式上的差异，不过，从八思巴拼写的角度，我们没法解释。

3.9.4 八思巴 -uɛʔ。在唇音之后，该韵母对应正音的 *-iʔ*（在切韵系统中，属于三等字）或者 *-əjʔ*（在切音音系中，属于一等字），没法从八思巴系统本身来解释其配合：

bǐ 笔 切韵系统 pjet3

八思巴：蒙古字韵 bue（入）[puɛ]

申叔舟 正音 pi（入）；俗音 —；左音 —

mò 墨 切韵系统 mək

八思巴：蒙古字韵 mue（入）[muɛ]

申叔舟 正音 məj（入）；俗音 —；左音 məjʔ

这里的模式同此前八思巴 *-uɛ* 可观察到的模式相同。在别处，八思巴 *-uɛʔ* 规则地对应于正音 *-ujʔ*：

guó 国 切韵系统 kwək

八思巴：蒙古字韵 gue（入）[kuɛ]

申叔舟 正音 kəj（入）；俗音 kujʔ；左音 kujʔ

huò 或 切韵系统 ɣwək

八思巴：蒙古字韵 Xue（入）[ɣuɛ]

申叔舟 正音 ɣuj（入）；俗音 —；左音 xujʔ

---

① 在金光洙（Kim 1991）中，该形式失载，此据俞（Yu 1973: 26）增补。

3.9.5 八思巴 -yɛ ＞正音 -uj

guī 规 切韵系统 kjwie^{4}

八思巴：蒙古字韵 gÿue（平）[kyɛ]

申叔舟 正音 kuj（平）；俗音 —；左音 —

kuī 窥 切韵系统 khjwie^{4}

八思巴：蒙古字韵 khÿue（平）[k’yɛ]

申叔舟 正音 k’uj（平）；俗音 —；左音 —

3.9.6 八思巴 -yɛʔ ＞正音 -yeʔ

jué 绝 切韵系统 dzjwät

八思巴：蒙古字韵 tswÿe（入）[dzyɛ]

申叔舟 正音 dzye（入）；俗音 —；左音 —

jué 决 切韵系统 kiwet

八思巴：蒙古字韵 gwÿa（入）[kyɛ]

申叔舟 正音 kye（入）；俗音 —；左音 —

shuō 说 切韵系统 śjwät

八思巴：蒙古字韵 shwÿe（入）[ʂyɛ]

申叔舟 正音 ʂye（入）；俗音 —；左音 —

3.9.7 八思巴 -uŋ。在卷舌音后，该韵母经常对应正音系统 *-juŋ*：

chōng 充 切韵系统 tś’ung

八思巴：蒙古字韵 chung（平）[tʂ’uŋ]

申叔舟 正音 tʂ’uŋ（平）；俗音 tʂ’uŋ；左音 tʂ’uŋ

chǒng 宠 切韵系统 ṭhjwong

八思巴：蒙古字韵 chung（上）[tʂ’uŋ]

申叔舟 正音 tʂ’juŋ（上）；俗音 tʂ’uŋ；左音 —

zhōng 中 切韵系统 ṭjung

八思巴：蒙古字韵 jung（平）[tʂuŋ]

申叔舟 正音 tʂjuŋ（平）；俗音 tʂuŋ；左音 tʂuŋ

一个例外字如下：

chóng 崇 切韵系统 dẓjung

八思巴：蒙古字韵 cung（平）[dʐuŋ]

申叔舟 正音 dʐuŋ（平）；俗音 —；左音 —

显然，该字同我们上述其他例证不同，这是因为该字是浊声，实际上，在表明八思巴 *-uŋ*/ 正音 *-juŋ* 对应的例证中，没有清塞擦音声母。

在别处，八思巴 *-uŋ* 通常直接对应正音系统 *-uŋ*：

dōng 东 切韵系统 tung

八思巴：蒙古字韵 dung（平）[tuŋ]

申叔舟 正音 tuŋ（平）；俗音 —；左音 —

gōng 工 切韵系统 kung

八思巴：蒙古字韵 gung（平）[kuŋ]

申叔舟 正音 kuŋ（平）；俗音 —；左音 —

mèng 梦 切韵系统 mjung-

八思巴：蒙古字韵 wung（去）[ʋuŋ]

申叔舟 正音 muŋ（去）；俗音 —；左音 —

hóng 红 切韵系统 ɣung

八思巴：蒙古字韵 Xung（平）[ɣuŋ]

申叔舟 正音 ɣuŋ（平）；俗音 —；左音 —

不过，存在如下类型的例外：

héng, hèng 横 切韵系统 ɣwɐng; ɣwɐng-

八思巴：蒙古字韵 Xung（平），Xung（去）[ɣuŋ]

申叔舟 正音 ɣuŋ（平）；俗音 ɣuŋ；左音 —；正音 ɣujŋ（去）；俗音 ɣuŋ；左音

ɣuŋ 或 ɣəŋ？

měng 猛 切韵系统 mɐng:

八思巴：蒙古字韵 mung（上）[muŋ]

申叔舟 正音 məjŋ（上）；俗音 məŋ；左音 məŋ

这些例子引人注目，这就意味着，这些例证涉及切韵系统的韵母 *-(w)ɐng*，要么以其圆唇形式出现，要么伴随唇辅音而出现。在正音系统中，这个区分或许已经限定了其特定发展。不过，在八思巴系统中并无出现，该行为也能得到解释。

3.9.8 八思巴 -wuŋ＞正音 -ujŋ。这是孤立的对应，因为只存在一个代表性音节。该音节跟上述章节的例证相似。

hóng 泓 切韵系统 ʔwɛng

八思巴：蒙古字韵 'wung（平）[ʔwuŋ]

申叔舟 正音 ʔujŋ（平）；俗音 —；左音 —

3.9.9 八思巴 -juŋ＞正音 -juŋ。这是通常的对应模式；比如：

chóng 虫 切韵系统 ḍjung

八思巴：蒙古字韵 cÿung（平）[dzjuŋ]

申叔舟 正音 dʐjuŋ（平）；俗音 dʐuŋ；左音 —

cóng 从 切韵系统 dzjwong

八思巴：蒙古字韵 tsÿung（平）[dzjuŋ]

申叔舟 正音 dʐjuŋ（平）；俗音 dzuŋ；左音 dʐuŋ

gōng 供 切韵系统 kjwong

八思巴：蒙古字韵 gÿung（平）[kjuŋ]

申叔舟 正音 kjuŋ（平）；俗音 kuŋ；左音 —

yǒng 勇 切韵系统 jiwong

八思巴：蒙古字韵 xÿung（平）[juŋ]

申叔舟 正音 juŋ（上）；俗音 —；左音 —

不过，出现了如下例外类型：

yǒng 永 切韵系统 jiwɐng

八思巴：蒙古字韵 xÿung（上）[ɦjuŋ]

申叔舟 正音 jujŋ（上）；俗音 juŋ；左音 —

yíng 营 切韵系统 jiwäng

八思巴：蒙古字韵 yÿung（平）[juŋ]

申叔舟 正音 jujŋ（上）；俗音 juŋ, iŋ；左音 iŋ

这些例子均涉及切韵系统的韵母*-jwɐng*和*-jwäng*，在这些规则例证中，两个韵母根本就没有出现。因而，这里正音一分为二式裂化，可从切韵系统的角度得到解释，不过，根据八思巴形式的话，就无法解释。

3.9.10 八思巴 -un＞正音 -un

běn 本 切韵系统 puən

八思巴：蒙古字韵 bun（上）[pun]

申叔舟 正音 pun（上）；俗音 pən；左音 pən

cūn 村 切韵系统 tshuən

八思巴：蒙古字韵 tshun（上）[ʦ'un]

申叔舟 正音 ʦ'un（平）；俗音 —；左音 —

3.9.11 八思巴 -uw＞正音 -əw，-u。该韵母往往对应正音系统的若干变异形式。

móu 谋 切韵系统 mjəu

八思巴：蒙古字韵（khuw＞）wuw（平）[ʋuw]

申叔舟 正音 məw（上）；俗音 —；左音 —

mǒu 某 切韵系统 məu:

八思巴：蒙古字韵 muw（平）[muw]

申叔舟 正音 məw, mu（上）；俗音 —；左音 —

mǔ 母 切韵系统 məu:

八思巴：蒙古字韵 muw（上）[muw]

申叔舟 正音 mu, məw（上）；俗音 — ；左音 mu

3.10 韵母 y yʔ yn

3.10.1 八思巴 -y＞正音 -y

chú 除 切韵系统 ḍjwo

八思巴：蒙古字韵 cÿu（平）[dẓy]

申叔舟 正音 dẓy（平）；俗音 — ；左音 —

jū 居 切韵系统 kjwo

八思巴：蒙古字韵 gÿu（平）[ky]

申叔舟 正音 ky（平）；俗音 — ；左音 —

jù 聚 切韵系统 dzju:，dzju-

八思巴：蒙古字韵 tsÿu（上去）[dzy]

申叔舟 正音 dzy（上去）；俗音 — ；左音 —

3.10.2 八思巴 -yʔ＞正音 -yʔ。这是通常对应；比如：

qū 屈 切韵系统 khjuət

八思巴：蒙古字韵 khÿu（入）[k'y]

申叔舟 正音 k'y（入）；俗音 — ；左音 —

qǔ 曲 切韵系统 khjwork

八思巴：蒙古字韵 khÿu（入）[k'y]

申叔舟 正音 k'y（入）；俗音 — ；左音 —

zhù 逐 切韵系统 ḍjuk

八思巴：蒙古字韵 cÿu（入）[dẓy]

申叔舟 正音 dẓy（入）；俗音 dẓuʔ；左音 —

shù 述 切韵系统 dźjuet

八思巴：蒙古字韵 cÿu（入）[dzy]

申叔舟 正音 zy（入）；俗音 —；左音 —

不过，在八思巴声母*l*-、*r*-和*ʐ*-之后，正音韵母的对应形式是-*u*ʔ；比如：

liù 六 切韵系统 ljuk

八思巴：蒙古字韵 lÿu（入）[ly]

申叔舟 正音 lu（入）；俗音 luʔ；左音 —

ròu 肉 切韵系统 ńźjuk

八思巴：蒙古字韵 zhÿu（入）[ry]

申叔舟 正音 ru（入）；俗音 —；左音 ruʔ

shóu 熟 切韵系统 źjuk

八思巴：蒙古字韵 zhÿu（入）[ʑy]

申叔舟 正音 ʐu（入）；俗音 —；左音 ʑuʔ

shú 熟 切韵系统 źjuk

八思巴：蒙古字韵 zhÿu（入）[ʑy]

申叔舟 正音 ʑu（入）；俗音 —；左音 —

3.10.3 八思巴 -yn＞正音 -yn

chún 脣（唇）切韵系统 dźjuen

八思巴：蒙古字韵 cÿun（平）[dʐyn]

申叔舟 正音 ʐyn（平）；俗音 —；左音 —；今俗音 dʐyn

jūn 君 切韵系统 kjuən

八思巴：蒙古字韵 gÿun（平）[kyn]

申叔舟 正音 kyn（平）；俗音 —；左音 —

3.11 韵母 aj ajʔ jaj jajʔ waj wajʔ aŋ jaŋ waŋ yaŋ an jan wan aw awʔ wawʔ jaw jawʔ am jam（a aʔ）wa waʔ

3.11.1 八思巴 -aj＞正音 -aj。这是一般对应模式。

ài 爱 切韵系统 ʔậi-

八思巴：蒙古字韵 ’ay（去）[ʔaj]

申叔舟 正音 ʔaj（去）；俗音 —；左音 —

cái 财 切韵系统 dẓậi

八思巴：蒙古字韵 tsay（平）[dzaj]

申叔舟 正音 dzaj（平）；俗音 —；左音 —

kāi 开 切韵系统 khậi

八思巴：蒙古字韵 khay（平）[k’aj]

申叔舟 正音 k’aj（平）；俗音 —；左音 —

chái 柴 切韵系统 dẓaï

八思巴：蒙古字韵 cay（平）[dẓaj]

申叔舟 正音 dẓaj（平）；俗音 —；左音 —

bài 败 切韵系统 pǎi-, bǎi-

八思巴：蒙古字韵 bay, pay（去）[paj~baj]

申叔舟 正音 pai, bai（去）；俗音 —；左音 —

如下对应是不规则的：

bà 罢 切韵系统 baï-

八思巴：蒙古字韵 pay（上）[baj]

申叔舟 正音 ba（去）；俗音 —；左音 —

bèi 贝 切韵系统 pwâi-

八思巴：蒙古字韵 bay（上）[paj]

申叔舟 正音 puj（去）；俗音 pəj；左音 pəj

3.11.2 八思巴 -ajʔ＞正音 -əjʔ

bái 白 切韵系统 bɐk

八思巴：蒙古字韵 pay（入）[baj]

申叔舟 正音 bəj（去）；俗音 —；左音 bəjʔ

zé 择 切韵系统 ḍɐk

八思巴：蒙古字韵 cay（入）[dẓaj]

申叔舟 正音 dẓaj（入）；俗音 —；左音 —

3.11.3 八思巴 -jaj＞正音 -jaj

jiē 街 切韵系统 kaï

八思巴：蒙古字韵 gyay（平）[kjaj]

申叔舟 正音 kjaj（平）；俗音 kjej；左音 kjaj, kjej

xié 鞋 切韵系统 ɣăi

八思巴：蒙古字韵 Hyay（平）[ɣjaj]

申叔舟 正音 ɣjaj（平）；俗音 ɣjej；左音 ɣjej

3.11.4 八思巴 -jajʔ＞正音 -əjʔ

é 额 切韵系统 ngɐk

八思巴：蒙古字韵 yay（入）[jaj]

申叔舟 正音 əj（入）；俗音 ŋəjʔ；左音 —

kè 客 切韵系统 khɐk

八思巴：蒙古字韵 khyay（入）[k'jaj]

申叔舟 正音 k'əj（入）；俗音 —；左音 k'əjʔ

下述对应不规则：

gé 格 切韵系统 kɐk

八思巴：蒙古字韵 gyay（入）[kjaj]

申叔舟 正音 kaw（入）；俗音 —；左音 —

3.11.5 八思巴 -waj＞正音 -waj

guāi 乖 切韵系统 kwăi

八思巴：蒙古字韵 gway（平）[kwaj]

申叔舟 正音 kwaj（平）；俗音 —；左音 —

huái 淮 切韵系统 ɣwăi

八思巴：蒙古字韵 Xway（平）[ɣwaj]

申叔舟 正音 ɣwaj（平）；俗音 —；左音 —

下面例证都是例外。它们涉及包含切韵韵母 *-wai* 和 *-waï* 的音节，而且这或许是正音对应的控制因素。在任何例证中，该模式不可能根据八思巴形式来预测。

huà 话 切韵系统 ɣwai-

八思巴：蒙古字韵 Xway（去）[ɣwaj]

申叔舟 正音 ɣwa（去）；俗音 —；左音 —

huà 画 切韵系统 ɣwaï-

八思巴：蒙古字韵 Xway（去）[ɣwaj]

申叔舟 正音 ɣwa（去）；俗音 —；左音 —

最后，接下来的例证也是不规则的。注意：俗音系统的形式有能预测得到的对应。

shuāi 衰 切韵系统 ṣwi

八思巴：蒙古字韵（zhway ＞）shway（平）[ʂwaj]

申叔舟 正音 ʂuj（平）；俗音 ʂwaj；左音 —

3.11.6 八思巴 -wajʔ ＞正音 -ujʔ

huà 画 切韵系统 ɣwɛk

八思巴：蒙古字韵 Xway（平）[ɣwaj]

申叔舟 正音 ɣuj（入）；俗音 —；左音 —

3.11.7 八思巴 -aŋ。在最多的环境中，该韵母对应正音 *-aŋ*；比如：

bāng 邦 切韵系统 påŋg

八思巴：蒙古字韵 bang（平）[paŋ]

申叔舟 正音 paŋ（平）；俗音 —；左音 —

fāng 方 切韵系统 pjwang

八思巴：蒙古字韵 Hwang（平）[faŋ]

申叔舟 正音 faŋ（平）；俗音 —；左音 —

gāng 纲 切韵系统 kâng

八思巴：蒙古字韵 gang（平）[kaŋ]

申叔舟 正音 kaŋ（平）；俗音 — ；左音 —

làng 浪 切韵系统 lâng-

八思巴：蒙古字韵 lang（去）[laŋ]

申叔舟 正音 laŋ（平）；俗音 — ；左音 —

不过，在卷舌音后，正音系统有 *-jaŋ*，但没有 *-aŋ*；比如：

cháng 常 切韵系统 źjang-

八思巴：蒙古字韵 zhang（平）[ʐaŋ]

申叔舟 正音 dʐjaŋ（平）；俗音 — ；左音 —

shàng 上 切韵系统 źjäng: , źjäng-

八思巴：蒙古字韵 zhang（上去）[ʐaŋ]

申叔舟 正音 ʐjaŋ（上去）；俗音 — ；左音 —

shàng 尚 切韵系统 źjäng-

八思巴：蒙古字韵 zhang（去）[ʐaŋ]

申叔舟 正音 ʐjaŋ（去）；俗音 — ；左音 —

zhǎng 长 切韵系统 ţjang:

八思巴：蒙古字韵 jang（上）[tʂaŋ]

申叔舟 正音 tʂjaŋ（上）；俗音 — ；左音 —

zhǎng 掌 切韵系统 tśjang:

八思巴：蒙古字韵 jang（上）[tʂaŋ]

申叔舟 正音 tʂjaŋ（上）；俗音 — ；左音 —

在下述例证中，有同上面类似的模式，能在八思巴包含 *ɳ-* 声母的音节中找到：

niáng 娘 切韵系统 ṇjang

八思巴：蒙古字韵 ñang（平）[ɳaŋ]

申叔舟 正音 njaŋ（平）；俗音 — ；左音 —

3.11.8 八思巴 -jaŋ ＞正音 -jaŋ

jiāng 将 切韵系统 tsjang

八思巴：蒙古字韵（dzÿang＞）dzyang（平）[tsjaŋ]

申叔舟 正音 tsjaŋ（平）；俗音 — ；左音 —

jiǎng 讲 切韵系统 kång:

八思巴：蒙古字韵（gÿang＞）gyang（上）[kjaŋ]

申叔舟 正音 kjaŋ（上）；俗音 — ；左音 —

yàng 样 切韵系统 jiang-

八思巴：蒙古字韵 yang（去）[jaŋ]

申叔舟 正音 jaŋ（上）；俗音 — ；左音 —

不规则例证如下。注意：可预测的形式实际上出现在正音/左音读音中。

yǎng 仰 切韵系统 ngjang:

八思巴：蒙古字韵（ngÿang＞）ngyang（上）[njaŋ]

申叔舟 正音 ŋaŋ（上）；俗音 jaŋ，ŋjaŋ；左音 jaŋ

3.11.9 八思巴 -waŋ。在八思巴腭辅音之后，该韵母对应正音 *-waŋ*：

guāng 光 切韵系统 kuâng

八思巴：蒙古字韵 gwang（平）[kwaŋ]

申叔舟 正音 kwaŋ（平）；俗音 — ；左音 —

wáng 王 切韵系统 jwang

八思巴：蒙古字韵 xwang（平）[ɦwaŋ]

申叔舟 正音 waŋ（平）；俗音 — ；左音 —

在卷舌音之后，其对应形式伴随正音 *-aŋ* 同时出现。在这些例证中，俗音/左音读音，一直都出现在 *-waŋ* 中，切韵音系的韵是 *-ång*：

chuāng 窗 切韵系统 tṣhång

八思巴：蒙古字韵 chwang（平）[tʂ’waŋ]

申叔舟 正音 tʂ’aŋ（平）；俗音 tʂ’waŋ；左音 —

zhuàng 撞 切韵系统 ḍång-

八思巴：蒙古字韵 cwang（去）[dʐwaŋ]

申叔舟 正音 tʂaŋ（去）；俗音 tʂwaŋ；左音 tʂwaŋ

shuāng 双 切韵系统 ṣång

八思巴：蒙古字韵 shwang（平）[ʂwaŋ]

申叔舟 正音 ʂaŋ（平）；俗音 ʂwaŋ；左音 ʂwaŋ

在这个问题上，俗音系统和左音系统同八思巴系统的亲属关系更为紧密，而正音系统属于不同的层次。

3.11.10 八思巴 -yaŋ＞正音 -waŋ

kuàng 况 切韵系统 xjwang-

八思巴：蒙古字韵（Hwyang＞）hwyang（去）[xyaŋ]

申叔舟 正音 xwaŋ（去）；俗音 xyaŋ；左音 —

3.11.11 八思巴 -an＞正音 -an。这是最为常见的对应。

bān 班 切韵系统 pwan

八思巴：蒙古字韵 ban（平）[pan]

申叔舟 正音 pan（平）；俗音 —；左音 —

cān 餐 切韵系统 tshân

八思巴：蒙古字韵 tshan（平）[tʂ'an]

申叔舟 正音 tʂ'an（平）；俗音 —；左音 —

nán 难 切韵系统 nân

八思巴：蒙古字韵 nan（平）[nan]

申叔舟 正音 nan（平）；俗音 —；左音 —

shān 山 切韵系统 ṣăn

八思巴：蒙古字韵（zhan＞）shan（平）[ʂan]

申叔舟 正音 ʂan（平）；俗音 —；左音 —

不过，在腭辅音之后，正音有*-ɔn*；比如：

gān 干 切韵系统 kân

八思巴：蒙古字韵 gan（平）[kan]

申叔舟 正音 kɔn（去）；俗音 —；左音 —

gàn 干（幹）切韵系统 kɑn-

八思巴：蒙古字韵 gan（去）[kan]

申叔舟 正音 kɔn（去）；俗音 kan；左音 kan

kàn 看 切韵系统 khân-

八思巴：蒙古字韵 khan（去）[k'an]

申叔舟 正音 k'ɔn（去）；俗音 kan；左音 kan

hǎn 罕 切韵系统 xân：

八思巴：蒙古字韵 han（上）[xan]

申叔舟 正音 xɔn（平）；俗音 xan；左音 xan

ān 安 切韵系统 ʔân-

八思巴：蒙古字韵 'an（平）[ʔan]

申叔舟 正音 ʔɔn（平）；俗音 ʔan；左音 ʔan

并且在唇齿音后，正音系统有*-wan*；比如：

fǎn 反 切韵系统 pjwɐn：

八思巴：蒙古字韵 h (w) an（上）[fan]

申叔舟 正音 fwan（上）；俗音 fan；左音 —

fàn 饭 切韵系统 bjwɐn-，bjwɐn：

八思巴：蒙古字韵 H (w) an（去）[van]

申叔舟 正音 vwan（去）；俗音 van；左音 van

wàn 万 切韵系统 mjwɐn-

八思巴：蒙古字韵（khan＞）wan（去）[ʋan]

申叔舟 正音 ʋwan（去）；俗音 —；左音 ʋwan

根据相关的声母类型，这些例证中正音*-ɔn*和*-uan*可预测。不过，人们必定会怀疑，事实上，它们是否为存古特征，通过正音系统保留了下来，却在八思巴系统中消失。

3.11.12 八思巴 -jan ＞正音 -jan

jiān 间 切韵系统 kăn

八思巴：蒙古字韵（gÿan＞）gyan（平）[kjan]

申叔舟 正音 kjan（平）；俗音 —；左音 —

xián 闲 切韵系统 ɣăn

八思巴：蒙古字韵（Xÿan＞）Xyan（平）[ɣjan]

申叔舟 正音 ɣjan（平）；俗音 —；左音 —

yǎn 眼 切韵系统 ngăn：

八思巴：蒙古字韵 yan（上）[jan]

申叔舟 正音 ŋjan（上）；俗音 jan；左音 jen

3.11.13 八思巴 -wan ＞正音 -wan。在八思巴腭辅音声母字中能找到此对应。

guān 关 切韵系统 kwan

八思巴：蒙古字韵 gwan（平）[kwan]

申叔舟 正音 kwan（平）；俗音 —；左音 kwɔn

wán 顽 切韵系统 ngwăn

八思巴：蒙古字韵（tshwan＞）xwan（平）[ɦwan]

申叔舟 正音 ŋwan（平）；俗音 wan；左音 wan

在下述例证中，这些例证并无并腭辅音，但有相当不同的对应：

zhuàn 撰 切韵系统 dzjwän:，dẓwan：

八思巴：蒙古字韵 cwan（上）[tʂwan]

申叔舟 正音 dzyen（去）；俗音 —；左音 —

3.11.14 八思巴 -aw ＞正音 -aw

bāo 包 切韵系统 pau

八思巴：蒙古字韵 baw（平）[paw]

申叔舟 正音 paw（平）；俗音 —；左音 —

gāo 高 切韵系统 kâu

八思巴：蒙古字韵 gaw（平）[kaw]

申叔舟 正音 kaw（平）；俗音 —；左音 —

3.11.15 八思巴 -aw(ʔ) ＞正音 -aw(ʔ)

bó 薄 切韵系统 bâk

八思巴：蒙古字韵 paw（入）[baw]

申叔舟 正音 baw（入）；俗音 —；左音 bawʔ

cuò 错 切韵系统 tshâk

八思巴：蒙古字韵 tshaw（入）[ts'aw]

申叔舟 正音 tʂ'aw（入）；俗音 —；左音 tʂ'awʔ

3.11.16 八思巴 -wawʔ ＞正音 -wawʔ

kuò 廓 切韵系统 khwâk

八思巴：蒙古字韵 khwaw（入）[k'waw]

申叔舟 正音 k'waw（入）；俗音 —；左音 —

zhuō 卓 切韵系统 ṭåk

八思巴：蒙古字韵 jwaw（入）[tʂwaw]

申叔舟 正音 tʂwaw（入）；俗音 —；左音 tʂwawʔ

下面形式是例外。可预测的形式出现在俗音系统中。

shuò 朔 切韵系统 ṣåk

八思巴：蒙古字韵 shwaw（入）[ʂwaw]

申叔舟 正音 ʂaw（入）；俗音 ʂwawʔ；左音 —

3.11.17 八思巴 -jaw＞正音 -jaw

jiào 教 切韵系统 kau-

八思巴：蒙古字韵（gÿaw＞）gyaw（平去）[kjaw]

申叔舟 正音 kjaw（平去）；俗音 —；左音 —

qiǎo 巧 切韵系统 khau:

八思巴：蒙古字韵（khÿaw＞）khyaw（上）[k'jaw]

申叔舟 正音 k'jaw（上）；俗音 —；左音 —

3.11.18 八思巴 -jawʔ＞正音 -jawʔ

xué 学 切韵系统 ɣåk

八思巴：蒙古字韵（Hÿaw＞）Hyaw（平去）[ɣjaw]

申叔舟 正音 ɣjaw（入）；俗音 —；左音 ɣjawʔ

wò 握 切韵系统 ʔåk

八思巴：蒙古字韵 Yaw（入）[ʔjaw]

申叔舟 正音 ʔjaw；俗音 —；左音 —

3.11.19 八思巴 -am＞正音 -am

fán 凡 切韵系统 bjwɐm

八思巴：蒙古字韵 Hwam（平）[vam]

申叔舟 正音 vam（平去）；俗音 van；左音 —

gān 甘 切韵系统 kâm

八思巴：蒙古字韵 gam（平）[kam]

申叔舟 正音 kam（平）；俗音 kan；左音 —

3.11.20 八思巴 -jam＞正音 -jam

jiàn 监 切韵系统 kam-，（kam）

八思巴：蒙古字韵（gÿam＞）gyam（平）[kjam]

申叔舟 正音 kjam（去）；俗音（kjan）；左音 kjen

xiàn 陷 切韵系统 ɣăm-

八思巴：蒙古字韵 Hyam（平）[ɣjam]

申叔舟 正音 ɣjam（平）；俗音 ɣjan；左音 ɣjen

3.11.21 八思巴 -ja＞正音 -ja

jiā 家 切韵系统 ka

八思巴：蒙古字韵 gya（平）[kja]

申叔舟 正音 kja（平）；俗音 —；左音 —

xià 下 切韵系统 ɣa:，ɣa-

八思巴：蒙古字韵（Hÿa＞）Hya（上去）[ɣja]

申叔舟 正音 ɣja（上去）；俗音 —；左音 —

3.11.22 八思巴 -jaʔ＞正音 -jaʔ

jiă 甲 切韵系统 kap

八思巴：蒙古字韵 gya（入）[kja]

申叔舟 正音 kja（入）；俗音 —；左音 —

xiā 瞎 切韵系统 xat

八思巴：蒙古字韵（hÿa＞）hya（入）[xja]

申叔舟 正音 xja（入）；俗音 —；左音 —

3.11.23 八思巴 -wa＞正音 -wa

guā 瓜 切韵系统 kwa

八思巴：蒙古字韵 gwa（平）[kwa]

申叔舟 正音 kwa（平）；俗音 —；左音 —

huā 花 切韵系统 xwa

八思巴：蒙古字韵 hwa（平）[xwa]

申叔舟 正音 xwa（平）；俗音 —；左音 —

wǎ 瓦 切韵系统 ngwa:

八思巴：蒙古字韵 xwa（平）[ɦwa]

申叔舟 正音 ŋwa（平）；俗音 wa；左音 wa

3.11.24 八思巴 -waʔ＞正音 -waʔ

guā 刮 切韵系统 kwat

八思巴：蒙古字韵 gwa（入）[kwa]

申叔舟 正音 kwa（入）；俗音 —；左音 —

shuā 刷 切韵系统 ṣjwät

八思巴：蒙古字韵（zhwa＞）shwa（入）[ʂwa]

申叔舟 正音 ʂwa（入）；俗音 —；左音 —

3.12 韵母 -Aŋ

该韵母的元音"A"是一个"类 a"（a-like）的、音值难以确定的语音。中野美代子（Nakano 1971:94）已经推断，该韵母在语音学上是 [ɐ]。该韵母对应正音 *-aŋ*:

chuāng 疮 切韵系统 tṣhjang

八思巴：蒙古字韵 chʰang（平）[tʂ'Aŋ]

申叔舟 正音 tʂ'aŋ（平）；俗音 tʂ'waŋ；左音 tʂ'waŋ

shuāng 霜 切韵系统 ṣjang

八思巴：蒙古字韵 shʰang（平）[ʂ'Aŋ]

申叔舟 正音 ʂaŋ（平）；俗音 ʂwaŋ；左音 —

zhuàng 壮 切韵系统 tṣjang-

八思巴：蒙古字韵 jʰang（去）[tʂAŋ]

申叔舟 正音 tʂaŋ（去）；俗音 tʂwaŋ；左音 tʂwaŋ

3.13 韵母 ɛn jɛn yɛn ɛw ɛwʔ jɛw jɛwʔ（(yɛwʔ)）ɛm jɛm（ɛ ɛʔ jɛ jɛʔ）wɛ wɛʔ

3.13.1 八思巴 -ɛn＞正音 -jen

biàn 辨 切韵系统 bjän:[3]

八思巴：蒙古字韵 pen（上）[bɛn]

申叔舟 正音 bjen（上）；俗音 —；左音 —

biàn 便 切韵系统 bjiän-[4]

八思巴：蒙古字韵 pen（去）[bɛn]

申叔舟 正音 bjen（去）；俗音 —；左音 —

jiàn 建 切韵系统 kjɐn-

八思巴：蒙古字韵 gen（去）[kɛn]

申叔舟 正音 kjen（去）；俗音 —；左音 —

lián 连 切韵系统 ljân-

八思巴：蒙古字韵 len（平）[lɛn]

申叔舟 正音 ljen（平）；俗音 —；左音 —

3.13.2 八思巴 -jɛn＞正音 -jen

biān 边 切韵系统 pien

八思巴：蒙古字韵 bÿen（平）[pjɛn]

申叔舟 正音 pjen（上）；俗音 —；左音 —

jiān 坚 切韵系统 kien

八思巴：蒙古字韵 gÿan（平）[kjɛn]

申叔舟 正音 kjen（平）；俗音 —；左音 —

qiān 千 切韵系统 tshien

八思巴：蒙古字韵 tshÿan（平）[tʂ'jɛn]

申叔舟 正音 tʂ'jen（平）；俗音 —；左音 —

shàn 扇 切韵系统 śjän-

八思巴：蒙古字韵（zhÿan＞）shÿan（去）[ʂjɛn]

申叔舟 正音 ʂjɛn（去）；俗音 —；左音 —

3.13.3 八思巴 -yɛn＞正音 -yen

chuān 穿 切韵系统 tśhjwän

八思巴：蒙古字韵 chwÿan（平）[ʦ'yɛn]

申叔舟 正音 ʦ'yen（平）；俗音 —；左音 —

quǎn 犬 切韵系统 khiwen:

八思巴：蒙古字韵 khwÿan（上）[k'yɛn]

申叔舟 正音 k'yen（上）；俗音 —；左音 —

两个例外例证如下所示：

xiàn 县 切韵系统 ɣiwen-

八思巴：蒙古字韵 Xwÿan（平）[ɣyɛn]

申叔舟 正音 ɣyen（去）；俗音 —；左音 —

qiān 铅 切韵系统 jiwän

八思巴：蒙古字韵 ywÿan（平）[jyɛn]

申叔舟 正音 jen（平）；俗音 —；左音 —

3.13.4 八思巴 -ɛw＞正音 -jew

liǎo 了 切韵系统 lieu:

八思巴：蒙古字韵 lew（上）[lɛw]

申叔舟 正音 ljew（上）；俗音 ljaw；左音 —

shāo 烧 切韵系统 śjäu

八思巴：蒙古字韵 shew（平）[ʂɛw]

申叔舟 正音 ʂjew（平）；俗音 ʂjew；左音 —

3.13.5 八思巴 -ɛwʔ＞正音 -jawʔ

luè 略 切韵系统 ljak

八思巴：蒙古字韵 lew（入）[kjɛw]

申叔舟 正音 ljaw（入）；俗音 —；左音 —

què 却 切韵系统 khjak

八思巴：蒙古字韵 khew（入）[k'ɛw]

申叔舟 正音 k'jaw（入）；俗音 k'ɔʔ；左音 k'ɔʔ

ruò 弱 切韵系统 ńźjak

八思巴：蒙古字韵 Zhew（入）[rɛw]

申叔舟 正音 rjaw（入）；俗音 —；左音 rjaw

3.13.6 八思巴 -jɛw＞正音 -jew

jiào 叫 切韵系统 kieu-

八思巴：蒙古字韵 gÿaw（去）[kjɛw]

申叔舟 正音 kjew（去）；俗音 kjaw；左音 —

xiǎo 小 切韵系统 sjäu:

八思巴：蒙古字韵 sÿaw（上）[sjɛw]

申叔舟 正音 sjew（上）；俗音 sjaw；左音 —

3.13.7 八思巴 -jɛwʔ＞正音 -jawʔ

què 确 切韵系统 khåk

八思巴：蒙古字韵 khÿaw（入）[k'jɛw]

申叔舟 正音 k'jaw（入）；俗音 k' ɔʔ；左音 —

què 雀 切韵系统 tsjak

八思巴：蒙古字韵 dzÿaw（入）[tsjɛw]

申叔舟 正音 tsjaw（入）；俗音 ts'jawʔ；左音 ts'jawʔ

3.13.8 八思巴 -ɛm＞正音 -jem

diǎn 点 切韵系统 tiem:

八思巴：蒙古字韵 dem（上）[tɛm]

申叔舟 正音 tjem（上）；俗音 —；左音 —

niàn 念 切韵系统 niem-

八思巴：蒙古字韵 nem（去）[nɛm]

申叔舟 正音 njem（去）；俗音 —；左音 —

qiàn 欠 切韵系统 khjɐm-

八思巴：蒙古字韵 khem（去）[k'ɛm]

申叔舟 正音 k'jem（去）；俗音 k'jen；左音 k'jen

shǎn 闪 切韵系统 śjäm:, -

八思巴：蒙古字韵 shem（上去）[ʂɛm]

申叔舟 正音 ʂjem（上）；俗音 —；左音 —

3.13.9 八思巴 -jɛm＞正音 -jem

xián 嫌 切韵系统 ɣiem:

八思巴：蒙古字韵 Hÿem（上）[ɣjɛm]

申叔舟 正音 ɣjem（平）；俗音 ɣjen；左音 ɣjen

yán 盐 切韵系统 jiäm

八思巴：蒙古字韵 yem（平）[jɛm]

申叔舟 正音 jem（平）；俗音 jen；左音 jen

3.13.10 八思巴 -wɛ＞正音 -ye

qué 瘸 切韵系统 giwa

八思巴：蒙古字韵 kwe（平）[gwɛ]

申叔舟 正音 gye（平）；俗音 —；左音 —

3.13.11 八思巴 -wɛʔ＞正音 -yeʔ

jué 蹶 切韵系统 kjwɐt

八思巴：蒙古字韵 gwe（入）[kwɛ]

申叔舟 正音 kye（入）；俗音 —；左音 —

3.14 韵母 ɔŋ ɔn yɔn ɔw ɔ ɔʔ wɔ wɔʔ

3.14.1 八思巴 -ɔŋ＞正音 -waŋ

huáng 黄 切韵系统 ɣwâng

八思巴：蒙古字韵 Xong（平）[ɣɔŋ]

申叔舟 正音 ɣwaŋ（平）；俗音 —；左音 —

huáng 皇 切韵系统 ɣwâng

八思巴：蒙古字韵 Xong（平）[ɣɔŋ]

申叔舟 正音 ɣwaŋ（平）；俗音 —；左音 —

3.14.2 八思巴 -ɔn＞正音 -wɔn

bān 搬 切韵系统 puân

八思巴：比较 般 蒙古字韵 bon（平）[pɔn]

申叔舟 正音 pwɔn（平）；俗音 pɔn；左音 pɔn

duān 端 切韵系统 tuân

八思巴：蒙古字韵 don（平）[tɔn]

申叔舟 正音 twɔn（平）；俗音 —；左音 —

guān 官 切韵系统 kuân

八思巴：蒙古字韵 gon（平）[kɔn]

申叔舟 正音 kwɔn（平）；俗音 —；左音 —

3.14.3 八思巴 -yɔn＞正音 -yen

juǎn 卷 切韵系统 kjwän:[3]

八思巴：蒙古字韵 gÿon（上）[kyɔn]

申叔舟 正音 kyen（上）；俗音 —；左音 —

quàn 劝 切韵系统 khjwɐn-

八思巴：蒙古字韵 khÿon（去）[k'yɔn]

申叔舟 正音 k'yen（去）；俗音 —；左音 —

liàn 恋 切韵系统 ljwän-

八思巴：蒙古字韵 lÿon（去）[lyɔn]

申叔舟 正音 lyen（去）；俗音 — ；左音 —

3.14.4 八思巴 -ɔw＞正音 -əw

fú 浮 切韵系统 bjəu

八思巴：蒙古字韵 Hwow（上）[vɔw]

申叔舟 正音 vəw（平）；俗音 — ；左音 —

fù 妇 切韵系统 bjəu:

八思巴：蒙古字韵 Hwow（上）[vɔw]

申叔舟 正音 vu（去），vəw（平）；俗音 — ；左音 vu（去）

3.14.5 八思巴 -ɔ＞正音 -ɔ

duō 多 切韵系统 tâ

八思巴：蒙古字韵 do（平）[tɔ]

申叔舟 正音 tɔ（平）；俗音 — ；左音 tɔ，twɔ

hé 何 切韵系统 ɤa

八思巴：蒙古字韵 Xo（平）[ɤɔ]

申叔舟 正音 ɣɔ（平）；俗音 — ；左音 ɣɔ

3.14.6 八思巴 -ɔʔ＞正音 -ɔʔ

gē 割 切韵系统 kât

八思巴：蒙古字韵 go（入）[kɔ]

申叔舟 正音 kɔ（入）；俗音 — ；左音 —

下述例证不规则。俗音/左音的材料显示出意料之中的形式。

hé 合 切韵系统 ɣâp

八思巴：蒙古字韵 Xo（入）[ɣɔ]

申叔舟 正音 ɣɔ（入）；俗音 ɣɔʔ；左音 ɣɔʔ

3.14.7 八思巴 -wɔ＞正音 -wɔ。这是通常对应。

bō 波 切韵系统 puâ

八思巴：蒙古字韵 bwo（平）[pwɔ]

申叔舟 正音 pwɔ（平）；俗音 — ；左音 —

guò 过 切韵系统 kuâ-

八思巴：蒙古字韵 gwo（去）[kwɔ]

申叔舟 正音 kwɔ（去）；俗音 — ；左音 —

suǒ 锁 切韵系统 suâ:

八思巴：蒙古字韵 swo（上）[swɔ]

申叔舟 正音 swɔ（上）；俗音 — ；左音 —

zuò 坐 切韵系统 dzuâ:，dzuâ-

八思巴：蒙古字韵 tswo（上去）[dzwɔ]

申叔舟 正音 dzwɔ（上去）；俗音 — ；左音 —

不过，在齿塞音和边音之后，正音有 -ɔ；比如：

duǒ 朵 切韵系统 tuâ:

八思巴：蒙古字韵 dwo（上）[twɔ]

申叔舟 正音 tɔ（上）；俗音 — ；左音 tɔ，twɔ

luó 骡 切韵系统 luâ

八思巴：蒙古字韵 lwo（平）[lwɔ]

申叔舟 正音 lɔ（平）；俗音 — ；左音 lɔ

3.14.8 八思巴 -wɔʔ＞正音 -wɔʔ

kuò 阔 切韵系统 khuât

八思巴：蒙古字韵 khwo（入）[k’wɔ]

申叔舟 正音 k’wɔ（入）；俗音 — ；左音 —

mǒ 抹 切韵系统 muât

八思巴：蒙古字韵 mwo（入）[mwɔ]

申叔舟 正音 mwɔ（入）；俗音 一；左音 mwɔʔ

tuō 脱 切韵系统 thuât

八思巴：蒙古字韵 thwo（入）[t'wɔ]

申叔舟 正音 t'wɔ（入）；俗音 一；左音 一

3.15 韵母 əjʔ əŋ ən əw əm

3.15.1 八思巴 -əjʔ ＞正音 -əjʔ

dé 得 切韵系统 tək

八思巴：蒙古字韵 d^{h}iy（入）[təj]

申叔舟 正音 təj（入）；俗音 一；左音 təjʔ

kè 刻 切韵系统 thək

八思巴：蒙古字韵 kh^{h}iy（入）[k'əj]

申叔舟 正音 k'əj（入）；俗音 一；左音 一

3.15.2 八思巴 -əŋ ＞正音 -əjŋ

kěn 肯 切韵系统 khəng:

八思巴：蒙古字韵 kh^{h}ing（上）[k'əŋ]

申叔舟 正音 k,əjŋ（上）；俗音 k'ən；左音 k'ən

děng 等 切韵系统 təng:

八思巴：蒙古字韵 d^{h}ing（上）[təŋ]

申叔舟 正音 təjŋ（上）；俗音 təŋ；左音 təŋ

3.15.3 八思巴 -ən ＞正音 -ən

ēn 恩 切韵系统 ʔən

八思巴：蒙古字韵 ^{,h}in（平）[ʔən]

申叔舟 正音 ʔən（平）；俗音 一；左音 一

gēn 根 切韵系统 kən

八思巴：蒙古字韵 g^{h}in（平）[kən]

申叔舟 正音 kən（平）；俗音 — ；左音 —

zhēn 臻 切韵系统 tʂjɛn

八思巴：蒙古字韵 j^{h}in（平）[tʂən]

申叔舟 正音 tʂən（平）；俗音 — ；左音 —

下述例证是例外。俗音形式表明意料之中的对应。

tūn 吞 切韵系统 t’ən

八思巴：蒙古字韵 th^{h}in（平）[t’ən]

申叔舟 正音 t’ən（平）；俗音 t’ən；左音 —

3.15.4 八思巴 -əw＞正音 -əw

dòu 豆 切韵系统 dəu-

八思巴：蒙古字韵 t^{h}iw（上）[dəw]

申叔舟 正音 dəw（去）；俗音 — ；左音 —

kǒu 口 切韵系统 khəu:

八思巴：蒙古字韵 kh^{h}iw（上）[k’əw]

申叔舟 正音 k’əw（上）；俗音 — ；左音 —

3.15.5 八思巴 -əm＞正音 -əm

sēn 森 切韵系统 ʂjɛm

八思巴：蒙古字韵 sh^{h}im（平）[ʂəm]

申叔舟 正音 ʂəm（平）；俗音 — ；左音 —

3.16 调

八思巴系统和正音系统有一样的四个声调，直接对应于传统调类，即传统词汇上的平、上、去、入。

四、结论

此项研究肇始于我们如下的观察：八思巴系统和正音系统似乎结构相似。细致比较两个系统，我们萌生出此番印象，这是因为在上述的逐项比较中，我们发现了系统性例证，并且在如许诸多例证中，发现其间存在一一对应。至少在理论上，在每个例证中，正音系统的组配系从八思巴形式发展而来。

不过，也存在大量例证，不可能直接派生。正如上文逐条提及的众多例证，牵涉单个音节的若干读音，至少有些音节能够解释得详之又详。不过，在此之外，也存在11条根本的系统性不一致（fundamental systemic incongruencies），此处，正音形式表现出来的区分，但八思巴系统并没有区分，而且，这些区分并非通过规则的条件音变来获得。该结果的完整论证已在第三部分出现，此处列举并总结如下：

3.1.7 有［ʋuʔ］状的八思巴音节，对应正音［ʋuʔ］和正音［muʔ］，这些方式，八思巴系统自身没法预测。

3.3.5 八思巴*z-*对应正音*z-*或者正音*dʐ-*，无法预测这种方式下的八思巴形式。

3.4.3 八思巴*dʐ-*包括两种音节，对应正音系统*dʐ-*或者*ʐ-*，从八思巴系统角度，无法解释这种区分。

3.5.8 同八思巴*ɦ-*对立，正音系统有*ŋ-*和*ø-*，并没有明显的控制性因素（conditioning factors）。

3.6 对于八思巴*ø-*而言，正音系统有*ø-*和*ŋ-*。八思巴系统不能解释这个区分。

3.8.7 八思巴*-jiŋ*对应正音*-jiŋ*和*-əjŋ*。从八思巴系统的立场来看，并不能预测这种区分。

3.9.3 在唇音之后，八思巴*-uɛ*对应正音*-i*和*-uj*，这样的方式切韵系统能解释，而不能从八思巴系统解释。类似的问题影响到该八思巴韵母，当然也影响到零声母（*ø-*）音节。

3.9.4 类似地，在唇音之后，八思巴*-uɛʔ*对应正音*-iʔ*（在切韵音系中，属三等字）或者*-ujʔ*（在切韵系统中，属一等字），从八思巴系统自身的系统来看，并不能预测该声韵配合。

3.9.7 八思巴*-uŋ*对应正音*-uŋ*、*-ujŋ*或者*-əjŋ*，八思巴系统并不能解释该对应方式。

3.9.9 八思巴*-juŋ*对应正音*-juŋ*和*-jujŋ*，从八思巴系统来看，并不能解释此种对应方式。

3.11.5 八思巴*-waj*以一种不可预测的方式，同正音*-waj*和*-wa*保持对立。

除了上述观点，在3.7.2、3.11.9和3.11.11等相关章节，我们已检验正音区分，不过，从八思巴系统的角度看，该区分之出现在意料之中，不过，该区分似乎不大可能从这类相关的声韵组配中发展而来，而这类声韵搭配恰恰出现在八思巴系统中。

那么，我们的结论必定是：尽管八思巴系统和正音系统两者存在大量相似点，但是八思巴系统不可能是正音系统的直接祖源。显而易见，两系统具有亲属关系，不过，这只是表明两者只是同一系统或早或晚的形式。那么，这就是上述2.3中所提问题的答案。

五、分类观察和历史假设

之前部分已触及的观察，不可避免地引出分类问题和历史问题，这些问题的完全解决，有赖于当下研究之外的领域，不过，随着研究的深入，在这个连接之处，我们能扩展未来将要思考的某些问题和若干假设。

在汉语历史语言学领域，人们惯于提出如下问题：文献反映的语音系统，其“方言基础”如何。该问题的本质理应得到更细致的审查。有些结论说在前头，正如很久以前，张琨所提出的，任何当代之前的源头不可能都保存着任一“方言”的真实画面，这里所用“方言”术语，指真正的、言之于口的地域土语。因为方言记录的是当代语言学现象（Chang 1979: 243）。在当代之前，记录者的兴趣往往集中在标准语系统或者通音系统。毫无疑问，申叔舟的正音系统未能避免，八思巴系统而言，似乎也是如此。因而，在检验这些系统的时候，我们讨论最多的是它们构成方言的组成部分，而非讨论它们代表“哪种方言”。

在处理这类方言归属问题的时候，两种方法上的可能性已表明自身。如果它们曾是真正的、口语方言的同时期记录，那么，人们能够比较所探讨系统的这些记录，借以尝试确认其间的联系。然而，由于上文就已简述的若干原因，一般都无法获得这些记录。这就让我们转向第二个替选方案，即利用当代方言材料解决这个问题。该做法虽然可行，不过，在利用此法之前，尚有大量背景工作要做。从方言材料一方来看，为了获得必要的时间深度，第一步有必要比较其间的数据，并且为它们创造出共同系统或者原始系统。只有这样一种方法，才能避免过时比较（anachronistic comparisons）的问题，在过时比较中，当代材料跟古代材料在同等地位上随意处置。过去已经开发出这样的共同系统，它们能使用文献材料加以比较，借以强调其间可能存在的从属关系。这里的困难在于，这样的共同系统，从来都不是历史音系学领域的中心，而且该系统还处于婴儿时期。随着研究的深入，我们将得到越来越多的机遇，借以评估系统中的方言成分，比如，我们这里业已处理的这些因素。不过，该项工作还要寄希望于未来。

另一方面，有人或许会从信史事件（attested historical events）立场出发，寻求这些系统的源头，借以发现它们能否验证假设。现在，让我们探索该种类型的特定可能性。在其他地方，我们已经论证：八思巴拼写系统反映忽必烈若干汉人随从的发音（Coblin 1999: 90）。他们来自中国各地，且受过教育。他们使用略能互懂的一类语言相互交流，这类语言定是标准语的一种变体，13世纪中期早些时候，这种语言变体通行于中国南北。这些随从说汉语，跟八思巴喇嘛定期出行，因而有密切接触，而且他们的言语，让八思巴觉得理应用字母拼写的方式记录下来。确实，可能存在这种情况，某些随从侍奉八思巴，而且始终追随，直到拼写形式最终完成。有时候会引出这样一个观点：八思巴系统基于大都（元朝首都）方言，这点会站不住脚。因为在八思巴系统完成于1269年的这个时间，新首都还在规划之中，实际上是建立在金代原先中都的废墟基础上（李新魁1981:193—194，Allsen 1994，Rossabi 1994）。起码等到1276年，新首都才正式建立，最迟等到1274年，那里才有居民。同八思巴喇嘛生活和工作的同僚，大部分既非从此前的中都来，也非从中都附近来。（关于这个问题，详参Rachewiltz 1966。）因而，再说该特定区域的言语，会是八思巴正字法的基础，就有点牵强了，无论它是多么的重要，都应该在其后的元代产生。最终，我们在八思巴系统中所知道的，从某种程度的声韵配合形式来看，更有可能是南宋晚期/金代标准音系的记录。我们认为，这个假设值得探索。

那么，我们该怎么看待申叔舟的正音系统？这类发音大约在明代进入主流，明王朝1368年建立，随即定都南京（鲁国尧1985，Yang 1989，Coblin 1997）。假设新王朝的标准音是南京的实际读音，该假设既无必要，也不可能完全正确（Chou 1989，[①]Coblin 2000）。不过，有可能出现下述情形：元代晚期，朱元璋（1328—1398）及其同僚的长江水域家乡下层的时音，或许已经建立起南京语音系统的基础，当时南京已是新朝廷且有其官方背景（Endo 1984，葛剑雄等1993:347，1997: 20—31）申叔舟所记录的，或许就是这类发音，从其形式来看，据推测，它在改朝换代约莫80年后出现。到1450年，此时已经迁都北京大概30余年；不过，正如现在大家所熟知的，这对标准音系统几无影响，实际上，直到进入清朝，还保留着以长江水域为基础的语音系统。那么，元代晚期/明代早期的标准读音所假设的更早源头，到底是什么样的呢？我们或许假设在宋代晚期，若干源头形式就已在同样的地域使用，该源头形式在朱元璋时期的这个地域业已建立。这类语音系统或许表现为中原地区或者长江水域类型标准发音的特征。与此同时，我们同李新魁有同样的假设：更北的地方，存在中原上层的标准音，追根究底，或许可追溯至开封-洛阳地域（李新魁 1980）。在很多方面，这两个地方曾几何时相似，而且可以肯定曾经能互

① 原文无相应的参考文献。——译者

相听懂。事实上，它们是标准音的姊妹系统。该系统有些是中原官话上层为基础的系统，八思巴喇嘛在1260—1269年所记录的，就是这种系统。更多的南方系统，仍在元代的长江水域的下层中使用，随着明王朝之建立，该语言系统成为权威方言。因而，该新型明代标准音，曾经源出某一系统，该系统同八思巴系统具有旁系亲属关系，因而不完全一样。作为一项比较研究，理应让我们理解共同系统，当代中原官话和长江流域方言产生其语音，这些假设将会得到更为积极的验证。

过去多年，人们对如下领域更感兴趣：元代大都，其标准是什么样的发音形式。《中原音韵》广泛引用，认为是这类语音系统的样板，关于其源头，也有诸多不同的说法，有些学者认为，从本质上说，其源头是北方语言类型或者西北语言类型，不过，有些学者则坚持认为，该源头同洛阳–开封地区有联系。在16世纪早期，朝鲜转写者崔世珍（Chwe Sejin）记录两种汉语发音形式，也就是我们所熟知的今俗音（Current Popular Readings）和右音（Right Reading）的朝鲜传统。这两种语音虽然在某些方面类似，但在其他方面则不同。这两种语音也跟这类语音完全不同，而这些语音，在半个世纪或者更早的时候，申叔舟就已将其调查出来。右音似乎同《中原音韵》内在的系统，存在许多共同点。尉迟治平（1990）相信，它们是从辽东的某地传入，反映了该地区发音的标准形式。事实上，它们有可能源自元代北方/西北标准的某些形式？或者至少同其有关联吗？元代北方/西北标准接下来为13世纪中期明代新标准所取代，但是仍然保持中国北方和西北的现状，一直流传到崔世珍的时代。罗杰瑞（Norman1997）目前已经总结其他各种证据表明，事实就是这个样子。在将来的研究中，这个问题还应当检验。

参考文献

Allsen, Thomas. 1994. The rise of the Mongolian Empire and the Mongolian rule in North China. *The Cambridge History of China 6: Alien Regimes and Border States*, ed. by Franke and Twitchett, 321-413. Cambridge: Cambridge University Press.

Chang, Kun. 1979. The composite nature of the Ch'ieh-yün. *BMFEA* 50:241-55.

Coblin, W. South. 1990. Notes on Sanghabhara's *Mahamayuri* transcriptions. *Cahiers de Linguistique Asie Orientale* 19:195-251.

——. 1997. Notes on the sound system of Late Ming *Guanhua*. *Monumenta Serica* 45:261-307.

——. 1999. Thoughts on the identity of the Chinese 'Phags-pa dialect. *Issues in Chinese Dialect*

Description and Classification, ed. by Richard VanNess Simmons, 84-144. Journal of Chinese Linguistics Monograph Series 15.

——. 2000. A diachronic study of Míng Guānhuà phonology. *Monumenta Serica* 48:267-335.

Endo, Mitsuaki (远藤光晓). 1984. Fānyì Lǎo Qǐdà Piáo tōngshì lǐ de Hànyǔ shēngdiào[翻译老乞大朴通事里的汉语声调]. *Yǔ yánxué Lùncóng* [语言学论丛] 13:162-182.

Franke, Herbert, and Denis Twitchett (eds.). 1994. *The Cambridge History of China 6: Alien Regimes and Border States*. Cambridge: Cambridge University Press.

Gě, Jiànxióng (葛剑雄), Cáo Shùjī (曹树基), and Wú Sōngdì (吴松弟). 1993. *Jiǎnmíng Zhōngguó Yímínshǐ* [简明中国移民史]. Fuzhou: Fujian Renmin.

——. 1997. *Zhōngguó Yímínshǐ* [中国移民史]. 6 vols. Fuzhou: Fujian Renmin.

Hànyǔ Fāngyīn Zìhuì [汉语方音字汇]. Second edition. 1989. Beijing: Wenzi Gaige.

Junast (照那斯图), and Yáng Nàisī (杨耐思) (eds.). 1987. *Ménggǔ Zìyùn Jiàoběn* [蒙古字韵校本]. Beijing: Minzu.

Kim, Kwangjo. 1991. *A Phonological Study of Middle Mandarin: Reflected in Korean Sources of the Mid-15th and Early 16th Centuries*. University of Washington dissertation. University Microfilms, Ann Arbor.

Lǐ, Xīnkuí (李新魁). 1980. Lùn jìndài Hànyǔ gòngtóngyǔ de biāozhǔn yīn [论近代汉语共同语的标准音]. *Yǔ wén Yánjiū* [语文研究] 1980.1:44-52.

Lǔ, Guóyáo (鲁国尧). 1985. Míngdài guānhuà jí qí jīchǔ fāngyán wèntí [明代官话及其基础方言问题]. *Nánjīng Dà xué Xué bào* [南京大学学报] 4:47-52. Reprinted in Lǔ Guóyáo (1993), *Lǔ Guóyáo Zìxuǎnjí* [鲁国尧自选集], 292-304. Zhengzhou: Henan Jiaoyu.

Luó, Chángpéi (罗常培), and Cài Měibiāo (蔡美彪). 1959. *Bāsībā Zì Yǔ Yuándài Hànyǔ* [八思巴字与元代汉语]. Beijing.

Nakano, Miyoko. 1971. *A Phonological Study in the 'Phags-pa Script and the Meng-ku Tzu-yün*. Canberra: Faculty of Asian Studies in Association with Australian National University Press.

Norman, Jerry L. 1997. Some thoughts on the early development of Mandarin. *Hashimoto Mantarō Kinen Chūgokugogaku Ronshū* [桥本万太郎纪念中国语学论集], ed. by Anne Yue-Hashimoto and Mitsuaki Endo, 21-28. Tokyo: Uchiyama.

Rachewiltz, Igor de. 1966. Personnel and personalities in North China in the Early Mongol period. *Journal of the Economic and Social History of the Orient* 9:88-144.

Rossabi, Morris. 1994. The reign of Kubilai Khan. *The Cambridge History of China 6: Alien Regimes and Border States*, ed. by Franke and Twitchett, 414-489. Cambridge: Cambridge University Press.

Takata, Tokio (高田时雄). 1993. Chibetto moji shosha 'Chōken' no kenkyū (hombun hen)[チベット文字书写「长卷」の研究 (本文编)]. *Tōhō Gakuhō* [东方学报] 65.3:313-380 [pagination reversed in the original].

Yang, Paul F-M. 1989. The *Portuguese-Chinese Dictionary* of Matteo Ricci: A historical and linguistic introduction. *Proceedings of the Second International Conference on Sinology, Section on Linguistics and Paleography* Vol. 1, 191-241. Taipei: Academia Sinica.

Yu, Chang-kyun. 1973. *Sa-seong Thong-ko*. Taipei: Chinese Materials and Research Aids Service Center.

Yùchí, Zhìpíng (尉迟治平). 1990. Lǎo Qǐdà Piáo tōngshì yànjiě Hànzìyīn de yǔyīn jīchǔ [老乞大、朴通事谚解汉字音的语音基础]. *Yǔyán Yánjiū* [语言研究] 1990.1:11-24.

（译者：胡平　湖北大学文学院）

移民史与长江下游流域方言的发展[①]

一、引言

20世纪90年代，中国移民史研究取得重大进展。该领域有两项重要的研究成果：一个是简介性质的《简明中国移民史》（葛剑雄等 1993）；另一个是里程碑式的著述《中国移民史》（葛剑雄等 1997），该书不仅呈现了主要的数据资料，并且包含了相应的注解。本文将深入探究的问题是：这两部著述对长江下游流域的人口及其移民结构的研究，可以为江淮官话（Jiāng-Huái family）（中国语言地图集，1987/8，1991）的方言史研究提供哪些启示。尽管文中会提及其他方言群，但我们在此主要关注江淮官话。[②]

二、汉代界面[③]：汉魏晋时期的方言分布

扬雄（公元前53—公元18年）《方言》所记录的地理名称，反映了汉代中期人们对同时期方言分布的认识。这部著述收录了许多地方词汇。它明确提到了方言区，而这些方言区的命名可用来断定扬雄时代的方言区域分布。司礼义（Serruys 1959：77—100）已对该问题进行了相当详细的研究。类似的方言地理名称偶尔也会被东汉的注疏家用在古籍上。我们通过比较这两种类型的材料，得到了一个颇为清晰的汉代中期至晚期的方言分布图（Coblin 1983：ch.iii；特别参看第22页地图2和第26页地图4）。这一时期，在通

① 原文“Migration History and Dialect Development in the Lower Yangtze Watershed”刊于《亚非学院院刊》（*Bulletin of the School of Oriental and African Studies*），65卷，3期（2002年）。本译文曾在《长江学术》2021年第1期发表。——译者

② 关于人口与中国方言史之间相互关系的研究，可参见周振鹤（1990）。

③ 在考古学领域，“界面”（horizon）一词有其特殊的含义。作者在此借用它来指称“人们能为实际音值找到可靠语音证据的最早的时期”。在汉末，我们有对音证据，也有通过比较重构的证据（有可能是最早的）。如果一个人试图超越这个“界面”去看更早的时期，比如西汉和周朝，就都是猜测和假设，只是用想象力来构想各种各样的事情。——译者

常被称为中央平原（即中原）的地方有一个中部方言群。其西边是西部方言，它以陕西关中盆地为中心，但实际上覆盖了更广泛的区域。其东边是东部方言，涵盖现在的山东[①]和江苏北部地区，向南延伸到长江两岸。南部方言主要分布在中部方言的正南面，大致从淮河流域的北端开始，向南延伸到长江以南，距离多远不确定。南部方言的东面是东南方言，从长江起，以东海岸为界，其南面范围不确定。南部和东南部方言之间的边界亦不确定，但前者的范围很可能至少包括洞庭湖地区，以及资江和湘江流域的部分区域。在广袤的东南部和南部方言区里，汉人聚落可能较为稀疏，并且集中在水陆交通沿线适于耕种的平原上，而那里原先居住着大量的非汉人口（葛剑雄等 1993：544—545）。

郭璞（276—324，注疏家兼诗人）所用方言地理名称表明，在他所生活的那个时代，主要的方言群及其分布与汉代相似（丁邦新 1975：262）。他没有明确提到中部方言，但这些方言似乎是他主要的参照点。东南方言群被他称为江东方言，其与其他类型的方言非常不同。西部（即关西）、东部（东齐）以及南部（荆巴）方言群仍各不相同。汉代的方言概貌在这一时期保存相对较好。

三、第一次南迁浪潮

公元4世纪时，中国史学家所谓的“永嘉之乱”打破了汉魏晋时期的平静。（陈寅恪 1936，1949）首次详细讨论了这场剧变在语言学上的重要性。自此，该问题受到中国历史语言学家们的持续关注。罗杰瑞（Norman 1988：186）将其总括如下：

> 西晋在公元316年灭亡时，贵族、官僚大批移居扬子江以南，和当地的贵族一起组成南朝几代的统治阶级。西晋的移民带去了具有优越地位的北方方言，成了南部书面共同语的基础，这和当地的口语大概有很大不同。[②]

学者们对这些事件的兴趣集中在它们对金陵地区（即现代南京）的标准书面语语音或读书音的发展变化所起的作用，这些标准书面语语音或读书音随后被编入《切韵》及其后代韵书。学者们还讨论了南朝贵族所采用的相关共通语（koine柯因内语）的发音。不过，相较于贵族以及他们的共通语，我们在此更为关注的是外来移民中那些大多不识字的普通人，他们的移民构成及语言发展。

---

① 原文为“Shāndōng 怀远”，译文修正为“山东”。——译者

② 该段译文引自〔美〕罗杰瑞：《汉语概说》，张惠英译，北京：语文出版社1995年版，第164页。——译者

正如《简明中国移民史》及《中国移民史》(葛剑雄等1993：148；1997，第2卷：398—399)所述，这些移民运动范围甚广，时间持续了将近150年。在东部，大量移民南迁，经长江进入现在的江苏南部地区，一定程度上也抵达了浙江北部及中部。受其影响的地区包括但当然不限于南京。这些移民一半以上来自山东和苏北。其余来自河南和河北，甚至远至山西和陕西。在西部，另一股移民潮将移民带到了长江以北的安徽中部。到目前为止这个群体中河南人占大多数。但也有人来自安徽淮北，还有较少的人来自河北、山东和山西。他们中真正越过长江并在长江以南定居下来的相对较少。迁入湖北的移民主要来自山西、陕西和河南，定居在长江上游流域的江汉地区以及四川盆地。这两个地区都不在本研究的讨论范围之内。在此期间，跨越长江迁入江西最北端和湖南的移民很少，他们也没有进一步向南进入这些省份。

这些人口变化的语言学意义是什么？该移民活动发端之前，长江以南似乎存在两种不同类型的汉语，一种是东部类型，我们称之为江东方言(汉代的东南部方言群)，另一种是更具西部特征的类型，我们称之为荆巴(汉代的南方方言群)。后者不仅分布在长江以南，在长江以北地区亦有分布，一直到淮河流域。这两者似乎都应该归入多年前罗杰瑞(Norman 1988：210)所提出的“古南方汉语”之中。不过，虽然这两种形式可能相关，但早期的资料表明它们并不相同。我们对荆巴知之甚少，而对中世纪所谓“吴”[①]的江东方言却有更多可以讨论的内容。如通过佛教的对音材料洞察其语音(Pulleyblank 1979; Coblin 1990)，通过文献材料挖掘其词汇和句法的大量信息，尤其是梅祖麟的相关研究，例如《汉语方言里虚词“著”字三种用法的来源》(梅祖麟1988)、《〈祖堂集〉的方言基础和它的形成过程》(梅祖麟1997)、《几个台湾闽南话常用虚词的来源》(梅祖麟1999)、《吴语“吃仔饭”的断代问题》(梅祖麟2001)。据说许多闽方言的口语层直接来源于江东方言(Norman 1988：214)，现代吴语中的相关底层也可能有类似的起源(丁邦新1988)。罗杰瑞提出的“古南方汉语”的许多特征也都是江东方言的典型特征，但尚不清楚这些特征在多大程度上同时体现了江东形式和荆巴形式，而不仅仅是前者。

几乎可以肯定的是，越过长江的东向迁移路线，在长江以南形成了某种北方汉语或“非江东”汉语。这种言语类型肯定受到了山东东部方言和江苏北部方言的影响，因为一半以上的人来自这些地区。因此，尽管通常假定这一时期的金陵标准音是从中原洛阳直接移植而来的，但我们则不得不假设，进入到江苏南部以及浙江中部、北部的普通移民，

① 用于指称这种早期语言变体的古代术语“吴”，不应与现代吴方言的名称相混淆。当这些词语被用作语言名称时，情况有点类似于“法兰克语”(Frankish)和“法语”(French)之间的对比。

讲的无疑是一种跨越到长江南岸的汉语东部方言。而较多西迁进入安徽中部的移民则主要来自中原地区。几乎可以肯定的是，这些移民运动推动了魏晋及更早时期中部和南部方言群之间的旧边界，使其朝长江方向移动，以至于主要讲中原方言的河南人满满地占据了安徽中部及毗邻地区。由此，我们需要记住的重要的一点是，这一时期的移民可能在新的移居地植入了两种稍微不同的北方汉语，即其东部类型和中原类型。前者位于长江以南的苏南浙北地区，在某种程度上很有可能是今天吴语的祖先（丁邦新 1988），后者位于江淮中部地区。下文将对后者的发展情况做进一步讨论。

四、第二次南迁浪潮

对我们所关注的地区有影响的第二次主要移民浪潮始于一桩历史事件，英语称之为"An Lushan Rebellion"（安禄山起义），中文称之为"安史之乱"（"安禄山与史思明的暴乱"）（755—763）。这些动乱破坏了唐朝的稳定，使其持续动荡不安，一直到906年灭亡（Twitchett 1979：第8章）。在整个这一时期，一直绵延到960年，大约200年的时间，中国北方出现了一系列混乱，导致大规模人口南迁（葛剑雄等1993：244）。这些移民运动使得受影响地区的人口结构发生了重大变化。

华北平原地区[①]的移民一般是南下去往长江两岸。关于这场大运动，《简明中国移民史》（葛剑雄等 1993：256—257）指出三条迁移路线。首先是一支主要的东南方向的迁徙线路。移民越过长江，涌入苏南、浙北和安徽南部。许多人留在了这些地区，其他人则继续往鄱阳平原前进，要么在那里定居，要么进一步向南进入赣江流域，从那里再向南，有时再向东迁移，离开了我们所关注的地区。有趣的是，直接越过长江进入赣北的移民相对较少（葛剑雄等1993；1997，第3卷：291—299，347—352）。主要的路线是先迁往东南方向的长三角，然后向西和西南方向移动。中部移民线路总体上是从华北地区向南迁徙，更具体地说是从洛阳地区和陕西关中地区向南进入湖北汉江流域，进而经由那里进入湖南，这部分不在我们的研究范围之内。西路自关中向南进入四川盆地。

长江下游地区的外来移民定居模式尤其值得关注。其中，移民聚居最集中的地方是所谓的"江淮带"，即位于淮河和长江之间的地区（葛剑雄等1997，第3卷：348）。长江以南的主要聚居地在东部的苏州、杭州，但实际上整个地区的移民密度相当大，聚居区向南延伸至杭州湾南岸，向西延伸至皖南。同样，鄱阳平原和沿赣水南下至吉州（现在的"吉安"）这部分地区也有较高的人口密度。

① 原文"exposed regions"在这里指的是"最易受到暴力、动乱等危险影响的地区"。——译者

移民在江淮地区的聚集可能对这一地区的方言特征有不同方面的影响。虽然目前尚不能用具体的术语来描述，但在未来的研究中需留意这些影响的痕迹。越过长江向苏南和浙北迁移是另一回事。实际上，我们在这里[①]可以看到今天北部吴语独有特征的起源，并将其与南部吴语区分开来。例如，我们推测，在北部吴语中发现的具有清音浊流特征的浊声母，源于8世纪中叶至10世纪中期从中国北方带入的语音模式，而这种浊声母所对应的南部吴语中真正的浊辅音，则是六朝或六朝以前第一次南迁浪潮所留存下来的语音要素（参见 Norman 1988：199—200）。

我们推测，移民持续小规模进入鄱阳平原的进程延续了很长时期。《简明中国移民史》及《中国移民史》（葛剑雄等 1993：136—137；1997，第2卷：270—271）专门提到东汉时期的移民是这样的情形（亦可参见 Sagart 1993：12）。另外值得注意的是，如前所述，在第一次大规模南迁浪潮中，亦未有大量难民涌入鄱阳平原。在这方面，江西地区的情形明显不同于同时期的长三角地区。沙加尔（Sagart 1988：149）推测，唐朝前期，“来自中国北方的大规模移民［导致］江西北部人口突然增加，尤其是在鄱阳平原地区”（亦可参见 Sagart 1993：15）。他同时还认为，这一移民运动一直延续到唐朝后期，不过，“从那时起到宋朝，北方移民主要为北方平原南部边缘的人口做出了贡献”（Sagart 1988：151）。这些观点在某些方面与《简明中国移民史》及《中国移民史》（葛剑雄，等1993：243—244，247—248；1997，第3卷：3—6，291—300）所述有所不同。后者认为从唐朝后期开始才有大量移民流入，但一直持续到五代末。如何调和这些不同的意见，目前仍然是一个极受关注的话题，因为这些不同的意见关系到整个赣方言群的形成问题（罗常培 1940；何大安 1987；Sagart 1988；Norman 1988：197—199，204—206）。但我们没有必要在这里解决这个问题。就研究目的而言，我们只需知道，这一方言群体是在两股力量的相互作用下形成的，一是唐代被带入江西的言语类型，二是已从江西持续增长的移民聚落中演化出的较为古老的方言。结果到了唐朝末年，江西北部就出现了一种独特的方言类型。这一事实对该研究来说是极为重要的。我们将在下文第六节中论及。

五、第三次南迁浪潮

1126年，女真族建立金朝，大举南侵。一年之内[②]宋都开封沦陷，汉人王朝垮台，导

① “这里”指江淮地区。——译者

② 北宋靖康元年为1126年，《简明中国移民史》提及，“靖康二年春，北宋灭亡。”（葛剑雄等1993：283）——译者

致大批难民南迁。这一系列事件，传统历史常称之为“靖康之乱”。入侵的金兵不断朝长江挺进，进行了多次破坏性袭击，不过最终败退。淮河随之成为了金与南宋之间新的疆域分界线。1129年，南宋政权落定杭州，杭州更名为临安。1132年，临安被正式宣布成为新都。事实上，在此期间，一直陆续有移民向中国中部和南部的汉人聚落迁移，直到南宋于1279年被蒙古人征服（葛剑雄等 1993：283—289）。

在宋金战争期间，江淮地区主要作为移民向长江以南迁徙的中转站。淮河边界建立之后，“江淮带”成为抗金前线的直接大后方，但部分地区人口流失严重。为此，朝廷采取积极的措施使其恢复人口，难民被送回长江对岸，从淮河以北金人控制区南下的叛逃民众被陆续征集起来。考虑到金人入侵初期人口有如此大范围的减少，我们推测，江淮带上很多地方的南宋人口几乎全都是移民（葛剑雄等1993：291）。长江以南也有相当规模的迁徙运动，移民进入到苏南、浙北及皖南。在某些地区，外来人口超过甚至完全替代了原来的居民。杭州就是一个有名的例子（葛剑雄等 1993：292—293）。这座城市因方腊起义和随后的金人掠夺而遭到严重破坏，人口流失严重。南宋于此建都之时，当地几乎全部居民都是来自中原特别是开封地区的难民。另一个类似但鲜为人知的例子是南京。这个地方被金人彻底摧毁，金人撤离后被移民占据，就连城市周边地区也同样如此。移民人口完全盖过了幸存的当地人口（葛剑雄等 1993：294—295）。在江西，相当数量的北方人先迁至南昌地区，然后沿着传统的移民路线向南推进至赣江流域。这种人口流动一直持续到13世纪50年代（葛剑雄等1993：297—298）。

我们现在可以推测，在南北宋更替之时，江淮带上再次入迁的大量北方移民奠定了现在所谓的“江淮官话”的基础。从最东端的沿海地区到西端的湖北东北部这一地带中，各地特殊的移民结构对当地的语言复杂性起着独特的决定作用。从历史来看，我们没有理由认为，在江淮官话的形成时期，整个江淮地带内部具有完全的同质性。然而，值得注意的是，在整个江淮官话区有一个相当同质的层次，似乎是一些较为古老的形式保存在某些常用词的通俗说法或白读音中，与书面语或文读音形式相互对应。而在我们所讨论的方言中，文读音形式恰巧与词汇里所广为分布的音节类型更为一致。由此我们推论，宋代中期的移民潮覆盖了当时江淮地带的某些方言，而这些白读音形式实际上正是这些方言残存的底层。这些古老但如今已被取代的方言，可能是随着发生在唐代的第二次南迁浪潮（如上文第四节所述）被带入该地区的。其相关词例如表1所示：

表1

	句容	古中部江淮官话（PCJH）	晚唐（Late Tang）	早期官话（Early Guānhuà）
家	kɑ^{31阴平白}	*ka^{阴平}	ka	
	tɕiɑ^{31阴平文}	*kia^{阴平}		kja（平），kiā
下	xɑ^{33阳去白}	*xa^{去}	ha	
	ɕiɑ^{33阳去文}	*xia^{去}		ɣja（上去），hiá
解	kɛ^{213上白}	*kai^{上}	ke，ge’i	
	tɕiɛ^{213上文}	*kiai^{上}		kjaj（上），kiài
闲	xā^{24阳平白}	*xan^{阳平}	han	
	sī^{24阳平文}	*xian^{阳平}		ɣjan（平），hiên

该表的第一栏分别列出了句容方言（句容是南京东部一个讲江淮官话的城市）的文白读形式，[①]第二栏是与之相对应的中部江淮官话的古音构拟形式，被认为是句容方言的前身（引自 Coblin 2000a）。第三栏给出了以藏文字母转写的唐代音（引自 Coblin 1994）。最后一栏是约1450年的韩文转写材料及约1680年的欧洲罗马文转写材料所记录的早期官话音[②]。在这些用例中，句容方言的白读音与唐代音有明显的相似之处，而文读音则与官话的形式相似。但并非所有的文读都有对应的白读。实际上，前者所涵盖的范围更广更普遍，而后者似乎是附属的。因此，我们推测白读音形式是底层残留，它上面覆盖着一个较晚期的完整的语音系统。有的地方存在底层，它们就依旧是口语中常用的发音，而从外部带进来的形式则成为文读音。有的地方见不到底层，而只见从外部带入的读音，文白因此也就没有区别。

长江以南地区，北部吴语的一个显著特点是有着与白读音截然不同的文读音。这一特征在南部吴语中并不那么明显（Chao 1967; Norman 1988：199）。特别有趣的是，实际上，在许多情况下，北部吴语的文读音与其北部的江淮方言的日常发音极为相似。详见表2（北部吴语以上海话为代表）：

① 句容材料出自江苏省和上海市方言调查指导组（1960）。下文引用的所有江淮官话及吴方言材料均出于此。

② 韩文转写材料引自金光洙（Kim 1991），罗马文转写材料引自柯蔚南与利维（Coblin and Levi 2000）。

表2

	句容	上海
马	mɑ$^{213\text{上}}$	mɑ$^{13\text{阳去文}}$/mo$^{13\text{阳去白}}$
鼻	piəʔ$^{5\text{入}}$	biəʔ$^{2\text{阳入文}}$/bəʔ$^{2\text{阳入白}}$
闻	vən$^{24\text{阳平}}$	vəŋ$^{13\text{阳去文}}$/məŋ$^{13\text{阳去白}}$
日	zəʔ$^{5\text{入}}$	zəʔ$^{2\text{阳入文}}$/ŋ̥iəʔ$^{2\text{阳入白}}$
冷	nən$^{213\text{上}}$	ləŋ$^{13\text{阳去文}}$/lã$^{13\text{阳去白}}$
鸟	niɔu$^{213\text{上}}$	ŋ̥iɔ$^{34\text{阴去文}}$/tiɔ$^{34\text{阴去白}}$
五	u$^{213\text{上}}$	u$^{53\text{平文}}$/ŋ$^{13\text{阳去白}}$

另外，江淮官话和北部吴语都有文、白两种形式，有时两种形式具有对称性。例如，可将表3同表1做比较：

表3

	句容	上海
家	kɑ$^{31\text{阴平白}}$/ tɕiɑ$^{31\text{阴平文}}$	kɑ$^{53\text{平白}}$/ tɕiɑ$^{53\text{平文}}$
解	kɛ$^{213\text{上白}}$/ tɕiɛ$^{213\text{上文}}$	kɑ$^{31\text{阴去白}}$/ tɕiɑ$^{213\text{阴去文}}$

类似的多个方言代表点材料罗列如表4[①]：

表4

	扬州	嘉定
敲	k‘ɔ$^{31\text{阴平白}}$/tɕ‘iɔ$^{31\text{阴平文}}$	k‘ɔ$^{53\text{阴平白}}$/ tɕ‘iɔ$^{53\text{阴平文}}$
	句容	常州
眼	ã$^{213\text{上白}}$/ĩɪ$^{213\text{上文}}$	ŋɛ$^{45\text{上白}}$/iɪ$^{45\text{上文}}$
	泰州	常州
泪	ni$^{33\text{阳去白}}$/nuəi$^{33\text{阳去文}}$	li^{阳去白}/læɪ$^{24\text{阳去文}}$
	南京	海门
去	k‘i$^{44\text{去白}}$/tɕ‘y$^{44\text{去文}}$	k‘i$^{34\text{阴去白}}$/ tɕ‘y$^{34\text{阴去文}}$
	高邮	上海
亩	m$^{21\text{上白}}$/mʊ$^{21\text{上文}}$	m$^{13\text{阳去白}}$/mɤ$^{13\text{阳去文}}$②
	句容	嘉定
讲	kɑŋ$^{213\text{上白}}$/tɕiɑŋ$^{213\text{上文}}$	kã$^{34\text{阴去白}}$/tɕiã$^{34\text{阴去文}}$

① 原文在引用《江苏省和上海市方言概况》的材料时，将送气符号记为’，译文据《江苏省和上海市方言概况》（江苏省和上海市方言调查指导组 1960）修正为 ‘。——译者

② 英文原文为mɤ$^{13\text{阳去白文}}$，疑有误，此处据《江苏省和上海市方言概况》（江苏省和上海市方言调查指导组1960:207）修正。——译者

我们可以对上述模式做如下解释：江淮方言的日常发音与北部吴语的文读音相匹配的情况，是因为其言语类型有共同的源头，均是经宋代中期的北方移民带到南方的。在长江以北地区，当地固有的人口实际上已被新移民所取代，因此通常只有北方形式存活下来。在长江以南地区，北方形式成为吴方言的一个文读层，它以文读音的形式嫁接在本地更为古老的语音系统之上。在吴地的最南端，北方人并不多见，因此这种文读音也就十分罕见或根本不存在。江淮官话和北部吴语文白双重匹配的情况，反映了长江北部地区保存着部分原有的移民前的语言形式，这些形式从历史上来看和共同北部吴语的同时代祖先语言有关。之后进入的北方文读音形式究竟是占主导，还是仅仅作为文读被保留下来，这取决于移民前的古老语言在特定地区的存活程度。

杭州的情况很特别。对此，史皓元的观点颇具说服力。他认为，在北方形式进入之前，杭州是吴语区里的人口真空区（Simmons 1992：第7章，1999：第1章；亦可参见 赵元任 1928，xiv）。这样，随着北方话的进入，在边界以南就形成了的一个北方话方言岛，基本上将江淮官话和吴方言分离开来。这个方言岛后来不断受到来自毗邻吴语区的压力而与之趋同。南京的情况与此近似，但有些不同。北方人在这里定居，其周边（南京和长江之间）亦有北方人。结果，这座城市及其周边地区一直以来都讲官话，与吴语的交汇很少或根本没有。官话与吴语之间的现代边界位于南京的南面和东面。[①]

罗杰瑞（Norman 1988: 206）发现，许多赣方言显现出受北方话长期影响的特点。我们推测，南宋时期迁入鄱阳平原和赣江流域的北方移民促成了这种变化，至于变化的性质和程度，则超出了本文的研究范围。

最后，我们应该注意到的是，南宋政府对江淮地区的人口再注入政策不仅影响到来自北方的难民，也影响到江南的居民。苏南、浙江及江西地区一些没有土地的民众也被迁往长江以北的人烟稀少的地区，事实上甚至也包括福建的一些民众（葛剑雄等 1993: 313—314）。他们的迁入对江淮地区的语言构成有何影响还有待进一步研究。

六、南方人口回流：明代移民

元朝的衰落和明朝的建立伴随着一系列人口结构的变化，这对我们所关注的地区来说是非常重要的。在元明过渡期的战争中，长江以北的江苏地区人口严重减少，后来那里人口水平的上升很大程度上是由于移民。但由于缺乏传世文献，这一过程的细节很难

---

① 我们应该注意到，与以前相比，这条边界现在离南京更远。艾约瑟（Edkins 1864: 70）提到，在他所在的时代，城墙外几英里远的地方是讲吴方言的。——译者

复原（葛剑雄，曹树基，吴松弟 1993：342—347）。族谱的相关记载表明，历史上许多移民家庭都声称苏州是他们的祖籍地。《简明中国移民史》（葛剑雄等1993）的研究表明，其中至少有一些家谱是伪造的，这是因为苏州家世在明清时期被认为很有声望。不过该项研究同时也认定，相当数量的明初移民确实来自苏南地区。

明代初期，有部分移民被迫迁往凤阳、寿县和安徽北部的怀远地区。这源于朱元璋的政策，即把潜在的有权势或有影响力的个人及其家庭成员集中在他可以牢牢控制的地方。领导人物、可能的竞争对手及元代名人等被强制要求住在南京。下层阶级中可能会带来麻烦的人被派往凤阳这样的地方，而凤阳恰好是朱元璋的故乡。

长江沿岸的皖南地区一定程度上受到徽州地区北向移民的影响。但更重要的是一场被称为“江西扇”[①]的大范围的人口迁移。即，来自鄱阳平原的移民从该地区向西、西北和向北扩散，进入了一些尚未开垦的地区（葛剑雄等1993：391）。有趣的是，这一群体中许多人的家谱都表明他们来自“瓦屑坝”，这是已知位于江西鄱阳市附近的一个地方（葛剑雄等1993：337；亦可参见 Beattie 1979：26—28）。在安徽的巢湖平原以及贵池和池州以西的地区江西移民众多（葛剑雄等1993：340），从安庆向西移民定居点特别密集（葛剑雄等 1993：335）。他们还流入江汉盆地，从那里进入鄂北。元明过渡时期，鄂北地区遭到严重的破坏，人口消耗很大。对我们来说，尤其重要的是湖北东北部。葛剑雄等注意到，这一地区并没有因为战争而完全丧失人口，因此江西移民的大量涌入导致了原有居民和新移民的混合（葛剑雄等 1993：350）。有趣的是，《安徽省志》报告说，在安徽的安庆和湖北边界之间的地区，当地的口头传说表明，大多数居民声称其祖先来自明代江西一个名叫“瓦西坝”的地方，具体地点不详。这当然与“瓦屑坝”是同一个地方，葛剑雄等人通过对该地区传世家谱的调查已确认该情况属实（葛剑雄等1993：337）。

南京也是这一时期最令人感兴趣的地方之一。元明过渡时期，扬州城被毁，《简明中国移民史》（葛剑雄等1993：347）认为，南京地区也发生了类似的事情。无论如何，南京被指定为新王朝的都城后有大量新移民涌入。主要包括四类人（葛剑雄等1993：347；1997：20—31）。其一是军事人员，一方面是城市驻军，估计人数为20万，包括家属；另一方面是驻扎在外围的其他部队，人数约为15万，其中亦包括家属。其二是普通劳工及其家属，人数约达10万。其三是政府官员及其家属，大约1万人。最后是不属于上述三个类人的普通人，大约有15万。除此之外，还有一些往来的工匠、学生、

---

① “江西扇”指人口以江西为起点做扇形迁移。即，来自鄱阳平原的移民从该地区向西、西北和向北扩散，进入了一些尚未开垦的地区。——译者

商人，以及一些来去自由的人，但他们不属于永久居民。葛剑雄等学者认为，在明代早期的城市居民中，幸存下来的明代以前的本地人相对较少。城内及周边的一些军事人员可能是从朱元璋江淮军事基地挑选出来的。然而，他们中的大多数可能来自其他地方。因为明朝有非常严格的规定，驻军不得驻扎在自己的家乡。劳工和工匠来自南京附近，许多来自周边地区，另一些来自苏州地区和浙北。政府官员来自中国各地，但在葛剑雄等学者看来，很少有人是当地人。此外，值得注意的是，都城建成后，蒙古名人、元朝的高级军事人员以及其他与旧政权有某种联系的人都被迫迁往南京。此外，上千个富有的或有影响力的中国家庭（富户）也被要求迁往那里，其中许多来自中原或更北的地方。

现在，我们思考一下这些人口变化对语言的影响。现代江淮官话最东端的分支，也就是位于长江以北江苏地区的泰如或通泰方言群，某些类似于吴语的特征值得注意，尤其是一些方言的元音系统。南通方言是一个经常被引用的例子（例如Simmons 1999: 142及以下诸页；173）。我们想知道，这个方言群是否受到来自上述北部吴语区明初移民的影响。再往西，《安徽省志：方言志》（安徽省地方志编纂委员会 1997：109—140）的方言资料表明，在那里调查的所有江淮型安徽方言中，淮河沿岸的怀远及淮南地区的方言与淮河流域北部的方言显示出极强的相似性。可参考表5词例：

表 5

	安庆	滁县	淮南	怀远
脑	nau^{313}	$lɔ^{11}$	$nɔ^{24}$	$nɔ^{24}$
老	nau^{313}	$lɔ^{11}$	$lɔ^{24}$	$lɔ^{24}$
泥	ni^{35}	li^{35}	ni^{45}	ni^{55}
犁	ni^{35}	li^{35}	li^{45}	li^{55}

在这些例子中，淮南和怀远表现出声母的n-、l-有别，这种现象在北部地区亦可见到，但并不见于淮河流域以南的安徽江淮官话。这些特征可能同明初向该地区的强制移民有关。“江西扇”的影响也是值得注意的。皖中地区的一些方言具有赣方言的特点，这让人联想到来自江西移民的影响。参考表6[①]词例：

① 英文原文在引用《安徽省志：方言志》的材料时，将送气符号记为’，译文据《安徽省志：方言志》（安徽省地方志编纂委员会 1997：470）修正为‘。——译者

表6

	桐城	芜湖	贵池	巢县	淮南	怀远
谈	t‘an^{24}	t‘ã^{35}	t‘an^{24}	t‘æ̃^{35}	t‘æ̃^{45}	t‘ã^{55}
贪	t‘on^{31}	t‘õ^{31}	t‘õ^{44}	t‘æ̃^{21}	t‘æ̃^{21}	t‘ã^{212}

在上述词语中，江淮官话通常都有相同的元音，巢县、淮南和怀远在这方面都很典型。另一方面，受“江西扇”影响的桐城、芜湖、贵池，在第二个词语中均显现出圆唇元音。这是赣北方言的典型结构，如以南昌和永修为代表的下一组词（表7，引自Sagart 1988：151）。为了进行比较，我们同时添加了以南京和句容为代表点的中部江淮官话的材料。

表7

	南昌	永修	南京	句容
谈	t‘an1B	t‘an1B	t‘ɑ̃^{13阳平}	t‘ɑ̃^{24阳平}
贪	t‘on1A	t‘on1A	t‘ɑ̃^{31阳平}	t‘ɑ̃^{31阳平}

再往西，在安庆与湖北边界之间，我们发现了一个说赣语的群体（《中国语言地图集》，地图B3）。这个“被挤压出来的赣语”显然是长江以北赣方言群唯一重要的代表。我们可能还记得，这是一个受“江西扇”影响特别大的地区。再往西到湖北，我们看到一组很特别的方言。早期，这些方言被归为北方方言的“楚”语支（例如 詹伯慧 1981：98）。最近，《中国语言地图集》（*Language atlas of China*）将其纳入江淮官话黄孝片。[①]无论如何，它们覆盖了一大片区域，即从长江北边的湖北边界（正好在被挤压的赣方言的西边）开始，向西北方向延伸至应山以西的某个地方。这些方言的独特之处在于，它们的东南成员在音韵和词汇方面都表现出与赣语相似的特征，而当其向西北移动时变得更像武汉和江汉地区通常所说的西南官话。我们猜想，这些是源于江淮带并带有“江西扇”印记的语言。“江西扇”的影响在最接近江西的地方以及“被挤压出来的赣语”处最为显著，当向西北移动时就不怎么明显了。我们猜测，该方言群在其偏远西北边缘变得与其他方言趋同了，而这些方言根本不是一般江淮官话的类型。

元明时期南京语言的发展对明清官话的音韵研究具有重要的意义。越来越多的证据表明，这种共通语的语音系统是明代早期在南京地区发展起来的（鲁国尧 1985; Yang

① 关于该问题的讨论，详见丁邦新（Ting 1996）的研究。

1989; Coblin 1997）。然而，它的特点明显不同于已知的江淮方言，这表明它并不简单地是南京话或任何其他特殊的江淮官话（Chou 1989; Coblin 2000b）。葛剑雄等人的人口研究支持这些推测并给出了可能的解释。我们猜测，当说不同方言（很大程度上以江淮方言群为代表）的人们在洪武年间（1368—1398）移居南京时，早期官话的语音系统形成了。这种语音系统可能有明显的江淮口音，但也会体现出北方汉语方言的特点。这种情况可以解释明代早期官话语音的混合特征，这类混合特征见于韩文正字法文献，并在《洪武正韵》等本土文献资料中有所反映。

七、清代移民

这一时期对我们关注的地区具有重要意义的人口变化大多与太平天国起义（1850—1864）有关。动乱造成了长江流域大面积的毁坏及人口减少。在我们的研究所涉及的省份中，尤其受影响的是江苏和安徽。江苏省长江两岸地区特别是长江以南地区受到大面积破坏（葛剑雄等1993：459—460）。起义的后果是大量移民从长江以北进入到受影响的地区。例如，在金坛地区，这一时期江北人用一只鸡或者两斤大麦就可以换到一亩土地（葛剑雄等1993：462）。[①]安徽长江沿岸和长江以南部分受到的破坏与江苏相当。动荡平息之后，安徽北部、河南和湖北东部的移民重新填充了人口减少的地区（葛剑雄等1993：470—474）。南京也不幸在太平天国时期受到重创。据《简明中国移民史》（葛剑雄等1993：462）的研究，这个太平天国曾经的都城人口损失特别严重，后来又有来自苏北、安徽及湖北的移民徙居那里。根据1874年的人口普查，当时约70%的人口来自后两个省，太平天国之前的人幸存下来的微乎其微。

如今，我们可以清楚地看到北方移民给江苏被毁坏的地区所带去的语言影响。例如，根据史皓元（Simmons 1999）的研究，金坛地区存在着两种截然不同的语言形式，一种是老金坛话，属于吴语，另一种新金坛话，是太平天国之后经移民带入该地区的一种江淮方言。在皖南沿长江南岸的一个狭长地带里有一串非常引人注目的江淮方言群，它们和远至南部和东部（见《中国语言地图集》，地图B10）众多的河南及湖北官话方言岛一起，被看成是太平天国后移民再定居的结果，葛剑雄等学者对此有过相关描述。最后，我们注意到，他们对南京的毁灭和人口再注入的描述亦见于19世纪的西方叙事，这样的叙事证实了与上述情形相伴随的语言变化（Coblin 1997）。到了19世纪中叶，北京话类型的音系开始取代南京当地的老官话标准音。但是，看起来很可能是太平天国时期的破坏

① 此处意在凸显地广人稀。——译者

给作为民族共通语的“南京话”带来了毁灭性的影响。

八、结论

本文将长江下游流域的移民结构与该地区较早期的汉语形式以及现有的现代江淮官话材料进行了比较。研究表明，这些方言中大部分词汇是伴随着宋朝中期大规模南向移民运动而产生的。当这些语言形式表现为“文”“白”对立时，我们的证据显示，后者构成了一个残留的底层。这个层次反映了初唐、中唐至晚唐的外来移民情况。唐朝以前的语言层次源于更早时期在此居住的讲汉语的人群，在他们之后该地区发生了大范围的人口变化，多数唐朝以前的语言层次似乎也随之消失了。

有趣的是，在南面的吴语区里似乎确实能看到更为古老的语言层次。它看上去是一个非常古老的、残存的底层，源自晚期的汉/魏晋江东方言。这个层次之上是吴语主要的词汇系统，反映了四五世纪时北方外来移民情况。在这个层次里，我们发现了北部吴语若干不寻常的特征，它们明显反映了唐代中期至晚期北方外来移民情况，[①]例如北部吴语中带清音浊流特征的浊声母以及许多不同于南部吴语的词汇。江淮方言中最古老的、残存的词汇，看起来很可能对应于北部吴语中这个唐朝时期的层次。在这个层次之上，北部吴语还有一个文读音系统。我们猜测，这些文读音是伴随着北宋中期至南宋时期的移民南迁而产生的，它们在年代上与江淮方言的主要词汇系统相对应。

江淮方言次方言之间的内部差异也十分令人感兴趣。这一方面是由于每个分支都具有不同的历史，例如，最东面的泰如或通泰语支与明初当地涌现出的大量吴语区外来移民有关，而同一时期西面的黄孝片却充斥着来自江西的移民。这至少在一定程度上解释了为何前者具有吴方言特点，而后者却具有赣方言特点。另一方面，在江淮官话的形成时期，其语言系统内部的异质性亦可能导致其内部具有多样性。因为可能从来没有一种“古江淮”语言是这样的，所以我们必须假设：江淮带上自西向东散布着彼此相关的语言分支，它们各自曾以其独特的方式整合了同时代南迁移民带入当地的语言材料。

如果这种假设正确的话，那么它会影响到历史比较方言学中的音系构拟。我们可以十分容易地为三个主要的江淮官话分支，即东部、中部的和西部的分支重建原始系统。这三个在某些方面彼此相似，而在另一些方面又有所不同的系统，能够真正反映出宋朝时期江淮带上的那种多样性。但按照惯例，接下来的步骤是将三个原始系统进行比较，以构拟古江淮官话。根据定义，这样的工作流程将会得到一个基于种系发生树模型的内

---

① 原文为mid-to late Táng migration form the north，这里的form应为from。——译者

部一致的原始系统。然而，这样的模型与我们实际了解到的江淮地区的历史是相矛盾的，在这一地区，区域差异可能从一开始就是存在的。并且，我们得到的原始系统可能会过于古老，它会包含比共同江淮官话时期还要早的一些特征或特征组。从江淮官话的终极历史来看，这种重构的语言系统在某种意义上可能是正确的。但它不仅仅是江淮官话各语支的祖语，也是该群体之外某些其他语言的祖先。归根结底，几个独立、并行的原始系统的重建，也许可以更好地复原古江淮官话的面貌，而一个宏大的共同江淮官话的构拟可能会造成历史时代的错乱。这是否意味着不应该尝试终极的原始比较？现阶段，据我们所知，施加这样的限制似乎是不明智的。相反，我们必须暂时在力所能及的范围内推进工作，要有最终可能不得不回头并改变方向的思想准备。

总之，本研究表明，对方言历史的研究应包括词汇层次部分，从中识别出不同的词汇层，排列时间顺序，分析它们同人口兴衰史的对应关系。这种细致的工作不仅有助于组织和理解我们不断积累的词汇材料，而且还能促进历史分析及比较构拟技术的进步和完善。开展这项工作的一个重要环节，是必须把现行独立的两个学科领域，即方言学和移民史领域的研究结合起来。这样的研究前景广阔。

参考文献

Ānhuī shěngzhì, Fāngyánzhì 安徽省志：方言志. 1997. No place: Fangzhi chubanshe.

Beattie, Hilary J. 1979. *Land and lineage in China—a study of T'ung-ch'eng County, Anhwei in the Ming and Ching Dynasties*. Cambridge: Cambridge University Press.

Chao, Yuen Ren 赵元任. 1928. *Studies in the Modern Wu dialects* 现代吴语研究. Peking: Tsinghua College Research Institute.

Chao, Yuen Ren. 赵元任. 1967. 'Contrastive aspects of the Wu dialects', *Language* 43:92-101.

Chén, Yínkè 陈寅恪. 1936. 'Dōng Jìn Nánběicháo zhī Wúyǔ' 东晋南北朝之吴语. *Bulletin of the Museum of Far Eastern Antiquities* 7:1-4.

Chén, Yínkè 陈寅恪. 1949. 'Cóng shìshì lùn Qièyùn 从史事论切韵. *Lǐngnán xuébào* 岭南学报 9: 1-18.

Chou, Shizhen. 1989. *'Hong wu zheng yun': Its relation to the Nanjing dialect and its impact on Standard Mandarin*. Doctoral dissertation, Ohio State University. Ann Arbor.

Coblin, W. South. 1983. *A handbook of Eastern Han sound glosses*. Hong Kong: The Chinese University Press.

Coblin, W. South. 1990. 'Notes on Sanghabhara's *Mahāmāyūrī* transcriptions'. *Cahiers de Linguistique*

Asie Oriental 19: 195-250.

Coblin, W. South. 1994. *A compendium of phonetics in Northwest Chinese (Journal of Chinese Linguistics* Monograph Series No. 7). Berkeley. 1994.

Coblin, W. South. 1997. 'Notes on the sound system of Late Ming *Guanhua'*. *Monumenta Serica* 45: 261-307.

Coblin, W. South. 2000a. 'The phonology of proto-Central Jiāng-Huái: an exercise in comparative reconstruction'. In Ting Pang-hsin and Anne O. Yue (ed.) *In memory of Professor Li Fang-kuei: essays of linguistic change and the Chinese dialects*. Taipei and Seattle: Academia Sinica and The University of Washington, pp. 73-140.

Coblin, W. South. 2000b. 'A diachronic study of Míng Guānhuà phonology'. *Monumenta Serica* 48: 267-335.

Coblin, W. South and Joseph A. Levi. 2000. *Francisco Varo's grammar of the Mandarin language (1703): an English translation of the 'Arte de la lengua Mandarina'*. Amsterdam and Philadelphia: John Benjamins.

Edkins, Joseph. 1864. *A grammar of the Chinese colloquial language commonly called the Mandarin dialect*. Shanghai: Presbyterian Mission Press.

Gě, Jiànxióng 葛剑雄, Cáo Shùjī 曹树基 and Wú Sōngdì 吴松弟. 1993. *Jiǎnmíng Zhōngguó yímínshǐ* 简明中国移民史. Fuzhou: Fujian renmin.

Gě, Jiànxióng 葛剑雄, Cáo Shùjī 曹树基 and Wú Sōngdì 吴松弟. 1997. *Zhōngguó yímínshǐ* 中国移民史. Six vols. Fuzhou: Fujian renmin.

Ho, Dah-an 何大安. 1987. 'Lùn Gàn fāngyán' 论赣方言. *Hànxué yánjiū* 5: 1-28.

Jiāngsū shěng hé Shànghǎi shì fāngyán diàochá zhǐdǎozǔ 江苏省和上海市方言调查指导组 1960. *Jiāngsū shěng hé Shànghǎi shì fángyán gàikuàng* 江苏省和上海市方言概况. No place: Jiangsu renmin.

Kim, Kwangjo. 1991. *A phonological study of Middle Mandarin:. reflected in Korean sources of the mid-15th and early 16th centuries*. Doctoral dissertation, University of Washington.

Language atlas of China. Jointly compiled by the Chinese Academy of Social Sciences and the Australian Institute of Humanities. Hong Kong: Longman, 1987/8, 1991.

Lǔ, Guóyáo 鲁国尧. 1985 [1993]. 'Míngdài guānhuà jí qí jīchǔ fāngyán wèntí' 明代官话及其基础方言问题. *Nánjīng dàxué xuébào* 南京大学学报 4: 47-52. Reprinted in *Lǔ Guóyáo zìxuǎnjí* 鲁国尧自选集, Zhengzhou: Henan jiaoyu, 1993, 292-304.

Luó, Chángpéi 罗常培. 1940. *Línchuān yīnxì* 临川音系. Changsha: Shangwu.

Mei, Tsu-lin 梅祖麟. 1989. 'Hànyǔ fāngyánlǐ xūcí 'zhe/zhuó' zì sānzhǒng yòngfǎ de láiyuán' 汉语方言里虚词"着"字三种用法的来源. *Zhōngguó yǔyánxué bào* 中国语言学报 3: 191-206.

Mei, Tsu-lin 梅祖麟. 1997. ' "Zǔtángjí" de fāngyán jīchǔ hé tā de xíngchéng guòchéng'《祖堂集》的方言基础和他的形成过程 in Chaofen Sun (ed.) *Journal of Chinese Linguistics* Monograph Series no.

10), *Studies on the History of Chinese Syntax*, Berkeley, 49-63.

Mei, Tsu-lin 梅祖麟. 1999. 'Jǐge Táiwān Mǐnnánhuà chángyòng xūcí de láiyuán' 几个台湾闽南话常用虚词的来源. In Pang-hsin Ting (ed.), *Contemporary studies on the Min dialects. (Journal of Chinese Linguistics* Monograph Series no. 14). Berkeley, 1-41.

Mei, Tsu-lin 梅祖麟. 2001. 'Wúyǔ "chīzi fàn" de duàndài wèntí' 吴语"吃仔饭"的断代问题. *Journal of Chinese Linguistics* 29/1: 129-49.

Norman, Jerry L. 1988. *Chinese*. Cambridge: Cambridge University Press.

Pulleyblank, E. G. 1979. 'Some examples of colloquial pronunciation from the Southern Liang Dynasty', in Wolfgang Bauer (ed.), *Studia Sino-Mongolica: Festschrift für Herbert Franke*. Wiesbaden: Franz Steiner Verlag.

Sagart, Laurent. 1988. 'On Gan-Hakka', *Tsing Hua Journal of Chinese Studies* 18: 141-59.

Sagart, Laurent. 1993. *Les dialectes Gan*. Paris: Editions Langages Croisés.

Serruys, Paul L.-M. 1959. *The Chinese dialects of Han time according to Fang-yen*. Berkeley and Los Angeles: University of California Press.

Simmons, Richard VanNess. 1992. *The Hangzhou dialect*. Doctoral dissertation, University of Washington.

Simmons, Richard VanNess. 1999. *Chinese dialect classification: a comparative approach to Harngjou, Old Jintarn, and Common Northern Wu*. Amsterdam and Philadelphia: John Benjamins.

Ting, Pang-hsin 丁邦新. 1975. *Chinese phonology of the Wei-Chin period. reconstruction of the finals as reflected in poetry*. (Academia Sinica, Institute of History and Philology Special Publications No. 65.) Taipei.

Ting, Pang-hsin 丁邦新. 1988. ' Wúyǔzhōng de mǐnyǔ chéngfèn' 吴语中的闽语成分. *Bulletin of the Museum of Far Eastern Antiquities* 59:13-22.

Ting, Pang-hsin 丁邦新. 1996. 'Review of the *Language atlas of China*, edited by Steven Wurm, *et al.*, 1991 '. *International Review of Chinese Linguistics* 1/1: 89-92.

Twitchett, Denis (ed.). 1979. *The Cambridge history of China*, vol. 3: *Sui and T'ang China,* 589-906, part I. Cambridge: Cambridge University Press.

Yang, Paul F.-M. 1989. 'The *Portuguese-Chinese dictionary* of Matteo Ricci: a historical and linguistic introduction'. *Proceedings of the Second International Conference on Sinology, Section on Linguistics and Paleography*. Taipei: Academia Sinica. vol. I, 191-241.

Zhān, Bóhuì 詹伯慧.1981. *Xiàndài Hànyǔ fāngyán* 现代汉语方言. Wǔhàn: Hubei renmin.

Zhōu Zhènhè 周振鹤, 1990. ' Xiàndài Hànyǔ fāngyán dìlǐ de lìshǐ bèijǐng' 现代汉语方言地理的历史背景. *Lìshǐ dìlǐ* 历史地理 9:69-80.

（译者：邓晓玲　山东大学文化传播学院）

对中古以后语音史的一些思考

这篇论文首先阐明明清官话音系研究的若干最新进展，这些进展已经影响到作者，并促使作者改变其初衷。这些观点继而引起对中古以后汉语音韵学的反思。对于明清官话的可能性质的思考，和传统原始文献的解读息息相关。我们要考虑标准语和地域言语形式的互动，要带着如下视角来研究这个问题：历史比较方言学如何配合汉语标准语研究这一正在兴起的领域。最后，该文扼要概述了这种新的研究方式有助于更早时期的研究。

一、引言

这篇论文的目的有二：一是回顾明清汉语音韵研究的若干最新进展；二是阐明官话实现（明清时期的共同语）方式或许会影响到整个中古以后音韵研究的未来。

二、官话"再发现"

在19世纪晚期和20世纪早期，作为清朝标准语的官话音系，很明显与北京音系非常相似，显然是以北京话（国家首都方言）为基础的。后来，标准语已改称"国语""普通话"，但是语言的基础音系结构和清朝本质上还是一样的。对于1900年左右的人而言，官话和北京话之间的联系是明显的，也是解释得通的。因为，北京除了1356年到1421年这七十年不是首都以外，自1276年元朝皇城（即大都）正式建立以后，首都一直都在现在的位置。如果按照大多数人的看法——标准音往往源自政治文化中心的语言，那么，从13世纪开始，中国的国家标准语在音系层面以北京话为基础，这一假设显然是合理的，而且也在直觉上满足这一假设。严格来讲，这个假设只是一个历史假说，但是这个假设基本上未曾受到挑战，原因是基于两方面研究的进展：第一，扩展至这一信仰——标准官话不仅仅在音系层面以北京话为基础，而且事实上，其他方面大部分也都同北京话完全一致。也就是说，通常和习惯上，我们可以假设：从整个历史来看，官话就是北京话，从某种意义上说，二者大部分是一模一样的，不仅仅是音系层面，句法和词汇层面亦是如此。忽略细微差异，认为两者大体一致，应该是可以站得住脚的。第二，在学术界通常印象已经固化为正统观念。20世纪60年代中期，尽管目前的一些作者进入到汉语历史语言学领域，也并没有讨论过官话史的其他观点，抑或不曾暗示有其他观点。

不过，在整个20世纪80年代，这种情形有了剧变。李新魁（1980），其一般理论其中就包括汉语标准音的音系基础贯穿始终，认为从明初到清末，官话音系始终是同中原地区或者中州地区上层言语相联系，这里的中原地区地处黄河流域以洛阳为中心，李新魁（1981）凭此反对传统观点。稍晚，远藤光晓（Endo Mitsuaki，1984）指出，由于明初定都南京，所以南京音即使在15世纪迁都北京以后，仍是标准音。紧接着的第二年，鲁国尧在读过利玛窦（Matteo Ricci，1552—1610）日记的汉译本后，在所著（1985）指出，明末标准音就其源头而言专指官话，而且利玛窦及其同僚虽未尝明说，不过，标准应该同南京口头语的语言有关。更早时候，罗常培（1930）已经指出，从某种程度上说，利玛窦罗马化的汉语文章中的对音同金尼阁（Nicolas Trigault，1577—1628）大名鼎鼎的《西儒耳目资》所用对音完全一样。罗常培认为，这些材料的底层语言就是北京话，因为北京是当时的国都，而且利玛窦的文章也是在那里写就的。后来，陆志伟（1947）反驳了这样一种理论：金尼阁音系所代表的一定是山西方言，因为他的书是在山西写成的。作为上述论断的回应，鲁国尧坚称：如果官话确实是以南京方言为基础的标准音的话，那么，利玛窦和金尼阁两人的著作反映的必定是类似江淮官话的音系，而非某种北方官话。1986年，杨福绵（Paul. F. M. Yang）在台湾“中研院”提交了一篇论文，给中国语言学家介绍了归在利玛窦和罗明坚（Michele Ruggieri，1543—1607）名下的《葡汉辞典》手稿①。三年后，这篇文章发表（Yang 1989），该文比较了字典中的汉字音与金尼阁文章和《西儒耳目资》中的汉字音，该文也表明：从本质上说，这实际上是一种语言奇特的区域变体。他力证鲁国尧关于南京话是标准音基础的立场。其后，1992年，张卫东《〈西儒耳目资〉的记音系统》基本采用了鲁国尧和杨绵福一样的观点。

杨福绵（Yang 1989：208，219—21）在讨论明末官话声调系统的过程中，提到一本稍晚一点研究清初官话的传教士著作，即万济国（Francisco Varo，1627—1687）《官话语法》，该书1682年完成，1703年在广东出版。20世纪90年代，这本籍籍无名的著作及其作者渐渐引发人们的兴趣。对万济国生平所做的缜密研究表明，万济国除了这本语法书外，还撰写过一本厚厚的西班牙语—官话词典，以及一本不完整的葡萄牙语—官话词汇（Azmayesh-Fard 1996）。在对这些词典进行深入研究后发现，实际上，万济国描述的语言

① 《葡汉辞典》已为研究在中国活动的传教士的历史学家和专家（尤其在意大利）所熟知，比如D'Elia (1938，1942—1949)]。

跟利玛窦和金尼阁所记录的语言，其本质完全一致（Coblin 1997, Coblin and Levi 2000）。而且，在万济国所撰写的语法书中，他评论道：为了字正腔圆地说好汉语词汇，"……人们必须理解中国人发这些词语读音的方式。不过，这个'中国人'不是任何一个中国人，而是指那些把官话说得非常好的、天赋异禀的中国人，比如南京土著，或者其他省份但是官话口音地道的中国人"（Coblin and Levi 2000:23）。在葡萄牙语官话词典的序言，万济国写道：他给汉语词条所用的译音"符合南京所说的话。"因此，这里可以认为，明末或者清初传教士记录的语言和南京口语一定有联系，或者，起码可以说，传教士记录的语言同南京所在的江淮官话区的口语一定有联系。因此，万济国的评论确实证明了鲁国尧、杨福绵等人的一般假设。

确定了"传教士官话"的身份和语音结构之后，我们就可以通过其后的原始文献往下回顾其历史。这同一种语言有了些许改变，即马若瑟（Joseph Prémare，1666—1736）的《汉语札记》（*Notitia Linguae Sinicae*［1730］）所记录的语言，最终，在19世纪前期，也为马礼逊（Robert Morrison 1782—1834）的《华英字典》(*Dictionary of the Chinese Language* 1815—1822）所记录和诸如卫三畏（S. Wells Williams）的这本巨著《英华韵府历阶》（*English and Chinese Vocabulary in the Court Dialect* 1844）之类稍后的文献所记录。此时，也就有可能知道，作为国家标准音的官话形式是如何迤逦退出使用直到消失的。一个汉语专家同19世纪50年代到60年代从事英国外交和咨询服务的人有联系，据其描述，接近这个时间，国家标准音的音系基础转换成了北京方言的语音系统（Coblin 1997：290—291），这种情形延续至今。另一方面，重点研究明清官话中词汇和语法材料，并将其同标准官话语法和19世纪汉学家的词典进行平行比较，还要将其同现代汉语的语法和词汇进行平行比较，由此可知，句法领域和词汇领域是很不一样的场面。尽管官话系统在不断吸收北方官话方言的高频语法项和词汇项，老官话系统的词汇和语法结构仍然还保留19世纪末期的标准语言里，而且保留在今天的那些地方（Coblin Ms.1）。因此，严格来讲，传统术语"官话"包含两种不同的标准音。就其使用历史的大部分时候来说，它指的是从利玛窦到马礼逊再到卫三畏等一代一代的外国传教士所记载的江淮官话通语。清朝的最后几年，则特指北京语音系统为基础的新"官话"。它们就是"国语"和今天的普通话的直接祖先。

三、官话祖先

鲁国尧（1985［1993］：295）收集的材料表明，"官话"这个词语本身晚于16世纪早期到中期，这个时间是其最早出现的时间，所有的"官话"这个词语都可追溯到这个时期。虽然这些官话证据之前的标准音阶段，实际上也可以认为是官话，不过，严格说来，并没有冠以“官话”的名称。“前官话”时期该如何命名呢？事实上，名称多得去了。因为我们非常幸运，找到了大量15世纪中期到16世纪早期汉语的朝鲜语对音材料。这些材料包含五个对音资料集，却只是源自两个人：申叔舟（Sin Suchu, 1417—1475）和崔世珍（Chwe Sejin 1478?—1543）：[①]

申叔舟正音，见于《洪武正韵译训》（1455年完成）和《四声通考》（1450年完成），该书已佚，但其对音还保存在崔世珍《四声通解》（1517年完成）。

申叔舟俗音，保存在《洪武正韵译训》和《四声通解》。

左音可见于崔世珍的《翻译老乞大》和《翻译朴通事》。此两本书中的左音通常被认为源出申叔舟。

今俗音由崔世珍的《四声通解》记录。

崔世珍右音见于《翻译老乞大》和《翻译朴通事》两本书。

韩国着力研究这批材料已有一些年头。因为韩国出版了大量研究，不过让人悲伤的是，我还没有办法读到这些成果。我能读过的三本厚书分别是姜寔镇(Kang 1985)、金英万（1989）和金光洙（Kim 1991）。其中第三本书，内容最为全面丰富，因为该书试图将上述所列举的五种材料收罗殆尽。这本书的材料编排非常趁手，因而可以作为我研究朝鲜对音的原始材料。除了处理这些材料本身，也有必要确定它们是什么时候记音，以及如何记音，也有必要确定它们代表的是哪一种语言类型。这也是一个从来都是聚讼纷纭的领域。源自朝鲜历史文献的历史性原始材料，实际上系读书音书写。尽管对其存在大量不同释读，不过，在我看来，阐述最清楚、最令人心悦诚服的还是尉迟治平（1990），也是我这里服膺并采纳的观点。

为了确定可能存在的历史来源，每种材料主体都必须同利玛窦、金尼阁、万济国等官话材料比较。这类最早的研究表明，申叔舟的正音系统与其关系最紧密（Coblin Ms.2）。实际上，我们可以证明，其发音形式是“官话”的直接祖先（Coblin Ms.3）[②]。同时，要追踪“官话”的发展，我们有必要考察：曾几何时，官话是如何受到与其存在潜在亲属关系的南京地区江淮方言的影响，以及官话与江淮方言如何互相影响的。在我看来，这应该是从事这些方言自身历史研究的第一步（Coblin MS.4）。当把这些研究并入正

① 以下资料来源于金光洙（Kim 1991：第一章和第三章）。

② 一般认为，《训民正音》记录了《洪武正韵》中小韵字的读书音（Kim 1991：第3章）。尉迟治平（1990：18）认为，申叔舟向倪谦（明朝官员，曾在1450年访问过朝鲜）求教过《洪武正韵》，两人在深入讨论的过程中，我们据此得出这样一个结论。尉迟还进一步观察到，倪谦是杭州土著，不过政治生涯主要集中在明朝初期时的南京政府。

音和明末官话语音系统进行一般比较的时候，其结果表明：在某一个时期，前者与江淮方言经历了趋同，不过，从来都没有变成一样。[①]因为《训民正音》确实有一些整个江淮方言不具有的典型特征（Coblin Msl,3）。

细读早期描写往往就能确认这样一个结论。比如，万济国认为他的官话音系同南京话的联系并不绝对，但也并非确定无疑。我们应该回忆其忠告——官话系从“南京土著”习得，同时也是从“官话腔调非常地道的其他地方人”（强调系作者所加）那里习得的。我们也发现，马礼逊的记述中也有类似论断，一方面在词典（Morrison 1815：xviii）中写道：“这本词典的读音是中国人所谓的南京方言，而非北京方言。”不过，在其他地方，他又评论（出处同上，p. x）：“所谓官话，通常来讲，是指江南和河南两地所说的话”（强调系作者所加），这也就暗示，除了跟南京话一样之外，这里还涉及其他地方的语言。这样一类语言上的相互联系，实际上，蒋绍愚（1994:125）过去也有过展望，他认为官话音系不应视为某个特定方言的语音系统，而应视为根植于更大范围的言语区域。这是一种折中和综合的观点，似乎同音系内部结构的比较分析相符合，也同欧洲人早期的论断相一致。

通过检视申叔舟正音，我们发现，其与八思巴字汉语有大量相同的特征。该译音系奉蒙古皇帝忽必烈（在中国被称为“元世祖”）诏谕，于13世纪60年代创制，1269年上奏朝廷，一直以来都是学者争相研究和探讨的问题。[②]其内在的音系往往同《中原音韵》（1324年出版）比较。这两种语言系统在一些基本方面存在差异，对于其原因，学界众说纷纭。其中一种目前可能流传甚广，即，八思巴音系同《中原音韵》音系差异很大的地方，其特异之处是人造的，在很多地方，这些特异之处系刻意存古，是因为受到韵图等传统文献的影响。另一种观点则认为，八思巴字汉语是实际语音拼写，代表的是有别于《中原音韵》的语音系统。研究八思巴材料可能采用了一种新方法，即不仅将其同《中原音韵》比较，同时也将其同朝鲜汉字音以及明清时期西方传教士文献进行比较。这种比较初次尝试后表明，八思巴系统的大部分特殊特征跟朝鲜语、官话材料中的一样，因而有理由说，八思巴系统的大部分特殊特征是当时某种汉语标准发音的准确表示（Coblin 1999）。我假设它所代表的是13世纪50年代到60年代间忽必烈汉人侍从的言语，因而，这种言语可能直接源自金朝和南宋末年当时的标准音系。至于这些观点在我心中的分量，八思巴字汉语所反映出来的语音系统是申叔舟的正音系统的直接祖先，这一假设可能价值连城。检验该假设就已表明，两者实际上存在着惊人的相似，申叔舟正音中包含着的

① 周世箴（1989：279—280）在对《洪武正韵》和现代南京话的内在语音体系做了比较研究之后也得出了相似的结论。

② 要查询更多这方面的书目，可以参看中野美由子（1971）和郑再发（T. F. Cheng 1985）的文章。

一些对立，既没有出现在八思巴字汉语，也不能基于八思巴系统中推测而来（Ms.5）。这里得出一个暂定结论，申叔舟的正音系统和八思巴系统表现出差异，但很可能同中原地区标准语发音类型有紧密的亲属关系。在某些时候，申叔舟的正音系统和八思巴系统一直都是标准语的"姐妹"变体，申叔舟的正音系统源自北部平原和长江流域，而八思巴系统很可能来源于南部平原地区，并且并入了其他区域的一些特征。此外，我们也发现，《中原音韵》内在的语音系统跟崔世珍的右音中的语音系统，可能更像，尉迟治平认为这两者或许反映的是16世纪辽东地区的区域发言。这可能是一个未来值得进一步研究的领域。

四、官话历史的一般影响

现在我们总结一下我们就官话历史的一些结论，有些结论非常可靠，不过其他一些结论则毫无疑问有更多推测的意味。14世纪，朱元璋（1328—1398）在长江流域巩固了政权并建立了明朝，共同语音系地位也就在长江流域日益显赫起来。在某些方面，共同语音系同早期"八思巴"系统很像，但不可能源出于彼。它跟通常认为是代表元代标准音发音的《中原音韵》所反映出来的音系框架也很不相同。1421年行政首都迁往北京也没有对它的音系造成根本影响。在明朝疏于管治的时候，语言自然而言会有许多演化性发展，可能从南京地区的江淮方言中吸收若干特征。但是，在任何时候，都没有出现跟南京方言或其他任何一种方言趋同的情况。这种共同语音系，至少用字母表示的来源，仍然代表的是"方言层面的抽象"。这并不是说，它在任何方面上都是"不自然"的，而是说它以多种方式综合了当时各种音系特征，而这些特征不可能出现在当时任何一种方言。1644年清王朝的到来，共同语音系也没有出现显著的变化。然而，18世纪以前，北京的共同语开始受到本地方言的影响，不晚于1850年，从本质上说，已经转为北京音系基础。但是在词汇和语法上类似的巨变可能还没有完成。在这些地区，大宗此前接受到共同语言的材料或许还完整无缺地保存着。截止19世纪晚期，我们过去所说的、作为国家共同语的"明代官话或者清代官话"事实上已经废弃不用。

明代官话或者清代官话的历史本身极其有趣，但是也有其更深远的意义。因为作为中国传统朝代的最后一个共同语，也是唯一一种在音韵、词汇和语法上都拥有众多拉丁字母验证的语言，它能起到示范的作用，我们可以据此提出涉及现代汉语之前标准语本质和发展的一般基础假设。事实上，依据这些假设，我们已经做了一些初步观察，这里着重关注其中音系方面的内容。

首先，正如蒋绍愚（1994）所指出的，传统汉语共同语音系没必要跟任何一种特定口语方言的语音系统相一致。事实上，有证据表明：在中国古代，当地方言往往并不是文人之间在政治场合说话的常用媒介（鲁国尧1985［1993］：298）。相反，共同语音系更多是音系特征的混合物。这个结论绝无背离已知的语言事实。比如，国语是现代标准语形式，从表面上看，台北所说的仍然是基于北京话的共同语，不过，还是保留着长江流域的一些语音特征（比如不能区分卷舌音和平舌音，也不能区分元音/i/后面的鼻音/n/和/ŋ/），以及若干闽南方言和客家方言特征（Kubles 1981, R. Cheng 1985）。今天肯塔基州的列克星敦市（Lexington, Kentucky）一些偏远的地区，从音系上看跟当地方言并不一样。而是一个典型地混合了本地发音模式的综合系统，本地发音模式吸收了诸如电视、电影等标准美式英语特征。我们所知的官话音系信息也表明，汉语传统共同语过去一直都有类似的综合音系特征。实际上，这种情况在世界上的任何地方都屡见不鲜，不过，我们感兴趣的是，现代以前的汉语也得到确切地验证。

其次，作为此前观点而来的必然结果，虽然共同语音系跟特定方言音系不一样，但是共同语音系仍然同这些方言音系交织地结合在一起，这是因为，追根究底，共同语的音系源自这些方言音系，而这些方言音系产生了大量材料，而这些材料又构成了方言音系。就仿佛共同语漂浮在众多口语方言的表面，它从口语中汲取材料，同时外来词、书面语等形式又来充实共同语。两种语言类型之间的互相影响，复杂而微妙，同时还可能奇奇怪怪。因此，从某种程度上说，中国语言史实际上共同语和地区方言互相影响的历史，或许已经得到证明，这个过程很难用通常意义上的历史重建法去追溯。

第三，我们注意到非常重要的一点，重大政治变革或政权更替并不一定对共同语的音系产生重要影响；或者，这些影响至少在文献上几个世纪都不会表现出来。因此，即便明朝建立已经促使了新的标准音出现，不过，迁都北京70多年之后，它对新的官话音系也不会有彻底影响。甚至在220多年后，一个新的王朝建立，即清朝，这是一个完全不同的统治集团，但这没办法触动共同语的基本系统。只有到了19世纪中期，政治中心从江淮地区迁移出去了430多年，音系基础转向北方首都的口语，才正式完成。

第四，作为此前观点而来的必然结果，我们不能把某一特定历史文献完成之地，就认为该文献一定代表该地的语言类型。因而，早期研究者因为利玛窦定居首都北京，并在那里完成了这些文献，就误认为他转写的就是北京话；因为金尼阁住在山西并在彼处完成《西儒耳目资》，便宣称其所记录的语言就是山西话。真实情况是，某个特定地方的人熟悉并且使用共同语并不能说明共同语就是源于此地。

最后，我们观察到，后续时代共同语之间的亲属关系也不一定是直接的。例如，很明显，申叔舟的正音系统不可能源出《中原音韵》所隐藏的语音系统。无论两者是什么样的，它们所代表的是两种不同的语言层次。同样，现代普通话的语音系统也不可能源自中国1700年左右的标准语——也就是万济国（Varo）及其同僚撰就的《华语官话语法》。两者之间没有直接的亲属关系。如果我们愿意的话，我们能够建立起所有这些系统之间的对应等式，我们甚至可以线性地表示这些对应关系，就好像它们是整个历史发展中一部分。不过对其这样序列宣称其历史性，将会歪曲和误解中国标准语发展的真正历史。

五、中古之后汉语音韵学研究

事实上，中古之后的汉语历史音韵学这一领域一直是整个传统音韵学研究的分支。因而，严格来说，过去它一直同诸如韵书、韵图等原始文献联系紧密。对于这些材料，存在大量认为正确的观点和视角，曾几何时，它们都是这个领域的标杆。例如，过去往往认为，某个特定文本代表撰写者的母语方言。或者，另一种观点，标准语或者共同语源起之地，理所当然地，人们就认为共同语实际上是某个还在讨论时期相关政治中心所讲的方言。而且，最终，我们认为，文本背后的语言观是“标准汉语”单一发展的连续阶段，最后累积在现代汉语普通话的语音系统里面。尽管书面原始材料中的文献，在音系层面，常常不是以我们所易于理解的形式出现，不过，通过直接倒推映射现代汉语普通话形式，并将它们标注在从文献数据中可以观察到的系统性模式中，借以恢复早期的发音类型，这一定是可行的。这种遵循高本汉（Bernhard Karlgren）实践的技术，过去一直称之为“音系构拟”。然而，事实上，与作为整体的历史语言学领域中付诸实践的比较构拟或者内部构拟确实不太一样。相反，或许它同一类解释技术有更多的相似之处，该技术研究拉丁语和希腊语这类用字母记录的、古代语言的发音①，其差异在于：这些语言的语音范畴以及它们近似的语音形式，是其书写形式中内在的，而在汉语中，在没有字母表达式的帮助的情况下，我们首先必须推断出它们各自的范畴，然后再从音系的角度解释它们。

根据我们对官话历史的回顾，我们就有可能重新评估该领域的传统立场。

首先，我们大概很少怀疑传统音韵文献材料，我们也只是试图描写特定方言这类的工作。正如张锟（1979：243）所看到的，“单一方言的共时状态描写是现代语言学的一项实践。但是在现代之前，没有人认为有必要忠实而详尽地描述任何一个正在使用的方言”。相反，传统文献则往往同时间上接连不断的共同语之间的关系联系紧密。与此同时，就像我们此前所看到的，人们不能先认定共同语等同于某种特定的方言。在音系层面，共同语更像是兼收并蓄，也就是说，它过去倾向于发展出一个综合的音系系统。

---

① 就像是艾伦（Allen）1965年和1968年著作中使用的方法。

正如张锟（同上）所指出的，事实已经佐证了这种音系上兼收并蓄的这种趋势，传统时期的音韵文献似乎一直以来主要关注文献语境中汉字的读书音而非真是言语的音系。因为这个原因，毫无疑问，音系似乎不太容易受到共时层面的限制，相反，任何时候，人们都觉得前人的文章是权威或者显耀的，所以通过阅读这些文章而使音系存古。这样，汉语文本（script）音系层面上的抽象本质使得这类“历时综合”要比以前不这么处理要容易得多，这是因为阅读者没有必要来面对这些书写形式，从共时观点来看，很明显，这些书写形式既不自然，也不表音。

那么，就这些复杂性而言，我们必须加入我们自己的思考：我们不可能认为接连不断的共同语是按照直接发展的方式演化，之前的共同语直接反馈给后面的共同语，一代一代，周而复始，形成系统的、线性的亲属关系。但是，前期的语音系统则可能和有时候全部地、甚至相当突然地被新系统极其突然地替换，而这种新系统本身就是由不同源头方言的语言要素共同组成。对于传统构拟实践和方法而言，这类因素就会出现严重的理论问题和实践问题，特别是不能想当然地认为，语音演变是从一个时期到下个时期的直接的、线性过程。

六、本领域未来展望

我们对“官话”历史和性质的反思，已经在质疑中古后汉语音韵学研究的一些基本观点。不过，人们大可不必对未来感到悲观。相反，现在它们所激发出来的认识和重新评估，也必然能促进该邻域。下面我说明一下为什么这么说。

6.1 拉丁字母型文献的重要性

中古之后音韵学研究领域的学者，何其有幸，拥有大宗拉丁字母书写的文献。13世纪中期，我们就有了“八思巴汉字音”这样一份近乎完备的音节资料集。15世纪初期，我们就有了各种类型的标准语汉语或地域标准语的朝鲜语汉字音记载。150年之后，从明末最后几十年开始，我们就有了用拉丁字母记录的文献，一直延续并贯穿整个19世纪，这些文献夹杂着当时的记录。然后，从清初到清中叶，出现了标准汉语的满语汉字音材料。在我看来，这些材料的价值不亚于用拉丁字母记录的古欧洲语言。的确，为了给学语言的学生尽可能精确地刻画出汉语读音，所讨论的“汉语对音”在运用的时候往往极为慎重小心，力求准确，因此，最终，我们证明，较之西方与其相提并论的文献，汉语“对音”更为有用。但是，这并不是说汉语材料更简单或更好处理。它们仍然要解释，就像拉丁文、希腊语、中高地德语、中古法语等所文献一样从音系层面解释。不过，毫无疑问它们是稍早时期的无价之宝，而且理应在中古后期历史音韵学研究中处于中心位置。问题是这个领域的大部分材料目前难以获得。因为它们有的在少数几个专家手中，并且分散在不同的源头，有时候费解而难以找寻。当务之急是编辑一套综合性的手册或词典，其中的材料都按照规则加以转写，查询又简单又快捷，无须知道其原始文书。金光洙（Kim Kwangjo）（1991）这一博士论文给如何编撰这样一部汇编提供了范例，只是缺少没给数据表编索引。下一步，我们需要一部比较手册，字母源头的每一条材料在单独词目下并置。例如，如果有人想查找"手"和"头"这两个词的正字法形式，他就能发现以下类型的编排非常有用，节选自一个数据库，包含这里所提及的现代之前正字法数据：

shǒu 手 切韵系统：ʂjəuː

O. 八思巴：蒙古字韵 shiw（上）［ʂiw］

A. 明初：申叔舟正音 ʂiw（上）；俗音 —；左音 —

B. 明末

一般读法：利玛窦 xèu［ʂɛu］；金尼阁 xièu, xèu,［ʂiɛu~ʂɛu］

南方：葡汉辞典 scieu［ʂɛu］；口语 scieu`［ʂɛu］

C. 清初：万济国 xèu［ʂɛu］；马若瑟 cheoù［ʂɛu］

D. 清中叶：马礼逊 shòw［ʂʌu］；卫三畏 shau³［ʂəu］

E. 清末南京：屈奈特 shó［ʂəu］；赫美玲 shou³［ʂəu］

tóu 头 切韵系统:dəuː

O. 八思巴：蒙古字韵 thiw（平）［dəw］

A. 明初：申叔舟正音 dəw（平）；俗音 —；左音 —

B. 明晚期

一般：利玛窦—；金尼阁 têu，［tɛu］

南方：葡汉辞典 teū［t'ɛu］；口语 teū［t'ɛu］

C. 清初：万济国 têu［t'ɛu］；马若瑟 te ôu［t'ɛu］

D. 清中叶：马礼逊 tow［t'ʌu］；卫三畏 tau²［t'əu］

E. 清末南京：屈奈特 tô［t'əu］；赫美玲 tou²［t'əu］

在这些例子中，给出了传统"切韵音系"转写，便于读者参考该字的传统分析模式。然后，引用众多对音，始于八思巴字汉语而终于19世纪材料。注音置于方括号内，其他注音可能随材料而异，不过，在现阶段，我们认为最重要的工作，就是让每一本领域的学者都能方便而不费力就能查找到汉字的原始注音资料。这样的词典能让我们直接了解到共同语此前的读音，而这种方式是传统假设性“构拟”所鞭长莫及的。

6.2 现代方言材料和比较法的重要性

我们看到，汉语音韵史已经渐渐演化到牵涉共同语和方言的相互影响。如果是这样的话，那么，这就表明，我们在研究音韵学时要将方言白话自身的历史也考虑在内。由于缺乏当代之前的文献，我们就必须使用比较法。但是，近年来，汉语方言学运用此法已经引起争议。因为运用此法从事方言比较时，往往会牵涉所谓的“深度”比较（“deep” comparison），换而言之，这是一种规模大因而会牵涉相当古老的方言语系，比如吴方言、闽方言、客家话等。这个过程已经产生很多困难，人们也因此提出了质疑：总的来说，这个方法运用于作为语族的汉语，在多大程度上有效果。[①]话说回来，中古后音韵学研究这一领域，我们还是相当幸运的，因为该领域，我们所做的任何比较，如果按照定义的话，都还是更为“简单”的类型，这是因为，我们只是将缜密的研究限制在一组更小的关系紧密的亲属方言语族之内。在这个时间深度里面，比较构拟有很确切的文献记录，这个问题上，布龙菲尔德的原始中心阿尔冈琴语系就是一个很好的例子（Bloomfield 1925，1970：440—488）。如果我们想研究明代官话和南京地方各种方言之间关系的话，那么，我们也能找到大笔材料用于构拟所谓的“原始中心江淮”语言。这样一种努力得到的原始语言或许不过五六百年的时间长度，也不难实现，也能弄清楚下面两者互相影响的关系：拼音字母能证实的共同语和以该地区为基础的口语（Coblin Ms.4）。这类在更大方言区域内的尝试，不仅能做，而且应做，不管是不是有准确的数据来支撑这个研究。比如，如果我们想思考《中原音韵》和早期洛阳方言之间的关系，我们首先应该做的，不是简单地比较文献和一种或多种现代方言，而是要做出一个比较性质的原始北方中原语言构拟，借此观察将出现一个什么样的普遍音系。为了更有效地在中古后音韵学领域应用比较法，我们应该将我们的眼光放低，谨慎而逐步地推进我们的研究，缜密地处理最近的语言阶段。

6.3 汉语文献的作用

我最近因持有“以韵书和韵图为代表的中国传统语言学研究毫无价值”这个观点而饱受诟病。[②]让我们平心静气地对待这个推测。起初，任何有推理能力的人或许都不会

① 时间深度限制音系构拟中比较法的有效性，参见Durie & Ross（1996：10—11）。

② 见蒲立本（Pulleyblank 1998：201）。但是，重要的是，他并没有引用我的任何观点来支持他的指责，只是空说。

认为过去的文献资料“毫无价值”。不过，如果对讨论中的作者公允一些的话，就会知道这个思路或许受到了截然不同观点的启发。他所恐惧的，正是这样一种观点，人们或许会认为试图用现代大型语料库（比如他的自建语料库）来解释传统汉语史源头毫无价值。那么，让我们缓解一下这些忧惧。我的观点是，传统文献的现代研究已经阐明了中国传统学术的诸多内容，而且这种研究为这个领域以后的工作奠定了坚实的基础。问题是，我们这份工作将如何继续推进？

就我而言，随着新世纪的到来，把汉语语系作为一个整体的背景，涌现出源源不断的新观念，重新评估汉语传统经院派语料库的时机已然成熟，而且对其作现代阐释的时机也已成熟。这项工作完成到某种程度，取决于新一代的汉学家。如上所述，我的建议是将对音材料置于首要位置，将其和比较构拟作为基础，借此重新衡量传统源头材料。在结束之处，我就如何做到这一点，将要做一简单说明。

《中原音韵》是中古后音韵学领域研究最多的一本书。人们已经较多地探讨了其方言基础，也较多地探讨了其同音字组内在音系的基础。超过一半的学者试图恢复其早期音系。那么，在21世纪，我们如何从事这件工作？是抛弃早期的努力，然后再做类似的努力？希望不是这样。无论如何，为了解决这个问题，我们的研究还是应该建立在前辈的基础上，抉发新的观点和方法来研究这本著作本身，与此同时，我们也要将看待材料的新观点整合进去，还要将所开发出来的新方法整合进去。《中原音韵》编写之目的，在于为了让来自全国各地的文人知道如何在“曲”中审音定韵（杨耐思1981：1—6，季永海 1999：19）。其目标是清楚地通过列表来排定韵字，便利大多数读者使用。作者周德清的这种“使用框架”，就其概念而言，是音韵性质的。因此，毋庸置疑，关于音系，或者更准确地说，系统的任何文本的结构安排都在书中，大多数读者不管来自何地，任何时候要使用它的时候，都能从这本书找到其音韵地位。可悲的是，无论如何，对我们而言，绝无可能毫无差错地确定这个安排自身的语音基础：是周德清自己言语的语音系统，抑或是其任何一个特定读者言语的语音系统。我们也没办法从文本自身抽象出任何这样一个系统的真实音值。这不是因为这本书有缺陷或者“毫无价值”，而是因为它本来的目的就不是帮助我们这个时代的人了解那个时代的语言变体到底怎么发音的。事实上，它甚至也没打算告诉当时的人们这些信息。其目的，它只是为“曲”押韵而做，其目的也完全达到（杨耐思1981：1）。尽管如此，我们确信，所有这些，我们现在可以通过它更多地了解到周德清时代的发音类型。让我们举几个简单的例子。

在《中原音韵》同音字表的主体之后，还有一部分处理错误读音，有些源于方言

（诸方语之病）。下面是其中的三个：[1]

1. 仓有窗 "cāng 字有一个错误的发音 chuāng"。

cāng 仓 切韵系统 tshâng

O. 八思巴：蒙古字韵 tshang（平）[ts'aŋ]

A. 明初：申叔舟 正音 ts'aŋ（平）；俗音 —；左音—

B. 明末

一般：利玛窦—；金尼阁 'çām, [ts'aŋ]

南方：葡汉辞典 za' [ts'aŋ]；口语—

C. 清初：万济国 çhāng' [ts'aŋ]；马若瑟 ts'ang [ts'aŋ]

D. 清中叶：马礼逊 tsang [ts'aŋ]；卫三畏 ts'áng1 [ts'aŋ]

Chāng 窗 切韵系统 tṣhång

O. 八思巴：蒙古字韵 chwang（平）[tʂ'waŋ]

A. 明早期：申叔舟 正音 tʂ'aŋ（平）；俗音 tʂ'waŋ; 左音 —

B. 明末

一般：利玛窦—；金尼阁 c'hoām, c'huām [tʂ'uaŋ]

南方：葡汉辞典 zan [ts'an]；口语—

C. 清初：万济国 çhoāng' (Voc.) [tʂ'uaŋ]；

马若瑟 t'chouāng, ts'ang [tʂ'uaŋ~ts'aŋ]

D. 清中叶：马礼逊 chwang [tʂ'uaŋ]；卫三畏 chw'áng [tʂ'uaŋ]

尽管在申叔舟的对音系统中"仓"和"窗"这两个字的发音相当接近，但是在八思系统和申叔舟系统中，这两个词是分开的。马若瑟的笔记中的"窗"和"仓"发音也是一样，不过窗有一个语音变体。虽然我们不能准确地知道周德清怎么读这些字，但是我们可以推测：在他那个时代，的确有一些时音，跟马若瑟所记载的变体拼写一样，后来成为其拼读系统的基础。而且我们也相信，确实有中国人以马若瑟的方式读这些发音。无论如何，周德清的记录告诉我们他认为这组同音字中有一个读音是不标准的，而且"八思巴文字系统"和申叔舟"标准阅读"两方面的语料也确认了这种情况。

[1] 这些语例可见于讷庵的第二卷（未分类），陆志伟、杨耐思所编，北京：中华书局，1978。

2. 巾有惊“巾 jīn 字有一个错误的读音 jīng”。

jīn 巾 切韵系统 kjen[3]

O. 八思巴：蒙古字韵 gin（平）[kin]

A. 明初：申叔舟正音 kin（平）；俗音 —；左音 —

B. 明末

一般：利玛窦 — ；金尼阁 kīn [kin]

南方：葡汉辞典 chin [kin]；方言—

C. 清早期：万济国 kīn [kin]；马若瑟

D. 清中期：马礼逊 kīn [kin]；卫三畏 kin[1] [kɿn]

E. 清晚期 南京：屈奈特 gjīng [ciŋ]；赫美玲 chin/ching[1] [cin~ciŋ]

F. 现代 南京：江苏省 [tɕiŋ^31阴平]；南京词典—

G. 江淮：句容 [tɕiŋ^31阴平]；扬州 [tɕiŋ^31阴平]；高邮 [tɕiŋ^44阴平]；合肥 [tɕin^阴平]；

原始江淮中心 *kiN^阴平

jīng 惊 切韵系统 kjɐng

O. 八思巴：蒙古字韵 ging（平）[kiŋ]

A. 明早期：申叔舟 正音 kiŋ（平）；俗音 —；左音 —

B. 明晚期

一般：利玛窦 — ；金尼阁 kīm [kiŋ]

南方：葡汉辞典 chijn [kin]；口语—

C. 清早期：万济国 kīng [kiŋ]；马若瑟 kīng [kiŋ]

D. 清中期：马礼逊 kīn [kin]；卫三畏 kin1 [kɿn]

E. 清晚期 南京：屈奈特 gjīng [ciŋ]；赫美玲 chin/ching[1] [cin~ciŋ]

F. 现代 南京：江苏省 [tɕiŋ^31阴平]；南京词典 [tɕin^31]

G. 江淮：句容 [tɕin^31阴平]；扬州 [tɕiŋ^31阴平]；高邮 [tɕiŋ^44阴平]；合肥 [tɕin^阴平]；

原始江淮中心 *kiN^阴平

共同语发音保存在我们的拉丁字母原始材料中，而在共同语发音中，一般来说，这两个字的发音严格分开。然而，在《葡汉辞典》手稿中所保留的官话形式中，这两个字却是同音字，读音均为 [kin]。进一步说，中心江淮地区方言的比较研究表明，虽然我们还无法确定这两个尚有疑问的音节末尾的鼻音辅音（* -N）具体发音，这两个同音字存在于原始中心江淮语言（中心江淮地区诸方言的祖先形式）（Coblin Ms.4）。有意思的是，周德清认为的不标准的读音在葡萄牙-汉语词典和“原始中心江淮语音系统”都能找到，只是这两个字的读音并不见于连续朝代的官话拼写系统中。

3. 马有么（马mǎ有一个错误的读音mǒ）。

mǎ马 切韵系统 ma：

O. 八思巴：蒙古字韵 — ；（补充：ma (上) [ma]）

A. 明初：申叔舟正音 ma（上）；俗音 — ；左音 —

B. 明末

一般：利玛窦mà [ma]；金尼阁 kīm [ma]

南方：葡汉辞典 chijn [ma]；口语—

C. 清初：万济国 mà [ma]；马若瑟mà [ma]

D. 清中叶：马礼逊 mà [ma]；卫三畏má[4] [ma]

me 么 切韵系统 muâ：

O. 八思巴：蒙古字韵 mwo（上）；[mwɔ]

A. 明初：申叔舟正音 mwɔ（上）；俗音 ma（平）；左音 ma（平）

B. 明末

一般：利玛窦— ；金尼阁 mô [mɔ]

南方：葡汉辞典 chijn [ma]；口语—

C. 清初：万济国 mò, mà [mɔma]；马若瑟mò, mô [mɔ]

D. 清中叶：马礼逊 mō [mɔ]；卫三畏mó[2] [mɔ]

这里，我们看到，在“八思巴”和《训民正音》中，“么”的韵母是圆唇音。但在申叔舟的俗音和左音读展唇音，同样的形式为万济国所熟知。而这个音周德清很可能认为它是一个错误的读音。不过有趣的是，申叔舟在其时代的口语语境（不是在阅读材料）中听到了这个错误的读音，同样地，在万济国所处的时代的这两个读音，存在着竞争关系。

在这些例子中，我们并不是尝试恢复周德清文本中的实际读音，也不是要推测它以往的方言基础。但是，比较周德清所说的东西和我们在正字法材料中看到的内容，这是一件有趣而让人增广见闻的事情。即使我们一直不能“拟测《中原音韵》语言”（先假设存在这种情况），这份文本在中古后的官话研究中仍然是一份非常宝贵的历史原始资料。

七、结论

在本文中，我们反思了新近当代官话之前性质方面的洞见，也反思了这些洞见对整个中古之后汉语音韵学研究的重要性。在两者关联之处，我们对未来工作做如下建议：

1）必须重新思考汉语共同语性质的原有假设（也就是说，地理和方言亲属关系，一个时代的官话和下一个时代的继承关系等），如有必要，还须重新设定；

2）在语料库中正字法的文献资料应该占据更重要的地位，而且应该被用作重新评估传统非正字法文献资料的基础；

3）现代方言的历史比较研究，引起了原始形式的音韵拟测，同时也应该与文献资料的研究保持一致，以阐明连续时代的官话和区域方言白话之间的相互影响。

最后，我们的研究应该把中古以后的音韵学放到整个的历史音韵学这个更大的领域中。对于这个领域，此前提出的第1个建议可以直接应用，而第2个建议则关联度不大。第3个建议提出的方法可行与否，以及如何应用于中古和较早时期的语音研究，是未来中国语言学家必须面对和解决的问题。

参考文献

Allen, W. S. 1965. *Vox Latina: A Guide to the Pronunciation of Classical Latin*. London: Cambridge University Press.

Allen, W. S. 1968. *Vox Graeca: A Guide to the Pronunciation of Classical Greek*. London: Cambridge University Press.

Azmayesh-Fard (now: Breitenbach), Sandra. 1996. *Humanismus in China—Die chinesische Grammatik des Dominikaners Francisco Varo, 'Arte de la lengua mandarina' (Canton 1703)*. Göttingen: University of Göttingen dissertation.

Bloomfield, Leonard. 1925. On the sound-system of Central Algonquian. *Language* 1:130-156.

Bloomfield, Leonard. 1970. *A Leonard Bloomfield Anthology,* ed. by Charles F. Hockett. Bloomington: University of Indiana Press.

Chang, Kun. 1979. The composite nature of the Ch'ieh-yün. *BMFEA* 50:241-255.

Cheng, Robert L. 1985. A comparison of Taiwanese, Taiwan Mandarin, and Peking Mandarin. *Language*

61:352-377.

Cheng, Tsai-Fa. 1985. *Ancient Chinese and Early Mandarin*. Journal of Chinese Linguistics Monograph Series No.2. Berkeley: Journal of Chinese Linguistics.

Chou, Shizhen. 1989. *"Hong wu zheng yun": Its Relation to the Nanjing Dialect and Its Impact on Standard Mandarin*. Ohio State University dissertation. Ann Arbor: University Microfilms.

Coblin, W. South. 1997. Notes on the sound system of Late Míng *Guanhua*. *Monumenta Serica* 45:261-307.

Coblin, W. South. 1999. Thoughts on the identity of the Chinese 'Phags-pa dialect. *Issues in Chinese Dialect Description and Classification,* ed. by Richard V. Simmons, 84-144. Journal of Chinese Linguistics Monograph Series No.15. Berkeley: Project on Linguistic Analysis, University of California.

Coblin, W. South. Ms.1. A brief history of Mandarin. (In press)

Coblin, W. South. Ms.2. Thoughts on the formation of Early Guānhuà phonology. (In press)

Coblin, W. South. Ms.3. A diachronic study of Míng Guānhuà phonology. (In press)

Coblin, W. South. Ms.4. The phonology of Proto-Central Jiāng-Huái: An exercise in comparative reconstruction. (In press)

Coblin, W. South. Ms.5. 'Phags-pa Chinese and the Standard Reading pronunciation of Early Míng: A comparative study. (Unpublished)

Coblin, W. South, and Joseph A. Levi. 2000. *Francisco Varo's Grammar of the Mandarin Language (1703): An English Translation of the 'Arte de la lengua Mandarina'*. Amsterdam: John Benjamins.

D'Elia, Pasquale. 1938. Il primo dizionario Europeo-Cinese e la fonetizzaione Italiana del Cinese. *Atti del XIX Congresso Internazionale degli Orientalisti*, 171-178. Rome: Tipografia del Senato.

D'Elia, Pasquale. 1942-1949. *Fonti Ricciane. Storia dell'introduzione del cristianesimo en Cina*. Rome: Libreria dello Stato.

Durie, Mark, and Malcolm Ross. 1996. *The Comparative Method Reviewed*. Oxford: Oxford University Press.

Endo, Mitsuaki (远藤光晓). 1984. Fānyì Lǎo Qǐ dà Piáo tōngshì lǐ de Hànyǔ shēngdiào [翻译老乞大朴通事里的汉语声调]. *Yǔyánxué Lùncóng* [语言学论丛] 13:162-182.

Jì, Yǒnghǎi (季永海). 1999. Hànyǔ érhuà yīn de fāshēng yǔ fāzhǎn [汉语儿化音的发生与发展]. *Mínzú Yǔwén* [民族语文] 1999.5:19-30.

Jiǎng, Shàoyú (蒋绍愚). 1994. *Jìndài Hànyǔ Yánjiū Gàikuàng* [近代汉语研究概况]. Peking: Peking University Press.

Kang, Sikchin (姜寔镇). 1985. *"Lǎo Qǐdà" "Piáo tōngshì" Yánjiū* [『老乞大』『朴通事』研究]. Taipei: Xuéshēng Shūjú.

Kim, Youngman. 1989. *Middle Mandarin Phonology: A Study Based on Korean Data*. Ohio State University dissertation. Ann Arbor: University Microfilms.

Kim, Kwangjo. 1991. *A Phonological Study of Middle Mandarin: Reflected in Korean Sources of the Mid-15th and Early 16th Centuries*. University of Washington dissertation. Ann Arbor: University Microfilms.

Kubler, Cornelius. 1981. *The Development of Mandarin in Taiwan: A Case Study of Language Contact*. Cornell University dissertation. Ann Arbor: University Microfilms.

Lǐ, Xīnkuí (李新魁). 1980. Lùn jìndài Hànyǔ gòngtóngyǔ de biāozhǔn yīn[论近代汉语共同语的标准音]. *Yǔwén Yánjiù* [语文研究] 1980.1:44-52.

Lǔ, Guóyáo (鲁国尧). 1985. Míngdài Guānhuà jí qí jīchǔ fāngyán wèntí[明代官话及其基础方言问题]. *Nánjīng Dàxué Xuébào* [南京大学学报] 1985.4:47-52. Reprinted in Lǔ Guóyáo (1993), *Lǔ Guóyáo Zìxuǎnjí* [鲁国尧自选集], 292-304. Zhèngzhōu: Hénán Jiàoyù.

Lù, Zhìwéi (陆志韦). 1947. Jīn Nígé Xīrú ěrmùzī suǒjì de yīn [金尼阁西儒耳目资所记的音]. *Yānjīng Xuébào* [燕京学报] 33:115-128.

Luó, Chángpéi (罗常培). 1930. Yēsūhuìshì zài yīnyùnxué shàng de gòngxiàn [耶稣会士在音韵学上地贡献]. *BIHP* 1:267-388.

Morrison, Robert. 1815-22. *Dictionary of the Chinese Language, in Three Parts*. Macao and London: The Honorable East India Company's Press.

Nakano, Miyoko. 1971. *A Phonological Study in the 'Phags-pa Script and the Meng-ku Tzu-yün*. Canberra: Australian National University Press.

Prémare, Joseph. 1730. *Notitia Linguae Sinicae*. First circulated in manuscript; then published: Malacca, 1831: Academiæ Anglo-Sinensis; Hong Kong 1893: Société des Missions-Etrangères.

Pulleyblank, E. G. 1998. *Qieyun* and *Yunjing*: The essential foundation for Chinese historical linguistics. *JAOS* 118:200-216.

Varo, Francisco. 1703. *Arte de la Lengua Mandarina*, ed. by Pedro de la Piñuela. Canton. Editions held by the Biblioteca Dell'Accademia Nazionale dei Lincei e Corsiniana, Rome and the Bibliothèque Nationale de France, Paris.

Varo, Francisco. Ms. Vocabulario de la Lengua Mandarina. Manuscripts held by the German State Library, Berlin and the British Library, London.

Varo, Francisco. Ms. Vocabulario da lingoa Mandarina. Manuscript held by the Vatican Library, Rome.

Williams, S. Wells. 1844. *English and Chinese Vocabulary in the Court Dialect*. Macao: Office of the Chinese Repository.

Yáng, Nàisī (杨耐思). 1981. *Zhōngyuán Yīnyùn Yīnxì* [中原音韵音系]. Peking: Zhōngguó Shèhuì Kēxué.

Yang, Paul F.-M. 1989. The *Portuguese-Chinese Dictionary* of Matteo Ricci: A historical and linguistic introduction. *Proceedings of the Second International Conference on Sinology, Section on Linguistics and Paleography*, vol. 1, 191-241. Taipei: Academia Sinica.

Yùchí, Zhìpíng (尉迟治平). 1990. Lǎo Qǐdà Piáo tōngshì yànjiě Hànzìyīn de yǔyīn jīchǔ [老乞大、朴通

事诌解汉字音的语音基础]. *Yǔyán Yánjiù* [语言研究] 1990.1:11-24.

Zhāng, Wèidōng (张卫东). 1992. 'Xīrú ěrmùzī' de jìyīn xìngzhí [《西儒耳目资》的记音性质]. *Jìniàn Wáng Lì Xiānshēng Jiǔshí Dànchén Wénjí* [纪念王力先生九十诞辰文集], 224-242. Jǐnán: Shāndōng Jiàoyù.

（译者：万凯艳　首都经济贸易大学国际学院

校审者：胡平　湖北大学文学院）

早期官话音系形成的若干思考

一、导言

“官话”这一术语，首先出现在明朝（1368—1644）文献中，指的是贯穿整个王朝，普遍用作交流的标准语或者通语。现如今，人们大多相信，这种语言肯定有相当数量的语言变体，从某种程度上说，跟南京话有联系（鲁国尧 1985；Yang 1989；Coblin Ms.1）。1356年至1421年，南京曾为首都，“南京官话”开始出现，这起到了很大作用。有趣的是，即便迁都北京四百余年后，19世纪上半叶，这一语言仍然是国家标准语言。然而，尤其重要的是，官话实际上从来都不是南京话，而可能是地道南京话夹杂着汉语方言的其他形式。这些南京话之外的语言变体是什么，其合并过程如何发生，都是官话史上重要问题。本项研究意在对这些问题做初步探索。

二、材料和方法

明代早期官话音系，朝鲜著名汉学家申叔舟（1417—1475）已对其音节已做了大量的翻译和记载。近来，学者金光洙（Kim 1991）研究这些文献记载，此处，我们将会花较大篇幅予以阐述。因此，三个祖本的校勘研究也就显得尤为重要：

正音：申叔舟正音有两个来源：1）《洪武正韵释训》（1455年成书）；2）《四声通考》（约1450年成书），部分佚文保存在崔世珍（1478？—1543）《四声通解》（1517年成书）。

俗音：存于《释训》及《通解》。

左音：存于崔世珍《翻译老乞大》和《翻译朴通事》，一般认为其左音材料源自申叔舟。

根据金光洙（Kim 1991：第3章），正音形式（the Standard Reading form）所代表的是《洪武正韵》中非常理想化的语音系统；不过，本质上相同的俗音和左音，则是基于申叔舟亲耳听闻并记之于书的时音（actual current pronunciation）。据尉迟治平（1990:18）论证，申叔舟全部读音，其依据是15世纪若干官话变体。尉迟治平坚信这两类材料（也就是正音和俗音［包括左音］）源自两个汉语发音人，就历史来源而言，这两人均以发音人的身份为申叔舟服务。根据尉迟治平的观点，1450年出使朝鲜的明朝官员倪谦，申叔舟同其合作，得出如下结论：正音形式源于对《洪武正韵》的翔实论述。尉迟治平提到过倪谦是杭州土著，在南都仕宦。另一方面，在尉迟治平看来，俗音形式来自于另一发音人黄瓒（1413?—1448?；参考Ledyard 1965），其为江西吉水土著，原系翰林院学士，在南京为官而后流放至辽东。1445年，申叔舟到辽东拜谒黄瓒，并与其共论音韵，并调查汉字发音并用朝鲜字母转写。尉迟治平认为，这些形式的发音是申叔舟俗音的基础。不管尉迟治平的假设正确与否，这个问题都值得深入研究。不过，在这点上，我们可以确定的是，正音和俗音/左音的数据构成了截然不同的数据库。不管出于什么原因，两者并没有代表同一汉语底层形式。此处所引全部朝鲜转写形式均选自金光洙（Kim 1991）。在其原始文献，其转写形式都是音位转写，不过，我们尽可能将其纳入窄化形式或者语音形式（由金光洙所定），对于我们的研究目的而言，这更有用。金光洙所用的［ju］，我们改为［y］。

申叔舟转写之后，过了相当长的时间，出现大量欧化字母的原始材料，反映了明末清初（1644—1912）的以南京话为基础的官话。这类材料在下面的原始材料中有所引用：

晚明时期

一般型：有两种原始文献代表此种类型。其一是利玛窦（Matteo Ricci，1552—1610）最后十年于北京撰写的系列汉语文章。在这些文献中，汉字都附有较为成熟的罗马字母形式，表明存在普遍的内部一致、完整的声调，等等。这些材料在晚明存在一定程度的流通，今天尚有若干保存于《西字奇迹》（参见《文字改革》1957）。其二是《西儒耳目资》，金尼阁（Niklaas Trigault，1577—1628）编纂的大规模官话音节汇编，于1626年出版。这些材料和后附所有材料，都将用方括号予以语音标注。

南方型：这些材料来自下面两个原始材料：（1）《葡汉辞典》手稿，保存在耶稣会罗马档案馆（Archivum Romanum Societatis Jesu）。这部文献（ARSI Jap.-Sin. I, 198, 189, fol., cm. 23 x 16.5）要归功于利玛窦和罗明坚（Michele Ruggieri，1543—1607）两人的通力合作，抑或是两人中的一位，人们相信，该书于1580年在广东附近编著（Yang 1989）。或可代表晚明官话区（可能是南方）变体。由于在处理该文献的过程中受惠于人，在此致敬我的同事及其合作者李维（Joseph A. Levi）。（2）一系列口语对话，也附在上述所提及的手稿。古屋昭弘（Furuya 1988；1989）已研究和分析过这些材料，我们的例子也节选自他的文章。

清代早期

（1）万济国（Francisco Varo）《华语官话语法》（*Arte de la Lengua Mandarina*），广东，1703年；实际成书于1684年，该文献反映的是清初官话语法，我们的材料节选自英译本（Coblin and Joseph Ms.）。特殊的法语语音形式，则前面缀以简写“Fr.”。万济国新发现的官话手稿，即《官话词典》（“Vocabulario de la Lengua Mandarina”）也增补入《华语官话语法》，该书现为柏林德国国会图书馆所有。在此，我对德国哥廷根大学（University of Göttingen）的Sandra Azmayesh-Fard博士为我提供复印本致以谢意。从《词汇集》中节选的材料，通过加括号“Voc.”来识别。

（2）马若瑟（Joseph Prémare），《汉语札记》（*Notitia Linguae Sinicae*），约成书于1730年。我的材料主要来自1893年印本，其次来自1831年版本。我非常感谢博德曼（Richard Bodman）教授使我获得了后面那个版本。

清代中期

（1）马礼逊（Robert Morrison）《华英字典》（三卷本）（*Dictionary of the Chinese Language*, in Three Parts），1815—1822在澳门和伦敦出版；第2卷第3部分：汉语和英语，按照音序排列（1820），该书是南京官话字典。（2）卫三畏（S.Wells Williams）《英华韵府历阶》（*English and Chinese Vocabulary in the Court Dialect*），1844年出版，系南京官话音节表。

根据已经在当代得到验证的官话变体材料，再加上它们本身提出的想法，都是说明官话种类是南京官话，或与南京官话有关。尉迟治平认为申叔舟形式代表的是南京官话，不过，他并未从申叔舟的语料库中使用时音来做进一步证明，其论证所依据的倒是整体历史材料的翻译和解释。而且事实上，由于缺少直接表明南京通语情况的15世纪的独立材料，因而，不可能直接进行这样的比较。即便如此，我们仍然选择将15世纪的朝鲜语材料和16世纪、17世纪欧洲的材料并列，去发现其中的异同。实际上，这就是本文的研究程序。我们的目标是利用各种语言变体来试着确认其归属和差异，期望这或许能反映语音变体之间的历史一致性。在比较中，我们将重点关注两类朝鲜语材料（正音和俗音/左音的形式）同后来两类官话材料（即16世纪晚期的南方型和更多16世纪、17世纪一般类型）的比较。首先，我们将比较音节中韵母，转而比较声母。材料中的每一例证，切韵音系的拼写方式将使用李方桂（F. K. Li）修订过的高本汉（Bernhard Karlgren）所拟的“古音”（Ancient Chinese）系统。这里并不假设它们代表任何时期的真正的语言形式，仅供参考而已。

三、韵母比较

3.1 正音*-uj*出现在唇音之后。

正音韵母*-uj*同俗音和左音*-uj*规则对应。不过，在唇音之后，俗音和左音材料中有不圆唇韵母*-əj*。下面例子阐明这种模式：

bèi 贝 切韵系统 pwâi-

A. 明初：申叔舟 正音 puj（去）；俗音 pɔj；左音 pəj

B. 晚明

一般形式：利玛窦 pœi［puɛi］；金尼阁 poéi［puɛi］

南方形式：葡汉辞典 poi［poi］；对话 poi［poi］

C. 清初：万济国 poéy（Voc.）［puɛi］；马若瑟 poéi［puɛi］

D. 晚清：马礼逊 pèi, péi［pei］；卫三畏 pei[5]［pɛi］

bèi 背 切韵系统 puậi-

A. 明初：申叔舟 正音 puj（去）；俗音 pɔj；左音 pəj

B. 晚明

一般形式：利玛窦 —；金尼阁 poéi［puɛi］

南方形式：葡汉辞典 poi［poi］；对话 —

C. 清初：万济国poéi［puɛi］；马若瑟 poéi, péi［puɛi~pɛi］

D. 晚清：马礼逊 péi［pei］；卫三畏 pei[5]［pɛi］

péi 陪 切韵系统 buậi

A. 明初：申叔舟 正音 buj（平）；俗音 bəj；左音 —

B. 晚明

一般形式：利玛窦 —；金尼阁 'poêi［p'uɛi］

南方形式：葡汉辞典 poi［p'oi］；对话 —

C. 清初：万济国 poêy'（Voc.）［p'uɛi］；马若瑟 p'oêi［p'uɛi］

D. 晚清：马礼逊 pēi［p'ei］；卫三畏 p'ei[2]［p'ɛi］

měi 每 切韵系统 muậi:

A. 明初：申叔舟 正音 muj（上）；俗音 məj；左音 məj

B. 晚明

一般形式：利玛窦 —；金尼阁 moèi, mùi［muɛi~mui］

南方形式：葡汉辞典 moi［moi］；对话 moi［moi］

C. 清初：万济国 moéi［muɛi］；马若瑟 mèi, moèi［mɛi~muɛi］

D. 晚清：马礼逊 mèi［mei］；卫三畏 mei[4]［mɛi］

měi 美 切韵系统 mji:[3]

A. 明初：申叔舟 正音 muj（上）；俗音 məj；左音 məj

B. 晚明

一般形式：利玛窦 —；金尼阁 moéi, múi［muɛi~mui］

南方形式：葡汉辞典 mi［mi］；对话 —

C. 清初：万济国 moèy（Voc.）［muɛi］；马若瑟 mèi, moèi［mɛi~muɛi］

D. 晚清：马礼逊 mèi［mei］；卫三畏 mei[4]［mɛi］

mèi 妹 切韵系统 muậi-

A. 明初：申叔舟 正音 muj（去）；俗音 məj；左音 məj

B. 晚明

一般形式：利玛窦 —；金尼阁 moéi, múi［muɛi~mui］

南方形式：葡汉辞典 moi［moi］；对话 —

C. 清初：万济国 moéi［muɛi］；马若瑟 moéi［muɛi］

D. 晚清：马礼逊 mèi［mei］；卫三畏 mei[6]［mɛi］

在这些例子中，一般官话变体和南方官话变体，几乎都同朝鲜语的正音材料保持一致，同时都表现出圆唇性音节核。一直到马礼逊和卫三畏的年代，也往往如此，不过，此时，其读音已经失去了圆唇音。因而，俗音/左音材料同构成正音和官话的材料代表着不同的方言层次。除此之外，我们或许会留意到俗音/左音的形式同现代的北方汉语类似，因此，这实际上可能代表着早期的某种北方层次。另一方面，这或许表明，正音形式连同一般官话和南方官话，反映了不同类型的方言变体。

3.2 正音*-un*出现在唇音和唇齿音之后。

这和上一情况非常相似，正音的韵母*-un*出现在唇音和唇齿音之后，同俗音和左音的*-ən*规则对应，例子如下：

běn 本 切韵系统 puən:

A. 明初：申叔舟 正音 pun（上）；俗音 pən；左音 pən

B. 晚明

一般形式：利玛窦 puèn［puɛn］；金尼阁 puèn［puɛn］

南方形式：葡汉辞典 p［u］on［puon］；对话 pon, pō［pon］

C. 清初：万济国 puèn［puɛn］；马若瑟 pèn［pɛn］

D. 晚清：马礼逊 pūn［p'un］；卫三畏 pan^3［pən］

pén 盆 切韵系统 buən

A. 明初：申叔舟 正音 bun（平）；俗音 bən；左音 bən

B. 晚明

一般形式：利玛窦 —；金尼阁 p'uên［p'uɛn］

南方形式：葡汉辞典 pon［pon］；对话 —

C. 清初：万济国 puèn［p'uɛn］；马若瑟 —

D. 晚清：马礼逊 pūn［p'un］；卫三畏 p'an^2［p'ən］

mén 门 切韵系统 muən

A. 明初：申叔舟 正音 mun（平）；俗音 mən；左音 mən

B. 晚明

一般形式：利玛窦 —；金尼阁 muên［muɛn］

南方形式：葡汉辞典 muẽ, muen［muɛn］；对话 muẽ［muɛn］

C. 清初：万济国 muên［muɛn］；马若瑟 mên［mɛn］

D. 晚清：马礼逊 mún［mun］；卫三畏 mun^2［mʊn］

fēn 分 切韵系统 pjuən

A. 明初：申叔舟 正音 fun（平）；俗音 fən；左音—

B. 晚明

一般形式：利玛窦 —；金尼阁 fuēn［fuɛn］

南方形式：葡汉辞典 fuen［fuɛn］；对话—

C. 清初：万济国 fuēn［fuɛn］；马若瑟 fēn［fuɛn］

D. 晚清：马礼逊 fun［fun］；卫三畏 fan[1]［fən］

fén 焚 切韵系统 bjuən

A. 明初：申叔舟 正音 vun（平）；俗音 vən；左音 —

B. 晚明

一般形式：利玛窦 fuên［fuɛn］；金尼阁 fuên［fuɛn］

南方形式：葡汉辞典 —；对话 —

C. 清初：万济国 fuên（Voc.）［fuɛn］；马若瑟 —

D. 晚清：马礼逊 fūn［fun］；卫三畏 fan[2]［fən］

fèn 粪 切韵系统 pjuən-

A. 明初：申叔舟 正音 vun（去）；俗音 vən；左音 vən

B. 晚明

一般形式：利玛窦 —；金尼阁 fuén［fuɛn］

南方形式：葡汉辞典 fun［fun］；对话 —

C. 清初：万济国 fuén（Voc.）［fuɛn］；马若瑟 fén［fɛn］

D. 晚清：马礼逊 fún［fun］；卫三畏 fan[5]［fən］

fèn 愤 切韵系统 bjuən:

A. 明初：申叔舟 正音 vun（上）；俗音 vən；左音 —

B. 晚明

一般形式：利玛窦 fuèn［fuɛn］；金尼阁 fuèn, fuén［fuɛn］

南方形式：葡汉辞典 —；对话 —

C. 清初：万济国 fuèn（Voc.）［fuɛn］；马若瑟 fén［fɛn］

D. 晚清：马礼逊 fūn［fun］；卫三畏 fan[3]［fən］

wén 文 切韵系统 mjuən

A. 明初：申叔舟 正音 ʋun（平）；俗音 ʋən；左音 ʋən

B. 晚明

一般形式：利玛窦 —；金尼阁 vên［vɛn］

南方形式：葡汉辞典 vẽ, uuẽ［vɛn~uɛn］；对话 uen［uɛn］

C. 清初：万济国 vuên［vuɛn］；马若瑟 vên, ouên［vɛn~uɛn］

D. 晚清：马礼逊 wăn［uæn］；卫三畏 wan²［uən］

wén 闻 切韵系统 mjuən

A. 明初：申叔舟 正音 ʋun（平）；俗音 ʋən；左音 —

B. 晚明

一般形式：利玛窦 vuên［vuɛn］；金尼阁 vên［vɛn］

南方形式：葡汉辞典 —；对话 —

C. 清初：万济国 vuên（Voc.）［vuɛn］；马若瑟 ouên［uɛn］

D. 晚清：马礼逊 wăn`［uæn］；卫三畏 wan²［uən］

wèn 问 切韵系统 mjuən-

A. 明初：申叔舟 正音 ʋun（去）；俗音 ʋən；左音 ʋən

B. 晚明

一般形式：利玛窦 vén［vɛn］；金尼阁 vén［vɛn］

南方形式：葡汉辞典 vuen, ven［vuɛn~vɛn］；对话 ven, vē, uen, uē［vɛn~uɛn］

C. 清初：万济国 vuén［vuɛn］；马若瑟 vén, ouén［vɛn~uɛn］

D. 晚清：马礼逊 wăn'［uæn］；卫三畏 wan⁶［uən］

在音节圆唇性这个问题上，这里官话往往与正音一致。出乎意料的是，在声母［v］后，不圆唇形式似乎更占多数，有时候同圆唇的变体形式相互独立，有时候则互相竞争。略微让人迷惑的是，声母［v-］与［u-］相互竞争，有时候却让位于后者。饶为有趣的是，万济国的形式一直都是圆唇形式，不过，金尼阁的形式则从不如此。

3.3 正音 *-jaj*。

正音 *-jaj* 对应俗音 / 左音 *-jej*，俗音 / 左音元音较高，这一点在许多现代北方方言中能够发现，我们的例子如下：

jiē 街 切韵系统 kaï

A. 明初：申叔舟 正音 kjaj（平）；俗音 kjej；左音 kjaj, kjej

B. 晚明

一般形式：利玛窦 — ；金尼阁 kiãi［kiai］

南方形式：葡汉辞典 chiai［kiai］；对话 —

C. 清初：万济国 kiāy（Voc.）［kiai］；马若瑟 —

D. 晚清：马礼逊 keaē［kiai］；卫三畏 kiái[1]［kiai］

jiě 解 切韵系统 kaï:

A. 明初：申叔舟 正音 kjaj（上）；俗音 kjej；左音 kjej

B. 晚明

一般形式：利玛窦 kiài［kiai］；金尼阁 kiài［kiai］

南方形式：葡汉辞典 chiai［kiai］；对话 —

C. 清初：万济国 kiài［kiai］；马若瑟 kiài, kiái［kiai］

D. 晚清：马礼逊 eàe［kiai］；卫三畏 kiái[5]［kiai］

jiè 诫 切韵系统 kǎi-

A. 明初：申叔舟 正音 kjaj（去）；俗音 kjej；左音 —

B. 晚明

一般形式：利玛窦 — ；金尼阁 kiái［kiai］

南方形式：葡汉辞典 — ；对话 chiaj［kiai］

C. 清初：万济国 kiái［kiai］；马若瑟 kiái［kiai］

D. 晚清：马礼逊 keáe［kiai］；卫三畏 kiái[5]［kiai］

xié 鞋 切韵系统 ɣǎi

A. 明初：申叔舟 正音 ɣjaj（平）；俗音 ɣjej；左音 ɣjej

B. 晚明

一般形式：利玛窦 hiâi［xiai］；金尼阁 hiâi［xiai］

南方形式：葡汉辞典 schiai［xiai］；对话 —

C. 清初：万济国 hiây［xiai］；马若瑟 —

D. 晚清：马礼逊 heāe［xiai］；卫三畏 hiái[2]［xiai］

这些例子中的官话形式同正音形式一致对应，均有较低元音核，这里也可能是如下情形：不同方言"标杆"代表不同的元音音值。

3.4 正音 *-yen*。

正音 *-yen* 同俗音形式、左音形式很少对应。这里，金光洙（Kim1991）给出的结论：它们的韵和正音的韵一致，因此，其底层发音没有显著差别。同样地，在我们材料中，官话一般形式［-yɛn~-uɛn］一直都与正音 *-yen* 对应，这表明：在这点上，早期材料和晚期材料几乎一致。另一方面，在这些例证中，南方官话材料并没有［-yɛn~-uɛn］，不过存在［-yɔn~-uɔn］，例子如下所示：

juǎn 卷 切韵系统 kjwän:[3]

A. 明初：申叔舟 正音 kyen（上）；俗音 — ；左音 —

B. 晚明

一般形式：利玛窦 — ；金尼阁 kiuèn［kyɛn］

南方形式：葡汉辞典 chiuon［kyɔn］；对话 —

C. 清初：万济国 — ；马若瑟 —

D. 晚清：马礼逊 keuèn［kyen］；卫三畏 kiuen[3]［kyɛn］

juàn 倦 切韵系统 gjwän-

A. 明初：申叔舟 正音 gyen（去）；俗音 — ；左音 —

B. 晚明

一般形式：利玛窦 — ；金尼阁 kiuén［kyɛn］

南方形式：葡汉辞典 chiuon［kyɔn］；对话 —

C. 清初：万济国 kiụén（Voc.）［kyɛn］；马若瑟 kuén［kyɛn］

D. 晚清：马礼逊 keuen［kyen］；卫三畏 kiuen[6]［kyɛn］

chuān 穿 切韵系统 tśhjwän

A. 明初：申叔舟 正音 tʂ'yen（平）；俗音 — ；左音 —

B. 晚明

一般形式：利玛窦 — ；金尼阁 c'hụēn［tʂ'uɛn］

南方形式：葡汉辞典 — ；对话 ciuõ［tʂ'uɔn］

C. 清初：万济国 chuēn'（Voc.）［tʂ'uɛn］；马若瑟 tch'ouēn, tch'oūan［tʂ'uɛn~tʂ'uan］

D. 晚清：马礼逊 ch'uen［tʂ'uen］；卫三畏 ch'uen[1]［tʂ'uɛn］

chuán 传 切韵系统 ḍjwän

A. 明初：申叔舟 正音 ʥyen（平）；俗音 —；左音 —

B. 晚明

一般形式：利玛窦 c'huên［tʂ'uɛn］；金尼阁 c'huên［tʂ'uɛn］

南方形式：葡汉辞典 —；对话 ciuõ［tʂ'uɔn］

C. 清初：万济国 —；马若瑟 tch'ouên［tʂ'uɛn］

D. 晚清：马礼逊 chuen［tʂ'uen］；卫三畏 ch'uen²［tʂ'uɛn］

chuán 船 切韵系统 dźjwän

A. 明初：申叔舟 正音 dzyen（平）；俗音 —；左音 —

B. 晚明

一般形式：利玛窦 c'huên［tʂ'uɛn］；金尼阁 c'huên［tʂ'uɛn］

南方形式：葡汉辞典 ciuon, cion［tʂ'uɔn］；对话 —

C. 清初：万济国［tʂ'uɛn］；马若瑟 tch'ouên［tʂ'uɛn］

D. 晚清：马礼逊 ch'uen［tʂ'uen］；卫三畏 ch'uen²［tʂ'uɛn］

quán 全 切韵系统 dzjwän

A. 明初：申叔舟 正音 dzyen（平）；俗音 —；左音 —

B. 晚明

一般形式：利玛窦 ç'iuên［ts'yɛn］；金尼阁 'çiuên［ts'yɛn］

南方形式：葡汉辞典 çiuon［ts'yɔn］；对话 —

C. 清初：万济国 çh'iuên Fr. ts'iuên［ts'yɛn］；马若瑟 t'suên［ts'yɛn］

D. 晚清：马礼逊 tseuēn［ts'yen］；卫三畏 ts'iuen²［ts'yɛn］

quǎn 泉 切韵 dzjwän

A. 明初：申叔舟 正音 dzyen（平）；俗音 —；左音 —

B. 晚明

一般形式：利玛窦 —；金尼阁 'çiuên［ts'yɛn］

南方形式：葡汉辞典 yuõ（> çiuõ ?）［ts'yɔn］；对话 —

C. 清初：万济国 çiuên'（Voc.）［ts'yɛn］；马若瑟 t'suên［ts'yɛn］

D. 晚清：马礼逊 tseuēn［ts'yen］；卫三畏 ts'iuen²［ts'yɛn］

quǎn 犬 切韵系统 khiwen:

A. 明初：申叔舟 正音 k'yen（上）；俗音 —；左音 —

B. 晚明

一般形式：利玛窦 —；金尼阁 k'iuèn［k'yɛn］

南方形式：葡汉辞典 chiuon［k'yɔn］；对话 —

C. 清初：万济国 k'iuèn［k'yɛn］；马若瑟 k'uèn［k'yɛn］

D. 晚清：马礼逊 k'euen［k'yen］；卫三畏 kiuen[3]［k'yɛn］

quàn 劝 切韵系统 khjwɐn-

A. 明初：申叔舟 正音 k'yen（去）；俗音 —；左音 —

B. 晚明

一般形式：利玛窦 k'iuén［k'yɛn］；金尼阁 'kiuén［k'yɛn］

南方形式：葡汉辞典 chiuon［k'yɔn］；对话 —

C. 清初：万济国 k'iuén［k'yɛn］；马若瑟 k'uén［k'yɛn］

D. 晚清：马礼逊 k'euen［k'yen］；卫三畏 kiuen[5]［k'yɛn］

yuān 冤 切韵系统 ʔjwɐn

A. 明初：申叔舟 正音 ʔyen（平）；俗音 —；左音 —

B. 晚明

一般形式：利玛窦 —；金尼阁 iuēn［yɛn］

南方形式：葡汉辞典 yuon［yɔn］；对话 —

C. 清初：万济国 iuēn（Voc.）［yɛn］；马若瑟 iuēn［yɛn］

D. 晚清：马礼逊 yuen［yen］；卫三畏 yuen[1]［yɛn］

yuán 圆 切韵系统 jwän

A. 明初：申叔舟 正音 yen（平）；俗音 —；左音 —

B. 晚明

一般形式：利玛窦 yuên［yɛn］；金尼阁 iuên［yɛn］

南方形式：葡汉辞典 yuon［yɔn］；对话 —

C. 清初：万济国 iuên（Voc.）［yɛn］；马若瑟 iuên［yɛn］

D. 晚清：马礼逊 yuēn［yen］；卫三畏 yuen[2]［yɛn］

yuǎn 远 切韵系统 jwɐn:

A. 明初：申叔舟 正音 yen（上）；俗音 —；左音 —

B. 晚明

一般形式：利玛窦 yuèn［yɛn］；金尼阁 iuèn［yɛn］

南方形式：葡汉辞典 yuo'［yɔn］；对话 —

C. 清初：万济国 iuèn［yɛn］；马若瑟 iuèn［yɛn］

D. 晚清：马礼逊 yuèn［yen］；卫三畏 yuen[4]［yɛn］

类似的模式在对应的入声音节中也能发现：

jué 蹶 切韵系统 kjwɐt

A. 明初：申叔舟 正音 kye（入）；俗音 —；左音 —

B. 晚明

一般形式：利玛窦 kiuê［kyɛn］；金尼阁 kiuê［kyɛn］

南方形式：葡汉辞典 chiuo［kyɔʔ］；对话 —

C. 清初：万济国 iuèn［yɛn］；马若瑟 iuèn［yɛn］

D. 晚清：马礼逊 keuê［kyeʔ］；卫三畏 —

yuē 曰 切韵系统 jwɐt

A. 明初：申叔舟 正音 ŋye（入）；俗音 —；左音 —

B. 晚明

一般形式：利玛窦 iuě［yɛʔ］；金尼阁 iuě［yɛʔ］

南方形式：葡汉辞典 —；对话 iuo, iuo', uo, uo'［yɔʔ］

C. 清初：万济国 —；马若瑟 iuě［yɛʔ］

D. 晚清：马礼逊 yuě［yɛʔ］；卫三畏 yueh[8]［yɛʔ］

yuè 月 切韵系统 ŋgjwɐt

A. 明初：申叔舟 正音 ŋye（入）；俗音 —；左音 —

B. 晚明

一般形式：利玛窦 iuě［yɛʔ］；金尼阁 iuě［yɛʔ］

南方形式：葡汉辞典 iuo［yɔʔ］；对话 —

C. 清初：万济国 iue［yɛʔ］；马若瑟 Juo'［yɔʔ］

D. 晚清：马礼逊 yuĕ［yɛʔ］；卫三畏 yueh⁸［yɛʔ］

同接下来的例证比较，接下来的例证到了马礼逊时代才出现入声调：

qué 瘸 切韵系统 giwa

A. 明初：申叔舟 正音 gye（平）；俗音 —；左音 —

B. 晚明

一般形式：利玛窦 —；金尼阁 'kiuê［k'yɛ］

南方形式：葡汉辞典 chi(u)o［k'yo］；对话 —

C. 清初：万济国 kiuê'（Voc.）［k'yɛ］；马若瑟 —

D. 晚清：马礼逊 keuĕ［k'yɛʔ］；卫三畏 —

xuē 靴 切韵系统 xuâ

A. 明初：申叔舟 正音 xye（平）；俗音 —；左音 —

B. 晚明

一般形式：利玛窦 —；金尼阁 hiuē［xyɛ］

南方形式：葡汉辞典 schio［xio］；对话 —

C. 清初：万济国 —；马若瑟 —

D. 晚清：马礼逊 heuĕ［xyɛʔ］；卫三畏 hiueh⁷［xyɛʔ］

这部分出现的例子和先前所见例子不同，这是由于它们反映了正音、俗音/左音以及一般形式的统一，而同南方材料所反映的形式不同。此处“中心引力”同上述碰到的明显不同。

3.5 正音 *-un/-yn*。

在上述部分的相似模式中，南方官话变体总有和正音的 *-un* 相反的韵 *-yon*（在齿音后为～ *-uon*），而且南方官话变体 *-yon* 往往随情况变为 *-yn*（在卷舌音后为～ *-uon*），其与正音 *-yn* 对应。在这些例证中，官话一般形式是 *-un/-yn*。俗音/左音的系统，此处并无具体材料来源，可能正音读音一致。

cūn 村 切韵系统 ʦhuən

A. 明初：申叔舟 正音 ts'un（平）；俗音 —；左音 —

B. 晚明

一般形式：利玛窦 —；金尼阁 'çūn [ts'un]

南方形式：葡汉辞典 çiuon [ʦ'yon]；对话 çiuo' [ʦ'yon]

C. 清初：万济国 çhūn' (Voc.) [ts'un]；马若瑟 t'sūn [ʦ'un]

D. 晚清：马礼逊 tsūn [ʦ'un]；卫三畏 ts'un¹ [ʦ'ʊn]

cùn 寸 切韵系统 ʦhuən-

A. 明初：申叔舟 正音 ts'un (去)；俗音 —；左音 —

B. 晚明

一般形式：利玛窦 —；金尼阁 'çùn [ts'un]

南方形式：葡汉辞典 çuon [ʦ'yon]；对话 —

C. 清初：万济国 çh'ūn [ts'un]；马若瑟 ts'ún [ʦ'un]

D. 晚清：马礼逊 tsún [ʦ'un]；卫三畏 ts'un⁵ [ʦ'ʊn]

zūn 尊 切韵系统 ʦuən

A. 明初：申叔舟 正音 tsun (平)；俗音 —；左音 —

B. 晚明

一般形式：利玛窦 —；金尼阁 çūn [tsun]

南方形式：葡汉辞典 çiuon [ʦyon]；对话 çiuo', çiuō [ʦyon]

C. 清初：万济国 çhūn Fr. tsūne [ʦun]；马若瑟 tsūn [ʦun]

D. 晚清：马礼逊 tsūn [ʦun]；卫三畏 tsun¹ [ʦʊn]

tūn 吞 切韵系统 t'ən

A. 明初：申叔舟 正音 t'un (平)；俗音 t'ən；左音 —

B. 晚明

一般形式：利玛窦 —；金尼阁 'tūn [t'un]

南方形式：葡汉辞典 tuon [t'uon]；对话 —

C. 清初：万济国 tūn' (Voc.) [t'un]；马若瑟 t'ūn [t'un]

D. 晚清：马礼逊 tūn [t'un]；卫三畏 t'un¹ [t'ʊn]

tún 饨 切韵系统 duən

A. 明初：申叔舟 正音 dun (平)；俗音 t'ən；左音 —

B. 晚明

一般形式：利玛窦 — ；金尼阁 'tûn［t’un］

南方形式：葡汉辞典 tuon［t’uon］；对话 —

C. 清初：万济国 — ；马若瑟 —

D. 晚清：马礼逊 tùn［t’un］；卫三畏 —

* * * *

jūn 君 切韵系统 kjuən

A. 明初：申叔舟 正音 kyn（平）；俗音 — ；左音 —

B. 晚明

一般形式：利玛窦 kiūn［kyn］；金尼阁 kiūn［kyn］

南方形式：葡汉辞典 chiun, chiuon［kyn~kyon］；对话 —

C. 清初：万济国 kiūn, Fr. kiūne［kyn］；马若瑟 kiūn［kyn］

D. 晚清：马礼逊 keūn［kyn］；卫三畏 kiun[1]［kyn］

qún 裙 切韵系统 gjuən

A. 明初：申叔舟 正音 gyn（平）；俗音 — ；左音 —

B. 晚明

一般形式：利玛窦 k'iûn；金尼阁 'kiûn［k’yn］

南方形式：葡汉辞典 chiun, chiuon［k’yn~k'yon］；对话 —

C. 清初：万济国 — ；马若瑟 —

D. 晚清：马礼逊 k'eūn［k’yn］；卫三畏 k'iun[2]［k’yn］

yún 云 切韵系统 juən

A. 明初：申叔舟 正音 yn（平）；俗音 — ；左音 —

B. 晚明

一般形式：利玛窦 — ；金尼阁 iûn［yn］

南方形式：葡汉辞典 iun, iuon［yn~yon］；对话 —

C. 清初：万济国 iûn（Voc.）［yn］；马若瑟 iûn［yn］

D. 晚清：马礼逊 yūn［yn］；卫三畏 yun[2]［yn］

chún 唇（脣）切韵系统 dźjuen

A. 明初：申叔舟 正音 ʐyn（平）；俗音 —；左音 —

B. 晚明

一般形式：利玛窦 —；金尼阁 c'hûn, xûn［tʂ'un~ʂun］

南方形式：葡汉辞典 ciuõ［tʂ'uon］；对话 —

C. 清初：万济国 xûn［ʂun］；马若瑟 chûn, chouên［ʂun~ʂuɛn］

D. 晚清：马礼逊 shun［ʂun］；卫三畏 shun²［ʂʊn］

3.6 正音 *-aŋ* 与俗音 / 左音 *-uaŋ*。

下面一系列音节中，正音的 -aŋ 与俗音和左音 -uaŋ 对应。

zhuāng 妆 切韵系统 tʂjang

A. 明初：申叔舟 正音 tʂaŋ（平）；俗音 tʂwaŋ；左音 tʂwaŋ

B. 晚明

一般形式：利玛窦 —；金尼阁 chuām, choām［tʂuaŋ］

南方形式：葡汉辞典 za', zan, çion［tsan~ʦiɔn］；对话 —

C. 清初：万济国 —；马若瑟 tchouāng［tʂuaŋ］

D. 晚清：马礼逊 chwāng［tʂuaŋ］；卫三畏 chwáng¹［tʂuaŋ］

zhuàng 壮 切韵系统 tʂjang-

A. 明初：申叔舟 正音 tʂaŋ（去）；俗音 tʂwaŋ；左音 tʂwaŋ

B. 晚明

一般形式：利玛窦 —；金尼阁 choám, chuám［tʂuaŋ］

南方形式：葡汉辞典 za'［tsaŋ］；对话 —

C. 清初：万济国 choáng（Voc.）［tʂuaŋ］；马若瑟 tchoáng, tchouāng［tʂuaŋ］

D. 晚清：马礼逊 chuang［tʂuaŋ］；卫三畏 chwáng⁵［tʂuaŋ］

zhuàng 状 切韵系统 dʐjang-

A. 明初：申叔舟 正音 dʐaŋ（去）；俗音 dʐwaŋ；左音 —

B. 晚明

一般形式：利玛窦 ciám［tsaŋ］；金尼阁 choám, chuám［tʂuaŋ］

南方形式：葡汉辞典 zan, ciam［ʦan~tʂaŋ］；对话 —

C. 清初：万济国 choáng［tʂuaŋ］；马若瑟 tchöáng, tchoáng［tʂuaŋ］

D. 晚清：马礼逊 chuang［tʂuaŋ］；卫三畏 chwáng[6]［tʂuaŋ］

zhuàng 撞 切韵系统 ḍång-

A. 明初：申叔舟 正音 tʂaŋ（去）；俗音 tʂwaŋ；左音 tʂwaŋ

B. 晚明

一般形式：利玛窦 —；金尼阁 choám, chuám［tʂuaŋ］

南方形式：葡汉辞典 zam, cia', ciam, zan, can［tsaŋ~tʂaŋ~tsan~tʂan］；对话 —

C. 清初：万济国 choáng［tʂuaŋ］；马若瑟 —

D. 晚清：马礼逊 chuáng［tʂuaŋ］；卫三畏 chwáng[6]［tʂuaŋ］

chuāng 窗 切韵系统 tʂhång

A. 明初：申叔舟 正音 tʂ'aŋ（平）；俗音 tʂ'waŋ；左音 —

B. 晚明

一般形式：利玛窦 —；金尼阁 c'hoām, c'huām［tʂ'uaŋ］

南方形式：葡汉辞典 zan［ts'an］；对话 —

C. 清初：万济国 choāng'（Voc.）［tʂ'uaŋ］；马若瑟 t'chouāng, ts'ang［tʂ'uaŋ~ts'ang］

D. 晚清：马礼逊 chwang［tʂ'uaŋ］；卫三畏 chw'áng［tʂ'uaŋ］

chuāng 疮 切韵系统 tʂhjang

A. 明初：申叔舟 正音 tʂ'aŋ（平）；俗音 tʂ'waŋ；左音 tʂ'waŋ

B. 晚明

一般形式：利玛窦 —；金尼阁 c'hoām, c'huām［tʂ'uaŋ］

南方形式：葡汉辞典 zam［ts'aŋ］；对话 —

C. 清初：万济国 choāng'（Voc.）［tʂ'uaŋ］；马若瑟 —

D. 晚清：马礼逊 chwang［tʂ'uaŋ］；卫三畏 chw'áng［tʂ'uaŋ］

shuāng 霜 切韵系统 ʂjang

A. 明初：申叔舟 正音 ʂaŋ（平）；俗音 ʂwaŋ；左音 —

B. 晚明

一般形式：利玛窦 —；金尼阁 xoām, xuām［ʂuaŋ］

南方形式：葡汉辞典 —；对话 —

C. 清初：万济国 choāns［ʂuaŋ］；马若瑟 chouāng［ʂuaŋ］

D. 晚清：马礼逊 shwāng［ʂuaŋ］；卫三畏 shwáng[1]［ʂuaŋ］

shuāng 双 切韵系统 ṣång

A. 明初：申叔舟 正音 ʂaŋ（平）；俗音 ʂwaŋ；左音 ʂwaŋ

B. 晚明

一般形式：利玛窦 —；金尼阁 xoām, xuām［ʂuaŋ］

南方形式：葡汉辞典 sa', san, xan［san~ʂan］；对话 —

C. 清初：万济国 xoang［ʂuaŋ］；马若瑟 choāng, chouāng［ʂuaŋ］

D. 晚清：马礼逊 shwāng［ʂuaŋ］；卫三畏 shwáng[1]［ʂuaŋ］

在这些例证中，官话一般形式和俗音/左音模式表现出一致性，都表现出圆唇音素并且加上［a］，而南方官话材料模式和正音形式则没有任何圆唇音。因此，这就有别于此前所发现的观点，形成了另外一系列的倾向看法。正音材料可能偏向于南方形式，而俗音/左音和一般的官话形式则与现代标准的北方官话有相同的结构。

3.7 正音 *-uɔn* 出现在唇音后。

俗音和左音中唇音后出现的*-ɔn*与正音的*-uɔn*对立。下面例子中，声母音节均是塞音：

bān 搬 切韵系统 puân

A. 明初：申叔舟 正音 pwɔn（平）；俗音 pɔn；左音 pɔn

B. 晚明

一般形式：利玛窦 —；金尼阁 puōn［puɔn］

南方形式：葡汉辞典 pon［pɔn］；对话 —

C. 清初：万济国 puōn（般）［puɔn］；马若瑟（般）pouān, poüān, pouōn［puan~puɔn］

D. 晚清：马礼逊 pwan［puan］；卫三畏 pwán[1]［puan］

bàn 半 切韵系统 puân-

A. 明初：申叔舟 正音 pwɔn（去）；俗音 pɔn；左音 pɔn

B. 晚明

一般形式：利玛窦 —；金尼阁 puón［puɔn］

南方形式：葡汉辞典 pon［pɔn］；对话 —

C. 清初：万济国 puón［puɔn］；马若瑟（般）pouán, pán［puan~pan］
D. 晚清：马礼逊 pwán, pán［puan~pan］；卫三畏 pwán[5]［pwan］

pán 盘 切韵系统 buân
A. 明初：申叔舟 正音 bwɔn（平）；俗音 bɔn；左音 bɔn
B. 晚明
一般形式：利玛窦 —；金尼阁 p'uôn［p'uɔn］
南方形式：葡汉辞典 pon［pɔn］；对话 —
C. 清初：万济国 p'uôn（Voc.）［p'uɔn］；马若瑟 p'ouân［p'uan］
D. 晚清：马礼逊 pwan［puan］；卫三畏 pw'án[2]［p'uan］

在这些情况中，一般官话材料和正音材料一致，而南方形式则与俗音和左音很相似。这一点与此前所见例证中的模式反映的情况相反。有意思的是，下面这个鼻音声母音节中，南方形式和正音以及一般官话材料一致：

mǎn 满 切韵系统 muân:
A. 明初：申叔舟 正音 mwɔn（上）；俗音 mɔn；左音 mɔn
B. 晚明
一般形式：利玛窦 —；金尼阁 muòn［muɔn］
南方形式：葡汉辞典 muon, muo'［muɔn］；对话 —
C. 清初：万济国 mouone,（Voc.）muòn［muɔn］；马若瑟 mouon, mouon［muɔn］
D. 晚清：马礼逊 mwán［muan］；卫三畏 mwán[4]［muan］

四、声母比较

4.1 正音ŋ-和ʔ-。

在非前元音之前，正音声母ŋ-和ʔ-的分布同切韵声母ng-和ʔ-的对应非常紧密。在可以找到俗音/左音形式的地方，其声母ʔ-对应的正音材料出现ʔ-。但是和正音ŋ-对立，俗音/左音的材料中要么出现零声母，要么在u之前出现半元音w-。在俗音/左音材料的语音系统中，声母ŋ-作用不大。另一方面，官话材料中，所有这样带中元音或低元音的形式都有声母ŋ-，而不论其他系统是否有ŋ-或者ʔ-。（万济国的材料偶尔也会在高元音u前出现声母ŋ-）。因此，很明显，一般官话类型和南方官话类型，其形式各自独立形成一个整体，并且构成了所得的朝鲜语材料的基础。我们的例子如下：

切韵系统 ng-

ài 艾 切韵系统 ngâi-

A. 明初：申叔舟 正音 naj（去）；俗音 —；左音 —

B. 晚明

一般形式：利玛窦 gái［ŋai］；金尼阁 gái［ŋai］

南方形式：葡汉辞典 gai［ŋai］；对话 —

C. 清初：万济国 gáy（Voc.）［ŋai］；马若瑟 —

D. 晚清：马礼逊 gae［ŋai］；卫三畏 ngái[6]［ŋai］

ài 碍 切韵系统 ngậi-

A. 明初：申叔舟 正音 naj（去）；俗音 —；左音 —

B. 晚明

一般形式：利玛窦 ngái［ŋai］；金尼阁 gái［ŋai］

南方形式：葡汉辞典 —；对话 —

C. 清初：万济国 gáy（Voc.）［ŋai］；马若瑟 ngái［ŋai］

D. 晚清：马礼逊 gáe［ŋai］；卫三畏 ngái[6]［ŋai］

aò 傲 切韵系统 ngâu-

A. 明初：申叔舟 正音 ŋaw（去）；俗音 aw；左音 aw

B. 晚明

一般形式：利玛窦 —；金尼阁 gáo［ŋau］

南方形式：葡汉辞典 ngau［ŋau］；对话 —

C. 清初：万济国 gáo［ŋau］；马若瑟 ngáo［ŋau］

D. 晚清：马礼逊 gáou［ŋau］；卫三畏 ngáu²［ŋau］

é 鹅 切韵系统 ngâ

A. 明初：申叔舟 正音 ŋɔ（平）；俗音 ɔ；左音 ɔ, ŋɔ

B. 晚明

一般形式：利玛窦 —；金尼阁 gô［ŋɔ］

南方形式：葡汉辞典 guo［ŋuɔ］；对话 —

C. 清初：万济国 gô, Fr. ngô［ŋɔ］；马若瑟 —
D. 晚清：马礼逊 gó［gɔ］；卫三畏 ngó²［ŋɔ］

wǒ 我 切韵系统 ngâ:
A. 明初：申叔舟 正音 ŋɔ（上）；俗音 ɔ；左音 ɔ
B. 晚明
一般形式：利玛窦 ngò［ŋɔ］；金尼阁 gò［ŋɔ］
南方形式：葡汉辞典 ngo［ŋɔ］；对话 ngo［ŋɔ］
C. 清初：万济国 gò［ŋɔ］；马若瑟 ngò［ŋɔ］
D. 晚清：马礼逊 wo, gò［uɔ~ŋɔ］；卫三畏 wó⁴［uɔ］

wò 卧 切韵系统 nguâ-
A. 明初：申叔舟 正音 ŋɔ（去）；俗音 ɔ；左音 ɔ
B. 晚明
一般形式：利玛窦 guó［ŋuɔ］；金尼阁 gó［ŋɔ］
南方形式：葡汉辞典 guo［ŋuɔ］；对话 —
C. 清初：万济国 gó（Voc.）［ŋɔ］；马若瑟 —
D. 晚清：马礼逊 gó［ŋɔ］；卫三畏 ngó⁶［ŋɔ］

wú 吾 切韵系统 nguo
A. 明初：申叔舟 正音 ŋu（平）；俗音 —；左音 —
B. 晚明
一般形式：利玛窦 gû［ŋu］；金尼阁 û, gû［u~ŋu］
南方形式：葡汉辞典 gu［ŋu］；对话 —
C. 清初：万济国 gû［ŋu］；马若瑟 ngoû, oû［ŋu~u］
D. 晚清：马礼逊 wōo［u］；卫三畏 wu²［u］

wǔ 五 切韵系统 nguo:
A. 明初：申叔舟 正音 ŋu（上）；俗音 —；左音 ŋu
B. 晚明
一般形式：利玛窦 —；金尼阁 ù［u］
南方形式：葡汉辞典 u［u］；对话 —

C. 清初：万济国 ù［u］；gù（Voc.）［ŋu］；马若瑟 où［u］

D. 晚清：马礼逊 wòo［u］；卫三畏 wú[4]［u］

wù 悟 切韵系统 nguo-

A. 明初：申叔舟 正音 ŋu（去）；俗音 —；左音 wu

B. 晚明

一般形式：利玛窦 gû［ŋu］；金尼阁 ú, gú［u~ŋu］

南方形式：葡汉辞典 —；对话 —

C. 清初：万济国 gú, goús［ŋu］；马若瑟 —

D. 晚清：马礼逊 wóo［u］；卫三畏 wú[2]［u］

wù 误 切韵系统 nguo-

A. 明初：申叔舟 正音 ŋu（去）；俗音 —；左音 —

B. 晚明

一般形式：利玛窦 —；金尼阁 ú, gú［u~ŋu］

南方形式：葡汉辞典 —；对话 u［u］

C. 清初：万济国 gú（Voc.）［ŋu］；马若瑟 oú［u］

D. 晚清：马礼逊 wóo［u］；卫三畏 wú[6]［u］

切韵 ʔ-

ài 爱 切韵系统 ʔậi-

A. 明初：申叔舟 正音 ʔaj（去）；俗音 —；左音 —

B. 晚明

一般形式：利玛窦 ngái［ŋai］；金尼阁 gái［ŋai］

南方形式：葡汉辞典 ngai, ngoi［ŋai~ŋɔi］；对话 ngai［ŋai］

C. 清初：万济国 gái［ŋai］；马若瑟 ngái［ŋai］

D. 晚清：马礼逊 gae［ŋai］；卫三畏 ngái[5]［ŋai］

ān 安 切韵系统 ʔân

A. 明初：申叔舟 正音 ʔɔn（平）；俗音 ʔan；左音 ʔan

B. 晚明

一般形式：利玛窦 —；金尼阁 gān［ŋan］

南方形式：葡汉辞典 ngon, ngõ [ŋɔn]；对话 —

C. 清初：万济国 gān, gāne [ŋan]；马若瑟 ngān [ŋan]

D. 晚清：马礼逊 gān, an [ŋan~an]；卫三畏 án^{1} [an]

àn 暗 切韵系统 ʔậm-

A. 明初：申叔舟 正音 ʔam（去）；俗音 ʔan；左音 —

B. 晚明

一般形式：利玛窦 ngán [ŋan]；金尼阁 gán [ŋan]

南方形式：葡汉辞典 ngon（暗）[ŋɔn]；对话 —

C. 清初：万济国 gán（暗）[ŋan]；马若瑟 ngàn [ŋan]

D. 晚清：马礼逊 gàn, [ŋan]；卫三畏 ngán^{3} [ŋan]

ào 澳 切韵系统 ʔâu-

A. 明初：申叔舟 正音 ʔaw（去）；俗音 —；左音 —

B. 晚明

一般形式：利玛窦 —；金尼阁 gáo [ŋau]

南方形式：葡汉辞典 —；对话 —

C. 清初：万济国 gáo（Voc.）[ŋau]；马若瑟 —

D. 晚清：马礼逊 gàou [ŋau]；卫三畏 ngáu^{5} [ŋau]

è 恶 切韵系统 ʔâk-

A. 明初：申叔舟 正音 ʔaw（入）；俗音 —；左音 ʔwaʔ

B. 晚明

一般形式：利玛窦 ŏ [ɔʔ]；金尼阁 ŏ [ɔʔ]

南方形式：葡汉辞典 —；对话 —

C. 清初：万济国 ŏ, gŏ, gŏ̊ [ɔʔ~ŋɔʔ~ŋʊʔ]；马若瑟 ngŏ [ŋɔʔ]

D. 晚清：马礼逊 gŏ [ŋɔʔ]；卫三畏 ngóh^{7} [ŋɔʔ]

ēn 恩 切韵系统 ʔən

A. 明初：申叔舟 正音 ʔən（平）；俗音 —；左音 —

B. 晚明

一般形式：利玛窦 —；金尼阁 gēn [ŋɛn]

南方形式：葡汉辞典 nghen［ŋɛn］；对话 —

C. 清初：万济国 gēn［ŋɛn］；马若瑟 nghēn［ŋɛn］

D. 晚清：马礼逊 găn［ŋæn］；卫三畏 ngan[1]［ŋən］

ōu 欧 切韵系统 ʔəu

A. 明初：申叔舟 正音 ʔəw（平）；俗音 —；左音 —

B. 晚明

一般形式：利玛窦 ēu［ɛu］；金尼阁 gēu［ŋɛu］

南方形式：葡汉辞典 —；对话 —

C. 清初：万济国 —；马若瑟 —

D. 晚清：马礼逊 gōw［ŋʌu］；卫三畏 ngau[1]［ŋəu］

wū 污 切韵系统 ʔuo

A. 明初：申叔舟 正音 ʔu（平）；俗音 —；左音 —

B. 晚明

一般形式：利玛窦 —；金尼阁 ū［u］

南方形式：葡汉辞典 —；对话 ū［u］

C. 清初：万济国 gu（Voc.）［ŋu］；马若瑟 oū［u］

D. 晚清：马礼逊 wōo［u］；卫三畏 wú[1]［u］

wū 乌 切韵系统 ʔuo

A. 明初：申叔舟 正音 ʔu（平）；俗音 —；左音 —

B. 晚明

一般形式：利玛窦 —；金尼阁 ū［u］

南方形式：葡汉辞典 u［u］；对话 —

C. 清初：万济国 gū（Voc.）［ŋu］；马若瑟 oū［u］

D. 晚清：马礼逊 wōo［u］；卫三畏 wú[1]［u］

wù 恶 切韵系统 ʔuo

A. 明初：申叔舟 正音 ʔu（去）；俗音 —；左音 —

B. 晚明

一般形式：利玛窦 ú［u］；金尼阁 ú［u］

南方形式：葡汉辞典 — ；对话 —

C. 清初：万济国 gú, ú [ŋu~u]；马若瑟 oú [u]

D. 晚清：马礼逊 wóo [u]；卫三畏 wú[5] [u]

最后，我们应该加入以下例子，这一例子在朝鲜语材料中看似与切韵的ng-相反：

é 额 切韵系统 ngɐk

A. 明初：申叔舟 正音 əj（入）；俗音 ŋəjʔ；左音 —

B. 晚明

一般形式：利玛窦 — ；金尼阁 gĕ [ŋɛʔ]

南方形式：葡汉辞典 nghe [ŋɛʔ]；对话 —

C. 清初：万济国 gĕ（Voc.）[ŋɛʔ]；马若瑟 nghĕ [ŋɛʔ]

D. 晚清：马礼逊 gĭh [ŋɪʔ]；卫三畏 ngeh[8] [ŋɛʔ]

4.2 正音卷舌音和俗音/左音卷舌音。

除了卷舌音声母，正音材料和俗音/左音材料几乎一致。而且在这一点上，官话材料与朝鲜语材料往往一致。不过，根据金尼阁提供的几个例外的变体形式，在下列类型中，官话材料往往并不一致：

chăn 产 切韵系统 ṣăn:

A. 明初：申叔舟 正音 tʂ'an（上）；俗音 ŋəjʔ；左音 —

B. 晚明

一般形式：利玛窦 ç'ân [ts'an]；金尼阁 ch'àn, ç'àn [tʂ'an~ts'an]

南方形式：葡汉辞典 — ；对话 —

C. 清初：万济国 çh'àn [ʦ'an]；马若瑟 t'chàn [tʂ'an]

D. 晚清：马礼逊 ch'àn [tʂ'an]；卫三畏 ch'án[1] [tʂ'an]

chóu 愁 切韵系统 dẓjəu

A. 明初：申叔舟 正音 dʐəw（平）；俗音 — ；左音 —

B. 晚明

一般形式：利玛窦 — ；金尼阁 çieū, 'çeû [tsiɛu~ts'ɛu]

南方形式：葡汉辞典 ceu, zeu, su [ʦ'ɛu~su]；对话 —

C. 清初：万济国 çhêu'（Voc.）[ts'ɛu]；马若瑟 ts'eôu [ts'ɛu]

D. 晚清：马礼逊 ʦōw [ts'ʌu]；卫三畏 ʦau^2 [ts'əu]

chū 初 切韵系统 tṣhjwo

A. 明初：申叔舟 正音 tʂ'u（平）；俗音 —；左音 —

B. 晚明

一般形式：利玛窦 —；金尼阁 c'hū, 'çū [tʂ'u~ts'u]

南方形式：葡汉辞典 zu [ts'u]；对话 zo [ts'o]

C. 清初：万济国 çh'ū, ts'ōu；çh'hō [ts'u~ts'o]；马若瑟 ts'ōu [ts'u]

D. 晚清：马礼逊 ʦōo,choo [ts'u~tʂ'u]；卫三畏 ts'ú^1 [ts'u]

chú 锄 切韵系统 dẓjwo

A. 明初：申叔舟 正音 dʐu（平）；俗音 —；左音 —

B. 晚明

一般形式：利玛窦 —；金尼阁 c'hū, ç'û [tʂ'u~ts'u]

南方形式：葡汉辞典 zu [ts'u]；对话 —

C. 清初：万济国 chû'（Voc.）[tʂ'u]；马若瑟 t'sōû [ts'u]

D. 晚清：马礼逊 tsōo [ts'u]；卫三畏 ts'ú^2 [ts'u]

chú 雏 切韵系统 dẓju

A. 明初：申叔舟 正音 dʐu（平）；俗音 —；左音 —

B. 晚明

一般形式：利玛窦 —；金尼阁 'çû, ç'hû [tʂ'u~ts'u]

南方形式：葡汉辞典 —；对话 —

C. 清初：万济国 —；马若瑟 —

D. 晚清：马礼逊 tsōo [ts'u]；卫三畏 ts'ú^2 [ts'u]

chǔ 楚 切韵系统 tṣhjwo:

A. 明初：申叔舟 正音 tʂ'u（上）；俗音 —；左音 —

B. 晚明

一般形式：利玛窦 ç'ô [ts'o]；金尼阁 c'hù, ç'ù [tʂ'u~ts'u]

南方形式：葡汉辞典 —；对话 —

C. 清初：万济国 —；马若瑟 t'sòu [ts'u]

D. 晚清：马礼逊 tsóo [ts'u]；卫三畏 ts'ú^{3} [ts'u]

cè 厕 切韵系统 tṣhï-

A. 明初：申叔舟 正音 tʂ'ʅ（去）；俗音 —；左音 tʂ'ʅ

B. 晚明

一般形式：利玛窦 —；金尼阁 c'hí, ç'ú́ [tʂ'i~ts'ɿ]

南方形式：葡汉辞典 çi [ts'ɿ]；对话 —

C. 清初：万济国 çh'ú́（Voc.）[tʂ'ɿ]；马若瑟 —

D. 晚清：马礼逊 tszé [ts'ɿ]；卫三畏 ts'z'^{5} [ts'ɿ]

shēng 生 切韵系统 ṣɐng

A. 明初：申叔舟 正音 ʂəjŋ（平）；俗音 ʂəŋ；左音 ʂəŋ

B. 晚明

一般形式：利玛窦 sēm [sɛŋ]；金尼阁 sēm [sɛŋ]

南方形式：葡汉辞典 sen [sɛn]；对话 sen, se' [sɛn]

C. 清初：万济国 sēng [sɛŋ]；马若瑟 sēng [sɛŋ]

D. 晚清：马礼逊 săng [sæŋ]；卫三畏 sang^{1} [səŋ]

shī 师 切韵系统 ṣi

A. 明初：申叔舟 正音 ʂi（平）；俗音 ʂʅ；左音 ʂʅ

B. 晚明

一般形式：利玛窦 —；金尼阁 xī, sū̆ [ʂi~sɿ]

南方形式：葡汉辞典 ssi [sɿ]；对话 si [sɿ]

C. 清初：万济国 çụ̄（Voc.）[sɿ]；马若瑟 sēe, ssēe, sē, chē [sɿ~ʂʅ]

D. 晚清：马礼逊 szē [sɿ]；卫三畏 sz'^{1} [sɿ]

shī 狮 切韵系统 ṣi

A. 明初：申叔舟 正音 ʂi（平）；俗音 ʂʅ；左音 ʂʅ

B. 晚明

一般形式：利玛窦 —；金尼阁 xī , sū̆ [ʂi~sɿ]

南方形式：葡汉辞典 ssi [sɿ]；对话 —

C. 清初：万济国 çụ̄（Voc.）[sɿ]；马若瑟 —

D. 晚清：马礼逊 szē [sɿ]；卫三畏 sz'^{1} [sɿ]

shǐ 使 切韵系统 ṣï:

A. 明初：申叔舟 正音 ʂi（上）；俗音 ʂʅ；左音 ʂʅ

B. 晚明

一般形式：利玛窦 su̇̀ [sɿ]；金尼阁 xì, su̇̀ [ʂi~sɿ]

南方形式：葡汉辞典 ssi [sɿ]；对话 —

C. 清初：万济国 çu̇̀ [sɿ]；马若瑟 chè, cheè, chèe [ʂʅ]

D. 晚清：马礼逊 szè [sɿ]；卫三畏 sz'^{3} [sɿ]

shì 事 切韵系统 dẓï-

A. 明初：申叔舟 正音 ʐi（去）；俗音 ʐʅ；左音 ʐʅ

B. 晚明

一般形式：利玛窦 su̇́ [sɿ]；金尼阁 xí, su̇́ [ʂi~sɿ]

南方形式：葡汉辞典 ssi [sɿ]；对话 ssi [sɿ]

C. 清初：万济国 su̇́, çu̇́ [sɿ]；马若瑟 ssée, sseé [ʂɿ]

D. 晚清：马礼逊 szè [sɿ]；卫三畏 sz'^{6} [sɿ]

shì 士 切韵系统 dẓï:

A. 明初：申叔舟 正音 ʐi（上去）；俗音 ʐʅ；左音 —

B. 晚明

一般形式：利玛窦 —；金尼阁 su̇̀, xì [sɿ~ʂi]

南方形式：葡汉辞典 —；对话 —

C. 清初：万济国 çu̇́ [sɿ]；马若瑟 —

D. 晚清：马礼逊 szè, shè [sɿ~ʂi]；卫三畏 sz'^{6} [sɿ]

shǔ 数 切韵系统 ṣju:

A. 明初：申叔舟 正音 ʂu（上）；俗音 —；左音 —

B. 晚明

一般形式：利玛窦 —；金尼阁 sù [su]

南方形式：葡汉辞典 su [su]；对话 —

C. 清初：万济国 sù（Voc.）[su]；马若瑟 soù [su]

D. 晚清：马礼逊 sòo [su]；卫三畏 —

shù 数 切韵系统 ʂju-

A. 明初：申叔舟 正音 ʂu（去）；俗音 —；左音 —

B. 晚明

一般形式：利玛窦 sú [su]；金尼阁 sù（tone sic!）[su]

南方形式：葡汉辞典 su [su]；对话 —

C. 清初：万济国 sú, sǘ [su]；马若瑟 soú [su]

D. 晚清：马礼逊 sóo [su]；卫三畏 su[5] [su]

shuāi 衰 切韵系统 ʂwi

A. 明初：申叔舟 正音 ʂuj（去）；俗音 ʂwaj；左音 —

B. 晚明

一般形式：利玛窦 sūi [sui]；金尼阁 sūi, xoāi [sui~ʂuai]

南方形式：葡汉辞典 soi [soi]；对话 —

C. 清初：万济国 xoāi [ʂuai]；马若瑟 chouāi [ʂuai]

D. 晚清：马礼逊 shwāe [ʂuai]；卫三畏 shwái[1] [ʂuai]

shuò 朔 切韵系统 ʂåk

A. 明初：申叔舟 正音 ʂaw（去）；俗音 ʂwawʔ；左音 —

B. 晚明

一般形式：利玛窦 sŏ [sɔʔ]；金尼阁 sŏ [sɔʔ]

南方形式：葡汉辞典 —；对话 —

C. 清初：万济国 sŏ [sɔʔ]；马若瑟 —

D. 晚清：马礼逊 sŏ [sɔʔ]；卫三畏 sóh[7] [sɔʔ]

suǒ 所 切韵系统 ʂjwo:

A. 明初：申叔舟 正音 ʂu（上）；俗音 —；左音 ʂwɔ

B. 晚明

一般形式：利玛窦 sò [sɔ]；金尼阁 sò, sù [sɔ~su]

南方形式：葡汉辞典 so, su, si [sɔ ~su ~si]；对话 su [su]

C. 清初：万济国 sò［sɔ］；马若瑟 sò［sɔ］

D. 晚清：马礼逊 sò［sɔ］；卫三畏 só³［sɔ］

zé 择 切韵系统 ḍɐk

A. 明初：申叔舟 正音 dʐəj（入）；俗音 —；左音 —

B. 晚明

一般形式：利玛窦 cĕ［tsɛʔ］；金尼阁 çĕ［tsɛʔ］

南方形式：葡汉辞典 ze［tsɛʔ］；对话 —

C. 清初：万济国 çhĕ（Voc.）［tsɛʔ］；马若瑟 tsĕ［tsɛʔ］

D. 晚清：马礼逊 tsĭh［tsɪʔ］；卫三畏 tseh⁸［tsɛʔ］

zhà 栅 切韵系统 tṣhɐk, tṣhɛk

A. 明初：申叔舟 正音 tʂ'əj（入）；俗音 —；左音 —

B. 晚明

一般形式：利玛窦 —；金尼阁 'çĕ［tsɛʔ］

南方形式：葡汉辞典 —；对话 —

C. 清初：万济国 çhĕ（Voc.）［tsɛʔ］；马若瑟 —

D. 晚清：马礼逊 tsĭh［tsɪʔ］；卫三畏 —

zhái 宅 切韵系统 ḍɐk

A. 明初：申叔舟 正音 dʐəj（入）；俗音 —；左音 dʐəjʔ

B. 晚明

一般形式：利玛窦 —；金尼阁 çĕ［tsɛʔ］

南方形式：葡汉辞典 —；对话 —

C. 清初：万济国 çhĕ（Voc.）［tsɛʔ］；马若瑟 —

D. 晚清：马礼逊 tsĭh［tsɪʔ］；卫三畏 tseh⁸［tsɛʔ］

zhù 助 切韵系统 dẓjwo-

A. 明初：申叔舟 正音 dʐu（去）；俗音 —；左音 —

B. 晚明

一般形式：利玛窦 çú［tsu］；金尼阁 çú, chú［tsu~tʂu］

南方形式：葡汉辞典 zu, zo［ʦu, ʦo］；对话 —

C. 清初：万济国 chú́ [tʂʮ]；马若瑟 ʦoú [ʦu]

D. 晚清：马礼逊 chòo, ʦòo [tʂu~tsu]；卫三畏 tsú[6] [tsu]

这些例子中，正音读音和俗音/左音读音毫无例外都有卷舌音声母，官话材料则表明存在齿擦音，要么独立出现，要么作为变体与卷舌音声母形成竞争关系。而且竞争出现的地方，总是出现在一般官话类型。此处出现齿擦音的地方，南方变体则往往比较和谐。与这些例子相反的是，我们能找到另一种情形：在卷舌音问题上，这类一般变体往往同朝鲜语材料一致，而南方型则更倾向于没有：

zhuāng妆 切韵系统 tʂjang

A. 明初：申叔舟 正音 tʂaŋ（平）；俗音 tʂwaŋ；左音 tʂwaŋ

B. 晚明

一般形式：利玛窦 —；金尼阁 chuām, choām [tʂuaŋ]

南方形式：葡汉辞典 za', zan, çion [tsan~ʦiɔn]；对话 —

C. 清初：万济国 —；马若瑟 tchouāng [tʂuaŋ]

D. 晚清：马礼逊 chwāng [tʂuaŋ]；卫三畏 chwáng[1] [tʂuaŋ]

zhuàng 壮 切韵系统 tʂjang-

A. 明初：申叔舟 正音 tʂaŋ（去）；俗音 tʂwaŋ；左音 tʂwaŋ

B. 晚明

一般形式：利玛窦 —；金尼阁 choám, chuám [tʂuaŋ]

南方形式：葡汉辞典 za' [tsaŋ]；对话 —

C. 清初：万济国 choáng（Voc.）[tʂuaŋ]；马若瑟 tchoáng, tchouāng [tʂuaŋ]

D. 晚清：马礼逊 chuang [tʂuaŋ]；卫三畏 chwáng[5] [tʂuaŋ]

zhuàng 状 切韵系统 dʐjang-

A. 明初：申叔舟 正音 dʐaŋ（去）；俗音 dʐwaŋ；左音 —

B. 晚明

一般形式：利玛窦 ciám [tsaŋ]；金尼阁 choám, chuám [tʂuaŋ]

南方形式：葡汉辞典 zan, ciam [ʦan~tʂaŋ]；对话 —

C. 清初：万济国 choáng [tʂuaŋ]；马若瑟 tchöáng, tchoáng [tʂuaŋ]

D. 晚清：马礼逊 chuang [tʂuaŋ]；卫三畏 chwáng[6] [tʂuaŋ]

zhuàng 撞 切韵系统 ḍång-

A. 明初：申叔舟 正音 tʂaŋ（去）；俗音 tʂwaŋ；左音 tʂwaŋ

B. 晚明

一般形式：利玛窦 —；金尼阁 choám, chuám［tʂuaŋ］

南方形式：葡汉辞典 zam, cia', ciam, zan, can［ʦaŋ~tʂaŋ~ʦan~tʂan］；对话 —

C. 清初：万济国 choáng［tʂuaŋ］；马若瑟 —

D. 晚清：马礼逊 chuáng［tʂuaŋ］；卫三畏 chwáng[6]［tʂuaŋ］

chuāng 窗 切韵系统 tṣhång

A. 明初：申叔舟 正音 tʂ'aŋ（平）；俗音 tʂ'waŋ；左音 —

B. 晚明

一般形式：利玛窦 —；金尼阁 c'hoām, c'huām［tʂ'uaŋ］

南方形式：葡汉辞典 zan［ʦ'an］；对话 —

C. 清初：万济国 choāng'（Voc.）［tʂ'uaŋ］；马若瑟 t'chouāng, ts'ang［tʂ'uaŋ~ts'ang］

D. 晚清：马礼逊 chwang［tʂ'uaŋ］；卫三畏 chw'áng［tʂ'uaŋ］

chuāng 疮 切韵系统 tṣhjang

A. 明初：申叔舟 正音 tʂ'aŋ（平）；俗音 tʂ'waŋ；左音 tʂ'waŋ

B. 晚明

一般形式：利玛窦 —；金尼阁 c'hoām, c'huām［tʂ'uaŋ］

南方形式：葡汉辞典 zam［ʦ'aŋ］；对话 —

C. 清初：万济国 choāng'（Voc.）［tʂ'uaŋ］；马若瑟 —

D. 晚清：马礼逊 chwang［tʂ'uaŋ］；卫三畏 chw'áng［tʂ'uaŋ］

shuāng 双 切韵系统 ṣång

A. 明初：申叔舟 正音 ʂaŋ（平）；俗音 ʂwaŋ；左音 ʂwaŋ

B. 晚明

一般形式：利玛窦 —；金尼阁 xoām, xuām［ʂuaŋ］

南方形式：葡汉辞典 sa', san, xan［san~ʂan］；对话 —

C. 清初：万济国 xoang［ʂuaŋ］；马若瑟 choāng, chouāng［ʂuaŋ］

D. 晚清：马礼逊 shwāng［ʂuaŋ］；卫三畏 shwáng[1]［ʂuaŋ］

zhà 诈 切韵系统 tṣa-

A. 明初：申叔舟 正音 tʂa（去）；俗音 —；左音 —

B. 晚明

一般形式：利玛窦 —；金尼阁 chá [tʂa]

南方形式：葡汉辞典 za [tsa]；对话 —

C. 清初：万济国 chá（Voc.）[tʂa]；马若瑟 tchá [tʂa]

D. 晚清：马礼逊 chá [tʂa]；卫三畏 chá[5] [tʂa]

zhāi 斋 切韵系统 tṣăi

A. 明初：申叔舟 正音 tʂa（平）；俗音 —；左音 —

B. 晚明

一般形式：利玛窦 —；金尼阁 chāi [tʂai]

南方形式：葡汉辞典 —；对话 zai, zāi [tsai]

C. 清初：万济国 chāi [tʂai]；马若瑟 tchāi [tʂai]

D. 晚清：马礼逊 chae [tʂai]；卫三畏 chái[1] [tʂai]

zhàn 站 切韵系统 ṭăm-

A. 明初：申叔舟 正音 tʂam（去）；俗音 tʂan；左音 —

B. 晚明

一般形式：利玛窦 —；金尼阁 —

南方形式：葡汉辞典 zan [tsan]；对话 —

C. 清初：万济国 chán [tʂan]；马若瑟 —

D. 晚清：马礼逊 chán, chen [tʂan~tʂɛn]；卫三畏 chán[6] [tʂan]

shā 杀 切韵系统 ṣăt

A. 明初：申叔舟 正音 ʂa（入）；俗音 —；左音 —

B. 晚明

一般形式：利玛窦 —；金尼阁 xă, să [ʂaʔ~saʔ]

南方形式：葡汉辞典 sa, scia [saʔ~ʂaʔ]；对话 —

C. 清初：万济国 xă [ʂaʔ]；马若瑟 chă [ʂaʔ]

D. 晚清：马礼逊 shă [ʂæʔ]；卫三畏 sháh[7] [ʂaʔ]

shài 晒 切韵系统 ṣaï-

A. 明初：申叔舟 正音 ʂaj（去）；俗音 — ；左音 —

B. 晚明

一般形式：利玛窦 — ；金尼阁 xái [ʂai]

南方形式：葡汉辞典 sai [sai]；对话 —

C. 清初：万济国 xáy（Voc.）[ʂai]；马若瑟 chái [ʂai]

D. 晚清：马礼逊 sháe [ʂai]；卫三畏 shái[5] [ʂai]

shān 山 切韵系统 ṣăn

A. 明初：申叔舟 正音 ʂan（平）；俗音 — ；左音 —

B. 晚明

一般形式：利玛窦 — ；金尼阁 xān [ʂan]

南方形式：葡汉辞典 san [san]；对话 —

C. 清初：万济国 xān [ʂan]；马若瑟 chān [ʂan]

D. 晚清：马礼逊 shān [ʂan]；卫三畏 shán[1] [ʂan]

4.3 音节 *cí*“辞”“词”以及音节 *xiáng*“详”“庠”。

对应于切韵声母*z*-音节，正音材料中往往是擦音*z*-；在可看到的左音材料中，也同样是*z*-。而在对应的南方官话材料中，其声母是*s*-。另一方面，伴随偶尔出现的变体*s*-，官话一般形式的变体则出现塞擦音*ts'*-：

cí 辞 切韵系统 zï

A. 明初：申叔舟 正音 zɿ（平）；俗音 — ；左音 —

B. 晚明

一般形式：利玛窦 ç'û [ʦ'ɿ]；金尼阁 'çû, sû [ts'ɿ~sɿ]

南方形式：葡汉辞典 — ；对话 ssi [sɿ]

C. 清初：万济国 çh'û [ʦ'ɿ]；马若瑟 ʦ'eê [ʦ'ɿ]

D. 晚清：马礼逊 tszē [ʦ'ɿ]；卫三畏 ʦ'z'[2] [ʦ'ɿ]

cí 词 切韵系统 zï

A. 明初：申叔舟 正音 zɿ（平）；俗音 — ；左音 —

B. 晚明

一般形式：利玛窦 —；金尼阁 'çû, sû [ts'ɿ~sɿ]

南方形式：葡汉辞典 si [sɿ]；对话 —

C. 清初：万济国 çhû' (Voc.) [ʦ'ɿ]；马若瑟 ʦ'eê, ssêe [ʦ'ɿ~sɿ]

D. 晚清：马礼逊 tszē [ʦ'ɿ]；卫三畏 ʦ'z'² [ʦ'ɿ]

xiáng 详 切韵系统 zjang

A. 明初：申叔舟 正音 ziaŋ (平)；俗音 —；左音 zjaŋ

B. 晚明

一般形式：利玛窦 c'iâm [ts'iaŋ]；金尼阁 siâm, ç'iâm [siaŋ~ʦ'iaŋ]

南方形式：葡汉辞典 —；对话 —

C. 清初：万济国 çh'iâng [ʦ'iaŋ]；马若瑟 ʦ'iâng [ʦ'iaŋ]

D. 晚清：马礼逊 tseang ("more common reading"), seang [ʦ'iaŋ~siaŋ]；

卫三畏 siáng² [siaŋ]

xiáng 庠 切韵系统 zjang

A. 明初：申叔舟 正音 ziaŋ (平)；俗音 —；左音 —；比较 CPR ʥjaŋ

B. 晚明

一般形式：利玛窦 siâm [siaŋ]；金尼阁 siâm, ç'iâm [siaŋ~ʦ'iaŋ]

南方形式：葡汉辞典 —；对话 —

C. 清初：万济国 —；马若瑟 siâng [siaŋ]

D. 晚清：马礼逊 tseāng, seang [ʦ'iaŋ~siaŋ]；卫三畏 —

4.4 词语"完 *wán*"。

正音"完"的读音是喉擦音声母ɣ-，而俗音材料和左音材料则看不到这一声母。在马若瑟时代，所有官话形式的声母毫无例外都有喉音*x*-，因此，不出现喉音声母的形式以变体的身份出现，最后广泛出现：

wán 完 切韵系统 ɣuân

A. 明初：申叔舟 正音 ɣwɔn (平)；俗音 wɔn, yen；左音 yen

B. 晚明

一般形式：利玛窦 —；金尼阁 huôn [xuɔn]

南方形式：葡汉辞典 cuon [xuɔn]；对话 cuõ [xuɔn]

C. 清初：万济国 huôn［xuɔn］；马若瑟 houān, oüân, ouân［xuan~uan］

D. 晚清：马礼逊 hwan, wan［xuan~uan］；卫三畏 wán[2]［uan］

wán 丸 切韵系统 ɣuân

A. 明初：申叔舟 正音 ɣwɔn（平）；俗音 wɔn, yen；左音 yen

B. 晚明

一般形式：利玛窦 —；金尼阁 huôn［xuɔn］

南方形式：葡汉辞典 yuon［yɔn］；对话 —

C. 清初：万济国 iuên（Voc.）［yɛn］；马若瑟 —

D. 晚清：马礼逊 hwan, wan［xuan~uan］；卫三畏 hwán[2]［huan］

huàn 换 切韵系统 ɣuân-

A. 明初：申叔舟 正音 ɣwɔn（去）；俗音 —；左音 —

B. 晚明

一般形式：利玛窦 —；金尼阁 huón［xuɔn］

南方形式：葡汉辞典 cuõ［xuɔn］；对话 —

C. 清初：万济国 huón［xuɔn］；马若瑟 hoán［xuan］

D. 晚清：马礼逊 hwan［xuan］；卫三畏 huán[6]［xuan］

五、结论

上述比较表明，我们所讨论的四种语料，其间关系非常复杂。我们已经从11个不同问题的角度（其中第9个问题设计两个不同的例证），讨论了4种不同形式的材料（包括正音、俗音/左音、一般官话、南方官话），总共得到12个论点。我们的发现可通过下列表格图示，其中相一致的地方用符号“+”表示，而不同的地方则用符号“≠”表示。

韵母

3.1 正音 *-uj* 在唇音后	正音+一般+南方≠俗音/左音
3.2 正音 *-un* 在唇音和唇齿音后	正音+一般+南方≠俗音/左音
3.3 正音 *-jaj.*	正音+一般+南方≠俗音/左音
3.4 正音 *-yen.*	正音+俗音/左音+一般≠南方
3.5 正音 *-un/ -yn*	正音+俗音/左音+一般≠南方

3.6 正音 *-aŋ* vs. 俗音/左音 *-uaŋ*.	正音+南方≠俗音/左音+一般
3.7 正音 *-uɔn* 在唇音后	正音+一般≠俗音/左音+南方

声母

4.1 正音 *ŋ-* 和 *ʔ-*.	正音≠俗音/左音≠一般+南方
4.2 正音和俗音/左音卷舌音	a. 正音+俗音/左音≠一般+南方
	b. 正音+俗音/左音+一般≠南方
4.3 音节 *cí* 词、辞等	正音+俗音/左音+南方≠一般
4.4 汉字 完 *wán*	正音+一般+南方≠俗音/左音

这一表格可以重新整理突出特点形式：

3.1 正音 *-uj* 在唇音后	正音+一般+南方≠俗音/左音
3.2 正音 *-un* 在唇音和唇齿音后	正音+一般+南方≠俗音/左音
3.3 正音 *-jaj*.	正音+一般+南方俗音/左音
4.4 汉字 完 *wán*	正音+一般+南方≠俗音/左音

****

3.4 正音 *-yen*.	正音+俗音/左音+一般≠南方
3.5 正音 *-un/ -yn*	正音+俗音/左音+一般≠南方
4.2 正音和俗音/左音卷舌音	b. 正音+俗音/左音+一般≠南方

****

4.3 音节 *cí* 词、辞等	正音+俗音/左音+南方≠一般
4.2 正音和俗音/左音卷舌音	a. 正音+俗音/左音≠一般+南方
4.1 正音 *ŋ-* 和 *ʔ-*.	正音≠俗音/左音≠一般+南方
3.6 正音 *-aŋ* vs. 俗音/左音 *-uaŋ*.	正音+南方≠俗音/左音+一般
3.7 正音 *-uɔn* 在唇音后	正音+一般≠俗音/左音+南方

如果我们整理四种材料中的形式存在相同特点后，可得到下列结果：

正音+一般　　8

正音+南方	6
一般+南方	6
正音+俗音/左音	5
俗音/左音+一般	4
俗音/左音+南方	2

这些数字表明，至少是这里考察的若干语境中，正音材料同一般官话形式类型材料最接近，而且和南方形式略为相似。有趣的是，尽管一般官话类型和南方官话类型，存在明显的不同，不过，看上去也不乏相同之处。俗音/左音的材料和后来的官话形式明显不同，而且和南方型相去甚远。这些观察进一步让我们思考，这些语言变体之间的关系可能是根据不同的材料。学者尉迟治平（1990：18）已经提出，正音材料和俗音/左音材料是来自不同的发音人，但他相信：两个人的语言基础都是明代官话。我们的比较，坐实了这两种类型的材料代表了两种完全不同的底层汉语变体。正音语料明显与明末清初欧洲传教士所记录的官话形式出乎意料地相似，尽管它们在时间上相隔了一个多世纪。而另一方面，俗音/左音的材料，则可能反映了语言变化的趋势，和后来的标准官话以及我们所找到的南方官话变体有很大的不同。

金光洙（Kim 1991：10）相信，正音材料表明了“申叔舟和他的同僚试图整理《洪武正韵》音系以及整理时音的努力”。基于此，他直接表明，尽管正音形式根据的是《洪武正韵》的汉字材料，但它们反映的却是申叔舟的发音人在尝试读字书音（倪谦，根据学者尉迟治平 1990）。无论如何，我们发现正音形式与后来的官话在很多方面接近，包括一般官话和南方官话变体。因此，这些形式不太可能是“人为”的，也就是说，不是在那个时期，从发音上看，不自然的，或者也不是不可能出现的语音组合。正如我们已记录的那样，俗音/正音材料代表的是正音语料之外的某些东西。事实上，申叔舟称之为“俗”（“流行”或者“粗鄙”）的这个事实，也正说明该形式在特定话语人群中正在使用。重要的是，后来的一般官话变体，有的时候，与俗音/左音用法一致而与正音、南方形式正相反。

作为一个整体，这些材料内部的极性和张力（polarities and tensions），或许对了解不同阶段官话语音系统的形成过程，最终能起极大的作用。后来的官话形式与申叔舟的俗音/左音材料明显对立；但在某些方面，正音语料与官话形式有某种程度的互相吸引。这可能表明，俗音/左音材料某种言语形式，该形式对后来形成官话没有太大影响。同样地，正音与俗音/左音语料有某种程度的相似之处，比如说，它们都存在配套的一系列卷舌音声母，在这点上，大部分与今天的北方标准官话一致。在这类例证中，若干官话变体一致，而在其他例证中（正如上文4.2中第一组例子），这些官话变体出现的齿擦音。此外尚有其他情形（正如上文4.2中第二组例子），南方官话出现擦音，而一般变体融入俗音/左音，同时出现卷舌音。明显的是，南方变体处于与正音或者俗音/左音材料对立的一端，金尼阁总是给出了变体读音，似乎是借此弥缝两种类型的差距，如果这些变体反映了该时期的实际用法，那么它们可能揭示了竞争中的几种次官话变体存在中和的趋势。

明代实际使用方言的极性和张力，其间的具体关系是怎样的呢？当时是否存在一个正在进行的“拉锯”（struggle，即出现在北京地区的北方官话形式与南京官话及其亲属方言的“拉锯”）？正如《葡汉辞典》和对话材料中所反映的南方官话，在何种程度上代表了16世纪典型的江淮官话呢？将来江淮方言的田野调查能否对这些问题起到启发作用呢？

正音材料与俗音/左音材料有许多共同特点，而非处于截然对立的极端，而官话形式有时候背离两种“朝鲜语”材料，这样一个事实让我们进一步思考。明代早期，是否存在继承了中原官话为基础的标准音（该标准音在晚明时期形成，持续不断地从江淮型方言和南京周围方言吸收）？在较早继承性标准语和江淮言语形式之间，成熟的晚明官话是其间调和的产物？最后，这些问题的解答，该如何揭示更早汉语标准语的形成过程？

参考文献

Coblin, W. South. Ms.1. “Notes on the Sound System of Late Ming Guānhuà.”

——, and Joseph A. Levi. ms. *Grammar of the Mandarin Language* (An English translation of the *Arte de la Lengua Mandarina* of Francisco Varo).

Furuya,Akihiro 古屋昭弘 .1988.“Hinshu mondō shigi no onkei” 賓主間答私擬の音係 .*Kai Pian*: *Chūgoku gogaku kenkyū* 开篇 : 中国语学研究 6.38-56.

——.1989.“Mindai kanwa no isshiryō: Ricci, Ruggieri no ‘Hinshu mondō shigi’—” 明代官話の—资料 : リッチ・ルッヅユーリの「賓主間答私擬」—.*Tōyō gakuhō* 东洋学报 70.3-4.1-25.

Kim, Kwangjo. 1991. *A Phonological Study of Middle Mandarin: Reflected in Korean. Sources of the Mid-15th and Early 16th Centuries*. University of Washington Doctoral Dissertation. University Microfilms, Ann Arbor.

Ledyard, Gari. 1965. “Biographical Notes on Huang Tsan.” *Asea yǒn'gu* 亚细亚研究 8.1.129-137.

Lǔ, Guóyáo 鲁国尧 .1985. “Míngdài guānhuà jí qí jīchǔ fāngyán wèntí” 明代官话及其基础方言问题 . *Nánjīng dàxué xuébào* 南京大学学报 4.47-52.

Morrison, Robert. *Dictionary of the Chinese Language, in three Parts*, Macao and London, 1815-22.

Prémare, Joseph. 1730. *Notitia Linguae Sinicae*. First circulated in manuscript; then published: Malacca,

1831; Hong Kong 1893. [Both editions used in the present study.]

Trigault, N. 1626. *Xīrú ěrmùzī*西儒耳目资. Reprint of the Wénkúitáng 文奎堂. Peking,1933.

Varo, Francisco. 1703. *Arte de la Lengua Mandarina*. Edited by Pedro de la Piñuela.Canton. Edition held by the Bibliothèque Nationale de France.

——. Ms. "Vocabulario de la Lengua Mandarina." Manuscript held by the German State Library in Berlin.

Wénzì gǎigé chūbǎnshè文字改革出版社.1957. *Míngmò luómǎzì zhùyīn wénzhāng*明末罗马字注音文章. Peking.

Williams, S. Wells. 1844. *English and Chinese Vocabulary in the Court Dialect*. Macao.

Yang, Paul F.-M. 1989. "The *Portuguese-Chinese Dictionary* of Matteo Ricci: A Historical and Linguistic Introduction." *Proceedings of the Second International Conference on Sinology, Section on Linguistics and Paleography*.Taipei. vol. I, pp.191-241.

Yùchí, Zhìpíng尉迟治平.1990. "Lǎo Qǐdà Piáo tōngshì yànjiě Hànzìyīn de yǔyīnjīchǔ" 老乞大、朴通事谚解汉字音的语音基础.*Yǔyán yánjiū*语言研究1990.1.11-24.

（译者：谢智慧　香港浸会大学中文系，胡平　湖北大学文学院）

从《清文启蒙》看18世纪的中国北方官话口语

摘要:《清文启蒙》是一本写给汉语读者的满语教科书，其中的汉语对话部分为我们研究18世纪中期的北方官话提供了一份口语文本。本文将要考察的是该文本的其中一个版本（即1761年文本），这个版本为其中的汉语对话增加了满文转写形式。本文具体参照了北方官话作为共通语（koine）的发展历程，以及该共通语与当时地位更高的南方官话（南京地区）之间的关系，并在此基础上考察了文本中的汉语所具有的某些音系、词汇和句法特征。文章最后探讨了北方官话在19世纪变成占主导地位的共通语所遵循的演变路径。

关键词:《清文启蒙》，普通话，音系，语法，词汇，北方官话，南方官话

一、引言

18世纪是中国标准语历史上尤为重要的历史时期。整个明清时期的国家共通语都被称为官话，并且在这段时期的大部分时间里，拥有极高地位的官话形式其实是植根于以南京为中心的长江流域的。这一时期的标准官话并不能简单地说成是南京话，因为它似乎曾经有过类似江淮方言的基底，尤其表现在语音系统上。

官话的其中一种变体当然也通用于中国北部。从1421年开始，北京就成为了国家的政治中心，首都所在地。尤其在1644年清朝建立之后，除了政治上的重要性，北京的文化影响力也在逐渐上升。在18世纪初期，尽管外国传教士对北方官话做过一些记录，但他们却没什么兴趣学它。对他们而言，北方官话只是标准语的一种地位较低的变体。如果当时有人想学官话，他们觉得"南京话"才是一定要学的官话变体。但是到了19世纪初期，情况发生了巨大的变化。根据马礼逊（Robert Morrison 1782—1834）的记录，当时，北方官话不仅在清朝朝廷里成为更加通行的官话变体，而且在朝廷以外的官员之

中也越来越通行，甚至在京畿之外也是如此。他观察到，“现在，一种鞑靼汉语（Tartar-Chinese Dialect）正逐渐赢得地盘，如果这个朝代长久持续的话，它终将取胜。”（1815—1823，第一部分，第一卷：x）。马礼逊是对的，因为大约到1860年，北方官话就取得了胜利，成为标准汉语的优势变体。在此后的几十年中，南方官话销声匿迹，实际上消失得非常彻底以至于直到近几十年，汉学界才开始重新关注它（Coblin 1997，2000）。

关于南方官话或“南京”官话的音系和语法，我们现在知道得很多，是因为16、17世纪的欧洲传教士写过一系列有关南方官话的语法书、词典和佳文选摘，其内容相当详细。而且，南方官话的最后阶段也以编年史的方式载入了19世纪的相关著作中。但同时期北方官话的音系和语法就远没有如此之好的记录材料。当时的欧洲人把北方官话当成“鞑靼汉语”不予理会，这很有可能反映了那个时期汉语母语者的偏见[①]。一方面，汉人自己并没有拼音字母去记录北方官话；另一方面，他们显然也没兴趣这么做。尽管如此，仍有一些北方官话的文本保存了下来。比如，北方官话的很多发音特征似乎就反映在某些18世纪的朝鲜语转写材料中（Kim 1991，第五章）。另外还有一份影响更为深远的材料，即本文将要讨论的这个文本。

我们所讨论的文本是一个满-汉双语文本，题为《兼满汉语满洲套话清文启蒙》（*Giyan man han ioi man jeo tao hūwa cing wen ki meng*），年代为1761年，珍藏于东洋文库（Tōyō Bunko）。[②]该文本由满语和汉语写成的口语对话组成，其中汉语部分先用满语拼音字母转写后给出，再用汉字进行隔行对照。这份汉语材料中的满文转写完全采用罗马拼音转写法，已经由落合守和（Ochi'ayi Morikazu）（1989）付梓出版，这本著作提供了本文所用的语料。[③]该著作多达79页，采用传统风格的对开书页，本质上与著名的满语教科书——《满汉字清文启蒙》中的满汉对话部分完全一致。该教科书通常简称为《清文启蒙》，其最早的版本出版于1730年，之后又多次再版。[④]满汉对话部分在各种校订本中其实是一样的，但只有我们所用的这个版本增加了汉语的语音转写（Morikazu 1989：68）。这些对话最初的目的是教汉语读者说满语。如果落合守和的汉语语音转写是正确的，那

① 关于中原人和南方人对北方官话的态度，尤见平田昌司（2000）。

② 我要特别感谢罗杰瑞（Jerry Norman）教授，是他引导我关注该文本的，我也要感谢他对我在满语研究上的总体性建议。没有他的帮助，本文不可能问世。而本文存在的错误和缺陷当然完全由我自己负责。

③ 本文毫无改动地采用了落合守和的满语罗马拼音转写系统。它与穆麟德（Paul Georg von Möllendorff，又译为莫伦道夫或穆林德夫）的转写系统（Möllendorff 1892）以及罗杰瑞（Norman 1978）中所用的转写系统基本一致。但也有例外，比如本文中出现的比较重要的例外有：*jhi*和*chi*分别代表*zhī*“之”和*chī*“吃”之类的汉语音节，*dz*、*tss*、*ss*代表*zì*“字”、*cì*“次”、*sì*“四”之类的音节。我们为原文本的书页进行了数字编码，所采用的数字编码系统与落合守和著作中所用的系统是一样的。

④ 伟烈亚力（Alexander Wylie）于1855年完成了《清文启蒙》的全部翻译，其中的一部分已经被重制并翻译为“Book II: the Manchu Preceptor”（《第二部：满语入门》），这就是该文本满文版的英文译本。

么我们所用的这个版本就又多了一个目的，即满语读者也可以用它来确定文本中汉语部分的发音（Morikazu 1989：69）。同时，他还提到，对话中所展现的语言派生于18世纪的北京。这个观点的真实性有待于进一步的论证。但我们可以相当有把握地说，该文本确实是这一时期标准北方官话的典型。这份文本之所以如此无价，不仅因为它是一份用拼音字母转写而成的前现代汉语口语文本，而且也因为它为我们提供了一个窗口，去观察一个迄今为止一直隐藏着的关键阶段。在这一阶段，北方官话一直占据着主导地位，而它的主导地位是在19世纪中期取得的。那时的欧洲汉学家所记录的北方官话在他们编撰的语法书、词典以及其他语言教学材料中都有体现。

本研究试图从音系、语法和词汇的角度考察1761年文本中记录的语言，以此来确定在多大程度上它类似于或有别于：1）欧洲传教士记录的“南京”官话口语的标准形式；2）19世纪中后期欧洲语法书和词典中记录的以北京话为基础的标准官话。本文的研究目的是考察标准语基底的演变历程，这一演变似乎是发生在18世纪的。本文参考的语料根据它们所反映出的两种官话类型编排如下：

南方官话：

a）万济国（Varo，1703），此处转引自柯蔚南和利维（Coblin and Levi 2000），是一本描写南方官话的语法书。万济国有份手稿是南方官话词典，时间可追溯到1670年。

b）马若瑟（Prémare，约1730）是一本描写南方官话的语法书。

c）马礼逊（Morrison，1815—1823）是记录晚期南方官话的一本词典。

北方官话：

a）艾约瑟（Edkins，1864a）是一本描写北京官话的语法书，其中也记录了大量对北京方言和南北官话差异的观察。艾约瑟（Edkins 1864b）是一本北京官话教科书兼实用手册，其中记录了大量例句、短语、词汇表等。

b）威妥玛（Wade，1867）是一本北京官话口语教科书，其中记录了大量口语文本例句、对话等。

c）庄延龄（Edward H. Parker，1849—1926）的方言发音词表以旁注的形式收录在翟理斯（Giles，1892）中。庄延龄的语料可追溯到1870年左右，在他的调查词表中，北京只是众多调查点之一。庄延龄在录制真实口语方面极其认真，一丝不苟。他对同一语素的不同发音变体尤为感兴趣。

d）司登得（Stent，1877）表面上是一本北京方言词典。而实际上，它很有可能也收录了北京地区官话共通语的词汇。

二、音系

本章尝试将1761年文本中的音系特征分隔出来单独讨论。根据17世纪到18世纪早期西方文献的记载，1761年文本中的语言与南方官话或“南京”官话尤为近似。在与南方官话音系进行比较之后，我们还要将1761年文本与北方官话音系进行比较，寻找被19世纪外国语法学家称为典型的北方官话或“北京”官话的特征。这样做是为了确定当时的官话是否发生了向典型的北方特征的转变，以及在多大程度上我们能观察到这种转变。

2.1 声母

2.1.1 音节*zhēng*“争”、*zhǎi*“窄”、*chū*“初”、*shēng*“生”、*shī*“师”、*shì*“事”

艾约瑟和庄延龄的材料显示，在19世纪的北京，上述音节中都有卷舌声母，即［tʂ］、［tʂ'］和［ʂ］。而在万济国、马若瑟等人的材料中，尽管南方音系也存在一套独立的卷舌声母系列，但上面这些字在南方音系中则读为齿擦音声母，即［ts］、［ts'］和［s］：*çhēng*［tsɛŋ］“争”、*çhě*［tsɛʔ］“窄”、*çh'ū*［ts'u］“初”、*sēng*［sɛŋ］“生”、*çū*［s］“师”、*çù*［s］“事”。[①]1761年文本中与上述汉字对应的满文转写形式如下：*dzeng*“争”、*dze*“窄”、*tsu*“初”、*seng*“生”、*ss*“师”、*ss*“事”。其中有一个例外是常见音节*shì*“事”在该文本的许多例子中也转写为*ši*。由此可见，1761年文本在这些例子中几乎毫无例外地遵循着南方音的读法。在19世纪的北方官话中，卷舌声母的出现不能看成是常规音变的例子，因为它没有音变条件。其实，它可能是替换的结果，即一个更北方的读音代替了相应的南方读音。这一现象表明，这些例子反映出的北方官话变体最初是遵循着以南方音为基底的音系规则的，但之后却偏离了这种规则，在大约1760年到1860年间的某一时刻，转而采用了北方读音。文本中对*shì*“事”的两种转写方式可能就反映出该词的北方读音已经开始代替它的南方读音了。

2.1.2 音节*róng*“容”

在现代标准普通话中，音节*róng*“容”有一个卷舌声母，可以理解为近音［ɹ］或擦音［ʐ］。在庄延龄的北京话数据中，该音节有两个变读形式：*yung*^{2}和*jung*^{2}，起首的声母分别是硬腭滑音和半元音。同样的形式也成对出现在威妥玛和司登得的文献中。艾约瑟只记录了*yung*^{2}，而并没提到它可能的变体*jung*^{2}。万济国和马若瑟分别给出了*iûng*和*iông*，这两种形式代表着标准南方官话的发音。马礼逊则给出了*yung*作为晚期南方音形

① 这些例子采用了万济国的拼写形式。

式。我们所用的满文转写文本一律写作*yung*。由此可见，南方官话一直将*róng*“容”读作［iuŋ］。在19世纪中晚期的北京，出现了［iuŋ］和［ʐuŋ］两个相互竞争的读音。最终后者胜出，成为现代汉语的标准音，而这个音可能代表着当时北京本地话的读音。19世纪出现的两读形式，有可能是因为当时在北京地区音变正在进行中，也有可能是因为当时已经出现在北京本地话中的读音正在取代更古老的官话形式［iuŋ］。如果是后一种情况，那么1761年文本中的读音［iuŋ］也许可以说明，当时人们说共通语时，仍然更倾向于使用南方官话的读音，而不是北方本地话。我们对此还不能完全肯定，除非我们能搞清楚究竟在何时北方本地土话中出现了读音［ʐuŋ］。

2.1.3 音节*chún*“唇”

chún［tʂ'uən］“唇”在司登得的北京话词汇表里拼写为*ch'un*^{2}。庄延龄没有给出这个词的北京话读音。在翟理斯的材料中，它一般读为*ch'un*^{2}。这个词在艾约瑟的材料里根本没出现。这个塞擦音声母的读音很有可能是北方地区比较古老的读音，因为在16世纪初就有朝鲜转写员崔世珍（Chwe Sejin 1478？—1543）在北方听到过这个音（Kim 1991：204）。万济国的材料里将这个词记为*xûn*［ʂun］，而马若瑟的材料里则有两个变体，*chuên*［ʂuɛn］和*chûn*［ʂun］。[①]马礼逊记录的晚期南方官话形式是*shun*［ʂun］。满文转写为*šun*。此处我们的1761年文本可能是特意遵守着南方读音。而一个世纪之后，这个擦音声母就被北京本地话中的塞擦音声母所取代。

2.1.4 零声母与声母*ŋ*-

以非高元音作为韵母起首的音节在1761年文本中显示为零声母，比如：*o*“我”、*ai*“爱”、*e*“饿”。而相应的字在南方官话中一直都有声母*ŋ*-，比如：万济国书中的*gò*“我”、*gái*“爱”、*gó*“饿”，马若瑟书中的*ngò*、*ngái*、*ngó*（其中*g*-和*ng*-都表示［ŋ］）。司登得的北京话材料与1761年文本一样根本没有记录声母*ŋ*-，威妥玛的材料也是如此。庄延龄在大多数例子中都给出了零声母*Ø*-和声母*ŋ*-两读的情况，比如：*ai* ~ *ngai*“爱”、*wo* ~ *ngo*“饿”，但并不是所有例子都如此，比如：*wo*“我”。艾约瑟一直相当留意这样的细节，他说在当时的北京，人们实际上可以听到三种不同的声母实现形式，即：零声母、声母*ŋ*-和一种他称为“喉音*g*”的声母，他可能指的是小舌擦音［ʁ］（Edkins 1864a：35）。艾约瑟和庄延龄的材料表明，在当时的北京存在两种互相竞争的声母形式。朝鲜转写员申叔舟（Sin Sukchu 1417—1475）在15世纪就已经听到过北方汉语口语中的零声母形式（Kim 1991：第四章4.2节中随处可见）。[②]但满文转写形式则有点不明确。一种可能

---

① 根据法文的拼写习惯，马若瑟材料中的*ch*-表示［ʂ］。

② 这种零声母的现象记载于申叔舟的白话（Popular Reading，即“俗音”）材料中。

性是，由于满语中［ŋ］不能作声母，所以在满文中也没有与之对应的作声母的字符*ng*。因此，1761年文本中零声母的现象有可能是满文转写员即使听到［ŋ］声母出现在例如*wǒ*“我”和*aì*“爱”这样的词中，但也没有办法转写它造成的。更何况当时的满人也根本不愿意创造新的字符来表示不熟悉的汉语音（比较Li 2000：26）。另一种可能性是，转写员真的没听到任何辅音声母，所以这些转写形式中就没有出现声母字符。这个问题仍有待解决。如果满文转写形式真的反映出零声母的情况，那么就说明当时的官话母语者更倾向于北方方言的发音。

2.1.5 硬腭化

现代标准汉语有一个硬腭音声母系列*tɕ-*、*tɕ'-*、*ɕ-*，只出现在前高元音和滑音前。这组声母被认为是早期的喉音*k-*、*k'-*、*x-*和齿擦音*ts-*、*ts'-*、*s-*合并而成。其实，明清官话的南方变体在现代标准汉语硬腭音出现的音节中仍然保留着这两套声母系列。庄延龄、司登得和威妥玛的材料中都显示出现代北方类型的形态，即只有一组硬腭音系列。艾约瑟（Edkins 1864a：35）对该现象陈述如下：“在北京及西部省份的发音中，*ts*和*k*、*s*和*h*在某些情况下是很难区分的，但这并不影响声母的数量，因为这种难区分的情况只发生在它们与元音*i*和*ü*相拼时……马礼逊博士很早之前就指出了北方方言的这种独特性，但并未提及这两组辅音内部的合并。第一组辅音可能写成*ts*、*k*或*ch*，第二组写成*h*或*s*，或者如威妥玛提议的那样写成［s:］*hs*。很难说哪种书写形式最能代表这些辅音。但毫无疑问的是，这两组声母的辅音形式最终会变成一个清晰的*ch*音和一个清晰的*sh*音。”这段论述表明：1）喉音声母系列和齿擦音声母系列在当时的北京话中不再是截然对立的声母系列；2）艾约瑟敏锐的听觉告诉他，这两个系列的声母正处于语音层面的不稳定状态或正处于演变之中。他预测这两个系列的声母会“最终”变成一个系列，即清晰的硬腭音系列，这说明当时这种情况还未发生。[①]上述引文中提到马礼逊，实际上是指他编的字典（Morrison 1815—1823，第一部分，第一卷：18），其中说到当时北京官话的发音在如下两个方面不同于南方官话：

i）“在*e*和*i*前，*k*变为*ch*，有时变为*ts*。因此*king*变为*ching*，*keang*变为*cheang*或*tseang*。”

ii）“在*e*和*i*前，*h*变为*sh*或*s*。因此*heang*变为*sheang*，*heǒ*变为*sheǒ*或*seǒ*。”

① 艾约瑟（1864b：iv）观察到了类似的情况：“由此形成的声母可能写成*k*、*ts*或*ch*。但这并不是百分百确定的，而是经常游走于这些不同的语音变体之间。再经过一段时间的演变，这个声母很可能最终确定为一个清晰的ch音。”

正如艾约瑟所指出的那样，尽管此处马礼逊清楚地描述了软腭音的硬腭化现象，但实际上他从未说过在如此之多的例词中早期喉音与齿擦音已经发生合并。我们不确定，这究竟是马礼逊一时疏忽呢，还是恰恰说明他听到的北方官话中这两个声母系列确实未发生真正的合并。

回到18世纪晚期，我们还有一些可追溯到1765年到1795左右的朝鲜语转写材料（Kim 1991，第五章）。在这些材料中，早期的齿擦音仍然拼写为齿擦音。但对于软腭音，金光洙给出了一个有32个音节的词表，其中早期的软腭音都被转写为硬腭音。与此相对的是，在一个更长的词表中，软腭音仍然拼写为软腭音。我们甚至发现更多这样的例子，它们在金光洙论文的第五章中随处可见。金光洙最后的结论是：硬腭化当时仍在进行中，并且在词汇层面上而不是音系层面上扩散，根据他的数据来源即可追踪这一进程（Kim 1991：267—268）。这是对语料的一个可能的解释。另一个稍有不同的结论是：硬腭化已经发生在以这些朝鲜语转写文本为代表的北方土话中了。而反映在这些文本中的底层语言实际上是共通语，即北方官话。当时的官话发音人很有可能为他们的朝鲜转写员大声朗读了字表，他们的目标是发软腭音声母。结果是，在大多数例字中，他们成功地发出了目标音，即软腭音，但在一小部分例字中，他们又滑向了自己的本地口音，发出了硬腭音。这种现象常见于双语制地区。比如，台北国语中“去”的发音是［tɕ’y^{51}］。这一发音是慢速语流中最常听到的语音形式。但在某些情况下，说闽方言或客家话的人可能会将这个词发成［tɕ’i^{51}］，因为闽方言和客家话中没有元音［y］。类似的情况也可能发生在此处的朝鲜语转写材料中，我们不应该忽略这种可能性。

现在我们来谈一谈1761年文本。其中的满文转写比较复杂，且令人费解，主要转写了含有合并之前的官话软腭音和齿擦音系列的音节。我们先将其分为早期软腭音和早期齿擦音两类（即南方官话中的两类声母），在此基础上再根据它们的满语拼写进行分类。

2.1.5.1 南方官话软腭音声母音节

i）拼为满语软腭音

官话声母*k*-：*gi*“忌、记、急、己”；*gin*“紧、景、今”；*gin*, *ging*“谨”；*gio*“久、旧”；*gioi*, *gui*“拘”；*gioi*“局、句、矩”；*giowei*“决”；*giya*“家、驾、甲、假”；*giyai*“皆、价”；*giyan*“间、件、兼、艰”；*giyang*“讲、姜”；*giyao*“交”；*giyao*，*giyoo*“叫”；*giyao*，*giyoo*，（又*keo*）“教”；*giye*“结”；*giyo*“觉”；*giyoo*“脚、轿”

官话声母*k’*-：*ki*“启、奇、旗、起、骑、气”；*king*“庆”；*kio*“求”；*kioi*“去”；*kiowan*，*kiow(j)an*“劝”；*kiowei*“缺”；*kiyūn*“倾”；*kiyang*“强”；*kiyo*“确”；*kiyoo*“巧”

官话声母*x*-：*hi*“喜、希”；*hing*“行”；*hiong*“兄”；*hiowan*“眩”；*hiya*“下”；*hiyan*“险、显”；*hiyao*“效”；*hiyei*，*hiyai*“懈”；*hiyo*“学”

ii）拼为满语硬腭音

官话声母*k*-：*ji*“几、忌、既、纪、技、吉、及、计”；*jin*“敬、竟”；*jiyan*“简、见”

官话声母*k'*-：*ci*“弃、乞、其、岂”；*cing*“轻”；*ciyan*“谦”

iii）拼为满语齿擦音

官话声母*x*-：*si*“系”；*sioi*“虚、许”；*siyan*“嫌、贤”；*siyang*“响、向”

iv）无固定拼写形式

官话声母*k*-：*gi*，*ji*“给、已”

官话声母*k'*-：*ki*，*ci*“祈”

官话声母*x*-：*hiyan*，*siyan*“闲、现”；*hin*，*sin*“幸”

2.1.5.2 南方官话齿擦音声母音节

i）拼为满语齿擦音

官话声母*s*-：*si*“细、习、西”；*siioan*“迅”；*sin*“心”；*sing*“姓”；*sio*“秀”；*sioi*“须、敘、絮”；*siyūn*“寻”；*siyan*“先”；*siyang*“想、相、像”；*siyao*“小”；*siyun*“逊”

ii）拼为满语硬腭音

官话声母*ts*-：*ji*“疾”；*ji*“即”；*jin*“进”；*jin*“尽”；*jiyan*“箭”；*jiye*“节”

官话声母*ts'*-：*ci*“齐”；*cing*“情、青”；*ciyan*“前、钱”；*ciye*“且、切”

iii）拼为满语软腭音

官话声母*ts*-：*gio*“酒、就”；*giyao*“嚼”；*giye*“借、接、节”；*giyei*“捷”

官话声母*ts'*-：*kioi*“取、趣”；*kiyoo*“瞧”

官话声母*s*-：*hin*“信”；*hiyao*“笑”；*hiye*“泄、些、写”

iv）无固定拼写形式

官话声母*ts'*-：*ciowan*，*kiwan*“全”

我们发现以官话软腭音作声母的音节在《清文启蒙》（1761）中可以分为两类，即：转写为满语喉音的软腭音和转写为满语硬腭音或齿擦音的软腭音，有一小部分例子两种转写形式都有。这个基本分类让我们回想起我们在金光洙（Kim 1991）中观察到的情况，其中记录了与满文转写文本同时代的朝鲜语转写数据。然而，两两比对之后，我们发现用朝鲜语转写的音节和用满文转写的音节之间似乎又没有真正的联系。尽管如此，我们仍然可以像金光洙那样推测，满文转写中喉音和非喉音拼写类型的分化反映了音变正在进行中，或者说，反映出一种强势方言和共通语混读的现象。然而，这两种可能性都被我们所用的第二种主要类型的材料削弱了。

一般来说，官话的齿塞擦音*ts*-和*ts'*-都拼写为满语的硬腭音，擦音*s*-拼写为满语的

s-。但除了这一规则外，官话的三种齿擦音也都可以拼写为满语的喉音！可是，无论汉语的这些声母可能有多么奇特，它们在那个时期都不可能是喉音。它们要么是齿音，要么是硬腭音。而拼写为满语喉音这一点说明此处所用的满文字母有某种特质使它能够转写汉语的硬腭音和/或齿擦音。如果情况果真如此，我们最直接的假设就是早期汉语的软腭音在1761年文本的语言底层中已经发生了硬腭化。因为这可以解释为什么满语的喉音字母可以自由地转写汉语的早期软腭音和齿擦音系列。但是，它也进一步引出了两个问题。第一个问题是满文字母*g*-、*k*-、*h*-在元音*i*前的发音问题。那时的满文转写员是如何发这些音的呢？在讨论这个问题之前，我们先补充说明一下当时的背景。到18世纪后半叶，标准满语口语在北京以及北京以外的城区日趋消亡，这是在满人中推行满汉双语制的结果（王会银 1991；季永海 1993）。于是，满语在音系、句法和词汇等各个方面都出现了衰退。比如，在音系层面，乾隆皇帝在1774年说某些面圣的满人满语发音“音韵错谬”且“音近汉人语气”（季永海 1993：44）。有证据显示这种“汉化满语”的语音一直延续到19世纪。比如，格列洛娃（Gorelova 2002：77）曾经努力尝试着确定满语在刚开始退化为书面形式时的口语语音形式，她说道：“迄今为止，对满语语音系统的调查在各个方面都不成功，因为在过去的一个世纪中我们所知道的满语发音全都来自于汉语和欧洲语言的转写，比如转写为［sic］并不能重现其满文字符所代表的真实音值。北京的满族掌握了这些转写方法，并使其广泛传播，但他们的语音在很大程度上已经受到了汉语北方方言的影响。”至此，对于我们感兴趣的第一个问题，目前普遍的看法是转写为*g*、*k*、*h*的满文字母在*a*、*o*、*ū*之前表示小舌音，在*e*、*u*、*i*之前表示软腭音。但是，在参考了19世纪俄国主要的满语专家的论述之后，李盖蒂（Louis Ligeti 1952：248）说：“深谙满语口语发音的俄国满语学者早已将q（V，X）和k（g，x）两组辅音的差异界定为软腭和硬腭特征的对立。”① 此处含蓄地提到了一种比较奇特的硬腭音特征，它在伟烈亚力（Wylie 1855：12脚注）中描述如下：“舌尖向下伸，舌根向上提。”无论当时这些辅音是什么，都不是简单的软腭音。所以，我们的1761年文本可能只是恰好反映了这些奇特的语音而已。

我们的第二个问题是，如果硬腭化已经发生在当时的汉语底层形式中，那么满文转写员为什么一直坚持将南方官话音节中占据优势的软腭音声母转写为喉音声母？此处我们应该考虑到，此类现象常常发生于字母记录的语料中，它反映了转写传统与语音现实之间的冲突，尤其是当转写传统是被广泛接受的，而同时现实中又出现了具有竞争性的语音时，更是如此。转写传统在多大程度上被比较好地保留下来，取决于转写员的受教育水平和专注度。如果转写员训练不足，或精力不济时，语音现实就会悄悄地显露出来。

---

① 此处引文为法文，特此感谢柳俊博士帮助翻译。——译者

结合这一点，我们发现，早期官话的软腭音和齿擦音系列的对立被严格地保留在18世纪编写的满语手册中，这些手册的编写目的是教授大家转写汉语，其中包括1708年的《清文鉴》和1743年的《圆音正考》（比较中嶋幹起（Motoki Nakajima）1994，杨亦鸣和王为民 2003）。因此，有可能是这些早期参考书中出现的转写传统影响了我们1761年文本中的例子，从而产生了偏差。

最后，在我们1761文本的底层语言中，软腭音非常有可能已经硬腭化，同时我们怀疑齿擦音也发生了这种变化，从而导致这两个古老的声母系列发生了合并。如果事实果真如此，那么当时的底层语言显然已经选择了以北方语音为基础的音系，而不是试图维持着南方官话音系中的区别特征。

2.1.6 一些不规则现象

音节*shì*“识”、*shén*“神”和*zhǐ*“只”不仅在每个时期的南方官话中都是卷舌声母，而且在西方语法学家记录的19世纪的官话中也都是卷舌声母。但在1761年文本中，它们却被频繁地拼为满文的*si*“识”、*sen*“神”和*dz*“只”。这些发音并不反映任何一种标准官话形式，所以显然它们还有着其他语音来源。

2.2 韵母

2.2.1 音节*bái*“白”、*bǎi*“百”、*zhǎi*“窄”

这些音节在我们的1761年文本中一直拼为满文的*be*“白”、*be*“百”和*dze*“窄”。万济国将这些音节拼为*pĕ*“白”、*pĕ*“百”和*çhĕ*“窄”，作为南方官话形式的代表。在19世纪的文献中，它们分别被拼为：

	白	百	窄
艾约瑟	pai^2，po^4	pai^2，po^4	$chai^3$
威妥玛	pai^2，po^1，po^2	pai^3，po^2	$chai^3$，tse^4
庄延龄	pai^2，po^2，pe^3	pai^3，pe^2，pe^3	$chai^3$，tse^3
司登得	pai^2，po^2	pai^2，po^2	$chai^3$

对于复合词中的“白”，司登得都将其拼为pai^2，没有一个是拼为po^2的，当提到po^2时，他只是说可参见pai^2。对于“百”，如果出现在普通复合词中，比如数词，他就将其拼为pai^2；如果出现在书面复合词中，他则将其拼为po^2，他还给出了两个这样的例子，并指示读者参见pai^2。由此可见，对司登得来说，这些音节中的*-ai*才是北京话的真正读音。艾约瑟（Edkins 1864a：53）写到，在北京官话中，人们实际上可能会听到“白”和

“百”韵母的不同发音形式，比如-*ei*、-*ai*、-*e*或-*o*等，但他只列出了两个韵母变体：-*ai*和-*o*，是因为对于官话初学者来说，这两个韵母最为突出。①我们从以上材料中可以得出什么样的结论呢？在元音系统方面，满文转写中的-*e*与南方官话的-*e*是一致的。此处它们所代表的官话类型还没有采用北方方言的发音。但截止到19世纪中期，北方方言中的-*ai*已经成为北方共通语的主流发音。旧读的-*e*音在庄延龄的时代仍然可以听到，威妥玛还知道它也可以是“窄”的韵母。另外，“白”和“百”还有一个文读音-*o*。在庄延龄记录的官话中，至少-*o*与-*e*还处于竞争状态。我们感兴趣的是，1761年文本中记录的语言根本没有北京本地话的-*ai*。当时，文本中的例子仍然遵循着南方发音，直到后来发生了音变，才变为-*ai*。

2.2.2 否定词*méi*“没”

在我们的1761年文本中，存在否定词被拼为*mu*“没”或*muio*“没有”，当时还没有相当于现代标准汉语*méi*这样的双元音形式。万济国记录的南方官话将其拼为*mǒ*［mʊʔ］；马礼逊记为*mŭh*［mʊʔ］；艾约瑟拼为mei^2。威妥玛把这个意义的词记为mu^2、mu^4、mei^2、mo^4，对于这些读音，他解释道：“*mo*、*mu*表示‘没（not）’，*mei*表示‘没有（there is not）’，*mei*是*mo yu*的讹误”（Wade 1867，第三部分，第7页）。威妥玛的观察似乎印证了罗杰瑞的推测，即*méi*是由“没有”的第二个音节*yǒu*“有”中的起首滑音并入第一个音节中而形成的（Norman 1988：126）。罗杰瑞评论道：“北京音的声调是不规则的。从一个带有响音声母的入声调词中，我们可以推测出它的现代声调是一个去声（第四调）”（Norman 1988：269，注15）。对此，我们认为，上述的语音合并一定发生在诸如威妥玛记的mu^2或司登得记的mo^2这类音节中。但是，这些音节中的第二调是如何产生的仍然是个谜。我们目前可以肯定的是，在19世纪中期的北京，这些音节中的第二调和第四调是竞争关系，可能是因为某种方言的干扰。最后，我们还不能确定这种语音合并是何时发生的。如果*méi*这种读音已经存在于18世纪晚期，那么在我们的满文转写中*mu*这种读音就很有可能保留了南方官话的语音形式。但也有可能是，这种合并的形式当时在任何地区都还不存在。这个问题至今尚无定论。

2.2.3 音节*báo/bó*“薄”和*zháo/zhuó/zhe*“着”

在我们的1761年文本中，音节*báo/bó*“薄”被转写为满文的*bo*。万济国将其拼为*pǒ*作为南方官话的语音形式。在后期的材料中，我们发现：艾约瑟、威妥玛、司登得将其记作pao^2（或pau^2）、po^2；庄延龄记为pao^2、po^2、po^4。pao^2很有可能是北京话的语音形式，

① 有意思的是，马礼逊（Morrison 1815—1823，第二部分，第二卷，第667页）认为当时北京方言“白”和“百”的音节形式应该是*pei*。他还指出在当时的北方官话中*pei*已经变成了主流的发音形式（Morrison 1815—1823，第一部分，第一卷，第18页）。

而*po*^{2}似乎是借自南方官话。正如1761年文本所反映的那样，当时北京音尚未进入共通语中。

音节*zháo/zhuó/zhe ~ zhi*“着”在我们的1761年文本中有不同的用法。例如，它可以用作持续体后缀，也可以是某些多音节形式的成分，比如句尾词*...jo ni*“着呢”和*...lai jo*“来着”，以及指示性副词成分*je men jo*“这么着”（“这样”）。它也可以充当动词补足语（verbal complement），比如在*peng jo liyoo ss cing*“碰着了事情”这样的句子中。最后，它还可以是某些复合词中的音节成分，例如：*jo gi*“着急”。在所有诸如此类的例子中，我们的1761年文本都将其拼为*jo*。在南方官话中也有这样的现象，南方官话将这个字所有的用法都拼写为一种形式，比如，万济国将其拼为*chǒ*［tʂɔʔ］。艾约瑟一般用*choh*这种拼写形式代表“着”，而对于“着”在北京话中的实际发音，他却给出了两种拼写形式：*cho*^{2}和*chau*^{2}，但他并未说明它们分别在什么情况下使用（Edkins 1864a：57）。例如，在*chau*^{1} *puh chau*^{2} *t'a*^{1}“招不着他”这一例中，他就将“着”拼为*chau*^{2}（第181页）。①对于持续体后缀，艾约瑟评论道：“在山东的口语中，*chï*‘之’后置于许多动词……这是一种口语形式，既未被书本规范化，也不是标准的官话。讲标准官话的人会读为*choh*，而它可能是*choh*的一种形式”（第192页）。据此，我们的结论是持续体标记的现代发音形式*zhe~zhi*在18世纪中期被视为口语音和方言音。威妥玛认为*cho*是北京官话持续体后缀的正确读音（Wade 1867，第三部分，第9页）。他在字音表中还列出了一个可能的读音*che*，但他在例子中从未使用过这个读音。他将“着急”拼为*chao*^{2}*chi*^{2}（第三部分，第83页），并将其动词补足语的用法也拼为*chao*^{2}（同前，第104页）。庄延龄给出了*cho*^{1}、*cho*^{2}、*chao*^{1}、*chao*^{2}等几种形式拼读“着”，但他并没有给出*che*或*chï*这样的发音形式。司登得将“着急”拼读为*chao*^{2}*-chi*^{2}，但却把“找着了”和“照着”拼读为*chao*^{3}*-cho*^{2} *liao*^{3}和*chao*^{4}*-cho*^{2}。综合上述材料，我们可以发现，南方官话和1761年文本在“着”的所有用法上都只有一个读音。而我们所参考的19世纪北方官话的材料显示，它们都以不同的方式打破了“着”这个字的语音一致性，为它的不同用法赋予了不同的读音。读音*chao*^{2}可能是北方方言的一种语音形式，而*chï*，如艾约瑟所言，具体指山东方言的读音。对我们来说意义重大的是，1761年文本并没有采用这类方言读音。

2.2.4 音节*jiē*“皆”和*xiè*“懈”

这两个字在我们的1761年文本中拼写为*giyai*“皆”和*hiyai*、*hiyei*“懈”，其韵母*-iyai*在南方官话中有相对应的形式，比如，万济国材料中的*kiāy*“皆”和*hiáy*“懈”。艾约瑟

---

① 这里的*chau*^{1} *puh chau*^{2}显然对应着现代标准汉语中的*zhǎobuzháo*“找不着”，但是核心动词“找”的声调在此处并不一致。

将这个韵母写作*-iai*，但之后又注解道："在北方官话中，[it] 并入了韵母*-ie*"（Edkins 1864a：47，脚注）。威妥玛和司登得将其记为*chieh*[1]"皆"和*hsieh*[4]"懈"。庄延龄把"懈"记为*hsie*，但却把"皆"记为两种形式：*chie*和*kai*。第二种语音形式似乎来源于南方。我们可以把它跟*jiè*"戒"相比较，"戒"在我们的1761年文本中拼为*g'ai*，而不是我们所预期的*giyai*（比较万济国的拼写*kiáy*"戒"）。以上任何一例都清楚地表明，在19世纪中期的北京，此类型的词韵母都读为*-ie*，无论在标准官话中还是在地方土话中都是如此。如果*-ie*是18世纪末期的地方口音，那么我们1761年文本里记录的这个韵母就是南方官话的发音。但也有可能是这一时期的标准北方官话确实将这个韵母读作*-iei*，因为18世纪末期的朝鲜转写员就是这样转写这个韵母的（Kim 1991：272）。

2.2.5 音节*rén*"人"、*rěn*"忍"，等等

这一类型的音节转写为满文的*žin* [ʐin]，与它在南方官话中的语音形式一致，比如：万济国记为*jîn* [ʐin]"人"。我们所参考的所有19世纪的材料都把这些词拼为*jen*或*jên*，其中的韵母都含有一个中元音，很有可能与现代标准汉语中的中元音相同或相近。我们所用的满文文本会把汉语卷舌声母（[ʐ] 除外）后的韵母*-in*转写成*-en*，这组平行对应历来如此。比如，我们在文本中发现*jen*"真"、*šen*"身"之类的音节，在万济国记录的南方官话中都记为*chīn* [tʂin]、*xīn* [ʂin]。此处我们看到的*rén*"人"这类音节的韵母有可能保留了南方官话的发音特征。但也有另一种可能，就是当时北方正经历着*-in>-en*的语音演变，而这种音变尚未影响到ʐ-声母的词。有趣的是，金光洙的朝鲜语转写材料并无迹象显示，18世纪末期的北方话中，元音会在卷舌声母后发生这样的音变（Kim 1991：271）。我们的1761年文本中的语音系统显然比朝鲜语转写的音系更好。这一时期，北方官话的音系中在这类音节上一定发生了某种变异。

2.2.6 *zhǔ*"主"、*chù*"处"、*shū*"书"和*rú*"如"类音节

这类音节在我们的1761年文本中拼为*ju*"主"、*cu*"处"、*šu*"书"和*žu*"如"。在南方官话中，这些音节的主要元音不是 [u]，而是另一个音，很可能是 [ɥ]，它可以看作是音位/y/的变体形式，比如，万济国记为*chù* [tʂɥ]"主"、*ch'ù* [tʂɥ]"处"、*xū* [ʂɥ]"书"和*jū* [ʐɥ]"如"。马若瑟（Prémare 1730 [1893]，第15页）特别指出 [u] 代替了这个特殊的元音是他那个时代北京语音的一个缺陷。而同样的 [u] 元音出现在我们所参考的所有的19世纪北方官话的文献中。如果在1761年文本中/y/真的出现在这类音节中，我们可以预测它应该转写为满文的*-ioi*，就像它在*ioi*"于"、*kioi*"取"和*sioi*"须"这类词中一样。满文用*-u*转写这些音节中的元音，说明在18世纪末期，北方人讲共通语的时候在这些音节中会避免使用南方官话的元音，转而支持自己的本地发音 [u]。

2.2.7 音节*fēng*"丰"和*fēng*"风"

这些字在整个南方官话的发展史上都有圆唇元音，比如，万济国记为*fūng*"丰"和*fūng*"风"。在我们的1761年文本中，它们分别被转写为*feng*和*fung*，而现代朝鲜语转写材料显示，在18世纪末期，在所有的此类音节中都有圆唇元音（Kim 1991：269）。艾约瑟把它们都拼为*fung*，但他评论道，当时的北京本地人在"某些词"中会把它发成*feng*，他认为这是一个"错误的"发音（第69页）。我们所参考的所有的19世纪后期的材料都把这类词写作*feng*，司登得还将其确认为北京本地话口音。这种非圆唇读音在北方土话中究竟存在了多久呢？如果在18世纪末期它就已经出现了，那么我们看到的关于*fēng*"丰"的满文转写有可能就是它向北方口音转变的体现，也就是艾约瑟所评价的那样。

2.2.8 音节*gē*"哥"、*kě*"可"、*é*"鹅"

这些字用满文转写为*ge*"哥"、*ke*"可"和*é*"鹅"。它们在南方官话中原本是圆唇元音，比如，万济国记为*kō*"哥"、*k'ò*"可"和*gô*"鹅"，19世纪的材料也将这些元音写作*-o*。然而，对此，艾约瑟提到："这个韵母o在黄河以北的大部分地区听起来像U，又像英语单词*cow*、*how*中双元音的第一个元音"（Edkins 1861a：51）。此处讨论的双元音按照艾约瑟的英语发音可能是［ʌu］或［əu］，而此处讨论的汉语元音可能是［ɔ］或［ɤ］。这可能也是1761年文本中转写成满文e的音。如果事实如此，就说明北方元音在这类音节中已经代替了南方的圆唇元音。

2.2.9 *zhàn*"占"、*shàn*"善"、*rán*"然"类音节

这类音节在我们的满文文本中转写为*jan*"占"、*šan*"善"和*žan*"然"。在我们所参考的所有19世纪北方官话的材料中，它们也都有韵母*-an*。在南方官话中，它们的韵母是*-en*，比如，万济国将其记为*chén*"占"、*xén*"善"、*jên*"然"。马礼逊将这类音节的韵母仍然拼写为*-en*，他说它们的韵母发音"如同英语单词*men*一样，但就更长一点"（Morrison 1815—1823，第二部分，第二卷，第50页）。艾约瑟（Edkins 1864a：50）注意到了马礼逊的观点，但他认为，他那个时代这类音节中的元音在普通话中一般发为*a*，"如同英语单词father中的*a*一样"。综上，我们1761年文本的底层语音有可能受到北方土话的影响，出现了*-an*代替*-en*的现象。

2.2.10 音节*mǎn*"满"

这个音节对我们来说代表一个类别，比如*bān*"搬"、*bàn*"半"都属于这个类别，但这个类别中的其他词恰好没出现在我们的文本中，所以我们只能用"满"做代表。它用满文转写为man。在南方官话中，这个音节一直都读为*muòn*［muɔn］，直到18世纪中期才开始渐渐变为［muan］。马礼逊把它写作*mwan*。在我们所参考的19世纪北京官话材料中，它被拼为man[3]。对于这个韵母，艾约瑟评论道，"我更喜欢把它拼为没有介音w的韵

母，因为尽管我在一些省份的方言中听到过介音w，但在讲官话的城市里，本地人都不会带介音w”（Edkins 1864a：50）。综上可知，在我们的1761年文本的语言底层中，北方城区口音中的-an已经代替了*-uan*。

2.2.11 *zhèng*“正”、*chéng*“成”、*shèng*“圣”类音节

这些音节在我们的1761年文本中拼为*jeng*“正”、*ceng*“成”和*šeng*“圣”。在南方官话中，贯穿整个马礼逊时代，它们的韵母都是*-iŋ*，比如，万济国记为*chíng*“正”、*ch'îng*“成”、*xíng*“圣”。在19世纪的北方官话材料中，这些字的韵母一直都拼为-eng。此处与上述2.2.5节中的情况差不多。在2.2.5节中，北方官话将*zhēn*“真”和*shēn*“身”这类音节读作*chen¹*和*shen¹*，而南方共通语则将这类音节的韵母读作*-in*。根据艾约瑟对此类现象的观察，这类*-in*韵母可能是南方的读法，但“在讲官话的省份中，所有这类词中的元音*E*都代替了*I*”（Edkins 1864a：49）。这似乎说明，*e*代替*i*是共通语语音向北方土话语音模式靠拢的一个例子，而我们的1761年文本恰好反映了这种音变。

2.2.12 一些不规则现象

在南方官话和北方官话中，韵母*-in/-ing*和*-en/-eng*中的韵尾理论上来说是对立的。但在我们的1761年文本中，却出现了一个值得注意的倾向，就是两个韵尾的混用，比如，*jen/jeng*“真”、*gin/ging*“谨”、*jin*“竟”（此处预期的拼写是*jing*）、*jeng*“斟”（此处预期的拼写是*jen*），等等。这种现象不可能是因为倾向北方官话或南方官话的语音而造成的。它肯定反映了某种方言干扰。

2.3 声调

汉语的声调没有反映在满文转写中。该文本也没有任何机制可以区分入声调（即喉塞音韵尾）音节和开音节。马礼逊（Morrison 1815—1823，第一部分，第一卷，第18页）特别指出在他那个时代，无法区分入声调音节是北方汉语或“韃靼”汉语的一大缺陷。这会不会正是1761年文本中语言的一个特点，我们尚未可知。

三、语法规则及虚词

3.1 句尾词

1761年文本的一个尤为突出的特点就是记录了丰富的句尾词及其连用形式，而它们

大多未见于南方官话材料中。例句如下：①

i）...*jo ni*“着呢”

（1）*ta dzai giya lii deng jo ni*

他在家裡等著呢［55a］

“He is waiting at home.”（他在家里等着呢）② ［Wylie 94］

ii）...*ba*“罢”

（2）*o suwan ji jo ni. siyang šï wang o men giya lii lai liyao ba*

我算計著你，想是往我們家裡來了罷［6a-b］

“Thinking of you, I certainly thought you would call at my house.”（我心想你应该是往我们家来了吧。）［Wylie 38—39］

（3）*bu gioi dzen mo yang de da giya dzo hiya chi ba / yung je lii hing dzo šï mo*

不拘怎樣的大家坐下吃罷，用這禮行作什麼［39b-40a］

“When all are sitting eating together in common, why use this ceremony?”（大家坐下吃吧，不必拘礼。）［Wylie 77］

iii）...*liye*“咧”

（4）*a ge o kioi liye*

阿哥我去咧［55a］

“Very well. I am going, brother.”（哥，我去啦。）［Wylie 94］

（5）*o dz he liyoo i jung gio tsui liye*

我只喝了一鐘就醉咧［60b］

“I have only drunk one cup, and am quite tipsy.”（我只喝了一盅就醉了。）［Wylie 100］

iv）...*ba liye*“罢咧”

（6）*dzung šï ni men ye de ting di jiyan di a. he bi mang ba liye*

總是你們也得聽的見的啊。何必忙罷咧［4a］

---

① 此处给出的英语翻译是伟烈亚力（Wylie 1855）添加在平行的满语语料中的译文。对于伟烈亚力在1761年文本开篇处所做的例句注解，参见其引言部分（页码：lxxiii）。另外，他还对1761年文本中的满语进行了逐词对译，同时交代了他翻译成英语的过程。

② 在此例中，*jo*“著（着）”和*ni*“呢”连用表示一种持续状态或连续义，在现代标准汉语中，这种用法非常普遍。同义的满语句子是：*i boode aliyahabi*（他/房子+地点（locative）/等待+非完整体（imperfective）），这句话的字面义是“He has waited at home.（他已经在家里等着了。）”。在南方官话的参考文献中，只有马若瑟的语法书记录了句尾词*ni*“呢”。而且，研究南方官话的欧洲语法学家都没有识别出*chŏ*“著”的持续义。在南方官话文本中也并未出现过“著”“呢”连用的形式。

"You yourself will also hear. Why are you so impatient?"（你们迟早也会听见的，何必这么着急？） ［Wylie 36］

（7）*bu jhi dza men šo h'ao / in žin k'an jiyan mu io bu ai di. na tsai ke i šo de ki ši h'ao dung si ba liye*

不止咱們說好；人人看見沒有不愛的，那纔可以說得起是好東西罷咧［12b］

"It is not only what we call good; but everyone who sees it admires it; that then may be called a good article."（不只咱们说好，要大家都说好，那才是真的好。） ［Wylie 45］

在现代标准汉语中，句尾复合词*-bale*"罷了"在用法上对应此处的*ba liye*"罷咧"。而我们1761年文本中出现的*ba liyao*"罷了"采用的则是它比较古老的用法，即用作完整的谓语表达（verbal expression），表示"就这样吧，到此为止了"之类的意义。例句如下：

（8）*žo ši i o di ju i. ta bu wang jo ni kai keu siyūn ba liyao*

若是依我的主意，他不望著你開口尋罷了［14a］

"If you follow my advice; when he does not ask it from you with his own mouth, take no notice."（依我看，他要是不向你开口，你就别管。） ［Wylie 47］

（9）*ni dzen mo je yang bu jhi dzu. du siyang ni ye ba liyao a*

你怎麼這様不知足。都像你也罷了啊［24a］

"Why can you not thus make yourself contented? If all were like you, they would do."（你怎么这么不知足？如果人人都像你也就算了。） ［Wylie 59］

v）*...lai jo*"来着"

（10）*ni dzai na lii lai jo*

你在那裡來著［3b］

"Where have you been?"（你在哪里来着？）[①] ［Wylie 35］

（11）*žo ši ting jiyan. g'ai dang hu hi kioi / lai jo*

若是聽見，該當賀喜去來著［5a］

"If I had heard of it; I should have come to congratulate you."（早知道，该去恭喜你来着。） ［Wylie 37］

---

① 此句对应的满语例句是：*si aibide bihe*（你/哪里+地点（locative）/存在+完整体（perfective））。汉语的*dzai*"在"直接对应着满语的*bi-*"存在"，*lai jo*"来着"则译为满语的完整体后缀*-he*。

vi）...*lai jo ba liye*“来着罢咧”

（12）*je i ge ye giyoo o. na i ge ye sioūn o. yuwan boo / liyoo ni men. ši h'ao sin lai jo ba liye*

這一個也叫我，那一個也尋我；原保了你們，是好心來著罷咧［78a-b］

“This one is calling me; that one is seeking me. I became security for you at first; merely from kindness of heart.”（这个也叫我，那个也找我。我当初担保你们，仅仅是出于一片好心罢了。）①　［Wylie 119］

这些句尾成分，即使不是全部，也是大部分出现在小说《红楼梦》（1791年出版，但很有可能可以追溯到1760年左右）中。艾约瑟（Edkins 1864a：97）说，这部作品，连同另外两部，堪称他那个时代“最正宗的普通话”，是北京官话作品的典范。②由于此处我们所讨论的虚词并未出现在南方官话中，所以它们似乎是从北方地区的土话中进入共通语的北方变体的。

3.2 程度副词*hěn*“狠”（现在写作“很”）

hen“狠”这个词在我们的1761年文本中相当常见，通常用来加深静态动词和某些其他动词的程度。南方官话中根本不用这个词，因为南方官话会用诸如*xín*“甚”和*kiě*“极”这类词表达同样的意义。在我们的文本中，*šen*“甚”确实出现过，但就像在例（13）中这样相当罕见。

（13）*yen ši jung žin di ss. šen nan*

因是眾人的事，甚難［7b］

“Being the business of everyone, it becomes very difficult.”（因为是大家的事，所以非常难。）　［Wylie 40］

*hěn*在元代已经通行于北方，可能在我们的文本写就之时就已经从北方变体中引入官话共通语，而且即将取代诸如*shèn*“甚”这类词。艾约瑟（Edkins 1864a：97）说，“狠”以外的这些词在他那个时代已经被认为是“不太口语”的表达了。

---

① 最后一个小句的满语文本是：*sain mujilen bihe dabala*（好/心/系动词［copula］+完整体［perfective］/句尾词［final particle］），其字面义是“仅仅是（因为我）好心”。此处，*lai jo*“来着”对应着完整体后缀*-he*，而*ba liye*“罢咧”则译为限制性句尾词dabala“仅仅”。

② 艾约瑟提到的另外两部作品是《圣谕广训直解》和最近出版的流行小说《品花宝鉴》。

3.3 否定表达

在1761年文本中，表禁止义的否定结构是：*biye*“别”+动词。这种结构并未出现在南方官话的材料中。南方官话的否定结构有：*pǒ iáo*“不要”+动词，*piě iáo*“别要”+动词，以及不同的文言否定结构，比如，*mǒ*“莫”+动词。艾约瑟确认了这三种口语表达形式在他那个时代的北方官话中都是正确的。威妥玛在自己的文本中使用的是*bié*“别”，但他提到*búyào*“不要”这种形式也是可以的。司登得给出了*bié*和*búyào*两种形式作为北京方言的否定形式，而他并不知道*biéyào*这种形式。由此可见，在清代，*búyào*是官话表禁止义的一般形式，*biéyào*很可能是南方官话的基本形式，而*bié*是其北方官话的对应形式。到了19世纪后半叶，纯粹的南方官话形式在标准官话中已经消失。一般形式*búyào*和纯粹的北方形式*bié*被保留了下来，并一直沿用至今。

在我们的文本中，表完整体的否定词是*mIu*“没”或*mu io*“没有”，与表存在义的否定词在形式上是一样的。这种形式上的一致性是现今各种官话变体（Mandarin dialects）的一般特征，很可能有着相当长的历史。在南方官话中，有三个地位平等的通行形式，即：*mǒ ièu*“没有”、*uí çh'êng*“未曾”和*pǒ çh'êng*“不曾”。在我们1761年文本中，只出现过一例使用*bu tseng*“不曾”的句子：

（14）*ni wei sï mo bu hiyo ma jiyan. yen wei mu io ma bu tseng hiyo*

你為什麼不學馬箭。因為沒有馬不曾學［45a］

“Why do you not learn horse archery? I have not learnt, because I have no horse.”（你为什么不学马箭？因为没有马，所以不曾学。）［Wylie 40］

艾约瑟和司登得不仅给出了*méiyǒu*，而且也给出了*bùcéng*和*wèicéng*这两种形式，它们都是正确的形式，但只有“没有”依然通行于现代标准汉语的口语中。也许曾经发生过这样的变化，即南方官话的两种形式，*bùcéng*和*wèicéng*，逐渐让位于共通语的北方变体形式*méiyǒu*。有趣的是，我们1761年文本似乎预测到了这种发展，而19世纪语法学家的论述虽然表现出疑惑，但最终仍选用了南方官话的形式。

3.4 后缀*ér*“儿”

在我们的文本中，后缀*el*“儿”随处可见。例句如下：

（15）*dzung mu jiyan ni i dzau el jeng kioi*

總沒見你一遭兒真去［2b］

“I have never yet really seen you go.”（从没见你真去。）［Wylie 34］

（16）*o liyan ing el ye mu de ting jiyan*

我連影兒也沒得聽見［4b］

“I never heard anything about it.”（我从来都没听说过。）［Wylie 37］

（17）*tang žo wang jo ta kioi šang liyang i giyan sin fu di ss el. dz ši feo miyan pi el di da ing.*［*#z*］*o siyang/ na yang di. io ši mo kioi el*

倘若望著他去商量一件心腹的事兒，只是浮面皮兒的答應。若想那樣的，有什麽趣兒。［5b-6a］

“… yet if one goes to consult them on an affair which occupies his heart; they do not interest themselves beyond what the mere rules of politeness claim. What is the advantage of such kind of conduct?”（如果有人去跟他们商量一件烦心事儿，他们表面上客客气气的，但其实并不在意。那这样做又有什么好处呢？）［Wylie 38］

南方官话中也有与之对应的后缀*ûl*（马若瑟记为*eûl*），但并不常见。而我们文本中出现的el有一些功能是南方官话材料中的*ûl*所没有的。比如，它可以出现在状语结构*el di*中，如下例所示：

（18）*mu fa el kiyang ja dzeng jo g'ang g'ang el di h'ao liyoo*

沒法兒強扎掙著剛剛兒的好了［37a］

“In that weak state, I exerted myself; and am restored to convalescence.”（我在病中苦苦支撑着，现在才慢慢好转起来。）［Wylie 7］

这种类型的状语结构催生出现代标准汉语中类似*mànmānrde*“慢慢儿地”这种表达，但它在南方官话中却从来没有出现过。万济国谈到*ér*“儿”时说，“这个*ûl*在北方省份中非常常见，一般用在句尾或一段话结尾，是一种像叠句（refrain）一样反复出现的成分”（Coblin & Levi 2000: 71）。差不多一个世纪之后，马礼逊将这个词的性质描述为“仅有其声的虚词（particle），多用于北方人和韃靼人的话语中”（Morrison 1815—1823，第二部分，第二卷，第137页）。这个虚词在我们1761年文本中出现的频率很高，这很可能反映了北方方言对北方共通语语法结构的影响。

此处比较有意思的方面是*ér*“儿”在形态-音位（morphophonemics）介面上的功能。目前比较清楚的是，无论是我们文本中记录的语言，还是南方官话，都将该后缀当作一个独立的音节。但当我们考察到19世纪的材料时，却发现了不同的情况。威妥玛（Wade 1867，第二部分，第85页，注释9）发现*ér*与其前置音节发生了完全融合（fusion），由此产生了一个次音节后缀（subsyllabic suffix）*-rh*；他遵循着这一规律，将他自己所用的文本中所有带“儿”的复合词都转写成合音形式，除了下面这一例：*i-'hui-erh*“一会儿”（第一部分，第290页）。艾约瑟的观点比较含糊。比如，他说，“当‘儿’*rï*在一个词后面做后缀时，它听起来像是前一个词的韵尾*r*，这种情况经常发生。与此同时，它自己的声调也消失在它所并入的前一个词的声调中”（Edkins 1864a：19）。此处提到“经常”一词，似乎暗示着在当时的共通语中存在着这个词的两读形式，即合音形式和非合音形式在这一时期都可以听到。我们可能会怀疑此处所讨论的合音特征其实会不会是19世纪中期北方土话的特征。艾约瑟接下来的论述使这个问题更加清楚了些。比如，他说，“‘儿’*rï*……在北方省份可以自行附着在几乎所有实词上，听起来像*err*或一个单独的*R*音”（1864a：107）。他还说，“在北方地区，当出现后缀‘儿’时，它前面一个音节的前后鼻音韵尾经常脱落。比如类似*pan*、*fang*、*fen*、*pien*、*feng*、*yin*、*ting*、*ti*这样的音节，都会变成*par*、*far*、*fer*、*ier*、*fur*、*yir*、*tir*，同时保留它们原有的声调”（1864a：49）。最后，他说，“‘儿’*rï*这个后缀附着于实词和其他词的现象在北方地区非常普遍，而且很容易就被纳入它所附着的词的音节里。于是，前后鼻音韵尾和元音都被替换为*r*，而该词的声调仍然保留着，但后缀的声调就脱落了”（1864a：101）。上述引文中出现了两个要点。第一，后缀*ér*并入其前置音节的融合特征是艾约瑟那个时代北方土话的一大特色；第二，这个词有合音和非合音两读形式，体现了北方土话中不同的语音变体。因此，我们可以猜想北京官话中的融合特征和两读特征其实反映了不同方言的语音特点。那么在北方方言中这种现象是始于何时的呢？它是与我们1761年文本同时代出现的现象呢，还是晚于我们文本产生的时代呢？这仍然是一个开放性问题。

四、词汇

我们的1761年文本提供了丰富的语料，可以作为与南方官话进行词汇比较的基础。在本文中，我们仅挑选其中的一小部分词汇进行分析。

4.1 *gěi/jǐ*“给”

在现代标准汉语中，表给予义的常用词是*gěi*“给”。它可以出现在连动结构（serial verb constructions）的动词前，作为一种与格（dative）成分或受益格（benefactive）成分。有时，它也可以出现在动词后，充当动词补足语。在南方官话中，表给予义的词是*iù*“与”（=现代汉语拼音拼为*yǔ*），它也有前置于动词和后置于动词的用法，相当于现代标准汉语*gěi*的用法。而南方官话中根本不用*gěi*这种形式。在我们1761年文本中，有两个不同的词共同承担着现代标准汉语*gěi*的所有功能。第一个词比较常见一些，是*ji/gi*“给”。第二个是*ioi*“于”。正如我们在2.1.5节中所讨论的那样，在我们文本的底层语言中，无论是拼成*ji*，还是拼成*gi*，它的发音一定是［tɕi］。而且值得注意的是，在我们的文本中这个词没有读如*gei*的形式。而*ioi*“于”这个词其实与刚刚提到的*yǔ*“与”相同，但此处写作“于”。“与”这个字并未出现在我们的文本中。事实上，甚至连表示“和，同”义的*ioi*在我们的文本中也写作“于”。①

以下各例是*ji/gi*和*ioi*的几种不同的用法：

i）*ji/gi*“给”

a.“给予”义

（19）*ni he ta šo. dao di gi bu gi. žo ši šo ji. žin ye jhi wang jo siyang de*

你合他說到底給不給。若是說給，人也指望著想得［16a］

“Say to him. Now then, will you give it or not? If you wish to give it; others will think they may expect to obtain.”（你问他到底给不给。如果说给，别人也有点盼头。）［Wylie 50］

b. 前置于动词

（20）*ta di hūwa šo ši i de hin. ji ni sung kioi gio wan liyao*

他的話說是一得信，給你送去就完了［7b-8a］

“He said, if he should obtain information, he would send it to you; that was all.”（他说一有消息，就会告诉你的。）［Wylie 40］

c. 后置于动词

（21）*žu ši na men yang. mei ži lai liyao du giyoo ji ni men ši mo hūwa*

如是那們樣，每日來了都教給你們什麼話［34a］

“That being the case; coming to see you every day, what kind of instruction does he give you?”（如果是那样，那他每天来都给了你们什么指示呢？）［Wylie 71］

ii）*ioi*“于”

“给予”义：无例

---

① 例如：76a: *oši ioi ta hing dzeo g'o di*我是于他行走過的。伟烈亚力（Wylie）116：“Since I have been in his company...（我与他一同走过……）”。

b. 后置于动词

（22）*de liyoo ši žin sung ioi ni kioi*

得了使人送于你去［54a］

"If I get any, I will send a man to you with them."（我拿到会派人给你送去的。）

［Wylie 93］

c. 前置于动词和后置于动词

（23）*a ge ni io man jeo šu. giye ioi ji ben. o cao liyoo niyan. wan liyoo gio ioi ni sung hūi lai*

阿哥你有滿洲書，借于幾本。我抄了念，完了就于你送回來［54a］

"If you have any Manchu books; pray lend me a few volumes; that I may copy them. When I have done, I will bring them back to you."（哥，你要是有满语书的话，借给我几本。我把它抄下来读，抄完就给你送回来。）[①]

［Wylie 93］

从上面的例句中，我们可以看出，*ji/gi*既可以用作表"给予"义的独立动词（full verb），又可以用作前置于动词或后置于动词的格标记（case marker），而*ioi*则不能用作独立动词，它在1761年文本中只有格标记的功能。

艾约瑟记录了他那个时代北京官话的*gĕi*和*yŭ*，发现上述三种用法它们都有。他认为*gĕi*的标准发音是*tsi*³（即［tɕi］），但在北京口语中的发音是*kei*³（Edkins 1864a：56，57）。在他给出的例句中，他似乎更喜欢用*kei*³这种形式。威妥玛只记了*gĕi*"给"一个词，关于这个词，他说，"*kei*，正音是*chi*，表'给予'义，后接某人或某物"（Wade 1867，第三部分，第15页）。像威妥玛一样，司登得也用*gĕi*，而不用*yŭ*"与"。[②]他将*gĕi*记为*kei*³。他还列出了*chi*³，作为*kei*³的语音变体，但在他编著的字典词条中，却从未用过这个变体。

综上所述，我们可以得出以下几个结论。根据我们1761年文本中所记录的北方官话，我们更倾向于认为*gĕi*"给"这个词（实际发音是［tɕi］）是"给予"义及其相关格标记功能的词源。南方官话中的*yŭ*"与"（在我们的文本中写作"于"）当时也在使用，但显然是不太常用的形式，而且仅限于格标记的功能。到19世纪中期，*yŭ*在北方共通语中逐渐退出日常交际，最终完全被*gĕi*所替代。另外，这个词早期的标准读音［tɕi］也被北京话读音［kei］所替代，并一直沿用至今，成为现代标准汉语的通用读音。读音［tɕi］仍然保留在艾约瑟和威妥玛那个时代的"标准（proper）"共通语中，但它并不用于日常口语。如今，这个读音只用于一些表"供给"义的书面语词汇中。

---

① 这句的满语和汉语都表示"我可以把它们抄下来读……"，而伟烈亚力的译文忽略了"读"这个词。

② 司登得确实引了一个*yŭ*表"给予"义的例子，但这个例子相当奇怪：*yü*³-*jên*²-*wu*⁴"與人物""to give a person anything（给某人某物）"（Stent 1877：第629页）。这应该是一种文言的表达。

4.2 替换形式*dōu*“都”、*hái*“还”、*le*“了”和*ma*“么~吗”

此处我们将要讨论的是这些字在现代标准汉语中的读音实际上是替换的结果，即北方方言词汇替换了早期的共通语词汇。在每一个个例中，早期汉语共通语中的汉字被保留了下来，用来代表替换后的读音。

i）*dōu*“都”。这个表示“全”的词在我们的文本中是*du*“都”，直接对应着南方官话的*tū*“都”。艾约瑟将标准官话中这个表示“全”的词记为*tu*[1]；但他又说北京话读作*teu*[1]，而他认为这个音是一个“错误”的读音（Edkins 1864a：69），即：他觉得说官话的时候这样读是不能接受的。威妥玛和庄延龄则把这个表示“全”的词记为*tu*[1]和*tou*[1]两个读音变体，并没有在可接受度上做出任何评论。司登得只给出了tu[1]一种形式作为可接受的读音形式。翟理斯（Giles 1892）辨认出读音tou[1]是北方方言的语音形式。总之，标准南方官话中表示“全”的词在整个明清时期都是［tu］。这个词也在我们1761年文本中使用。到19世纪中期，共通语中才出现［tou］这种竞争形式。这个读音被艾约瑟和翟理斯视为北方方言词读音。它最终代替了［tu］，成为现代标准汉语中“都”（表示“全”）的标准读音。尽管［tu］和［tou］这两个词传统上都写成同一个汉字，但要解释北京话的［tou］在这一时期是早期形式［tu］在音系上的直接派生是不可能的，因为在北方官话方言中，从未发现韵母的语音可以这样演变。北京话的［tou］，虽然可能在词源上与南方的［tu］有关，但它一定有一个更为复杂的演变历史。这个问题值得进一步的研究。

ii）*hái*“还”。在我们的文本中，这个表示“仍”的词读为*hūwan*，汉字写作“还”，与南方官话中的*huân*“还”（表示“仍”）相当。但其实，至少在16世纪，中国北部就已经有一个表示“仍”的词，据崔世珍（Chwe Sejin）所说是*hái*“孩”的同音词（Kim 1991：218，注释1）。艾约瑟（Edkins 1864a：206）给出了*hwan*[2]和*hai*[2]两种语音形式，都表示“仍”，并指出后一种是“口语形式”。在艾约瑟（Edkins 1864b：66）中，他给出了三种不同的语音形式：*hwan*[2]、*han*[2]和*hai*[2]。威妥玛（Wade 1867，第三部分，第13页）只给出*han*[2]和*hai*[2]两种语音形式表示“仍”，而将*huan*[2]保留为“返回，偿还”义。司登得给出了*huan*[2]和*hai*[2]两种语音形式表示“仍”。总之，［xuan］在整个南方官话的历史中都是表示“仍”的词，而它也是我们1761年北方官话文本中唯一使用的词。但在北方，确实存在着一个非常古老的表示“仍”的方言词［xai］，并在19世纪中期进入标准北方官话中。它作为现代标准汉语词沿用至今，并完全替换了［xuan］。除了这两个词，在19世纪中期的北方官话中还有第三个表示“仍”的词：［xan］。我们对这个词知之甚少。它究竟是［xuan］的一个方言同源词，还是北方官话一个误读的语音？或者是南方标准音［xuan］和北方音［xai］的混合体？又或者是其他什么词？无论是哪种情况，它都不再用于现代标准汉语中。这三个词都写作汉字“还”。但写成同一个字并不代表它们之间有词源关系。它们的历史仍值得进一步的阐释。

iii）动词助词和句尾助词*le*“了”。在我们的文本中有一个用满文拼写为*liyao*或*liyoo*的音节，汉字写作“了”，充当动词助词和句尾助词。例句如下：

（24）*biye di i dzung ss šang yao kioi. io kung pa ni lai. hen tsao liyao sin liyao*

别的一宗事上要去，又恐怕［你］來，狠糟了心了［6b］

“I had other business I wished to attend to; but I was afraid you would come. I was very vexed at heart.”（我有别的事要去处理，但又怕你要来，真是让人心烦意乱。）

［Wylie 39］

（25）*so i zin*［*sic*］*jo i el dzeo. tsai hiyo yan liyao. ceng liyao i ge bu jang jin di žin liyao*

所以任著意兒走，纔學厭了，成了一個不長進的人了［19a-b］

“Acting according to his own mind; he is for ever learning; thus he is a man who makes no advance.”（他干什么都由着自己性子来，学什么都学不成，就变成一个不长进的人了。）

［Wylie 53—54］

这个助词相当于南方官话中的*leào*“了”，也用作动词助词和句尾助词。艾约瑟和司登得只记录了一个词*liao*³“了”，既可以出现在句中，也可以出现在句尾，而且并没提到这个字有变读形式，这与我们文本中的记录是一致的。但是，艾约瑟发现北京话中还有另外两个句尾助词：*la*¹“啦”和*lo*¹“咯”，尽管如此，他还是把它们看成与*liao*³“了”无关的助词（Edkins 1864a：217）。威妥玛有一个新的见解。他认为句末位置的汉字“了”“往往”被读成*la*或*lo*（Wade 1867，第三部分，第7页和第85页），而作为动词助词的“了”，仍然读*liao*³。庄延龄给出了*liao*和*le*两种变读的语音形式，但并未说明它们用在句中什么位置。无论是在论述北京话的时候，还是谈及其他官话方言时，他都提到了这两个变体。到了1900年前后，标准官话的西方教科书都把汉字“了”拼为*lo*或*le*，无论是在句中还是在句末。我们无法确切地知道助词le这种形式发展了多久，或它是怎么出现的。也许它是*liǎo*“了”的某种弱化，又或者有一个不同的来源，像赵元任（Chao 1968：246）所推测的那样。它可能源于北方方言。但我们1761年文本中的北方官话共通语又不使用这个词。艾约瑟似乎知道它是北京地方话，但并不把它写成“了”字。司登得直接忽略了它。虽然艾约瑟和司登得都没说清楚，但威妥玛阐述得很明白，他说*le*开始出现并真正用在句末是在19世纪60年代的标准北京官话中。庄延龄的材料也支持这一点。在之后的某个时期，它也出现在动词后。但我们还不知道，后置于动词的用法是来自句尾助词的一个混合片断（contamination），还是直接从北京话或其他土话中引入的。无论是哪种情况，在现代标准汉语中，它在日常口语领域已经取代了更为古老的形式*liǎo*。而*liǎo*这种古音目前在戏曲领域中还能听到。

iv）疑问词*ma/mo*“么”。我们文本中的句末疑问词*mo*“么”相当于南方官话中的*mò*“么”。艾约瑟一般也用mo^{1}“么”作为句末疑问词。但他说，还有另一个词*ma*也有同样的功能（Edkins 1864a：218）。他说*ma*其实是一个“古音”，而且“频繁地出现在口语交际中”。他继续补充到，有一个新造字“吗”专门用来记这个音。威妥玛将这个疑问词写作“么”，拼为mo^{1}，但在他的音节文字表里，他又给出了ma^{3}作为变读音节。其实他列在音节文字表里的“吗”字（拼为ma^{3}），从未在文本中真正使用过。司登得给出mo^{1}和ma^{1}两种形式作为“么”的读音变体。庄延龄也给出了mo^{1}和*ma*。此处我们似乎要处理两个不同的句末疑问词。*mo*是南方官话的标准形式，也是我们1761年文本所采用的形式。但在19世纪中期，一个竞争形式*ma*也出现在标准语中。如果艾约瑟是对的，那么它就是一个古词。这个助词*ma*也许在北方方言中已经使用了相当长的一段时间，但我们并没有证据去证明这一点。我们只能说，在19世纪60年代之前，它就已经开始渗入标准北方官话，但在我们1761年文本中，还未见到它的踪影。“吗”这个字，据艾约瑟所说是专门造出来代表*ma*的，这一点在《红楼梦》中也得到了验证，因为《红楼梦》与我们的满文转写材料是同一时期产生的。

4.3 方式指示词（deictic manner-words）

我们文本中记录的官话有一整套赵元任（Chao 1968：658—659）称之为“代副词（pro-adverbs）”的词，即“这样、那样”类的方式词，是在表近指和远指的指示代词的基础上形成的。这组词如下所示：

je yang 这样	*je men* 这们	*je men yang* 这们样	*je men jo* 这们着
na yang 那样	*na men* 那们	*na men yang* 那们样	*na men jo* 那们着

南方官话有一套不同的系统：

ché iáng 这样	*ché tèng* 这等①	*ché tèng iáng* 这等样	*ché mû iáng* 这模样
ná iáng 那样	*ná tèng* 那等	*ná tèng iáng* 那等样	

① 注意，诸如该复合词中的音节*děng*“等”并不仅仅是文言文和早期白话文中的那种复数标记。它们的用法与我们1761年文本中je men和na men的用法一模一样。比如：*je men mang*“這們忙”“so busy”（这么忙）/ *ché tèng tá*“這等大”“so big”（这么大）。

以下这组见于艾约瑟的著作中：

che^{4}*mo*^{1}这么	*che*^{4}*yang*^{4}这样	*che*^{4}*mo*^{3}*yang*^{4}这么样	*che*^{4}*mo*^{1}*cho*^{1}这么着
			~*tsen*^{4}*mo*^{1}*cho*^{1}
		na^{4}*mo*^{1}*yang*^{4}那么样	

对于这类词，艾约瑟观察到，“在北京，‘们’*men*^{2}经常用来代替‘么’*mo*^{3}，如在‘這們高’*che*^{4}*men*^{1}*kau*^{1}‘*so high*’（这么高）中。这是一种不规则形式，也是北京话不同于标准官话的例子之一。如：*wo*^{3}*chï*^{1}*tau*^{4}*shï*^{4}*che*^{4}*men*^{1}*cho*^{1}［我知道是這們著］，I know that it is so.”（我知道是这么着。）（Edkins 1864a：204，注释）。

以下这组例词是从威妥玛语法书的口语对话部分中整理出来的：

这么	这么样	这么着
这们		
那么	那么样	那么着
	那么样	

威妥玛对这些词的评论如下：“*mo*有时写作*mên*；但却发为*mo*音”（Wade 1867，第六部分，第85页）。根据艾约瑟同时代的评论，威妥玛的论述似乎是指，在这类表达中的音节*mên*是北京话的发音，因此应该避免在标准官话中使用。所以，即使这类词可以用“们”字来书写，它也应该读成“么”的发音。

最后，我们从司登得的词典中找到了一组类似的词：

che^{4}*-mo*^{1}这么	*che*^{4}*-yang*^{4}这样	*che*^{4}*-mo*^{1}*-yang*^{4}这么样	*che*^{4}*-mo*^{1}*-cho*^{2}这么着
che^{4}*-teng*^{3}这等			
na^{4}*-mo*^{4}那么	*na4-yang*^{4}那样	*na*^{4}*-mo*^{4}*-yang*^{4}那么样	

这些材料中的“*-mo*”组词和“*-men*”组词都出现在地方话文本中，时间可追溯到元代（吕叔湘 1985：268—269；太田辰夫 1987：286—287），这两种形式很可能都是从某种北方土话口语中派生出来的。我们所参考的19世纪的文献表明，在19世纪60年代，“*-men*”组词被认为是北京话形式，而相应的“*-mo*”组词则代表着标准北方官话形式。这两种类型的词均不通行于明清时期的南方官话。有趣的是，我们1761年文本中记录的

官话变体在这类词上已经采用了北方方言形式，而不是南方官话形式，也不是100年后所谓的标准北方官话形式。

4.4 包括式代词*zámen*“咱们”

包括式代词*dza men*“咱们”在我们的文本中很常见。马礼逊很早就将这个词确认为一个独特的北方词汇（Morrison 1815—1823，第二部分，第二卷，第862页）。艾约瑟说它用于北京地区、*Zhílì*“直隶”地区（即现在的河北）以及山东地区的方言中（Edkins 1864a：99）。艾约瑟（Edkins 1864a：158）对此有进一步的讨论，他认为这个词在标准北京官话中是可以接受的，但却带着方言的味道。威妥玛认为它是标准官话包括式代词，此外并无其他评论（Wade 1867，第三部分，第7页）。司登得也是如此。由此可见，我们1761年文本已经可以自由地使用这一北方方言词了，而没有理会标准南方官话中根本没有这个词。

我们的文本中还有一种形式：*dza di*“咱的”，似乎是*dza men*“咱们”的单数代词形式：

（26）*o šī šī di bu jhi dao a. žo šī jhi dao gio g'ao su/ ni ba dza di. bing bu jhi dao. giyao o g'ao su šī mo*

我實實的不知道啊。若是知道，就告訴你罷。咱的並不知道；叫我告訴什麼［4a］

“Indeed I know nothing about it. If I knew, I would tell you. As I have no knowledge of it, what do you wish me to tell you? ”（我真的不知道啊。如果知道，就告诉你了。可我并不知道，叫我告诉你什么呢？）

［Wylie 36］

王勉、郑仁甲（1999，第三卷，第4100页）列出了*zánde*“咱的”一词，他们认为这是现代标准汉语*zámen*“咱们”的北京方言词，并没提到*zánde*有单数义。同样的复合词也用于其他北方方言中，虽然有不同的语音形式，但都表示复数。我们的例句可能是迄今所知的唯一一个单数用例。

4.5 *zhǎo*“找”（“寻找、搜寻”义）

在我们的文本中有两个词表示“搜寻、寻找”义。一个是*siyūn*“寻”，比较常见；另一个是*jao*“找”，只出现过几次。在南方官话中，*xún*“寻”读作*sîn*［sin］、*çh în*［ts'in］，很少情况下也读作siûn［syn］，这是表“寻找”义的通用词。在马礼逊的词典里，*zhǎo*“找”是晚近时期才出现的词，并且最初只表示“供给”义。威妥玛和司登得给出了*hsün*[2]*~hsin*[2]“寻”和*chao*[3]“找”两个词表示“寻找”义。司登得还补充到，*zhǎo*有“供给不足”义。*zhǎo*在现代北方方言中是表示“搜寻”义的一般词汇，它可能是北方方言的基本形式，其最古老的语义范畴表示“供给，为了弥补差额或不足而提供”。显然，它后来引申出了“尽力提供，寻找”等含义。它的现代含义“找零钱（用于货币交易）”似乎就是其古义“为了弥补差额而提供”的延续。至少在明代以前，这个词就已经出现在文献中了。我们1761年文本表明，到18世纪晚期，*zhǎo*在北方官话共通语中就已经可以与*xún*匹敌了。这两个词并行使用，一直沿用到至少19世纪晚期。而到了20世纪，就只有*zhǎo*还保留在口语中使用。

4.6 *hē*“喝”

我们的文本中有两个词表示“喝”义：*he*“喝/呵”和*yen*“饮”。这两个词中，*he*“喝/呵”出现得相当频繁，且广泛地用于各种结构中，而*yen*“饮”出现的次数较少，范围也较小。但*yen*“饮”决不仅仅局限于书面复合词和书面表达。在我们文本的底层语言中，它可以自由替代*he*“喝/呵”。在南方官话中，只有*in*“饮”可以用来表达“喝”义。司登得列出了*ho*^{1}“喝”和*yin*^{3}“饮”两个词，他认为它们是表“喝”义的同义词。但艾约瑟和威妥玛在实际话语用例中却只用了*ho*^{1}“喝”。*hē*“喝”是现代汉语北方方言“喝”义的一般词汇。至少从元代开始，它就出现在文本中了，这很可能反映了北方通用语（lingua franca）的一般用法，而不仅仅是地方土话的用法。我们1761年文本中记录的官话，显然已经更倾向于使用*hē*“喝”而不是*yǐn*“饮”（南方共通语形式）。之后，*hē*在口语中完全取代了*yǐn*，成为口语中的自由形式。本小节的例词“喝”也许可以说明南方词汇从未真正地在北方官话中取得过稳固的地位。北方共通语从一开始就支持北方词汇，而将南方词汇置于一旁，并最终弃用了它。

4.7 表“物”义的词

我们文本中表示“物体”的词是*dung si*“东西”。而南方官话中通常用*vuě*“物”或*vuě kién*“物件”。万济国在他的词典中先是列出了“物”和“物件”这两个词，然后才列出*tūng sī*“东西”这个词，但他从未在短语或语法书中使用过这个词。显然，它并不真正通行于南方共通语中。司登得也给出了这三个词。但艾约瑟和威妥玛在他们所举的口语例句中却只用*dōngxi*这个词。因此，至少在近几个世纪中，南方官话中表“物”义的词不怎么通行于北方共通语的口语中，而*dōngxi*“东西”才是北方共通语中表“物”义的词，并一直保留至今。

4.8 表“处所”义的词

在我们的文本中，表“处所”义的概念一般用含黏着语素（bound morpheme）*chù*“处”的复合词表达，比如，*biye chu*“别处”、*kioi chu*“去处”等。南方官话中也有这种类型的复合词，但它还有一个表“处所”义的自由形式*sò çhái*“所在”。万济国还列出了名词*tí fāng*“地方”，但对他来说这个词有一个专门的意义：“领地，当地（territory）”，而不是一般意义上的“处所（place）”义。复合词*difang*“地方”以“处所”义出现在《红楼梦》中，所以这个词至少在18世纪中期就已经通行于北方了。但我们的文本却没有使用它。司登得在他的词典中给出了*dìfang*和*suǒzài*“所在”两个词。而艾约瑟和威妥玛在他们的例句中却只用了前一个词。综上可知，我们1761年文本中记录的北方官话变体与南方共通语在不用复合词*dìfang*表“处所”义上取得了一致。而一个世纪后，*difang*显然已经变成了标准的北方词汇，其间很可能受到了北方土话的影响。

五、结论

艾约瑟（Edkins 1864a：8，99，218）写到他那个时代的北京说两种不同的话。一种是本地土话，即北京话，通常称为*jīnghuà*“京话”（the speech of the capital），也叫做*sīhuà*“私话”（private language）。“私话”这一别称是专门用来与“公共场合（public）”交际用语（即标准共通语）进行区分的名称。当时的标准共通语被称为官话，或者更具体一点，被称为*Běijīng guānhuà*“北京官话”，它又可分为两种变体形式。一种是一般的口语形式，被称为*zhēn guānhuà*“真官话”。除此之外，还有一种华丽典雅、隐晦委婉的文语形式，被称为*wénhuà*“文话”（cultured speech）①，用于正式场合或仪式典礼中。*wénhuà*“文话”要和*wénlǐ*“文理”区别开，“文理”是当时的正式书面语，现在在英语里通常被称为literary Chinese“文言”。艾约瑟的语法书和教科书（Edkins 1864a，1864b）试图描写和教授他认为比较典型的或比较“纯”的北京官话，所以他关注的主要是真官话。但他又谨慎地告诉我们共通语的南方变体或南方化了的变体在北京城也能听到，有的人即使定居在北京已经好几代了，仍乡音不改。他说，“有许多从江南地区来的人，尤其是知识分子阶层，定居在北京。他们保留了许多南方语音的特点，甚至在三四代人之后仍然保留着这些特点。在这种情况下，北京话的声调有时会与南京话的声母和韵母连在一起使用”（Edkins 1864a：279）。由此可见，1860年左右的北京地区，即使人们只说

① 同音复合词*wénhuà*“文化”有一个书面语的起源，很可能并不通行于该时期的口语中。它也未见于司登得或翟理斯（Giles 1892）的文献中，而他俩都适时地列出了*wénhuà*“文话”一词。

官话共通语，其社会语言学情况也是相当复杂的。那么，一个世纪前的情况又如何呢？《清文启蒙》（1761）中记录的语言又是何时开始通行的呢？

让我们先考虑一下什么不是1761年文本中的底层语言。显然，它不仅仅是南方官话变体。明朝晚期和清朝早期的西方传教士所描写的就是这种近似南京话的官话变体。而我们文本中记录的语言，在音系、词汇和语法的很多细节上，都不同于南方官话。但它也不仅仅是某个北方土话，比如北京话，因为我们发现我们的文本在各个语言层面上都有非北方话的特征。相反，它应该是这两种话的某种混合体。然而，实际情况不止于此。因为我们在梳理文本时，除了发现南方共通语和北方方言的特征外，还发现了一些成分，经证实几个世纪前就已经出现在文本中了，而这些文本很可能是以北方话为基础写成的，比如元曲、通俗小说等。出于这个原因，我们在探究《清文启蒙》（1761）中记录的语言的形成过程时，必须设想至少三个不同的来源，即，明清时期的标准南方官话，公认的北方共通语变体，以及首都地区的地方土话。

那么，这三种来源是如何相互作用产生了我们文本中记录的语言呢？我们假设，当1421年明朝首都从南京迁到北京时，标准共通语就随着朝廷一起迁到了北京，而这时的标准共通语早在迁都之前就已经在使用了。现在普遍认为，这就是本文所讨论的南方官话的早期形式。1421年北京确切的社会语言学情况我们尚不清楚。当时是不是存在一个双层结构，既包含了北京本地话，又包含了一个更普遍的北方通用语？如果是这样，那么它们之间的差异有多大呢？又或者是其实存在着一种北京语（Pekingese language），既用作本地话，又用作地区标准语？对此我们一无所知。无论是哪种情况，明朝朝廷使用的南方官话共通语是叠加到北京城已有的语言上的，并且保存完好，独立使用，至少作为一种理想的形式，持续了相当长的一段时期。比如，当利玛窦（Matteo Ricci 1552—1610）居住在北京时，他仍然在自己的作品中使用他在中原地区学习的南方官话。无论明朝末期的北京地方话与标准南方官话的差异有多大，他和他的教友们都不感兴趣。但毫无疑问，这种差异在当时是存在的。在上文2.2.5节中，我们已经讨论了马若瑟提到的一些差异。在接下来的这篇文献中我们将继续讨论这种差异。万济国（1703）的1793年手稿修正版中有这样的论述，尽管标准官话也通行于南京以外的很多地区，“但*Pe kin*［北京］和*Xan tung*［山东］的地方话［与标准官话］仍有些差异”（Coblin、Levi 2000：255）。尽管如此，万济国本人觉得官话在北京用得“很好”（同上，第31页）。由此我们可以推知，在17世纪，北京官话（相对于北京任何一种地方土话而言）与标准南方官话保持着高度的一致性。它有自己的语音特点，这显示出它对北方话影响力的抵制；它可能也有一些特殊的词汇和语法特征，要么是从更早的北方通用语中继承而来的，要么就是从地方土话中借进来的。但无论如何，它都一直被认为是一种“通用”的官话形式。

直到18世纪晚期，才发生了进一步演化。举例来说，这时的北京官话已经完成了彻底的软腭音和齿擦音的硬腭化音变，而这种音变也曾发生在北方方言中；它还不断地采用北方方言的词汇，几乎每次都是以牺牲相应的南方官话词汇为代价。这些趋势在《清文启蒙》(1761)产生之后仍一直持续着。整个18世纪，北方共通语的通用地位一直在上升，直到19世纪20年代的某一时刻，上升到了马礼逊完全能够预见到它最终取胜的地步。到了艾约瑟和威妥玛的时代，这个预言就已经成真了。他们明确地将北京官话置于核心地位，而将南方官话置于边缘地带。这种倾向北方用法的趋势并没有停留在艾约瑟和威妥玛的时代，而是继续发展，贯穿了整个晚清时期，并一直延续到民国。就这样，北京官话先是变成了*Guóyǔ*"国语"，然后最终变成了现代*Pǔtōnghuà*"普通话"。最后，我们今天所说的标准现代汉语不仅仅指北京话（即北京本地话），它其实是一个复杂的综合体，它的音系、词汇和语法特征来源于南方官话、公认的北方标准语以及北方各方言。《清文启蒙》(1761)所记录的语言代表了这一漫长演变过程中的一个阶段，而这个演变过程的最终结果就是产生了现在人所共知的标准现代汉语。

参考文献

CHAO Yuen-Ren (1968). *A grammar of spoken Chinese.* Berkeley : University of California Press.

COBLIN W. South (1997). Notes on the sound system of Late Ming *guanhua. Monumenta Serica,* 45, pp. 261-307.

COBLIN W. South (2000). A brief history of Mandarin. *Journal of the American Oriental Society*, 120(3), pp. 537-552.

COBLIN W. South & LE VI Joseph A. (2000). *Francisco Varo's grammar of the Mandarin language (1703): an English translation of the 'Arte de la lengua Mandarina'*. Amsterdam/Philadelphia : John Benjamins.

EDKINS Joseph (1864a). *A grammar of the Chinese colloquial language commonly called the Mandarin dialect*. Shanghai : Presbyterian Mission Press.

EDKINS Joseph (1864b). *Progressive lessons in the Chinese spoken language.* Second Edition. Shanghai : Presbyterian Mission Press.

GILES Herbert A. (1892). *A Chinese English dictionary*. London: B. Quaritch.

GORELOVA Liliya M. (2002). *Manchu grammar*. Leiden, Boston, Köln :Brill. Handbuch der Orientalistic, Section Eight, Volume Seven.

HIRATA Shōji 平田昌司(2000). Qīngdài hónglúsì zhèngyīnkǎo清代鸿胪寺正音考. *Zhōngguó yǔwén*, 6, pp. 537-544.

JI Yǒnghǎi 季永海(1993). Mǎnzú zhuǎnyòng Hànyǔ de lichéng yǔ tèdiǎn满族转用汉语的历程与特点.Mǐnzú yǔwén, 6, pp. 38-46.

KIM Kwangjo (1991). *A phonological study of Middle Mandarin:Reflected in Korean sources of the Mid-l5th and Early 16th centuries*. University of Washington Doctoral Dissertation.University Microfilms, Ann Arbor.

LI Gertrude Roth (2000). *Manchu : A textbook for reading documents.* Honolulu: University of Hawaii Press.

LIGETI Louis (1952). A propos de l'écriture Mandchoue. *Acta Orientalia,* 2, pp. 235-301.

LÜ Shúxiāng 吕叔湘 (1985). *Jìndài hànyǔ zhǐdàicí* 近代汉语指代词.Shanghai : Xuelin.

MÖLLENDORFF Paul Georg von. (1892). *A Manchu grammar, with analyzed texts*. Shanghai : American Presbyterian Mission Press.

MORIKAZU Ochi'ayi (1989). Transliterated and reprinted Chinese translation of '*Giyan man han ioi man jeo tao hūwa cing wen kimeng*兼满汉语满洲套话清文启蒙' (dated in 1761, kept in the Oriental Library, Tokyo). *Studies of Linguistic and Cultural Contacts*, 1, pp. 67-103. (Published by the Institute for the Study of Languages and Cultures of Asia and Africa, Tokyo University of Foreign Studies).

MORRISON Robert (1815−1823). *A dictionary of the Chinese language in three parts.* Macao & London : The Honorable East India Company Press.

NAKAJIMA Motoki (1994). *Computational analysis of the enlarged and revised Manchu dictionary written by the emperor.* Tokyo: Institute for the Study of Languages and Cultures of Asia and Africa, Tokyo University of Foreign Studies.

NORMAN Jerry L. (1978). *A concise Manchu-English lexicon*. Seattle : University of Washington Press.

NORMAN Jerry L. (1988). *Chinese*. Cambridge : Cambridge University Press.

ŌTA Tatsuo太田辰夫(1987). *Zhōngguóyǔ lìshǐ yǔfǎ* 中国语历史文法. [Chinese translation of *Chūgokugo rekishi bunpō*, Tokyo,1958]. Peking : Beijing Daxue.

PRÉMARE Joseph (ca. 1730). *Notitia linguae sinicae*. First circulated in manuscript; then published : Malacca, 183 1: Academiæ Anglo-Sinensis; Hong Kong 1893 : Société des Missions-Etrangères.

PRINS Anton A. (1974). *A history of English phonemes: from Indo-European to present-day English*. Leiden : Leiden University Press.

STENT George C. (1877). *A Chinese and English vocabulary of the Pekinese dialect.* Shanghai : American Presbyterian Mission Press.

VARO Francisco (1703). *Arte de la lengua Mandarina*. Edited by Pedro de la Piñuela.Canton. Editions held by the Biblioteca Dell'Accademia Nazionale dei Lincei e Corsiniana, Rome and the Bibliothèque Nationale de France, Paris.

VARO Francisco. Vocabulario de la lengua Mandarina. Manuscripts held by the German State Library in Berlin and the British Library in London.

WADE Thomas F. (1867). *A progressive course designed to assist the student of colloquial Chinese as spoken in the Capital and the Metropolitan Department*. London : Trübner & Co.

WÁNG Huìyín 王会银 (1991). Qiǎnlùn Qīngdài Mǎnzú gǎicāo Hànyǔwèntí—jiān tán Mǎn-Hàn mínzú guānxì 浅论清代满族改操汉语问题——兼谈满汉民族关系，*Zhōngyāng mínzú xuéyuàn xuébào*, 4, pp .63-69.

WANG Miǎn 王勉 & ZHÈNG Rénjiǎ 郑仁甲 (eds.). (1999). *Hànyǔ fāngyán dàcídiǎn* 汉语方言大词典. Beijing : Zhonghua.

YÁNG Yìmíng 杨亦鸣 & WÁNG Wèimín 王为民 (2003). 'Yuányīn zhèngkǎo' yǔ 'Yīnyù féngyuán' suǒjì jiāntuányīn fēnhé zhī bǐjiàoyánjiū《圆音正考》与《音韵逢源》所记尖团音分合之比较研究. *Zhōngguó yǔwén,* 2, pp. 131-136.

WYLIE Alexander (1855). *Translation of the Ts'ing Wan k'e mung—a Chinese grammar of the Manchu Tartar language: with introductory notes on Manchu literature*.Shanghai : London Mission Press.

（译者：韩蔚 上海师范大学人文学院）

《切韵》音系和汉语历史音韵学现状

一、引言

19世纪以来，汉语音韵学的研究领域存在着两个不同的研究方向。其一是传统的研究方向，即文献材料的音韵考据。其二则是音系构拟，这又可细分为外部比较构拟（comparative reconstruction）和内部构拟（internal reconstruction）。纵观20世纪的汉语历史音韵学研究，第一个研究方向，即文献考据，它在多数时间里仍是研究的主流。直到20世纪的最后几年，学者们，特别是年青一代的学者们，才将其兴趣点转向到以历史比较法为基础的音系构拟研究上来。新世纪已经开始，我们面临着一个新问题，那就是：如何将文献阐释和音系构拟这两大音韵学的研究方向，协调、整合为一个统一的学科。换句话说，我们必须得提出这样一个疑问：传统的音韵学材料在汉语历史音韵学领域究竟可以起到怎样的作用？本文正是对这一疑问的回应。

二、《切韵》音系的音韵考据

传统的汉语音韵学的研究领域主要着眼于《切韵》音系（以下或简称为*ChYS*），并且将音韵考据视为音韵学研究的主要目的。但这里有个大前提，那就是《切韵》音系的基础是某种实际存在过的汉语口语音系，基于这个前提，通过对《切韵》音系中每个音值的考定，这种汉语口语的音系是可以恢复出来的。这项工作通常称之为“音系构拟”（phonological reconstruction）。事实上，它最近似，但也并不完全近似于对文献材料的语音阐释，就像学者们在拉丁语、希腊语及其他古典语言方面做的努力一样。比较构拟和内部构拟，是历史语言学领域中被广泛理解和应用的研究方法，但传统的汉语音韵学研究却往往与之无涉。

出于对传统音韵学研究的不满，关于《切韵》音系的这个大前提是否还成立的问题，近年来被讨论得日益激烈。坚持传统研究方法的学者们曾对此做出过回应。他们注意到，有许多语言事实与《切韵》音系相符，从时代和语言学角度看，这些材料真实地反映了当时的语音情况，都是可信的。我们如今应该对学者们的这些观点做个回顾，并逐一进行评说。

1. 有的学者认为，《切韵》音系是与六朝晚期诗歌押韵相契合的。《切韵》音系和当时的诗歌押韵有着千丝万缕的联系，这正说明了《切韵》音系记录的是某种活生生的口语（周祖谟 1966:459—469）。

韵文是一项传统的艺术形式。当时诗歌用韵的惯例和《切韵》描写、编纂的内容，当属于同一语音系统，并且前者是后者的一小部分。有人也许会推测，当时诗人判断押韵与否或许全凭耳听，这终究只是一种假说罢了。更为合理的假说是，在当时可能存在一些程式化的押韵惯例。但如果认为陆法言（fl. 601）所记载的反切注音就是反映实际语音的话，那恐怕是站不住脚的。回顾《切韵序》，可看到《切韵》的主体部分是陆法言本人在屏居山野时期独立完成的，彼时陆氏交友阻绝，而某些汉字的特殊读音，更是质问无从。陆氏最终成书的《切韵》五卷，只可视作六朝晚期诸家音韵、古今字书的大汇编。这不足以证明，甚至没有太强的迹象表明，《切韵》音系所反映的是一时的口语。

2. 有的学者认为，《切韵》音系和成书于六朝时期的字书《玉篇》及7世纪早期的作品《经典释文》的音系是相合的（周祖谟 1966：469—471）。因此，这三种作品必然是以当时某种同一的语音系统为基础而写成的。

这一观点跟诗歌押韵材料很相似。六朝以来出现了大量的辞书，它们或存或佚，但都早已在学校中所教授的讽诵文本中扎根了。[①]陆法言像是对这些辞书做了一个规范化的工作。陆法言试图将他所处时代的文本阅读传统做一些调和，假如《切韵》跟那个时代的其他辞书之间毫无系统的、直接的联系的话，那么这样的一部作品就显得太奇怪了。但这也不能证明这些作品是基于同一口语基础或语音系统所完成的。

3. 有的学者将注意放在了将《切韵》音系和现代语言的标准音系统做平行对比上，例如，将它跟现代英语标准音（以下或简称为MSE，即Modern Standard English的缩写）做对比。还有学者断言，从音位学上看，《切韵》音系跟MSE音系是非常相似的，即它们的基础是一个单一的、可识别的语言框架，但允许内部的不同的说话人所说的话存在少量的差异。例如：*Marry*、*Merry*、*Mary*可共存，*witch*和*which*可共存一样（Pulleyblank 1984:134; Baxter 1992:37）。

这种情况在理论上是可行的，但它终究只是一个假说而非事实。《切韵》音系所包含

---

① 众多辞书中所收的不同的异读，它们的来源是不尽相同的，但从总体上看，哪些读者更可取，辞书的编者还是清楚的。当然，确实还有一些异读，其作者要么没有决定，要不没法决定到底哪个是更好的读音。

的语言类型的差异性或许比MSE的更大。我们可以做这样一个设想，譬如：在英语中，有个单词*night*（通常情况下，它读作［nait］，苏格兰口音读［nɪχt］），但英语又从古代留下一个“反切”形式*knight*，它跟*night*在开头拼法上不同，且这个形式也不出现在任何一种现代英语中。这种对*night*一词的“反切”（*knight*），尽管英格兰和苏格兰人能明白这两个词（*knight*、*night*）是不同的，但这个词（*knight*）两地人还照样用。同样地，*knight*这种“反切”形式，它跟*night*在字形上是有所不同，尽管苏格兰、英格兰人也都不会把这个“k”读出来，以显示在口语中*night*和*knight*在读音上的区别，但在书面语上，他们又把“k”写出来，以显示在书面语中的不同。反切，就像是字母表的拼写一样，可以完美无误地代代相传。早期读音的差别可以通过书面语的形式保留下来，并且这并不会使后来只记忆拼写不记忆读音的人感到困惑。这种“英语反切”很有可能就是从早期的字典里照抄来的，它在拼法上保留了开头的“*kn*”。有学者断言：陆法言不会记录一个他实际上读不出来的反切（Pulleyblank 1999：111）。这句“至理名言”已被证伪了，其证据就是《切韵》音系存在着一些例外反切，这些反切跟《切韵》音系的总体拼合规则是相违背的。然而，我们必须承认，陆法言不可能记录并留给后人一个没有意义的，或者他根本拼不出音的反切。但是，只要某些字的读音跟陆法言自己的语音系统相乖互或违背，并且出现了从他的音系中看来非常异样的读音，他完全有可能从前人那里继承一些他自己无法自创的反切。从这个角度上看，这无异于今天的英格兰人可以从书面语上区别*knight*和*night*，或*knave*和*nave*，但在口语上却又说不清两者的区别。

我们有必要指出一点，当我们把传统的研究领域当作一个整体进行研究的时候，即使呈现在我们面前的只是《切韵》音系在共时层面上的变体，但它们实际所反映出的语音地位却是极大不同的。例如，我们可以站在一个极端的立场上——如我们刚才提到过的“现代标准英语词典”的、学院派的立场上，也可以站在另一个立场上，那就是有大量的、不同的语言类型被纳入到了这一系统之下（陈以信）。重要的是，我们要注意，所有这一切都不是事实陈述，只是假设罢了。各种观点可以放在一起相互争鸣，但没有一种是盖棺定论的，这个问题仍疑云重重、尚无定论的。但我们可以肯定的是，到目前为止，我们对《切韵》音系反切的非共时层面研究的尝试是很不够的，是浮光掠影的。我们认为还存在这样一种可能性，那就是陆法言之所以将自己的口语中不说的语音也囊括在《切韵》中，这可能是因为它们都源于陆氏当年在烛下为长安论韵所略记的那份纲纪之中。

我们还要注意到另一种有关“《切韵》音系是真实音系”的观点。持这一观点的学者断言，没有哪种语言可以像《切韵》音系这样，可将如此多的不同点统摄在一个音系中（张琨1979：243）。这种意见是很危险的，只要语言学家们找出例外来，这一观点就会被推翻。事实上，我们不知道人类是否可以，或曾几何时有过像《切韵》这样的音系。早期学者们在构拟《切韵》音系的音值上花费了很多精力，但因为音系性质仍是不确定的，这使得人们对前贤们的结论产生了怀疑。最后，从长远上看，无论书架上先贤们的研究成果的结论跟语言事实关系究竟如何，我们都要对它们重新审视，择善而从。但就眼前而言，我们还是不要在这个问题上做太多纠结了，我们应该把注意力放到其他地方。

三、《切韵》音系在汉语历史音韵学中的地位

《切韵》音系的历史方音来源和《切韵》音系的性质密切相关。如果，它真的代表了洛阳方言的音系（如同众多学者们所认为的），那么这就意味某一结论。可另一方面，如果它所代表的是通语音系，从语言和方音史的立场上看，其结论可能就会完全不同。又如果它是一种综合音系，并不代表任何一种汉语口语音系，那么结论又会有所不同。高本汉（Karlgren）认为《切韵》音系的基础方音是长安音，并且他进而认为它是上古周朝时河南南部语音的直系后裔（Karlgern 1954）。高氏的这两个观点，今天看来是几乎没有人赞同的，但高氏在20世纪20年代提出的，将《切韵》音系直接追溯到周代语料的研究方法，直到20世纪晚期仍有不少学者还在照搬套用。可不管怎么说，从历史方言的角度上看，《切韵》音系的早期起源是不确定的，是有争议的。

随着研究的深入，我们现在更加关心的问题是《切韵》音系在中古之后的发展。方言学家们早就知道现代汉语方言跟《切韵》音系有着千丝万缕的联系。除了现代闽方言和《切韵》音系很难完全对应外，在其他类型的方言中，汉字读音的对应方面上堪称完美，只是在白读层上，对应得没那么好。但不管怎么说，在高本汉的时代，人们基于对现有方言的观察，坚定地认为除了闽方言以外，所有的方言都是《切韵》音系的后裔，或更确切地说是“《切韵》语言”的直系后裔。在将来的研究中，这一观点还可以从以下两个方面进一步地加以考虑。

其一，对应性和继承性的关系。我们从现存的文本中看到，现代罗曼语音系和经典拉丁语拼写系统也对应得很好。但从本质上看，这些语言都不是拉丁语的后裔，北印度诸语言与经典梵语的关系亦复如是。更直接地说，现代汉语音系和18世纪的汉语官话音系的对应关系最为直接，但我们知道这两种音系并没有直接的继承和被继承的关系（Coblin 2000）。这种对应关系的存在是很有意思的，对我们研究存疑的语言学问题也很有帮助，但这种对应关系本身并不能帮助我们解决语言的历史问题。找出这种对应关系存在的意义有赖于更深入的研究，对应性并非是继承关系之“先验”。

其二，方言发展和移民史。我们先看看目前有关《切韵》音系性质的几种假说。第

一，综合音系说，即没有人会按照《切韵》音系来发音。第二，读书音说，即《切韵》音系是一套统一的读书音系统，其内部容许少量的变体。第三，通语音系说，即《切韵》音系是当时的通语，其内部容许少量的变体。第四，洛阳方音说。第五，长安方音说。现在，鉴于对汉语发展史以及中国移民史的了解，[①]请问，除现代闽方言外，诸多的现代汉语方言的祖先是什么，以上哪种假说是正确的呢？我们一个一个来看。

首先，第一种假说是不可能的。一个根本没有人讲的综合音系，怎么可能是众多现代汉语方言的祖先呢？第二个假说也比第一个好不到哪里去。难道我们真的应该认为，一个为千千万万目不识丁的劳苦大众所使用的，除闽语区外，遍及中国各地方言音系，是从学究们诵读课本的音系演变而来的吗？

那么第三种假设，通语音系说怎样呢？我们在这里得参考历史学和人口学的资料了。有什么样的证据才能证明这些方言是从一种通用语演变而来的呢？文官阶层在全国范围内推行政府工作时说的是传统的通语。而在古代，普罗大众对共同语的掌握程度如何，此诚不可知。[②]近年来的传统汉语通语史研究中出现了一个新的观念，它暂时叫作“通语音系的非线性”。也就是说，历朝历代的通语在很多方面甚至并不是相互之间发展而来的。[③]它们可能是从某种方言音系发展而来的，因此“通语音系说”可能是个牵强的观点。第四种假设，《切韵》音系反映了洛阳方音。如果要让我们接受这一观点，那么我们必须要在当前的背景下考虑它的历史含义。在方言学、人口统计学、移民史上有没有支持除闽方言外的现代汉语方言是早期洛阳方言的直系后代的证据呢？如果有，我们就举证。同样的反对意见，也适用于第五种假设。但那个假设如今已行将就木，但它曾经也颇有影响，只因高本汉信奉它。

总而言之，如今历史人口统计学的新材料正迅速积累，并已付梓出版（例如：葛剑雄等 1993，1997），不论各路学者眼中的《切韵》音系到底是什么，这表明汉语方言史一定比任何认为汉语方言仅源于《切韵》音系的假说要复杂得多得多。

四、《切韵》音系在语音演变中的作用

过去的五到十年时间里，汉语历史音韵学研究的重点已逐渐从《切韵》音系的音韵

① 关于移民史的最全面、最新的研究来自葛剑雄等（1993,1997）。

② 例如，据17世纪西班牙传教士万济国（Fransco Varo 1627—1687）记载，在他的时代，如果一名传教士不懂得当地的方言，那么他既无法向当地的妇女们和农夫们传教，也听不懂他们的忏悔。你别指望他们跟你说官话，也不要指望他们听懂（Coblin and Levi 2000:31）。

③ 前述三百年前的汉语官话和现代汉语的关系，可作为我们观点的注脚。

考据转移到了音系构拟上来了。这要求我们有必要非常熟悉汉语历史方言学和比较方言学。随之而来的是近年来在这一领域涌现出了一批年青的学者。因此，我们不禁要问，《切韵》音系在这样的时代浪潮中该扮演一个什么样的角色呢？在早期的汉语方言学研究中，某一方言音系只跟《切韵》音系做比较，从而得出诸多的方言音系皆是《切韵》音系后裔的结论。因而某种方言的"历史"，就只能视作是《切韵》音系中诸多复杂语音现象的融合与消解的过程，这导致了我们得到的往往是一些经过了不必要的简化的现代汉语方言音系。方言区中的各种方言是怎样融合和发展的？它们之间会出现什么形式的融合？凡此种种问题，在过去都很少有人认真地思考过。我们可以利用《切韵》音系来鉴定某一方言音系，或者利用它来筛选出方言语音的小细节，反过来，这些小的细节又能用来对《切韵》音系这个或那个特征做语音上的解释。

蓬勃发展的汉语历史音韵学领域的重点也已经转到了方言之间的相互比较上了。在这一努力中，分类学（taxonomy）和分类法（classification）扮演了重要的作用，因为人们试图确定什么跟什么可以进行比较，以及它们之间存在何种程度的隶属关系。然后对相关方言进行比较，得出共同系统。而这些系统似乎是语音直接进化的结果，从传统的观点上看，它们可以视作是"原始音系"。然而，在方言接触和融合都很频繁的情况下，这种共同系统必须要加以评估，以此弄清楚语音竞争的过程。由于汉语方言史上，有诸多的汉语方言大面积地接触与融合，这导致了汉语方言规则变化多而例外比较少。这样的结果是，我们可以有效地将各个方言音系中相同的部分先剔除出去，我们暂时把这个过程叫作"趋同性测试"（convergence tests），然后，我们要重点突出那些可能是在语言接触过程中产生的语音要素，并搞清它们的来源和性质。作为这一测试的一部分，我们必须保证，进行比较的方言语音系统曾经在地理上是相连的，并且还必须要仔细考虑历史因素，特别是人口和移民史问题。

而除了常见的方言音系以外，《切韵》音系也可以，且应该加入到这个测试中来，来看看《切韵》音系的某些条目能否解释方言研究中的存疑之处。这可能是《切韵》音系在这个蓬勃发展领域中可以起到的一个基础作用。其次，它提供了一套传统的语音分类方案，也提供了适用于各方言和方言区语音分析讨论相关的术语。这些工作都可以在不依赖特定的历史假设或模型的情况下完成。我们可以说出方言音系在哪些地方跟《切韵》音系是相同的，或者哪些地方是不同的，而不用假设这两个系统之间是否存在历史继承关系。

五、宋代韵图中的特例

宋代的韵图，为学习汉语历史音韵学的莘莘学子提供了观察《切韵》及《切韵》音系的结构和术语上的框架。在这些学子们看来，韵图是《切韵》音系复合体的一部分，不需要在韵图和韵书之外再做特殊的处理了。然而，在另一些学者眼中，韵图则是独立于《切韵》和《切韵》音系的，他们将韵图视作对某种晚期汉语音系的分析。例如，高本汉认为《切韵指掌图》应是对司马光（1019—1086）时代汉语语音的分析，而蒲立本在看到12世纪晚期的韵图——《韵镜》之后认为，《韵镜》代表了初唐时期的汉语通语音系（Karlgerrn 1954，Pulleyblank 1984）。

确切地说，这些韵图产生于何时，最初是由谁所写的，这些问题至今仍是存疑的。关于这些问题，有很多的猜测，但这些推测都很难得到事实证据的支持。最后，这些问题并不会影响我们的讨论，我们仍不能断言《韵镜》就一定代表了如广大学者所认为的，是除了闽方言外所有汉语方言的源头的唐代通语音系。高本汉认为，唐代通语音系是现代方言音系的源头，他认为唐代通语音系和《切韵》音系是一回事，它们在本质上是相同的。蒲立本对高本汉的说法做了一些调整，他认为《韵镜》(而不是《切韵》) 才代表了唐代的通语，这点高本汉也认同，它才是现代方言的直接祖先。我和罗杰瑞（Jerry L. Norman）认为蒲立本的观点是一种“新高本汉”（neo-Karlgernian）模式，因为它只是站在高本汉的立场上做调整和修正，至少就方言研究的发展而言，“新高本汉”模式仍认为汉语口语的历史发展是遵照高本汉的模式而来的（Norman and Coblin 1995）。

从现代比较方言学的角度出发，如今所面临的问题仍是高本汉的基本假设，即诸多方言是由一种假定的通语分化而来的。我们所知的方言史、通语史、人口统计史、移民史都不支持这一假设。因此，无论现存的韵图是否直接代表了任何一种唐代通语（在我看来，这是存疑的），我们仍然没有理由将任何一种早期韵图的音系视为现代汉语方言语音的源头。至多，我们可以在充分研究了某种方言之后，将它和方言材料进行比对，来看看这种方言在性质和历史上跟韵图有什么关系。

最后，韵图中的术语已经作为一个整体，归入到了《切韵》音系术语中了，它们是传统音韵学术语的一个重要组成部分。只要理解上没问题，这些术语在使用上是没有问题的。正如前文所述，只要不涉及关于方言的历史和起源的诸多尚存疑的假设，那么这些术语都是可以正常使用的。

六、结论

最近有学者声称：《切韵》和《韵镜》是“汉语历史语言研究之不可或缺的基础”（Pulleyblank 1998）。我对这一说法没有意见，但需要把它放在适当的历史视角当中。我们可以这样认为：《切韵》和《韵镜》，它们确实是必不或缺的基础，但它们只是高本汉及其之后的学者们在20世纪时所使用的，用于对书面语进行音韵考据的基础罢了。可现如今，那个时代已过去，当下音韵学研究的兴趣点似正在转到对早期汉语口语的音系构拟上来。而在这项工作中，《切韵》和韵图将可为我们提供可用的工具和参考文献，但就音系构拟而言，包括汉语在内的任何语言，要么做比较构拟，要么做内部构拟。就汉语而言，我们只能“退而求其次”，仅做前者方面的研究。就让我们充满活力地、乐观地开展这项工作吧。

参考文献

Baxter, W. H. 1992. *A Handbook of Old Chinese Phonology.* Berlin: Mouton de Gruyter.

Chan, Abraham. ms. Early Middle Chinese: Towards a New Paradigm.

Chang, Kun. 1979. The Composite Nature of the *Ch'ieh-yün. Bulletin of the Institute of History and Philology* 50: 241-255.

Coblin, W. South. 2000. A Brief History of Mandarin. JAOS 120:1 537-552.

Coblin, W. South, and Joseph A. Levi. 2000. *Francisco Varo's Grammar of the Mandarin Language (1703): An English Translation of the "Arte de la lengua Mandarina."* Amsterdam: John Benjamins.

Gee Jiannshyong 葛剑雄, Tsaur Shuhji 曹树基, and Wu Songdih 吴松弟. 1993. *Jeanming Jonggwo yiminshyy* 简明中国移民史. Fujou: Fwujiann renmin.

Gee Jiannshyong, Tsaur Shuhji, and Wu Songdih. 1997. *Jonggwo yiminshyy* 中国移民史.6 vols Fujou: Fwujiann renmin.

Jou Tzuumo 周祖谟. 1966. Chiehyunnde shinqjyr her tade inshih jichuu 切韵的性质和它的音系基础. In *Wennshyuejyi* 问学集, 1: 434-473. Peking: Jonghwa shujyu.

Karlgren, Bernhard. 1954. *Compendium of Phonetics in Ancient and Archaic Chinese.* Stockholm: Museum of Far Eastern Antiquities.

Norman, Jerry L., and W. South Coblin. 1995. A New Approach to Chinese Historical Linguistics. *JAOS* 115: 576-584.

Pulleyblank, E. G. 1984. *Middle Chinese.* Vancouver: Univ. of British Columbia Press.

——.1998. *Qieyun* and *Yunjing*: The Essential Foundation for Chinese Historical Linguistics. *JAOS* 118: 200-216.

——.1999. Chinese Traditional Phonology. *Asia Major,* 3rd ser., 12: 101-137.

（译者：余柯君　复旦大学古籍整理研究所）

唐代藏汉对音漫谈两则

引　言

内藤丘（Nathan Hill）在最近的一篇文章中，对我早先一篇关于唐代汉语的藏文抄本文章中的许多观点提出了反对意见。他提出的这些问题非常有意思并且值得进一步探讨。但是在这篇短文中，我将只讨论其中两点，也是汉学家们非常关注的两点。这两个问题涉及藏文字母འ的使用，在西方文献中通常被称为“'a-chung”。内藤用罗马字母*v*-来表示，为了避免混淆，这里我也采用这种形式。

1）在早期汉语的藏文抄本中，*v*-常常与浊阻塞音结合使用，通常被认为是用来表示唐代西北地区汉语中的鼻冠浊塞音。一般学者们一致认为潜在的藏文形式也是鼻冠阻塞音，这似乎与内藤（2005：114—115）的观点一致，即“上古藏语中辅音前的*v*-表示与那个辅音同发音部位的鼻音”。

但是，抄本的语料中，有相当一部分情况是*v*-出现在阻塞音前，且不能代表汉语中任何类型的鼻音。在我之前的文章（Coblin 2002）中，我引证了许多这类情况的语料。内藤丘也讨论过这些情况，并且每种例证得出的结论都是，在*v*-与阻塞音的组合中，*v*-都代表软腭浊擦音/ɣ/。现在的问题是，诵经师为什么会把这里的*v*-当成/ɣ/，而不是将它解读为一个同部位的鼻音。我们来考虑一个具体的例子。在一个藏汉抄本[1]的文本中，“*fù*复”（切韵*bjuk*；唐代西北地区**vuk*）被转写为*vbug*。但是同一个文本中的“*mù*目”（切韵*mjuk*；唐代^{m}*bok*）的藏文转写是*vbog*。第二个例子中，藏族的诵经师大概像通常那样发*vb*-的音，也就是*Nb*-。那么第一种情况中他[2]会如何呢？他怎么知道这里应该读作*ɣb*-而不是*Nb*-呢？内藤完全没有解决这个问题，也更没有提到*v*-和阻塞音的组合最常表示汉文抄本中的鼻冠音声母。因此，如果我们认定这种假设，即*v*-在所有抄本的材料中都只

① 《天地八阳神咒经》（Takata 1988:270—282）。

② 诵经师几乎可以肯定都是男性。

有一种特定的音值，那么要理解他对于“*fù*复”的解释是很困难的。事实上，我们敢说这些材料中它更像是一种附加符号。

2）内藤（2005：119）认为以下事实非常重要，即材料中用*v*-转写汉语卷舌音的例子相对较少。他说道“如果字母*v*被用于标记外来的辅音，那么卷舌塞音以及擦音也应该会被标记”。但是需要注意的是，抄本中汉语卷舌音声母的出现频率恰好比其他类型声母的出现频率要低许多，这一点可以根据Takata（1988）抄本材料中声母类型的库藏得到证实。实际上，由于数据非常稀少，因此这类例子也非常少。内藤丘过分强调了这些稀少的例子。

最后，从另一个角度看，对内藤文章的整体解读突出了我们目前的强烈需求，即基于现代方言数据的藏语的比较构拟，这种构拟将会极大地促进藏语历史音系的研究。

参考文献

COBLIN, W. SOUTH. 2002. On certain functions of ’a-chung in carly Tibetan transcriptional texts, *LTBA* 25.2: 169-184.

HILL, NATHAN W. 2005. Once more on the letter ཝ. *LTBA* 28.2: 107-137.

TAKATA, TOKIO. 高田时雄.1988. *Tonkō shiryō ni yoru Chūgokugo shi no kenkyū*敦煌資料による中國語史の研究[A study of the history of the Chinese language based on Dūnhuáng materials]. Tokyo: Sobunsha.

（译者：芦珺　上海师范大学语言研究所）

关于“守温韵学残卷”的几点思考①

一、导言

“守温残卷”主要包括三片敦煌残片，现藏于法国国家图书馆。它们是在一个单卷轴艺术品中被发现的，即法藏伯希和敦煌汉文写本2012（Pelliot chinois 2012）。残卷涉及一些音韵材料，看上去与今天人们所熟知的等韵图有一定关联。而实际上，残卷本身并非韵图，甚至连韵图的残片都算不上，它们只是体现出后世韵图中某些结构原则和分类法，因此，权且可以看作是关乎等韵传统起源和历史最古老可信的来源之一。

较早以“守温韵学残卷”为研究对象且影响较广的著作有两部。一部出自罗常培（1931），他的研究基于刘复（1891—1934）《敦煌掇琐》（1925）里收录的手抄本，而非法国国家图书馆馆藏原件。罗先生有选择地梳理了残卷中的材料，因此从他的论述中人们无法得见残卷的原始内容及体例究竟怎样。另一部系统论述的著作出自周祖谟（1966）。周先生首先指出了罗先生所用底本在某些方面存有不足，他还提到残卷“原本”字迹很粗糙，具有唐五代时期书法的典型特征，这说明周先生有可能见过残卷原本或复本，但对于“资料来源”，未做详细说明。与罗先生的研究相似的是，他对“守温韵学残卷”材料的处理也是有选择性的，所以说，通过他的研究仍然无法窥见残卷的“本来”面貌。后来，李新魁（1983）在深入探究韵图历史及发展时再次提到“守温韵学残卷”。但是他用的是“原件”，还是刘复的手抄本？或者直接引用罗文或周文中的材料？尚不清楚。最近，潘文国的《韵图考》（1997）又提到一些关于残卷的内容。他的研究基于周祖谟《唐五代韵书集存》（1983）里收录的残卷复本。近来，但凡涉及“守温韵学残卷”的研究材料大都是几笔带过，多参考自刘、罗、周三人的研究成果。

自罗、周二人开创性研究以来，已为后来人备好了非常不错的研究“底本”。因此我想，眼下是时候再整理出一套“转写本”，以便人们可以更完整地看到“守温韵学残卷”

---

① 本文之前曾在明尼苏达大学举办的“关于韵图中语言哲学的新视角研讨会”（1998年5月2日）上发表。

的原貌，看到它们最早究竟是以怎样的形式和顺序呈现的。“转写本”详情请参看本文第三部分。同时，为了便于讨论和分析，文章还试着把每一份残卷的内容翻译成了英文。

二、敦煌原本“守温韵学残卷”的基本情况

本文对“守温韵学残卷”的研究直接本于黄永武《敦煌宝藏》中所收伯希和汉文写本2012号的照片（1985），其次参考了潘重规整理的复制本（1974）。周祖谟的复本，质量较差，这里不予采用。原制品似乎是一个形状不规则的卷轴，有正反两面，背面即是“守温韵学残卷”。通过照片可见，这一系列残片数量可观，必须将其完整缀合，才能“重现”文档的原貌。缀合以后会发现，残卷的排列布局有点奇怪。开头部分，画面中间以一个长方形为主体，长方形左右两侧分别延展出两条小长方形，像是“两翼”。中间大方形是一幅宗教画。第一片韵学残卷，即下文提到的“残卷1”，以中间大长方体为基点向左延伸，几乎占了整个“左翼”。它从一个明显的“断裂处”开始，起首是一个无法识别的大大的草书，接着是23行正文内容。结尾部分看起来很突兀，像是被“强行”割裂，正文最后一行的文字内容也因此受损。“左翼”继续往左还有留白，照片将它们作为一个整体，复制并保留下来。第二段残卷，即“残卷2”，在文档“右翼”。它也是明显被附着在文档的“断裂”处，书有29行内容。与残卷1相比，残卷2的书写方向恰好是反过来的。第1行下面的草书落款也因版面起首处断裂的缘故遭到损坏。签名与残卷1题头处的签名不同。最后1行结尾处，是又一种写法完全不同的草书，与残卷1题头处的写法比较相似，但内容却不完全相同。残卷2右侧是又一组毫不相关的宗教性质的绘图。从字迹和文本的总体排列布局来判断，残卷1、2相似度很高，看起来应当出自同一份文档。那些在残卷1开首和残卷2结尾处出现的奇奇怪怪的字体，看起来就是那份原始文档的开头和结尾。但是，从残卷1的结尾到残卷2的开头之间，缺少明显且自然的过渡性内容，也就是说我们今天见到的残卷1、2部分，只是某一份文档的开头和结尾，中间大段的内容已散佚不见。

第三片，文中的“残卷3”，由一段不足10行的文字内容构成。它看起来紧挨着残卷2的开头部分，列于中间这幅最大的宗教画作之上，但它文本内容的书写格式，与残卷2相比，是完全反过来的。好像是着意写在画作右上角，和残卷2的位置碰巧连在一起。残卷3第一行，由于贴近中间“大长方形”的最右端，也因割裂而变得残缺不全。残卷3的内容来源完全不同于残卷1、2。它与残卷1中间部分的某些内容有相似之处，但并不完全相同。它看起来和残卷1、2并非源自同一个文档。所以，它与它们究竟是何种关系仍然令人费解。

这三份残卷在卷经背面的排列布局情况如下面草图所示：

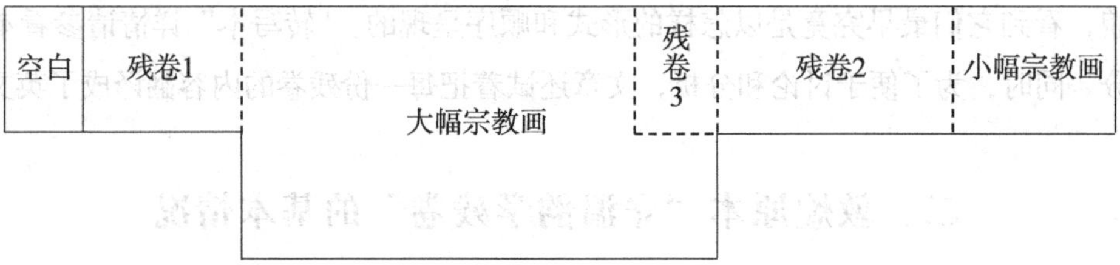

不客气地讲，这种布局方式真是太“新奇”了。然而，当我们认真检视卷轴正面内容之后，对它们为何会做如此排列便有了答案。正面是一整幅相当繁复、精细的佛教绘画作品。画家在创作这幅作品的时候肯定需要一张大小合适、整洁干净的纸张，才能完成创作。画作完成之后，翻到作品背面，对应的正是大长方形所在的位置。背面长方形的位置自然也得是整洁、干净的。然后，他拿别的纸给这幅完整的画作两侧接上“两翼”。而“守温韵学”的内容恰好就用于“两翼”的经轴上。但为何又拿掉并放弃了“守温韵学”原属经卷中间这一大块内容？答案也许是只有把中间这部分割除掉，才能保证新画作背面空白、干净，因此那部分内容被切去并丢掉。事实上，残卷1、2明显是被硬拆开的，而且排序颠倒，这样看来，便讲得通了。拆分之后，它们又都被缀合在了中间这幅大图上，粘附在作者认为它们该待的地方。因为作者对贴在他画作背面的东西是什么、上面写了什么毫无兴趣，他只关心他能拥有一张洁净的纸张以方便创作。残卷3略显“神秘”。它并不是“守温残卷”那卷文档内容的一部分，却被单独书于画作之上。它看起来像是一篇长文的结尾部分。它的内容关乎音韵，与残卷2也很像，难道只是巧合？如果当真只是巧合的话，那简直是太神奇了。

三、关于“守温韵学残卷”的转写及翻译

这一部分，我们将对三片残卷内容进行誊写、转录，尽可能遵循其格式布局及句读标点的原貌。因为排印技术的差别，文中无法以现代字体去完全复原当时的变文字体。缺失或漶漫无法辨识的字形以空格代替。那些原稿中以粗线划掉的字转录时以黑方块标示。残卷1最后一张图上小圆圈里包含的汉字“無”，本文不录。残卷2结尾部分长长的用例，文中节略，在刘复（1957）、潘重规（1974）著作中能够查到完整原文。转录、誊写后，呈现出的是一份用现代标点和格式重排的“规范本”，并附有文内校注。最后一部分，是每段残卷内容的英译文。[①]文中某些地方的反切及例字，同时参以《切韵》，拟音借鉴自高本汉系统（经李方桂修订）。但是需要声明的是：只是为了拿《切韵》的音声系

① 原著中，柯先生把残卷内容一一翻译成了英文，这部分本文不再翻译，注以“暂略”。——译者

统作为参照而已，插入的这些拟音，并不代表早期汉语的任何实际形式。

伯希和2012背面

残卷1：誊写

1. ※南梁漢比丘。守温。述

2. 脣音不芳並明舌音端透定泥是舌頭音知徹澄日是舌上音△牙音見君溪群來疑等字是也△齒音精清從是齒頭

3. 音審穿禪照是正齒音△喉音心邪曉是喉中音清……匣■喻影亦是喉中音濁

4. ※定四等重輕兼辯聲韻不和無字可切門

5. 高。此是喉中音濁於四等中是第一等字與歸。審穿禪照等字不和若將。審穿禪照中字。

6. △爲切將高字爲韻定無字可切但是四等喉音第一字總如高字例也○心↓

7. 交。此字是四等中第二字與歸。精清從心邪中字不和若將。精清從↑邪中字爲切將交字爲韻定無

·審高反精交反是例諸字也

8. ·字可切但是四等第二字總如交字例也※四等重輕例※平聲

9. 高古豪反 交肴 嬌宵 澆蕭　　十擔都甘反 鴿咸 霑鹽 战添

10. 觀古桓反 關刪 勬宣 涓先　　∘丹多寒反 譠山 邅仙 顛仙

11. 樓落侯反○流尤鏐幽　　∘呣亡侯反○謀尤繆幽

12. 裒薄侯反○浮尤滮幽　　∘齁呼侯反○休尤烋幽

12a. §上聲

13. 蘚歌旱反 簡產 蹇獮 蠒銑　　∘滿莫伴反 彎潸 免選 緬獮

14. 埯烏敢反 黤檻 掩琰 魘琰　　∘杲古老反 姣巧 矯小 皎篠

15. §去聲

16. 旰古案反 諫□ 建願見霰　　∘但徒旦反 綻襉 纏線 殿

17. 岸五旰反 雁諫 彥綫硯霰　　∘半布判反 徯扮相 變線 遍借奇々正上聲

18. §入聲

19. 勒郎德反 礐麥 力職 歷錫　　北布德反 蘗麥 逼職 壁錫

20. 刻苦德反 緙麥 隙陌 喫錫　　械古德反 革麥 棘職 擊錫

21. 籃奴德反 搦陌 匿職 溺錫 忒他德反 坼陌 敕職 惕錫

22. 特徒德反 宅陌 直職 狄錫　　餩烏德反 皖陌 憶職 益錫

23. □呼德反 赤陌 □職 □錫　　墨莫德反 麥麥 窨職 覓錫

[残卷1完]

伯希和2012背面

残卷1：规范版

南梁漢比丘守温述

脣音：不芳並明

舌音：端透定泥是舌頭音
知徹澄日是舌上音

牙音：見君溪群來疑等字是也

齒音：精清從是齒頭音
審穿禪照是正齒音

喉音：心邪曉是喉中音清
匣喻影亦是喉中音濁

定四等重輕兼辯聲韵不和無字可切門①

高：此是喉中音濁。于四等中是第一等字。與歸審穿禪照等字不和。若將審穿禪照中字爲切。將高字爲韵。定無字可切。但是四等喉音第一字總如高字例也。

交：此字是四等中第二字。與歸精清從心邪中字不和。若將精清從心邪中字爲切。將交字爲韻。定無字可切。但是四等第二字總如交字例也。審高反、精交反是例字也。

四等重輕例

平聲

高古豪反	交肴	嬌宵	澆蕭
觀古桓反	關删	勬宣	涓先
樓落侯反	○	流尤	鏐幽
裒薄侯反	○	浮尤	淲幽
擔都甘反	鵮咸	霑鹽	战添
丹多寒反	譠山	邅仙	顛仙
呣亡侯反	○	謀尤	繆幽
齁呼侯反	○	休尤	烋幽

① “切”这个字，当用作传统音韵学专门术语时，比较地道的解释是“贴近、接近、摩擦”等等，这些都符合作为音节概念“切”的常用义。当用为及物动词时，这个词的意思是“使接近、使接触、使拼合”等等，基本上都是由本义引申出来的使役动词的意思。这里“拼合”的概念有点像英文中的“拼读”。高本汉将“切”释为“砍切”的“切”，实际上，他只关注到它的现代读音及词义，而非“qiè”。可是，在此处及下文中涉及的与“切”有关的部分，似乎很明显，它是指“某种关联或组合”，非指“切割、分割”。在这种情况下，去声“qiè”的传统意思更合情合理，因此没理由弃之不顾。

上聲

𩐤歌旱反	簡產	蹇獮	蠒銑
埯烏敢反	黤檻	揜琰	魘琰
滿莫伴反	彎潸	免選	緬獮
杲古老反	姣巧	矯小	皎篠

去聲

旰古案反	諫□	建願	見霰
岸五旰反	雁諫	彥線	硯霰
但徒旦反	綻襉	纏線	殿
半布判反徯	扮相	變線	遍借奇々正上聲

入聲

勒郎德反	礐麥	力職	歷錫
刻苦德反	緙麥	隙陌	喫錫
齈奴德反	搦陌	匿職	溺錫
特徒德反	宅陌	直職	狄錫
□呼德反	赤陌	□職	□錫
北布德反	檗麥	逼職	壁錫
械古德反	革麥	棘職	擊錫
忒他德反	坼陌	敕職	惕錫
餩烏德反	餩陌	憶職	益錫
墨莫德反	麥麥	簹職	覓錫

残卷1：英译（略）

伯希和2012背面

残卷2：誊写

1. 　　　　　∘兩字同一韻憑切定端的例
2. ∘諸章魚反∘辰常鄰反∘禪市連反∘朱章俱反∘承署陵反∘賞書兩反
3. ∘葅側魚反∘神食鄰反∘潺士連反∘傷莊俱反∘繩食鄰反∘爽疏兩反
4. 　　　　　∘聲韻不和切字不得例

5. ◦切生◦聖僧◦床高◦書堂◦樹木◦草鞋◦仙客
6. ◦夫類隔切字有數般須細辯輕重方乃明之引例於後
7. ◦如都教切罩◦他孟切牚◦徒幸切瑒：此是舌頭舌上隔◦如方美切鄙
8. ◦芳逼切堛◦苻巾切貧◦武悲切眉：此是切輕韻重隔◦如匹問切忿
9. ◦鋤裏切士、此是切重韻輕隔。恐人祇以端知透徹定澄等字爲類隔迷於此
10. 理故舉例弓更須子細々々
11. ◦詩雲在家疑是客别國卻爲親：多見上流不明此語身説多般故注釋于後
12. ◦在家疑是客：即是類隔傍韻切也如韻中都江切椿字迷者言都字歸端字椿字歸知
13. 字雲眷屬不用字生疑或不知端字與知字俱是一家家故言在家疑是客也
14. ◦别國却爲親：緣都字歸端字椿字歸知字歸處不同便成别國雖歸處不同其切椿字是的親之故言卻爲親也
15. ◦辯宫商征羽角例
16. ◦啓知宫舌居中◦啓知商口開張◦啓知征舌拄齒
17. ◦啓知羽撮口聚◦啓知角舌縮却。
18. ◦辯聲韻相似歸處不同
19. ◦不、風楓偑方戎反◦封葑犎犎對府容反◦飛扉緋非斐甫微反
20. ◦跗膚夫趺鳺鈇甫無反◦分分坌饋府文反◦罜方勇反◦匪棐餥篚非尾反
21—24. 用例暫省
25. ◦芳、豐豐酆澧僼敷融反◦峰鋒蜂烽敷容反◦峰鋒蜂烽敷容反◦霏妃菲芳非反◦敷麩孚
26. 鄜俘芳無反◦芬紛紛氛撫文反◦捧敷隴反◦斐悱斐蜚敷尾反◦弣方武反
27—29. 用例暫省

[残卷2完]

伯希和2012背面

残卷2：规范版

兩字同一韵憑切定端的例

諸章魚反	辰常鄰反	禪市連反	朱章俱反	承署陵反	賞書兩反
葅側魚反	神食鄰反	潺士連反	芻莊俱反	繩食[鄰>]陵反	爽疏兩反

聲韻不和切字不得例

切生　聖僧　床高　書堂　樹木　草鞋　仙客

夫類隔切字有數般。須細辨輕重方乃明之（引例於後）

如都教切罩、他孟切牚、徒幸切瑒：此是舌頭舌上隔。

如方美切鄙、芳逼切塌、苻巾切貧、武悲切眉：此是切輕韻重隔。

如匹問切忿、鋤裏切士：此是切重韻輕隔。

恐人祇以端知透徹定澄等字爲類隔。迷於此理。故舉例[ㄢ>]焉。更須[子>]

仔細仔細。

詩雲：「在家疑是客，别國卻爲親」。多見上流不明此語，身説多般。

故注釋於後：

「在家疑是客」即是類隔傍韻切也。如《韻》中都江切樁字，迷者言都字歸端字，樁字歸知字雲。眷屬不用，字生疑[或>]惑。不知端字與知字俱是一家家。故言「在家疑是客」也。

「别國卻爲親」。緣都字歸端字，樁字歸知字，歸處不同，便成别國。雖歸處不同，其切樁字是的［＝嫡］親之故。［故］言①「却爲親」也。

辯宫商征羽角例

欲知宫舌居中。欲知商口開張。欲知征舌[拄>]柱齒。欲知羽撮口聚。欲知角舌縮却。

辯聲韻相似歸處不同

不：風楓偑方戎反○封葑坣犎葑府容反○飛扉緋非斐甫微反○跗膚夫趺鳺鈇甫無反。分分坌饙府文反○要方勇反○匪棐餥篚非尾反

21—24：用例暫省

芳：豐豐酆灃僼敷融反○峰鋒蜂烽敷容反○鄜俘芳無反○芬紛紛氛撫文反○

捧敷隴反○斐悱斐蜚敷尾反○殕方武反

27—29.用例暫省

残卷2：英译②

（柯案：残卷2里包含大量反切，若在高本汉构拟的《切韵》系统中同样出现过，则悉数增补高氏拟音。右上角标注数字“3”的代表重纽三等。以下第一个字是被切字，二、三字是反切上字、反切下字。注意：“端的”二字连用作复合名词，意为“正确的、对的”。）

两字同一韵凭切定端的例

諸章魚反	辰常鄰反	禪市連反	朱章俱反	承署陵反	賞書兩反
tśjwo	źjen	źjän	tśju	źjəng	śjang:
tśjang	źjang	źi:	tśjang	źjwo-	śjwo
jiwo	ljen	ljän	kju	ljəng	ljang:

① 这行第二个“故”字，可能由于重出的缘故，被涂掉了。

② 这部分英文翻译，只取增补了高氏拟音的部分。——译者

葅側魚反	神食鄰反	潺士連反	傷莊俱反	繩食[鄰>]陵反	爽疏兩反
tsjwo	dźjen	dẓjän	tṣju	dźjang	ṣjang:
tsjək	dźjək	dẓï:	tṣjang	dźjək	sjwo
jiwo	ljen	ljän	kju	ljəng	ljang:

声韵不和切字不得例

切生	聖僧	床高	書堂	樹木	草鞋	仙客
tshiet	śjäng-	dẓjang	śjwo	źju-	tshâu:	sjän
ṣäng	səng	kâu	dâng	muk	ɣăi	khɐk

夫类隔切字有数般。须细辨轻重方乃明之（引例于后）

（柯案：下面所列的反切，最后一个是被切字，前面两个字依次是反切上字和反切下字。）

如：都教切罩、他孟切瑺、徒幸切瑒：此是舌头舌上隔。

tuo	thâ	duo
kau-	mɐng-	ɣɛng:
ṭau-	ṭhɐng-	ḍɐng:

如：方美切鄙、芳逼切堛、苻巾切貧、武悲切眉：此是切轻韵重隔。

pjwang	phjwang	bju:	mjwo:
mji:[3]	pjək	kjen[3]	pji[3]
pji:[3]	phjək	bjen[3]	mji[3]

如：匹問切忿、鋤里切士：此是切重韵轻隔。

phjiet[4]	dẓjwo
mjuən	ljï:
phjuən-	dẓï:

（英译其他部分略）

伯希和2012背面

残卷3：誊写

1.［重輕聲］①□□□精清從心邪審穿禪照

2.九字中字祇有兩等重輕聲歸精清心　從

3.邪中字與歸 審穿禪照兩等中字

① 部分模糊。

4. 第一字不和若將歸精清從心邪中爲切將
5. 歸　審穿禪照中一第字爲韵定無字何□
6. 尊生反舉一例諸也又審穿禪照中
7. 字却與歸 精清從心邪■兩等字中第
8. □字不和若將審穿禪照中字爲切將歸
9. □清從心邪中第一字爲韻定無字□
10. 切生尊反舉一例諸也
［残卷3完］

残卷3：规范版

重輕聲□□□精清從心邪審穿禪照九字中字祇有兩等重輕聲。歸精清從心邪中字與歸審穿禪照兩等中字第一字不和。若將歸精清從心邪中［字］爲切，將歸審穿禪照中[一第>]第一字爲韻，定無字[何>]可［切］。尊生反，舉一例諸也。又審穿禪照中字却與歸精清從心邪兩等字中第［一］字不和。若將審穿禪照中字爲切，將歸［精］清從心邪中第一字爲韻，定無字［可］切。生尊反，舉一例諸也。

残卷3：英译（略）

四、讨论

4.1 背景问题

罗常培和周祖谟都讨论过守温的身份问题。宋代及晚些时候的历史文献显示守温是“三十六字母”的作者，除此之外，传统文献材料中再无其他记载。残卷1中提到他是一位“南梁”的中国和尚（不是印度也不是中亚）。一般认为，这里提到的“南梁”是一个地名，而非朝代名。关于它的所在地也曾引发过讨论，较具信服力的应该是唐兰、周祖谟两家的说法（周祖谟1966：501—502），认为此“南梁”即是“兴元”的改称，位于今天陕西南部，这种叫法通行于晚唐五代时期。罗常培和周祖谟都特别留意过残卷中的反切形式，看起来更像是基于晚些时候《切韵》的增修本，而非早期的版本。考虑到这些证据材料，我们大致可以认定守温生活在晚唐及五代时期。

有关“守温残卷”的早期研究成果都推测残卷出自同一文献、同一人之手，而这个人就是守温。然而，通过我们检视残卷原稿的影印件后发现，至少对残卷3来说，之前的假设无法成立。我们没有足够的证据断言守温就是残卷3的作者（这一点周祖谟先生在1948年曾给出明确的论断，即他认为：残卷3同出自守温之手）（周祖谟1966：504）。至于说剩下这两片（残卷1、残卷2），对于它们的作者问题，似乎比较可信，它们显然来自同一份文献。但是，若进一步检视，仍有疑点。残卷1起首题有“南梁和尚守温述”，后面即是人们熟知的“守温三十字母”。在此之后的其他内容，每一小部分皆冠有单独的小标题。因此会不会有这样的可能性——只有开首“三十字母”出自守温之手，后面内容则皆有不同的来源，毕竟历史上这样的传统并不少见。我们见到的材料也许是一份韵学汇编，守温内容只是残卷的一部分，残卷并非完全出自守温一人之手。这种“推测”似乎应当引起重视。

4.2 残卷的内容

以往学者们对残卷1关注较多的是这两部分内容：一是“三十字母表”；二是残卷1结尾部分的“四等轻重例”,因为它完美地“呈现”出宋代韵图中“四等”的概念。一般认为，这些材料的重要性在于，可据此证实后世韵图中的音位结构原则很早就有了。

但本文中，我对这些材料的价值又有了新的认识，在已有“怀疑”之上又产生了更多疑惑。当代研究绝大多数仍然停留在关心后世韵图和它们内在结构（残卷所体现）的关联、它们所反映出的早期时音状况究竟怎样。人们习惯认为，从某种程度上讲韵图就是为了向中晚唐时期的读者们解释《切韵》反切所体现出来的语音系统。换句话说，人们认为这些韵学残卷的材料可同时反映出那些编纂者的口语语音系统。但是除了这些“共识”（准确地说只能算是“假设”），对于这些韵表存在的原因几乎没人过问。不过近来，越来越多的学者开始关注这个问题。20世纪末，新一代研究者们逐渐开始更具针对性地思考这个问题——当时为什么要编这些韵表资料？为什么说它们是用来解释《切韵》系统的？解释《切韵》系统的哪一部分？解释到什么程度？为什么会有人愿意花如此大的心力编这样的东西？即使编好了，谁又会有这么大的兴趣去读去用呢？对于中世纪非音节文字系统下的一般文化人来说，它们究竟有什么价值？因为，要不是文人学者们的持续关注，使得它们历尽劫波，一直流传，恐怕也和其他许多著作一样，早已消失殆尽。正是基于这些思考和疑惑，我才觉得，“守温韵学残卷”的内容需要重新检视。

李新魁（1983：130）曾注意到，残卷中不少条目与后来传统韵图中的“门法”或“条例”很像。一般来说，韵图结构是用来体现声韵配合关系的，即《切韵》反切系统所体现出来的音节结构。反切上下字搭配不符合规则，拼出来的音节也很奇怪，因此很难在韵图中明确其地位，因为它们与表格既定结构不相符。换句话说，韵图之中，音节结构系统都是既定的，没有位置给那些声韵拼切“不正常”汉字的空位。“门法”的作用就在于针对那些不合适的拼切搭配，给出一定解释，以便于那些“问题汉字”可以被有效地安置到韵图图表之中。弄清残卷中涉及的相关部分是否真的是门法材料，是个很重要的问题。如果它们是，这意味着残卷中的材料很可能与某些已经亡佚了的早期韵图相关联。或者说，残卷里体现的条目或许就是“前韵图”时代的产物，那时候真正意义上的韵图还未出现，目的就是去帮助读者直观地认识反切中存在的现象和问题。如果是这样，残卷中涉及的内容与后来的门法相较，应该算是“原始门法”或“门法雏形”，它们可以揭示出传统门法发展的源流。残卷在整个韵图发展史上究竟处于何种地位，正是这些困惑，才让我觉得有必要重新审视它们的内容，将这个问题继续探讨下去。

4.2.1 三十字母例

如上所述，“守温三十字母”对于前代学者来说简直是“谜之吸引”，学者们大都关注它们与传统三十六字母之间的关系。这个问题已经有太多人探讨过，我们这里暂不赘述。然而作为“三十字母”本身，却仍有一些疑团亟待破解。例如：心、邪归于喉音，按常理应当归在齿头音。对此，人们都觉得这肯定是传写过程中的“讹误”，改过来就对了。但是，问题越是“显而易见”，我们越当警觉，应当继续将这些疑点归档、存疑，以备不时之需，万一未来又发现了能够回答问题的新材料、新证据。下个小节将重点讨论用在喉音中的术语“清”和“浊”。

一般我们认为，像“守温三十母”和传统“三十六字母”能拟出梵文字母那样的汉语音节首字母（即声母）这种操作，是在印度语音学传统的影响下产生的。这一影响的直接产物就是人们所熟知的字母表，汉僧们为了便于转译印度佛教术语，在各式中国佛教经本中甄选出来的（具体请参看罗常培1963第64页后面的附表）。其中，传统《悉昙章》是借鉴的最重要对象，起了不小的作用。这些想法综合起来看似合理，但在二者之间，有一个“很奇怪”的现象值得人们关注，就是不管“守温字母”还是传统韵图中发现的类似守温字母的字母，都没用汉僧转译时所制订出的字母表的代表字！反而大都是从《切韵》同音字组中取用的小韵首字。也许像守温这类字母的作用就是为了专门释读《切韵》而创制的，而非为僧人们转译佛经服务的。不管怎么说，如果能够探知为何会选这些字母作为声母首字，它们究竟又是如何被选出来的，将会是一件非常有意思的事情。

4.2.2 轻重与清浊

中古时期的音韵术语“轻、重”复杂而又多变。李新魁（1983：50—53）对此曾有过精彩的论述。这些术语曾被广泛应用于汉僧转译的经本中，作为转录时的标音符号，用以描述汉语语音与梵音的细微差别。尤其在遇到汉语辅音的时候，是轻读还是重读，大概正是借“轻、重”概念才得以解释辅音的情况。据李先生研究，它们既可以用来区分发音部位，又可以区分发音方法，它们的用法可能会因韵书/图体例的不同而有很大的差异。看起来作者本人可以凭自己的喜好随意界定并使用。更细的界定方式都有可能。例如，除了“轻、重”，还有“轻中重”“重中轻”（李新魁1983：51），而且都有非常具体的含义。“轻、重”还能指称韵母。其实无论是作为声母术语还是作为韵母术语，本质上是没差别的。也就是说，重声母一定与重韵母配搭，轻声母搭配轻韵母。由重声母、重韵母构成的音节即是重音节，等等（1983：52）。换句话说，轻与重最终表现的都是音节特征。

关于这个问题，术语“清”与“浊”就更有意思了。后来，人们知道“清浊”的传统用法是用以区分清辅音和浊辅音。但是在唐代，它的用法并非一直这样（李新魁1983：50）。恰恰相反，将其与“轻、重”并行使用是当时一个非常显著的特征。这种倾向十分明显，它们有时候会和“轻重”合在一起使用，如“轻清”“重浊”，用来描述作者所理解的音节类型。对此，一个现成的例子是《辩四声轻清重浊法》，这张类似门法的图表有可能出现在唐代，如今被附在各种版本的《广韵》的后面。至少到了北宋中期，关于“清、浊”以前那些老的用法，完全被上面提到的“标准用法”（单纯以“清”“浊”）所取代，老的提法已彻底不用。

在“守温韵学残卷”中，术语轻、重起了非常重要的作用。例如：残卷1中，解说“四等”这部分，以“辩四等轻重例”最为典型。但很遗憾的是，所讨论的这些概念究竟与四等有何关联，我们一无所知。残卷2中，唇齿音声母及其相关的韵母称之为“轻”，双唇声母和韵母称之为“重”。所提到的这两种声母类型在后代传统音韵术语中以类似的名称得以保留，即轻唇和重唇，正因如此，“轻、重”不再指称韵母。同样是这段材料，反切“锄里”（dẓjwo+ljï:）切“士”（dẓï:）条，也提到重声母和轻韵母，即是一组不协调或有问题的切语组合。残卷3，我们注意到声母审、穿、禅、照“其中两个等有轻重音”。很显然，这是在指称照二(tṣ-）和照三(tś-)，但是，它又没具体说哪组是轻、哪组是重。幸运的是，通过与上面直接引证的残卷2内容相参照，可以证实照二为重，照三为轻。

术语“清、浊”仅在残卷1中出现过，它们像是在打哑谜，着实为早期学者们雪上加霜。第二部分提到的音节“高”，被定义为“喉中音浊”。按传统声母来看，“高”当为“见母”，是清母，并非浊声母。早期一些权威的声音普遍认为守温手稿的这两个部分都出现内容漶漫混乱或传写讹误的情况。不过，问题看上去没这么简单。首先，我们应当认识到，“高”的声母在传统韵图分类中的确是“见母”，但在某些中古音系统，它确是被归在了喉音，而非牙音，还特别标注是浊音，这一点在《广韵》后面的《辩字五音法》一目了然。很明显，根据唐时代的声韵系统特点，“高”读为“喉中浊音”肯定是没问题。但是我们接着要问了，为什么在随后出现的三十字母表中，原本的“喉音”成了

“牙音”？如前所述，其原因在于残卷中的文本内容成于多人之手。对此，我们必须保留一种开放的心态，对这种可能性持慎重态度，残卷是一份集多种来源为一体的韵学资料汇编，它们的内容相关度不足。

4.2.3 五音

残卷2包含一小段句中含有内部押韵的韵文，音被分作五类，对应五个音阶，即宫、商、徵、羽、角。这“五类”即为人所熟知的“五音”或“五声”，用作音韵术语已有很长一段历史。李新魁对此有过简要论述（李新魁1983：36—37）。残卷2中所见到的这套归类法在早期诸多文献中均有呈现，如唐僧神珙编的《四声五音九弄反纽图》，如今常常作为《玉篇》《七音略》（《韵镜》的姊妹篇）书后附录。“五音”专门用来做声母术语，后来，“五音”之上又进一步分化成“七音”。残卷2所见这五类分类，与残卷1中发现的声母表是一致的，而不是后来韵图中常分的“七音”。

4.2.4 一个特殊的配置问题

残卷2结尾部分，有一处内容被冠以“辩声韵相似归处不同”。专门用来区分声母“非”“敷”在后来韵图中的不同走向。“非”“敷”这些音在残卷1里作为清唇音或唇齿音，都归在声母“不”“芳”之下。“非”“敷”有别的情况在《切韵》同音字组中也同样存在，但可能会对晚唐的读者造成困扰，想必在他们的口语中已感觉不到二者的差别。这段材料中的用例似乎是从同音字组中直接挑选出来的常用字。然而，这里说的“归处”实际上指的还是《切韵》的同音字组。而不是在同期或者后来人们所熟知韵图中的单元格。

4.2.5 一致性

一致性或声韵类型一致，前文已经提过，在“守温残卷”材料中起到很重要的作用。在残卷1、3中已经说得很明确：如果声韵轻重不合，那么音节就不可能“匹配”（即不能相拼切）；三份残卷材料都给出了不少声韵不合、无法相拼切的例子。然而，残卷2花了大量篇幅来讲“类隔切”，虽然它们不合乎人们既定的拼切标准，但在残卷中还是给予了一定地位。需要认识并认真对待这些“奇怪”的“现象”，而不应被简简单单地当成失误。后来，门法传统的一致性成为一个很重要的原则，主要由“音和”来贯彻、体现（李新魁1983：131）。类隔作为一个重要的概念，经常会以门法条例的形式出现。

4.2.6 四等

“等”在韵图结构中处于非常重要的地位，用以沟通声母，搭建韵图的结构框架。事实上，“等韵”最精准的解读就是“以等排韵”。残卷1中已经将音节非常精准地按后世韵图中的等排列，它们分类的依据是音节的轻重。只不过略显遗憾的是，我们不知道如何区分它所说的“轻”“重”，如何将其与后来的“四等”相对应。李新魁认为判定声母是轻是重是确定等的主要依据，看韵母是轻或重反而是第二步才要考虑的。通过可以相匹配一致的声母的等来确定韵母的“等”，而非韵母自身本有的特质（李新魁1983：50）。后来，潘文国（1997：45、72）也就“等”的这一基本情况做了讨论。高本汉之后的其他学者，大部分都在沿着“等是韵母的概念”这一思路探寻“奥义”，推测其与主要元音性质、有无介音等方面有关。这一派与李、潘所提观点相反，是21世纪汉语历史音韵学领域中的主流观点。实际上，在潘作问世之前，李的学说观点鲜有人提及，虽然李的《汉语等韵学》是汉语等韵学理论及等韵史领域的重要研究成果之一。

对于李、潘所支持的观点确值得大书特书，不过，在接下来的研究中，也要重新审视与估量。我们以“守温残卷”内容为例，鉴于上文已讨论过，实际上主要看残卷1、2的内容即可。这些材料很可能成于某人之手，不管这人是不是守温，他都带着非常清晰的目的性。编者一定是认识到这些信息的价值，至少初步来看，它的成书是为了厘清某些语音现象及原则，不管那些现象和原则是当时韵图中已经有的，还是前代韵图中才有的。残卷中呈现的次序本身就很有趣。始于声母（三十字母），显然这是每个人需要最先知道的。接着，开始介绍四等轻重，讨论声韵的“一致性”“不一致性”的问题，这些很大程度上有赖于前面声母及声母类别部分。虽然说声韵必须一致，但还是格外强调声母，声母形式是后面讨论的框架。除了讨论与声母轻、重保持一致性问题之外，从不考虑韵母部分的特殊性。换句话说，讨论一直基于声母，而非韵母。这个先期前提确立之后，编者又将我们直引到“将音节分列四等”的问题上来，就好似对于读者的“阅读习惯”来说顺理成章，完全合乎逻辑，除了讲轻重排列问题、上一部分提到的问题以外，不再多做任何解释。因此我们能提出这样一个线索：三十字母＞四等轻重＞根据轻重来划分四等。这些都无法证明李、潘关于“等”的观点，但这些材料却对他们的假设给出了一些有利的解释。如果“等”原理是用以体现主要元音、半元音的语音特质，那么，为何守温残卷中没给我们半点暗示？有无可能高本汉的学说及后世的追随者们只是20世纪里头的“一厢情愿”？在我们重新审视这些问题的时候，仍值得深入探究一下。

五、结语

最后，关于“守温韵学”手稿我们想弄清楚的一个最基本的问题是：它是用来干什么的？因为材料中没说，我们只能试着去推想。而且更让人伤神的是，残卷的内容“支离破碎”使这项工作变得非常不容易。从一开始，这堆材料一直在关注“结构”问题，即：三十字母、轻重概念相互作用及音节被分作四等。这些皆是“术”。但是借此想表达什么？检示剩下的部分，我们发现首先材料中特别关注特殊或异常的反切现象；其次，指出反切结构搭配失误将最终导致无法正常拼切的事实。第三，在拼切的分配与归属问题上花了很大的心思。在什么情况下，人们会如此关注这些问题？针对第一种情况，有人认为，那些异常反切是成问题的，因为它们拼读出来的读音对于那些以《切韵》（或其他类似文本）为发音指南的人来说几乎不可能读出来。如果有人恰恰遇到这样一个问题，他该如何取舍呢？他该如何判断问题出在哪儿、真相又是怎样？可能我们的编者就是想解决这样一个问题，如果一个人能够熟悉声母，只需学三十字母、轻重规则、与四等的关系，那么，他就可以把这些知识运用到解决“反切”等麻烦事上，无论出现什么困难，他都可以处理。这些大量搭配有异的情况，即我们所熟知的类隔切。而其他的比较特殊，需要完全根据内部不一致性才能确定。但是，不管怎样，残卷文本内容提供了处理这些问题的基本手段和方法，可能它的详细程度远不止这些，因为我们无从得知它遗失那部分的内容。第二个问题可能主要是针对“反切的发明者”而言，那些人在校注或编词/字书的时候或许希望通过创制反切来记音。考虑到每个作者发音可能存在的复杂性或多变性，我们可以想象，从《切韵》及（或）后代韵书系统的角度来看，这样创制反切是有缺陷的，对当代反切创制人来说是有绝对风险的。所以我们推测，如果使用了残卷中归纳的原则可能会有助于避免类似问题。它关注第三个问题的用意相当明显。假设某人对文章中某个音节的发音有着十足把握，但想知道它在《切韵》中的释义，以防他只知其音不知其义。再比如他很快查到它在韵书的同音字组里的位置，但在那儿却没找到那个音，怎么办？残卷2最后一部分解决的就是这样的问题，它列出一系列同音字组的代表字，满足检索的需求。残卷里的所有材料、设计，对于那些以《切韵》为工具书的人们来说都很有帮助。他们每个人都值得为自己复写一份这样的材料。然而，更实用的在于残卷中所述的原则，特别是残卷1中的内容。如果有三十字母、轻重原则在手，人们便可以自行制作一套囊括整个音节系统的完整的四等表，这份价值远远大于守温手稿中仅仅“空谈”理论原则的价值。它可以让使用者们“举一反三”。它更像是一种理论的实际应用，像销售手册，或我们今天的软件。

韵图仅仅是作为查检反切拼读的手册，这种提法很早便有。这一想法早在宋张麟之[①]编的《韵镜序》中就已说过。当代学者李新魁（1983：3—4）也说过它至少算是韵图的其中一个主要功能。功能原则虽简单，但解释起来还真有点困难。假设现在有一位11世纪的读者，给他想查的词的反切，单凭听感，大概判断出它反切下字韵母的读音，然后找到对应的摄。再留意反切下字的声调，在相应的摄中来回（印刷术尚未出现前，准确

① 我特别感谢我的朋友沙加尔教授，是他让我关注到张麟之的理论，而且，在过去的几年里，我们就这一问题有过许多卓有成效的讨论。他对这些问题的深刻洞见使我受益良多。当然，本文所表达的事实或观点若有不当，皆与他无关，仅代表我个人观点。

地说应该是卷轴）翻查图表，直到他在同一水平位置的某个单元格中发现与反切下字同韵的字。然后，再确认反切上字，沿着韵图上沿查找（为了帮助在韵图中检索，韵图前或后通常会附有导引图，让不了解韵图构造体例、声母术语的人，能够完全凭借辨音力去读懂识别）。最后，确定了声母后沿着对应表格垂直向下，找到与刚才那条水平相交的点。在这个位置人们可以找到一个通俗易懂的汉字，代表最开始他想查的那个字的读音。通过查韵图左侧，还能快速查到它在《切韵》中所属的韵目。如果他要找的反切不是出自《切韵》或同系的韵书、音注，如今他只需要求助《切韵》，以《切韵》的反切及语意等为参照。通过《切韵》人们很容易一下子确定韵的归属，找到同音字组（小韵）。韵图中的列字通常都是小韵首字，小韵中有问题的字，都会附有随文注释。检索过程讲起来费劲，实际上操作起来就是几秒钟的事。它不需要你有太多专业知识储备，关于声母分类、四等特质及理论特征等，不需要任何复杂深奥的传统音韵学的专业知识。它对每个人都适用，只要一册在手，它就能告诉你如何发音，通过韵图让你了解实际语音系统。

“守温韵学残卷”里的内容无法构成一个完整的韵图，也没有确凿的迹象表明它们是附属于韵图的注释内容。但是，毋庸置疑，对材料中所含信息及设计方法稍加改善并发展即可创制真正完整的韵图，作为探索解决反切中所存在的问题的一部分。不像读者和使用者们，等韵图的制作者必须具备复杂专业的常识，调用《切韵》相关释文中的反切系统，具备将轻重原则应用至声母系统、四等的能力，对当前存在的广泛使用的音类有个足够清晰的语音意识，以确保读者最终在韵图中查到的例字注音是正确的。从一定程度上看，这种语音意识包括对当前音系类型、语音结构的熟悉程度，勉强也可算是某种类型的“分析”。如果这样看的话，说得难听点儿，它当是以实用为目的，而非理论性、描写性的研究，亦非纯粹出于对音韵的热爱。

参考文献

黄永武，主编.敦煌宝藏（第112册）［G］.台北：新文丰出版公司，1985：96—107.

李新魁.汉语等韵学［M］.北京：中华书局，1983.

刘复.敦煌掇琐［G］.国立中央研究院历史语言研究所专刊之二，卷一〇〇，1925.（北京：中国科学院考古研究所，1957重印）

罗常培.敦煌写本守温韵学残卷跋［J］.中央研究院历史语言研究所集刊3本2分，1931：251—261.

罗常培.罗常培语言学论文选集［C］.北京：中华书局，1963:64—65.
潘重规，整理.瀛涯敦煌韵辑新编［G］.台北：文史哲出版社，1974：87—92，附录.
潘文国.韵图考［M］.上海：华东师范大学出版社，1997：39—40.
周祖谟.唐五代韵书集存［M］.北京：中华书局，1983/1994：796—797，803—804.
周祖谟.问学集（全二册）［M］.北京：中华书局，1966：501—506.

（译者：娄育　中央民族大学文学院）

张麟之《韵镜》刊论[①]

一、导言

汉语历史音韵学的传统研究，一直把《切韵》及其同系韵书还有韵图看作是判定“切韵系统”性质类别的基础。切韵音系，连同关于它的语音拟测（高本汉之后，一般称之为“重构”或“构拟”）是传统研究领域的主要着眼点。《切韵序》作为音韵领域最为著名的经典文献之一，被广泛关注并讨论。但同时，《韵镜》作为现存最古老的等韵图，它的序例只得到过少数中日《韵镜》史专家的“青睐”。除了其中著名的“字母图”以外，序例中的其他材料在西方很少被提及，也从未被翻译成西方语言。本文的目的即是把《韵镜》序言部分译成英文，同时对里面的内容提出一些自己的思考。

二、《韵镜》

对于《韵镜》流失海外、又被中国人辗转寻回的历史已广为人知。现所见《韵镜》是张麟之在12世纪后半叶刊发的，在此之前的流传情况尚无定说。《韵镜序》记载了有关张麟之的生平史迹。其书于宋理宗淳祐年间（1241—1252）流入日本，在那里有几种不同的版本被保存下来并得到了广泛研究[②]。后来《韵镜》在中国本土失传。19世纪80年代早期，驻日公使黎庶昌（1837—1897）的随员杨守敬出访东京时（1880）发现了一个日藏版《韵镜》。黎庶昌看到杨给这些流传在日本的罕见汉籍文献做注释，觉得很新奇，于

---

① 译文中的脚注是根据柯先生原文，由译者添加。同时，特别感谢北京大学中文系2020级博士研究生王馨璐同学，她参与了译文最后阶段的核校工作并提出若干可行性修改意见。——译者

② 李新魁：《〈韵镜〉校证》，北京：中华书局，1982年，第2页；孔仲温：《〈韵镜〉研究》，台北：学生书局，1987年，第43—50页。

是两人齐力搜集这些遗失日本的古籍版本，编成《古逸丛书》[1]，在1882—1884年间陆续出版发行。以此，《韵镜》重返中国。

《古逸丛书》收录的是覆宋永禄本《韵镜》，刊于日本永禄七年（1564）。"永禄本"通常被认为是现存版本中最好的一个，且可看作是目前各类通行"影印本"的"祖本"，为当代研究者们所共知[2]。在中国能够见到的另外一个本子是"景印宽永十八年本"，溯至宽永十八年（1641），这个是李新魁在校订"永禄本"《韵镜》时用到的版本。龙宇纯的《韵镜校注》（1966）同样以"黎本"为主，参校以另外两个版本。其一是台湾大学馆藏日刊本，其二是他提到的北京大学影印本，可能与"宽永本"是同一个版本。龙宇纯认为[3]：这三个本子来自同一底本——"享禄戊子覆宋本"，可溯至日本享禄时期戊子年（1528）。对于《韵镜》的辗转史及在日本的保存情况可参看孔仲温的研究成果[4]。

《韵镜序》的内容大致可分为九个部分。第一、第二部分是"序"的正文，第一篇小序没标题，第二篇冠以"韵镜序作"。剩下的均是解释性的内容。第三部分的附录是著名的"字母图"，经常会在汉语历史音韵学领域后世著作中反复出现。本文只翻译"字母图"的旁注。

三、内容翻译

3.1 第一部分 序一

古文：讀書難字過，不知音切之病也。誠能依切以求音，即音而知字，故無載酒問人之勞。學者何以是為緩而不急歟。

（今译：人们阅读时遇到难解的字会犯错误，这是由于不了解反切所致说明。如果他能够根据反切判断字的读音，那么便可借助这些发音来识字，而且，还能免去为来客摆酒款待才能向他问询问题的麻烦。为什么学者们不重视这件事，对此漠不关心呢？）

说明：这一行所涵盖的意思在《切韵指掌图・董南一序》中也有类似的表述，如：经典載籍具有音訓，學者咸遵用之。然五方之人語音不類，故調切歸韻舛常什二三，

---

① Hummel, Arthur, ed., *Eminent Chinese of the Ch'ing Period*, Washington, D.C.: U.S. Government Printing Office, 1943, pp.483-484.

② 龙宇纯：《〈韵镜〉校注》，台北：艺文印书馆，1966年；李新魁《〈韵镜〉校证》；无名氏：《等韵五种》，台北，艺文印书馆，1981年。

③ 龙宇纯：《〈韵镜〉校注》，第11页。

④ 孔仲温：《〈韵镜〉研究》，第43—44页。

曩以爲病。暨得此編，了然在目，頓無讀書難字過之累，亦一快也。

（今译：经典和其他书面作品大都有音韵注释，博学之人皆习惯遵用。然而不同地域的人口音不同，他们在调配声韵的时候常有失误，以前这被当成是反切系统的缺陷。但是，一旦本书编好，所有问题将变得明了，从此，不会再因读书时遇到繁难的字犯错而烦恼，确实是一件令人高兴的事。）

《指掌图》的作者尚待考证。此篇序言成自1203年7月13日，而一般认为成序的时间当晚于成书时间。此处，董南一的序文与上述《韵镜》的序文内涵如此相似绝非偶然，很显然董南一读过《韵镜序》。值得注意的是，"董序"在"张序"（下文第二部分）之后仅四个月就写成了，因此，很有可能张麟之和董南一相互间是认识的。

古文：餘嘗有志斯學，獨恨無師承。既而得友人授予指微韻鏡一編，教以大略，曰，反切之要，莫妙於此，不出四十三轉而天下無遺音。其制以韻書自一東以下，各集四聲，列為定位。實以廣韻玉篇之字，配以五音清濁之屬，其端又在於橫呼。雖未能立談已竟，若按字求音，如鏡映物，隨在現形，久久精熟，自然有得。

（今译：我曾对这一领域心怀抱负，但是，阻碍源于没受过传统训练。后来我设法从朋友那里得到一本《指微韵镜》说明1。他向我大概介绍了这本书，说："反切系统中的主要特征属性，没有哪本比这本更吸引人了；仅凭四十三转说明2，世界上的所有声音交代得清清楚楚。关于它的构造方式，以韵书为基础，自一东韵始，排四声、列等位。实际上是取《广韵》和《玉篇》的字，配以五音、清浊。此外，它的指导原则在于「横呼」，即横着念出来。虽然这不是一眨眼就能完成的事情，但如果一个人可以根据反切用字来查读音，就好比透过镜子，能看到物体本来面貌一样；如果一个人经过较长一段时间的训练能够完全精通于此，那么，便会很自然地学会操作。"）

说明1：原行间注文中的"微"字是因避"宋圣祖"名讳而来。"圣祖"是庙号，是宋宗祠神坛供奉的先祖，在1008至1017年间的伪书《天书》中已有这种提法[①]。1012年，宋真宗梦里得知此"神人"的凡间化身名为赵玄朗。对"玄"字的避讳在未删改的《礼部韵略》（相关内容请参看下文第三、第四部分）的附录中有正式记录，里面记载了大概20个"玄"字的同音字，大都不常见。所以我们推测正是由于避讳的原因，书名里的"玄"字被换掉了。因为"指玄"二字在同时期的音韵著作中并不少见，如《切韵指玄论》，赵荫棠提到过此书，现已亡佚[②]。所以，张麟之看到的极有可能是《指玄韵镜》。

说明2：动词"转"，是中古时期佛学用词，意指将经文从头轮次念到尾，反复高声

① Cahill, Suzanne, *Taoism at the Sung Court: The Heavenly Text Affair of 1008*, Bulletin of Song-Yuan Studies, 1980, pp.16.23-44.

② 赵荫棠：《等韵源流》，上海：商务印书馆，1957年，第76页。

诵读以求积累功德。完整的提法叫"转经"。正是由于"转"的基本特质，使其经中国梵文学家及悉昙专家之手，成为更加专业化的语音学术语。这些语言学家，将悉昙字母辅音部分与所有元音字母轮流辗转相拼切称之为"转"，或者，用一个元音与所有的声母依次拼切[①]。作为名词，"转"的意思是"轮转"，即"声韵整体轮一遍"。这层意思后来成了常用术语，为僧侣以外的一般语音学家所使用。"转"用作动词在《韵镜序》中出现很多次，例如"横转"，即按韵图中的水平栏横着读。此外，我们还发现了其他用法，用以指称一整幅韵图。《韵镜》四十三图每一图都可称之为一转，四十三图又进一步分出"内转"和"外转"。在韵图研究史上，"内外转"的区分标准一直存在很大争议。最常见的观点出自罗常培的经典之作《释内外转》[②]，他认为：外转图韵母部分的主要元音是后、低元音，而内转对应前、高元音。那些赞同的声音通常也只是理论上认同，但在具体操作层面又与他的界定不太一样[③]。罗杰瑞指出汉语里的"内转、外转"或许源自印度音韵术语 *ābhyantara*"内"和 *bāhya*"外"[④]，从某种意义上说，分别指口腔内或口腔外发出的声音。实际上，俞敏早就注意到中国的悉昙学家们在讨论辅音问题时，借"内""外"来阐释这些印度梵文的概念。[⑤]现在看来，貌似我们只缺少中国的梵文学者们以"内""外"来讨论印度元音的例证。

古文：於是蚤夜留心，未嘗去手，忽一夕頓悟，喜而曰，信如是哉。遂知每翻一字，用切母及助紐歸納。凡三折總歸一律。即是以推千聲萬音，不離乎是。自是日有資益，深欲與衆共知，而或苦其難。因撰字母括要圖，複解數例，以為沿流求源者之端。

（今译：于是我日思夜想，从未间断思索。忽然有一天晚上，恍然大悟，我心满意足地感慨道："原来如此！"一下子明白了，每切一字的读音时说明1，都要借助字母说明2及助纽字说明3，以明确其字在系统中的反切地位。无论这种拼法有多烦琐，目的只有一个，借助这种方法，推求所有声音。自此，每天都有新的领悟和进展，并且特别希望和所有人分享其中的奥妙。但有时也担心它们还是太难，所以编了《字母括要图》，又附上一些例子，给那些想弄清楚源流究竟的人一个切入点。）

说明1："翻"字此处是动词，指"反切"这一操作，其中一个音节被分成声母、韵母两部分。在汉化佛教用语中，动宾结构的"翻字"至少有两层含义：一为用汉字简单

---

① 罗常培：《释内外转——等韵释词之二》，"中研院"历史语言研究所集刊4本2分，1933年，第220—224页；俞敏：《等韵溯源》，《音韵学研究》（第一辑），1984年，第407—408页。

② 罗常培：《释内外转》（同上）。

③ 孔仲温：《〈韵镜〉研究》（同上第2页第1条脚注），第55—64页，有对各家观点简要的概述。

④ Norman, Jerry, *Chinese*, Cambridge: Cambridge University Press, 1988, p.31.

⑤ 俞敏：《等韵溯源》，《音韵学研究》（第一辑），1984年，第270—272页。

地转录梵文音节；另外一层是指用梵文或悉昙文字拼切的梵文音节，具体流程是：先写下代表声母的音节字母，然后再加上元音[①]。这可能会被当成一个将口语语音落实成以文字形式相拼切的过程。《悉昙章》书里[②]，这些印度语音节形式，有时其下方会对应注有取自标准的佛经转译音节表里的汉字。首字代表声母，第二个字代表音节中剩余的部分。这种拼切方式的功用与反切十分相似，也就是说，中国人也许正是受了梵文字母拼切法的启发，才创制出有着类似原理的反切。不管怎样，汉语中反切的出现，能够将汉语音节结构一分为二，分出上、下两个部分。

说明2：汉字“母”在用以表达“多产、引出其他事物”的引申义上有着很长的历史。汉僧在研究悉昙字母时常常会用到“母”的概念，每组悉昙字母（即辅音配以主要元音a）都可被当成“母”（一个创制其他音的要素），通过与一系列的元音（从主要元音到其他元音）相拼切，它可以创制“转”或者一系列音节。“母”的含义被进一步明确是因为“字母”一词。“母”“字母”相继运用于分析汉语的音节，对于中国的梵文学者来说，其内涵基本一致。“母”可以抽象地说成是“声母”，而“字母”表意则更明确一些，是指“指音节的首字母，即声母”。按常理，“母”在上下文中更像是“字母”的简称。“切母”是一个内涵更加具体的术语，明确地指出“母”是反切过程中用来拼切音节的声母部分。

说明3：“助纽”字面意思是指“起到帮助或辅助作用的纽”。后来，作为传统声韵学术语“纽”专门用来指声母。然而李新魁认为在章炳麟（1868—1936）之前这个术语使用面并不窄，可以兼指声母或韵母[③]。在下文第三部分附录的图表中，三十六字母的每个字母之下（即字母表下方图表）都另附两个小字用以诠释对应的声母。图表的右侧边上写着“归纳助纽字”。类似标注也常见于其他早期文献。举个例子，人们在《切字要法》（一部反切指南，附在元代《玉篇》重修本之后）中也发现了类似的助纽字，好多都和《韵镜》“助纽字”表里列的一致[④]。此类“用法指南”要求人们最好能够牢记这些助纽字，日后一旦要分析反切，能够一下子读出首字母或声母，然后结合两个助纽字的谐音特点，产生令人满意的联想效果。通过这种方式，基于字母框架，这些声母得以确认并归类。“敦煌韵学残卷”的《归三十字母例》（Stein 512）[⑤]也载有类似材料。材料显示，每一个早

---

① 在慧琳《一切经音义》中两种用法皆可见。《一切经音义》，上海：上海古籍出版社，1986年，第25卷，第18—20页。

② 高楠顺次郎、渡边海旭，等，《大正新修大藏经》，东京：大正新修大藏经刊行会，1924年（1963年重印），《悉昙藏》T 2702.398.2.

③ 李新魁：《〈韵镜〉校注》，1983年，第34—35页。

④ 张世禄：《中国音韵学史》，香港：泰兴书局，1963年，第10—11页。

⑤ 黄永武：《敦煌宝藏》，台北：新文丰出版公司，1981—1986年。

于《韵镜》时代的三十字母都配以类似的“助纽字”，不止两个而是四个，估计这儿的作用也是想让使用者们通过借助“助纽字”记住相应的字母。综上，“助纽”，即张麟之笔下这些附加性质的音节，可以作为辅助音节来明确声母。

古文：庶幾一遇知音，不惟此編得以不泯。余之有望於後來者亦非淺鮮。聊用鋟木以廣其傳。

（今译：我只希望，如果我这些努力能够有机会被一个懂我的人看见，他与我旨趣相投，那么，不仅我整理的《韵镜》不会失传说明，而且我也不用担心所付出的努力被后来人“嘲笑”肤浅。姑且将其付梓刊行，只为可以推广流传。）

说明：这句话是想说：希望《韵镜》书成之后，不仅仅是完成而已，更希望它能成为人们人手一册的实用手册。

古文：紹興辛巳七月朔，三山張麟之子儀謹識

（今译：绍兴年间辛巳七月第一天，即1161年7月25日，三山张麟之［字子仪］谨识。）说明

说明：张麟之其人并非为人所熟知。1203年，他苦苦钻研韵图差不多已有近50年，从20岁就开始研究。因此，我们推测他大约生在1130年前后，卒于1203年之后。“三山”若作为地名，在中国四处可见，最出名的当指福州，可能是它的别称。据此，人们常说张麟之是福州人。在第二篇序作中他自己提到他来自东浦，这倒是一个可以证实的地名，虽然目前还搞不清楚该地名和福州或三山所指的其他地方有何关联。

古文：慶元丁巳重刊

（今译：1197—1198年，庆元丁巳重刊。）

3.2 第二部分 韵镜序二

古文：韻鏡之作，其妙矣夫。餘年二十始得此，學字音。往昔相傳，類曰洪韻，釋子之所撰也。有沙門神珙，號知音韻，嘗著切韻圖，載玉篇卷末。竊意是書作於此僧。世俗訛呼珙為洪爾。然又無所據。自是研究今五十載，竟莫知原於誰。

（今译：《韵镜》的来由，很不寻常。我刚接触这部书的时候才20岁，为了学习字音。据传统说法，它脱胎于《洪韵》，由僧侣所作说明1。当时有一个和尚，名叫神珙，以通晓音韵而闻名，著《切韵图》，附在《玉篇》卷末说明2。以我浅见，《洪韵》亦当神珙所作，只不过世俗误读，把“珙”叫成“洪”罢了。但是，我不得不承认，没法证明。自20岁至今，对这一问题我已研究了五十载，依旧无从知晓这本书（《韵镜》）究竟成自谁人之手。）

说明1：此处句读标点参考自赵荫棠[①]和汪寿明[②]。《洪韵》似乎在宋代便广为人知。比如：宋儒朱熹（1130—1200）在他的《朱子语类》中就提到：洪州有一部洪韵，太平州亦有部韵家文字[③]。洪州是南宋时期南昌一带的旧称。

说明2：现所知见《玉篇》的通行版本附有一篇《四声五音九弄反纽图》，作者即是神珙。

古文：近得故樞密楊侯倓淳熙間所撰韻譜。其自序云，揭來當途，得曆陽所刊切韻心鑑。因以舊書手加校定，刊之郡齋。徐而諦之，即所謂洪韻。特小有不同。舊體以一紙列二十三字母為行，以緯行於上。其下間附一十三字母，盡於三十六。一目無遺。楊變三十六，分二紙，肩行而繩引。至橫調，則淆亂不協。不知因之則是，變之非也。

（今译：近来得到淳熙年间［1174—1189］前枢密杨倓撰写的《韵谱》说明1，作者自序云："我去当途的时候，得到过一本历阳刊行的《切韵心鑑》。说明2我亲自编改、校订原书，付梓郡斋。"当我花了些时间仔细研究它时发现，原来这就是所谓的《洪韵》，只是略有不同。(《洪韵》)旧体以二十三字母顺次横向排列于页面的最上行，下一行，再顺次排列十三母，总三十六字母，列于同一页纸上，一眼便能扫尽这三十六字母。杨倓则变两行为一行，延至两页纸，三十六字母列于同一水平行。这样的话，原先两行混为一行，不再对应相称说明3。他不知道保持不变才是对的，变换调整反而是不合适的。）

说明1：杨倓（卒于1181年），史籍有载。他的《韵谱》（另有一部韵学著作也叫《韵谱》，与此书同名）曾收录在《永乐大典》，戴震（1723—1777）见过。杨倓的《韵谱》显然没能传下来[④]。

说明2：当途地属安徽，位于南京西南60公里处、长江东岸（自此地始，由西南流向东北）。有意思的是，当途处宋代的太平州，前文引朱熹的材料中也提到过这个地方。《切韵心鉴》此书情况不详。历阳与今天安徽和县挨着，差不多位于今天的当途县北至西北30公里处、长江以西。

说明3：《洪韵》的排列布局，十三个字母列于下行，与上一行二十三个字母依次对应，即轻唇列于重唇之下、舌上对应舌头，等等。这种上下双行是"洪韵式"韵图的主要结构特点，不同于"杨倓式"三十六字母直列一行的线性排法。

古文：既而又得 莆陽夫子鄭樵進卷 先朝。中有七音序略说明。其要語曰，七音之作，

① 赵荫棠：《等韵源流》，第58页。

② 汪寿明：《历代汉语音韵学文选》，上海：上海古籍出版社，1986年，第26页。

③ 朱熹：《朱子语类》，台北：正中书局，1962年，第140卷，第20页背面。

④ 相关资料概述请参看——赵荫棠：《等韵源流》，第101页；汪寿明：《历史汉语音韵学文选》，第28页，脚注6。

起自西域，流入諸夏。梵僧欲以此教傳天下。故為此書。雖重百譯之遠，一字不通之處，而音義可傳。華僧從而定三十六，為之母。輕重清濁不失其倫。天地萬物之情備於此矣。雖鶴唳、風聲、雞鳴、狗吠，雷霆經耳，蚊虻過目，皆可譯也。況於人言乎。

（今译：后来，我又得到一本莆阳夫子郑樵进献前朝王室的书。书中载《七音序略》说明。序中有一段话很关键，它说："关于七音的由来，当起自西域，随后，传入中原。梵僧希望把他们的宗教传遍天下，于是写了这本书。因此，尽管距离遥远，需要做大量的转译工作，尽管地处僻远，甚至连一个音节都听不懂，但通过七音，仍可传递佛典经文最基本的语音和语义信息。华僧沿承梵僧转译的做法，定三十六母声母。轻、重、清、浊，次第井然。天地万物的情形、境遇，在此皆有体现。即使是鹤唳、风声、鸡鸣、狗叫、耳边的雷声、蚊子牛虻飞过眼前，一切声音，皆可转录。更别说记录人类的语言了。"）

说明：郑樵（1104—1162）是中古晚期文史研究的主要代表人物之一①。此处提到的《通志》，1161年成书，交付朝廷。《七音略》，今天通常被视作《韵镜》的姊妹篇，属《通志》中"略"这部分的内容。莆阳即今天福建沿岸中部的莆田或莆田附近。

古文：又云，臣初得七音韻鑑，一唱三歎，胡僧有此妙義，而儒者未之聞。是知此書，其用也博，其來也遠。不可得指明其人。故鄭先生但言梵僧傳之華僧續之而已。學者惟即夫非天籟通乎造化者不能造其閫而觀之，庶有會於心。

（今译：《七音略序》里还说："我刚拿到《七音韵鑑》的时候说明1，我吟咏一遍感叹几声，这外来的和尚有如此之好的理论方法，而儒家学者们却从来没有听说过。"基于此，我们得知其书应用很广、起源也很久远，没法判定究竟成自谁人之手。所以，郑樵才说由外国僧人传入、中原和尚得到以后接着传。学者们如果能抱着"除非所有人都已浸润并通晓这天籁之音，否则甚至无法窥其一斑"说明2这样的态度来看待它，也许才有可能领会它的深意。）

说明1：这里的"鉴"字为避"镜"字之讳，因为宋太祖祖父名为赵敬，"镜"与"敬"同音。在第二篇序文的开首部分，行间注有双排小字，写着：旧以翼祖讳敬故为韵鉴，今迁祧庙复从本名。但是，就这段材料及后面材料来看，并未看出已复用"镜"字。

说明2：这一行（非天籁……观之）皆引自郑樵序。

古文：嘉泰三年二月朔，東浦張麟之序

（今译：嘉泰三年二月第一天，1203年3月15日，东浦张麟之序。）

---

① 完整生平详见：Franke, Herbert, *Sung Biographies*, Wiesbaden: Franz Steiner, 1976, I pp.146-156.

3.3 第三部分　调韵指微

古文：不知象類，不足與言六書八體之文。不知經緯，不足與論四聲七音之義。經緯者，聲音之脈絡也。聲音者，經緯之機杼也。縱為經，橫為緯。經疏四聲，緯貫七音。知四聲，則能明升降於闔闢之際。知七音，則能辯清濁於毫氂之間。欲通音韻，必自此始。

（今译：如果某人不懂状貌类别，便不可能和他讲什么文字领域的六书、八体。如果某人不辨经纬，也没必要和他讨论四声、七音的含义。经纬，是声音的脉络，音声，是经纬的机杼。纵为经，横为纬，经，用以区分四声，纬，连贯七音。知四声，能弄清开合之间的声调升降。知七音，能区分毫厘之间的清浊变化。一个人想明了音韵的话，必须得由此开始。）

古文：莆陽鄭先生云，天籟之本，自成經緯。皇頡史籀已發此旨。凡儒不得其傳。故江左之儒知縱有平上去入之四聲，不知橫有宮商角徵羽半徵半商之七音。經緯不明，所以失立韻之源。

（今译：莆阳郑先生说："天籁之本，自成经纬。仓颉和史籀说明1已经提出这种想法，但是平庸的人们没能继承传统。因此，长江以南说明2的学者们只知纵有平上去入四声，而不知道横有宫商角徵羽半徵半商七音。他们对经纬都不甚明了，这也是为何失去立韵之源。"

说明1：仓颉和史籀在汉字发展史上算是半神性质的人物了，具体内容请参看裘锡圭[①]。

说明2："江左之儒"意思是说，东晋（317—419）和南朝时代（420—587）住在江南的学者们。

古文：於是，作七音編而為略。欲使學者盡得其傳。然後能用宣尼之書，以及人面之俗。又作諧聲圖，以明古人制字通七音之妙。作內外十六轉圖，以明胡僧立韻得經緯之全。鳴呼，其用心大矣。

（今译：于是，郑樵作《七音略》，希望学者们能够承继全部传统。只有这样，人们才能读懂孔子的著述，使人们行为举止符合礼仪规范。然后，他还编了《谐声图》，以明示古人造字能通达七音之神奇。作《内外十六转图》说明，以展示外国僧人在制韵方面完全贯通经纬。啊！他在这件事上真是用心良苦呀。）

说明：术语"十六转"并非出自郑樵，而是借张麟之之口提到这一概念。根据中国

① Qiú, Xíguī, *Chinese Writing*, Translated by Gilbert L. Mattos & Jerry Norman. Berkeley: Society for the Study of Early China & The Institute of East Asian Studies, University of California, Berkeley,2000, pp.44,72-73.

梵文、悉昙学不同学派的说法，梵文元音音素有12、14、16个等几种说法。持第三类观点的人，如果用某个或多个辅音元素与16个元音轮次拼切，即会形成16转。李新魁认为[1]这即是张麟之所提及的术语的来源。而且，他（李新魁）还认为，“十六转”即是后来韵图及《四声等子》中的“十六摄”。

古文：今世之士，慢不講究，聱牙舛謬，滔滔皆是。此無佗，由不習而忽之過爾。豈知前輩於此一事最深切致意者焉。

（今译：当今世上的学者们，做事拖拖拉拉，不劳而获，他们执拗乖僻，胡言乱语，不加分别。对此没有什么好解释的，错误只不过是因为缺乏钻研、粗心大意所致。他们怎晓得，前辈学者在这方面付出了多少深切、勤奋的努力呢！）

古文：或曰，字惟五音，而曰七何耶。曰，音非七，則不能盡聲中之韻。亦猶琴。始五絃非加文武二絃，則不能盡音中之聲。故曰，琴者樂之宗也，韻者聲之本也。文武二絃為變宮變徵。舌齒二音為半徵半商。此其義歟。

（今译：也许有的人会说：“对汉字来说，只有五音，你说七音是什么意思呢？”我回应道：“如果不是七音，则不能穷其所有音韵。有点像琴，如果不在本有的五弦之外再加文武二弦的话，则不能穷其所有音声。”因此说，琴是所有乐律的根源，韵是所有音声的根源。文武二弦构成变宫变徵，舌齿二音分出半徵半商。这或许正是“七音”的内涵。）

古文：或又曰，舌齒一音，而曰二何耶。五音定於唇齒喉牙舌，惟舌與齒遞有往來。不可主夫一。故舌中帶齒聲，齒中而帶舌聲者，古人立來日二母，各具半徵半商，乃能全其秘。若來字則先舌後齒，謂之舌齒。日字則先齒後舌，謂之齒舌。所以分為二，而通五音曰七。故曰，七音一呼而聚，四聲不召自來。學者能由此以揣摩四十三轉之精微，則無窮之聲無窮之韻有不可勝用者矣。又何以為難哉。

（今译：或许有人又问了：“舌齿音本自成一类，如何又分出两类？”我答道：“五音有唇、齿、喉、牙、舌，只有舌音、齿音交替往来，难辨主次。因此，舌音中带有齿声，齿音中有舌音，古人设来、日二母，对应半徵、半商，只有这样做，他们才能完全解释七音的奥秘。像「来」字，先触及舌头，然后是门齿，所以称为舌齿。发「日」字，则是先触及牙齿，然后才是舌头，所以称为齿舌。这也是为何舌齿能一分为二，改五音为七音。”因此说，七音一呼而聚，四声不召自来。学者们能由此探索四十三转的微妙之处，那么，声韵将不可胜用。又怎会觉得困难呢？）

（韵图）

---

① 李新魁：《〈韵镜〉校证》，第121页。

（此处是人们所熟知的《韵镜》声母表，暂不呈现。此表未被冠名，但据序一可知，张麟之称它为《字母括要图》。）

右侧栏写着：三十六字母 归纳助纽字

左侧栏写着：此图每韵呼吸，四声字并属之。

3.4 第四部分 归字例

古文：歸釋音字，一如檢禮部韻，且如得芳弓反，先就十陽韻求芳字，知屬唇音次清第三位。卻歸一東韻尋下弓字，便就唇音次清第三位取之，乃知為豐字。蓋芳字是同音之定位，弓字是同韻之對映。歸字之訣大概如此。

（今译：在确定某字可靠的音韵地位时说明1，就好比查《礼部韵》说明2，如果查得反切“芳弓反”，先到十阳韵找“芳”字说明3，会发现其列于唇音次清三等位。然后再转而到一东韵下查“弓”字说明4，当目标定位到唇音次清三等的位置时，我们将找到“丰”字。简言之，“芳”与“丰”同声母，“弓”与“丰”同韵母。排字列等的奥秘大抵如此。）

说明1：这句是说，以反切上字、反切下字，给汉字注音。

说明2：此处是《礼部韵略》的简称，一部稀见韵书，书成于1037年。它体现了当时官韵检韵及分类标准，由礼部主持颁行。

说明3：十阳韵位于《韵镜》第31图。《切韵》韵目中排在下平第十韵。《礼部韵略》继续沿承这一排法。

说明4：反切下字“弓”及所属的韵，见《韵镜》第1图。

古文：又如息中反嵩，息字係側聲，在職字韻齒音第二清第四位。亦隨中字歸一東齒音第二清第四位取之。

（今译：再如，“嵩”字，息中反，“息”是仄声字说明1，列于职韵说明2齿音第二清四等位，同样的道理，“嵩”字归韵亦同“中”字，列于东韵齿音第二清四等位，找到这儿，即是“嵩”字的位置。）

说明1：“侧”字通常写作“仄”。“侧”为较鲜见的写法，“侧”字一般读作“cè”，但此处按照惯例当读为“仄”。

说明2：详见《韵镜》图42。

古文：祖紅反歸成騣字。雖韻鑑中有洪而無紅，撿反切之例，上下二字或取同音，不必正體。

（今译：祖红切騣字说明。即使说《韵鉴》中有“洪”而无“红”，但有时查寻反切上字、反切下字的音韵地位时，借助“同音替代”也未尝不可，不一定非得是本字。）

说明：按字面意思是说“切成某字”。

古文：慈陵反繒，慈字屬齒音第一濁第四位。就蒸字韻。歸成繒字而陵字又不相映。蓋逐韻屬單行字母者，上下聯續二位只同一音。此第四圜亦陵字音也。

（今译：慈陵切缯，“慈”字属齿音第一浊四等位，蒸韵字说明1。不过，切“缯”字，“陵”字的地位又不相合说明2。大体上看，就每个音韵地位来看，相邻两等之间若同属一特定声母的话，可以共享“一音”。于是，在这种情况下，第四等位上的空圈亦读为“陵”字音。）

说明1：见于42图。

说明2：这句话是说，“陵”列在韵图三等位置上，“缯”列在四等。

古文：先侯反先字屬第四，歸成涑字，又在第一。蓋逐韻齒音中，間二位屬照穿牀審禪字母，上下二位元屬精清從心邪字母。侯字韻列在第一行。故隨本韻定音也。

（今译：先侯反，先字列于四等，反切切出“涑”字，却列在一等。齿音中共享一特定声母，中间二栏属照、穿、床、审、禅字母说明1，一四等属精、清、心、邪字母说明2。侯字韵属一等字，因此“涑”也属一等字。）

说明1：意指二三等。

说明2：意指一四等。

古文：諸氏反、莫蟹反、奴罪反、弭盡反之類，聲雖去音，字歸上韻。並當從禮部韻就上聲歸字。

（今译：像诸氏反、莫蟹反、奴罪反、弭尽反之类，虽然它们的［反切下字］当读为去声，但被归作上声字。遇到这种情况，当从《礼部韵略》，按上声归字。）

古文：凡歸難字，不知正音，即就所屬音四聲內任意取一易字橫轉，便得之矣。今如千竹反龜字也。若取嵩字橫呼，則知平聲次清是為樅字。又以樅字呼下入聲，則知龜為促音。但以二冬韻同音處觀之，可見也。

（今译：如果遇上不好懂的字，不知道它的准确读音说明1，那么，就在四声之内随意取一个简单易懂的字，横着查便能查到。比如千竹切龜。如果取“嵩”字一行的发音，那么便能查到平声次清处是“樅”字。如果再以“樅”字向下查，找到对应的入声，便能查到龜读为“促”声。如果仅从二冬韵说明2的同音位置查找，很容易找到。）

说明1：“不知正音”“永禄本”作“撗音”。假使“撗”是“横”字一个不多见的俗写，“横音”亦不好理解。结合龙（宇纯）的研究[1]，我们这里还是据日刊本和北京大学本。

说明2：这个韵见于《韵镜》第2图。

---

① 龙宇纯：《〈韵镜〉校注》，第35页，脚注20。

3.5 第五部分 横呼韵

古文：人皆知一字紐四聲，而不知有十六聲存焉。蓋十六聲是將平上去入各横轉故也。且如東字韻風、豐、馮、瞢是一平聲，便有四聲。四而四之，遂成十六。故古人切韻詩曰，一字紐縱横，分敷十六聲。今韻鑑所集各已詳備。但將一二韻只隨平聲，五音相續，横呼至於調熟，或遇佗韻，或側聲韻，竟能選音讀之，無不的中。今略舉二韻為式。

（今译：人们都知道一字［一个音节类型］可读出四个声调说明1，却不知实际上它承载了十六种声音类型。总的看来，将水平四个字的平上去入四声统统读出来，即是十六种类型。好比说东韵下的风、丰、冯、瞢，皆是平声，便有了四个音，四音再乘以四个声调，即是十六声。因此，古人有"切韵诗"云："一个音节联系着纵、横十六音。"今《韵鉴》所集都很完整详备。因此，人们只需找到某韵说明2的平声读音，按五音的次序，横着读，读到顺耳的程度说明3，有时会"串入"其他韵，或仄声韵说明4。如果能这样做，他一定能找准那个读音并拼出来，屡试不爽。现在，我简单地举两个韵为例。）

说明1："声"文中有两个意思，或指"声调"，或指"音声"之声。文中每遇"声"字，都对应加以明确的解释。

说明2：这是说，以韵图中某一或两韵为例。

说明3：这句话是说，查字的人完全熟悉并掌握了检字之道。

说明4：张麟之的意思是说，遇到这种情况，人们必须随时准备在韵图内或韵图间翻查，以（对照）识别出不当的读音。

古文：二東[①]韻　封峰逢［蒙］［中］傭重醲　恭銎蛩顒 鍾衝［慵］舂鱅　邕［雄］容　龍茸　一先韻　邊［篇］蹁眠|顛天田年|堅牽［虔］研|箋千前先［涎］|煙祆［延］|連［然］

（原文中，上述黑体括号皆是空圈。有的子目录以横线断开，有的则没有。这种"差异"我觉得有可能只是排版印刷造成的。第一组例字取自《韵镜》图1、图2。"封峰逢"见于图2。张麟之从图1第四栏一等位置取"蒙"字，列入"空圈"。"［中］傭重醲"这组也遵循了这样的操作。第三组"恭銎蛩顒"皆取自图2。"锺衝［慵］舂鱅"组，第三个字是后插进来的。"慵"字"永禄本"图1中不录，却见于日刊本。"邕匈［雄］容"遵循常规排序。第二组例字取自韵图21、32，也是按照上述的方式进行取字或排序。）

---

① 据北大中文系2020级博士生王馨璐同学核校，此处张麟之序例原作"冬"。——译者

3.6 第六部分 上声去音字

古文：凡以平側呼字，至上聲多相犯。古人制韻，間取去聲字參入上聲者，正欲使清濁有所辨耳。或者不知，徒泥韻策，分為四聲。至上聲，多例作第二側讀之。此殊不知變也。若果為然，則以士為史，以上為賞，以道為禱，以父母之父為甫，可乎。今逐韻上聲濁位並當呼為去聲。觀者熟思，乃知古人制韻端有深旨。

（今译：每当人们识字辨音的时候，一读到上声字就出毛病。古人在归韵的时候，有时会取去声字，参入到上声字里，主要是想提供一个分辨清音浊音的方法。有的人不清楚这一点，被困在传统韵书之中，因为韵书里（明确）分出了四种声调。于是，读到上声的时候，他们还按照韵图中第二栏（上声栏）的仄声读法去读，说明完全不顾（例字）已做过调整。如果真这么做的话，我们拿“士”当“史”，“上”当“赏”，“道”为“祷”，“父”为“甫”，这能行吗？今遍查上声韵字中浊音位置的字，尽当读为去声。如果看韵图的人审慎而行，会意识到古人们的制韵原则有着非常深刻的潜在用意。）

说明：《韵镜》每幅韵图皆分四大横栏，对应四个声调，依次是平、上、去、入。第二栏的仄声调，对应传统的上声。

3.7 第七部分 五音清浊

古文：逐韻五音各有自然清濁。若遇尋字，可取之記行位也。脣音舌音牙音各四聲不同。故第一行屬清，第二行屬次清，第三行屬濁，第四行屬清濁。

（今译：依次遍查各韵，五音皆有自然清浊。如果有人需要查字，便可借助这些记住音节所在位置。唇舌牙音，各自具有四种不同的清浊类型，如：第一行为清，第二行为次清，第三行为浊，第四行为清浊。）

古文：齒音有正齒，有細齒。故五行聲內清濁聲各二。將居前者為第一清第一濁。居後者為第二清第二濁。喉音二清，舌齒音二清濁。並以例准之。

（今译：齿音有正齿，有细齿。所以五小列中清浊类型各有两组，自右往左，前面的是第一清、第一浊，后面的是第二清、第二浊。喉音也有两组清音。舌齿音有两组清浊音。以上这些，我都举了大量示例，以明确其［制图及使用］原则。）

3.8 第八部分 四声定位

古文：每韻直行平上去入聲有字與圍相間，各四並分為定位。如一東韻蒙字之類，位在第一，下三側聲亦在第一。崇字行位在第二，下三側聲字亦在第二。風字在第三，下三側聲亦在第三。嵩字融字在第四，下三側聲亦在第四。如遇尋字定音，看在其位，便隨所屬而呼之。

（今译：每韵都对应平上去入四大栏，列字和空圈相间，每个声调之内又各自均匀地分出四等说明。例如，东韵“蒙”字，列于第一横行，对应的仄声字也都列在每栏的第一行。“崇”字列在第二横行，对应的仄声字也都列在每栏的第二行。“风”字在第三横行，对应的仄声字也都列在每栏的第三行。“嵩”“副”二字在第四横行，对应的仄声字也都列在每栏的第四行。如果人们要找字、查字音的话，只看它所在的行列位置，便可以看它归属的位置，念出来。）

说明：这句是说，每个声调的大栏之中又分四小行，有的列汉字，有的是空圈。

古文：韻中或只列三聲者，是元無入聲。如欲呼吸，當借音，可也。

（今译：每韵只对应三个声调的，原因是本无入声。如果非要想把它读出来，那么，可以借音，倒也可以。说明）

说明：《韵镜》中，入声与相应的平、上、去的阳声韵相搭配，由音节韵尾的类型来判定。例如，传统的*-k*尾应该配搭*-ŋ*韵尾，*-t*配搭*-n*。但是张麟之认为此处入声与元音韵尾也可随意搭配（是指《韵镜》图中那些没有入声配搭的部分）。这只说明一个问题，意味着在他的时代入声已经具备这样的特征，适用于配搭各类音节，即使有人想以开韵尾去配入声，也是可以的。是否入声已转化为喉塞音韵尾*-ʔ*或者某种类似的调型，我们不得而知。

3.9 第九部分 列围

古文：列圍之法，本以備足有聲無形與無聲無形也。有形有聲時或用焉。

（今译：韵图中的空圈，主要是针对那些有音无形或无音无形的情况所列。既有音又有形的，有时候偶尔也会示以空圈。）

古文：有聲無形謂如一東韻舌音第一位，横轉東、通、同字之後是也。若以音協之，則當繼以農字。為一東韻無農字，故以圍足之。

（今译：有音无形的如东韵舌音第一位，“东通同”后面那个空圈，若按声母次第的话，接着它们的应该是“农”字。但一东韵中无“农”字，所以补以空圈。）

古文：無聲無形，但欲編應行數。如東字韻中唇音牙音第二第四位與江字韻第一第三第四位之類是也。

（今译：无音无形的情况，只是为了“迁就”行列数量。比如东韵唇音牙音第二、四等位和江韵第一、三、四等，便是这种情况。）

古文：韻鑑序例終

四、关于《韵镜》序例内容的思考

4.1 南宋时期的实际语音

1150年，张麟之还是一个20岁的小伙子，大概生活在南宋时期的福建地区。他这时候在语言方面的主要兴趣即是如何解释并运用典籍中的反切材料。反切这种形式是当时把文字的正确读音呈于纸上的唯一可行的注音方式。它们在古典文献注释、佛经及官方指定的科举用书《礼部韵略》等文献材料中很多见。但是，对于任何愿意思考这个问题的人来说，这里有一个明显的问题，即有的反切拼不出来。这种情况很容易验证，找一些大家熟知的常见字，拼它们的反切，看会拼读出什么样的结果。举个例子，比如说“父”字，今天仍然常见，意思是“爸爸”，常见复合词“父母”中的“父”，《礼部韵略》给出的反切是扶雨反[①]。在口语中，“扶雨”只能拼出“甫”的音，任何一个小孩子都知道这个反切拼不出“父”的读音。当然，可以肯定的是，大多数反切还是能拼得出来的。董南一与张麟之同处一个时代，据他估算，大概70%多的反切基本可靠。不过有一个难题，当遇到某些不认识的疑难或生僻字，人们无法判定它的反切拼得是否合理。在张麟之看来，这确实是反切系统的缺陷。但是，当时的文化人大都不关心这些。他觉得，大多数人觉得这个问题无关紧要。事实上，以他的亲身经历来看，那时人们在二十岁以前虽然接受过一定的常规教育，却没人教他们任何解决困惑的方法。张麟之有志于探索他心中的疑问，纵使是一条非常难走的路。关于此类问题的研究，似乎没有传统可以借鉴。所以张麟之的做法（理论与思想）很值得关注，可以看成是当时文化人里萌生语音兴味的一个典型范例。总之，他的这些方法都很实用。他并非为了音韵而讲音韵，换句话说，他关注这些问题，完全出于对音韵、语音哲学的纯粹热爱。他不像古印度波你尼那样的理论语言学家，他想要做的只是找一条切实可行的方法，使反切能够有效拼读实际语音。

幸运的是，对张来说，关于反切的处理并非像他最初想的那般无望。当时有一种实用图表可以让读者去拆分反切。这种语文工具书通常被叫作《洪韵》。当时最优秀的学者应该都知道这类图表，还有人专门研究。朱熹，与张麟之属同一时代（后来成了鼎鼎有名的理学家），很快便搞清楚《洪韵》的原型和鄱阳平原的洪州地区有关。另外一位很出名的学者郑樵，比朱熹、张麟之年长一些，自己还编了一部这样的韵图表，收在巨著《通志》中。对张麟之来说，当朋友把一本类似的书《指微韵镜》（或称《指玄韵镜》）送

---

① 此处所用版本为文渊阁四库全书本《礼部韵略》，第3卷第27页正面。

到他手上的时候，他一直以来的求知欲得到了回报。朋友对此书略懂一二，虽然也说不清具体是用来干吗的。朋友告诉张麟之，它几乎囊括了整个读书音系统，它与另外两部人们所熟知的工具书有直接关联，一本是《玉篇》，另一本是《广韵》。《指微韵镜》以它们二者的韵目为纲，构成43图，称为“转”，一“转”之内按声母五音、声调四声来分列，配以反切拼切出来的图心列字（被切字）。识读图中音节的基本方法就是横着读。张麟之的朋友和他说的大概只有这些，但朋友深信，如果掌握了这个方法，单凭韵图，就没有哪个反切拼不出来。

张麟之被《洪韵》图深深吸引。他（始终）想弄清楚它们究竟来自何处？为何能够如此精准地描写反切问题？直到1203年，他对于这些问题的研究，已经整整持续了50年。50年来，他尽可能地去接触、了解这些韵图。首先，他看到了杨倓的《韵谱》，杨倓比他稍长。这部书与《洪韵》来自同一区域，所以朱熹在想它会不会是《洪韵》的原型，但张麟之似乎没从这方面考虑。张麟之真正感兴趣的是《韵谱》韵图的体例形式。他个人觉得《韵谱》和《洪韵》不太一样。《洪韵》的格式基本按照传统声母的“两行”排序法，置于韵图顶端。23个声母列在上一行，13个列于下一行，以特定次序紧挨着排列。而《韵谱》直接将36声母排成一行，需要延伸至两页才能排下。张麟之觉得它这种排列方式不如《洪韵》更纯粹、更“正宗”。杨倓已经说得很清楚了，他并不是简简单单地传承此书，发现时是什么样还什么样，而是做了一定的改编工作。张麟之意识到声母这种“独特的编排方式”正是杨倓改编的结果，只是改得不怎么妥当。可是今天，我们对张麟之的看法也要保持怀疑。因为也许恰恰是这些“特别之处”彰显了《韵谱》的“独创性”，说明它代表着另一种“非《洪韵》”模式。当时说不定有两种韵图模式并存。好比说后来的《切韵指掌图》，也是将三十六字母单独排成一行，可能正是“《韵谱》模式”的延续。

后来，张麟之也看到了郑樵编纂并刊行的《七音略》，它是一幅纯《洪韵》模式的韵图。最早的名字叫《七音韵鉴》，郑樵给书起了新名儿意味着他在原书基础上做了删改。事实上，杨倓也好，郑樵也罢，他们对到手的韵图重新编纂或撰改，看来像是在遵循某种标准或既定程序。但是他们究竟改了多少？我们今天很难判断。不管怎样，张麟之出于极大的兴趣去了解韵图，也对郑樵所认为的“韵图早期的基本形式起自梵僧”这一结论深信不疑。他好像并不知晓这些韵图形式与洪州的关系，即使知道，估计也觉得不值一提。他一直尝试确定这些韵图的作者，但直到最后，也没能拿出一个令人满意的结论。

根据朋友的建议，张麟之转向研究“洪韵图”的功用，结果竟非常意外，他说他终于找到了问题的答案。他开始注意到韵图表格貌似一张构织出来的“网”，好像织布机上的“经线”和“纬线”，其功能的秘密就在于通过利用反切上下字去标识网格中特定的垂直轴和水平线。然后人们必须沿着（声、韵、调）搭起的坐标轴，通过“三角定位”确定其交点位置。如果操作程序都正确，这个位置上会有一个常用字，它会告知人们反切拼出来的读音。但问题是该如何学会这种“三角定位”的方法？为此，张麟之举了好多例子。读这些例子的时候，我们必须能够回到他拟订它们时的情景，设身处地理解他所面临的困难。今天对于反切原则及相关问题我们可能分分钟便能讲清楚，可以拿罗马字母为例，但张麟之当时没有这样的条件。他想以书面语言和读者讲清楚，而这些读者习惯用方块字来代表他们母语的音节。对于这群人来说，像*k-*、*-eng*这些非实体元素的概念，听起来简直是天方夜谭。这些问题是摆在张麟之面前的障碍，但他应对自如。

我们来看一下张麟之举的第一个例子“芳弓反”。读者需先“确定”反切上字“芳”的位置，这是整个查索过程的关键。第一步，确定“芳”落在哪个韵下面，张麟之的做法估计是单纯靠听来分辨，因为，他没给读者们任何其他信息或方法，直接告诉大家“芳”属十阳韵。显然是假定读者们可以凭借直觉和“常理”自行判断并确定。如果能提前知道一个字归属于传统的哪个韵，将会非常有帮助。但是很明显，仅凭在韵图间快速翻转、浏览，倒也能很快发现想要的结果。会查到阳韵在图31，然后确定“芳”或其同音字的位置[①]。这里还需要具备判知声调的能力，能够快速地找准“芳”的声调归属，也就是第一栏平声栏。这显然是一种“猜”的技巧。除了这些，人们只需在韵图间前后来回翻（或说水平翻转）即可。“芳”的位置确定以后，要留意它垂直竖列所落等位的数值是多少，恰好落在三等的位置。然后，再看“芳”的声母归属，看韵图正上方相应排列的声母位置。这些信息连同“三等”地位是下一步操作的关键，必须牢记。因为我们知道，“芳”在反切中起到“明确反切地位”的作用。在序二中，张麟之甚至建议，声组语音地位的类属当暂时用作辅助记忆的工具。在这种情况下，人们应该牢记与它相关的语音地位的描述，即“唇音次清”。所以，总结一下，查“芳”字必须记住的内容是：先看坐标轴，找到它们交错点的位置即“平声三等唇音次清”。有了这些信息之后，再继续看反切下字，它与被切字是叠韵关系，它唯一的作用是告诉我们接下来该去哪幅韵图找。这里恐怕也要靠“猜”，假设我们能够在没有帮助的情况下确定“弓”在图1东韵，翻到图1，便不难找见“平声三等唇音次清”这个位置。常见字“丰”列于其位，即是张麟之时代“芳弓”切拼出来的标准发音。

张麟之的第一个例子很典型，向我们展示了他所发现的原则在最理想的情况下是什么样子的。但美中不足的是，这个方法不能适用于所有情况。比如在第六部分讨论过声调不一致的问题，假设是由于语音变化所致，即从早期韵图出现的年代到张麟之改编韵

① 确切地说，张麟之特别强调：如果要查的反切上字不在韵图之中，可以找它的同音字，同样奏效。

图的时代，其间，语音已发生变化。张麟之没有历时的语音意识，只是假定这些问题皆是由古代韵图设计者们极其微妙的创制意图所致。但他并没有仅仅满足于既有现状，而是力图让读者能够充分（理解并）利用这一资料。他花了很多笔墨设计“检索”方案以避开种种障碍。归根结底，他一直致力于为读者提供一种准确可靠的正音参考。他对任何不真实、不确切、不正常的读音都不满意。对他而言，这正是韵图的功用所在。

张麟之对《韵镜》真的投入了太多心血，正如人们常说的那样，他先后三次将其付梓刊行。没有直接的证据能够表明他在收到“原本”之后做过很大的改动，只是增加了序例部分。没有对前人成果进行修订，只是补充了大量解释性材料。从这一点看，他显然和杨倓、郑樵的做法不同。张麟之对反切问题的关注得到了同时期其他学者的呼应，董南一在1203年《切韵指掌图·序》里表达了非常类似的想法。对他们俩来说，韵图为“反切问题”提供了最佳的解决方案。

4.2 作为实用工具的韵图

张麟之深信韵图的功能不是用以充任“实用工具”，而是，它们天生就是为了实现这一目的而创制的。他是在他朋友的看法基础上得出这一观点，随后不断加入自己的思考。他并没有“人云亦云”，而是身体力行地去证实。后来有了另一种声音，瑞典学者高本汉和他的追随者们认为，韵图的音系结构是极好的理论分析的材料；换句话说，基本上是抽象的理论语音学著作。这一观点成为当代大量古音构拟工作的基础。迄今为止，还没有古文献材料能够证实这一派的观点。在相关文献证据发现之前，最好能够保持存疑态度。在这个问题（韵图的性质与功能）上，我们可以肯定的是，这与张麟之的看法不同。

我们先来仔细审视一下张麟之阐释中蕴藏的深意。如果韵图确如序文所描述，是用来“解码”反切的实用工具，那么从这个角度看，便可以理解韵图框架结构为何做如此设计。起先，采纳张麟之的做法，读者们需要先定位，最后确定反切上字在哪一幅图。由于《韵镜》是按语音特征相似性或摄来排序，所以这一过程只需边翻边快速查检，很容易操作。右侧栏告诉人们是“开口”图还是“合口”图，一旦找到所需韵图的大概位置，查起来很快。按张麟之的规定，查寻确定传统韵的归属，要看韵图左边栏的韵目。之后，再确定反切上字的声调，这一步主要是看每幅韵图分出的四大横栏，每一横栏代表一类声调。一旦确定了声调，还必须对准声调栏边读边找（即横呼），找到所及反切上字的同音字。这部分相对容易，如果人们知道所涉音节的“七音”类属，查起来会更快；如果还特别熟悉声母的类型，清或者次清等等，这样的话，检索起来几乎不费吹灰之力。在处理反切时，关于确定声母类型的问题似乎一直都有，如上所述，有些图表正是为了这一目的应运而生，如斯坦因518就是一个很好的例子。读者手里若配以这样一套声母表

（外加两到四个“助纽字”，其中正好有要讨论的声母），并能熟记，仅凭随意背诵这些内容，便可以用耳朵辨识出哪一个最像他正在找的声母。不过，将此类图表应用于韵图的框架之下，人们需要把传统声母的类型直接与《韵镜》中特有的声母分类术语联系起来。这便是张麟之《字母括要图》要解决的问题。他在“字母括要图”里所提供的传统“纽助表”被重新安置，用以说明与韵图术语的关联。可以说在使《韵镜》变得通俗好用的进程中，这是一次颇具特色的改良和提升。正如他所说的，这算是他对自己忧心的交代吧，即担心读者可能会觉得整个检索过程好难。

4.3 等

“等”作为后来韵图研究中如此重要的术语，张麟之却从未提过，貌似不感兴趣。当这些图心列字按照声调、声母的单元格次第排开，它们势必还会列于某个等位；这些“等”都是横着看，自然水平排列。看起来读者在横行查找反切上字或同音字的时候，不需要考虑“等”。但当他们找到某个字以后，一定得牢记字的等列，即列于一、二、三、四等中的哪一等。因为他判定反切下字位置的时候，肯定要去找对应的等位。关于四等，了解到这种程度即可。张麟之千方百计地想向古人传递关于声类的智慧，使读者能够有效地应对这些问题，但关于“等”却只字未提。不过，对于读者来说，虽然“等”除了等第以外不需要知道其他的，但是，人们也要知道，“等”对于平衡韵图结构来说，还是非常重要。为什么这么说呢？因为同一声母列表竖列中读音不同的字在韵图中势必会被分开，从这一点看，它们恰恰是不可或缺的。为了在最复杂的“转”的层面区分出所有音节，例如图23、25、39，等，明确“四等”非常必要。“三等”不合适，“五等”又显太多，势必会增加图表纵向的尺寸。因此，“四等”是韵图创制者权衡韵图架构之后的产物。最后，因为这些“等”不具有让读者一定要学的“潜在语音特质”，即使不懂它，也能查韵图。这也是为何张麟之从未提过“等”。

但是，我们恐怕要问一个更深入的问题。如果说“四等”是为了满足韵图极其细致复杂的结构，那么，为何这些韵图偏偏被设计成这样，而非其他。比如说：为何一定是43图，而不是86图？为什么不能把横行数量减至3或者2？或者反之，把行数增加到5，从而减少韵图数量呢？韵图制作者是从一开始就有意将每一图设定为总16行？这显然只是其中一种可能；而且，就像字母的来由一样，最终成因或许是受梵文的影响。如上所述，不同的汉-梵流派他们识别出的梵语元音有12、14或16个不等[①]。《悉昙章》取一个辅音与所有元音轮次相拼，必定能反映出韵图创制者们所识定义的元音数量。而且，人们

① 李新魁：《〈韵镜〉校证》，第121页。

在《悉昙章》[①]里注意到，其中大量的图表都给悉昙字母留了12个位置，显示出对“12元音学派”的坚持。但是，其他流派，他们制表时则要分别留出14或16个位置。我们可以假设，有一天，忽然一位推崇16元音系统的梵僧决定为汉语制一张声音切合表。着手时，他肯定很自然地以16栏的模式来设计韵图。但，对于汉语来说，与梵文多少不同，人们还需在一张图表中体现出声调的差别。巧合的是需要安置到表格中的声调恰好只有四个。因此，人们正好将16格再四等分，每一大栏即对应四个声调。韵图在这样分类的基础上，再继续细分、设计，不光韵和同音字组要囊括其中，而且每一声调之内又要分出四等。基于这一系列操作，便形成了韵图中分列四等的局面。

4.4 有关“内转”和“外转”的问题

在《韵镜》每图右上角注有“内转”“外转”字样。为什么会在如此显眼的位置作如此标注？而且据我们观察，即使没有它，韵图使用者也能很好地运用韵图。从韵图本身情况来看，这个问题目前好像还没有真正令人满意的答案。我们假设罗常培的观点大致可信，“内外转”某种程度上看，是用来区别元音类型。如果读者能够分清这些差异，或者制图者能够很容易地将其传授给他们，那么，当用韵图去查字的时候，这些辨识的能力将会是“迈出第一道坎儿”的基础。也就是说，可以把一本韵图从整体上分成两大部分，一半是“内转”，一半是“外转”。在查寻的时候，首先可以快速地略去大半部分无关图表。假设早期韵图就是想按这样的模式排列，在韵图的最显眼的地方适当地标注以示区别。但是，如果后来由于语音变化干扰了内转、外转的区别，那么将韵图还硬分出内、外转，会变得很混乱，且用处不大。从这一点考量，内外转的分法最好被放弃，用“摄”的概念可能会更好一点。然而，正如中国文献史上[②]的种种情况一样，如果把韵图边上特有的“转”删掉的话，可能会显得太激进或者不尊重传统。所以，张麟之刊布的《韵镜》体现出了对传统的恪守与保留。

五、结论

如果韵图是用来解释反切的指导手册，那么我们可以假定它们所瞄准的语音对象是某种通行语音系统的一部分，或许是作为体现官话或读书音语音系统的媒介。这样的话，如果我们可以确定手上拿到的是一个原始的、可数据化的韵图原型，便可以通过它

① 高楠顺次郎、渡边海旭，等，《大正新修大藏经》，东京：大正新修大藏经刊行会，1924年（1963年重印），《悉昙藏》T 2702. 449—461.

② 例如，在宋代，以雕版印刷技术重刊手抄本时，往往会仔细保留原有的卷册标识。

勾勒出潜在音系的语音类别。但是今天，对于韵图的演化，人们已达成广泛共识，即它们经历了一个漫长的过程[①]。《韵谱》《七音略》和《韵镜》可能只是韵图漫长发展进程中的“节点”。所以说，张麟之的《韵镜》显然不可能精准地记录并反映他那个时代的语音系统，它的功用也仅限于参考。在张麟之时代之前，《韵镜》所载的语音事实有多少是真的？离他的时代究竟又有多久远？是为了反映哪种官话或读书音的语音体系？这些问题讲不清楚，便简简单单地声称特定的韵图即代表特定时代和特定地点的音系特点，并开始为其拟音，这种做法是危险的。

张麟之对于如何恰当、合理地使用韵图所阐述的观点，并非定论。也许他说的完全不对，或许高本汉说得对。但无可厚非，张麟之生活的时代与韵图形成的时代非常接近，他和他那些同时代的学者们的意见还是要听的，而且他们的观点也需认真审视。如果我们真对韵图感兴趣，我们应该好好研究那些序和相关附录材料，它们不仅是“直抵藏宝地”前需要冲破的“迷雾”，也是先人们留下的最真实的声音，唯有凭借它们，我们方可听到那个时代的人们对待同时期传世典籍的真实想法。

（译者：娄育　中央民族大学文学院）

① 先前各家权威观点可参看——李新魁：《〈韵镜〉校证》，第48页；孔仲温：《〈韵镜〉研究》，第32页。

注释所见18世纪汉语官话音系的多重性特征

一、前言

《巴黎派遣赴海外差会档案》（Archives des Missions Étrangères de Paris，以下简称：AMEP）中，保存有一本"中文–拉丁文词典"（Dictionnaire Chinois-Latin）。①该书的作者与成书年代不详，从词典序言中，可以看出成书于17、18世纪。全书以单字为条目，因而是一本通常意义上的"字典"。字典沿用《康熙字典》中的部首编目顺序。对每个汉字条目都进行了语音标注和语义注释，在某些条目下还援引了例词、例词组和例句。正文开头有大量的注释，讨论了书中汉语音系拉丁化方案的使用规范，特别注明了该套标音符号的发音方法。本文将重点对这些注释展开讨论。

二、注释文本

以下是注释的原文

Notationes

Sinici characteres omnes distributi sunt in 214 Radices nuncupatas a Sinensibus Póu部；

① 在此谨向劳伦·沙加尔（Laurent Sagart）博士、席翁·比云（Jiwon Byun）博士以致感谢。正是在沙加尔博士的安排下，我得以在2003年秋前往巴黎派遣赴海外差会进行学术研究。在此期间，沙加尔博士的博士生席翁·比云为我充当陪同翻译。与此同时，还要特别感谢巴黎派遣赴海外差会档案负责人Fr. G. 穆赛（Fr. G. Mousay）批准我查阅差会图书馆中语言及语言学研究文献手稿，并与比云博士一起协助我将字典全文拍摄成微缩胶片。最后，在对字典的序言部分进行研究的过程中，承蒙梅欧金（Euegion Menegon）、罗杰瑞（Jerry Norman）和沙加尔三位专家多加指正，谨致谢忱。若有错讹，文责自负。

tam istae quam illi dispositi sunt juxta numerum lineolarum, scilicet Hóa 畫 quibus constant.

Ductus seu lineolae sunt quaedam characterum Sinicorum elementa, numero novem scilicet 1° 丶 tchù 2° 一 Hoǎ 3° ㇆フ丂㇉ keōu(kōu) 4° ノフ P'iě 5° 乙乚く𠃋 Ji 6° ノ ku'ǹ 7° ル kiuě 8° ㇀ T'ǐ, 9° ㇏丶 nǎ; quae nostril alphabeti instar inscribendo suum tenent ordinum, uti videre est infra in tabulâ.

Signum | vel — supplent vicem litterae Sinicae, et vocis ejusdem litterae; at quando eadem littera legitur etiam alio modo, tunc signum | in phrasibus quae sequuntur legitur ultimo sensu.

A....Naturaliter et eodem modo pronuntiatur apud Italos, Gallos, Hispanos et Lu sitanos, apud Anglos vero pronuntiatur ut in far, father, farm etc.

E....Etiam naturaliter et eodem modo pronuntiatur apud quatuor primas Nationes, et in linguâ anglicâ, ut in Met, get, etc. sed semper est brevis tam in medio quam in fine verborum, quae gallice dicitur E muet; et aliquando in vocibus Che xe habet sonum valde obscurum inter E et I.

I...Idem est ac in linguis Italica, Gallica, Hispanica, ac Lusitanica et in linguâ anglica in Pin, Sin etc.

O....Duplicem obtinet sonum, unum valde brevem, et hoc contingit in medio vocum, ut in Hoei, Toei, Tou, Xou, etc; alterum longum seu profundum et hoc in fine vocum accidit, ut in Ko, Kuo, To, Xuo, etc.

U....Adqualiter pronuntiatur apud Italos, Hispanicos et Lusitanos, et idem ac in lingua gallica ou, et anglicâ in Bull, Full, Pull; sed aliquibus in vocibus ut in Chu, Ch'u etc. pronuntiatur perfecte' gallice'; et anglice' approximativê ut in Few, view etc.

Litterae Consonantes F. L. P. S. T. nulla explicatione indigent.

H....Aspirationem indicat seu asperam spiritus emissionem quae duplex est, Gutturalis et Sibilans. Gutturalis, quando praecedit a, e, o, u, et illi omnino similis est quae in lingua Hispanica obtinet; quando autem praecedit ĭ immediate, tunc fit Sibilans, et sonum accipit inter S et H sed tum aspiratione ut in Hi, Him, Hia, Hiao, hiam etc.

J....Idem sonat ac gallice' Jamais, Jeter.

K....Quando praecedit a, e, o, u aspere' pronuntiatur; sed ante vocalem ĭ idem omnino est ac sonus litterae C apud Italos praecedentis vocalem i et E; v.g. Cigno, Cilicio, Cecita, etc.

M....Duplicem obtinet sonum, unum communem seu labialem, et semper in vocum initio obtinet locum; Nasalem alterum et vibrantem ad instar campanae sonantis, et in fine vocum semper obtinet locum.

N....Unicum obtinet sonum omnino ac in initio vocum Europaeorum.

W....Idem omnino sonat ac in lingua anglica in Wash, Water, etc. Excepta parva differentia idem est ac littera vocalis U. V. supra.

X....Idem sonat ac in Lusitanicis vocibus Enxofre, mexer, xarope etc, pro Italis perfecte' correspondet syllabis Scia in Sciagura, Sce in Scena, Sci in Scilinguato, Scio in Sciolto, et Sciu in Sciugatojo; Gallice' Cha, che, chi, cho, chu; Anglice' in sharp, sha in shame, shee in sheet, shoa in shoal, shoo in shoot; quae pronun ciatio perfecte correspondet Sinicarum vocum pronuntiationi xa, xe, xi, xo, xu.

ç....Adoptavimus istam consonantem utpote quae magis idonea est ad exprimendum sonum Tsa, tse, tsi, tso, tsu, quod perfecte correspondet ça, çe, çi, ço, çu, sed suavius pronuntiatur, excepto quando ista consonans est aspirata et tunc scribitur ç'a, ç'e, ç'i, ç'o, ç'u, et sic in aliis vocibus ç'an, ç'iam, ç'ien, etc.

Ch....sonat omnino sicut in Hispanicis vocibus Muchacho, Mucho, Champurare etc. in Anglicis vocibus Chapter, cherish, Children, choke, church, etc. pro Italis littera c ~~plenum~~[①] obtinet sonum pleniorem huic satis affinem ut in Ciabatto, Cieca, Ciocca, Ciurma etc. — Galli autem semper scribunt Tcha, Tche, Tchi, Tcho, Tchu.

Ng....Idem omnino sonat ac in vocibus Italicis Stanga, stanghe, angheria, sciringhe;[②] et in Anglicis Angor, anger, singer, etc.

olr....Vox ista non potest litteris Europaeis pronuntiari; at pronuntiari potest in gutture faciendo vix ac dulciter audire consonantes lr, vi, sono valde' largo et profundo pronuntiando vocalem o.

---

① 该词在原稿中被删除。

② Menegon教授指出，该词可能是意大利语siringhe的非常规拼写形式，谨致感谢。

Toni seu accentus quibus omnes voces sunt signatae quinque sunt: ˉ ˆ ˋ ˊ ˇ.

1[us] est authenticus seu altus et planus; 2[us] placalis seu gravis et etiam planus; 3[us] ascendens ut a nota Mi ad Fa; 4[us] descendens ut a nota Fa ad Mi. 5º Valde brevis ac rotundus.

三、注释的翻译

注释

所有汉字按字形分为214个部首，简称“部”。部首由笔画构成，各部首在字典中按照笔画数进行编排。

笔画是组成汉字的最基本的部件，总共分为9类。1 丶 *tchù*，2 一 *hoă*，3 ㇆ ㇇ ㇉ ㇎ *keōu*（*kōu*），4 ノ ㇇ *p'iĕ*，5 乙 ㇄ ㇛ ∠ *ji*，6 ノ ku'ǹ，7 ㇀ ㇙ *kiuĕ*，8 ㇃ *t'ĭ*，9° ㇏ 丶 *nă*。这些笔画将根据其相应的顺序，出现在我们的字表中，详见下文表格。①

符号“一”表示该符号右侧的注音符号代表了该符号左侧汉字的读音，②如果出现一字多音的现象，不同的读音用“|”进行分隔。

A……读如意大利语、法语、西班牙语和葡萄牙语中同形字母的一般③发音。又如英语中*far*、*father*、*farm*等词中*ar*的读音。

E……同样读如意、法、西、葡四种语言中同形字母的一般发音。又如英语中*met*、*get*等词中*e*的读音。在词中或词尾位置音长较短，如同法语“哑音e”的读音。在*che*和*xe*等词中，发音含混，音质介于*e*和*i*之间。

I……同样读如意、法、西、葡四种语言中同形字母的一般发音。又如英语中*pin*、*sin*等词中*i*的读音。

O……存在两种读音。在词中位置时音长很短，如*hoei*、*toei*、*tou*、*xou*等词。位于词尾时，音长较长且音质低沉，如*ko*、*kuo*、*to*、*xuo*等词。

U……读如意大利语、西班牙语、葡萄牙语中同形字母的读音，又如法语中*ou*的读

① 此处表格即为“部首表”，该表编排在注释之后。

② 字典中，每个字条下的例句和例词为汉字形式，并标注读音。汉字例句、例词前以“|”分隔，汉字例句、例词与相应的注音之间以“一”连接。

③ 亦即相应语言中该字母在通常拼读情况下的发音。

音，又如英语中*bull*、*full*以及*pull*中*u*的读音。但在*chu*、*ch'u*等词中，读音又恰好如同法语中的*u*，亦即接近英语中*few*、*view*等词中*ew*的发音。

辅音字母*F*、*L*、*P*、*S*以及*T*，无须说明。

H……表示呼气音，亦即呼吸时吐出的带有摩擦的气流音。有两种读音：喉擦音和咝擦音。在*a*、*e*、*o*和*u*之前发喉擦音，此时*h*的发音，与西班牙语中*h*的发音相同。在*ĭ*之前发咝擦音，为介于*s*和*h*之间的送气音，如*hi*、*him*、*hia*、*hiao*、*hiam*等词。

J……发音如同法语*jamais*、*jeter*中的*j*。

K……在*a*、*e*、*o*和*u*之前，发音较为用力；在元音*ĭ*之前时，如同意大利语中辅音*c*位于元音*i*和*e*前时的音色，即意大利语*cigno*、*cilicio*、*cecita*等词中的*c*。

M……有两种读音。一般情况下读为双唇鼻音，一般出现在词首位置。当位于词尾时，发成带鼻音色彩的颤音，似钟声回响的音色。

N……仅有一种读音，如同大多数欧洲语言中词首*N*的发音。

W……与英语*wash*、*water*等词中*w*的发音完全相同。与前面提到的元音*u*在音质上非常接近，仅存在细微的差别。

X……发音同葡萄牙语中*enxofre*、*mexer*、*xarope*等词中的*x*。亦如同意大利语*sciugura*、*scena*、*sciolto*、*scilinguato*、*sciolto*、*sciugatojo*等词的音节*scia*、*sce*、*sci*、*scio*、*sciu*中*sc*的读音；或同法语*cha*、*che*、*chi*、*cho*、*chu*等词中*ch*的发音。如同英语*sharp*一词的发音。英语*shame*、*sheet*、*shoal*、*shoot*等词中的*sha*、*shee*、*shoa*、*shoo*诸音节，在发音上完全等同于汉语音节*xa*、*xe*、*xi*、*xo*和*xu*。

Ç……使用该符号能更准确地描写*tsa*、*tse*、*tsi*、*tse*、*tso*和*tsu*等音节的读音。这些音节与（法语）*ça*、*çe*、*çi*、*ço*和*çu*的发音极其相似，汉语这些辅音作为不送气音时发音较软。作为送气音时发音较硬，书写形式为*ç'a*、*ç'e*、*ç'i*、*ç'o*、*ç'u*，其他例子如*ç'an*、*ç'iam*、*ç'iem*，[①]等词。

Ch……发音同如同西班牙语*muchacho*、*mucho*、*champurare*等词中*ch*的读音，亦如同英语*chapter*、*cherish*、*children*、*choke*、*choke*、*church*，等词中的*ch*。意大利语中字母

---

① 此处*c'iam*一词中的字母*c*，应为*ç*的讹误。

*c*的发音与之最为接近，例如*ciabatto*、*cieca*、*ciocca*、*ciuma*等词。另外，上述汉语音节在法语中通常转写成*tcha*、*tche*、*tchi*、*thco*和*tchu*。

Ng…… 发音与意大利语*stranga*、*sranghe*、*angheria*、*sciringhen*以及英语*angor*、[①] *anger*、*singer*等词的*ng*完全相同。

olr……这一发音无法使用欧洲语言中字母的读音进行对应这一发音，其发音方法大致为：发元音*o*时低沉冗长，然后在喉部用力发辅音*lr*、*vi*，声音传到耳中时，听感上音质较为柔和。[②]

所收汉字归入5个声调，声调亦即重音：ˉ ˆ ˊ ˋ ˇ。第一调是上层[③]调，即高平调；第二调是下层[④]调，即低平调；第三调是升调，相当于音键上从mi滑动fa的声色；第四调是降调，相当于从fa滑动到mi；第五调是一个短促、圆滑的调子。

四、有关成书的年代

如前文所述，字典手稿上并未记载成书年代。但是根据书中内容，我们大致可以推测出成书的时间。在字条“康”的下面，收录了人名“康熙帝（1661—1722）”一词，具体注释为：“皇帝名，公元1662年即位。”此外，我们还发现了“雍正帝（1722—1735）”一词，注释：“Nomen quinti imperatoris［-］[⑤] familia Tá c’īm”［“大清朝第五任皇帝”］。但是，字典中未出现乾隆（1735—1796）及其后的帝王名号。根据这一线索，我们大致可以推断字典成书于雍正年间。[⑥]

---

① 此处*angor*为*anger*一词的错误拼写，后文中更正为*anger*，但该错误形式没有删除。

② *olr*代表卷舌元音［ɚ］。该音节在字典中有时标注为*eul*，是根据18世纪法语语音对官话音节［ɚ］进行转写的注音形式。

③ 拉丁文注释中使用的*authenticus*一词，本义为“正宗”。文中指源于圣安布罗斯（339—397）的安布罗斯圣咏调。这些调在音高上高于后文出现的副调（*plagal*），见注释11。我们推测，作者使用*authenticus*一词为汉语官话第一调命名，旨在说明该调是一高调。

④ 拉丁文注释中的*placalis*一词，是中世纪拉丁文*plagalis*“副调”一词的变体形式。安布罗斯圣咏调后经教皇格里高利一世（Pope Gregory Ⅰ，590—604）改编，由最初的四个调发展成八个调。新增的四个调由圣咏四调各降低四度而成，所对应的琴键在音阶相对居中位置。圣咏四调称为“authentic”；新增四调称为“plagal”。我们推断，文中的*placalis*（由*plagalis*演变而来）一词义为：音高较低的声调。

⑤ 手稿中该位置处有一墨点，疑为一个短词。

⑥ 此处康熙、雍正、乾隆的括注年份为所注释词典原文，特此说明。——译者

五、有关作者的国籍

值得注意的是，作为一部中-拉字典，全书的序言也用拉丁文撰写，字典中的“康熙字典部首表”的标题用法语写成“Table de Racines”。拉丁文序言中出现多处带有法语特征的语句，表明作者是法语母语者。[①]另外，字典扉页上写有各种不同字迹的法文字样。所有这些证据表明，作者为法国国籍。从序言中还可以看出，作者通晓西班牙语、葡萄牙语、意大利语以及英语。当时派往中国的基督教差会中，英语并不流行。作者能够通晓英语，实属难能可贵。

六、字典的音系价值

6.1 腭化音变。在明清时期南方官话的标准音（南音）中，软腭音在位于前高元音之前时，辅音的发音部位不发生改变。但是，字典注释中标明的字母k-（同时也包括k’-）和h-，在元音i之前时，实际音值为硬腭音。这一现象特别值得我们关注。还须指出，上述软腭辅音后接前高圆唇元音［y］时，这一元音转写为iu。由此可知，虽然字典中的软腭辅音统一标写为k-和h-，但在后接［i］和［y］时，这些辅音的实际发音已经腭化。

6.2 元音音变。按照南音音系的标准读音，zhàn战、shàn善，两字应分别转写为chén［tʂɛn］、hén［ʂɛn］，而zhēn真、chén陈、shēn身等字必须转写成chīn［tʂin］、ch’īn［tʂ’in］、xīn［ʂin］。上述例字中元音的这种读音，在当时的南音音系中较为盛行，直至19世纪才开始消失。相比之下，满文转写的18世纪北方官话口语中出现的上述例字，音节中的元音与现代汉语口语的发音相同，如：战jan、善šan；真jen、身šen（见Coblin 2003）。

该字典在注音形式上反映出一定的多重性。如：shàn善，既注xén，又注xán；chên陈，注音形式为ch’în或tch’în，但两者同音；chén臣，注为ch’ên，等等。这一现象可能表明，字典所记录的语言中，相关元音正在经历着音变。从另一个方面来说，我们也认为，元音音变很可能在当时已经完成，但是由于字典编写时定音上的不一致，导致了转写后的音系显得较为杂乱。

6.3 声调。注释末段列出的五声调系统，与早期南音声调系统一致，所使用的标调符号也与记录南音声调系统的符号相同。但是，字典中描写的第三调（上声）和第四调（去声），其调值正好与南音上声、去声的调值相互颠倒。根据万济国（1627—1687）的

---

① 该问题由沙加尔博士发现，谨致忱谢。

描写，南音第三调为降调，第四调为升调（见Coblin and Levi 2000，Coblin 1996；参见Coblin 2006）。

七、结论

令人遗憾的是我们无法准确地分析出该本字典记录的是何种形式的官话，但是仍可以就该问题做一些猜测。一般观点认为，汉语方言中软腭声母的腭化现象，最早发生于中国华北及东北地区，而后在南方开始产生。根据艾约瑟（Edkins 1864）的记录，当时的南京方言中尚未发生腭化现象（Coblin 1997）。因此，我们推断，本文序言中描述的语音现象，反映了1722—1735年间，中国北方某地方言的语音特征。我们还有理由认为，该一时期的北京话中，软腭辅音已经发生了腭化。全书共七百多页，很有可能从中进一步挖掘出有关作者身份所记载语言归属相关信息。我们将针对该方面问题进行深入研究。

参考文献

Coblin, W. South. 1996. "Tone and Tone Sandhi in Early Qing Guanhua," *Yuen Ren Society Treasury of Chinese Dialect Data* 2, pp. 43-57.

Coblin, W. South. 1997. "Palatalization of velars in the Nanking Dialect," *BSOAS* 60, pp. 533-537.

Coblin, W. South. 2003. "A Sample of Eighteenth Century spoken Mandarin from North China," *Cahiers de Linguistique Asie Orientale* 32.2, pp. 195-244.

Coblin, W. South. 2006. *Francisco Varo's Glossary of the Mandarin Language.* Vol. 1: *An English and Chinese Annotation of the* Vocabulario de la Lengua Mandarina. Vol. 2: Pinyin *and English Index of the* Vocabulario de la Lengua Mandarina. Sankt Augustin - Nettetal. Monumenta Serica Monograph Series LIII/1-2.

Coblin, W. South, and Joseph A. Levi. 2000. *Francisco Varo's Grammar of the Mandarin Language (1703): an English Translation of the "Arte de la lengua Mandarina"*. Amsterdam - Philadelphia: John Benjamins.

Edkins, Joseph. 1864. *A Grammar of the Chinese Colloquial Language commonly called the Mandarin Dialect.* Shanghai.

（译者：金耀华 常熟理工学院）

屈奈特及19世纪晚期的南京音

一、介绍

奥地利天文学家、汉学家屈奈特（Franz Kühnert，1852—1918）为我们留下了19世纪晚期南京语音系统的详细记录。这类材料可用来与现代方言做比较，为汉语方言语音的历史演变研究提供重要基础，因而是非常宝贵的。遗憾的是，屈奈特所用来记录南京语音的这套转写系统是一套非常晦涩难懂的系统，这无疑加大了今人使用的难度。本文写作的目的即是为分析该转写系统并为各语音符号确定国际音标音值。

屈奈特早年在维也纳大学攻读数学、物理及天文学，1885年获得博士学位。1873年，屈奈特进入标准学会（Bureau of Measurements）工作，此后便终身供职于此。1882年，该学会获得了荷兰数学家瓦拉克（Adriaan Vlacq，1600—1667）所作的两部汉文译本（*Arithmetica Logarithmica*和*Trigonometria artificialis* 1721），这引起了屈奈特的好奇心，由此结缘汉学。1891年，得益于其汉学造诣，屈奈特被维也纳大学聘为汉语编外讲师（Privatdozent）。1897年继而获得外交部远东东方学院（Oriental Academy of the Foreign Ministry）的教职，教授汉语，直到1916年（Schram 1920；Führer 2001：87）。基于目前掌握的材料，我们尚无法确切知晓屈奈特在语音方面所受训练的情况。[①]但有意思的是，据说他是一位非常有才华的音乐家，同时也是一位十分优秀的长笛演奏者。

1892年，屈奈特获准休假并得到文化教育部（Ministry of Culture and Education）津贴前往中国开展了一趟研修之旅。他于1892年8月离开奥地利，到达中国之后，在北京、南京和上海先后总共住了一年。在华期间，他对中国方言展开了深入的实地调查（Schram 1920），[②]但这并不是屈奈特第一次进行方言研究，早在来华之前，他就曾在欧洲

① 关于语音，屈奈特称自己是通过当时在维也纳大学任教的德国解剖学家、生理学家Ernst Wihelm Ritter von Brücke（1819—1892）的著作学习的，参见von Brücke（1856，1863）。

② 蒲立本（E. G. Pulleyblank）最近竟然把屈奈特描述成一个“从未去过中国，对汉语的所有认知也都完全是理论上的”的人（Pulleyblank 2007: 628）。这一说法的依据不得而知，但无论如何，都是错误的。

与一位上海发音人合作（Kühnert 1888：235），并根据其提供的材料写过一篇关于上海方言的详实报告。1893年末返回维也纳后，屈奈特又针对南京方言先后发表了两篇文章（1893；1894）及一部著作（1898）。其中，1893年的文章是关于声调的，1894年的文章则对方言进行了全方位的描写，包括语音、词汇和语法。其著作《南京字汇》（*Syllabar des Nanking-Dialectes*），虽名为音节表（syllabary），而实则是一部小型词典，其中不仅有单个音节，同时也有复合词、短语以及少量整句。这部著作是我们了解屈奈特时期南京话的重要信息来源。

屈奈特转写系统的完整描述见于其1894年的文章以及1898年的著作中。但二者形式、内容并不完全一致，当有意相为补充。本文中，我们将按屈奈特书（Kühnert 1989：6—9）中的编排顺序逐音进行介绍，并以其早前文章（1894：10—18）中的相关资料，加以补充。但与屈氏首先介绍元音的情况不同，本文将从辅音开始介绍。各音例字均引自其1898年著作。需要注意的是，文中各例字的音标，均为IPA（国际音标）拟音，而非屈奈特原本的转写形式。屈奈特系统的声调符号则由数字（1—5）代替，详见下文第四部分。

二、辅音系统

屈奈特南京话转写系统中所包含的辅音如下：

g ——据其描述，该音为不送气的k-，发音比德语中的g“紧”（tightly，德语 *knapper*）。IPA当为［k］。例如：［kweʔ5］国，［kau1］高，［kã1］竿。

b ——IPA［p］。例如：［pɒʔ5］八，［piŋ4］病，［po1］波。

d ——IPA［t］。例如：［tɒ3］打，［tã4］蛋，［teʔ5］得。

k ——据原文，该音为强送气音k-。IPA音值为：［k’］。例如：［k’ɛŋ1］坑，［k’aj1］开，［k’au3］考。

p ——IPA［p’］。例如：［p’ã2］旁，［p’aj2］牌，［p’ejn4］片。

t ——IPA［t’］。例如：［t’ɒ1］他，［t’au2］逃，［t’wen1］吞。

n ——［n］。该音只见于韵尾。据称，当位于元音［a］后时，n将失落，同时元音鼻音化。因此，实际的音节中见不到n位于a后的情况。例如：［twen4］顿，［mejn4］面，［k’en3］肯。

<u>h</u> ——带下划线的h。音同德文*Rache*中的-ch-。IPA音值：［χ］。例如：［χwɒ1］花，［χau3］好，［χoʔ5］合。

f ——发音与德文中的f一致。IPA音值：［f］。例如：［fɛŋ1］风，［fɒʔ5］发.［fwen1］分。

m——同德文。IPA［m］。例如：［mɒ3］马，［mɛŋ4］梦，［mɜw2］谋。

l——同德文。IPA［l］。例如：［lɒ2］拿，［li2］泥，［ljyj3］女；［lɒʔ5］拉，［li2］梨，［ljyj2］驴。

gj̈——g-后面带上面有两点的-j-。据称是［k］后加了一个［j］，很像dj-或匈牙利语中的gy-，在有的人看来，也很像北京话中的清舌面前塞擦音。屈氏进一步指出，很多人在该音以及下面一系列"上面带两点的j"声母中，［j］前仍保留着真正舌根音读法，因此，IPA在一些人的口中是舌面后音或舌面中音［c］，在另一些人中则为轻微腭化音［kj］。很明显，这组声母正处在语音演变的过程中，详见柯蔚南（Coblin 1997）。例如：［ci1~kji1］鸡，［cã1~kjã1］江，［cyj4~kjyj4］句。

kj̈——IPA［c'~k'j］。例如：［c'i4~k'ji4］气，［c'wen1~k'jwen1］圈，［c'yjn2~k'jyjn2］裙。

ng——IPA［ŋ］。该音仅见于韵尾。据称，当出现在元音［a］后时，n会失掉，同时元音发生鼻音化。其实，屈氏完全没有写ng在［a］后的例子。例如：［tʂuŋ1］中，［liŋ2］林，［kɛŋ1］羹。

hj̈——带下划线的h-。音同德文*ich*中的ch（即［ç］），但后加了一个［j］。IPA音值当为［ç］。也有异读［χj］的可能。例如：［çoʔ5~χjoʔ5］学，［çiŋ2~χjiŋ2］行，［çyjn1~χjyjn1］熏。

dsh̲——ds后接带下划线的h。据称发音类似德文*Landschaft*中的-dsch-。若确实如此，那其真正的IPA音值当为［tʃ］。但几十年后，赵元任将南京话中的这一声母描述为一个相当靠前的卷舌音（Chao 1929: 1008）。屈奈特当时听到的很可能实际上就是这种音。IPA可定为［tʂ］，例如：［tʂã1］沾，［tʂau4］兆，［tʂəw1］周。

tsh̲——IPA当为靠前的［tʂ'］。例如：［tʂ'ɒ2］茶，［tʂ'wã1］窗，［tʂ'ɛj1］车。

sh̲——IPA当为靠前的［ʂ］。例如：［ʂã4］上，［ʂwej3］水，［ʂi3］使。

λj——该音被认为是"一个汉语特有的音（a peculiarly Chinese sound）"。发音接近清音的l，最开始是一个接近*ch*（即［ç］）或*j*［j］的音，然后伴有声门的震动（glottal vibration）。屈奈特这里极力所要描述的就是所谓的日母。赫美玲（Hemeling 1907：25—26）认为这个音："很像法语*Jean*中的*J*，但声带并不颤动，舌尖翘起向上抵近上齿龈（upper gums）。这个音在发音时通常都是非常松，以至很像r-音。"赵元任（Chao 1929: 1007）认为［ɹ］是一个与之非常相近的音，尽管如此，他还是把这一声母转写为［ʐ］。我们可以把它的IPA记为［ʐ］或［ɹ］。例如：［ʐen2］人，［ʐuɛʔ5］肉，［ʐʅʔ5~ʐiʔ5］日。而单独的λj则被屈奈特用来表示卷舌音［ɚ］。例如：［ɚ2］儿，［ɚ3］耳。

ds——IPA［ts］。例如：［tsɛʔ5］窄，［tsã1］脏，［tsejn1］尖。

ts ——IPA［ts'］。例如：［ts'au3］草，［ts'aj4］菜，［ts'ɿ4］刺。

s ——IPA［s］。屈氏特别指出，该音在元音［ɿ］前时有一个非常尖锐（"sharp"）的音。例如：［sɿ3］死，［sjau3］小，［sã1］三。

'—— IPA［ʔ］。该音不在声母之列，但屈奈特（Kühnert 1994：17—18）对其有所讨论，并将之转写为一个词头撇号（initial apostrophe）。入声是发音戛然而止所产生的语音阻断。但屈奈特并没有将这种喉塞音与声母 '— 联系在一起，在他的转写系统中也没有这样的说明。在我们拟定的IPA形式中，将用［ʔ］表示这种喉塞音。例如：［ʔaj4］爱，［ʔwã2］王，［ʔen1］恩；［χwoʔ5］活，［liʔ5］力，［mɛʔ5］麦。

三、元音系统

屈奈特的南京话元音系统包括如下元音：

a ——该音据描述是一个"响亮的a（bright a）"，就如同德语*Arm*中a的一样，因此，IPA为［a］。该音不能单独做韵母，只能构成复韵母，如［aj］，［jaj］，［au］等。例如：［tsaj4］在，［jaj2］捱，［kau4］告。

<u>a</u> ——带下划线的a。这一元音据说与下奥地利方言*Vater* 一词中的"黑暗的a（dark a）"，又或者（英式）英文 *water*中的a一样。因此，IPA当为［ɒ］。该音既可以作为单韵母出现，也可以带喉塞音韵尾。现代南京话中这一元音的音值是［ɑ］，但赵元任（Chao 1929）中记作［ɒ］，同屈奈特一致。据鲍明炜（1980：243），该元音在20世纪经历了一个从［ɒ］到［ɑ］的演变。在他写作的时候，在一些老年发音人的口中还能听到［ɒ］音，中年发音人则两者都有，而年轻的发音人则只发［ɑ］音了。例如：［tɒ4］大，［lɒ2］拿，［p'ɒ4］怕，［tɒʔ5］答。

e ——该元音同德文 *selig*中的e，是一个"响亮的e（bright e）"，因此，IPA为［e］。例如：［teʔ5］德，［pen3］本，［lejʔ5］列，［pejn4］变。

<u>e</u> ——带下划线的e。这一元音被描写为"黑暗的e（dark e）"，发音介于德文*hehl*和*echt* 或英文*grey* 和*there*的两个e音之间。因此，其IPA音值很可能接近［ɛ］。例如：［kɛʔ5］割，［tɛŋ1］灯，［jɛjn3］眼。

ï ——上带两点的i。据屈奈特的描述，该音是一个高前半元音，IPA即［j］。屈奈特（Kühnert 1894：12）将以之为介音的韵母称为"yodized sounds（jodirte Laute）"，即腭化音。他指出，在非［i］元音前，该音音值接近［e］，因此，*lïang*听起来几乎就是*leang*，等等。这里，我们可以将其与赫美玲的注解（Hemeling 1907：28—29）相比较，后者认为，介音［j］在n-、l-声母后是一个短ĕ。（令人好奇的是，赫美玲的转写系统中

有n-和l-的对立，但在其［1907：6］中，却说南京音中这两个音已经混淆不清了。如上文所述，屈奈特的系统中没有n-声母。）例如：［iã2］羊，［sjã3］想，［ljəw2］流；［paj4］拜，［pejʔ5］别，［p'ejn1］偏。值得注意的是，屈奈特在舌面中音声母［c］、［c'］、［ç］后不写介音［j］。赵元任（Chao 1929: 1009）指出，在舌面前音［tɕ］、［tɕ'］、［ɕ］后，介音［j］非常短，几乎听不到。因此，［ɕjã］听起来实际上是［ɕã］，等。而鲍明炜（1980: 243）在其田野调查报告中指出某些年长的南京人则读［tʂɒ］、［ʂɒ］等。对于［tɕja］家、［ɕja］虾这样的音，这些人的发音可能已由早期的［tɕa］、［ɕa］（也可能是［ca］、［ça］）变为［tʂɒ］、［ʂɒ］，以契合方言的一般语音框架。另一方面，对于今天大部分的南京人来说，只是单纯地借入了标准普通话的发音。

i ——发音类似欧洲大陆语言中的i或英文中的ee，因此，IPA为［i］。例如：［li3］里，［tsiŋ4］进，［tʂi1~tʂʅ1］知。在卷舌音声母［tʂ］、［tʂ'］、［ʐ］后，［i］变为舌尖元音［ʅ］。但在［ʂ］后，［i］没有变化，即［ʂi2］时。在赫美玲及所有后来的记录中，卷舌音后只有［ʅ］，不再有［i］出现。屈奈特系统卷舌音声母后的［i］与16、17世纪欧洲传教士转写系统中所反映出的早期官话的情形一致。屈奈特的记录反映了卷舌音后的［i］演变为［ʅ］的阶段。详见柯蔚南（Coblin 2000）。

y ——这个元音被描述为像一个“湿闷的i-音（the damp or muggy i-sound /der dumpfe i-Laut）”。指的就是舌尖元音，因此，IPA为［ɿ、ʅ］。例如：［tsɿ3］子，［ts'ɿ4］刺，［sɿ3］死；［tʂi1~tʂʅ1］之，［tʂ'i1~tʂ'ʅ1］痴，［ʐiʔ5~ʐʅʔ5］日。如上文所述，在屈奈特的系统中，［ʅ］不出现在［ʂ］后，［ʂ］后只有［i］。

o ——该音据称如同德语*Oper*、*Woge*或者英文中*no*的o，是一个“纯粹的o（pure o）”[①]，IPA音值：［o］。例如：［po1］波，［to1］多，［loʔ5］落。

o̲ ——带下划线的o。该音据称大致类似eŭ、öŭ或oŭ。其在今南京话中的对应音值是［əu］，因此，我们认为IPA音值当为［əw］，以反映屈奈特认为双元音中第二个音素较短的观点。例如：［məw2］谋，［ləw2］楼，［ʔəw3］偶。

ao ——音类德文*lau*中的au或英文*now*中的ow，因此，IPA为：［au］。据称它时常会变为［o］。这表明，它很可能经常被读为［ɔo］，也就是今天南京话中这个双元音的音值。例如：［lau3］老，［ʂau3］少，［p'au3］跑。

aï ——发音有点像德文*Laib*或英文*aisle*中的ai。IPA［aj］。现代南京话中，与该双元音对应的音读为［ae］。从屈奈特难以指出一个与之明确对应的德文或英文音来看，［ae］在那时很可能就已经出现了。例如：［taj4］代，［ts'aj2］财，［laj3］奶。

① 基本元音o。——译者

eï ——e后接上面带两点的i。这个音与下面的双元音发音方式大致与莱茵兰地区（Rheinlanders）的发音一致，而不是标准德语。IPA当为：［ej］。例如：［pejʔ5］别，［t'ejn1］天，［sej3］写。

e̲ï ——加下划线的e后接上面带有两点的i。IPA当为：［ɛj］。例如：［tʂ'ɛj1］车，［jɛjn2］盐，［ʂɛjʔ5］舌。

a̰——下带波浪纹的a。IPA［ã］。例如：［ʔã1］安，［t'ã1］汤，［lã2］兰。

ïa ——IPA［ja］。该音据说只出现在-ng［ŋ］、-n［n］韵尾前，但这些鼻韵尾在屈奈特的系统中并不出现在［a］后。实际上，我们真正看到的是-ïa̰（i后接下带波浪纹的a），相应的IPA是［jã］。

ïa̲ ——上面带有两点的i后接带下划线的a。IPA音值：［jɒ］。该音据说只能单独作韵母（喉塞音韵尾不计），而且只出现在由ï合并组成的辅音后，即舌面中音声母后。实际上，ïa̲在屈奈特的转写系统中从来没有以这种组合的形式出现过。我们所看到的都是a̲［ɒ］直接出现在表示舌面中音的二合字母后。例如：［cɒ1~kjɒ1］加，［c'ɒʔ5~k'jɒʔ5］掐，［çɒ4~χjɒ4］夏。

ïo ——IPA［jo］。例如：［tsjoʔ5］爵，［ljoʔ5］略，［joʔ5］药。

ïo̲ ——上带两点的i后接带下划线的o。IPA［jəw］。例如：［ljəw2］牛，［tsjəw3］酒，［jəw3］有。

ạ——下带圆点的a。发音大致与ŏa类似。因此，IPA为［wa］。屈奈特系统中的下标小圆点表示不同种类的圆唇音。在其1894年的文章中，他将所有有此特征的音列为一组，并命名为"闭合音（closed sounds/geschlossene Laute）"，这与传统的合口呼似乎有对应之处。［wa］据说只出现在-ng［ŋ］、-n［n］韵尾前，但根据我们实际所看到的，这些辅音韵尾在屈奈特的系统中并不出现在［a］后，因此，我们将这一韵母归入下面的ạ中。

ạ̲——下带划线及小圆点的a。除在f-声母后，发音均近似ŏa̲，即［wɒ］。当位于f-声母后时，其唇音成分与声母融合。例如：［wɒ3］瓦，［kwɒ1］瓜，［fɒʔ5］发，［tʂwɒ1］抓。

ẹ ——下带圆点的e。IPA［we］。例如：［ʔwen2］文，［ʔweŋ1］翁，［kwen3］滚。这个［we］音据说只出现在［n］、［ŋ］前，事实上并不都是如此，比较：［kweʔ5］国，［k'weʔ5］阔。

ẹ̲——下带划线及圆点的e。作为韵母，这个音据说很像*u*［u］，但仔细考察之后，我们发现这个音实际上更像oĕ，o重读，ĕ几乎听不到。其可能的IPA音值为［ʊɛ̆］。例如：［k'ʊɛ̆3］苦，［lʊɛ̆4］路，［fʊɛ̆4］父。在［ŋ］韵尾前时，oĕ后面的元音后滑音（final vocalic offglide）据说几近失掉，变得近似于o。推测其描述的当为［ʊŋ］音。例如：［tʊŋ1］东，［kʊŋ1］工，［sʊŋ4］送。但有个例外，即在f-声母后，圆唇成分o则完全消失，只剩下 e̱。例如：[fɛŋ1] 风，[fɛŋ4] 凤。

ị ——下带圆点的i。据称发音接近üï。因此，IPA音值当为 [yj]。例如：[cyj4~kjyj4] 具，[c'yjʔ5~kjyjʔ5] 曲，[çyj3~χjyj3] 许。

ọ ——下带圆点的o。发音大致与ŏo类似。例如：[kwo3] 果，[χwo3] 火，[χwoʔ5] 活，[ʂwoʔ5] 说。

ọ̱——下带划线和小圆点的o。据屈氏，该音的发音几近于*u* [u]。只出现在声母为 [f] 的少数词语中，并与下带划线和小圆点的e相对立，后者我们记作 [ʊɛ̆]，比较：[fʊɛ̆4] 父，[fu4] 妇。开音节中的这种对立，在后来的南京话记录中已经不见了。此外，"Buddha" 一词，屈奈特也给出了两种对立的异读形式：[fuʔ5] ~ [fʊɛ̆ʔ] 佛。这很有意思，因为明末清初一直到清中期，在欧洲传教士记录的南方官话中，也有相应的两种读法。例如，在金尼阁（Nicolas Trigault，1577—1628）的《西儒耳目资》（1626）以及万济国（Francisco Diaz，1606—1646）的*Vocabulario de la Letra China*（《汉西字汇》，1640）中，我们发现fó佛也有两种读法fȯ [fʊʔ]、foĕ [foɛ̆ʔ]，与屈奈特的记录一致。但其他情况下，在南京话和其他江淮方言中，他对 [ʊɛ̆]、[u] 又给出了相同的音，没有对立，因此，对于他做这种区分的原因，目前仍不清楚。

ạï ——下带圆点的a后接上带两点的i。据称，该音大致与ŏaï类似，因此，IPA为 [waj]。例如：[ʔwaj4] 外，[kwaj4] 怪，[ʂwaj1] 衰。

ẹï ——下带圆点的e后接上带两点的i。音近ŏeï，因此：IPA [wej]。例如：[ʔwej2] 为，[kwej3] 鬼，[ʂwej3] 水，[c'wejn4~k'jwejn4] 劝。据屈氏，该韵母位于f-后时，保留了基本特征，即圆唇的性质，因此，例如：[fwej1] 飞。

ẹ̱ï ——下带划线和圆点的e后接变音i。发音大致类似ŏe̱ï，因此：IPA [wɛj]。据说在入声音节中，该音听起来几乎就是ŏe̱，即 [wɛ]。该音首见于屈奈特（Kühnert 1894），屈奈特（Kühnert 1898）再次将其列出，但仅在索引中出现一次，即 [kjwejn4] 卷。该词并不见于正文，正文中所有与之相关的同音异形词均转写作 [kjwejn]（1898: 236）。屈奈特后期有意废除了这个音，很明显，我们所看到的这一孤例是误留下的。

ïị ——上面带两点的i后接下带圆点的i。发音近似ïüï，因此IPA为 [jyj]。例如：[jyj2] 鱼，[ljyj3] 女，[sjyj1] 须。

ïẹï ——下带圆点的e夹在两个变音i之间。音近iüeï，IPA为 [jyej]。例如：[jyejʔ5] 月，[jyejn2] 圆，[sjyejʔ5] 雪，[ts'jyejn2] 全。

ïẹ̱ï ——下带划线及圆点的e夹在两个变音i之间。音近iüeï，IPA为 [jyɛj]。该音见于屈奈特（Kühnert 1894）及（1898）。但在1898的正文音节表中并没有该音，我们能见到的只有 [jyej]。因此，例如，1894的"[ts'jyejn2] 全" 在1898中由 [ts'jyejn2] 取代，等等。

ą̣——元音a下带波浪线及圆点。发音同闭音*a*，并带有类似法语中鼻化音（"closed" *a* with French-like nasalization）的成分，亦大致同ŏą̣，IPA为［wã］。例如：［ʔwã2］王，［kwã1］官，［lwã3］暖。

四、声调系统

屈奈特（Kühnert 1898: 8—9）将南京话中五个声调描述如下：

1. 上平："音高不变的基本声调"。标长音符/平调符。这是一个调值不明的平声调。

2. 下平："上扬调，升至一定的高度后再降到原点"。标扬抑符，为扬抑调。

3. 上声："用一定力度上升至一个比第二声更高的高度，然而突然爬升"。标尖音符（acute accent）①，上升调。

4. 去声："从一个更高的声调阶段出发，清晰地发音，迅速地下降并急速地减弱力量，好像在远处逐渐消失"。标抑音符，去声调。

5. 入声："站在最高的位置，声带的快速闭合突然切断声音"。音节末尾标送气音（*spiritus asper*）符号。五度音高表中为音高为5的入声。

可以将屈奈特对南京声调的描述与早期的艾约瑟（Edkins 1864: 18）和后来的赫美玲（Hemeling 1907: 4）、赵元任（Chao 1929）、刘丹青（Liu 1994）进行比较。也可以进一步将其与17世纪欧洲传教士对南方官话声调调值的描述相比较。鉴于此类研究已在作者另一篇文章柯蔚南（Coblin1996）中讨论过，这里将不再赘述。

五、结论

作为公认的与明清南方官话关系最为密切的方言，南京话的历史具有特殊的意义。此外，南京话历来是长江流域地区的标准语，是该地区很多方言借词的来源。艾约瑟（Edkins 1864）对其当时的南京语音做了零星讨论，而屈奈特的研究则是目前所知对南京语音系统进行全面描写的最早记录。因此，无论对于南京话还是整个江淮方言的历史研究都具有非常重要的意义。要使用屈奈特的转写系统并不容易，但只要仔细处理，无疑会帮助我们更好地了解19世纪晚期的南京语音系统。因此，其文章及音节表都是非常值得认真加以研究的。

---

① 即普通话的二声的符号。——译者

参考文献

Bào, Míngwěi 鲍明炜. 1980. Liùshí nián lái Nánjīng fāngyīn xiàng Pǔtōnghuà kàolǒng qíngkuàngde kǎochá 六十年来南京方音向普通话靠拢情况的考察 *Zhōngguó yǔwén* 中国语文 1980.4:241-45.

von Brücke, Ernst Wilhelm. 1856. *Gründzúge der Physiologie und Systematik der Sprachlaute für Linguisten und Taubstummenlehrer*. Vienna: C. Gerold's Sohn.

——. 1863. *Neue Methode der phonetischen Transcription.* Vienna.

Chao, Y. R. 1929. Nánjīng yīnxì 南京音系 . *Kēxué* 科学 13: 1005-1036.

Coblin, W. South. 1996. Tone and Tone Sandhi in Early Qīng Guānhuà. *The Yuen Ren Society Treasury of Chinese Dialect Data* 2: 43-57.

——. 1997. Palatalization of Velars in the Nanking Dialect. *Bulletin of the School of Oriental and African Studies* 60: 533-537.

——. 2000. Late Apicalization in Nankingese. *Journal of Chinese Linguistics* 28: 52-66.

Diaz, Francisco, ca. 1640. "Vocabulario de la letra China con la explicacion hecho con gran propriedad y abundancia de palabras por el Padre F. Francisco Diaz de la orden de Predicatores ministro inconsable in esto Reyno de China" (598 pp.). Ms. held by the Biblioteka Jagiellonska, Krakow.

Edkins, Joseph. 1864. *A Grammar of the Chinese Colloquial Language, Commonly Called the Mandarin Dialect*. Shanghai: Presbyterian Mission Press.

Führer, Bernhard. 2001. *Vergessen und Verloren: Die Geschichte der österreichischen Chinastudien.* Bochum: Projekt-Verlag.

Hemeling, Karl Ernst Georg. 1907. *Die Nanking Kuanhua.* Göttingen: W. Fr. Kaestner.

Kühnert, Franz. 1888. Über einige Lautcomplexe des Shanghai-Dialektes. *Sitzungsberichte der Philosophisch-Historischen Classe der Kaiserlichen Akademie der Wissenschaften, Wien* 116: 235-249.

——. 1893. Einige Bemerkungen über die Shēng im Chinesischen und den Nanking-Dialect. *Wiener Zeitschrift für Kunde des Morgenlandes* 7. 302-310.

——. 1894. Die chinesische Sprache zu Nanking. *Sitzungsberichte der Philosophisch- Historischen Classe der Kaiserlichen Akademie der Wissenschaften, Wien* 131. Abhandlung VI, 1-38.

——. 1898. *Syllabar des Nankingdialektes oder der correkten Aussprache sammt Vocabular.* Vienna: Alfred Hölder.

Liú, Dānqīng 刘丹青 . 1994.*Nánjīng fāngyán cídiǎn* yǐnlùn《南京方言词典》引论 . Fāngyán 方言 1994.2: 81-102.

Pulleyblank, E. G. 2007. Review of Coblin, *A Handbook of 'Phags-pa Chinese. Bulletin of the School of*

Oriental and African Studies 70: 627-629.

Schram, Robert. 1920. Anzeige des Todes von Franz Emanuel Kühnert. *Astronomische Nachrichten* 210.295.

Trigault, N . 1626. *Xīrú ěrmùzī* 西儒耳目资 . Rpt. of the Wénkuítáng 文奎堂 . Beiping: Wenkuitang, 1933.

（译者：单秀波　河北师范大学文学院）

南方官话语音历史中的卷舌音声母[①]

一、引言

本文是笔者近期发表的关于官话语音史专题论文（Coblin 2007）[②]的补遗。在那篇专题论文中我们讨论了很多的话题，都与南方官话语音系统的形成有关。我们探讨了在后期阶段，它是如何影响了北方官话语音的形成。由此得出两点结论：（1）明朝和清朝早期的标准官话是建立在南方官话语音基础之上的。（2）当代和后期的北方官话语音是南方人尝试去模仿北音所形成的。

本文我们将继续关注前述专题论文中所探讨问题的更多细节，也就是，我们希望继续探讨在已经证实的南方官话的早期阶段，像朝鲜语译音材料所体现的那样，为什么某些音节中的卷舌声母和齿咝音声母显示了北方官话的特征，而不是所推测的南方特征？在那些出现了类似北方话卷舌音的地方，为什么显示了类似南方的咝音？前述专题论文中，我们只通过有限的例证简要讨论了这个问题。本文我们将引用更多的与此相关的资料数据，以便提供一个更清楚、更集中的分析。前述专题论文是本文的来源，在一般性历史问题和方法论方面，提供了大量详尽的背景材料。这里我们只做简要介绍，故不再涉及深层次的讨论。

本文的第二个目的是解决沙加尔先生对笔者2007年发表的那篇专题论文所写的序言中提出的问题。也就是，如果北方系统确实是由于南方人在试图模仿北方话时所形成的，为什么今天北方话中某些特定的音节出现了北音类型的卷舌音声母，而不是南方口音中的齿咝音声母？我们的专题论文中没有直接讨论这个问题[③]，这里我们将尝试去解决。

---

① 本文原刊于《东方语言研究》(2009)，请参见 *Cahiers de Linguisque—Asie Orientale* 38（1:）125-162（2009）© CRLAO-EHESS 54, Bd Raspail 75006 Paris 0153-3320/2009/038-125。

② Modern Chinese phonology: from Guanhua to Mandarin. Collection des Cahiers de Linguistique Asie Orientale, no. 11 Paris: Centre de Rescherches Linguistiques sur l'Asie Orientale. Paris-2007。——译者

③ 相关内容请参阅柯蔚南（Coblin 2007：5—6）。

1356年，明朝建立，定都南京前夕，第一位明朝皇帝朱元璋，联合他的追随者在长江流域起义抗元，他们之间交流使用的很可能是一种通用语，是源于南方本地方言的不确定的近古语言形式。现在，已经普遍认为这种通用语就是今天所谓南音的基础，南音即南方官话类型的语音，它在整个明朝和清朝早期对汉语产生了巨大的影响。据说有时候这种发音是与南京话相同的。然而，我们倾向于把它看作一般的江淮通音更稳妥，而不是某一地区具体的语音。值得提及的是，尽管学界承认南音类型的官话发音在官话历史上的首要地位，近几十年来，这一点也得到了越来越多的认可，但是，并没有被学界普遍接受，尤其是几位持有传统观点的学者，仍然坚持北方话才是这一时期①官话的核心。

1375年，明朝政府出版了韵书词典《洪武正韵》。该词典的目的是为新的朝鲜王朝厘定汉字的标准读音。但是该词典编纂的十位参与者分别来自中原地区和中国南方。他们尝试记录的语音类型，在某种程度上很有可能与当时的首都南音发音有一定的关联（Chou 1989：Chap. IV），同时也看出他们还参考了大量早期的韵书，这可能会在编撰过程中影响他们的观点（如，Chou 1989；宁忌浮2003）。鉴于此原因，该书许多复杂的古代特征，不能想当然地假定为1375年出版该书时那一时期的语音。换句话说，如果没有更进一步的证据，就不能认为《洪武正韵》是明朝早期文读音（Reading Pronunciation）的真实记录。

幸运的是，我们从不同的来源得到了更进一步的关于明朝标准音的信息。15世纪中期，朝鲜语文学家申叔舟（1417—1475）与他的合作团队使用一种特殊的修订形式，记录那些直接源于《洪武正韵》的文读音，也就是当时新创制的朝鲜语谚文字母表。这部著作中提到，申叔舟的主要汉语发音人是倪谦（1415—1479），一位中国的外交官员，1450年前后生活在朝鲜，参与申叔舟关于中朝谚文字母记音的研究团队，以编纂正音（Standard Reading，下称SR）而出名。这次合作的佐证材料尉迟治平先生（1990）已经证实。尉迟先生搜集并检验了所有相关的历史文献，所幸这些文献都是中文版，包括申叔舟自己的描述和倪谦的日记，等等。在我个人的研究中，我们查验了尉迟先生举证的所有原始文献，仔细地衡量了他的推理和论证。我们认为，他的观点是完全令人信服的。

① 传统观点在朝鲜占统治地位，尽管我个人没有直接接触那里出版的大部分资料。幸运的是，关于这一点有个特殊情况。蔡瑛纯教授用中文写过一篇文章，也或者是他的文章被翻译成了中文。据我们所知，他最新出版的研究成果（2007）恰好是探讨该问题的。此文概述了传统的朝鲜学者的观点。但是，我们仍然认为新派观点更令人信服，我们也会继续关注这个问题。我们所有与官话相关的文章里都持此观点，除非传统派有更具说服力的证据和论点来说服我们。关于该问题，要更具体地阐述我们的观点，需要一起考察一下相关的文学著作，请参阅柯蔚南（Coblin 2002b）。具有更充分例证的最新观点请参阅鲁国尧先生（2007）。

我们的文章中也会适当引用。

如前所述，我们这里要进一步强调，倪谦在南京出生、长大，迁到中国北方之前，在南京的朝廷度过了相当长的时间。记录在《洪武正韵》中他所念的汉字音很可能非常接近他那个时代的标准的南音系统。这一点可以说是事实。当倪谦大声地读给申叔舟听时，倪谦一定会使用当时的某种文读音，因为他对字母表一无所知，仅仅了解一些反切注音，还有他小时候在学校学得的一些读音，他能够依据韵书的目录重建一些本质上是外族语的古代发音。需要指出的是，纵然我们知道那些手写的汉语资料在古代中国[①]如何被大声地朗读出来，那些声音还是稍纵即逝。申叔舟所听到的一定是倪谦，当然也可能是其他人认为是正音（SR）的发音。目前，可以明确的事实是申叔舟记录下了他没有听到过的一些语音。但是，由于他的智慧和诚实，出现这种情况的时候，他讲述了事实。比如，他不朽的论著《〈洪武正韵〉译训》于1455年完成，可惜仅有一部分流传到今天，那就是他把韵尾［-p］［-t］［-k］加到入声音节中去。但是他告诉我们这些实际上并不是他的发音人提供的读音，这些存疑的音节在实际语言中只是缺少或省略的部分。[②]他的《四声通考》（约成书于1450年）提到，部分语音资料保存在崔世珍（1467—1542）的《四声通解》（成书于1517年）里，他不再使用辅音韵尾。[③]尽管在其音译转写资料中，注意到了声母［ŋ］和［Ø］之间的区别，但是他还告诉我们字母表的体例完全是人工创制的、以早期韵书为基础的。他说不得已而求其次才这样做，因为他发现没有中国人能够连续不断地始终做出这种区分。当他使用谚文拼音字母记录这些有问题的发音时，就不得不在这些音节前面补充点什么。[④]

申叔舟语音上的一种对立，包括一套浊音声义，也被人说是人为的，而且也有人说这根本不是官话的特征，我们完全不同意这个看法。[⑤]与一贯的认识相反，我们认为最初古代的共同官话（Common Mandarin），作为现代汉语方言的祖先，一定有一套浊声母。

① 要了解中国古代精英阶层的基础教育，请参阅Reischauer和Fairbank（1960：306-308；1965：84-87）。要了解晚清时期（late traditional time）学文识字的过程，请参阅赵元任（Chao 1961：272-280；1968：第四章）。对此，我们可以补充一则轶事，笔者的第一位古文老师出生于1903年，她于清朝最后一年接受了文言文基础教育，她就读的学校是私塾，或者称为私立学校。汉字的发音完全由老师口头传授，必须当场记忆。如果遇到不认识的字，老师就要参考传统的反切字典和词汇表以决定正确的发音。再也没有其他类型的资料可以使用。老师直接将反切注音转换为学生所处时代的发音，如果想要重新构拟现代语音之前的发音系统似乎是难以想象的。

② 关于这个问题的深入讨论，以及所有的原始转写资料，请参阅Kim（1991:80-82）。

③ 值得庆幸的是，在留存下来的《四声通考》序言里，申叔舟做了很长的解释，讨论了所涉及的音节在他那个时期的真正发音。所有这些具体内容都可以参阅Kim（1991:loc.cit.）。

④ 关于这个问题及其相关的深入论述，请参阅Kim（1991:71-75）。

⑤ 事实上，一个匿名观点对此提出了反对意见。

这一点已经由白一平教授（Baxter 1999：31—32；2006：全文）通过两个对比重建的研究得到印证。尽管在白一平教授用于对比的资料中，并没有哪种方言具有独立的浊音声母，但毋庸置疑的是，他揭开的语音上的对应性表明现代方言所起源的原始语一定有这样一套声母，而不管其语音的本质内容是什么面貌。

目前更有趣的是，与白一平教授发现的相同形式存在于长江流域官话的小分支中[①]。这并不足为奇，因为他用于重建的关键方言资料恰好也是取自这些方言中的一种。一段时间以来，对于这一区域方言的状态，学术界已有所关注，只不过还没有相关的研究成果问世。随着新世纪的到来，这一研究领域已经出现了两个重要的进步。第一，鲍明炜和王均（2002）提出在长江下游金沙地区的方言中，有一套明显的浊音声母，他们使用国际音标来记录。他们为这种特殊方言所留下的记录仅有字母表的形式，没有辅音的发音描述，就方言分类法来说也有些疑问，没能完整地讨论。鉴于这个原因，可能使得他们的书没有广泛流传，他们的研究报告也没有引起学界足够的重视。然而，直到最近，情况发生了非常有意义的转变。史皓元等（Simmons 等2006）对金沙方言进行了更深入的调查记录，他们提出了两个观点，分别是：（1）金沙方言无可置疑属于长江下游方言区（相反的观点认为属于吴语北部方言）。（2）这个方言的浊声母是以弱音或呼吸音为特征，正如赖福吉和他的合作者（Ladefoged 1982；Ladefoged and Maddieson 1996）所描述的那样。第二章里，史皓元等学者为他们所研究的汉语方言的共同祖先从音韵上做了充分的比较重建，他们将这个系统命名为“南方江淮官话共同语”（Common Southern Jiāng-Huái），当然也有一套弱音声母。这进一步确立了笔者提出的观点，长江流域方言通语的重建有这样一个系统。如此看来，这个方言分支完全符合白一平先生提出的一般早期系统。因此，我们有理由确定，南宋时期这一流域的方言被整体带到当前区域（请参阅Coblin 2002a）。这些方言有可能是弱音的浊声母。

所有这些资料又将我们带回到前述申叔舟那个特殊问题。正如我们所指出的，申叔舟在他的正音（SR）转写资料中暗示了一套独立的浊音声母的存在。金光洙（Kim 1991）从国际音标文本中的浊音字母中提取出一套专门的字母来记录这些浊音声母。申叔舟没有说明这是仿造的还是创制的。相反，更有意义的是，正如他所感知的那样，他对这些发音字母做了精确的描述。在他的著作中，有两篇文稿我们在早期文章（2000a：272—273）中引用、翻译，并做了进一步讨论。但是因为这篇文章不为广大读者所知，我们这里再多引用一些。它是源自《四声通考》的序言。尽管如上文所提到的，这本著作现已佚失，序言在其他的资料中保存下来，也包括申叔舟整理的文献。这些资料中的大部分

① 这里使用的名称是指长江流域及其支流区域所讲的江淮方言，包括江淮以南或者一般的江淮官话。

都很难看到，但是其中俞昌均（Yu Chang-kyun 1973: 第21章）的文章，感兴趣的读者可以找来一读。所以，我们也引用这一章的内容，如下所示：

> 全浊上去入三声之字，今汉人所用初声与清声相近，而亦各有清浊之别。浊平声之字初声与次清相近。然次清则其声清。故音终直伍（=低）。浊声则其声浊。故音终稍厉。

这些描述中对于上、去、入声的描述完全是混乱的，现代汉语中使用的声母在发音上比较接近清声母，每一类也还保留着清和浊的区别，只有平声字的声母接近次清。但是在次清声母里，他们的发音又被定义为清音，所以音节结尾的方式一致是低音（比如轻音，声音不大且纯净）。浊音的情况听起来，其语音是被定义为浑浊的，所以音节结束的方式有一些粗糙刺耳。

这一段描述中，我们注意到几个显著的地方。第一，在正音系统中，浊音声母又分成两种类型。这个变化与传统的浊音分支接近平行，分成清音和送气清塞音，正如存在于大多数现代汉语方言中的声母系统一样。第二，也是更为重要的方面，尽管浊音反映了正音中的这个分化，在发音上浊音也各自接近相对应的清声母和送气的清塞音声母。根据申叔舟的观点，它们与清声母没有完全合并。相反，某些差别仍然存在，对他来说也是可以听得出来的。最后一点，申叔舟描述的这个差别不仅仅是声母的性质，而且也是某些音节的特征，实际上在音节结尾更显著，比如浊音节的音质粗糙、刺耳，而清音节纯粹、清晰。

很明显申叔舟这里描述的是某种浊音，几乎可以肯定是呼气音或者杂音。由于申叔舟对此类音的特点有充分的认知和描述，他的观点得到大部分现代语言学者的认可。由此，我们能得出两个有意义的结论。

第一，①由来已久的观点认为普通话（包括各种官话形式）的典型特征是缺少独特的浊音声母，这是站不住脚、早晚会被抛弃的。我们看到在过去十年里，几个不同的学者各自使用不同的参照材料开展比较重建工作，得出了上述结论，当然也使用了刚出版的从最近的田野调查所得到的新的方言材料，以及15世纪并不是只由申叔舟自己记录的档案材料。

第二，②也是正音（SR）系统的另一个方面，一些学者可能引用外族语（非汉语）的

---

① 此处序号为与下文的“第二”排列明晰，改变原文段落，另起一段。——译者

② 此处“第二”原文作“A third and final aspect of the SR system”。——译者

古语词作为例子，证明声调的分类。对此，正如申叔舟向我们展示的那样，正音（SR）资料是依据平、上、去、入四声编排的。申叔舟在“绪论”里没有专门告诉我们这样编排的原因，所以，我们从表面看似乎是如此。但是我们在得出结论之前，一定要更仔细地考虑另一个问题。首先，现在一般都认为原始官话（Proto-Mandarin）或称共同官话有七个声调（白一平 1999：4—5）。长江流域共同语作为早期汉语的分支，一定要使用相同的七个声调系统进行重建（Coblin 待版。①）。故而，这个声调系统的类型被看作是汉语的原型。

现在，我们看到正音系统有一套真正的浊音声母，那就有可能以此为基础，假定在语音系统中有两个音调，分别是高一点的和低一点的，需要依据声母的类型来调节。也就是，在语音层次上，低一点的音调与浊塞音声母更接近，而高一点的音调则出现于其他各处。这就一共给我们展示了八个音调（四个高音调、四个低音调）。让我们更接近典型的汉语原始语系统，是接近而不是足够接近。我们都知道汉语调类经历了几个变化，分别是浊上归去或称阳上变去，也就是带有浊塞音声母的阳上调音节变为去声。这一变化一般认为是至少8世纪时始于中国北方的某个地方。在早期汉语中，有明显的证据表明早期阳上变为阳去，原始的八个声调系统变为七个。这样，正如我们为正音系统所设想的，具有八个声调的结构从本质上的确不是汉语特征。但是，从这个联系中金光洙（Kim 1991：124—129）注意到一个很有趣的事实。在《四声通考》里，大量的浊音声母阳上音节实际上有两个读音，一个是上声，一个是去声，也有几个仅有去声的读音和大量的只有上声的读音。后者到今天的汉语普通话里仍有9个不符合规则，只有上声读音，比如辅 fǔ、釜 fǔ、缓 huǎn。我们需要尝试弄清楚这里发生了什么。一个可能性就是浊上归去的变化实际上在申叔舟时代的正音官话里已经发生。这导致了一些竞争，一些还没有变化的形式最后残存下来。我们认为这种可能性较小。到目前为止，更可能的是，申叔舟的汉语发音人为他提供的大量过度矫正的、从语源上做了调整的读音。举两个例子对比一下，“我们应该说什么”和“多数情况下你会听到什么样的音”，这是不一致的。另一个例子，尤其有文字记录的情况下，只保存了矫枉过正的读音。其中的一些音已保存到今天。我们都知道的“上声”的“上”shǎng是在语源上过度矫正的音，一般认可shǎng这是语源上“正确”的发音，它也被人为地替换了实际口语中的发音shàng。

还有证据表明，这种重建的shǎng声读音在早期阶段的原始语言中比今天更常见。比如17世纪万济国的《华语官话词典》（Coblin 2006b）中有大量的词和短语具备这个特征。

---

① 本文发表时此处引文尚待版，经与柯蔚南先生核实，该处引文信息如下：The Phonology of Common Yangtze Watershed Mandarin", in Studies in Honor of Jerry Norman, edited by W. South Coblin and Anne O. Yue. Institute of Chinese Studies, The Chinese University of Hong Kong, Hong Kong, 2010. pp. 157-183。——译者

这样，我们可以假定申叔舟的发音人是非常认真地为他记录发音的。他们不只是玩语言学上的游戏。那时他也去做了一些资料整理工作。他的决定可能受两个迫切需要解决的问题的影响，那就是一致性和真实性。但是，这一类词在他的词汇概要里也做了分类，它们都应该被归入相同的目录之下，而不是被分散于两个不同的单一的条目，他的读者也一定了解这两种情况。最后，他选择了著作中的“上声”部分作为这些字的去处。一如往常，不管引出的是什么读音，或者是单一的上声，或者是上声和去声，他都做了分配。他列举的只有去声读音的字，自然也只置于去声之列。最终我们听到关于申叔舟对声调的分类是陈旧的、非汉语的评定是值得怀疑的①。申叔舟事实上显然一直在从事词源形式的研究，即使某些用例中仅展现了非词源学的读音，只要他告诉我们某种特征是人为的而不是自然的，我们也能够相信他。但是当他不提这个的时候，我们便不能仅仅因为对他所描述的古代语言特征有先入之见，而排斥他提供的资料。

带着背后的这些问题，我们一定要进一步考虑与语料来源有关的问题。正如上文指出的那样，本文中我们所关注的是申叔舟的正音系统，也就是他和他的合作者所记录的书面语读音系统。然而，除了这个系统，申叔舟的著作里还包含另一套形式，称作俗音（Popular Readings，简称PR）。据说这些形式代表了标准官话的口语音，与这些字的文读音是相对的，在申叔舟明确给出的例子中，俗读音和文读音是不同的。尉迟治平（1990）通过非常深入的研究和探讨也得出了结论，这些资料的主要部分，当然不是全部，是从黄瓒（1413？—1448）处得来的。黄瓒是江西官员，曾在南方朝廷为官多年，但是因为政治流放，在辽东度过了他生命中的最后一段时期。在辽东，黄瓒很容易接触到当时朝鲜的记音团队。尽管俗音（PR）形式与本文的任务不直接相关，我们还是把它作为一个有趣的话题列在这里，以免有读者对此产生好奇。

正如上文所提到的那样，我们认为南音或者南方类型的官话语音撑起了明朝占统治地位的通语语音系统。我们进一步相信申叔舟的正音（SR）系统反映了他那个时期的标准读音。这样，令人费解的是，我们发现有一些俗读音系统的特征，似乎与我们所了解的历史上的中部江淮官话（Central Jiāng-Huái Mandarin）发音并不一致。我们现在就来解决这个异常的不规则问题。

二、主要的问题

在某些音节中，重新构拟的江淮通音有齿龈音声母，而这些音节在北方官话中是卷

① 实际上这是匿名审稿人对本篇文章的评价。

舌音。比如，“师”shī，北京话读为［ʂʅ］，南京话则读为［sɿ］。我们可以推测类似这样的例子在不同时期的标准南方官话中都有齿龈音声母。然而，实际情况是在正音（SR）系统里，这些音节有卷舌音声母而不是齿龈音声母。这种情况可以从下面的列表中推断出来，表中选取的都是能够说明这个情况的特殊用例。每一个汉字之后，我们都依据高本汉编写、李方桂修订的音韵字表给出了其《切韵》形式。我们不假定这些形式的历史真实性与准确性，这里只是举例帮助读者理解这一传统的分类方法。其后是申叔舟的正音形式（SR），选自金光洙（Kim 1991）的译本。第三列是俗音形式（PR）。在没有相应的俗音形式（PR）的例字处，我们用“—”表示。最后一列，代表南方标准语，我们给出了重建的江淮通音（CJH）形式，与我们两篇早期的文章（Coblin 2000b；2004）中构拟的形式相同。

QYS	SR	PR	CJH
仕（dẓï:）	ʐi（上去）	ʐʅ	*sɿ去
使（ṣï:,-）	ʂi（上去）	ʂʅ	*sɿ上[①]
士（dẓï:）	ʐi（上去）	ʐʅ	*sɿ去
柿（dẓï:）	ʐi（上去）	ʐʅ	*sɿ去
师（sï）	ʂi（平）	ʂʅ	*sɿ阴平
狮（sï）	ʂi（平）	ʂʅ	*sɿ阴平
厕（tṣ'ï-）	tʂ'ʅ（去）	—	tʂ'ʅ去
史（ṣï:）	ʂi（上）	ʂi	*sɿ上
事（dẓï-）	ʐi（去）	ʐʅ	*sɿ去
缁（tṣï）	tʂʅ（平）	—	*tsɿ阴平
阻（tṣjwo:）	tʂu（上）	—	*tsu上
初（tṣ'jwo）	tʂ'u（平）	—	*ts'u阴平
础（tṣ'jwo:）	tʂ'u（上）	—	*ts'u上
楚（tṣ'jwo:）	tʂ'u（上）	—	*ts'u上
锄（dẓjwo）	dʐu（平）	—	*ts'u阳平
雏（dẓju）	dʐu（平）	—	*ts'u阳平

① 对于该音节和下文的“史”字，现代南京话有声母ʂ-，而不是s-。我们认为（2000b：85）这种情况下现代南京话中的卷舌音可能是外来侵入的读音，或者是借来的读音，是与原方言词汇的文字记录密切相关。这样，我们要继续重建江淮通音（CJH）声母，比如*s-，与下文“撑”chēng字中的声母*ts'-比较，类似的问题也出现了。

助（dẓjwo-）	dẓu（平）	—	*tsu去
邹（tṣjəu）	tṣəw（平）	—	*tsəu阴平
崇（dẓjung）	dẓuŋ（平）	—	*ts'oŋ阳平
争（tṣɛng）	tṣəjŋ（平）	tṣəŋ	*tṣən阴平
撑（---）	tṣ'əjŋ（平）	tṣ'əŋ	tṣən阴平
衬（tṣ'jĕn-）	tṣ'ən（去）	—	*ts'ən去~*ts'uən去
责（tṣɛk）	tṣəj（入）	—	*tsəʔ入

时间又走过了两个世纪之后，到金尼阁（1577—1628）的《西儒耳目资》（简称XREMZ）时代，该书1626年出版，代表了那个时期的标准（standard）南音发音。我们发现上文提到的这一类音节经常与不同的文读音竞争，一种是卷舌音声母，一种是齿咝音声母。下表能够表明这一点。金尼阁《西儒耳目资》提供的形式之后，我们用方括号给出了语音上的解释。包括例证在内的选择标准是正音（SR）形式一定要有卷舌音声母，而且《西儒耳目资》里一定要有能够竞争或者替换的卷舌音/齿咝音声母。

QYS	SR	PR	XREMZ
缁（tṣï）	tṣʅ（平）	—	chī, çụ̄' [tṣi~tsɿ]
辎（tṣï）	tṣʅ（平）	—	chī, çụ̄ [tṣi~tsɿ]
甾（tṣï）	tṣʅ（平）	—	chī, çụ̄' [tṣi~tsɿ]
榃（tṣï）	tṣʅ（平）	—	chī, çụ̄ [tṣi~tsɿ]
鶅（tṣï）	tṣʅ（平）	—	chī, çụ̄' [tṣi~tsɿ]
厕（tṣï-）	tṣ'ʅ（去）	—	ch'ì, çụ́ [tṣ'i~tsɿ]
嵯（tṣ'je）	tṣ'ʅ（平）	—	ch' ī, çụ̄, çō [tṣ'i~ts'ɿ~ts'ɔ]
使（ṣï:, -）	ṣi（上去）	ṣʅ	xì, sụ̀ [ṣi~s ɿ]
师（ṣï）	ṣi（平）	ṣʅ	xī, sụ̄ [ṣi~ṣʅ]
狮（ṣï）	ṣi（平）	ṣʅ	xī, sụ̄ [ṣi~ṣʅ]
驶（ṣï:）	ṣi（上）	ṣʅ	xī', sụ̀ [ṣi~ṣʅ]
史（ṣï:）	ṣi（上）	ṣʅ	xì', sụ̀ [ṣi~s ɿ]
仕（dẓï:）	ẓi（上去）	ẓʅ	xì', sụ̀ [ṣi~s ɿ]
士（dẓï:）	ẓi（上去）	ẓʅ	xì', sụ̀ [ṣi~s ɿ]
柿（dẓï:）	ẓi（上去）	ẓʅ	xì', sụ̀ [ṣi~s ɿ]

事（dẓï-）	zị（去）	ʐʅ	xí, sụ́ [ʂi~sɿ]
岨（ts’jwo）	tʂu（上）	—	chù, çù, çiū [tʂu~tsu~tsy]
阻（tṣ’jwo:）	tʂu（上）	—	chù, çù [tʂu~tsu]
俎（tṣjwo:）	tʂu（上）	—	chù, çù, çụ̀ [tʂu~tsu~tsɿ]
诅（tṣjwo-）	tʂu（上去）	—	chù′, çù′ [tʂu~tsu]
刍（tṣ’ju）	tʂ’u（平）	—	ch’ū, ç’ū [tʂ’u~ts’u]
初（tṣ’jwo）	tʂ’u（平）	—	ch’ū, ç’ū [tʂ’u~ts’u]
憷（tṣ’jwo:）	tʂ’u（上）	—	chù′, çù, [tʂu~tsu]
础（tṣ’jwo:）	tʂ’u（上）	—	ch’ù, ç’ù [tʂ’u~ts’u]
楚（tṣ’jwo:）	tʂ’u（上）	—	ch’ù, ç’ù [tʂ’u~ts’u]
鉏（dṣjwo）	d ʐu（平）	—	ch’û, ç’û [tʂ’u~ts’u]
锄（dṣjwo）	d ʐu（平）	—	ch’û, ç’û [tʂ’u~ts’u]
助（dṣjwo-）	d ʐu（去）	—	chú, çú [tʂu~tsu]
雏（dṣju）	d ʐu（平）	—	ch’ú, ç’ú [tʂ’u~ts’u]
邹（tṣjəu）	tʂəw（平）	—	chēu, çēu [tʂəu~tsəu]
驺（tṣjəu）	tʂəw（平）	—	chēu, çēú [tʂəu~tsəu]
钗（tṣ’ai）	tʂ’ai（平）	—	ch’ āi, ç ’āi [tʂ’āi~ts’āi]
毳（tṣ’jwäi-）	tʂ’uj（去）	—	ch’uí, ç’uí [tʂ’ui~ts’ui]
衰（ṣwi）	ʂuj（平）	—	xūi, sūi, xāi, xuāi [ʂui~sui~ʂai~ʂuai]
魋（duậi）	dʐuj（平）	—	ch’ûi, ç’ûi [tʂ’ui~ts’ui]
溱（tṣjɛn）	tʂən（平）	—	chīn, çēn [tʂin~tsɛn]
槫（tṣ’jĕn）	tʂən（平）	—	chīn, çēn [tʂin~tsɛn]
蓁（tṣ’jĕn）	tʂən（平）	—	chīn, çēn [tʂin~tsɛn]
臻（tṣ’jĕn）	tʂən（平）	—	chīn, çēn, çiēn [tʂin~tsɛn~tsiɛn]
轃（tṣjɛn）	tʂən（平）	—	chīn, çēn [tʂin~tsɛn]
榛（ṣjĕn）	tʂən（平）	—	chīn, çēn [tʂin~tsɛn]
衬（tṣ’jɛn-）	tʂ’ən（去）	—	ch’ín, ç’én [tʂ’in~ts’ɛn]
藽（--）	tʂ’ən（去）	—	ch’ín, ç’én [tʂ’in~ts’ɛn]
儭（tṣjĕn-）	tʂ’ən（去）	—	ch’ín, ç’én [tʂ’in~ts’ɛn]
榇（tṣ’jĕn-）	tʂ’ən（去）	—	ch’ín, ç’én [tʂ’in~ts’ɛn]

榛（tṣjěn）	dʐən（平）	—	ch'în, ç'ên［tʂ'in~ts'ɛn］
刬（tṣ'ăn:）	tʂ'an（上）	—	ch'àń, ç'àń［tʂ'an~ts'an］
产（ṣ'ăn:）	tʂ'an（上）	—	ch'àn, ç'àn［tʂ'an~ts'an］
铲（剷）（—）	tʂ'an（去）	—	ch'àń, ç'àń［tʂ'an~ts'an］
铲（鏟）（tṣ'ăn:, tṣ'an:）	tʂ'an（去）	—	ch'án, ç'án［tʂ'an~ts'an］
弗（tṣ'ăn）	tʂ'an（去）	—	cháǹ, ç'àn［tʂ'an~ts'an］
珊（sân）	ʂan（平）	—	xān, sān［ʂan~san］
搀（dẓăm）	tʂ'am（平）	tʂ'an①	ch'ān, ch'ēn, ç'ān, ç'ēn ［tʂ'an~ts'ɛn~tsan~ts'ɛn］
欃（dẓăm, dẓam-）	tʂ'am（平）	tʂ'an	ch'ān̂, ç'ān̂［tʂ'an~ts'an］
嚵（tṣ'am-）	dʐam（平）	dʐan	ch'ân, ç'ân［tʂ'an~ts'an］
巉（dẓam）	dʐam（平）	dʐan	ch'ân, ç'ân［tʂ'an~ts'an］
慚（dzâm）	dʐam（平）	dʐan	ch'ân, ç'ân［tʂ'an~ts'an］
馋（dẓăm）	dʐam（平）	dʐan	ch'ân, ç'ân［tʂ'an~ts'an］
毚（dẓăm）	dʐam（平）	dʐan	ch'ān̂, ç'ān̂［tʂ'an~ts'an］
锬（ṣăm）	ʂam（平）	ʂan	xān, sān［ʂan~san］
衫（ṣam）	ʂam（平）	ʂan	xān, sān［ʂan~san］
缕（ṣam）	ʂam（平）	ʂan	xān, sān［ʂan~san］
钐（ṣam）	ʂam（平）	ʂan	xán, sán［ʂan~san］
谮（tṣjəm-）	tʂəm（去）	tʂən	chín, çén çín ［tʂin~tsɛn~tsin］
谶（tṣ'jəm-）	tʂ'əm（去）	tʂ'ən	ch'ín, ç'én, ch'án ［tʂ'in~ts'ɛn~tʂ'an］
岑（dẓjəm）	dʐəm（平）	dʐən	ch'în, ç'ên, ç'în ［tʂ'in~ts'ɛn~ts'in］
森（ṣjəm）	ʂəm（平）	ʂən	xīn, sēn［ʂin~sɛn］
渗（ṣjəm-）	ʂəm（去）	ʂən	xīń, sēń［ʂin~sɛn］

① 有韵母-m的正音（SR）形式在译训（译者注即《洪武正韵》*Yôkhun*）中变为俗音PR韵母-n。根据Ch'we Sejin的观点，在如今丢失的《通考》中，这也是事实。在《四声通考》中要注意这一点，Ch'we省略了这一类型所有的俗音PR形式，仅仅给出了正音（SR）形式。然而，他补充了一个有趣的现象，在他那个时代，一些说话人实际上在口语中仍然使用-m尾的韵母，而不是-n尾韵母。我们列表时采用申叔舟的做法，按照他转录的情况，给出了俗音PR形式。

琛（ţ’jəm）	tʂ’im（平）	tʂ’im	ch’īn, ç’ēn［tʂ’in~ts’ɛm］
崇（dẓjung）	dʐuŋ（平）	—	ch’ûm, çûm［tʂ’uŋ~ts’uŋ］
侦（ţjäng）	tʂəjŋ（去）	tʂəŋ	chīm, çēm［tʂiŋ~tsɛŋ］
争（tṣɛng）	tʂəjŋ（平）	tʂəŋ	chēm, çēm［tʂɛŋ~tsɛŋ］
诤（tṣɛng-）	tʂəjŋ（去）	tʂəŋ	chēḿ, ç’ēḿ［tʂɛŋ~tsɛŋ］
铮（tṣ’ɛng）	tʂ’əjŋ（平）	tʂ’əŋ	ch’ēm, ç’ēm［tʂ’ɛŋ~tsɛŋ］
枪（tṣ’ɒng）	tʂ’əjŋ（平）	tʂ’əŋ	ch’ēm, ç’ēm, ç’iām［tʂ’ɛŋ~ts’ɛŋ~ts’iaŋ］
铛（tṣ’ɒng）	tʂ’əjŋ（平）	tʂ’əŋ	ch’ēm, ç’ēm,［tʂ’ɛŋ~ts’ɛŋ］
瞠（ţ’ɒng）	tʂ’əjŋ（平）	tʂ’əŋ	ch’ēḿ, ç’ēḿ,［tʂ’ɛŋ~ts’ɛŋ］
樘（ţ’ɒng）	tʂ’əjŋ（平）	tʂ’əŋ	ch’ēḿ, ç’ēḿ,［tʂ’ɛŋ~ts’ɛŋ］
琤（tṣ’ɛng, tṣ’ɒng）	tʂ’əjŋ（平）	tʂ’əŋ	ch’ēḿ, ç’ēḿ,［tʂ’ɛŋ~ts’ɛŋ］
峥（dẓɛng, dẓɒng）	tʂ’əjŋ（平）	tʂ’əŋ	ch’ēḿ, ç’ēḿ,［tʂ’ɛŋ~ts’ɛŋ］
撑（—）	tʂ’əjŋ（平）	tʂ’əŋ	ch’ēm, ç’ēm,［tʂ’ɛŋ~ts’ɛŋ］
伧（dẓɒng）	dʐəjŋ（平）	dʐəŋ	ch’êm, ç’ēm,［tʂ’ɛŋ~ts’ɛŋ］
橙（ḍɛng）	dʐəjŋ（平）	dʐəŋ	ch’êm, ç’êm,［tʂ’ɛŋ~ts’ɛŋ］
瞪（ḍjəng, -）	dziŋ（去）	—	ch’ēm, ch’īm, chīm, ç’ēm［tʂ’ɛŋ~tʂ’iŋ~tʂiŋ~ts’ɛŋ］
责（tṣḍɛk）	tʂəj（入）	—	chái, çě［tʂai~tsɛʔ］
斥（tś’jäk）	tʂ’i（入）	—	ch’ĕ̜, ç’ĕ［tʂ’ʅʔ~ts’ɛʔ］

前一个表收录的可用于比较申叔舟正音中的例字是有限的。《西儒耳目资》则包含有大量的此类可用于进一步对比的例字，大部分比较少见，因为正音的读音不会出现在申叔舟的材料中。这里我们也没有引用。顺便说明一下，俗音（PR）的声母与正音系统的声母是完全相同的。

我们怎么解释上文出现的那些资料呢？在申叔舟正音系统的老官话形式中为什么具有北方的特征？而金尼阁时代的后一种形式为什么又表现出北方和南方类型形式的竞争？这个问题的答案需要通过移民的历史来回答。

1356年，明朝建都南京之后，有大规模的新移民流入南京。这主要包含四类人（葛剑雄等，1993：347；1997，第5册：20—31）。第一类是驻军及其家属。其一是在城市的要塞位置配备的驻军，估计数量巨大，加上驻军家属，大概有20万人；其二是在城市周边的郊区驻扎的卫戍部队，加上家属，差不多也有15万人。第二类是普通劳动者及其家属，可能达到10万人；第三类是政府官员及其家属，大概有1万左右；第四类是不属于上述各种情况的普通人，数量也有15万之多。除了这些人口之外，还有一部分流动的手工艺人、学生、商人，以及因为个人偶然的目的而流入的人，这些人都不能看作南京的永久居民。

葛剑雄等人认为明朝早期的城市居民中仅有相当少的一部分是明朝成立以前的本地人。城市内外的一些驻军是在朱元璋的江淮军力基础上组建而成的。然而，因为明朝规定，要塞地区的军队一律不能由当地的军队驻扎，异地从军的规定相当严厉，由于这个原因，军队中的多数人都是外来移民。劳动者和工匠一般是来自南京周边，许多人来自附近地区，其他也有来自苏州和浙江北部地区。政府官员则来自中国的各个地方，按照葛剑雄等学者的观点，他们中很少是当地人。此外，值得注意的是，一旦新的朝代建立，一些地位显赫的蒙古人、军队中的高官，以及其他以这样那样的方式与前朝有关联的人都被迫向南迁移至南京。还有数千家富裕的或者有影响的中国的有钱人也被强迫重新安置在南京。

此外，非常有意思的是，葛剑雄等人（1997，第4册：675—679）还强调了一个事实。至少从元朝中期开始，便有中原及其以北地区的移民涌入中国南部的各个地区。这些移民是为了躲避严酷的统治政策，繁重的徭役、兵役、苛捐杂税以及自然灾害等，由于蒙古统治者无心[①]改善他们的处境，才大规模南迁。这些移民中究竟有多少人居住在长江地区中部很难确定。但是葛剑雄等人引用了一个明确的档案资料证明了这一事实，尤其在14世纪期间。这些成员完全有可能受到各种类型语言的影响。

自北而南的移民模式为我们提供了一个解决语言难题的思路。尽管南京在明朝成立之前处于讲官话区域的南部边缘，也还会有大量操北方话的人汇入这个城市。此外，明朝早期，城市人口还包括大量从更远的北方迁来的人，其中的许多人在社会、文化等层面都有着显赫的地位。我们推测他们在很大程度上影响了标准官话语音系统的形成。如果我们假定汉语通语的形成跨越了100到120年的时间，从最早的元朝移民时期到公元1421年迁都北京，这一演变持续到公元1450年，当申叔舟和他的同事们编纂完成他们的语言学资料时，还是会有足够长的时间帮助促进一种新的、混合标准语系统的形成。如此看来，这也就是为什么一个受过教育的南方人，比如倪谦，说话的时候带有浓重的北方口音，这一点是我们已经检验过的。但是，我们也怀疑很早的汉语通语里便存在着与南方竞争的形式。也许它们在倪谦时代就已经出现，他只不过没有使用而已。无论如何，到金尼阁时代又有了更多证据，被适时地列入他的官话词汇表中。

① 这里我们特别感激匿名审稿人建议我们将注意力转移到元代移民问题上。

本章最后，我们还有必要评论一下造成上述情况的语音变化的类型。最初，需要注意有相当多的音节包含有我们所说的《切韵》系统“照二”组声母，即《切韵》系统类型的声母tṣ、tṣ’等，这种多样性能够通过我们观察到的情况予以解释吗？事实是否定的，因为并不是数据中所有的切韵系声母都属于“照二”组。在这个问题上以免有疑问，我们重新列举一些不属于这个类型的例子如下：

䭔（duậi）	dẓuj（平）	—	ch’ûi, ç’ûi［tṣ’ui~ts’ui］
琛（ṭ’jəm）	tṣ’im（平）	tṣ’im	ch’īn, ç’ēn［tṣ’in~ts’ɛn］
侦（ṭjäng）	tṣəjŋ（去）	tṣəŋ	chīm, çēm［tṣiŋ~tsɛŋ］
瞠（ṭ’ɒng）	tṣ’əjŋ（平）	tṣ’əŋ	ch’ēḿ, ç’ēḿ［tṣ’ɛŋ~ts’ɛŋ］
橕（ṭ’ɒng）	tṣ’əjŋ（平）	tṣ’əŋ	ch’ēḿ, ç’ēḿ［tṣ’ɛŋ~ts’ɛŋ］
橙（ḍɛng）	dẓəjŋ（平）	dẓəŋ	ch’êm, ç’êḿ［tṣ’ɛŋ~ts’ɛŋ］
瞪（ḍjəng, -）	dẓiŋ（去）	—	ch’ēm, ch’īm, chīm, ç’ēm［tṣ’ɛŋ~ts’iŋ~tsiŋ~ts’ɛŋ］
斥（tś’jäk）	tṣ’i（入）	—	ch’ẹ̌, ç’ě［tṣ’lʔ~ts’ɛʔ］

按理说，我们可能还要加上下列例子才更合乎情理：

撑（—）	tṣ’əjŋ（平）	tṣ’əŋ	ch’ēm, ç’ēm［tṣ’ɛŋ~ts’ɛŋ］

尽管无法找到与这些字有关的、基于史实的可以利用的切韵系统形式，仅有后期的韵书，比如《集韵》，暗示了这个字的切韵系统读音，几乎可以肯定是［ṭ’ɒng］。这里我们看到大量的音节属于切韵系统的舌上类声母，一个属于“照三”组（即《切韵》系统的tś-、tś’-，等等），一个可能是含有舌头组的d-音。

带着这些问题，现在我们来简单总结一下《切韵》系统的分类与正音（SR）和《西儒耳目资》在三个显著的传统声母方面有哪些相似之处和不同之处，也就是“照二”、“照三”和“舌上”三组（即ṭ-、ṭ’-，等等）。起初，上面提到的这三组声母的切韵形式在正音系统（SR）里是卷舌音。关于这一点，已不需要再重述，我们更应该重点关注下列问题。反观《西儒耳目资》系统，我们首先看到所有的“照三”声母都被视作卷舌音。在照二组里，一致性则没有那么整齐。这一情况罗常培先生（1930：表II）早就关注到了，他的图表暗示了这个问题，但没有进一步的讨论。随后，陆志韦先生（1947：118）又提出这个问题，并做了深入论证。陆先生认为“照二”组声母要么属于他所提到的腭音/卷舌音（我们都认为是卷舌音），要么属于齿龈音，但是他总结说要在切韵系统韵母的基础上确定这些声母的发展条件是不大可能的。他也指出我们上文例子中的一些分类存在诸多可疑之处。

实际上，情况并不是那么令人沮丧。在目前所收集的资料里，还是存在着某种一致性。比如，“照二”声母的音节，当韵母是止摄时，存在着一个强烈的趋势，《西儒耳目资》记录了两套读音，龈音和卷舌音/龈音。至于特殊的切韵系统（QYS）韵母［-jwo］、［-ju］、［-jəu］和［-jen］，还有梗摄韵母，都有这一相同的趋势，这是值得关注的。但是，显然还没有办法预知既定的情况里是否存在一个特殊的音节含有龈音声母或者卷舌音/龈音成对出现的例子。这种不确定性可能加剧了陆志韦先生的悲观情绪。无论如何，据我们所知，没有人能对所观察到的这种现象提供一个令人信服的音韵学上的解释，正如从切韵系统的立场所看到的那样。

至于舌上声母音节，陆先生没有给出专门的评论，我们可能注意到普通的与《西儒耳目资》对应的声母是卷舌音。但是，有一个例外，属于传统梗摄的音节，在那里是龈音或者是成对的卷舌音/龈音。其他情况下，比如切韵系统韵母［-jəm］和［-jəng］之前，可能有龈音或者二者都有，或者只有卷舌音声母。这个形式显然是不可预测的。所有这些得出一个结果，即从切韵系统的角度对于《西儒耳目资》材料的研究告诉我们，对于官话历史的建构意义不大。很显然，我们一定要从完全不同的角度接近并解决这个问题。

起初，本文要探讨的问题很明确，就是江淮通音通过比较重建得到的双系统（diasystem），正如我们在之前发表的两篇文章（Coblin 2000b；2004）中概述的那样。这一系统的重建是利用了大量不同区域的江淮方言资料所实现的。只不过本文的目的，是希望能简化处理这两种方言，即南京话和合肥话，使其与重建的江淮方言相比更简洁。如果南京话与合肥话都显示出卷舌音声母，那么就能在江淮通语中重建卷舌音，而如果两个方言都显示了龈音，那么就应该在古汉语系统里重建龈音。这是两个声母类型在重建古代语言方面有所区别的基础。合肥话显示出卷舌音，南京话显示出龈音的情况实际上是不存在的，事实上也没有这样的例子在我们构拟的江淮通语数据中出现。如果这样罕见的一致性曾经出现在同族语言中，则将被立即怀疑为外来的侵入语言，合肥话可能就是某种形式的借入。合肥话有龈音的情况是与南京话卷舌音的龃龉，实际上在某一时段确实出现过，我们可以再次怀疑是语言的借用，这次是借入南京话。在某些情况下，我们实际上能够以一种方式或另一种方式证实这个怀疑。比如，撑chēng，我们发现现代南京话的形式是［tʂ’əŋ阴平］，而合肥话则是［ts’əŋ阴平］。我们怀疑南京话的形式是从其他有卷舌音声母的方言中借入的。现在，就像它正在发生的，在20世纪早期的南京话中，赫美玲（Hemeling 1907）记录下这个音节的读音是ts’êng/ts’ên，这暗示着龈音声母的确存在于早期的南京话中。另一方面屈奈特（Kühnert 1898）拟定的南京话读音是[tʂ'ɛŋ][1]，这体现出卷舌音也存在于几乎同一时期。我们假定这两种形式，一个是本地音声母ts'-，另一个是借入的声母tʂ'-，在一百多年前这两个声母处于竞争的状态。借入的形式取代了本地音的形式。关于音节"争zhēng"却发现了相反的情况。这个音节合肥话是[tsən阴平]，而南京话是[tsəŋ阴平]，这让我们在重建江淮通音方面对于声母*ts-的处理没有任何困难。但是，我们来检验一下现代汉语之前的南京话的形式，赫美玲拟为tsên/tsêng，与目前的现代读音完全一致。但是屈奈特则给出了几种相互间存在竞争的读音[tʂɛŋ~tsɛŋ]，很显然，在他所处的时代存在卷舌音声母，我们认为这是外来的。这个借来的读音没有留存下来，在与本地话咝音声母的竞争中消失了。之所以得到这些结果，是基于我们的对比材料，假定江淮通音里咝音和卷舌音之间有不同之处，原始语系统的语音条目是直接来源于这个材料，而不是切韵音系。

现在我们从官话历史的角度继续讨论一下整个问题。现代汉语的所有口语形式都是来源于早期的汉语口语，我们可以从这一点入手。理论上，现代汉语方言至少应该来源于共同的祖先，本文的目的就是构拟出北方通语（Common North Chinese，简称CNC）。根据同一祖先、同一语族语音系统的变化发展，设想该语言的各分支及下层分支的语音系统，这一任务只能通过比较重建的方式实现。事实证明，由于本文对于卷舌音研究所取得的成就，我们非常地幸运，因为白一平先生1999年发表的文章对于北方通语（CNC）[2]中卷舌音的重建问题做出了特别大的贡献。所以，我们应该认真仔细地参考他在那篇文章中提出来的观点。首先，我们注意到一个非常有意思的事实，重建的北方通语含有大量纯粹的而且非常一致的卷舌音声母系列，实际上，也包含了所有传统上按照切韵音系分类的照二、照三和舌上音声母。换句话说，这个北方通语的声母包括本文中我们有兴趣讨论的所有声母类型[3]。由此，我们得出一个更有意义的结论，因为CNC的卷舌音类别是统一的、没有差别的，而白一平重建系统中所描述的后来在个体方言中发生的变化一定是有条件的，可能与CNC韵母的特征有关系。因此，这些韵母并不是前CNC声母的任何一类，或者是现实中的，或者是从切韵音系继承的，我们一定要探寻是什么原因引起了北方方言中卷舌音声母的咝音化。在那篇文章结尾，白一平讨论了CNC卷舌

---

① 我们将屈奈特相当复杂的记音形式改成国际音标。如果要了解屈奈特的记音方法，请参阅Coblin（2008）。

② 白一平使用"原始汉语"这个术语，加引号表示他可能对这个术语并不十分满意。我们怀疑他大概也不强烈反对我们用"CNC北方通语"来代替"原始汉语"。

③ 这个结论当然是通过在正音SR和俗音PR系统中的发现而得出的，相应地，我们可以假定在这一点上，这些系统保留了白一平的原始北方通语的面貌，而没有做任何改变。这当然并不意味着SR和PR系统与CNC完全相同，而仅仅是在这一点上，它们的确是一致的。

音声母的历史发展，涉及他用于重建研究的每一个子方言的情况。白一平先生提出了一套有序的规则，与现代语言的面貌有很大关联。尽管在他提供的资料和他的研究论文中，他只探讨了有限的几个有代表性的音节，但是我们发现在他的研究中有一个，且只有一个方言，其咝音模式与我们所观察到的南京话特征非常接近，这就是合肥话①。

研究长江流域方言的学者传统上都认为合肥话与南京话有很密切的关系。一个有趣的现象是，白一平先生在他2006年的文章中对此也有提及。白一平研究出了语言进化谱系图，在计算机产生的谱系树中，这两种方言非常相近地排在一起。这就从传统分类学的角度提供了一个确凿的事实。要检验白一平对于CNC卷舌音在合肥话中的推导规则，我们立即关注到一个能够说明咝音化的情况。验证工作明显地被高前元音阻断（即*-j-、*-i-和*-y），这些却出现在其他所有的情况下。到目前为止，我们从他所提供的材料里能够确定的是，相同的规则可以解释我们提出的江淮通音系统里所有咝音/卷舌音对比的情况，当然也可以解释南京话本身，除了那些早期提到的实例，我们怀疑借入使得卷舌音形式取代了咝音。白一平的规则提供了一个样本，为江淮方言里存在的咝音做了语言学上的、简洁而有意义的解释。如果我们愿意，我们可以从江淮通语里所有的咝音化音节入手推导其切韵系统形式，尤其是南京话中的这些音节，可以做一个很长的列表，说明切韵的声母以及与此现象相关的韵母。但是，最终这也仅仅是一个形式上的清单，在语音学或者音韵学上没有什么有意义的关联。它倒是可以处处引导我们于研究中尝试理解语言学事实。最后，我们应该注意，由白一平的合肥话“卷舌声母消失”规则而产生的这一套咝音化音节与《西儒耳目资》中的音节是非常精确的，《西儒耳目资》中有咝音或者咝音/卷舌音成对出现，与正音（SR）形式中的纯卷舌音是相反的。这两种类型的一致性是非常显著的，在白一平用于对比的资料中，并不见于其他任何一种北方方言。所有这些倾向都确认了这个一般的、现在已经被广泛认可的假说，那就是明朝和清朝早期官话语音中的南音系统是建立在江淮方言基础之上的。

三、第二个问题

正如引言中所提到的，沙加尔博士针对我们早期的专题论文（Coblin 2007：引言 P5）提出了一个有趣的疑问。如果像我们推测的那样（Coblin 2007：23—42），明朝和清朝的标准北方官话语音（即所谓的“北音”）是由于北方人努力模仿权威的南音而形成，那么为什么现代标准语音系统，作为北音最直接的“后代”，在念一些字音，诸如“诗（诗

① 白一平关于重建工作的这篇文章没有使用南京话的资料。

歌)”是[ʂʅ],而不是与所预料的南音类型一致的[sɿ]?本文我们用于检验的资料,为这个问题提供了一个可能的解答。因为假使这样,似乎标准的南音系统都包含有卷舌音和丝音声母在内的各种具有竞争的读音。在接受了一个新的标准官话发音时,北方人就面临着一种选择。他们要么按照真正的南方形式说齿雌音,要么认可他们自身的北方说话习惯,发卷舌音。很自然地,他们大部分人经常都会选择那个北方类型的发音。然而,有意思的是,有个与这一趋势明显不同的例外出现了。一个主要的例子是满汉双语文献《兼满汉语满洲套话清文启蒙》,1761年成书,收藏在东洋文库。它由满汉口语会话组成,汉语部分在满文翻译之前,然后中间穿插着汉字。汉文资料带有完全罗马化的满文翻译,该书由落合守和(Ochi'ayi 1989)出版。本文使用的资料出自该书[①],以下例子与我们探讨的问题密切相关:

3a shì 事(dẓï-):sy,这一形式在资料中出现了多次,还有五个例子拼作*ši*(e.g. 48b, 53b, 等),体现了北方话中卷舌音的真实情况。

14b zhēng 争(tṣɛng):dzeng.

26a chū 初(tṣ'jwo):tsu.

34a 师(ṣi):sy.

35b suǒ 所(ṣjwo:):so.

这个音节在北方话中的真实读音应该是[ʂu],实际上也是申叔舟正音(SR)的形式。鉴于申叔舟时代官话口语的发音,他给出了左音(Left Reading)形式[ʂwɔ][②]。在19世纪威妥玛(1867)的北方官话音节表中,我们发现了四个读音,分别是:*shu*^{3}、*su*^{4}、*shuo*^{3}和*suo*^{3}。其中,*shu*^{3}和*shuo*^{3}与申叔舟的形式一致,*suo*^{3}则对应着标准南方的形式*sò*,正如金尼阁在《西儒耳目资》中标注的那样。*su*^{4}与金尼阁给出的替代读音*sù*仅仅是声调上的不同。在现代汉语标准语里,只有南音[suǒ]作为一般常用音留存下来。

36b sheng 生(ṣɒng):seng.

37a zhēng 挣(—):dzeng.

① 本文中落合守和的满语罗马字表示法与穆林德(Möllendorff 1892)的音译系统一致,罗杰瑞(Norman Jerry L. 1978)也采用此形式。我们原始文本各页的编号系统也参考落合守和的文章。

② 所谓的“左音”是因申叔舟而来的汉字读音,崔世珍在为中国语言文献做注释时,将对汉字所做的语音注释置于左侧,比如《翻译老乞大》和《翻译朴通事》(均出版于1510年)。学术界认为此两部书代表了申叔舟时代的官话口语音,与正式的文读音相反。

50b shū 疏（ʂjwo）: su. 南方话中的读音 sū 在现代标准语里仍然是 shū 的变体，这一点大家都知道。

59b zhǎi 窄（tʂɒk）: dze. 威妥玛（1867）标注 *chai*[1] 和 *tse*[4] 作为该音节的变体。这样看来，以南音为基础的形式在那个时代依然存在。

73c shù 数（ʂju-）: su. 意为“数字”。

通常认为这个资料的记音代表了1760年标准的北方官话，可能是来自北京地区。由此，我们看到与相关的汉字匹配的南方非卷舌音，到18世纪晚期或者更晚时期，北方地区某些说话人仍然还在使用。其中的一些还留存到今天。

这里还可以引用更有趣的例子，比如，森 sēn（切韵系统 ʂjəm），申叔舟给出的北方类型的正音（SR）形式 ʂəm（平）。正如所预料的那样，金尼阁有两个相互矛盾的形式：xīn、sēn［ʂin~sən］。这种情况下，我们希望标准的北音系统选择卷舌音，忽略齿龈音。但是，19世纪威妥玛（1867）为“森”标注了两个读音，分别是 *sên*[1] 和 *shên*[1]。由于某些原因，北音保存了两个早期的读音。有意思的是，今天大部分的现代汉语词典都只标注了 *sēn* 音。从这个例子①看，大部分人认为是古老的南音取得了胜利。而另一个有趣的例子却恰恰与此相反，那就是常用字“锄”（锄头，一种农具）*chú*。正如我们前文所提到的，这个音节在金尼阁的字音表中有北方和南方两个读音，即 *ch'û*、*ç'û*［tʂ'u~ts'u］。17世纪传教士万济国（1627—1687）曾经在福建生活、工作多年，在他的官话罗马字记音中，他几乎一成不变地选择了这个音节的南方形式，也是我们刚检验过的形式。但是，由于某些原因，他将这个字记作 *ch'û*、*t'êu*，锄头，这反映了北方读音，而不是南方读音（Coblin 2006b：38）。这样，我们看到资料文献所记录的读音，与这一用法的一般发展趋势之间可能还是会有分歧的。

四、结论

本文我们探讨了两个不同但密切相关的问题，一个是一般的，一个是特殊的。首先，今天一般认为明朝早期官话是建立在南方方言基础之上，我们要想弄清楚为什么在南方方言的齿龈音中会体现出类似北方卷舌音声母的特征。正如15世纪朝鲜转录文献中反映的那样，要解开这个困惑，我们建议关注一下元朝中期到明朝早期，这个阶段有大量的北方移民进入南京地区，也就是明朝早期的首都，官话通语的重要中心。我们认为这些

① 我们听到过一些年老的北京人将这个字读成 shēn。

移民完全能够使得那一时期的南方官话获得某些北方特征，相应地，这些特征也会通过这种方式进入朝鲜的文献资料里。在随后的一百多年里，南方语音的影响也不间断地渗透到北方官话语音里，使得与南方特征平行的成分不断增加。最终通过大量的卷舌音/齿龈音等相关音节的竞争体现出来，正如明朝后期和清朝早期西方传教士记录的那样。我们建议带着这个理论去解释那些不规则的差异，这些差异就是在标准南方官话语音的早期和后期记录中发现的。在寻求解决这个问题的过程中，我们正好也利用这个机会简要探索一下这种差异的起源和发展，也就是北方官话和南方官话里卷舌音/齿龈音对照时词汇的影响所产生的差异。

第二个问题的范围稍微窄一些，特别涉及我们2007年那篇专题论文的假想。明朝和清朝时期的北方官话语音，也叫北音，其形成原因是源于北方人尝试模仿更有威望的南方语音，或称南音。如果这个观点成立，也许有人会问，表面上是从北音直接延续而来的今天的标准北方语音，在某些特定的音节里，尤其是那些被预测可能含有齿龈音的南方官话语音，为什么会有北方类型的卷舌音？我们对于这个问题的回答有两个方面。首先，正如上文所提到的，标准南方基础的通语语音到明朝后期已成为一个混合系统，说话人在一些明显有疑问的特殊音节中，可以自由地选择卷舌音或者齿龈音。过去几百年里，北方人似乎倾向于使用北方风格的变体，而不是南方的。关于这个问题的第二个解决办法，在18世纪晚期或者更晚的时期，我们质疑北音中的大量音节实际上仍然有南方风格的龈音，正如满语转录文献中反映的那样。这些词最先向卷舌音转化的完成是在19世纪的材料中。实际上，在今天大量相关的现代标准语形式中发现的卷舌音声母，在18世纪末期后，经历了一个替换的过程。

总的说来，我们对这两个问题的解决仅仅是表面之一隅，实际上，其中的关系错综复杂。同样地，北方的历史和南方的官话，在过去六百年里交织在一起，难解难分，因此才形成了复杂多样的语言面貌。

参考文献

BÀO Míngwěi 鲍明炜 and WÁNG Jūn 王均 et al. (2002). *Nántōng dìqū fāngyán yánjiū* 南通地区方言研究. Nanking : Jiangsu jiaoyu.

BAXTER William H. (1999). Reconstructing Proto-'Mandarin' retroflex initials. *Journal of Chinese Linguistics* Monograph Series No. 15, *Issues in Chinese Dialect Description and Classification*, ed. by Richard V. SIMMONS. Berkeley : University of California, Projecton Linguistic Analysis.

BAXTER William H. (2006). Mandarin dialect phylogeny. *Cahiers de Linguistique—Asie Orientale*, 35(1), pp. 71-114.

CHAE Yeong Sun 蔡瑛纯 (2007). Guānyú Míngdài Hànyǔ gòngtóngyǔ jīchǔ fāngyánde jǐdiǎn yìjiàn 关于明代汉语共同语基础方言的几点意见 In: GENG (2007). pp.143-160.

CHAO Y. R. (1961). *Mandarin Primer*. Cambridge : Harvard University Press.

CHAO Y.R. (1968). *Readings in Sayable Chinese*. San Francisco : East Asian Publications and the University of California.

CHOU Shizhen (1989). *Hong Wu Zheng Yun: Its relation to the Nanjing dialect and its impact on Standard Mandarin*. Ann Arbor : UMI Dissertation Services.

COBLIN W. South (2000a). A diachronic study of Míng Guānhuà phonology. *Monumenta Serica*, 58, pp. 267-335.

COBLIN W. South (2000b). The phonology of Proto-Central Jiāng-Huái: an exercise in comparative reconstruction. In : *In memory of Professor Li Fang-kuei: Essays on linguistic change and the Chinese dialects*, edited by TING Pang-hsin and Anne O. YUE. Taipei and Seattle : Academia Sinica and The University of Washington. pp. 73-140.

COBLIN W. South (2002a). Migration history and dialect development in the lower Yangtze watershed. *Bulletin of the School of Oriental and African Studies*, 65(3), pp. 529-543.

COBLIN W. South (2002b). Reflections on the study of Post-Medieval Chinese historical phonology, *Papers from the Third International conference on Sinology, Linguistics Section, Dialect Variation in Chinese*, ed. Dah-an HO, Taipei: Institute of Linguistics, Preparatory Office, Academia Sinica. pp. 23-50.

COBLIN W. South (2004). Towards a common Jiāng-Huái sound system. In : *Studies on Sino-Tibetan languages: Papers in Honor of Professor Hwang-cherng Gong on his Seventieth Birthday*. Taipei : Academia Sinica, Institute of Linguistics. pp. 745-767.

COBLIN W. South (2006b). *Francisco Varo's glossary of the Mandarin language*, Monumenta Serica Monograph Series, vols. LIII/1 and LIII/2, Nettetal : Steyler Verlag.

COBLIN W. South (2007). *Modern Chinese phonology: from Guānhuà to Mandarin.* Collection des Cahiers de Linguistique Asie Orientale, no. 11. Paris : Centre de Rescherches Linguistiques sur l' Asie Orientale.

COBLIN W. South (2008). Franz Kühnert and the phonetics of Late Nineteenth century Nankingese. *Journal of the American Oriental Society*, 128(1), pp. 131-137.

COBLIN W. South In press. The phonology of common Yangtze watershed Mandarin.

Gě Jiànxióng 葛剑雄, CÁO Shùjī 曹树基 and WÚ Sōngdì 吴松弟 (1993). *Jiǎnmíng Zhōngguó yímínshǐ* 简明中国移民史 .Fuzhou : Fujian renmin.

Gě Jiànxióng 葛剑雄, CÁO Shùjī 曹树基 and WÚ Sōngdì 吴松弟 (1997). *Zhōngguó yímínshǐ* 中国移民史 .

Six vols. Fuzhou :Fujian renmin.

GĚNG Zhènshēng 耿振生 (2007). *Jìndài Guānhuàyīn yánjiū* 近代官话音研究. Beijing: Yuwen.

HEMELING K. (1907). *Die Nanking Kuanhua.* Göttingen : W. Fr. Kaestner.

KIM Kwangjo (1991). *A phonological study of Middle Mandarin: Reflected in Korean sources of the Mid-15th and Early 16th centuries*. Ann Arbor : UMI Dissertation Services.

KÜHNERT Franz (1898). *Syllabar des Nankingdialektes oder der correkten Aussprache sammt Vocabular.* Wien : Alfred Hölder.

LADEFOGED Peter (1982). *A course in phonetics*. Second Edition. New York, San Diego, London : Harcourt, Brace, Jovanovitch.

LADEFOGED Peter and Ian MADDIESON (1996). *The sounds of the world's languages.* Oxford and Boston : Blackwell.

Lǔ Guóyáo 鲁国尧 (2007). Yánjiū Míngmò Qīngchū Guānhuà jīchǔ fāngyánde èrshíèr nián lìchéng 研究明末清初官话基础方言的廿二年历程. In: G NG (2007). pp. 122-142.

LÙ Zhìwéi 陆志韦 (1947). Jīn Nígé *Xīrú ěrmùzī* suǒ jìde yīn 金尼阁「西儒耳目资」所记的音. *Yānjīng xuébào* 燕京学报 33, pp. 115-128.

LUÓ Chángpéi 罗常培 (1930). Yēsū huìshì zài yīnyùnxué shàng de gòngxiàn 耶稣会士在音韵学上的贡献. *BIHP*, 1, pp.267-338.

MÖLLENDORFF P.G. von (1892). *A Manchu grammar, with analyzed texts*. Shanghai : American Presbyterian Mission Press.

NÍNG Jìfú 宁忌浮 (2003). *Hóngwǔ zhèngyùn* yánjiū 洪武正韵研究. Shanghai : Cishu Chubanshe.

NORMAN Jerry L. (1978). *A concise Manchu-English lexicon*. Seattle : University of Washington Press.

OCHI'AYI Morikazu (1989). Transliterated and reprinted Chinese translation of '*Giyan man han ioi man jeo tao hūwa cing wen kimeng* 兼满汉语满洲套话清文启蒙' (dated in 1761, kept in the Oriental Library, Tokyo), *Studies of Linguistic and Cultural Contacts*, 1, pp.67- 103. (Published by the Institute for the Study of Languages and Cultures of Asia and Africa, Tokyo University of Foreign Studies).

REISCHAUER Edwin O. and John K. FAIRBANK (1960). *East Asia: the great Tradition*. Boston: Houghton Mifflin.

REISCHAUER Edwin O. and John K. FAIRBANK (1965). *East Asia: the modern transformation.* Boston: Houghton Mifflin.

SIMMONS Richard V., SHÍ Rǔjié 石汝杰, and GÙ Qián 顾黔 (2006). Jiāng-Huái *Guānhuà yǔ Wúyǔ biānjiède fāngyán dìlǐxué yánjiū* 江淮官话与吴语边界 的方言地理学研究. Shanghai: Shanghai jiaoyu.

TRIGAULT Nicholas (1626). *Xīrú ěrmùzī* 西儒耳目资. Reprint of the Wénkuítáng 文奎堂. Beijing : Wenkuitang, 1933.

WADE Thomas F. (1867). *A progressive course designed to assist the student of colloquial Chinese as spoken in the capital and the metropolitan department*. London : Trübner & Co.

YU Chang-kyun (1973). *Sa-seong thong-ko or Ssŭ-shêng t'ung-k'ao.* Chinese Materials Research Center, Occasional Series, No. 16. Taipei : Chinese Materials Research Center.

YÙCHÍ Zhìpíng 尉迟治平 (1990). Lǎo Qǐdà Piáo tōngshì yànjiě Hànzìyīn de yǔyīn jīchǔ 老乞大、朴通事谚解汉字音的语音基础 *Yǔyányánjiū* 语言研究, 1, pp. 11-24.

（译者：褚福侠　山东财经大学）

长江流域官话方言共同语音系

近几十年来汉语史学界对南方官话（Yangtze watershed Mandarin）语音研究的兴趣日益增高。新的田野报告与比较语音研究也陆续刊行。本文拟以三种南方官话方言拟音系统，即黄孝、江淮、下江（Lower Watershed，又称南部江淮官话）共同音系方案，来设定一种长江流域共同拟音。这种拟音系统与明初韩国学者记载之官话音系颇有相似之处。将来或许可以供方言学家及历史语音学家参考与研究。

关键词：比较语音构拟，方言史，南方官话方言（Southern Mandarin dialects）

一、介绍

近几十年来汉语史学界对长江流域官话方言（Yangtze watershed Mandarin dialects）语音研究的兴趣日益增高。比方说，史皓元等学者（Simmons et al. 2006: 第一章）最近为长江流域下游地区的方言构拟了一个共同语音系统——南部江淮官话通语（Common Southern Jiāng-Huái）。稍早时候，中部的江淮方言（Central Jiāng-Huái dialects，Coblin 2000；2004）以及西部的黄孝方言（Coblin 2005）也都构拟出了相应的原始系统（proto-systems）。正如作者在另一篇文章中指出的（Coblin 2005：102—104），这些方言本质上都属于所谓长江流域官话方言共同语（Common Yangtze Watershed Mandarin，CYW）的子方言。本文将基于以上三种共同/原始语音系统，即原始黄孝话（Proto-Huáng-Xiào，PHX）、江淮官话共同语（Common Jiāng-Huái，CJH）以及南部江淮官话通语（下文称长江下游流域官话，Lower Yangtze Watershed Mandarin，LYW）进行比较，尝试构拟长江流域官话共同语（CYW）的语音系统。①

在本文的同源字群（cognate sets）中，PHX和CJH的形式均由作者拟定，LYW则引自史皓元等人（Simmons et al. 2006）。在引用LYW形式时，对五种转写符号进行了修

① 所有长江下游流域官话、江淮官话共同语、原始黄孝话的构拟形式主要引自本节中所引用的已出版材料；读者可参考这些材料以获取完整的数据，即每个词的同源字群。为节省篇幅，本文在此不再一一罗列。

改：LYW的韵母-y改写为［ɿ］，即其国际音标（IPA）形式；LYW的合成符-iu-改写为国际音标［y］；韵尾-q改写为国际音标［ʔ］；LYW的-án、-uán简化为-an、-uan；最后，由于LYW中-e的拟定主要是基于方言中韵母为［a］和［ɑ］的音节，因此，本文将其改写为-á，假设其在语音上是一个些许类似a的元音，在系统中与普通的-a（plain-a）对立。每个同源字群中，QYS（Qièyùn System，切韵系统）形式采用的是经李方桂修订的高本汉转写系统。其语音及历史实际不在本文讨论之列，在此列出仅供读者参考。在同源字群中，方言拟音按地理位置自西向东排列，即PHX、CJH、LYW。在史皓元等（Simmons et al. 2006）中，LYW形式未加星号，为保持系统一致，本文一律加星号。构拟的CYW形式加双星号，列在同源词集之首。

二、声母

CYW的声母系统如下：

p	p’	pɦ	m	f	fɦ	v
T	t’	tɦ	n	l		
ts	ts’	tsɦ	s			
tʂ	tʂ’	tʂɦ	ʂ	ʂɦ	ʐ	
k	k’	kɦ	ŋ	x	ɦ	
Ø						

2.1 唇音及唇齿音

2.1.1 CYW**p-。该声母见于以下同源字群中：

běn 本 QYS puən:

CYW**pən上；PHX*pən上；CJH*pən上；LYW*pen3

bǐ 笔 QYS pjet 3

CYW**piʔ阴入；PHX*piʔ入；CJH*piʔ入；LYW*piʔ7

2.1.2 CYW**p’-。该声母如下：

pà 怕 QYS pha-

CYW**p’a阴去；PHX*p’a阴去；CJH*p’a去；LYW*p’a5

2.1.3 CYW**pɦ-。该声母字例如下：

pí 皮 QYS bje 3

CYW**pɦi 阳平；PHX*p'i 阳平；CJH*p'i 阳平；LYW*pɦji2

bái 白 QYS båk

CYW**pɦəʔ 阳入；PHX*p'e 阳去（~*peʔ 入）；CJH*pəʔ 入；LYW*pɦoʔ8

CYW*pɦ- 的构拟主要是基于LYW的拟音形式，而该形式又是基于金沙方言的数据。在金沙方言中，鲍明炜、王均（2002）采用浊音来记录该声母。史皓元等（Simmons 2006）描述其为一种浊流音（murmured）。在金沙材料发表之前，通常认为LYW方言只有两种不同发音方法的声母，即不送气音（plain）和送气音。第三种发音方法，即浊流音的发现对于我们了解官话音系及其语音发展史是一个重要的补充。

2.1.4 CYW**m-。例如：

máo 毛 QYS mâu

CYW**mau 阳平；PHX*mau 阳平；CJH*mau 阳平；LYW*mao2

miàn 面 QYS mjiän-4

CYW**mien 阳去；PHX*mien 阳去；CJH*mien 去；LYW*mien6

2.1.5 CYW**f-。例如：

fā 发 QYS pjwɒt

CYW**faʔ 阴入；PHX*faʔ 入；CJH*faʔ 入；LYW*faʔ7

fēng 蜂 QYS phjwong

CYW**foŋ 阴平；PHX*foŋ 阴平；CJH*foŋ 阴平；LYW*foŋ1

2.1.6 CYW**fɦ-。例如：

féng 缝 QYS bjwong

CYW**fɦoŋ 阴平；PHX*foŋ 阴平；CJH*foŋ 阳平；LYW*fɦoŋ6

fàn 饭 QYS bjwɒn-, bjwån:

CYW**fɦan 阳去；PHX*fan 阳去；CJH*fan 去；LYW*fan6（=fɦan6）

LYW 的拟音得到鲍明炜、王均等（2002：300）金沙方言数据的支持。

2.1.7 CYW**v-。例如：

wén 闻 QYS mjuən

CYW**vən 阳平；PHX*uən 阳平；CJH*uən 阳平；LYW*vuen2~men2

wèn 问 QYS mjuən-

CYW**vən 阳去；PHX*uən 阳去；CJH*uən 去；LYW*ven4

2.2 齿音

2.2.1 CYW**t-。例如：

dōng 东 QYS tung

CYW**toŋ 阴平；PHX*toŋ 阴平；CJH*toŋ 阴平；LYW*toŋ1

duō 多 QYS ta

CYW**to 阴平；PHX*to 阴平；CJH*to 阴平；LYW*tou1

2.2.2 CYW**t'-。例如：

tā 他 QYS thâ

CYW**t'a 阴平；PHX*t'a 阴平；CJH*t'a 阴平；LYW*t'a1

tiān 天 QYS thien

CYW**t'ien 阴平；PHX*t'ien 阴平；CJH*t'ien 阴平；LYW*t'ien1

2.2.3 CYW**tɦ-。例如：

dì 地 QYS di-

CYW**tɦi 阳去；PHX*ti 阳去；CJH*ti 去；LYW*tɦji6

tóu 头 QYS dəu

CYW**tɦəu 阳平；PHX*t'əu 阳平；CJH*t'əu 阳平；LYW*tɦeu2

2.2.4 CYW**n-。例如：

ná 拿 QYS ŋa

CYW**na 阳平；PHX*na 阳平；CJH*na 阳平；LYW*na2

nán 男 QYS nậm

CYW**non 阳平；PHX*non 阳平；CJH*nan 阳平；LYW*nun2

2.2.5 CYW**l-。例如：

lái 来 QYSlậi

CYW**lai 阳平；PHX*lai 阳平；CJH*lai 阳平；LYW*lai2

lǎo 老 QYS lâu:

CYW**lau 上；PHX*lau 上；CJH*lau 上；LYW*lao3

2.3 咝音

2.3.1 CYW**ts-。例如：

zǎo 早 QYS tsâu:

CYW**tsau 上；PHX*tsau 上；CJH*tsau 上；LYW*tsao3

zǒu 走 QYS tsəu:

CYW**tsəu 上；PHX*tsəu 上；CJH*tsəu 上；LYW*tseu3

zhòu 皱 QYS tṣjəu-

CYW**tsəu 阴去~tsiəu 阴去；PHX*tsəu 阴去；CJH*t səu 去；LYW*tsiou5

2.3.2 CYW**ts’-。例如：

cǎo 草 QYS tshâu:

CYW**ts’au 上；PHX*ts’au 上；CJH*ts’au 上；LYW*ts’ao3

cūn 村 QYS tshuən

CYW**ts’uən 阴平；PHX*ts’ən 阴平；CJH*ts’uən 阴平；LYW*ts’en1

2.3.3 CYW**tsɦ-。例如：

cán 蚕 QYS dzậm

CYW*tsɦon 阳平；PHX*ts’on 阳平；CJH*ts’an 阳平；LYW*tsɦyon2

zuò 坐 QYS dzuâ:，dzuâ-

CYW**tsɦo 阳去；PHX*tso 阳去；CJH*tso 去；LYW*tsɦou6

2.3.4 CYW**s-。例如：

sǐ 死 QYS si:

CYW**sɿ 上；PHX*sɿ 上；CJH*sɿ 上；LYW*sɿ3

suàn 算 QYS suân-

CYW**suon 阴去；PHX*suon 阴去；CJH*suon 去；LYW*sun5

shòu 瘦 QYS ṣjəu-

CYW**səu 阴去；PHX*səu 阴去；CJH*səu 去；LYW*seu5

2.4 卷舌音

2.4.1 CYW**tʂ-。例如：

zhǎng 长 QYS ṭjang:

CYW**tʂiaŋ 上；PHX*tʂiaŋ 上；CJH*tʂaŋ 上；LYW*tsaŋ3

zhào 照 QYS tśjäu-

CYW**tʂeu 阴去；PHX*tʂeu 阴去；CJH*tʂau 去；LYW*tsao5

zhǔ 煮 QYS tśjwo:

CYW**tʂy 上；PHX*tɕy 上；CJH*tʂy 上；LYW*tsu3

2.4.2 CYW**tʂ'-。例如：

chē 车 QYS tśhja

CYW**tʂ'ie 阴平~tʂ'ia 阴平；PHX*tʂ'e 阴平~tʂ'ia 阴平；CJH*tʂ'ie 阴平；LYW*ts'á1

chòu 臭 QYS tśhjəu-

CYW**tʂ'əu 阴去；PHX*tʂ'əu 阴去；CJH*tʂ'əu 去；LYW*ts'eu5

2.4.3 CYW**tʂɦ-。例如：

chóng 虫 QYS ḍjung

CYW**tʂɦoŋ 阳平；PHX*tʂ'oŋ 阳平；CJH*tʂ'oŋ 阳平；LYW*tsɦoŋ2

zhàng 丈 QYS ḍjang:

CYW**tʂɦiaŋ 阳去；PHX*tʂiaŋ 阳去；CJH*tʂaŋ 去；LYW*tsɦaŋ6

zhù 柱 QYS ḍju:

CYW**tʂɦy 阳去；PHX*tɕy 阳去；CJH*tʂy 去；LYW*tsɦu6

2.4.4 CYW**ʂ-。例如：

shū 书 QYS śjwo

CYW**ʂy 阴平；PHX*ɕy 阴平；CJH*ʂy 阴平；LYW*su1

shuāng 霜 QYS ṣjang

CYW**ʂaŋ 阴平；PHX*ʂaŋ 阴平；CJH*ʂuaŋ 阴平；LYW*suaŋ1

2.4.5 CYW**ʂɦ-。例如：

shàng 上 QYS źjäng-

CYW**ʂɦiaŋ 阳去；PHX*ʂiaŋ 阳去；CJH*ʂaŋ 去；LYW*sɦaŋ6

shéng 绳 QYS dźjəng

CYW**ʂɦəŋ 阳；PHX*ʂən 阳平；CJH*ʂəŋ 阳平；LYW*sɦen2

shù 树 QYS źju:，źju-

CYW**ʂɦy 阳去；PHX*ɕy 阳去；CJH*ʂy 去；LYW*sɦu6

2.4.6 CYW**ʐ-。例如：

ràng 让 QYS ńźjang-

CYW**ʐiaŋ 阳去；PHX*yaŋ 阳去；CJH*ʐaŋ 去；LYW*ziaŋ6

rén 人 QYS ńźjen

CYW**ʐən 阳平；PHX*yən 阳平；CJH*ʐən 阳平；LYW*zən2

2.5 喉音

2.5.1 CYW**k-。例如：

gāo 高 QYS kâu

CYW**kau 阴平；PHX*kau 阴平；CJH*kau 阴平；LYW*kao1

guān 关 QYS kwan

CYW**kuan 阴平；PHX*kuan 阴平；CJH*kuan 阴平；LYW*kuan1

jī 鸡 QYS kiei

CYW**ki 阴平；PHX*tɕi 阴平；CJH*ki 阴平；LYW*tɕji1

2.5.2 CYW**k'-。例如：

kǒu 口 QYS khəu:

CYW**k'əu 上；PHX*k'əu 上；CJH*k'əu 上；LYW*k'eu3

kuài 块 QYS khuậi-

CYW**k'uai 阴去；PHX*k'uai 阴去；CJH*k'uai 去；LYW*k'uai5

qì 气 QYS khjei-

CYW**k'i 阴去；PHX*tɕ'i 阴去；CJH*k'i 去；LYW*tɕ'ji5

2.5.3 CYW**kɦ-。例如：

qióng 穷 QYS gjung

CYW**kɦioŋ 阳平；PHX*tɕ'ioŋ 阳平；CJH*k'ioŋ 阳平；LYW*tɕɦioŋ2

qún 裙 QYS gjuən

CYW**kɦyn 阳平；PHX*tɕ'yən 阳平；CJH*k'yn 阳平；LYW*tɕ'yen2（=tɕɦyen2）

2.5.4 CYW**ŋ-。例如：

ài 爱 QYS ʔậi-

CYW**ŋai 阴去；PHX*ŋai 阴去；CJH*ŋai 阴去；LYW*ŋai5

wǒ 我 QYS ngâ:

CYW**ŋo 上；PHX*ŋo 上；CJH*ŋo 上；LYW*ŋou3

2.5.5 CYW**x-。例如：

hǎi 海 QYS xậi:

CYW**xai 上；PHX*xai 上；CJH*xai 上；LYW*xai3

huā 花 QYS xwa

CYW**xua 阴平；PHX*xua 阴平；CJH*xua 阴平；LYW*xua1

2.5.6 CYW**ɦ-。例如：

hóng 红 QYS ɣung

CYW**ɦoŋ 阳平；PHX*xoŋ 阳平；CJH*xoŋ 阳平；LYW*ɦoŋ2

xiàn 县 QYS ɣiwen-

CYW**ɦien 阳去；PHX*ɕien 阳去；CJH*xien 去；LYW*ɕɦien6

2.6 零声母。例如：

wáng 王 QYS jwang

CYW**uaŋ 阳平；PHX*uaŋ 阳平；CJH*uaŋ 阳平；LYW*uaŋ2

yóu 油 QYS jiəu

CYW**iəu 阳平；PHX*iu 阳平；CJH*iəu 阳平；LYW*iou2

yǔ 雨 QYS ju:

CYW**y 上；PHX*y 上；CJH*y 上；LYW*y3

yòng 用 QYS jiwong-

CYW**ioŋ阳去；PHX*ioŋ阳去；CJH*ioŋ去；LYW*zioŋ6

该形式的音节，LYW演变出了一个插音声母（intrusive initial）*z-。

róng 容 QYS jiwong

CYW**ion阳平；PHX*ion阳平；CJH*ion阳平；LYW*zion 2

三、韵母

CYW韵母构拟如下：

a	ia	ua	ai	iai	uai	au	iau
an	ian	uan	aŋ	iaŋ	uaŋ		
aʔ	iaʔ	uaʔ					
i	in	iʔ					
y	yn						
ie	ei	uei	yei	eu			
ien	yen						
eʔ	ieʔ	ueʔ					
əu	iəu						
ən	iən	yən	əŋ				
o	ou						
on	uon	yon	oŋ	ioŋ			
oʔ	ioʔ	uoʔ					
ɔʔ	iɔʔ						
ɿ	ɚ						

3.1 含有元音a的韵母

3.1.1 韵母**-a。例如：

tā 他 QYS thâ

CYW**t'a阴平；PHX*t'a阴平；CJH*t'a阴平；LYW*t'a1

mǎ 马 QYS ma:

CYW**ma上；PHX*ma上；CJH*ma上；LYW*ma3

3.1.2 韵母**-ia。例如：

yè 夜 QYS jia-

CYW**ie 阳去~ia 阳去；PHX*ie 阳去~ia 阳去；CJH*ie 去~ia 去；LYW*ia6

jiǎ 假 QYS ka:

CYW**kia 上；PHX*tɕia 上；CJH*kia 上；LYW*tɕia3

3.1.3 韵母**-ua。例如：

guā 瓜 QYS kwa

CYW*kua 阴平；PHX*kua 阴平；CJH*kua 阴平；LYW*kua1

huā 花 QYS xwa

CYW**xua 阴平；PHX*xua 阴平；CJH*xua 阴平；LYW*xua1

3.1.4 韵母**-ai。例如：

lái 来 QYS lậi

CYW**lai 阳平；PHX*lai 阳平；CJH*lai 阳平；LYW*lai2

mǎi 买 QYS mai:

CYW**mai 上；PHX*mai 上；CJH*mai 上；LYW*mai3

3.1.5 韵母**-iai。该韵母基于下类例字而拟定，即在CJH中，出现与-a相对立的文读形式*-iai。而一般情况下，CYW的韵母为**-ai。

jiē 街 QYS kaï

CYW**kiai 阴平~kai 阴平；PHX*kai 阴平；CJH*kiai 阴平~kai 阴平；LYW*kai1

xié 鞋 QYS ɣǎi

CYW**xiai 阳平~xai 阳平；PHX*xai 阳平；CJH*xiai 阳平~xai 阳平；LYW*xai2

3.1.6 韵母**-uai。例如：

kuài 块 QYS khuậi-

CYW**k'uai 阴去；PHX*k'uai 阴去；CJH*k'uai 去；LYW*k'uai5

wài 外 QYS ngwâi-

CYW**vuai 阳去；PHX*uai 阳去；CJH*uai 去；LYW*vuai6

3.1.7 韵母**-au。例如：

gāo 高 QYS kâu

CYW**kau 阴平；PHX*kau 阴平；CJH*kau 阴平；LYW*kao1

lǎo 老 QYS lâu:

CYW**lau 上；PHX*lau 上；CJH*lau 上；LYW*lao3

3.1.8 韵母**-iau。例如：

xiǎo 晓 QYS xieu:

CYW**xiau 上；PHX*ɕieu 上；CJH*xiau 上；LYW*ɕiɔ3

xiǎo 小 QYS sjäu:

CYW**siau 上；PHX*sieu 上；CJH*siau 上；LYW*ɕiɔ3

3.1.9 韵母**-an。例如：

màn 慢 QYS man-

CYW**man 阳去；PHX*man 阳去~man 阴去；CJH*man 去；LYW*man6

shān 山 QYS ṣǎn

CYW**ʂan 阴平；PHX*ʂan 阴平；CJH*ʂan 阴平；LYW*san1

3.1.10 韵母**-ian。例如：

yǎn 眼 QYS ngǎn:

CYW**ian 上~ŋan 上；PHX*ien 上~ŋan 上；CJH*ian 上~ŋan 上；LYW*ŋan3

3.1.11 韵母**-uan。例如：

guān 关 QYS kwan

CYW**kuan 阴平；PHX*kuan 阴平；CJH*kuan 阴平；LYW*kuan1

huán 还 QYS ɣwan

CYW**uan/ɦuan 阳平，PHX*xuan 阳平；CJH*xuan 阳平；LYW*uan2/ɦuan2

3.1.12 韵母**-aŋ。例如：

fàng 放 QYS phjwang-

CYW**faŋ 阴去；PHX*faŋ 阴去；CJH*faŋ 去；LYW*faŋ5

shuāng 霜 QYS ṣjang

CYW**ʂaŋ阴平；PHX*ʂaŋ阴平；CJH*ʂuaŋ阴平；LYW*suaŋ1
shuāng 双 QYS ṣång
CYW**ʂaŋ阴平；PHX*ʂaŋ阴平；CJH*ʂuaŋ阴平；LYW*suaŋ1

3.1.13 韵母**-iaŋ。例如：
xiǎng 想 QYS sjang:
CYW**siaŋ上；PHX*siaŋ上；CJH*siaŋ上；LYW*ɕiaŋ3
zhàng 丈 QYS ḍjang:
CYW**tʂɦiaŋ阳去；PHX*tʂiaŋ阳去；CJH*tʂaŋ去；LYW*tsɦaŋ6

3.1.14 Final*-uan。例如：
huáng 黄 QYS ɣwâng
CYW**ɦuaŋ阳平；PHX*xuaŋ阳平；CJH*xuaŋ阳平；LYW*ɦuan2
wáng 王 QYS jwang
CYW**uaŋ阳平；PHX*uaŋ阳平；CJH*uaŋ阳平；LYW*uaŋ2

3.1.15 韵母**-aʔ。例如：
fā 发 QYS pjwɒt
CYW**faʔ阴入；PHX*faʔ入；CJH*faʔ入；LYW*faʔ7
shā 杀 QYS ṣăt
CYW**ʂaʔ阴入；PHX*ʂaʔ入；CJH*ʂaʔ入；LYW*saʔ7

3.1.16 韵母**-iaʔ。例如：
jiǎ 甲 QYS kap
CYW**kiaʔ阴入~kaʔ阴入；PHX*tɕiaʔ入~kaʔ入；CJH*kiaʔ入~kaʔ入；LYW*tɕiaʔ7
yā 鸭 QYS ʔap
CYW**iaʔ阴入~ŋaʔ阴入；PHX*iaʔ入~ŋaʔ入；CJH*iaʔ入~ŋaʔ入；LYW*ŋaʔ7

3.1.17 韵母**-uaʔ。例如：
guā 刮 QYS kwat
CYW**kuaʔ阴入；PHX*kuaʔ阴入；CJH*kuaʔ入；LYW*kuaʔ7

3.2 含有元音i的韵母

3.2.1 韵母 **-i。例如：

dì 地 QYS di-

CYW**tɦi 阳去；PHX*ti 阳去；CJH*ti 去；LYW*tɦji6

mǐ 米 QYS miei:

CYW**mi 上；PHX*mi 上；CJH*mi 上；LYW*mji3

shì 是 QYS je:

CYW**ʂɦi 阳去；PHX*ʂʅ 阳去；CJH*ʂi 去；LYW*sɦʅ6

zhī 之 QYS tśï

CYW**tʂi 阴平；PHX*tʂʅ 阴平；CJH*tʂi 阴平；LYW*tsʅ1

3.2.2 韵母 **-in。以下例子中，CJH 中的韵尾 *-N 是一种发音部位不明的鼻音。本文 CYW 的构拟是基于 PHX、LYW 的发音。例如：

lín 林 QYS ljəm

CYW**lin 阳平；PHX*lin 阳平；CJH*liN 阳平；LYW*lin2

lǐng 领 QYS ljäng:

CYW**lin 上；PHX*lin 上；CJH*liN 上；LYW*lin3

3.2.3 韵母 -iʔ。例如：

bí 鼻 QYS bi-4

CYW**pɦiʔ 阳入；PHX*p’i 33 阳去（~piʔ 入）；CJH*piʔ 入；LYW*pɦiʔ8

bǐ 笔 QYS pjet3

CYW**piʔ 阴入；PHX*piʔ 入；CJH*piʔ 入；LYW*piʔ7

3.3 含有元音u的韵母

3.3.1 韵母 **-u。例如：

fǔ 斧 QYS pju:

CYW**fu 上；PHX*fu 上；CJH*fu 上；LYW*fu3

lù 路 QYS luo-

CYW**lu 阳去；PHX*lu 阳去；CJH*lu 去；LYW*lu5

3.3.2 韵母**-uʔ。例如：

liù 六 QYS ljuk

CYW**luʔ阳入；PHX*luʔ入；CJH*loʔ入；LYW*loʔ8

mù 木 QYS muk

CYW**muʔ阳入；PHX*muʔ入；CJH*moʔ入；LYW*moʔ8

zhú 竹 QYS tjuk

CYW**tʂuʔ阴入；PHX*tʂuʔ入；CJH*tʂoʔ；LYW*tsuʔ7

3.4 含有元音 y 的韵母

3.4.1 韵母**-y

xǔ 许 QYS xjwo:

CYW**xy上；PHX*ɕy上；CJH*xy上；LYW*ɕy3

yǔ 雨 QYS ju:

CYW**y上；PHX*y上；CJH*y上；LYW*y3

shū 书 QYS śjwo

CYW**ʂy阴平；PHX*ɕy阴平；CJH*ʂy阴平；LYW*sul

3.4.2 韵母**-yn。例如：

qún 裙 QYS gjuən

CYW**kɦyn阳平；PHX*tɕ'yən阳平；CJH*k'yn阳平；LYW*tɕ'yen2

yún 云 QYS juən

CYW**yn阳平；PHX*yən阳平；CJH*yn阳平；LYW*yuen2

3.5 含有元音 e 的韵母

3.5.1 韵母**-ie。例如：

chē 车 QYS tśhja

CYW**tʂ'ie阴平~tʂ'ia阴平；PHX*tʂ'e阴平~tʂ'ia阴平；CJH*tʂ'ie阴平；LYW*ts'á1

yè夜 QYS jia-

CYW**ie阳去~ia阳去；PHX*ie阳去~ia阳去；CJH*ie去~ia去；LYW*ia6

3.5.2 韵母**-ei。例如：

bèi 背 QYS puậi-

CYW**pei 阴去；PHX*pi 阴去；CJH*pəi 去；LYW*pei5

mèi 妹 QYS muậi-

CYW**mei 阳去；PHX*mi 阳去~mi 阴去；CJH*məi 去；LYW*mei6

3.5.3 韵母 **-uei。例如：

guǐ 鬼 QYS kjwei:

CYW**kuei 上；PHX*kuei 上；CJH*kuəi 上；LYW*kuei3

huì 会 QYS ɣuâi-

CYW**ɦuei 阳去；PHX*xuei 阳去；CJH*xuəi 去；LYW*ɦuei6

3.5.4 韵母 **-yei。例如：

chuī 吹 QYS tśhjwe

CYW**tʂ'yei 阴平（~tɕ'y 阴平）；PHX*tɕ'yei 阴平~tɕ'y 阴平；CJH*tʂ'uəi 阴平；LYW*tɕ'yeil

shuǐ 水 QYS św i:

CYW**ʂyei 上（~ʂy 上）；PHX*ɕyei34 上~ɕy 上；CJH*ʂuəi 上；LYW*suei3

3.5.5 韵母 **-eu。例如：

shāo 烧 QYS śjäu

CYW**ʂeu 阴平；PHX*ʂeu 阴平；CJH*ʂau 阴平；LYW*saol

zhào 照 QYS tśjäu-

CYW**tʂeu 阴去；PHX*tʂeu 阴去；CJH*tʂau 去；LYW*tsao5

3.5.6 韵母 **-ien。例如：

jiàn 见 QYS kien-

CYW*kien 阴去；PHX*tɕien 阴去；CJH*kien 去；LYW*tɕien5

miàn 面 QYS mjiän-4

CYW**mien 阳去；PHX*mien 阳去；CJH*mien 去；LYW*mien6

3.5.7 韵母 **-yen。例如：

quàn 劝 QYS khjwɒn-

CYW**k'yen 阴去；PHX*tɕ'yen 阴去；CJH*k'yen 去；LYW*tɕ'yan5

yuǎn 远 QYS jwɒn:

CYW**yen 上；PHX*yen 上；CJH*yen 上；LYW*yan3

3.5.8 韵母 **-eŋ。例如：

lěng 冷 QYS lɒng:

CYW**leŋ 上；PHX*len 上；CJH*ləŋ 上；LYW*len3

shēng 生 QYS ṣɒng

CYW**seŋ 阴平；PHX*sen 阴平；CJH*səŋ 阴平；LYW*sen1

3.5.9 韵母 **-eʔ。例如：

é 额 QYS ngɒk

CYW**ŋeʔ 入；PHX*ŋeʔ 入；CJH*əʔ 入；LYW*ŋeʔ8

3.5.10 韵母 **-ieʔ。例如：

chī 吃 · 喫 QYS（khjət），khiek

CYW**tʂ'ieʔ 阴入~*k'ieʔ 阴入（？）；PHX*tɕ'iʔ 入；CJH*tʂ'iʔ 入~*k'iʔ 入；LYW*tshieʔ7

lì 立 QYS ljəp

CYW**lieʔ 入；PHX*liʔ 阳入；CJH*liʔ 入；LYW*lieʔ8

3.5.11 韵母 **-ueʔ。例如：

guó 国 QYS kwək

CYW**kueʔ 阴入；PHX*kueʔ 入；CJH*kuəʔ 入；LYW*koʔ7

3.6 含有元音 ə 的韵母

3.6.1 韵母 **-əu。例如：

shǒu 手 QYS śjəu:

CYW**ʂəu 上；PHX*ʂəu 上；CJH*ʂəu 上；LYW*seu3

tóu 头 QYS dəu

CYW**tɦəu 阳平；PHX*t'əu 阳平；CJH*t'əu 阳平；LYW*tɦeu2

3.6.2 韵母 **-iəu。例如：

jiǔ 酒 QYS tsjəu:

CYW**tsiəu上；PHX*tsiu上；CJH*tsiəu上；LYW*tsiou3

yǒu 有 QYS jəu:

CYW**iəu上；PHX*iu上；CJH*iəu上；LYW*iou3

3.6.3 韵母**-ən。例如：

mén 门 QYS muən

CYW**mən阳平；PHX*mən阳平；CJH*mən阳平；LYW*men

shén 神 QYS dźjen

CYW**ʂɦən阳平；PHX*ʂən阳平；CJH*ʂən阳平；LYW*sɦen2

3.6.4 韵母**-uən。例如：

cūn 村 QYS tshuən

CYW**ts'uən阴平；PHX*ts'ən阴平；CJH*ts'uən阴平；LYW*ts'en1

3.6.5 韵母**-yən。例如：

shùn 顺 QYS dźjuen-

CYW**ʂyən阳去；PHX*ɕyən阳去；CJH*ʂuən去；LYW*suen6

3.6.6 韵母**-əŋ。例如：

shéng 绳 QYS dźjəng

CYW**ʂɦəŋ阳；PHX*ʂən阳平；CJH*ʂəŋ阳平；LYW*sɦen2

3.6.7 韵母**-əʔ。例如：

bái 白 QYS båk

CYW**pɦəʔ阳入；PHX*p'e阳去（~*peʔ入）；CJH*pəʔ入；LYW*pɦoʔ8

shí 石 QYS źjäk

CYW**ʂɦəʔ阳入；PHX*ʂʅ阳去；CJH*ʂəʔ入；LYW*sɦeʔ8

3.6.8 韵母**-iəʔ。例如：

jié 节 QYS tsjet

CYW**tsiəʔ阴入；PHX*tsieʔ入；CJH*tsiəʔ入；LYW*tɕiʔ7

3.6.9 韵母**-uəʔ。例如：

bù 不 QYS pjəu，pjəu:，pjəu-，pjuət

CYW**puəʔ阴入；PHX*puʔ入；CJH*puʔ入；LYW*peʔ7

gǔ 骨 QYS kuət

CYW**kuəʔ阴入；PHX*kuʔ入；CJH*kuʔ入；LYW*kueʔ7

3.6.10 韵母**-yəʔ。例如：

yuè 月 QYS ngjwɒt

CYW**yəʔ阳入；PHX*yeʔ入；CJH*yəʔ入；LYW*yʔ8

3.7 含有元音o的韵母

3.7.1 韵母**-o。例如：

duō 多 QYS tâ

CYW**to阴平；PHX*to阴平；CJH*to阴平；LYW*tou1

hé 河 QYS ɣâ

CYW*ɦo阳平；PHX*xo阳平；CJH*xo阳平；LYW*ɦou2

3.7.2 韵母**-ou。例如：

mǔ 母 QYS məu:

CYW**mou上；PHX*mu上；CJH*mu上；LYW*mou3

3.7.3 韵母**-on。例如：

gān 干 QYS kân

CYW**kon阴平；PHX*kon阴平；CJH*kan阴平；LYW*kun 1

bàn 半 QYS puân-

CYW**pon阴去；PHX*pen阴去（~*pon阴去）；CJH*puon去；LYW*pun5

3.7.4 韵母**-uon。例如：

duǎn 短 QYS tuân

CYW**tuon上；PHX*tuon上；CJH*tuon上；LYW*tun3

guān 官 QYS kuân

CYW**kuon阴平；PHX*kuon阴平；CJH*kuon阴平；LYW*kunl

3.7.5 韵母 **-yon。例如：

chuán 船 QYS djwän

CYW**tʂɦyon 阳平；PHX*tɕ'yen 阳平；CJH*tʂ'yon 阳平；LYW*tsɦyon2

zhuān 砖 QYS tśjwän

CYW**tʂyon 阴平；PHX*tɕyen 阴平；CJH*tʂyon；LYW*tsyonl

ruǎn 软 QYS ńźjwän:

CYW**ʐyon 上；PHX*yen 上；CJH*ʐuon 上；LYW*zun3

3.7.6 韵母 **-oŋ。例如：

dōng 东 QYS tung

CYW**toŋ 阴平；PHX*toŋ 阴平；CJH*toŋ 阴平；LYW*toŋl

mèng 梦 QYS mjung-

CYW**moŋ 阳去；PHX*moŋ 阳去；CJH*moŋ 去；LYW*moŋ6

3.7.7 韵母 **-ioŋ。例如：

qióng 穷 QYS gjung

CYW**kɦioŋ 阳平；PHX*tɕ'ioŋ 阳平；CJH*k'ioŋ 阳平；LYW*tɕɦioŋ2

yòng 用 QYS jiwong-

CYW**ioŋ 阳去；PHX*ioŋ 阳去；CJH*ioŋ 去；LYW*zioŋ6

3.7.8 韵母 **-oʔ。例如：

gē 割 QYS kât

CYW*koʔ 阴入；PHX*koʔ 入；CJH*koʔ；LYW*koʔ7

shóu 熟 QYS juk

CYW**ʂɦoʔ 阳入；PHX*ʂəu 阳去；CJH*ʂoʔ 入；LYW*sɦoʔ8

3.7.9 韵母 **-ioʔ。例如：

ròu 肉 QYS ńźjuk

CYW**ʐioʔ 入；PHX*yuʔ 入；CJH*ʐoʔ 入；LYW*zioʔ8

3.7.10 韵母 **-uoʔ。例如：

tuō 托 QYS t'âk

CYW**t'uoʔ入；PHX t'oʔ入；CJH*t'uoʔ入；LYW*t'uoʔ7

3.8 含有元音ɔ的韵母

3.8.1 韵母**-ɔʔ。例如：

bó 薄 QYS bâk

CYW*pɦoʔ入；PHX*p'o阳去（~poʔ入~p'oʔ入）；CJH*pɑʔ入；LYW*pɦuoʔ8

luò 洛 QYS lâk

CYW**loʔ入；PHX*loʔ入；CJH*lɑʔ入；LYW*luoʔ7

3.8.2 韵母**-iɔʔ。例如：

xué 学 QYS ɣa(k

CYW**ɦiɔʔ阳入；PHX*ɕio阳去；CJH*xiɑʔ入；LYW*ɦuoʔ8，亦*ɦiaʔ

yào 药 QYS jiak

CYW**iɔʔ阳入；PHX*ioʔ入；CJH*iɑʔ入；LYW*iaʔ8

3.9 韵母**–ɿ。例如：

cì 刺 QYS tshje-

CYW**ts'ɿ阴去；PHX*ts'ɿ阴去；CJH*ts'ɿ去；LYW*ts'ɿ5

sǐ 死 QYS si:

CYW**sɿ上；PHX*sɿ上；CJH*sɿ上；LYW*sɿ3

3.10 儿化音节**ɚ。例如：

ěr 耳 QYS ńźï:

PYW**ɚ上；PHX*ɚ上；PJH*ɚ上；LYW*ər3

èr 二 QYS ń źï-

PYW**ɚ阳去；PHX*ɚ阳去；PJH*ɚ去；LYW*ər6

四、声调

CYW共拟定7个声调，如下：

1.阴平。例如：

chuān 穿 QYS tśhjwän

CYW**tʂ'yon 阴平；PHX*tɕ'yen 阴平；CJH*tʂ'y on 阴平；LYW*ts'yon1

duān 端 QYS tuân

CYW**tuon 阴平；PHX*tuon 阴平；CJH*tuon 阴平；LYW*tun1

2. 阳平。例如：

cháng 尝 QYS źjang

CYW**ʂɦiaŋ 阳平 ~tʂɦiaŋ 阳平；PHX*ʂiaŋ 阳平；CJH*tʂ'aŋ 阳平；LYW*sɦaŋ2~tsɦaŋ2

hóng 红 QYS ɣung

CYW**ɦoŋ 阳平；PHX*xoŋ 阳平；CJH*xoŋ 阳平；LYW*ɦoŋ2

3. 上声。例如：

cǎo 草 QYS tshâu:

CYW**ts'au 上；PHX*ts'au 上；CJH*ts'au 上；LYW*ts'ao3

děng 等 QYS təng:

CYW**təŋ 上；PHX*ten 上；CJH*təŋ 上；LYW*ten3

4. 阴去。例如：

ài 爱 QYS ʔậi-

CYW**ŋai 阴去；PHX*ŋai 阴去；CJH*ŋai 去；LYW**ŋai5

bàn 半 QYS puân-

CYW**pon 阴去；PHX*pen 阴去（~*pon 阴去）；CJH*puon 去；LYW*pun5

5. 阳去。例如：

dì 弟 QYS diei:

CYW**tɦi 阳去；PHX*ti 阳去；CJH*ti 去；LYW*tɦji6

dòng 动 QYS dung:

CYW**tɦoŋ 阳去；PHX*toŋ 阳去；CJH*toŋ 去；LYW*tɦoŋ6

6. 阴入。例如：

běi 北 QYS pək

CYW**pəʔ 阴入；PHX*peʔ 入；CJH*pəʔ 入；LYW*poʔ7

chā 插 QYS tʂặ'ap

CYW**tʂ'aʔ阴入；PHX*tʂ'aʔ入；CJH*tʂ'aʔ入；LYW*ts'aʔ7

7. 阳入。例如：

bái 白 QYS bɐ̊k

CYW**pɦəʔ阳入；PHX*p'e阳去（~*peʔ入）；CJH*pəʔ入；LYW*pɦoʔ8

shí 石 QYS źjäk

CYW**ʂɦəʔ阳入；PHX*ʂɿ阳去；CJH*ʂəʔ入；LYW*sɦeʔ8

五、对今后思考和研究方向的建议①

对CYW拟音系统的时间维度进行研究是非常有意义的。其中的一个可能是靖康之变后的移民潮（1126—约1250），当时大量北方难民涌入江淮一带，即今天长江流域官话方言通行的地区。如果这个假设成立，那么也将对与之毗邻的赣语、湘语的研究具有重要意义，因为方言接触的关系，这些方言很可能受到过长江流域官话方言的大量影响。CYW系统也可以用来解释长江流域通语语音系统的形成和演变方式，这对于早期官话历史的研究具有重要的意义。但由于构拟的数据来源有限，因此CYW系统目前只是一个基本框架。希望将来系统中的空白能够得到填补，使我们对CYW拟音系统有更细致深入的认识。

参考文献

Bào, Míngwěi (鲍明炜), and Wáng Jūn (王均), et al. 2002. *Nántōng dìqū fāngyán yánjiū* [南通地区方言研究]. Nanking: Jiangsu jiaoyu.

Coblin, W. South. 2000. The phonology of Proto-Central Jiāng-Huái: An exercise in comparative reconstruction. In *In Memory of Professor Li Fang-Kuei: Essays of Linguistic Change and the Chinese Dialects*, 73-140. Taipei and Seattle:Academia Sinica and the University of Washington.

Coblin, W. South. 2004. Towards a Common Jiāng-Huái Sound System. In *Studies on Sino-Tibetan Languages–Papers in Honor of Professor Hwang-Cherng Gong on His Seventieth Birthday, Language and Linguistics* Monograph Series No. W-4:745-767. Taipei: Institute of Linguistics, Academia Sinica.

① 该部分的写作意图并不是回顾或总结上文得出的结论，因为读者们只要细加查阅，结论不言自明。此处的主要目的在于指出长江流域官话共同语音系统的构拟对于相关领域进一步研究的启示和价值。

Coblin, W. South. 2005. *Comparative Phonology of the Huáng-Xiào Dialects*. Language and Linguistics Monograph Series No. A-13. Taipei: Institute of Linguistics, Academia Sinica.

Simmons, Richard V., Shí Rǔjié (石汝杰), and Gù Qián (顾黔). 2006. *Jiāng-Huái Guānhuà yǔ Wúyǔ biānjiède fāngyán dìlǐxué yánjiū* [江淮官话与吴语边界的方言地理学研究]. Shanghai: Shanghai jiaoyu.

（译者：单秀波　河北师范大学文学院）

现代汉语的语音体系[①]

——从官话到普通话

第一部分　关于官话南音的性质与起源的思考

一、引言

1.1 明清时期，国家通用语被称为官话。20世纪早期，中国人和西方汉学家都相信官话的语音体系源自北京方言，因为很长一段时期北京是国家的首都。过去十年我们已经看到，或者说这种观点已经改变，现在已经意识到在明清的大部分时间里官话（下文简称GH）语音体系的首选方式是起源于长江流域（Yangtze watershed）（李新魁1980；鲁国尧1985；Yang 1989；Coblin 1997）。除此之外，官话语音体系中还有一小部分显著的北音特征。传统语文学家已经比较清楚这种不同。他们把南方类型的发音叫作南音，北方类型的发音叫作北音。目前出现了专门讨论南音的论文。

很明显，在字母来源方面，南音系统是唯一的代表。我们并没有重建它，相反，我们从保存下来的正字法中能很容易观察到它。实际上，南音似乎是一个已经解决了的问题，需要我们继续处理的问题很少，而不需要再去关注它、研究它，正如它在资料中出现的一样。但是这也不完全是事实。因为在早期阶段有两种不同类型的南音，这是已经被证实了的，同时期存在，被同样的人使用。这是为什么呢？这两种不同的南音系统从何而来？如果我们希望真正解决南音的特征究竟起源于何时，这些问题都需要去验证。

1.2 首先，我们要简短回顾一下我们所使用的资料。最古老的官话语音资源始于1450年，保存在朝鲜汉学家、语言学家申叔舟（1417—1475）的谚文字母所记录的资料里。

---

① 本文原刊于《东亚语言学汇编》（第十一集），巴黎：高等社会科学院，东亚语言研究中心，2007年。

他编纂该书的目的就是为朝鲜王朝通事馆转录精确的汉语口语语音，以便作为汉语研究的语料。最终，申叔舟收集的基础语料被官方编纂为汉语词典《洪武正韵》(1375年出版)。[①]在这本词典里，他确定官话发音人的标准是能够尽可能区别所有的声母和韵母的发音类型。诱发式语音是形成申叔舟字母转译的基础。最终，他挑选的主要发音代表是明朝官员倪谦（1415—1479）。倪谦1450年[②]因为外交事务曾经访问朝鲜。根据倪谦的发音诱发出的语音类型，申叔舟称之为“正音”（Standard Reading, 简称SR），正音实际上就是当时称呼正确的、标准的纯正发音的术语。然而，不久之后对申叔舟和他的合作者来说，这一点更明确，当官话实际上成为中国文人官员的语言之后，有些字的发音并不是倪谦从词典中所读出来的字的发音。学习官话的朝鲜学生一定也意识到了这种不同。当他们说话的时候，他们一定要用常用的语音形式。当他们大声阅读或朗诵文章的时候，或者听文人诵读的时候，他们对词典的读音（即SR“正音”）也一定熟悉，并不是所有的音节都有词典音和口语音的不同。但是当这两种类型都存在的时候，必须考虑到这个事实。申叔舟将这种口头形式（与词典中的正音SR相反）的语音称为“俗音”（Popular Reading，简称PR）。[③]申叔舟与他的合作者是从流放辽东的官员黄瓒那里调查出了大部分俗音。

倪谦祖籍杭州，但是在南京出生、长大。黄瓒是吉州人（今江西吉安地区）。这两个人都在南京朝廷任职多年。我们有理由认为他们非常熟悉南音系统。申叔舟通过调查倪谦的语音而撰写的著作是在有限的几周之内完成的，也就是在倪谦因为外交事务旅居朝鲜期间，但是他们一起度过的时间，大概也足够让申叔舟从倪谦那里得到关于《洪武正韵》中同音异形异义字组[④]的口语读音。申叔舟与黄瓒一起度过的时间相对宽松一些。因为他们见面的次数不少于13次，不断地检验、再检验从黄瓒那里得到的资料。当时从朝鲜可以相对自由地进入辽东（与此相反，对于北京和其他地方的人来说，那时去朝鲜则需要特殊的旅行许可）。在黄瓒政治流放期间，不需要按照这个要求去做，这样他可以很好地了解这些既定访问者的不同。在任何情况下，我们都可以认定申叔舟有足够的时间

---

① 关于这部著作的历史、性质和价值，请参阅Chou（1989）。

② 关于此人的生活，请参阅Goodridge（1976:vol. II, pp. 1088-1090）。作为申叔舟的主要被调查人，对于他的作用的讨论，请参阅尉迟治平（1990）。

③ 这里不应按照字面意思理解为粗俗的或者方言的音，只是意味着他们是与相应的词典正音不同的官话口语音。

④ 尉迟治平（1990）讲述了申叔舟著作中关于引证来源历史的解释。倪谦和申叔舟后来彼此欣赏。倪谦在朝鲜旅行的日记（《朝鲜纪事》，百部丛书集成等）提到很多他们一起沉浸于诗歌妙语中的场景。倪谦也评价了他们开始相互常规审视这一点（p.8b），从那时起，每日饭后申叔舟将书籍摆放到几案上，开始讲校具体的音韵疑义。

和黄瓒探讨纷繁难懂的俗音系统。

我们能搜集到的申叔舟早期南音的资料如下：

（1）正音（SR）（a）《洪武正韵释训》，成书于1455年。（b）《四声通考》成书于1450年，已佚失，其拼读音保存在成书于1517年的《四声通解》里，该书由崔世珍（1467—1542）①编纂。

（2）俗音（PR）：保存在《洪武正韵释训》和《四声通解》里。

（3）所谓左音（Left Readings，简称LR），保存在崔世珍的《翻译老乞大》和《翻译朴通事》里，这些文献中的“左音”通常认为来自申叔舟，像俗音一样，代表口语官话系统（Kim，1991）。左音和俗音一起作为官话通语系统的代表。

申叔舟的正字法形式引自金光洙（Kim 1991）和远藤光晓（Endo 1990）。朝鲜拼读的直译是遵循金光洙，除了 *-ju-* 在大部分情况下被译为［y］；*-i-* 读作［ə］。为左音设计声调的读法是在音节左边加点：无点=平声，一个点=去声和入声，两个点=上声。

至于明朝后期和清朝的南音发音，我们一定要使用西方字母的资源。这些显然代表了单一的、相当同质的系统。这些资料如下所示：

A.明代后期

1）利玛窦②（1552—1610）用罗马字记录的中国文章，写于他去世之前的十年之间。这些资料保存在《西字奇迹》中流传至今。

2）金尼阁（1577—1628）编纂的《西儒耳目资》，收录了大量的官话音节，1626年成书。

B.清代早期

1）万济国，《华语官话语法》，广东，1703年。该书实际上是1684年完成于福州，记录了清代早期的官话语法。柯蔚南和利维（Coblin and Levi 2000）曾引用。其中一些特殊的语法形式带有前缀的缩写为“Fr.”（Francophone），对万济国的官话词汇手稿资料是一个有益的补充，后来被译为《华语官话词典》。这本书的版本被柏林德国国家图书馆和伦敦的大英博物馆收藏。经辨别其中的条目等同于加上“Voc.”

2）马若瑟，《汉语札记》是一本完成于1730年的汉语官话语法著作。语料主要来自1893年的印刷版和1831年早期印刷的第二版。

---

① 崔世珍的生卒年月，尤其他的出生日期，对于历史学家来说至今都难以确定。这个问题最近因为1999年崔世珍墓碑的发现而得到解决。我要向Akihiro Furuya教授表达我的感谢，正是他的热心让我得以读到Kim的文章。

② 原文将此文献信息置于正文之中，为保持正文连贯性，移至此脚注。原文作：“请参阅利玛窦《西字奇迹》1606，北京再版，1957。”——译者

C.清代中期

1）马礼逊,《华英字典》三部分，澳门和伦敦,1815—1822；第二部分，第2卷:《五车韵府》，按照字母顺序编排（1820）。

2）卫三畏,《英华韵府历阶》，澳门，1844。

为了适用于传统音系学的目录，我们加入《切韵》音系（QYS）的形式作为例证。《切韵》拼写根据高本汉的形式，与李方桂修订的相同。下文我们将谈及官话正字法，必要的时候用方括号对语音进行解释。

二、正文

正如我们上文所提到的，倪谦和黄瓒是受过教育的中国官员，他们的官话发音可能代表了15世纪中期在南京朝廷的语音。正音（SR）很明确是基于词典的读音，而俗音/左音系统实际上只在官话口语中使用。在许多情况下，两种类型是相同的，但是也有不同的情况。我们这里所关注的是这些相似之处和不同之处的相互作用。两个系统点对点的比较超出了目前研究的范围。相反，我们要仔细检查四个音韵学上的特征，两个音节的声母和两个韵母。每种情况都通过对比明代早期和明代后期/清代的对应形式。然后我们用现代方言的资料去支撑解决在对比中出现的问题。

2.1 音节中的声母用例

2.1.1 带有*ŋy*的音节

正音系统在大部分元音之前可以出现*ŋ*-。本章我们将关注声母出现在韵母-*y*之前的情况。

yú 鱼 QYS ngjwo

明代早期：申叔舟 SR ŋy（平）；PR—；LR ŋy

明代晚期：利玛窦—；金尼阁 iụ［y］

清代早期：万济国 iû［y］；马若瑟 iù［y］

yǔ 语 QYS ngjwo

明代早期：申叔舟 SR ŋy（上）；PR—；LR :ŋy

明代晚期：利玛窦—；金尼阁 iụ［y］

清代早期：万济国 iù（Voc.）［y］；马若瑟 iù［y］

带着这些例子我们可以比较下列正音系统有零声母的情况：

yú 余(餘) QYS jiwo

明代早期：申叔舟 SR y［平］；PR— ；LR y

明代晚期：利玛窦—; 金尼阁 iû̩［y］

清代早期：万济国 iû̩［y］；马若瑟 iū［y］

yǔ 雨 QYS ju:

明代早期：申叔舟 SR y（上）；PR— ；LR :y

明代晚期：利玛窦 yù［y］；金尼阁 iù̩［y］

清代早期：万济国 iù̩［y］；马若瑟 iù［y］

从这个资料我们看到，在正音和俗音/左音两个系统里，声母*ŋ-*在韵母*-y*前面被保存下来。但是在后来的官话时期，声母不再显现，这一类型与早期官话时期带有零声母的音节是同音的。评价这一现象时，从长江流域的汉语方言作为立足点去检验它是非常有意思的事情。长江流域汉语方言的音系被认定有南音语音植根其中。完成此工作的途径之一就是基于我们所讨论的利用比较构拟的方法。这里我们将尝试使用三个为解决方言问题所形成的通用或者说原始的系统，对于包含南京地区分水岭的中心部分，我们采用原始中部江淮官话（Proto-Central Jiāng-Huái，简称PCJH），正如柯蔚南（Coblin 2000）所构拟的那样。至于向长江上游或者向西的部分，我们称为原始黄孝话（Proto-Huáng-xiào，简称PHX）。正如柯蔚南（ms.）中所构拟的那样。向东或者向下游的地区，使用“原始南部江淮官话”（Common Southern Jiāng-Huái，简称CSJH）系统对我们更有利。最近史皓元先生（Simmons ms.）[①]介绍过这个系统。比较这三个主要的系统，构拟一个古老而深远的长江流域通音系统（Common Yangtze Watershed，简称CYW）是可行的。不可否认，在某种程度上，这个系统还不够成熟，尽管如此，我们仍要尝试去预测这一类型，作为我们比较方法的一部分。下面我们就来检验以上述这四个地区为例所构拟的模式。

yú 鱼 QYS ngjwo

PCJH *y[阳平]

PHX * ŋy[阳平]

CSJH *y[阳平]

① 除了这篇文章之外，史皓元先生还将他引用的例证资料提供给我，对我帮助很大，比如这里引用的对比构拟的其他类型，IPA［y］被替换为他的正字法 **iu*，特此致谢。

CYW ** ŋy阳平或者ŋy阳平（在阳平调里：阳平）

yǔ 语 QYS ngjwo

PCJH *y上

PHX * ŋy上

CSJH（*y上）[8]

CYW ** ŋy上或者*ŋy阳平（在上声调里：上声）

yú 余（餘）QYS ju

PCJH *y阳平

PHX *y阳平

CSJH（*y阳平）

CYW **y阳平或者ŋy阳平（在阳平调里：阳平）

yǔ 雨 QYS ju

PCJH *y上

PHX *y上

CSJH *y上

CYW **y上（在上声调里：上声）

从这些资料，我们注意到明代早期官话的形式与我们还原构拟的古老的方言形态是一致的，例如长江流域的通用语言，与俗音/左音形式在这里完全一致。到明代后期和清代早期他们原有的声母区别消失。这之后的阶段与长江流域方言的复杂性保持一致，此种方言以构拟原始中部江淮官话为代表。一个有意思的现象是，原始黄孝方言的资料所代表的上游区域很好地复制了古老官话资料的结构基础。对于这一点，关于官话资料最简单的结论是我们拥有直接历史演变的例证。古老的官话形式以一种单一的发展序列重现了早期阶段，而后一个则显示出进化了的阶段。但是黄孝方言的证据如何适用于这个图还是一个疑问。我们要得出一个结论应该验证更多的资料。将这些观察记在心里，我们来进入下一系列的对比。

2.1.2 音节*ruì*锐

下列资料显示了这个音节在各种官话类型中的形式：

ruì 锐 QYS jiwäi

明代早期：申叔舟 SR uj（去）；PR ruj；LR—

明代后期：利玛窦—；金尼阁 júi［ʐui］

清代早期：万济国 júy（Voc.）［ʐui］；马若瑟—

清代中期：马礼逊 juy［ʐui］；卫三畏 jui^6［ʐui］

这里的形式有零声母。相反，俗音的形式有 *r-*，用 ʐ- 代表的相同的声母出现在官话资料的后期。对于这一点，我们现在可以通过比较得到构拟的方言通音形式。

PCJH $*ʐuəi^{去}$

PHX $*yei^{阴去}$

CSJH（$*zuei^{阳去}$）

CYW $**yei^{tone?}$

原始黄孝方言有零声母，在这一点上与正音（SR）一致。原始中部江淮官话和原始南部江淮官话有擦音声母，这是俗音和后期官话形式的一个特征。长江流域的通音形式很难完全构拟，但是可以还原为零声母的形式。正音（SR）与古老方言层是一致的。这个例子与前文2.1.1讨论的例子有所不同。从目前的例子，我们看到正音和俗音/左音阅读系统之间有一个断层，正音清楚地显示了一个更古老的形式①，而俗音似乎是更晚一些的读音，是一种进化了的类型，有辅音声母侵入的表现。但是这两种情况在申叔舟时代是同时存在的，在语音发展的一般链条中，作为不同的阶段，对此不容易做出解释。俗音与原始中部江淮官话十分接近，可认为同属一系，而正音则与黄孝方言比较一致。由此我们能看到什么？我们要寻求一个研究的结果，可以做此判断。

2.2 音节中的韵母举例

2.2.1 现代标准语的音节类型 *zhuāng*、*chuāng*，等等

与 *zhuāng* 相对应的官话音节举例：

zhuāng 妆 QYS tṣjang

明代早期：申叔舟 SR tʂaŋ（平）；PR tʂwaŋ; LR tʂwaŋ

① 比如，对比13世纪中期八思巴字和中文正字法的对译，*ywi*（去）［yi］，当然，在《切韵》系统中也是零声母。

明代后期：利玛窦—；金尼阁 chuām, choām［tʂuaŋ］
清代早期：万济国 choāng（Voc.），［tʂuaŋ］；马若瑟 tchouāng［tʂuaŋ］
清代中期：马礼逊 chwāng［tʂuaŋ］；卫三畏 chwáng[1]［tʂuaŋ］

zhuāng 装 QYS tʂjang
明代早期：申叔舟 SR tʂaŋ（平）；PR tʂwaŋ; LR tʂwaŋ
明代后期：利玛窦—；金尼阁 chuām, choām［tʂuaŋ］
清代早期：万济国 choāng（Voc.），chiāng（Voc., Rome ms. 手稿）［tʂuaŋ~tʂiaŋ］；
马若瑟—
清代中期：马礼逊 chwāng［tʂuaŋ］；卫三畏 chwáng[1]［tʂuaŋ］

zhuàng 庄 QYS tʂjang
明代早期：申叔舟 SR tʂaŋ（平）；PR tʂwaŋ; LR tʂwaŋ
明代后期：利玛窦—；金尼阁 chuām, choām［tʂuaŋ］
清代早期：万济国 choāng（Voc.），［tʂuaŋ］；马若瑟—
清代中期：马礼逊 chwāng［tʂuaŋ］；卫三畏 chwáng[1]［tʂuaŋ］

zhuāng 壮 QYS tʂjang-
明代早期：申叔舟 SR tʂaŋ（去）；PR tʂwaŋ; LR tʂwaŋ
明代后期：利玛窦—；金尼阁 chuám, choám［tʂuaŋ］
清代早期：万济国 choáng，çhiáng（Voc.）［tʂuaŋ~tʂiaŋ］；
马若瑟 tchoáng, tchouāng［tʂuaŋ］
清代中期：马礼逊 chuang［tʂuaŋ］；卫三畏 chwáng[5]［tʂuaŋ］

zhuàng 状 QYS dʐjang-
明代早期：申叔舟 SR dʐaŋ（去）；PR dʐwaŋ; LR—
明代后期：利玛窦 ciám［tʂaŋ］；金尼阁 choám, chuám［tʂuaŋ］
清代早期：万济国 choáng; 马若瑟 tchöáng, tchoáng［tʂuaŋ］
清代中期：马礼逊 chuang［tʂuaŋ］；卫三畏 chwáng[6]［tʂuaŋ］

zhuàng 撞 QYS ḍång-
明代早期：申叔舟 SR tʂaŋ（去）；PR tʂwaŋ; LR tʂwaŋ

明代后期：利玛窦 —; 金尼阁 choám, chuám [tʂuaŋ]
清代早期：万济国 choáng [tʂuaŋ]; 马若瑟 —
清代中期：马礼逊 chuáng [tʂuaŋ]; 卫三畏 chwáng[6] [tʂuaŋ]

chuāng 窗 QYS tṣhång
明代早期：申叔舟 SR tʂ'aŋ（平）; PR tʂ'waŋ; LR —
明代后期：利玛窦 —；金尼阁 c'hoām, c'huām [tʂ'uaŋ]
清代早期：万济国 choāng'（Voc.）[tʂ'uaŋ];
马若瑟 t'chouāŋ，ts'anŋ [tʂ'uaŋ~tʂ'aŋ~ts'aŋ]
清代中期：马礼逊 chwang [tʂ'uaŋ]; 卫三畏 chw'áng[1] [tʂ'uaŋ]

chuāng 疮 QYS tṣhjang
明代早期：申叔舟 SR tʂ'aŋ（平）; PR tʂ'waŋ; LR tʂ'waŋ
明代后期：利玛窦 —；金尼阁 c'hoām, c'huām [tʂ'uaŋ]
清代早期：万济国 choāng ', chāng', çhāng'（Voc.）; [tʂ'uaŋ~tʂ'aŋ~ts'aŋ]; 马若瑟—
清代中期：马礼逊 chwang [tʂ'uaŋ]; 卫三畏 chw'áng[1] [tʂ'uaŋ]

shuāng 双 QYS ṣång
明代早期：申叔舟 SR ʂaŋ（平）; PR ʂwaŋ; LR ʂwaŋ
明代后期：利玛窦 —; 金尼阁 xoām, xuām [ʂuaŋ]
清代早期：万济国 xoāng [ʂuaŋ]; 马若瑟 choāng, chouāng [ʂ'uaŋ]
清代中期：马礼逊 shwang [ʂuaŋ]; 卫三畏 shwáng[1] [ʂuaŋ]

shuāng 霜 QYS ṣjang
明代早期：申叔舟 SR ʂaŋ（平）; PR ʂwaŋ; LR —
明代后期：利玛窦 —; 金尼阁 xoām, xuām [ʂuaŋ]
清代早期：万济国 choāns [ʂuaŋ]; 马若瑟 chouāng [ʂuaŋ]
清代中期：马礼逊 shwāng [ʂuaŋ]; 卫三畏 shwáng[1] [ʂuaŋ]

在上述例子中，系统始终都有韵母 *-aŋ*。带着这种稳定性，俗读音 / 左音显示为 *-waŋ*。

相应地，后期官话形式通常显示为*-uaŋ*，尽管万济国和马若瑟给出了*-aŋ*或者*-iaŋ*[①]在不同情况下多样的读法。如此看来，在这一点上很值得去对比如下的类型：

zhǎng 长 QYS tjang：
明代早期：申叔舟 SR tʂjaŋ（上）；PR —；LR :tʂjaŋ
明代后期：利玛窦 —；金尼阁 chàm［tʂaŋ］
清代早期：万济国 chàng［tʂaŋ］；马若瑟 —
清代中期：马礼逊 chang［tʂaŋ］；卫三畏 —

cháng 尝 QYS źjang：
明代早期：申叔舟 SR dʐjaŋ（平）；PR —；LR dʐjaŋ
明代后期：利玛窦 xâm［ʂaŋ］；金尼阁 c'hâm, xâm［tʂ'aŋ~ʂaŋ］
清代早期：万济国 ch'âng（Voc.）［tʂ'aŋ］；马若瑟 —
清代中期：马礼逊 ch'ang［tʂ'aŋ］；卫三畏 cháng[2]［tʂaŋ］

shàng 上 QYS źjäng:, źjäng-
明代早期：申叔舟 SR zjaŋ（上 去）；PR—；LR :zjaŋ, .zjaŋ
明代后期：利玛窦 xám［ʂaŋ］；金尼阁 xàm, xám［ʂaŋ］
清代早期：万济国 xáng［ʂaŋ］；马若瑟 cháng［ʂaŋ］
清代中期：马礼逊 sháng［ʂaŋ］；卫三畏 sháng[6]［ʂaŋ］

从这些资料，我们可以确定在官话早晚期中下列的对应形式：

词的音类	*zhuàng* 撞	*zhǎng* 长
SR	-aŋ	-jaŋ
PR/LR	-waŋ	-jaŋ
Later GH	-uaŋ（~-aŋ）	-aŋ

下面我们对比一下关于这些音节类型的方言资料代表：

zhuàng 撞 QYS ḍång-
PCJH *tʂ'uaŋ去

① 注意*-aŋ*也是利玛窦唯一的例子。

PHX *tʂaŋ^{阳去}

CSJH *tsuaŋ^{阳去}

CYW **tʂaŋ^{阳去}

chuāng 窗 QYS tṣhång

PCJH *tʂ’uaŋ^{阳平}

PHX *tʂ’aŋ^{阴平}

CSJH *tʂ’uaŋ^{阴平}

CYW **tʂ’aŋ^{阴平}

shuāng 双 QYS ṣång

PCJH *ʂuaŋ^{阴平}

PHX *ʂaŋ^{阴平}

CSJH *ʂuaŋ^{阴平}

CYW **ʂaŋ^{阴平}

zhuǎng 长 QYS t¢ jang:

PCJH *tʂaŋ^{上}

PHX *tʂiaŋ^{上}

CSJH *tsaŋ^{上}

CYW **tʂiaŋ^{上}

chuǎng 尝 QYS źjang

PCJH *tʂ’aŋ^{阳平}

PHX *ʂiaŋ^{阳平}

CSJH *tʂ’aŋ^{阳平}

CYW **ʂiaŋ^{阳平}

shàng 上 QYS źjäng:, źjäng-

PCJH *ʂaŋ^{去}

PHX *ʂiaŋ^{阳去}

CSJH *ʂaŋ^{阳去}

CYW **ʂiaŋ^{阳去}

这里我们又看到前文2.1.2中出现的模式。原始黄孝官话和长江流域的通音系统形式与申叔舟的形式对应得很好。原始中部江淮官话形式与后来的官话发音相匹配。这里主要的区别是，在万济国和马若瑟的官话读音中，关于原始黄孝官话读音和长江流域通语语音的构拟，时而都会有古老的变体。①

2.2.2 *gān*乾、*kàn*看等词的类型

标准语系统的奇怪之处在于它的圆唇韵母*-ɔn*，仅仅出现在喉音之后。这可以通过以下的例子证明：

*gān*乾 QYS *kân*

明代早期：申叔舟 SR kɔn（平）；PR kan；LR kan

明代后期：利玛窦 —；金尼阁 kān［kan］

清代早期：万济国kàn［kan］；马若瑟 kān［kan］

清代中期：马礼逊 kān［kan］；卫三畏 —

*kàn*看 QYS *khân-*

明代早期：申叔舟 SR k'ɔn（去）；PR k'an；LR k'an

明代后期：利玛窦 —；金尼阁 'kán［k'an］

清代早期：万济国k'án［k'an］；马若瑟 k'án［k'an］

清代中期：马礼逊 k'an［k'an］；卫三畏 k'án[5]［k'an］

*àn*岸 QYS *ngân-*

明代早期：申叔舟 SR ŋɔn（去）；PR an；LR an

明代后期：利玛窦 —；金尼阁 gán［ŋan］

清代早期：万济国gán（Voc.）［ŋan］；马若瑟 ngán［ŋan］

清代中期：马礼逊 gan, an［ŋan~an］；卫三畏 ngán[6]［ŋan］

正如这里所看到的，在俗音/左音形式中，并没有很多的圆唇韵母。相反，其中有韵

① 万济国的*-iaŋ*变体在反映前期官话语音阶段尤其有趣。这个问题超出了本文讨论的范围。根据他的文章中所存留的有限数据，无论利玛窦的*-aŋ*形式是一种变体，还是代表了他的系统，都是不可能确定的。

母*-an*，这个韵母在后期官话的样式中也被发现。韵母*-an*在标准语系统中根本没有出现在喉音之后，因此与那里的*-ɔn*不形成对比。相应的方言资料如下所示：

*gān*乾　QYS *kân*
PCJH *kan[阴平]
PHX *kon[阴平]
CSJH *kun[阴平]
CYW **kɔn[阴平]

*kàn*看　QYS *khân-*
PCJH *k'an[去]
PHX *k'ɔn[阴去]
CSJH * k'un[阴去]
CYW ** k'ɔn[阴去]

*àn*岸　QYS *ngân-*
PCJH * an[去]
PHX * ŋɔn[阳去]
CSJH * un[阳去]
CYW ** ŋɔn[去]

在这些例子中，除了原始中部江淮官话之外，所有的形式都有圆唇音节的内核。①正是这些圆唇类型与标准语读音类似。②另一个方面，俗音/左音以及后来的官话形式与原始中部江淮官话的读音类似，都有韵母*-an*。从这个意义上来说，这些例子本质上与我们在前面两章中看到的那些是同一类型。

① 黄孝原始话韵母*-on和-* ɔn之间的区别还是一个疑问。实际上，只有一个韵母出现在系统中是可能的。但是，目前的例子中与我们有关的是圆唇元音的出现条件还没有解决。

② 我们注意到，不像标准语那样，在黄孝原始方言系统中，一个对比明显的*-an出现在一小部分喉音之后。比如间PHX *kan[阴平]~*tɕien[阴平]（< **kien）和陷PHX *xan[阳平]~*ɕien[阳去]（< **xien）。在*-an形式中是口语体的，而那些*-ien在这些方言中属于文学语言，这些文学形式可能借自某一种官话。作为文学语言本身，标准语系统没有保持这种独立的文体层次。

三、结论

通过上面这些资料我们得出几个一般性结论，都是关于申叔舟记录下来的不同发音类型。首先，我们注意到，正音和俗音/左音系统无论什么时候彼此不同（正如上文提到的五个例子中的三个），都有一个强烈的趋势，后者的类型与西方学者所记录的后期官话形式相一致，比如万济国和马若瑟。另一方面，正音的发音与万济国或者马若瑟的发音不一致，相反，呈现出一种历史的更古老的面貌，比如“锐”（ruì）这个字中的零声母，缺少圆唇或者合口因素的字“撞”（zhuàng）。另一个有意义的情况是，正音系统通常与下列两种情况相一致：（1）构拟的原始黄孝方言形式，及（2）年代较老的长江流域通用语形式。另一方面，俗音/左音系统，也趋向于与原始中部江淮官话的构拟形式类似。

俗音/左音系统与原始中部江淮官话构拟的相似之处是相当具有暗示性的。明清时期的中西方资料都体现出那一时期带有原始中部江淮官话口语色彩的标准南音。另一方面，正音系统和原始黄孝方言形式的相似性是神秘莫测的。今天的黄孝方言主要指湖北东部及附近连续不断的区域。在标准官话与这些地区之间似乎并没有任何特殊的强烈的历史纽带。现在让我们从另一个角度思考一下这个难题。根本上讲，原始黄孝方言系统在历史上所表现出的古老保守的特征，可能是从早期长江流域通音系统继承而来的。很可能正音系统是和它所代表的更古老的方言阶段，而不是原始黄孝方言本身相联系的。如果这样，那么与原始黄孝方言系统的相似性，可以简单归结为这样一个事实，原始黄孝方言保存了原始中部江淮官话和下江官话丢失的早期特征。实际上，与湖北东部地区或者黄孝方言群的关系不大。但是，如果这个推理的思路是正确的，那么，从整体上看，对于正音系统的历史和官话语音的历史，这又意味着什么呢？我们怎样才能调和它与我们所关注的整体之间的关系呢？要解决这个问题，我们提出以下设想：

我们认为正音系统可能代表元朝中晚期①长江流域的通音发音。它可能不是特殊方言的发音，用这个词，我们是指特殊地方的本地话。但是，它可能已经植根于这一流域的通语，是方言的连续统一体，因此在许多方面与我们构拟的长江流域通语系统是相似的。这种通音语音的形成出现于明代早期朝廷和高层官员之间，其中大部分人是这一流域的土著居民。他们口语语音的模式1375年被编入《洪武正韵》，但是1368年南京都城的建立很快使这一地区流行的口语形式产生了显著的变化。到八十年之后的申叔舟时期，

① 关于这种可能性的进一步讨论，请参阅柯蔚南（2001：58—61）。

建立在官员话语基础上的南京话，比如黄瓒等人，反映了原始江淮官话区域语音的类型，那时他们实际上讲的是官话。[①]但是，由《洪武正韵》所建立的标准已被铭记，可能会在学校和其他场所长久存在下去，文人们也对此非常熟悉。当带着特殊的要求用“正确的发音”去大声朗读从《洪武正韵》之类让人敬畏的书籍中选取的资料的时候，就像申叔舟要求倪谦去做的那样，对于早期系统，他们会给予一个反馈，而不管发音人处于什么样的发音水平。到明朝后期，两百多年以后，欧洲传教士开始在中国活动，一些古老的阅读传统显然就消失不见了。只有保存下来的一些痕迹而已。比如被万济国和马若瑟记录下来的韵母*-uang/-ang*的不同之处。由这样的变体所反映出来的区别显然不再受到关注。《洪武正韵》作为官方资料有时候仍然在书面资料中作为正确语音的标准被提到。但是正如金尼阁（1626: Vol. Ⅰ, pp. 39b—40a）所指出的，这仅仅是一种理想化。事实上，他那个时代所讲的官话有很大的不同，与现在已经废弃的朝廷词典所做的批注相比，是更简单的语音系统。

总的说来，我们认为两种经过验证的古老的正字法形式，显示了南音的多样性，正音和俗音/左音系统都是起源于长江流域通音的早期形式，所以相互关联。正音系统是通音（common）早期的衍生物。俗音/左音系统更直接相关，受到长江流域通音系统江淮中部子方言的影响。正音系统和黄孝方言之间的明显相似性是因为这些方言的保守性，而完整地保存了长江流域方言的某种特征，并不是在通音和黄孝方言区之间有任何直接的历史联系。这些考察及其所依据的发展模式作为假说被提出来，而不是作为历史上的真实语音。它们要借助于对语言学资料和历史事实的充分研究而得到验证和分析。

第二部分　南音在北方官话语音体系形成中的作用[②]

一、引言

1.1 明朝（1368—1644）和清朝时期（1644—1911），汉语通语一般称作“官话”（下文简称GH），即官方的语言。这一时期的资料显示官话（GH）有两种主要的语音来源：

① 正如近几年经常被提到的，1421年明朝迁都北京，似乎对南音系统卓越的官话语音形式的地位并没有产生很大的影响，实际上，对于北音来说，用了几百年的时间才取得这样的地位。

② 本部分内容已发表于《汉语史研究集刊》（第三十二辑），四川大学出版社，2022年5月，pp.311-326。——译者

一种是南音，另一种是北音。过去十余年里，南音引起学界极大的兴趣，得到深入研究。南音的根源现已被广泛认可，是来自于长江流域的官话方言音系，最引人注目的是南京话。另一方面，北音则一般与北京城及其周边的方言口语相关，而北京在明清的大部分时期是作为国家的首都。对这两种语音类型感兴趣的学者中，一个广泛的观点认为南音和南京音系、北音和北京音系是分别对应一致的。这样，南方官话有时指的是南京话，同样地，北方官话就它的现代化身来说，不是别的，而正是现代标准汉语，一般被称作"北京话（Pekingese）"或者"北京官话"（Peking Mandarin）。仔细考察后发现，这些观点无非都认为此两种存疑的方言，更确切地说是这两种方言的语音系统，最后直接发展为汉语通语音系。本文旨在为北音的发展，提出一种可替代的假说，以同上述的第二个观点商榷，这样最终目的是为了探明现代标准汉语语音系统的根源。

我们的设想大致分为以下几个方面[①]：

（1）明朝迁都使得南音作为有声望的语言融入北京

明朝建立不久，1421年，国家首都从南京迁往北京。这使得讲南音的人大规模迁入北方的新都。这些人包括明朝政府及其官僚体系，还有大量有社会影响的其他人群（葛剑雄等1993：368—373；葛剑雄等 1997：vol. 5, chap. 6）。这促使南音系统在北京作为一种有威望的语音形式得以确立。

（2）北方人模仿南音，语音中仍会保存纯北方的特点

伴随着南音的优势地位，北京城内以及周边的北方人，甚至更远一点的北方人，都希望按照被南音影响的方式讲官话。因此，他们尝试去模仿南音系统，在这种情况下，对他们来说，语音中极有可能会保存一部分纯北方的语音特点。北音即是这种尝试的结果，也就是在北方语音包裹下的南音（具有北音色彩的南音）。

（3）本地方言的侵入和对南音的模仿形成新的北音系统

随后，也许是在那段时期，最初的北音系统被周围真实的北方方言所渗透，一些普通口语词的本地话发音直接进入北音系统。另一方面，随着时间的推移，北方人努力模仿南音，模仿的水平也不断提高，致使北音最终被成功改变。

（4）新的北音系统逐渐成为权威的官话通语，再演变为后代国语和普通话

19世纪北音系统逐渐取得优势地位，其作为官话语音的权威形式不断得到认可。同时，来自南音的影响衰退直至停止后，北音所产生的有意义的影响也不断得到承认。20世纪早期，源于北方语音对早期南音的适应而产生的北音系统，与北方方言的形式有了一个稳定的且不断增长的融合，成为官话通语语音的权威发音。这种通语演变为民国时

---

① 此系列小标题为译者所加，以阐明本部分要点。

期的国语和今天的普通话。

前述第一点现在已被广泛接受。第三点和第四点要依赖第二点，而第二点可能会产生争议，因为它挑战了早期提出的传统观点。我们如何才能验证第二点的合理性？为此就需要去比较明朝早期口语南音和北音的系统。通过所有的例证，我们大体同意上述第二点所提出的观点在理论上是合理的。我们一定要关注两个系统有区别的那些例子，要检验这些例子，因为它们决定着存疑的北音形式，是否能合理解释北音对南音的尝试性的模仿问题。因此，我们的目标不是真要去最后决定上述提到的方案究竟是不是真的。那只是一个可行性的任务，依据我们现有的知识所提出来的任务。我们要致力于发现两种语音类型，南音和北音是不是存在疑问。按照我们提出的建议，他们似乎是相关的。这就是我们的目标所在。

为了对比南音和北音的口语系统，我们一定要掌握双方精确的语音知识，这在汉语历史语音学中是一个很难的要求。因为汉语历史语音学的大部分资料都是表意文字，而不是表音文字。但是我们又是非常幸运的，因为两种语音类型所需要的例证都被同时期朝鲜的转录文献，以表音文字的形式记录下来了。现在我们就来讨论一下这些相关的资料。

1.2 15世纪中期朝鲜语言学家、汉学家申叔舟（1417—1475）用表音文字记录了南音。在他的几部著作中，申叔舟通过编写官话词典，记录了当时的语音形式，称为“正音”。这部词典成为后来《洪武正韵》的基础，可惜《洪武正韵》并未得到朱元璋的认可，最终受到官方的制裁。然而，申叔舟通过发音人所记载的实际口语音，有时候与词典中记录的读音又是不同的。申叔舟在他的几部语言学著作中记录了一种名叫“俗音”（PR）的口语形式。而时代稍后的一位翻译家、语言家崔世珍（1467—1542）又进一步整理了这些主要由申叔舟收集的语料，并将这些更为完备的语料放进了由崔氏自己编写的两部汉语小学集子当中。由于他会把这些口语形式放在其正文下双行小注的左边，故而这些口语形式又通常被称之为“左音”。如此，俗音（左音）构成了存在于15世纪中期的官话标准口语音。因为申叔舟的主要发音人是来自长江流域，他们口语表达中所呈现的语音系统似乎很可能就是南音，其中也具有大量的江淮方音特征。

1.3 对于北音来说，我们有另一套转录资料，是由崔世珍在16世纪早期的数十年间记录的，那是申叔舟之后约六十年的时期。崔世珍的语音形式被称为“右音”，因为他们的位置在书的右侧那一栏。崔世珍在北京，也在辽东搜集了资料，辽东作为中国的一部分，离韩国最近，明朝时期，从韩国可以相对自由地进入中国。他记录的资料不同于申叔舟的正音、俗音（左音），一般被认为是北方语音的起源。有时候也有观点认为崔世珍的语音系统代表了那个时期的北京方言，因为很多场合下，他在北京是非常有名的。尉迟治平（1990：20）提出的另一种观点认为，右音反映了辽东方言的语音。我们认为，真正成为崔世珍语料基础的是中国北方通语的语音，也就是北音系统。因为崔世珍是为王朝通事馆的培训学校编辑汉语语言资料，因此他关注的一定是标准读音。那个时期很少有人会对方言本身感兴趣，也就是我们所说的区域性的汉语本地话。朝鲜外交服务部门所关注的语言一定是官话。

1.4 当对比申叔舟的俗音（左音）系统和崔世珍的右音系统时，对于每一个例证，我们都从前一个开始，然后推演到后者的相应形式。简单来说，在这里我们认可左音代表了申叔舟的南音口语系统，在我们的例子中不会使用俗音。我们的目标就是去决定右音形式是否能被合理地看作是北方人尝试模仿南方语音的形式。严格地说，我们的对比应该涉及俗音（左音）系统中的每一单个的声母和韵母。然而，正如它所证明的，在许许多多的例子中，南音和北音两个系统的部分形式是非常统一的。在比较中，我们会跳过这样的例子，假定它们对于我们要验证的假说不会构成障碍。我们的对比可以高度关注那些在两个系统中有很少相似性的例子。

我们所依据的申叔舟左音、崔世珍右音资料分别引自金俊宪（Kim，1999）和远藤光晓（Endo，1990）的研究。转录遵循金俊宪的原则，这里除了在大多数情境下 *-ju-* 被音译为［y］，*-i-* 读作［ə］。声调旁边的“点”来自于远藤光晓，为左音设计的声调是：没有点=平声，一个点=去声和入声，两个点=上声。为右音设计的声调是：没有点=上声，一个点=阴平或者去声，两个点=阳平。依据传统入声音节，在右音中单个点和两个点的意义是有争议的。一些权威人士认为这样的音节已分别并入去声和阳平声里。其他人认为它们仍保持一个独立的入声，但是在发音上和去声、阳平声相似。下文第 2.3 将进一步讨论这个问题。

二、俗音（左音）和右音系统的对比

2.1 音节中的声母

2.1.1 清浊音节的类型

申叔舟所描述的南音系统具有明显的浊音节特征。申叔舟用一套独立的声母来描写这种浊音（我们的转录文献中沿用金俊宪的形式，用浊音字母）。然而，申叔舟慎重地指出他所标出的“浊音”特征不仅仅是声母本身的性质。相反，在相当大的程度上，它被整体看作是一个急促的或者尖锐的音节，极有可能它就是今天所描述的浊流声或者带浊气的音。根据申叔舟的观点，传统的浊塞音和塞擦音平声调时读送气音，一般在普通话方言里能看到这种熟悉的模式。[①]申叔舟所描述的浊音结构如何冲击了北方人的耳朵?他们听到送气音/不送气音的时候，在他们的本族语里实际上是相同的，只不过被浊音覆盖，这种浊音在他们看来像是一种外语。当进入与他们相对应的北音读音时，所产生的反应就不奇怪了。他们完全忽视了那种浊音，简单用自己的辅音对相应南音中的那个声母做了替换。下面的例子可以做此解释：

	左音（LR）	右音（RR）
páng 傍	baŋ	:p'aŋ
bàng 棒	:baŋ	.paŋ
shàng 上	:ʐjaŋ	.ʂjaŋ
fáng 房	vaŋ	:faŋ

下列例子中，所预料的*ʂ-*对南音中*ʐ-*的替换还没有出现，反而*tʂ'-*的北方形式已经被大规模借入北音系统。

	LR	RR
chén 晨	ʐin	:tʂ'in

这种例子可以看作是北音对南音形式的简单替代，而不是直接尝试去模仿南音的发音。

2.1.2 声母*ʋ-*

在南音系统的某些音节类型中，区别声母*ʋ-*和*øw-*。北音的说话人不能分辨这种区别，只能是忽略它。

	LR	RR
wáng 亡	ʋaŋ	:waŋ
wáng 王	waŋ	:waŋ
wàn 万	.ʋwan	.wan
wán 顽	wan	:wan

① 申叔舟关于浊音特征的理论，更深入的讨论和细节请见柯蔚南（2000a：273）。

wà 袜	.ʋaʔ	:wa
wǎ 瓦	:wa	wa

2.2 音节中的韵母

2.2.1 韵母-*i*和-*əj*

南音和北音都有韵母-*i*和-*əj*，就这组音来说，这两个系统是相对应的。但是关于这个问题，在唇齿音之后还有一些例外，如下所示：

	LR	RR
fēi 非	fɨ́	.fəj
féi 肥	fɨ́	:fəj

我们还可以对比下面的例子：

fèi 肺	fɨ́	.fɨ́
fèi 费	fɨ́	.fɨ́

后一类例子很好地说明了北音对南音音节的模仿。前一类例子显然是闯入进来的，可能代表了本地话的一般读音。再对比徐孝的北音发音是非常有趣的事情，徐孝是15世纪后期的北京人，他留下两部传统风格的语音著作，通常认为这两部著作反映了明朝后期北京地区的北音系统。这两部著作分别是《重订司马温公等韵图经》和《合并字学篇韵便览》。前者是韵图，后者是韵书。它们相互补充，代表了同一个潜在的系统。我们今天看到的是一个合成的版本《合并字学集韵》，1606年成书。这里我们引用的版本是美国国会图书馆的《合并字学集韵》缩微胶片复本。在韵书中，上面提到的四个音节是同音异形异义字，置于单韵母之下，它的音值可能是-(*u*)*əj*。我们推测，其中所发生的就是在这类音节中，-*əj*是真正的北方韵母。在崔世珍和徐孝时期，-*i*的南音形式在本族人的北音里完全被标准的北方音所取代。

同理，南音音节*ʋi*被北音音节的*uj*所取代，比如：

	LR	RR
wèi 未	.ʋi	.uj

非常有意思的例外，是下面这个音节：

wěi 尾	:ʋi	i

对于这个音节，徐孝仅给出一个读音，与右音的*uj*和现代音*wěi*相一致。我们可以假定右音形式的*i*与现代标准语（MSC）的*yǐ*相对应，是本地语的入侵，而徐孝的注音是正式的北音形式，是有意而为南音读音所做的补偿。

2.2.2 韵母-*i*和-ʅ

左音系统的南音，区别韵母-*i*和儿化韵之后的-ʅ。下列例子表明这种区别在北音中被完美地模仿。

	LR	RR
zhī 知	tʂi	.tʂi
zhì 治	.dʐi	.tʂi
zhī 之	tʂʅ	.tʂʅ
zhì 至	.tʂʅ	.tʂʅ

另一方面，在徐孝的韵书里，这四个音节都归属于相同的韵目，都有韵母-ʅ，事实上，这些音节也仍然保存在现代标准语里。问题是，崔世珍时代的北音与南音有区别，难道因为北方话中也有类似的音？这个过程的差别也出现在《中原音韵》中，一般认为《中原音韵》代表了元代的北京话。实际上，《中原音韵》的语言学基础还存在很大的争议。不管怎样，《中原音韵》都与通语或者非本地话的通用语有密切的联系。最后，我们可以说在这一点上公元1500年左右的北音系统与同时期的南音系统有高度的一致性。

2.2.3 韵母-*(w)ɔn*和-*(w)an*

这个问题从某一方面来看，与前文讨论的内容有相似之处。唇音和喉音之后的韵母-*(w)ɔn*和-*(w)an*，左音系统和右音系统完全一致。

	LR	RR
bàn 半	.pɔn	.pɔn
bàn 办	.ban	.pan
guàn 灌	.kwɔn	.kwɔn
guàn 惯	.kwan	.kwan

同样的特征也出现在《中原音韵》里，但是在徐孝的韵书中，它就消失不见了。这里引用的两对是同音异形异义字。这样，问题又来了，崔世珍时代的北方本地话所具有的特征，也出现在《中原音韵》中，可以认为它与南音系统自然一致吗？或者说，它们更像徐孝的语言，是北方人为了去模仿南音系统而做出的调整？我们无从得知。无论如何，北音和南音之间在这里有着高度的一致性。

2.2.4 韵母 *-ɔ* 和 *-wɔ*

在北音系统中，南音的 *-ɔ* 在舌尖前音和零声母后面时被 *-wɔ* 所取代，比如：

	LR	RR
duō 多	tɔ	.twɔ
luó 罗	lɔ	:lwɔ
zuǒ 左	:tsɔ	tswɔ
wǒ 我	:ɔ	wɔ

这是一种自然的替换，因为北音在这些音节中没有韵母 *-ɔ*。

2.2.5 左音中的韵母 *-əjʔ*

北音系统没有喉塞音韵尾，所以南音的 *-ʔ* 在北音中常被忽略。南音中主要元音 *-əj-* 在朝鲜中晚期被申叔舟转译为复合元音 {ɨi}［ɨj］。[①]下列是与右音相对应的例子：

	LR	RR
bǎi 百	.pəjʔ	:pɔ
bái 白	.pəjʔ	:pɔ
běi 北	.pəjʔ	:pɔ, :pəj
dé 德	.təjʔ	:tɔ
dé 得	.təjʔ	:tɔ, :təj
zé 则	.tsəjʔ	:tsɔ
zéi 贼	.dzəjʔ	:tsəj
zhái 宅	.dʐəjʔ	:tʂɔ, :tʂaj
sè 色	.ʂəjʔ	:ʂɔ
kè 客	.k'əjʔ	:k'ɔ, :k'je
hēi 黑	.xəjʔ	:xɔ, :xəj, :xje

① 这里使用的 { } 代表朝鲜正字法的形式，以便与语音翻译的形式有所区别。

我们注意到，在这些例子中，几乎每一个音节都有一个右音-ɔ。实际上，在右音资料里这样的例外是很少的。此外，一个可以确定的情况是也具有-əj、-aj和-je这几个韵母。徐孝韵书中的资料在许多方面也是与之相似的。首先，此类所有的汉字都有一个单韵母读音，与这里右音的-ə相似。继而，它们在韵母中很多也有另外替代的读音，与右音的-əj或者-aj并行。正如郭力先生（1997）所指出的，后一类读音常常被认定为"俗音""俗用"等，或者被注释为口语，而不是正规的文读音。这些事实表明，在崔世珍所记录的右音系统中，-ɔ韵母代表了北音的正式读音，其他读音被看作是从北方本地话中入侵的发音。

现在，我们需要去解释北方人为什么会用韵母-ɔ去替代南音的-əj-。首先，我们要进一步思考这个南音韵母。正如早前所提到的，现在一般认为南音系统植根于长江流域中段的江淮方言。该系统稍晚的语音，不管是现代还是前现代，似乎音节中都从来没有复合元音。比如，*dé* 德和*bǎi*百，在多明我会传教士万济国（1627—1687）于17世纪后期所做的南音正字法中，读作*tĕ*和*pĕ*。在南音中，与长江流域现代方言相联系的相应的韵母是-əʔ、-eʔ、-ɛʔ，等等。① 目前所知，二合复韵母，比如-əjʔ、-ejʔ和-ɛjʔ显然是外来的，是正字法记录的早期长江流域的普通话口语类型。由此，我们怀疑申叔舟转录的韵母可能暂时描写为-eʔ,这是其中一个舌位居中的不圆唇元音，带有喉塞音韵尾。但是为什么申叔舟要用朝鲜语中的复合元音来拼写这样一个韵母呢？当我们考虑朝鲜中晚期语言中的元音系统时，这个问题的答案便很清楚。因为朝鲜字母表最初是为书写设计的，如下所示（Lee 和 Ramsey 2000：287）：②

ㅣ {i} [i]	ㅡ {ɨ} [ɨ]	ㅜ {u} [u]
	ㅓ {e} [ə]	ㅗ {o} [o]
	ㅏ {a} [a]	· {ʌ} [ʌ]

在这个目录中，没有舌位居中的前元音。申叔舟明确表示作为一种图示惯例，他打算用朝鲜语中的{e}［ə］去描写汉语中的圆唇元音。由于无可替代，只能用一些其他的方式去转录汉语中舌位居中的不圆唇元音。他选择用朝鲜文中的复合元音{ɨj}［ɨj］。这种改变实际上很容易理解。③ 申叔舟的转录策略似乎类似于此。为了讨论这个问题，我们假

① 在唇音声母后有时也能发现韵母-ɔʔ。

② 请对比Lee（1977：134—136）和Sohn（1999：45—46）。

③ 笔者的英语口语里，单词最后的位置上也没有单纯的舌位高、中、前元音［e］。相应地，对笔者来说，台湾话词语中的［se⁵³］"to wash, bathe"，听起来非常像［sɛj］；如果一定要记录这个音，我宁愿选择英语中的*say*［sɛj］去拼写它。

定申叔舟记录的实际的早期南音语音形式是带有韵尾的，诸如*-eʔ*，*-ɛʔ*，或者*-əʔ*。

那么，15世纪的北方人是如何听到并再创了这个韵母呢？从词源上来看，本族读音的替换形式并不是很理想。因为实际上这些音节中的很多或者说大部分在本地话中，是以没有经过检验的复合元音结尾的。比如“黑、德、北”的发音中一定有类似*-əj*的韵尾。“百、宅”有类似*-aj*的韵尾，等等。为了寻求合适的非本土的北音等价物，人们不得不使用新的形式。这要怎么做呢？最理想的办法是从北方音韵学条目中的单元音里选取，在崔世珍所记资料的基础上，我们能推断出以下这些：

-i	-ɨ	-u
		-ɔ
		-a

我们应该注意到这并不是完整的北方元音。它仅仅代表单元音韵尾。举例来说，一种语言如果有元音［e］，但是这只在复合韵母中出现，比如*-je*、*-jej*和*-jen*，在崔世珍时期没有单韵母*-e*。对于大多数本族语发音人来说，从那个语境中提取出［e］，然后再加以处理，这很抽象，也很难。相应地，在南音音节中，比如［pəʔ］、［xəʔ］或者［təʔ］，在音节的韵母之后，唯一可用来替换的北方中元音是［ɔ］，也就是北音形式，比如*pɔ*百、*xɔ*黑和*tɔ*德。崔世珍听到并作为正式的北音读音记录下来的正是这些形式。但是，当说北方官话的时候，来自于北京地区方言的本土形式，有时候用来替代正式的读音，尽管显得粗俗，这些音素还是作为竞争中的替代形式以自己的方式进入了崔世珍的记音资料里。

最终，我们得出结论*-ɔ*的北音形式不仅存在，而且几乎可以肯定，这种形式是与南音相对应的北音版本。

2.2.6 左音中的韵母*-ujʔ*

从某一方面来说，这个韵母与前面提到的是平行的。举例如下：

	LR	RR
guó 国	.kujʔ	:kwɔ
huò 或	.ɣujʔ	.xwɔ, :xuj

在后期的南音中，这种类型音节中的韵母拼作*-oě*（比如万济国即这样做）。现代长江流域的方言有*-uəʔ*、*-ueʔ*、*-uɛʔ*, 等等，偶尔也有*-o*/或者*-uɔʔ*。这与上文第五部分的观点

一致。我们可以假定北音发音人用他们语音中的*-wɔ*替换了南音中的*-ueʔ*。崔世珍的形式“或”字记作*:xuj*可能是北方的本地音。徐孝在他的韵书中则认为这样的本地音是“国”的发音，是同音异形异义字，类似*guǐ*“鬼，轨”等等。

2.2.7 左音韵母 *-awʔ*

此韵母出现在下列各类例子中：

	LR	RR
báo 薄	.bawʔ	:pwɔ
mò 莫	.mawʔ	:mwɔ
luò 落	.lawʔ	:lwɔ
tuō 托	.t’awʔ	:t’wɔ
gè 各	.kawʔ	:kɔ
hè 鹤	.ɣawʔ	:xɔ

朝鲜语在中近古时期没有复合元音［aw］。转录时创造了{aw}和［aw］以弥补汉语音节，比如左音的“老”*:law*，右音*law*；左音“好”*:xaw*，右音*xaw*。为了与南音中的入声韵相匹配，申叔舟撰写了正字法中的{af}，金光洙（Kim 1991）将其翻译为［awʔ］，正如上述所举的例子。这个韵母与喉音韵母后的左音*-ɔʔ*相对应，还有如下的例子：

	LR	RR
gē 割	.kɔʔ	.kɔ
kě 渴	.k’ɔʔ	.k’ɔ
hé 褐	.ɣɔʔ	.xɔ

因为右音系统有复合元音［aw］，我们很难解释为什么在北音里不用这个去弥补南音的*-awʔ*。为什么北方人要借助于*-wɔ/-ɔ*，而避开了*-awʔ*实际上，这种形式在某些方面与我们所遇到的情况类似，即与韵母*-əjʔ*相联系的情况。首先，在上述两套左音的例子中，能看见的区别在早期江淮方言中是有根据的，这一点很明显。比如，通过比较构拟原始中部江淮官话（PCJH）的形式我们能看到这一点，例子如下①：

① 原始中部江淮官（(PCJH）的构拟概要请见柯蔚南（Coblin 2000b）。这里的韵母**-oʔ*是代替了那篇文章里的**-eʔ*，以此修订。

gè 各	PCJH	*kɑʔ^{入}
gē 割	PCJH	*koʔ^{入}

另一方面，在明代后期和清代早期的南音系统里，这个类型的两个音节是完全同音的，比如，万济国都将其拼作*kǒ*。某些现代江淮方言里，比如原来很有声望的南京话，就反映了读音完全相同的情况。这两个音节都发作［koʔ^{5入}］。右音系统显然是依据后一类型的合并结构而建立的。这些-(*w*)*ɔ*形式很明显是正式的北音（不是本地话）。尽管崔世珍没有给出替代的读音，但在徐孝的韵书里有大量此类的呈现，比如：

báo 薄	白毛切	báimáoqiè
luò 落	览到切	lǎndàoqiè
gè 各	钩老切	gōulǎoqiè
hè 鹤	何陶切	hétáoqiè

此类形式，在右音系统里大致都以-*aw*结尾，在一些情况下被徐孝明确地界定为俗音、本地话。这样，我们可以假定-*ɔ*正式的北音读音是源自于外部，不代表北方当地话的读音。我们认为它们是建立在万济国所记录的南音的某种发音类型的基础之上，也就是说，这两个存疑的韵母类型是以像-*ɔ*这样的音结尾，而不是申叔舟左音系统里发现的独立的-*awʔ*和-*ɔʔ*。

但是，有意思的是，还能找到一种可替代的、可能更满意的音。因为我们可以提出这样一个疑问：申叔舟是否真的听到过诸如-*awʔ*这样的复合元音形式？或者在实际使用中是一些其他元音的核心成分呢？比如圆唇元音［ɒ］，申叔舟发现很难去翻译或者描述它。换句话说，这种情况类似如下音节：

	LR	PCJH
gè 各	{.kaf}［kɒʔ］	*kɑʔ^{入}
gē 割	{.kɔʔ}［kɔʔ］	*koʔ^{入}

这与江淮方言中众所周知的音节结构有很大的关系，同时也解释了崔世珍时代的北方人如何为南音的*kɒʔ*分配了一个北音形式*kɔ*。

此两种情况表明上述例子为我们所看到的左音和右音提供了一种可能的合理性，也让我们能够为北音系统的来源维持通常的副本模式（replication model）。

2.2.8 左音韵母 *-jawʔ*和 *-wawʔ*

这些韵母与前文讨论的那些是平行的。比如：

	LR	PCJH
jué 嚼	.dzjawʔ	:tsjwɔ
ruò 若	.rjawʔ	:rjwɔ
jiǎo 脚	.kjawʔ	:krjwɔ
xué 学	.ɣjawʔ	:xjwɔ
yào 药	.jawʔ	:jwɔ

至于*-wawʔ*，在右音资料里非常少见，我们仅有如下的例子：

zhuō 捉，卓　　.tʂwaw/ :tʂwɔ

这里，崔世珍没有给我们提供替换的读音。徐孝在某个例子中引用了这个表。它们都是*-aw*类型的，一定是借自本地话。例如：

jué 嚼	集娆切	jíráoqiè
jiǎo 脚	坚了切	jiānliǎoqiè
xué 学	贤樵切	xiánqiáoqiè
yào 药	英妙切	yīngmiàoqiè

因此，这种形式在本质上与所观察到的左音韵母*-awʔ*是相同的。右音系统用*-jɔ*替换了申叔舟写的*-jawʔ*。

2.3 声调

左音系统有传统的四个声调，即平、上、去、入。尽管记录浊声母的上声字时通常保留原声调，但对此也有偶然的例外，可能会暗示实际口语音中我们所熟知的由“浊上”变为去声的情况，这在南音系统的一些音节里出现过（请参阅Kim 1991：123—128）。所有左音的入声音节都以喉塞音结尾。

右音系统传统上也有四个声调，分别是阴平、阳平、上声、去声。传统的入声音节一般用一个点（比如去声）或者两个点（比如阳平）来记录。对此区分没有什么可以确定的标准，结果就真的意味着有相当大的分歧。正如早前所提到的，一些权威学者认为入声调实际上在右音系统里已经消失了，而另一些人相信它仍然作为独立的声调存在。这里看到的两个亚类型仅仅在语音形式上与阳平和去声各有相似之处。但是这两个亚类型分割的条件还存在争议。关于这个问题的概况，请参阅金光洙的早期研究（Kim 1991：106—123）。

在徐孝的韵书里，这种情况更清晰，也更容易处理。徐孝的语言毫无疑问有与现代标准语相同的四个声调，那就是阴平、阳平、上声和去声。传统入声音节的分布情况如下：

1.全浊（声带振动）声母音节的阳平声（徐孝称为rú声）。

2.次浊（发音洪亮）声母音节的去声。

3.全清、次清声母（声带不振动，送气音）音节分布于后起的所有四个声调里，而大多数归入去声里。

当然，声带不振动的声母（语境里通常被简单地称为“清入”）尤其有趣。最近，郭力（1997）的研究着力揭示这个问题。简单说来，她的发现有如下几点：最初，她从徐孝的韵书里辨别出2738个清入音节。这些音节中，每个单音节在文中都有一个去声读音。她发现有2223个音节是少见的，属于书面语的或者模糊不清的。这些音节仅有一个去声读音。按照郭力的观点，515个保留下来的条目是属于常用字。这些字之中，368个只有一个读音，也是去声，剩下147个具有两个或者更多个读音，当然其中一个读音一定是去声，其他的一个或几个读音是别的声调。相关的检验表明，这些非去声读音，或者被明确地界定为俗音（俗、俗用，等等），或者用某种方式为它们做注释，以表明它们代表的是俗音，而不是正式的文读音。从郭力的发现，我们可以得出结论，去声是北音对南音入声清入音节的一种普通反应。那么，非去声的读音就被怀疑是从北方土语方言侵入了正式的北音系统。立足于正式的北音系统本身而言，在标准的北方语音中，这些字的读音为什么会有各种声调？由于借入北音的本地话又十分有限，也就意味着这确实是一个很有争议的问题。关于这个问题我们自己的想法在别处已有讨论（参见Coblin ms.[①]）。至于本文的写作目的，已有足够的证据表明，在正式的北音文读系统里，清声母入声字已成系统地派入北方话的去声里。

这个理论已经得到认可，在北音系统这个整体里，我们现在观察到，从某种意义上讲，去声对于南音入声音节来说是不存在的。因为它只是一个全浊类型的音节，没有按

① 此处原文作“ms.”（即手稿）。经译者与柯蔚南先生核实，后续发表的文献信息为：Aspects of Qingru Development in Modern Standard Chinese, *Linguistic Studies in Chinese and Neighboring Languages: Festschrift in Honor of Professor Pang-hsin Ting on His 70th Birthday*, Nankang: Institute of Linguistics, Academia Sinica, 2006. vol. I, pp. 273-288。——译者

照一般的原则发展，而是走了它们自己的路。为什么会这样呢？如果我们回想一下申叔舟所描述的正式的南音口语系统里有一个全浊音节类型，我们会发现答案。再一次表明这不是正字法系统里一个人为的或者仿古的特征，这一点非常重要。申叔舟实际上描绘了他所听到的在听觉上的区别特征，暗示他发现了能够完成这件事的发音人，为我们的困惑提供答案的正是这一事实。一般来说，我们假定南音入声音节对于北方人来说具有一种与去声类似的音调轮廓，但是全浊入声音节在这一问题上是个例外。它们的声调面貌与北音中的去声没有相似之处。相反，它可能与北音阳平调产生了某种相似性。

由此看来，我们得出结论是，正式的北音文读音的声调系统直接地、有系统地与南音中的成分相关，可能是我们这里所假定的那种有意识地模仿的结果。

三、结论

本文的目的是验证这种假说：北音实际上是在南音1421年流入北京之后，北方人模仿南音系统所做的一个尝试。此两者之间许许多多的一致性与这个假说都有着内在的关联，因为这两种系统的形式本质上是完全相同的，这一点前文没有明确提出来。现在，我们举例说明如下：

	LR	RR
mǎ 马	:ma	ma

这个例子中，两个系统的声母和韵母是相同的，声调也相同。事实上，假如像这个例子，与南音形式一致的实际的北方本地话词源，作为北音的替代形式被认为是适合的，这也很有可能。在实际的声调面貌中，如果有语音上的不同，模仿南音时也不会明显地感觉到障碍。这似乎不是不可能的。正相反，在声调的匹配上，也有着类别的一致性。

下面这个例子稍微有些不同：

	LR	RR
duó 多	tɔ	.twɔ

还有一些因为词源相同，而与北方读音一致的情况，尽管不是非常合适，也可以认为是完全足够替换。比如：

	LR	RR
dé 德	.təjʔ	:tɔ
dé 得	.təjʔ	:tɔ, :təj
zé 则	.tsəjʔ	:tsɔ
zéi 贼	.dzəjʔ	:tsəj
zhái 宅	.dʐəjʔ	:tʂɔ, :tʂaj

这里音节韵尾*-əjʔ*反映了北方人发音的几个问题。韵尾的喉塞音一般不可能被模仿。假定韵母*-əjʔ*中唯一的二合复元音*-əj-*代表了一个不熟悉的南音的中元音，那么，仅有的办法就是勉强用北方话的中后母音去替换。其中的复杂性有时候让发音者很容易放弃这样的做法，而换用与南音副本①不同的本地读音类型。结果在一定规模上形成了北音和本地方言形式的竞争，这种情况在其他较少争议的语境中是看不到的。

最终，我们见到了如下的例子：

luò 落	.lawʔ	:lwɔ
xué 学	.ɣjawʔ	:xjwɔ
zhuó 捉，卓	.tʂwaw/	:tʂwɔ

一个相当合适的北音韵母*-aw*被忽略了，韵母*-wɔ*可以替代表面上看起来是南音二合元音的*-aw-*。我们认为潜存于北音形式里的南音类型实际上可能有一个圆唇元音，而不是一个真正的二合元音。如果真是如此，把北音看作南音在北方方言中的副本这个做法实际上是有道理的。如果不是这样，那么这种韵母对这里提出的副本模式构成了障碍，还可能是唯一的实际存在的障碍。

一般认为现代标准书面语与口语读音是不同的，比如*xué*学（口语音*xiáo*）和*luò*落（口语音*lào*），这种区别要归因于南音在北方口语中的引进和影响。南方官话被广泛看作是这种引进的源头。但是，具体来说，这种引进过程是怎么出现的？本文在这个问题上主要还是一个探索，我们还需要进一步去验证这个引进过程的模式。我们会密切关注这个问题。

---

① 当然，这种策略的劣势是要借助于当地人的发音，不仅要远离南音中典雅的文言，而且要注意避开本地的方言土语。

第三部分　现代汉语标准音的起源

一、引言

1.1 标准音的概念

明清时期的国家通用语称为官话（简称GH），即“官方的语言”。这种语言的标准发音被称为“正音”，即“正确的发音”。明朝时期，最早最权威的正音典籍是由官方发起编纂的词典《洪武正韵》（1375年出版）。[①]但是，该书保存的语音系统是否真的是明代人的语音，还是存疑的。15世纪中期，伟大的语言学家、汉学家、朝鲜学者申叔舟（1417—1475），使用基于谚文字母表[②]的语音转录方式，尝试从正字法角度去记录这个正音系统。尽管他们尽了最大努力，去寻找没有受过教育的发音人，还是不断地出现一些固有的区别，与《洪武正韵》的语音目录不同。最终，申叔舟和他的助手选择了他们能发现的最可靠的也是最重要的发音人倪谦，倪谦当时是明朝官员，曾于1450年[③]因为外交事务访问朝鲜。那时，发音人不能说清楚必要的语音上的区别，不能明确所采纳的各种语音类型的折中办法或者合理性，[④]申叔舟在正字法上所展示的正音系统是他自己采用的词典语音。没有人，甚至没有一个被选为正音提供语音资料的发音人，会真的以这种方式讲话。相反，在本地官话中，不同的系统反而被使用。对于申叔舟来说，他希望记录实际听到的汉语，这对于很多词来说，必须有一系列拼读的方式。他把这些称作“俗音”。对这个俗音系统而言，似乎发音人在实际讲官话的时候，更接近正音系统。有资料表明，俗音的主要发音人是黄瓒（1413？—1448？）。[⑤]这里有两点没有什么意义。第一，申叔舟和他的同事们的主要意图在于记录汉语发音人的官话语音，这些人的声音系统更接近《洪武正韵》所体现的理想的标准语。这是很有意义的一件事。作为一个系统，这种语音是

① 关于该书的历史和特征的有价值的讨论，请参阅Chou（1989）。

② 关于该问题的深入研究请参阅Kim（1991，chap. 1）和尉迟治平（1990）。

③ 关于此人的生活，请参阅Goodridge（1976：vol. II，pp.1088—1090）。关于他作为申叔舟主要发音人的作用的探讨，请参阅尉迟治平（1990）。

④ 比如，申叔舟发现《洪武正韵》里记录的方式，没有人能够区别韵母ŋ-和Ø-。结果他转向传统的韵书《切韵》，基于先前的工作，创立了人为的拼写区别。关于这个问题，记录申书舟观点的最早文献，请参阅Yu Chang-kyun（1973:xxii）。

⑤ 关于黄瓒的个人传记，请参阅Ledyard（1965）。尉迟（1990）认可了黄瓒在申叔舟提出基本俗音方面作为发音人的作用，同时提供了关于黄瓒的更有价值的信息。

标准的，关系也最密切。因此在寻找特殊地方的居民作为发音人方面是没有什么意义的，比如国都北京、或者任何其他的地方。相反，目标是要记录一个理想语音系统的精确的事实，正因为如此，在这种情况下，通过直接启发实际上是可以实现的。第二，值得注意的是，申叔舟的两个发音人都来自长江流域。倪谦是杭州本地人，但是他实际上出生于国都南京，也在南京长大。而黄瓒来自江西的吉州，他官员生涯的大部分时间是在南京度过的。这样看来，似乎这是15世纪最好的标准官话语音的发音人。不管是纯粹词典的记音，还是实际的口语形式，都是来自于长江流域，而不是来自中国北方方言。

明代后期，欧洲天主教传教士来到中国。这些传教士一个主要的任务是学习官话，官话是他们传播教义的语言工具。这促使了拼读官话语音的罗马拼音的产生。该领域早期的比较主要的传教士是金尼阁（1543—1628）。金尼阁最有名的著作是《西儒耳目资》，在该书的序言里，他表明建立一套声韵系统时要拒绝《洪武正韵》《切韵》等传统的文献，以及一些韵母表所记录的音。他告诉我们有一个更简单的系统能准确代表他那个时代的音，可以满足所有的要求。这表明金尼阁使实际的口语音罗马化了。然而，他又告诉我们那个时代有的发音人不能表达清楚他记录的语音系统。他们使用的语音，金尼阁称之为“土音”“本地话”。更进一步来说，随后的传教士万济国（1627—1687）利用了金尼阁记音的各种形式，对标准系统的特征做了具体的解释，这个标准系统源自于中国的多个地区，曾经使发音人望而却步。

金尼阁的《西儒耳目资》显然是基于他自己的观察，在他的内在系统里，并没有把本族语的发音人作为权威。但是那一时期确实也有几个权威为大家所熟知。①其中的诸多著作是植根于让人敬仰的声韵学传统，因此可能存有一些伪造的痕迹或者时代的错误。比如《音韵阐微》（奉敕编纂，出版于1726年），被广泛看作官方标准。还有一些著作更倾向于实际的语音。这些著作作为汉语文献，到清代中晚期不断被西方学者提及，这些学者对建立在现实语音基础上的罗马字的发展很感兴趣。比如艾约瑟（1823—1905）（1864：37—39）对樊腾凤（1601—1664）的《五方元音》②和李汝珍（1763—1830）的《李氏音鉴》进行了深入研究。另一本著作《五车韵府》与这两部相似，马礼逊（1782—1834）参考该书，完善了官话罗马拼音，最终编成了他的伟大著作《华英字典》（1815—1822）。这些著作所记录的语音系统体现着大量共同的特征。举例来说，不像《洪武正韵》，它们缺少一套浊音声母。但是与早期的文献一致，它们都自由地把喉音和齿擦音置于高前元音之前，也就是，既没有提到现代舌根音声母的腭化，也没有提到咝音之后的

① 一些经典的有价值的书目，请参阅耿振声（1992）。

② 《五方元音》成书于1660年，1710、1727和1810年再版时多次修订。

元音央化。而且它们都有一个离散的、不连续的第五声调，即所谓的入声。实际上，从这些变化中看出，它们似乎都反映了保存于金尼阁、万济国，以及稍晚的传教士转录标准官话所用的罗马字语音系统。

这些资料不管是本族的还是国外的，都是毋庸置疑的，都一致合理地反映了官话语音系统。但是，通过这个相同的表征，我们知道在中国还有另外一种阐明标准语言的方式。这种语音的类型以完全不同的一套来源展现出来（更多细节请见下文1.2节），这一来源出自中国北方，而不是长江流域。这一现实中的北方官话语音系统被清代学者称作“北音”，以区别于上文讨论的称作“南音”的类型。在清代的文献资源里，这些表达一般被广泛用来指抽象的官话系统[①]的北方或南方事实语音。沙彝尊（fl. 19世纪中期）在他的《正音咀华》前言提出，相当精确的特征是一个例外，该书是他的口语官话教材。他提出的《十问》（1a）：

何为正音。答曰：遵依钦定字典音韵阐微之字音，即正音也。

何为南音。答曰：古在江南建都，即以江南省话为南音。[②]

何为北音。答曰：今在北燕建都，即以北京城话为北音。

沙彝尊认为正音是抽象的、官方编定的形式。规范的北方读音实际上是在当时的首都北京实际存在的语音。南方语音则是南京周围地区当时的实际读音。这种情况与拉丁语在欧洲中世纪和近代早期有着一定的相似之处，语言的书写形式形成了一种被普遍接受的抽象的标准。但是每个地区各自又有不同于其他的实际标准，却在当地实用而有效。

然而，应该注意到，并不是那个时代的每一个人都具有这样一种对官话语音的开放心态。正如平田昌司（2000：538—541）最近所指出的，一些长江流域的官话发音人，受地区偏见和反满情绪的影响，把北音看作是鞑靼俗语。但是，也有人意识到这种北方语音是朝廷偏爱的，在越来越多的官员交际中使用，是一种迫切需要掌握的北方语音。北方人怎么看待南音的问题，我们目前还不清楚。也许在南音消失之前，他们把南音看作一种古雅的时代错位的语言，最终南音是会消失的。[③]

---

① 实际上，术语“南音”“北音”的使用早于作为通语的“官话”，这对术语不仅用于指正音，也用于指本地话。请参阅李新魁（1997）《近代汉语南北音之大界》。

② 南京地区，更广泛一点，现代的江苏地区，作为南方语音的基础。这里，非常感谢魏根深（Endymion Wilknson）提供的观点。

③ 晚清和民国早期关于南音和北音的一个很有趣味的探讨，请参阅李宇明（2002）《清末文字改革家的方言观》。

1.2 北音和现代汉语标准音的起源

一般认为现代汉语标准音的系统直接起源于近代官话。毫无疑问晚清通语的发音实际上是植根于北音系统，清朝时期的作者对此略有提及。本文进一步概括了两个假想。其一，北音系统有规范的资源记录，是第一个，也是最重要的标准官话语音在北方语言中的体现。因此，它最大可能是以通语语音为特征，而不是某些特殊地区的本地话的语音系统。另一个假说是，清代后期的北音来源于早期的北音。换句话说，我们假设官话的正音系统在明朝和清代早期已经存在于北方，到清代后期，在北方通语语音系统的发展过程中，官话或者说现代标准语系统，不过是它的后一阶段。明清时期北方语音系统究竟是如何发展变化的，这个问题应该得到学术界的进一步关注。

对于北音历史的深入研究要求参阅更多的文献资料。因此，我们目前只能关注在其发展过程中最显著、最具代表性的特征。接下来介绍一下我们所使用的文献资料。

A.跟他的前辈朝鲜转录员申叔舟一样，崔世珍（1478？—1543）是朝鲜政府在汉语口语方面的翻译员和专家。但是他的著作延续了不同的方式。作为工作的一部分，崔世珍多次到中国首都北京和辽东旅行。辽东非常接近朝鲜，朝鲜人可以相对自由地出入辽东。在这些地方他听到的官话语音类型明显不同于申叔舟所记录的语音。崔世珍在他著名的右音系统里记录了他所听到的语音，那就是对汉语手册的语音注释，《老乞大》和《朴通事》。[①]有人认为这两本书的语音代表了当时的北京方言，因为他经常出入于北京的各种场合，为大家所熟知。尉迟治平（1991：20）则提出了另一种观点，认为右音反映了辽东方言的语音。我们认为，这两种早期的观点都有一定的价值，但是都不完全准确。最有可能崔世珍记录的是16世纪的北音形式，也就是官话语音系统在北京和辽东的真实体现。在某种程度上，这个北方标准的语音形式与北京和/或者辽东的本地话有相似之处，这是一个众所周知的问题。但是，这个系统为我们对于北音历史的研究做了一个很好的开端。我们从金光洙（Kim 1991）和远藤光晓（Endo 1990）[②]那里引用了崔世珍的右音。但是，这么做要注意一点，金光洙（1991:59—60）也强调过他的转写记录是一种可操作的、朝鲜化的正字法，是为了让朝鲜学习者学得纯正的语音形式，但是，谨慎使用也可以为北方官话语音的历史提供一些清晰的线索。

B. 两部传统的音韵学著作常被看作是明代后期北京语音的代表，分别是《重订司马温公等韵图经》和徐孝的《合并字学篇韵便览》(没注明日期)。前者是韵图，后者是韵

① 关于申叔舟和他的著作的更深入的讨论，请参阅Ledyard（1966：323—230）和Kim（1991：12—16）；还有尉迟治平（1990）。

② 这里我们采用Kim的做法，除了*-ju-*在大多数情况下作［y］，*-i-*作［ə］。

书。它们相互补充，代表了同一个潜在的语音系统。今天这两部书被合编成同一部书，称为《合并字学集韵》，成书于1606年。我们使用的是国会图书馆《合并字学集韵》的缩微胶片复制本。耿振声（1992：174—176）对此做过简短评论。陆志韦1947年出版的《重订司马温公等韵图经》进行了更细致深入的分析。薛凤生（Hsueh 1983）[①]用英文写了简短分析。都知道徐孝来自北京地区，因此，可以初步假定他的著作保存了北京话的一些形式。我们认为这部著作主要反映了标准的北音系统。但是，除了常规音或者正音之外，《合并字学篇韵便览》还记录了大量俗音的例子，也就是流行的、本地话的多样形式。比如，在这部书的“去声”一章里，明确声明汉字“百”应该读作“班国切”，表示数字100。而在上声一章里，又发现该字的另一个反切注音“崩楞切”，这个音被称作“俗呼”，即俗音或本地音。我们认为这部韵书中的bǎi音是俗音形式，代表了真正的本地话发音，的确源于北京地区的口语。但是主要的书面文献一定反映了现实中北音的标准官话语音。这样，徐孝的著作保留了满族入关以前短时期内北京地区的北音系统。就我们目前看到的文献来说，这个语音系统是比较抽象的，并没有具体地暗示其中所记录的汉字如何读。相反，这是一个语音类别的系统概括。尽管如此，在崔世珍时代某些早期朝鲜正字法形式的基础上，对于潜在的语音特征做一些受过训练的推测，也还是可能的。关于清朝后期的一些情况下文还将讨论。

C. 1644年满族占领北京城，建立了新的王朝。在那个过程中，他们驱逐了内城的原住居民，随后，内城被新的规则统治。占领内城住宅的群体中，有大量能说汉语的人，比如八旗汉军、汉族包衣，等等。这些人能够说清晰的东北方言，现在一般认为他们对北京地区的语音一定有深刻的影响（比如，可以参阅林焘1987：165—167；Yamazaki 1990；爱新觉罗1993：v—vi；Hirata 2000：538，543）。迄今为止，关于这一问题的讨论大部分都强调词汇的影响。相反，我们要关注的是，随着语音特征的侵入，[②]在中文的满语转录文献中，有被称作“标准”的系统，在18世纪一些手册有过例示，比如1708年的《清文鉴》(Nakajima 1994)。但是，除了这个系统之外，有人还发现了中文小说的早期译本，用老的满语翻译保存的资料。目前的研究中，我们发现了一个资源，就是中文小说《三国演义》的满文本*Ilan Gurun-I bithe*。现在能看到的版本是1650年版，但是其中最有意义的部分可以推至1630年左右。[③]《三国演义》是最早的翻译成满文的中文书。其中的译文在展现汉语语音系统方面是最理想的，也是最适合的，当时正值满族征服并占领中

① 近期还有一篇关于这部韵书的硕士论文，是郭力（1997：76）提到的，论文题目是《〈重订司马温公等韵图经〉研究》，不过，我没有看过这篇论文。

② Yamazaki的论文专门探讨了语音的问题。

③ 关于这个版本及其历史的详细讨论，请参阅Gimm（1988：105—105）。

国之前的一段时间，[①]汉语为满族人所熟知。我们使用的《三国演义》版本是1979年中国资料中心的重印本。在这八册书（每一册大约900页）中，随意选取第二册进行扫描，用来转录人名。同时也从第一册（pp. 1—57）中选出一长串主人公的名字，以便提供更进一步的人名进行翻译。这里我们所采用的满语正字法源自罗杰瑞先生（1978）所使用的穆麟德（Möllendorff 1892）的音译形式。

D. 18世纪中晚期关于北音的一个有趣的样本是双语的满汉教材《兼满汉语满洲套话清文启蒙》，1761年由日本东京东洋文库出版。该教材用满文和汉文的口语会话组成。其汉语部分首次以满文字母的音译形式展现，汉字穿插期间。汉文资料配有满文罗马字音译，于1989年由落合守和（Morikazu）出版，我们引用的资料也出自该书。这本书的内容本质上也与著名的满语教材《满汉字清文启蒙》中的满汉会话完全相同，后者常常简称《清文启蒙》这本书的早期版本出版于1730年，随后多次再版。在各修订本中，满汉会话部分的内容几乎是相同的，我们仅选择发音上有细微区别的汉文转录作为资料（Morikazu 1989: 68）。会话教材的原本目的是教汉文读者学说满语。如果落合守和是对的，那么我们这一版本的目标将会更大，这本教材也可以供满族人去学习汉语发音（1989: 69）。他进一步表明（引文同上）会话所代表的语言源于18世纪的北京。不管是否是真的，都有待于进一步证明。但是我们完全相信它是当时北方标准官话的样本。关于资料中的语音细节我们已经在近期的研究中讨论过（Coblin 2003）。在此适当引用。

E. 19世纪的北音语音资料还以译文的形式记录在大量的西方语法和词汇著作中。举例如下：

1）艾约瑟（Edkins 1864）的《北京官话语法》，该书收录了大量的对北京方言的观察，还有关于两种语言类型之间的区别。

2）威妥玛（Wade 1867）的北京官话口语教材，该书收录了大量口语样本、会话等。

3）庄延龄（Edward H. Parker）（1849—1926）的方言语音条目作为旁注保存在翟理斯（Giles 1892）的《汉英词典》中。庄延龄的资料完成于1870年，北京是他方言条目调查点之一。庄延龄在记录实际的口语形式方面一丝不苟，尤其对同一语素的多种发音感兴趣。

4）司登得（Stent George C.）的《北京方言汉英词汇》表面上看是一本北京方言词典，实际上，该书也包含了北京城的官话通语。

---

① 在此特别感谢罗杰瑞先生指出这本书对于北音研究的意义，在他的帮助下，能够获取这个版本的复制本，如果没有罗杰瑞先生的指导和鼓励，我是从来不敢尝试使用满文音译资料的。如果使用该文献有什么错误，则完全是我的责任。

二、北音发展史

本章我们将检验某些特征的发展变化，通常认为这些特征属于北音语音系统，区别于南音。

2.1 音节中的声母

2.1.1 喉音的腭化

纵观南音的历史，其主要特征是在高前元音之前喉音的广泛适应性（tolerance）。这一相同的特征也出现在崔世珍的右音系统中，该右音体现了16世纪的北音。举例如下：

幾 ki　居 .ky
起 k'i　去 .k'y
喜 xi　许 xy

徐孝1606年的韵书包含了单一的喉音系列，由三个字母组成，也就是传统使用的"见 jiàn、溪 qī、晓 xiǎo"。这几个声母直接对应崔世珍的*k*-、*k'*-、*x*-，以相同的方式分布在音节的韵母中。由此我们得出结论，在1600年的标准北音发音里，喉音的腭化还没有出现在高前元音之前。这当然也不证明腭化没有出现在那一时期北方一些地区性的本地话当中。这只表明腭化，当时如果已经出现的话，还没有被看作是北方通语发音的常规特征。那么，如此看来，这一时期的北音和南音是完全相同的。

在《三国演义》的满文本*Ilan Gurun*中，我们发现了几个新的情况。在朝鲜语和徐孝的资料里带有声母*k*-和*k'*-的音节是与满语中的上腭音*j*- 和*c*- 拼写相同的，这是一个规则，比如：

早期声母k-
季ji　嘉jiya　简jiyan　胶jiyoo　碣jiyei, jiye　禁jin　景jing　军jiyūn
早期声母k'-
祁ci　钦cin　卿cing　干ciyan　琼ciong　桥ciyo

对这一变化趋势也有两个明显的例外：

（i）江 giyang，比如“江东”里的“江”；

（ii）京 ging。

但是，实际上这两个音节在满语里都是本土化的汉语借词，而不是转译的形式。这两个音节在新派满语（Standard Manchu）和老派满语（Old Manchu）中也经过证实。[①]它们很可能是在明代晚期和清代早期以前借自汉语，可能反映了我们所关注的那个时期之前的特征。

非常有意思的是，大约在满文版《三国演义》的中间部分，有一些例子满语转译*j*-和*c*-时已经被抄写或者改写成了字母*g*-和*k*-。[②]举例如下，后附数字是书中页码：

荆 jing，重写为 ging 426

禁 jin > gin 434

吉 ji > gi 459

嘉 jia > gia 493

庆 cing > king 463

乾 ciyan > kiyan 495

在18世纪所做的中文转录满文手册中，比如在《清文鉴》这部南音手册里，自由地将喉音放置在高前元音之前，实际上已经成为规则（请参阅Nakajima 1994）。我们假定当满语初次进入北京的时候，它们仍然延续着从东北地区的藩镇近邻学得的汉语发音形式。后来，满族在中国完全站稳脚跟之后，与中国的官场有了更多的联系，他们意识到喉音和前高元音结合的音节是非腭化音节，于是在官方转录系统里采用了这种形式。

在通语和南方官话中，高前元音之前的［x］在1650年的满文版《三国演义》中被转译为*h*-或者*s*-。一些音节类型只有前者*h*-；一些只有后者*s*-，也有一些二者皆有。通过如下例子可以看出：

夏 hiya 下 hiya 县，献 hiyan 项 hiyang 玄 hiowan 雄 hiong

① 关于新派满语请参阅罗杰瑞（Norman 1978：107，110）。关于老派满语的档案证据，请比较：坎达等人（Kanda et al. 1972—1975：100）中的giyang“河；扬子江”，与广禄和李学智（1970：vol.II,220）中Namgin“Nanking”形式中的gin（g）指“首都”。

② 这些例子的原文字母在复制版（superimposed）中也仍然清晰可辨，显然这是依据某一种从木活字印刷传递到刻版印刷的原稿。

许 sioi 勋 s>iylun 稀 si

宪 siyan，hiyan 孝 siyoo，hiyoo 校 siyoo，hiyoo

因此，我们怀疑当时的汉语发音里已经有腭化或者类似腭化的现象。满族翻译者在转译这些音节时遇到了一些困难。

在这一点上，去检验1650年依据老派官话翻译的满文版《三国演义》如何处理高前元音之前的齿擦音（丝音），也是非常有意思的事情。齿擦音不断地被拼作腭化音，如：

早期声母 ts-

将 jiyang 济，稷，辑 ji 晋，进 jin 靖 jing 就 jio 浚 jiyūn

早期声母 ts'-

秦 cin 青 cing

从老派齿擦音声母*s-*，我们发现在满语中转译为*s-* 和*h-*，与上文验证的喉塞摩擦音有很大的相似之处：

徐，诩，续 sioi 小 siyoo 先，暹 siyan 习，西 si 荀 siyūn

象，相 hiyang 萧 hiyoo

襄 hiyang，siyang

在满语中还有一个可以替换的读音的例子是*s-* 和*š*：

绣 seo，šeo

我们还怀疑底层的音是腭化的擦音。由此，我们认为在满文版《三国演义》所反映出来的汉语中早期喉塞音和擦音与擦音融合，其结构与现代标准语中发现的情况完全相同。

在1730年的《清文启蒙》中，早期的*k-*、*k'*和*x-* 被转录为满语的喉塞音和腭化音混合的复杂成分。我们早年的分析（请参阅Coblin 2003：203—209）已经得出这个结论，即完全的腭化已经出现在当时汉语的底层形式中。

腭化一定是出现在19世纪的北音里。马礼逊（Morrison 1815—1823, Part I, Vol. 1:18）特别提到并描述了这一点，是艾约瑟、威妥玛、庄延龄、司登得等汉学家所使用的官话罗马字系统的一个特征。威妥玛对*ch-*、*ch'-*和*hs-*的转录，实际上对于那一代汉学家来说是非常熟悉的翻译，这些汉学家都学习了威妥玛拼音。

概括来说，我们发现非腭化的喉塞音仍然是1600年左右北音的一个特征。到18世纪中期，腭化过程已经完成。这一现象变化的过程与满族征服并占领北京内城的过程是同时发生的。正如我们所看到的，那一时期的满族人对东北地区汉语语音的类型非常了解，那时的汉语显示了喉塞音的完全腭化。因此，很可能发音上具有腭化特征的说话人的流入对北方标准语的腭化起了推动作用。如果真是这样，并不一定意味着腭化还没有出现在北京地区的当地土语中。我们在处理通语系统时一定能想到这一点，而不是北京方言也如此。去发现这二者之间的区别非常重要，就像我们要试图去理解北音的历史一样。

2.1.2 音节*zhēng*争、*zhǎi*窄、*chū*初、*shēng*生、*shī*师、*shì*事

这一类型的音节在南音发音系统中有齿擦音声母。比如1703年万济国的《官话语法》里有*çhēng*［tsɛŋ］争，*çhě*［tsɛʔ］窄，*çh'ū*［ts'u］初，*sēng*［sɛŋ］生，*çū*［sʅ］师，*çú*［sʅ］事。另一方面，崔世珍16世纪的右音在卷舌声母方面与现代标准语一致。

徐孝1606年的韵母表由三个等组成，这里我们称之为“层次”（levels），以区别于传统宋代韵图中著名的四等。如果在徐孝的韵母表中插入崔世珍的右音表，我们看到两种情况：（1）徐孝的第二个层次包含除了卷舌声母之外的音节。（2）韵母表中所有的右音卷舌声母都在这个层次里。换句话说，在这些表中，第二个层次是卷舌的层次。记住这一点，我们就能说明我们所关注的六个音节都出现在韵母表中的第二个层次里。这样，在徐孝的北音系统里它们一定都是卷舌声母的字。

在1650年的满文版《三国演义》里，三个音节被发现，如下所示：

初 tsu　　师 sy　事 sy

对于这一点，我们可以从老派满语档案（Kanda, *et al.* 1972—1975：72，321）里再选取*seng-dzeng*（sic）生来说明。*zhēng*争和*zhǎi*窄至今还没有在这个资料里发现。但是我们仍把此看作是满汉语多样化的一个一般特征，也就是具备照二组声母的音节通常被看作是齿擦音，而不用管后面的韵母是何种类型，比如臻*dzen*、栈*dzan*、沙*sa*、山*san*，[①] 等等。

非常有趣的是，在1730年的《清文启蒙》里我们发现了与满文版《三国演义》相似的情况。我们标记的形式有如下几个：*dzeng*争、*dze*窄、*tsu*初、*seng*生、*sy*师、*sy*事，

---

① 有几个例子*shān*山拼作*šan*，还可以再举几十个*san*的例子。

在大量例子中也有例外，如音节 *shi* 事一般也写作 *ši*。

追溯到19世纪，我们发现我们标记的形式与老派北音里的卷舌声母类似，除了“窄”，在一些文献里有两个读音。比如在威妥玛（Wade 1867）的资料里，我们发现了这个音节的两个形式 *chai*³ 和 *tse*⁴。第二个读音显然与《清文启蒙》和万济国标注的语音形式相似。

总的来说，我们想弄清楚北音系统究竟发生了什么。1730年《清文启蒙》能否反映满文版《三国演义》在北京地区对满语口音的接受？或者这些例子显示了一种遵循北音系统的尝试？也有可能二者之间相互作用，相互补充，在一定程度上屈服于《清文启蒙》所保存的模式。无论如何，到19世纪北方话的基本结构已经被修复为北方官话语音系统。

2.1.3 音节 *róng* 容

纵观南音系统的发展历史，这个音节的出现被看作零声母的开始，即［iuŋ］。这也是在申叔舟右音中的形式，在那里拼作［:juŋ］。在徐孝的韵母表中，这个音节被放置在三等（the third level）的零声母里，这说明徐孝也把这个音节读作类似［iuŋ］①的音。但是在满文版《三国演义》里，一种新的形式出现了，拼作满文 *žung*。《清文启蒙》的形式则一直是 *yung*，表明与早期看到的是同一个［iuŋ］。19世纪汉学家艾约瑟给出的音只是 *yung*²，但是威妥玛、庄延龄和司登得都给出了一对音，分别是 *jung*² 和 *yung*²。满文中写作 *žung* 的历史形式和西方转录文献中的 *jung*² 几乎都反映了同一个洪亮的卷舌音，大致是现代标准语中的 *róng*［ʐuŋ］~［ɹuŋ］。这种形式似乎不存在于1600年前后的北音系统里。但是这是满族征服中国那一段时间里满族人都比较了解的音。它已经以一种汉语的类型存在，也就是满族人与东北人日常使用的汉语。18世纪时［iuŋ］仍然是北方标准语最偏爱的形式。但是到19世纪，在标准发音里，［ʐuŋ］开始与［iuŋ］展开竞争，最终到20世纪被完全取代。北音材料中最先出现的［ʐuŋ］与满族征服时期的形式有些巧合，这似乎很有意义。这也可能是相互关联的两件事。

2.1.4 音节 *chún* 纯和 *chún* 唇

在南音的大部分资料里，这些音节都有摩擦音声母。只有金尼阁为“唇：*c'hûn*、*xûn*”拟定了不同的塞擦音和摩擦音［tʂ'un~ʂun］。*chún* 纯和 *chún* 唇从右音资料里消失了。然而在崔世珍时期的俗音里，它们都被记作 *dʐyn*，声母带有塞擦音。在徐孝的韵书里，每个字都给出两个反切注音：除纯切和谁纯切。前者体现的是塞擦音声母，后者则是摩擦音声母。满文版《三国演义》只有 *chūn* 纯，拼作 *šun*。《清文启蒙》只有 *chún* 唇，拼作 *šun*。在19世纪的资料里，我们还发现了如下形式：

---

① 徐孝韵母表的三等包含韵母以［j］或者［y］开头的右音音节，这样的音节不会出现在一二等里。

	纯	唇
威妥玛	ch'un²	shun², ch'un²
庄延龄	shun, ch'un	—
司登得	shun², ch'un²	ch'un²

似乎很可能在基本的南音里，这些音节都有摩擦音声母。但是在北音比较老的本地话中存在塞擦音声母形式，这被崔世珍记录下来，金尼阁也明确指出此种情况。有意思的是，满文资料仅记录了南方的或者摩擦音的形式。19世纪时，这两种发音都出现在北音里，而到20世纪只有塞擦音形式在现代标准语里留存下来。

2.2 音节的韵母

2.2.1 音节 *bái* 白、*bǎi* 百、*zhǎi* 窄和 *hēi* 黑

在15世纪中期申叔舟的正音系统里，这些音节共有同一个韵母，那就是 *bəj*（入）白、*pəj*（入）百、*tʂəj*（入）窄和 *xəj*（入）黑。在南音系统后期平行韵母出现在以下万济国的形式中：*pĕ*［pɛʔ］白、*pĕ*［pɛʔ］百和 *çhĕ*［tsɛʔ］窄，*hĕ*［xɛʔ］黑。在崔世珍的右音系统里，可与之对比的形式是：：*pɔ* 白；：*pɔ*，.*pɔ* 百；:*tʂɔ*，:*tʂje* 窄；:*xɔ*，:*xəj*，:*xje* 黑。

徐孝在他的韵书里为这些词给出了多种反切形式，列举在本段之后。我们无从得知他是如何拟定这些字的发音的。但是，在申叔舟右音系统的大量例子中，有一些相关的字可以用来对比分析。徐孝的韵书出版于1606年，而这些早于徐孝80年的资料阐明了他的发音[①]依据。在某些例子里，右音消失了，我们可以猜测申叔舟的正音对于崔世珍的系统来说是有用的。我们在某些例子中用括号的形式插入申叔舟的读音。声调依据徐孝的韵书。语义注释和其他观点从他的相关资料里摘取出来。

白

1）崩卦切（pəŋ平）+.kwa。声调：去声。意义：“白色”。

这个反切规则拼出来的音节表面上是 *pwa 去。因为右音系统中不存在更多的音节类型了。我们怀疑他本来要拼读的形式是 pa 去。这个情况可以通过文献资料中的同音异形异义字“霸”（正音读 pa 去声）来确认。

2）饽□切（pwo入）+？ 声调：如（=阳平）[②]。意义：“白色，雪白”。

---

① 这里需要声明，我们并没有构拟徐孝的语音，这一点很重要。我们只是通过右音的媒介看到了他的反切。崔世珍时期的语音与徐孝的语音在各个方面都是不同的。

② 徐孝把传统的阳平声调标注为 *rú* 如。所以，他的四个声调分别叫作 *píng* 平、*shǎng* 上、*qù* 去、*rú* 如。

注释：俗。

这个反切中的反切下字（言+卮）非常少见，朝鲜语读音里也没有可与之匹配的。这个反切条目出现在韵书“槐”的下面。还存疑的右音韵母是-waj。至于其被切字，我们可以假定*pwaj → paj 阳平。

3）班国切 .pan +:kwɔ。声调：去。注释：“伯”的古文形式。

被切字（target form）：pwɔ 去。

百

1）崩拐切（pəŋ平）+（kwaj上）。声调：上。注释：俗呼。

被切字：*pwaj→paj 上。

2）班国切 pan +:kwɔ。声调：去。意义：数目字。

被切字：pwɔ 去。

窄

1）斋热切 .tʂaj+.rje。声调：去。意义：与“宽”相对。

这个音在徐孝的韵书里属于*zhé*哲韵，其同音字是*zhè*这（右音：.tʂje）。由此，我们能推断出其被切字也是tʂje 去。

2）占□切（tʂjem平）+？声调：上。意义：与“宽”相对。

这个反切中的反切下字（足+麗）非常少见，朝鲜语读音里没有可与之匹配的音。这个反切条目在韵书里出现在*hǎi*海的下面。还存疑的右音韵母是-aj。至于其被切字，我们可以假定为tʂaj上。

黑

1）旱丕切 .xan+（p'wəj平）。声调：平。注释：俗用。

右音里没有可以用作反切下字的字。但是，这个字属于*bēi*盃韵。这个韵存疑的右音是-əj。我们可以推定这个反切的被切字是xəj阴平。

2）嵩忒切（xaw平）+t' əj，.t' əj，:t' əj。声调：去。意义：颜色词

这个形式被一个右音xəj 去声取代。但是，在徐孝的韵书里，实际上它出现在一等去声下面的*zhé*哲韵里（右音：-ɔ），这表明被切字是：xɔ去。

在满文版《三国演义》里，只发现了*he*黑的一套符号，但是在老派满文档案资料里，我们还可以补充：*be* 白和*be* 百（广禄和李学智1970：Vol.I，87，Vol. II，143）。而且，

在《清文启蒙》里还有：*be*白、*be*百和*dze*窄。[①]

19世纪，我们还从西方的权威文献里找到下列读音资料：

	白	百	窄
艾约瑟	pai^2, po^4	pai^2, po^4	$chai^3$
威妥玛	pai^2, po^1, po^2	pai^3, po^2	$chai^3$, tse^4
庄延龄	pai^2, po^2, pe^3	pai^3, pe^2, pe^3	$chai^3$, tse^3
司登得	pai^2, po^2	pai^2, po^2	$chai^3$

	黑
艾约瑟	hei^1
威妥玛	hei^1, hei^3 ho^4, he（no tone）
庄延龄	hei^1, hei^3, he^4
司登得	hei^1

在右音系统里，四个表征音节都读圆唇元音*-ɔ*。其中一个也有不同的读音*-je*，“黑”这个词有二合元音*-əj*。徐孝反切的一个显著特征是所有的符号都有二合元音，四个例子中的三个，其读音明确被鉴定为俗音。在徐孝给出的其他几个读音里，可以假定不是很明显的俗音，我们发现相同的韵母类型*-ɔ*和*-je*，这是崔世珍右音的特征。再看满文版《三国演义》和《清文启蒙》资料，我们看到一个新的情况。在这里我们的表征音节始终显现出一个不圆唇的韵母，即在满语中被转录为*-e*的音。这个韵母与南音*-ĕ*有惊人的相似性，*-ĕ*是我们从万济国的资料中引用的音，特别要注意这个“窄”字的形式，在《清文启蒙》材料中有一个齿擦音声母。这是一个南音共有的特征，但是不是我们所看到的北音的早期形式。再回到19世纪西方的文献记录，我们注意到首先这是一个二合元音的形式，主要出现在那一时期的官话口语中。在其他读音中，那些不圆唇的“南方的”韵母*-e*似乎更显著。比如，庄延龄为所有的表征音节提供了另一种读法，在“窄”中没有发现韵母*-o*，但是威妥玛记录了三个保存下来的特征。*-je*在19世纪的资料里已经消失了。现代标准语里，二合复元音在实际应用中盛行，正如19世纪一些材料预示的那样。作为互补的读音*-o*以书面形式，保存在唇辅音词语里，而用于替换的*-e*仍然以古旧的文字形式存在，用于记录非唇音声母的词语，这样的记录却很少见。

---

① *hēi*黑没有出现在这个资料里。

总的说来，我们看到一个由不同路线或者作用形成的复杂混合物。在我们资料的早期阶段，我们发现了标准读音*-ɔ*，尚不清楚其来源。在这个阶段只有“黑”字有二合复元音韵母，从我们所知道的后来的语料中可以推知，此音是北方当地的俗语。到1600年左右，这个俗读音尽管不被重视，它在官话口语中确实十分显著，徐孝认为有必要把它收进词典。至于清代早期和中期使用的那些满文汉语词呈现出与南方官话中南音的发音本质上完全相同的特征。19世纪中晚期，学习汉语的西方学生在实际交流中首先听到了俗读形式（即二合复元音），在那些他们记录下来的替代形式中有混合的成分，既有崔世珍标注的古老的圆唇音，也有满文音译资料保存下来的不圆唇音。今天，这些替代成分还有一定的留存，但正在趋向消亡。

2.2.2 音节*báo/bó*薄

在右音中，这个字的音是*:pwɔ*。徐孝为该字标了两个反切：

（1）白毛切 :pɔ+:maw。声调：如。词义：瘦。

注释：俗。

被切字读音：paw阳平。

（2）白昨切 :pɔ+:tswɔ。声调：如。词义：瘦。

被切字读音：pwɔ阳平。

在满文版《三国演义》和《清文启蒙》中，这个词的形式满语都拼作*bo*。19世纪的资料给出两个读音，分别是*pao*^{2}（艾约瑟：*pau*^{2}）和*po*^{2}。

右音与南音相应的形式（比如万济国*pǒ*）类似，这个相同的发音在满语文献里有所反映。但是徐孝介绍了一个本地音可能有韵母*-au*。这个读音重新出现在19世纪的资料里。这两个音都保存至今，现代标准语里也有。很可能现代读音*bó*（＜右音*pwɔ*阳平）只是标准南音为适应北方官话所做的改变。

2.2.3“*jiē*皆和*xiè*懈”类音节

这种音节在南音里有韵母*-iai*，比如万济国*kiāy*皆和*hiáy*懈。在右音系统里，它们以*-jej*结尾，比如*.kjej*皆、*:xjej*鞋。在徐孝的韵书里，这些音节被列入三等蟹摄，其一等和二等音节在右音中都是以韵母*-aj*结尾。由此，原则上我们可以期待为*jiē*皆 这类音发现一个右音韵母*-jaj*。但是事实上并不是这样。最有意思的是，发现为某个常用字设定的用于替换的反切注音并不属于蟹摄。比如：

解

（1）坚□切 .kjen+? 声调：上。词义：to explaini; to release from; to desolve。反切下字很少见（可能是“㔾”），关于这个字没有可用的朝鲜语资料，但是碰巧出现在徐孝的韵书里。从该字出现的位置，我们能推断它在右音里可能是k'jej上声。所以，“解”的最终（target）读音是kjej上声，实际上也是与所记录下来的这个音节的右音是一致的。

（2）江野切 .kjaŋ+je声调：上。词义：to explain。被切出的字音：kje上声。

尤其有意思的是常用字“鞋”的这一对读音：

鞋

（1）贤才切（ɣjen平）+: ts'aj 声调：如。词义：shoe, slipper。

反切上字的右音可能读作xjen阳平，被切出来的读音（target form）xaj 阳平。但是，反切是有缺点的，因为它所归属的韵是俗韵的三等，“鞋”字也是一个三等字。所以真正的读音是xjej阳平。

（2）行茄切 :xiŋ+: k'je 声调：如。词义：shoe。注释：俗。

被切字音：xje阳平。

上述（2）的注释是很重要的，因为这说明我们考虑这一类型词的时候有一个替换的读音*-je*，这个*-je*实际上是北京地区的俗音。*-jej*显然不代表当地的方言。它一定还有别的来源。

在满文版《三国演义》中，我们考虑的这种类型的音节与满语的韵母*-iyei*相拼，比如*jiyei*解和*jiyei*阶。在《清文启蒙》中，它们也可以拼作*-iyai*、*-iyei*，偶尔也作*-ai*，比如*giyai*皆，*hiyai*、*hiyei*懈，*g'ai*戒。在19世纪的资料中，艾约瑟写了正字法（orthographic）的*-iai*，但是也标注“在北方普通话中［它］与*-ie*合并”（1864a：47，脚注）。威妥玛和司登得记录成*-ieh*, 比如 *chieh*[1] 皆和*hsieh*[4]。至于“懈”，庄延龄标注为*hsie*，但是对于“皆”，他却标了不同的读音，*chie*和*kai*。很明显，北京本地话中与南音*-iai*相对应的韵母到1600年左右已经变为*-ie*。所以，*-iei*韵母更正式的或者“不俗”的北音发音一定有着不同的来源。我们可以推断它实际上是北方口音尝试说南方官话*-iai*，是那些持有北方方言的人实际上在说*-ie*音时所产生的。到19世纪当地的读音*-ie*已经完全代替了*-iei*。

2.2.4“*zhǔ*主、*chù*处、*shū*书和*rú*如”类音节

在右音系统中，这些形式都有韵母*-y*，也就是*tʂy*主、*.tʂ'y*处、*.ʂy*书和*:ry*如。这可以与南音系统比较，在南音系统里，这些词都有一个特殊的元音，可能是［ʮ］，这个音可以看作/y/的音位变体，比如万济国*chù*［tʂʮ］主、*ch'u*［tʂ'ʮ］处、*xū*［ʂʮ］书、*jû*［ʐʮ］如。

在徐孝的韵图里，这些音节都归入止摄合口，当然都属于二等韵。止摄一等韵没有相应的字，而三等韵收入*xū*须（右音：*.sy*）和xū虚（右音：*.xy*）。我们关注的这一类字没有出现在祝摄里，祝摄收录的是以右音韵母-*u*为韵尾的音节。这样看来，徐孝的系统具有在右音和南音里看到的相同的韵母特征。

满文资料里还有一个新的图片，如下所示：

三国演义（满文）	ju 主	šu 书	žu 汝
清文启蒙	ju 主 cu处	šu 书	žu 如

这几个字的韵母在满文中都拼作-*u*，可以用［u］表示。元音［y］在满文里拼作-*ioi*，比如*jioi*据、*sioi*许、*ioi*于。这里的满文形式显然标志着音节中一个新的不同结构的出现，比如*zhǔ* 主等。这个变化的事实在北方官话发音中由马若瑟证实（Prémare 1730年左右［1893］，p.15），马若瑟特别指出在他那个时期，［u］对于早期前元音的替换可以说是北京官话发音中的一个缺陷。韵母-*u*在19世纪所有罗马拼音中成为规则，而且保存到现代标准语里。这个韵母的首次出现与满族汉语进入北京地区同时发生，这一点也与我们所观察到的喉音腭化相似。

2.2.5 音节*fēng*丰和*fēng*风

此类音节在崔世珍的右音系统里拼作*fuŋ*。它们在南音里有可以对比的形式，比如万济国：fūng 丰和*fūng*风。在徐孝的韵图里，它们属于通摄合口。此摄韵在右音里韵母是-*uŋ*。让人好奇的是，它们却被归入三等韵里；在徐孝的韵书里反切注音没有改变，都是以下反切：

风，夫兄切　.fuŋ .fu+ .xjuŋ

冯，扶雄切　（vuŋ 平）:fu +（ɣjuŋ 平）[①]

根据外表判断，这些反切没有采用 **fjuŋ* 作为目标读音，但是在任何类型的官话语音的字母记录里，都没有证实这样的音节类型。陆志韦（1947：172）认为徐孝三等韵的元音-*u*-可能有一个特殊的音质，与在唇齿音声母后的-*u*-有着密切的关系。他还推测徐孝可能是受了传统韵图的影响，传统韵图把唇齿音的音节归入三个等韵。这个问题目前还有

① 括号里的形式可以预测的右音读音是：*:fuŋ*冯和*:xjuŋ*雄。

疑问。[1]不管什么情况下，这个处于音节中的主要元音在徐孝时代的语言里是圆唇的，这一点很明确。

圆唇也是满文版《三国演义》资料中这个音节的特征。比如*fung*封、丰、奉。但是在《清文启蒙》资料里，首次出现了*-ung*和*-eng*的混合形式，比如*feng*丰、*fung*风。为这两个字的注音，除了艾约瑟，19世纪所有的资料都写作*feng*。艾约瑟注*fung*，同时还表明*feng*是北京地区更常见的读音（Edkins 1864：50，69）。在现代标准语里，圆唇音仍然出现在一些说话人的口音中，尤其是那些从中原和中国南方来的人，不过只有不圆唇的音被官方定为正确的音。这些音节中圆唇音的消失似乎在标准的北音系统中出现得相当晚，是依靠词汇的扩散来实现的。这个变化的根源可能是北京当地的俗音，只是我们目前还没有直接证据证明这一点。

2.2.6 “*gē*哥、*kě*可、*hé*河、*é*鹅”类音节

在右音系统中，此类音节都有圆唇韵母*-ɔ*，比如 *.kɔ*哥、*k'ɔ*可、*:xɔ*河、*:wɔ*鹅。本质上这与它们的南音形式相同。比如，我们可以看以下万济国的例子，*kō*哥、*k'ò*可、*hô*河、*gô*鹅。在徐孝的韵图里，它们一起被归入果摄开口一等韵里。很显然，这个韵图里合口韵的音节都有右音的*-wɔ*。在满文版《三国演义》里，这种音节被音译为满语韵母*-o*，有以下这些字为证：*ho* 何、河、贺；*o*阿。在老派满文档案资料里，我们还发现了 *k'o* 可（Kanda *et al.* 1972—1975：171）。但是在《清文启蒙》里发生了一个变化，我们从中发现了一些不圆唇的韵母音节，比如：*ge*哥、*ke*可、*e*鹅。19世纪所有的罗马字拼音都把这些字的韵母记作*-o*，通常没有例外。只有艾约瑟对此提出要进一步观察思考，“韵母o在黄河以北的许多地方听起来都是u，很像二合复元音中的第一个元音比如*cow*、*how*这些词”（Edkins 1864a：51）。在艾约瑟的英语语音变体里，还需要讨论的复元音问题是［ʌu］或者［əu］（Prins 1974: 122, 129—130），他所描述的汉语元音是［ə］或者［ɤ］，正是这些例子中的这些元音出现在现代标准语语音的各种子类中。

我们有证据表明，到18世纪不圆唇韵母已经在北音的一些音节类型里使用，但是圆唇韵母更常见，也许到19世纪也更符合官方标准。似乎只是到了20世纪不圆唇的形式才盛行开来。这种不圆唇的韵母是如何产生的？这不能简单地归因于满族汉语的引入，因为满文版的《三国演义》并没有出现这种现象，也许这是清朝时期北方本地话在原住民中固有的变化。

2.2.7 “*zhàn*佔、*chán*禅、*shàn*善、*rán*然”类音节

此类音节在右音中有韵母*-jen*，比如：*tʂ'jen* 禅、*.ʂjen*善、*:rjen*然。在南音系统中相

---

① 关于这个问题的进一步讨论，请参阅Hsuch（1983：156）。

对应的形式可以举万济国的例子加以说明，比如 *chén* 佔、*xén* 善、*jên* 然。这里我们能看出来南音形式缺少了介音 *-j-*，但是出现了崔世珍记录的前元音 *-e-*。此类音节在徐孝的韵图里被归入山摄二等韵。很显然这些字与右音中韵母是 *-an* 的字是同音字，比如 *shān* 搧、扇，都可以用作动词。在右音中这个字可能读作 *.ʂjen*。①在徐孝的资料里，这个字与常用的同音字 *shān* 山（右音：*.ʂan*；比较万济国：*xān*）都在同一个韵里。从这一类例子，我们得出结论，在徐孝的语音里，卷舌声母之后早期的 *-jen* 与 *-an* 合并。

这种变化在两种满文语料中有明确的体现，比如：

满文版《三国演义》

jan 瞻（申叔舟正音：tʂjem 平；可能的右音：.tʂjen）

can 阐（申叔舟正音：tʂ'jen 上；可能的右音：.tʂ'jen）

žan 然

《清文启蒙》

jan 佔 šan 善 žan 然

这些例子在19世纪所有的资料中都写作 *-an*。艾约瑟反对马礼逊以拼读 *-en* 为基础的南音，艾约瑟认为标准的北音语音是"father 中的a"（Edkins 1864a：50）。这里我们看到一个变化，至少在1600年左右影响了标准的北方语音。似乎这可能是北方汉语本地话在早期的一个发展，这可以在崔世珍时代之后不久的北方官话里得到证实。

2.2.8"*zhèng* 正、*chéng* 成、*shèng* 圣"类音节

这些音节在右音中都有韵母 *-iŋ*，南音系统也是如此。比如，右音：*.tʂiŋ* 正，*:tʂ'iŋ* 成，*.ʂiŋ* 圣；万济国：*chìng* 正，*ch'îng* 成，*xíng* 圣。在徐孝的韵图里，这些字被归入通摄开口呼的二等韵里。最有意思的是，像"*shēng* 声（右音：*.ʂiŋ*）"这个字，在徐孝的韵书里，与 *shēng*（右音：*.ʂəŋ*；万济国：*sēng*）处于同一韵摄，是同音字。这表明在徐孝时代的语音里，卷舌音之后的元音韵母 *-iŋ* 已经降低到与现代标准语类似的音值。同样的变化在满文资料里也有所体现，比如满文版《三国演义》：*jeng* 正、*ceng* 成、*šeng* 胜。《清文启蒙》：*jeng* 正、*ceng* 成、*šeng* 圣。这些例子在19世纪的资料里都写作 *-eng*（或者 *-êng*）。

2.2.9"*zhēn* 真、*chén* 陈、*shēn* 身、*rén* 人"类音节

此类音节与前文讨论的内容有相似之处。在右音和南音系统中都有元音 *-i-*，比如右音：*.tʂin* 真、*:tʂ'in* 陈、*.ʂin* 身、*:rin* 人；万济国：*chīn* 真、*ch'în* 陈、*xīn* 身、*jîn* 人。在

---

① 崔世珍没有为这个动词义提供右音注音，但是相近的名词义 shàn 扇，他读作 *.ʂjen*。

徐孝的韵图里，它们被归入臻摄二等。在韵书里，*zhēn* 真和其他此类字都是*zhēn*榛（右音：*.tʂən*）的同音字，读如右音的 *.tʂin*，这表明在徐孝时代的语音里，卷舌音之后的元音韵母*-in*降到类似于*-ə-*的音。这个变化在满文文献里也有反映，但是有一些零散的例外，比如：

满文版《三国演义》

jen 真 cen 陈 šen 审 žin 仁

《清文启蒙》

jen 真 šen 身 žin 人

让人好奇的是，这两个语料里*ž-*之后的韵母*-in*似乎都没有变化，*ž-*就是我们所说的日母。这个特征也见于清朝时期其他的满文转录资料，特别要提到山崎雅人（Yamazaki 1990：35—36）。这可能是官话口语中满族口音的某种体现。不管怎样，这些音都没有出现在19世纪的资料里，19世纪的所有例子都写作韵母*-en*（或者*-ên*）。

2.2.10"*bàn*半、*pán*盘、*mǎn*满"类音节

此类音节在右音系统中都有韵母*-ɔn*：*.pɔn* 半、*:p'ɔn*盘、*mɔn*满。它们与下列*-an*韵母的音节形成对比：*.pan*班、*.man*慢。圆唇韵母*-ɔn*在南音系统里与［uɔn］一致，比如，万济国：*puòn*半、*p'uôn* 盘、*muón* 满。在徐孝的韵图和韵书中，有一个主要的变化是右音音节唇音声母拼读*-ɔn*和*-an*被归入常用的同音字组里。在徐孝时代的语言里，这些组可以肯定都有韵母*-an*。在满文资料里，它们实际上都拼作*-an*，比如满文版《三国演义》：*man* 瞒，满；《清文启蒙》：*man* 满。在19世纪的资料里，韵母*-an*也是此规则。因此，在北方官话中，唇音后的韵母*-ɔn*被*-an*替换，可以确定能追溯到16世纪中晚期。

2.3 声调

在右音和19世纪的转录文献里，声调始终是一个显著的问题。在徐孝的韵图和韵书里，用声调组成了分类的目录，而在满文转录文献里，声调却不那么重要。要对北音声调发展进行充分的研究，还必须对三个声调的来源进行明确的区分、筛选和对比，这是一项更深入更特殊的研究。关于这个问题，我们只能提供一些一般性的观察和思考。

从《切韵》系韵书的传统四声来说，在北音中，平、上、去声音节的发展是比较熟悉的，可以在现代标准语里看出来。也还有一些不规则的变化，应该予以特别的关注。比如*māo*猫这个字，因为是浊音声母与传统的平声相拼，这个字的读音应该归入现代汉语阳平声里。右音中没有相对应的字。在徐孝的韵书里保存了两个不同的反切注音，分

别是：模袍切和绵尧切。前一个反切拼读为现代汉语的*máo*音，这正是我们预料到的这个字的阳平声读音。第二个反切切出的读音是*miáo*，这也正好符合南方官话中“猫”的一般语音形式。可以参阅万济国：*miâo* 猫。徐孝记录下来的是他那个时期这个字的两个官话语音形式，那就是北方官话或者说北京话和南方官话。再看19世纪的资料，我们发现艾约瑟的形式是*mao*²,对应着现代汉语的*máo*，这很清楚地反映了徐孝的北方话语音。另一方面，威妥玛记录了两个语音，分别是*mao*¹和*mao*²。第一个与现代的*māo*对应，是他在资料里比较认可的读音。*Máo*是引用别人的第二个读音。庄延龄和司登得对这个字的注音只有*mao*¹。这是怎么发生的现在很清楚。从北音中继承的语音形式是*máo*，从徐孝在他的韵书里记录下来之后，沿用了两个半世纪。但是在250年间的某一个时点，另一个读音*māo*引入进来。这个音的起源还不清楚。到1860年左右，这个音占得先机，胜过*máo*，这之后不久便被看作这个字的标准读音。19世纪的正字法文献捕捉到了这个字达到优势地位的关键阶段。

更复杂的问题是北音中关于入声字的历史。实际上，右音系统零散保存着一些入声字，尽管如此，入声仍然是一个很有争议的问题，致使我们无法深入其中探个究竟。①徐孝的北音系统没有入声，相反，它有一个像现代标准语那样的四声系统，相对于这套声调，传统的入声音节的发展陆志韦（1947：193—195）和耿振生（1992：176）已有相关综述，简要介绍如下：

1. 传统的全浊声母音节变为阳平声。

2. 传统的次浊声母音节变为去声。

3. 传统的清声母音节分散进入后来的四个声调里，大多数归入去声。

从表面上看，这与现代汉语的声调面貌非常相似，如果有什么区别的话，前两个规则在徐孝的资料里实际上比在今天的标准语里更整齐。但是第三点被放弃，约有一半的用例并没有像今天的标准语所显现的同一声调。第三个规则的执行和结果长期以来在现代汉语语音史上一直是最令人头疼的问题之一。对于徐孝时期语言中清入音节的发展，郭力（1997）曾做过综合分析，我们认为那是非常有价值的。现在简单介绍一下她的观点。一开始她从徐孝的韵书里界定了2738个清入字。从这些字中发现2223个字的文本资料，每一个单字都只有一个去声读音，而且是少见的、书面的，或者只是一个模糊的存在。更进一步说，这些字只有一个去声读音。另515个保存下来的，按照郭力的观点，应该是常用字。这些字中又有368个只有一个读音，而且不是去声。剩下147个字有两个或多个读音，当然其中一个一定是去声，其他的一个或多个是别的声调。更进一步的检验

① 关于这个问题的概要可以参阅早期的讨论，请参阅金光洙（Kim 1991：106—123）。

表明，这些非去声读音要么被明确标注为俗音（俗、俗用，等等），要么在注释中表明它们在某种程度上代表了俗音。从郭力的发现，我们可以得出结论，去声是南音清入音节里的入声在北音里的变化结果。这样，非去声读音可以认定为北方本地话侵入正式的北音系统所产生的变化。从北音系统本身的立场来说，这就意味着为什么这些字的读音兼具多个声调的问题，实际上是被限制在本地话借入北音的问题。正是这一套音节需要进一步研究更多的细节问题，不仅仅限于徐孝的著作，也要考察稍后的文献，甚至包括现代汉语的词典。现在要做的是更细致地对比在徐孝资料里和在19世纪正字法里记录的那些单个的传统入声字的声调类型，尤其要注意这两种类型的资料里有多种读音的情况。郭力（1997）已经为这项研究奠定了良好的基础，关于徐孝资料里入声声调的变异，她做了大量细致的研究工作。正如现代标准语所证实的那样，将这个与19世纪的资料并列使用，可以更清楚地看到北音声调系统的发展历史，特别是在后期阶段的变化。

三、结论

3.1 见1.2.部分

我们认为19世纪后期和20世纪早期的标准语语音只是早期北音系统发展变化最晚近的一个阶段。本文第二部分依据语音系统中几个显著的突出的特征，对所做的一个假定进行历时的探索。从经过验证的个别例证，现在我们能够辨别出一般性的发展趋势：

（1）在两种情况下，一种是音节中保留了卷舌音，比如*chū* 初和*shēng*生（2.1.2.），另一种是音节中保留了塞擦音，比如*chún*唇（2.1.3.），我们看到了一些特点以典型的北方话特征残存下来。这个残存显然是从非北音结构中面对竞争时出现的，正如满文形式的两个例子所证实的那样。

（2）在大多数情况下，我们看到继16世纪早期右音时期之后的变化，最终形成了一种结构，就是今天我们所看到的现代标准语语音的类型。其中四点涉及元音变化，在北音历史当中出现得也比较早，那就是*-in*到*-en*的变化（2.2.10.）、*-ing*到*-eng*的变化（2.2.9.）、卷舌音之后*-jen*到*-an*的变化（2.2.8.），以及一些音节中圆唇音的丢失，比如*mǎn* 满（2.2.11.）。还有三个现象出现得相对较晚，那就是一些音节中圆唇音的丢失，如*fēng* 风（2.2.6.）和*gē* 哥（2.2.7.），声母*r-*插入*róng*容中（2.1.3.）。最后，尤其有意思的是这两个变化，恰好与满族征服中国北方的时间巧合，那就是喉音声母在高前元音之前时发生的腭化（2.1.1.），还有一些音节如*shū* 书（2.2.5.）中主要元音的撤回（retraction）。

（3）最后，在另外三个例子中，我们看到了通语词汇在形式上的逐渐渗透，这个形式可能直接起源于北方当地的土语，也就是音节中韵母*-ai*和*-ei*，比如在*bái*白和*hēi*黑中，替换为其他韵母（2.2.1.）；韵母*-jej*本身可能是带北方口音的官话韵母*-iai*，替换了本地话的韵母*-je*（2.2.4）；本地话*báo*是作为标准语*bó*薄的竞争者出现的。

从这些例子我们看出北音系统的演变是一个复杂的过程，既有内在的变化，也有外在的影响。一些方言特征进入北音系统，两种不同的语音现象交织在一起，形成复杂的北方官话面貌，这一过程明清时期的北方文人已经有所察觉。北方官话语音和方言音交织构成了实际的北方汉语系统，当时的北方人对此有过描述。从汉语口语的历史来说，可能最有意义的事情是他们并没有单纯地采纳任何地方口音的语音系统作为汉语通语发音的基础，相反，是参照外部的标准形成了实际使用的北方话。

3.2 对待这个问题，我们的出发点是崔世珍的右音系统，这个系统可追溯到16世纪早期，关于北音系统最早的按照字母顺序的记录。但是我们还是禁不住想探求北音系统自身的起源问题。它的源头是什么样子？它是什么时候出现的？我们推断它是北方人试图讲崔世珍时代的标准官话语音而形成的。正如本文导言所介绍的，申叔舟的15世纪的标准音（即“正音”）是（书面）词典音，而不是口语音。要想探求申叔舟时代实际使用的标准官话语音，必须转向当时的流行音（即俗音）。正如我们所看到的，这些可能源自长江流域的官话。我们认为，崔世珍所记录的16世纪早期中国北方的语音系统，是一种大致相当于申叔舟时期俗音的北方变体，但是崔世珍所记录的语音系统的时间要晚半个多世纪。在尝试从言语上接近这个系统时，北方人在每一个交际实例中，都用自己最接近的语音形式去替换相应的南音发音类型。因为语言中并没有那么多非常接近的语音形式，我们可以猜测北方人会单纯地放弃，或者完全跳过厌恶的字符，或者大体上采纳与北方话相似的替代者。说到完全跳过某个语音的例子，比如南音入声音节中的喉塞音韵尾的丢失，北方人在官话发音中只是留下了一个空白，形成了元音结尾的阴声韵，而不是入声韵。浊声母里还出现了不同的问题，申叔舟在他的正音和俗音系统里，如实地记录了这个问题。申叔舟调查的长江流域的发音人在发浊音时没有问题，因为关于发音人的发音特征，申叔舟留下了详细的描述。但是对于崔世珍时代的北方人来说，模仿发音就有一个不能超越的障碍。相反，他们只是根据自身方言的分布模式，替换掉了自己语音中对应的北方辅音。这并不是说北方方言资料没有直接进入右音系统。的确，关于这一点，还有一个比较好的例子。①涉及语音系统的发展，可能还有一些其他更复杂的因素。总之，要想弄清楚早期北音系统是如何形成的，还需要更多深入的研究。我们的假说只

---

① 比如右音汉字“宅”的读音是：*:tʂaj*和*:tʂɔ*。很可能前一个是直接借自北方方言，也许是北京地区的方言，而后一个是与官话相关的正式的北京读音。

是为将来的进一步研究提供了可能，这在本质上也是一个创新，但并不是说现存的方言语音系统被提升到了通语语音的地位。

参考文献

A Manchu Edition of Ilan-gurun-i bithe. A limited edition reprint by Chinese Materials Center, Inc. 1979. San Francisco: Chinese Materials Center.

Aìxīnjuéluó Yíngshēng爱新觉罗·瀛生.1993. *Běijīng tǔhuà zhōngde Mǎnyǔ*北京土话中的满语. Běijīng: Yānshān chūbǎnshè.

CHÉN Zhāngtài 陈章太 & LǏ Xíngjiàn eds.李行健主编.1996. *Pǔtōnghuà jīchǔ fāngyán jīběn cíhuìjí* [普通话基础方言基本词汇集]. 5 vols. Běijīng: Yǔwénchūbǎnshè.

CHOU Shizhen. 1989. *"Hóngwǔ zhèngyùn": Its Relation to the Nanjing Dialect and its Impact on Standard Mandarin*. Ohio State University Doctoral Dissertation. Ann Arbor: University Microfilms.

COBLIN W. South. 1997. Notes on the Sound System of Late Ming Guanhua. *Monumenta Serica*, 45, 261-307.

COBLIN W. South. 2000a. A Diachronic Study of Míng Guānhuà Phonology. *Monumenta Serica*, 48, 267-335.

COBLIN W. South. 2000b. The Phonology of Proto-Central Jiāng-Huái: an Exercise in Comparative Reconstruction. In: *In Memory of Professor Li Fang-kuei: Essays on Linguistic Change and the Chinese Dialects*, edited by Ting Pang-hsin and Anne O. Yue. Taipei and Seattle: Academia Sinica and the University of Washington.73- 140.

COBLIN W. South ms. *Aspects of Qīngrù Development in Modern Standard Chinese*. Unpublished.

COBLIN W. South. 2002. 'Phags-pa Chinese and the Standard Reading Pronunciation of Early Ming: a Comparative Study. *Language and Linguistics*, 2(2), 1-62.

COBLIN W. South. 2003. A Sample of Eighteenth Century Spoken Mandarin from North China. *Cahiers de linguistique Asie Orientale*, 32(2), 195-244.

COBLIN W. South. 2005. *Comparative Phonology of the Huáng -Xiào Dialects*.Taipei: Institute of Linguistics, Academia Sinica.

COBLIN W. South & Joseph A. LEVI. 2000. *Francisco Varo's Grammar of the Mandarin Language (1703): an English Translation of the 'Arte de la lengua Mandarina'*. Amsterdam/Philadelphia: John Benjamins.

EDKINS Joseph. 1864. *A Grammar of the Chinese Colloquial Language commonly called the Mandarin Dialect*. Shanghai: Presbyterian Mission Press.

ENDO Mitsuaki远藤光晓.1990. *Fānyì Lǎo Qǐda piáo tōngshì hànzì zhùyīn suǒyǐn*翻译老乞大朴通事汉

字注音索引. Tokyo: Kohbun.

GĚ Jiànxióng 葛剑雄, Cáo Shùjī 曹树基 &Wú Sōngdì 吴松弟 .1993. *Jiǎnmíng Zhōngguó yímínshǐ* 简明中国移民史. Fuzhou: Fújiàn Rénmín chūbǎnshè.

GĚ Jiànxióng 葛剑雄, Cáo Shùjī 曹树基 &Wú Sōngdì 吴松弟 .1997. *Zhōngguó yímínshǐ* 中国移民史，Six vols. Fuzhou: Fújiàn Rénmín chūbǎnshè.

GĚNG Zhènshēng 耿振生.1992. *Míng-Qīng děngyùnxué tōnglùn* 明清等韵学通论. Běijīng: Yǔwén chūbǎnshè.

GILES Herbert A. 1892. *A Chinese English Dictionary.* London: B. Quaritch.

GIMM Martin. 1988. Manchu Translations of Chinese Novels and Short Stories: An Attempt at an Inventory. *Asia Major*, Third Series, 1.2., 77-114.

GOODRICH L. Carrington (ed.). 1976. *Dictionary of Ming Biography*. New York and London: Columbia University Press.

GUǍNG Lù 广禄 & Lǐ Xuézhì 李学智 . 1970. *Qīng Tàizǔ cháo lǎo Mǎnwén yuándǎng* 清太祖朝老满文原档. Academia Sinica Special Publication n° 58. Nankang: Academia Sinica.

GUŌ Lì 郭力 .1997. Gǔ qīngrùzì zài "Hébìng zìxué jíyùn" zhōng de guīdiào 古清入字在《合并字学集韵》中的归调. *Yǔyánxué lùncóng,* 19, 74-89.

HIRATA Shōji 平田昌司 .2000. Qīngdài Hónglúsì zhèngyīnkǎo 清代鸿胪寺正音考. *Zhōngguó yǔwén*, 6, 537-544.

HSUEH F. S.1983. Xu Xiao's *Revised Rime Tables*: a bold Renovation. In: CHU, COBLIN, & TSAO (eds.). *Papers from the 14th International Conference on Sino-Tibetan Languages and Linguistics*. Táiběi: Xuéshēng shūjú. 151-170.

Jiāngsū shěng hé Shànghǎi shì fāngyán diàochá zhǐdǎozǔ 江苏省和上海市方言调查指导组 .1960. *Jiāngsū shěng hé Shànghǎi shì fāngyán gàikuàng* 江苏省和上海市方言概况. Jiāngsū Rénmín chūbǎnshè.

KANDA Nobuo 神田信夫 *et al.* 1972-1975. *Kyū Manshūtō* 旧满洲档. Two vols. Tokyo: Tōyō Bunko.

KIM Joonheon 金俊宪 .1999. Sai Sechin no shōgai ni kansuru shin shiryō nohakken 崔世珍の生涯に關する新資料の發見. *Kaipian* 開篇 19, 24-30.

KIM Kwangjo. 1991. *A Phonological Study of Middle Mandarin: Reflected in Korean Sources of the Mid-15th and Early 16th Centuries*. University of Washington Doctoral Dissertation. Ann Arbor: University Microfilms.

LEDYARD Gari. 1965. Biographical Notes on Huang Tsan. *Asea yon'gu* 亚细亚研究, 8(1), 129-137.

LEDYARD Gari. 1966. *The Korean Language Reform of 1446: the Origin, Background, and Early History of the Korean Alphabet*. University of California, Berkeley, Doctoral Dissertation. University Microfilms, Ann Arbor.

LǏ Xīnkuí 李新魁.1980. Lùn jìndài hànyǔ gòngtóngyǔ de biāozhǔn yīn 论近代汉语共同语的标准音. *Yǔwén yánjiū*, 44-52.

LǏ Xīnkuí李新魁.1997. Jìndài Hànyǔ nánběiyīn zhī dàjiè近代汉语南北音之大界. In: *Lǐ Xīnkuí yīnyùnxué lùnjí* 李新魁音韵学论集, Shāntóu: Shāntóu dàxué. 228-266.

LǏ Yǔmíng 李宇明.2002. Qīngmò wénzì gǎigéjiā de fāngyánguān 清末文字改革家的方言观. *Fāngyán*, 3, 193-200.

LÍN Tāo 林涛.1987. Běijīng guānhuà sù yuán 北京官话溯源. *Zhōngguó yǔwén*, 3,161-169.

LǓ Guóyáo 鲁国尧.1985 [1993]. Míngdài guānhuà jí qí jīchǔ fāngyán wèntí 明代官话及其基础方言问题. *Nánjīng dàxué xuébào* 南京大学学报4, 47-52. Reprinted in *Lǔ Guóyáo zìxuǎnjí* 鲁国尧自选集, Zhèngzhōu: Hénán jiàoyù chūbǎnshè, 1993. 292-304.

LÙ Zhìwéi陆志韦.1947. *Jì Xú Xiào Chóngdìng Sīmǎ Wēn gōng děngyùntú jīng*记徐孝重订司马温公等韵图经. *Yānjīng xuébào*, 32, 169-196.

MÖLLENDORFF P.G. von. 1892. *A Manchu Grammar, with Analyzed Texts*. Shanghai: American Presbyterian Mission Press.

MORIKAZU Ochi'ayi. 1989. Transliterated and reprinted Chinese translation of *Giyan man han ioi man jeo tao hūwa cing wen ki meng* 兼满汉语满洲套话清文启蒙 (dated in 1761, kept in the Oriental Library, Tokyo), *Studies of Linguistic and Cultural Contacts* 1, 67-103, (published by the Institute for the Study of Languages and Cultures of Asia and Africa, Tokyo University of Foreign Studies).

MORRISON Robert. 1815-1822. *Dictionary of the Chinese Language, in three Parts*. Macao and London: The Honorable East India Company's Press.

NAKAJIMA Motoki. 1994. *Computational Analysis of the Enlarged and Revised Manchu Dictionary Written by the Emperor.* Tokyo: Institute for the Study of Languages and Cultures of Asia and Africa, Tokyo University of Foreign Studies.

NORMAN Jerry. 1978. *A Concise Manchu-English Lexicon*. Seattle and London: University of Washington Press. NORMAN Jerry (2003). The Chinese Dialects: Phonology. In: Graham THURGOOD and Randy J. LAPOLLA, eds. *The Sino-Tibetan Languages*. London and New York: Routledge. 72-83.

NORMAN Jerry. 2005. Common Dialectal Chinese. In: *New Views on the Linguistic Philosophy Underlying the Rime Tables.* Ed. by David Prager BRANNER. John Benjamins.

PRÉMARE Joseph. ca. 1730. *Notitia Linguae Sinicae*. First circulated in manuscript; then published: Malacca, 1831: Academiæ Anglo-Sinensis, Hong Kong 1893 : Société des Missions Etrangères.

PRINS A. A. 1974. *A History of English Phonemes*. Leiden: Leiden University Press.

RICCI Matteo [利玛窦]. Xiziqiji 西字奇迹.1606, reproduced from Peking 1927 as *Míngmò luómǎzì zhùyīn wénzhāng* 明末罗马字注音文章. Wénzì gǎigé chūbǎnshè 文字改革出版社. Běijīng: 1957.

SHĀ Yízūn 沙彝尊.1853. *Zhèngyīn jǔhuá* 正音咀华. [Place unknown]:Weijingtang.

SIMMONS Richard V. ms. *Common Southern Jiang-Hwai Mandarin*. Unpublished.

STENT George C. 1877. *A Chinese and English Vocabulary of the Pekinese Dialect.* Shanghai: American Presbyterian Mission Press.

TRIGAULT N. 1626. *Xīrú ěrmùzī* 西儒耳目资. Reprint of the Wénkuítáng 文奎堂. Běijīng: Wénkuítáng, 1933.

WADE Thomas F.1867. *A Progressive Course Designed to Assist the Student of Colloquial Chinese as Spoken in the Capital and the Metropolitan Department*. London: Trübner & Co.

WÁNG Fútáng 王福堂.1989. *Hànyǔ fāngyīn zìhuì*. 2nd ed. 汉语方音字汇（第二版）. Běijīng: Wénzì gǎigé chūbǎnshè.

VARO Francisco. 1703. *Arte de la Lengua Mandarina*. Edited by Pedro de la Piñuela. Canton. Editions held by the Biblioteca Dell'Accademia Nazionale dei Lincei e Corsiniana, Rome and the Bibliothèque Nationale de France, Paris. 57 p.

VARO Francisco Ms. 1. Vocabulario da lingoa Mandarina. Manuscript held by the Vatican Library, Rome.

VARO Francisco Ms. 2. Vocabulario de la Lengua Mandarina. Manuscripts held by the German State Library in Berlin and the British Library in London.

WILLIAMS S. Wells. 1844. *English and Chinese Vocabulary in the Court Dialect*. Macao: Office of the Chinese Repository.

YAMAZAKI Masato 山崎雅人.1990. Onin henka ni han-ei shita kindai Kango no seibo kōzō ni tsuite 音韵变化に反映した近代汉语の声母构造について. *Chūgoku gōgaku* 中国语学, 237, 33-42.

YANG Paul F.-M. 1989. The *Portuguese-Chinese dictionary* of Matteo Ricci: A historical and linguistic introduction. *Proceedings of the Second International Conference on Sinology, Section on Linguistics and Paleography*. Taipei: Academia Sinica. Vol. I, 191-241.

YU Chang-kyun. 1973. *Sa-seong thong-ko or Ssŭ-shêng t'ung-k'ao*. Chinese Materials Research Center, Occasional Series No.16. Taipei.

YÙCHÍ Zhìpíng 尉迟治平.1990. Lǎo Qǐdà piáo tōngshì yànjiě hànzìyīn de yǔyīn jīchǔ 老乞大、朴通事谚解汉字音的语音基础. *Yǔyán yánjiū* 语言研究，1, 11-24.

（译者：褚福侠　山东财经大学）

汉语历史语言学的新方法

引言

汉语口语的一个显著特点就是其变体多种多样。至少在公元前11世纪，中国的历史文献就已记载过这些变体，中国人将它们叫作“方言”，这个词通常和西方的“*dialect*”相对应。3000余年以来，方言贯穿了整部汉语史。事实上，汉语口语史，就是汉语方言的语音、语法、词汇的发展史，其时间跨度上自可构拟出的最早的汉语，下迄现代汉语。

方言史与中国的政治史、社会史息息相关。特别是中国人从他们的发祥地中国北方为基础，向其他区域扩张的这一进程，它在历史语言学上留下了不可磨灭的印迹。为了研究历史方言，我们有必要对中国历史上的汉语在空间上的转移和自身内部演进问题做进一步探讨和否定之否定。

汉语历史语言学的传统模式

第一个全面完整的汉语历史语言学模式是由高本汉（Bernhard Karlgern）所建立的。在过去的70年里[①]，高本汉模式在汉学界产生过十分深远的影响，我们有必要对此模式明确提出的主张和其蕴含的假设做仔细的考察。高本汉的《中古及上古汉语语音学简编》（*Compendium of Phonetics in Ancient and Archaic Chinese*）记载了这一模式的最终的、最成熟的形式，以下讨论所涉及的高本汉模式以此书所载为准。

高本汉模式的核心是其“中古汉语”（Ancient Chinese），高氏曾对此做如是解说（p.212）：

我们所讨论的“中古汉语”是大约在公元7世纪，记载于《切韵》中的汉语，它

① 本文发表于1995年。——译者

是陕西长安地区的方言。在唐朝覆灭以后，它仍是中国的通语，全国主要城市中的精英知识阶层都使用它。除了沿海省份福建以外，全国其他地区都把它放在了中心位置。

在脚注中，高氏做了更详细的解释：

在广大地区，底层人民在很大程度上仍保留着他们俚俗方语。这些“前唐”时期的方言，在各种“土话”白读层中仍有迹可循。但是，通语的扩散是高效的，同时它又为广大人民所普遍接受，上自达官贵族，下至黎民百姓，他们都说通语。这种通语是现代几乎所有方言的祖先（闽方言及福建周围的一些地区的方言除外）。各个现代方言音系跟《切韵》音系之间，可以找到非常清晰的对应关系，这表明《切韵》音系所记录的是一种活生生的、同质的音系。《切韵》音系不是如之前许多学者所认为的那样，是由各种异质方言要素拼凑而成的人为的、折合的、混合的音系。

在“中古汉语”之前，还有个更早的阶段——“上古汉语”（Archaic Chinese）。高本汉对此又如是解说（出处同上）：

上古汉语，是西周（公元前1028）时期河南地区的语言。它的语音系统之一斑，见之于《诗经》及早期其他文本的韵脚和古文字中。

我们看到，高氏进一步的解释（p.271）：

追溯上古汉语是为了构拟出它的语音系统，这需要以我们刚刚构拟出的中古音系作为基础。现代汉语方言基本不能反映隋代的《切韵》之前汉语语音的（闽方言有时还能反映出一些更早的语音现象）。

首先，我们要注意到高氏对音系的深切关注。尽管他声称他的“上古汉语”和“中古汉语”是真实的、活的方言。但他在文章中阐释这些方言的时候，在说明它们的真实身份的时候，他所用的措辞却是“音系”（phonological systems）。至于高氏是怎么看待这种特定方言中的语法和词汇系统的，我们就不得而知了，因为他很少提这方面的问题。不管怎么说，高氏在其绪论中所提到的，其语音系统中的“上古汉语”“中古汉语”云云，倒不如说就是两种“语言”，只不过换个说法罢了。

高氏明确地指出，中古汉语的基础方音就是公元7世纪前后的陕西南部的长安方音，另一方面，上古汉语是公元前11世纪前后河南地区的语言，并且前者是继承后者发展而来的。更确切地说，中古时期长安地区的方音，是可以“天然地”作为构拟周朝时期河南地区方音的基础的。因此，在高氏看来，这两者是同一种方言在不同历史时期的表现。

高氏认为，在中古汉语时期，除了长安音以外，在各地还存在着“俚俗之语”，但这些“前唐”时期方言的历史，并没有成为高氏历史语言模式的一部分。高氏坚定地认为长安方言在唐朝成为了通语。需要指出的且非常重要的一点是，高氏这种通语的假设，是没有史实可以作为其依据的，同时期的或稍晚一点的史料都不支持它。相反，他的这一假设是根据现代汉语方言语音系统和《切韵》音系整齐的对应关系反推出来的。并且，事实上，与其说高本汉将这种通语看成是一个完整的语言，倒不如说是将其视作了一种语音系统。而对这种通语的语法系统，高氏只字未提；这种通语的词汇系统，又无法从《切韵》数量庞大收字中剥离出来。

高氏关于唐代通语的讨论还涉及了大量有关社会学和社会语言学的假设，在此需要特别说明。例如，他明确地提出，唐代中国社会存在着一个上流阶层（upper class），这一阶层由“高官阶层”（the highest officials）和“下中产阶级”（lower middle class）组成。而在这两者之间，高氏猜想大概还至少存在一个“中等”或“上中产阶级”，而在“下中产阶级”之下，至少还有“最底层的普罗大众”（the lowest strata of the population）。并且，高氏在处理这些问题的时候，是有一个隐含假设的，即这些社会阶层具有独特的语言习惯。他设想出的画面与19世纪晚期北欧国家可能遇到的情景无异。这在多大程度上与唐代中国的历史和社会现实相符仍是存疑的。

高本汉认为：唐代的通语，自“下中产阶级”以上，人人操持。而最底层的广大人民则“在很大程度上仍保留着他们的俚俗方语”。然而，到头来通语似乎又通过某种方式战胜并且取代了“俚俗方语”，因此“各种‘前唐’时期的方言”，在今天，只不过是在“各种‘土话’白读层中仍有迹可循”而已。“前唐”方言之迹既然是“可寻”的，这可能是因为它们的变化是不规则的，即它们跟《切韵》音系是不相合的。而只有跟《切韵》音系相合才算是“规则变化”，这种“规则变化”的语料源于通语，而通语的存在之本身又取决于“规则变化”语料的存在。

简而言之，高本汉的历史语言模式将“上古汉语”定位于公元前11世纪的河南方言，他将此视作是公元7世纪的长安方言的直接来源，而后者他称之为“中古汉语”。中古汉语成为了唐代的通语，它首先在“下中产阶级”和“高官阶层”中流行，随后又向下流行开来，之后又将多数的方言取而代之。汉语音韵学研究的就是从上古汉语到中古汉语的发展历程，以及中古汉语到现代汉语方言中的“非俚俗”（non-vulgar）要素的发展历程。

传统模式的调整与修正

高本汉的模式在它最终成形后的40年里经历过一些调整。首先，上古汉语（指代“上古汉语”的Archaic Chinese一词现在大多改称为Old Chinese）的研究范围有所扩大。例如，李方桂认为：上古汉语是周代华北平原地区的语言（李方桂 1983）。这种观点所涉及的地理范围显然比高本汉的扩大了许多，意味着上古汉语很可能也成为随后在这一地区大量出现的语言形式的祖先。随后，白一平（Baxter 1992：24）将“上古汉语”定义为“所有周朝早期和中期汉语的变体”，并且认为“我们可以辨别不同的方言的上古汉语发展的不同阶段”。诚然，较之高氏的研究，白氏在上古汉语领域的研究范围有了很大的扩展。但是，白氏在其论文的同一段又说：“构拟上古汉语”作为一项任务，它和专业的语音研究密切相关。言外之意就是：高本汉在音韵学研究上的基本观点，仍然在当代汉语史研究模式中占据着主导地位。

高本汉在中古汉语方面的理论遇到了后代学者们的直接挑战。首先，目前普遍接受的观点是：《切韵》不能反映公元7世纪的长安方言。相反，它似乎跟中原东部的几个不同的文化中心，诸如：洛阳、邺、金陵（即南京）地区的方言关系密切。少部分学者认为，洛阳音就是《切韵》音系的基础方音。但是，大多数学者将《切韵》音系视作是洛阳、邺、金陵三地读书音的综合音系，并且《切韵》还把早期韵书记载的异读也收入其中，这使得该音系变得更加复杂。诚如这些学者们所言，那么他们这些观点是严重地违背高本汉模式的。因为如果认为唐代汉语通语源于长安，那么《切韵》音系是断不可能成为唐代通语的基础方音的。

反过来，这一点又使我们对高本汉的观点做更为细致的考虑，这也牵涉了宋代的一些著名的韵图。高本汉主要只对其中的一种感兴趣，对此韵图，他还做过如下评述（p.215）：

> ……这位大名鼎鼎的司马光，是有宋一代杰出的学者，他对自己语言的语音系统做过非常好的研究，并以韵图的形式将它呈现出来，其图名曰：《切韵指掌图》（公元1069）。他的韵图所展示的这种语言是在《切韵》的基础上发展而来的，并且比《切韵》要晚得多。最重要的是，司马温公的语言，较之《切韵》，在音系上已大大地简化了，例如，《切韵》中的两个或多个韵类（这些韵在《切韵》中韵目和反切都不同）已经合并了。尽管如此，这份韵图仍是非常有价值的，因为在一些韵类的划分上，它跟《切韵》是一样的，我们大概可以从这样的划分中做出一个合理的推

测：此二者的语音基础是相同的。

高本汉认为《切韵指掌图》的作者是司马光，这一观点现在是不被接受的，但这和我们的讨论无关。要紧的是，高氏对这一韵图的总的认识。首先，高氏认为从本质上看，这部韵图是其作者“对**自己语言**的语音系统的研究”，而不是对《切韵》音系的分析。其次，尽管他看到了韵图和《切韵》在韵类是有所不同的，但他仍认为“二者的语音基础是**相同的**”。从高本汉的立场上看，《切韵指掌图》所反映出的音系应是直接从《切韵》音系中继承来的，这一假设是合情合理的。因为在他看来，后世的诸多汉语方言都源自于中古汉语的唐代通语。但是，为什么存在于不同历史时期音系中的，通过相互对照就可见的不同点，非要假设它们拥有相同的语音基础？这一点仍然是有疑问的。尽管如此，这就是高本汉的出发点，并且他的构拟工作就是在这一前提下进行的。

高氏之后的几代汉语音韵学家们用《韵镜》取代了《切韵指掌图》。《韵镜》目前已知的最早的本子是12世纪晚期的，换言之，它距离《切韵》的成书已经有600余年了。而其作者名讳、年庚，《韵镜》之初印地，皆不可考。总之，高氏之后的学者们，在研究中古汉语（“中古汉语” Ancient Chinese的“中古” Ancient一词，现在通常用Middle来表示）时，他们对《韵镜》的使用就像当年高氏使用《切韵指掌图》一模一样。高氏认为创作韵图音系的依据，实际上是其作者自己的语言，而非“《切韵》语言”，而这一观点是否成立，大家缄口不谈，他们都心照不宣地将《韵镜》看作是某种对《切韵》音系的索引。而这并不会对“高本汉学派”（the Karlgrenian）的总体观点有什么影响，因为高本汉本人也说过，两种材料中韵类的划分上有众多相同之处，这正说明此二者语音基础是相同的。因此那些利用《韵镜》做研究的学者们，就把《韵镜》当成了向前发展了几百年时间的《切韵》音系的框架，而他们对《韵镜》音系和《切韵》音系二者在历史上的真实关系，却很少或几乎没有做过评论。然而，有一个例外，那就是蒲立本（E. G. Pulleyblank），他试图对“高本汉学派”做一些调整（1984）。与当今多数学者一样，蒲立本认为《切韵》音系并不反映长安方音。但是，他却仍然接受了高氏的假说，即认为存在一种唐代通语，它源于长安。并且他进一步认为《韵镜》就是以这种唐代通语为基础写成的，这种通语就是长安方言。到头来他还是全盘照收了高本汉最初的观点，认为韵图是对这种方言的“语音分析”（p.68）。最后，他认为尽管《切韵》音系（他称之为“早期中古汉语”）和《韵镜》音系（他称之为“晚期中古汉语”）的基础方言是不同的，并且二者所处的历史时期也是不同的，然而，此二者的关系可以看作——后者是直接从前者发展而来的（p.120）。因此就高本汉对《切韵》和韵图的最初观点而言，蒲立本对此是原封不动，全盘保留的，甚至韵图本身反倒成了一项说明其与《切韵》音系之间有着密切的联系的证据。这为“唐代的通语就是除现代闽方言外所有现代汉语方言的祖先”（p.63）的观点又做了一次宣传。蒲立本的工作的基本框架就是补救高本汉模式在历史、地理方面的缺失，辅以蒲氏自己的理论，最终高本汉模式所有的主要观点都得以保留。我们有理由将这种对“高本汉学派”的新调整称之为“新高本汉学派”（The neo-Karlgrenian），或者干脆叫“高本汉/蒲立本模式”（the Karlgren/Pulleyblank Model）。

新高本汉学派模式及其相关方法论存在的问题

新高本汉学派模式在《切韵》音系的性质以及现代汉语方言的起源问题上的基本观点，可拆解为以下四点（以下从A—D的顺序加以罗列）。

> A. 在中国中古时期的早期，存在一种真实的、活生生的语言（中古汉语，或称：早期中古汉语），它在大体上和陆法言所编纂的《切韵》所记录的语言是相同的。

陆法言到底在《切韵》中编进了什么？我们从《切韵》序中可以很清楚地看到，《切韵》编撰的主要依据，是前代的辞书。而这些辞书的基础又是东汉以来的给经典做的疏证。尽管在陆法言的序言中所提到过的韵书都已经亡佚了，但毫无疑问的是，它们所记录的绝大部分内容是当时的老师和学生们所使用的实用汉字读音手册。而在整理这些材料的时候，陆法言也考虑了南北通语的发音。其结果就是，《切韵》从本质上就是个综合的音系，它包含了早期语音的成分，也包含了当时中国不同区域的方音成分。

有趣的是，在中国一直流行着这种观点，具体情况如下：

罗常培在其1933年的著作《唐五代西北方音》中如是说：

> 况且，《切韵》的性质本来就是一部兼综“南北是非，古今通塞”的音汇，它于当时的方音虽然无所不包，却没有一种方音能够跟它完全符合。（罗常培1933：1）

陆志韦在其《古音说略》（1947）中也说：

> 高氏还有第三个缺点，就是一口咬定《切韵》代表陆法言时代的官话，并且还是长安的方言。《切韵》序说得清清楚楚，那部书是汇通南北古今的，而不是陆法言一个人的意见。所用的反切是六朝的韵书抄录下来的。（p.2）

几页后，他又提到：

《切韵》代表六朝汉语的整个局面，不代表任何一个方言。（p.3）

下一条引文来自陈寅恪1949年的论文《从史实论切韵》：

陆法言自述其书之成，乃用开皇初年刘臻等八人论难之纪录为准则，以抉择诸家音韵、古今字书之是非而定，是此书之语音系统，并非当时某一地行用之方言可知。（1949［1974］：574）

随后，张琨、张谢蓓蒂（Betty Shefts）也做出了类似的评述：

《切韵》音系并不反映长安方音，其作者也没有这方面的打算。其目的不在于展现一个一致的、自然的语音系统，而在于将诸如吕静、夏侯咏、李季节、杜台卿等人编写的韵书中的音系综合起来。（1972:2）

最后，我们引用王力的《汉语语音史》中的观点：

《切韵》并不代表一时一地的语音系统。陆法言自己说："江东取韵与河北复殊，因论南北是非，古今通塞，更欲捃选精切，除削疏缓。萧颜多所决定。"《切韵》具有很明显的存古性质。（1985：5）

在同书中，他又说：

从前有人说，《切韵》音系是隋唐音系。其实，《切韵》并不代表一时一地之音。（p.165）

通过以上的引述，我们可以明显地看出：五十余年以来，中国音韵学界在《切韵》音系性质问题上出现了一个强有力的思潮，那就是《切韵》不是一时一地的方音系统，而是一个杂糅了早期读书音和各地方音的综合音系。

这样看来，《切韵》是南北朝时期，给经典做音释之传统的巅峰之作。它将这一传统经典化，其自身并不是一种创新，《切韵》事实上是一部极为保守的作品。《切韵》的性质，正如周祖谟（1966）所认为的：南北朝晚期金陵地区的读书音很可能是《切韵》编纂过程中的一个特别重要的因素，但也不能排除金陵读书音还广泛地参考了早期韵书的可能性。事实上，还有些学者，如陈寅恪，以及比他稍晚一点的邵荣芬，他们都认为：《切韵》在某种程度上反映的是洛阳方言。毕竟，公元6世纪金陵地区的学者们，他们都是西晋末年从洛阳南渡至此的官员们和学者们的后裔，这是众所周知的。正如詹纳尔（W. J. F. Jenner）所指出的，洛阳作为故都，尽管它早已不再是个都城，破落得甚至不如一个村镇，但它仍可以"勾勒出辉煌和高度文明的图景"。它就像是"耶路撒冷或罗马。洛阳，它既是一个地名，更是一种象征"（1981：45）。因此，颜之推在《颜氏家训·音辞篇》中提到"天下之能言,唯金陵与洛下耳"。这里的"洛下"并非是颜氏之时的洛阳，而是作为文化象征的洛阳。洛阳在公元311年沦陷了，但作为文化象征而始终长存，它是文采的标准，是修辞的理想。颜氏所提及的金陵音，它不是贩夫走卒们日常街谈巷议所操持的语言，而是授之于庠的书生咏。

《切韵》不是任何一种某时某地人所操持之方言的记录，想必已经很清楚了，它应该就是用于音释经典的读书音。因此,《切韵》音系并不是一种真正意义上的语言。这不仅是因为它并没有给我们展现出一个具有内部一致性，可精确到某时某地的音系，更重要的是，从词汇的角度上看，它不是任何一种方言的词汇库。《切韵》将各个时期典籍中的词汇不加区分地一同收在一起，但其中哪些词在当时的口语中仍然存在，却没有做任何说明。更重要的是，要是我们认为某一时代的文本，它们多多少少反映了共时语言，可是，没有一种典籍是用"中古汉语"（Ancient Chinese）写成的，而文本的缺失，又导致了"中古汉语"的语言结构成了无本之木。

其结论必然是，中古汉语（或者说"早期中古汉语"，不过是一回事，换种说法罢了）它没有属于自己的语音、词汇、语法体系，它根本不是一种语言。

> B. 稍晚一些的时候，出现了一种经过重新界定的中古汉语（晚期中古汉语），它是唐朝首都长安的方音，被编纂进了《韵镜》的韵图之中。

这一观点似乎没有任何历史基础可言。《韵镜》产生的时间及其地点都是极端模糊的。我们可没有"《韵镜》序"供参考，不知道是谁写了《韵镜》，为什么要写。没有共时的或是稍晚一点的汉语材料把《韵镜》和长安音或早期西北方音联系在一起。此文本的方音基础，如果确实可以确定的话，那也应该是到以后再讨论的话题，至于它是否唐朝首都方音，这只能是个假设，不能作为一个可以作为论述基础的既定事实。

C. 唐代长安方言在唐代成为了全国的通语，随着唐帝国的强大，它扩散到了帝国的每一角落，取代了各种前唐时期的方言。

如前所述，《切韵》音系的方音基础不是长安音。蒲立本虽然也承认这一点，但他仍然认为除了现代闽方言外的所有现代汉语方言，都是由以长安音为基础方音的唐朝通语发展而来的，这种唐代通语不反映在《切韵》之中，而是反映在后代的材料中，主要通过韵图表现出来。在他看来现代汉语方言的形成都可以追溯到8世纪和9世纪以长安音为基础的一种通语上。

奇怪的是，没有人能举出任何历史证据支持这些观点。在汉语历史语言学界，学者们普遍倾向于行政通用语（明代以来称之为“官话”）是以其首都现行的方言为基础的。但是，我们提个有趣的现象，据近期鲁国尧（1985）和杨福绵（1989）的研究，明清的官话的方言基础并不是首都北京的语音，而是一种江淮官话的变体。事实上，过去的行政通语，我们可以称之为“浮动规范”（floating norms），这种规范的内聚性仅仅来自于它满足了来自全国各地的官员相互交流的实际需求。而且，即使唐代的长安方言，它作为首都方言，具有相当大的威信，但这也不能说明它会把同时期其他地区的方言取而代之。长安在隋唐时期作为中国的首都共326年。北京在明清时期作为首都长达490年，不曾间断，尽管明清两代都实行了强有力的中央集权政策，但是北京方言似乎对当时各地的方言影响甚微。现在我们将明清和唐做个比较，唐王朝可能在很长的一段历史时期中并没有那么强大。安禄山叛乱之后，它实际上已是很脆弱了（Twitchett 1979:第8章）。隋唐之际的长安方言对各地的方言能产生多大的影响，这需要重新加以严肃的评估。

在这一点上，我们应该首先需要考虑，高本汉的通语类比究竟是否恰当。他在《中国音韵学研究》（*Etudes sur la phonologie chinoise*）中说：

> 这样子汉语就跟希腊语有个有趣的相似的地方。希腊的近代语都是从希腊化时期（Hellenisticquo）的“国语”来的，而经典时代的方言差不多全不见了。

高本汉在他后来的几部作品中也用过这一类比。但是，用希腊通语模式来比附汉语史真的合适吗？我们认为，从以下几点看，这一类比是不合适的。希腊的通语形成于公元前4世纪，在同一时期，它又随着亚历山大大帝的远征军而扩散。而在城邦中，存在地域差异的希腊语在公元纪年前的两个世纪内逐渐消失。在希腊本土（但不包括侨民）特别是伯罗奔尼撒半岛偏远地区，方言或者带有很重的地方口音色彩的通语却一直持续了好几个世纪（Browning 1983）。高本汉认为汉语通语的基础方言是长安方言，它在公元7

世纪在中国传播，在蒲立本模式中，通语的传播在8世纪以后，要更晚一些。在这两种模式中，现代汉语方言的差异性是在11到12个世纪的历史框架中形成的，而在拥有更多文献的希腊方面，它的现代方言差异性是在20多个世纪的历史框架中形成的。此外，据说各种希腊方言之间是可以相互听得懂的（Browning 1983:2）。再看汉语方面，即使排除掉现代闽方言不看，诸多现代汉语方言之间差异性很大，它们相互之间无法听懂。难道所有这些在方言上的差异性真的就是在高本汉和蒲立本所限定的短短时间内发展起来的吗？有人就会想，根据以上种种考虑，这种通语间的类比，其相关性和可信性到底有多强。

我们认为，这个问题的另一方面，至今没有被认真地讨论过。除闽方言以外的绝大方言音系可能真的如高本汉所说，是由《切韵》音系发展而来的。它们也可能是从蒲立本所说的，从记录在韵图当中的“晚期中古汉语”发展而来的。因此，蒲立本对高本汉模式的批判的关键在于，蒲氏似乎觉察到多数现代汉语方言实际上是从比《切韵》稍晚，但结构上更为简单的音系发展而来的。可这样的推测，为什么就停留在了韵图音系上？现代汉语方言，可能源于一个更加简单的音系，它非常类似于赵元任提出的“通字”（general Chinese），这是一个由多种方言音系自身折合出的音系（Chao 1983）。赵元任也许自己也不曾想过，他的这个通字方案可视作构拟的主要汉语方言的源头，但是，到头来这个方案竟然比高本汉的“中古汉语”和蒲立本的“晚期中古汉语”好多了。可问题是，如果多数的现代汉语方言果真源于一个比高氏、蒲氏观点简单得多的音系，那么这个音系最初又是何时形成的呢？如此一来，由于《切韵》和韵图这类传世文献带有存古性，反而在这个问题的研究上派不上什么用场，不仅如此，《切韵》和韵图还总是对某些音变产生时间的判断产生干扰，它们使得音变产生时间推迟了，实际上，这些音变产生时间要更早一些。

> D. 除现代闽方言外的所有现代汉语方言，都是“中古汉语”（或者稍晚一些的，简化的音系）的后裔。

我们现在可以明确地反对这一观点。现代汉语的口语来源于一种早期流行的汉语口语，但我们已经论述过了，《切韵》音系无论如何都不能代表在某时某地流行的某种方言的口语形式，再者，由于我们找不到任何和《切韵》共时的文献材料，因此关于当时语音形式的一幅可信图景，也是无法被勾勒出来的。

大量的汉语方言音系跟《切韵》音系有很多可对应之处，这是事实，但这不足以说明《切韵》就是诸多现代汉语方言的起源。罗曼语跟经典拉丁语也有很多相似的可对应之处，但是罗曼语并不是经典拉丁语的后裔，而是起源于一种口语形式的“通俗”拉丁语，这也是个公认的事实。同样的情形也适用于汉语，即现代汉语方言并不来自于以《切韵》为代表的经过编辑的音系，而来自于一种早期的汉语口语。因为这种汉语口语没有任何历史文献的记录，所以它的面貌将只能通过归纳现代汉语方言的方式构拟出来。

新历史模式及其方法论启示

新历史模式是一个动态的模式，它需要均衡地、实事求是地对汉语方言史进行研究。其主要的研究课题是北方地区方言的演进和发展。与此同时，北方方言是运动的，它会从一个地方迁移到新的地区，特别是迁移到南方地区。而汉语的最终起源，并不是我们现在所关心的，尽管这个问题确实挺有趣的。就历史方言学的研究而言，我们需要研究的是原始汉语方言在某个历史时期形成之后的发展模式。在早期时代，各种类型汉语口语从华北平原向西延伸至现在山西、陕西所在的更崎岖的山地地区。并且我们决不能忽视的一点是，这些地区方言的分化，至少在我们所讨论的时代就已经存在了。一般认为，南方地区原本生活着原住民，他们不说汉语，但是在很早的时候中国人开始向南方推进了，大量的中国人在南方聚居，并把他们对土地的利用模式带给南方原住民。随着秦、汉这样大一统帝国的出现，历史上产生了多次大规模的人口迁移，大量的北方人迁入了南方。我们可以假定，这些地区的汉语最早是从北方来的，而在此之前这里的人们并不说汉语。随后，每一次进入同一地区的移民运动，又会使得更北方、更晚近的方言跟前一次移民时产生的早期方言相接触。这一进程可能一个世纪又一个世纪相继进行，早期进入的方言前浪，随着移民浪潮的后浪，越推越远，而这些方言也不断进入新的地区。每个地区方言的发展都是独一无二的，但是这种层累进程的最终影响将是多个词汇层的发展，这些词汇层反映了从不同地域和时期来的移民潮的影响。

现在，让我们来考虑一下这一模式在方法论上的启示吧。首先，清楚的是，我们必须从一开始就详细地描绘出一幅北方方言的历史图景。必须尽一切努力，确认并追踪北方语言发展的线索，特别要注意其内部迁移、相互影响和融合的过程。如果说研究北方汉语是研究汉语向南方推进的跳板，那么我们就必须尽可能地阐明这个跳板在连续几个历史时期中的详细语言构件。纵观历史，北方是历朝历代的首都和文化中心，在这里产生了不少可能会对历史语言产生这样或那样影响的历史文献材料。但是，与此同时，强大的文学语言传统又产生了一种趋势，它将不同时期、不同地区在语言上的差异，解释为历时的、地域的原因造成的异读，这实际上抹煞了方言真实发展线索。在我们的工作中，既要使用经典历史比较法，也要审慎地使用历史文献，仔细寻求这两种方法的平衡。

无论何时何地，只要我们对历史方言材料的时代和地域都甄别无误，我们就应该充分利用这些可靠的材料。但在时代和地域上存疑的材料，我们必须无情地剔除。

研究从源源不断北方移民迁移中产生的南方方言是复杂且困难的一步。这方面的历史文献既稀少又晚近，我们必须好好依靠历史比较法，并结合移民史的相关研究。而考虑到，如前文提到的，存在着大规模词汇分层，这项工作必将是沉重的、复杂的。但在处理这些问题时，我们将有一个强有力的工具在手，以便更好地了解北方方言的历史。我们将勾画出北方方言发展史图景，这将会为我们在南方方言复杂词汇层中找到的材料提供一个评判性质的标准。我们的工作类似于为考古发掘物划分地层时期，或像是树木年代学中，利用树木年轮来对气候变化进行识别和分期的工作。

进一步的方法论方面的思考，将涉及我们选择和分析方言数据的性质和目标。在这方面，目前致力于汉语历史语言学的学者们已经沮丧了很长一段时间了。那些自我标榜为汉语史的研究，总的来说，只不过就是在做将传统韵书和韵图中所编纂的材料和他所谓的汉语史阶段二者机械地对应起来的工作罢了。诚然这些研究确实告诉了我们一些关于汉语语言演变大势上的重要事件，但人们也总有一种感觉，就是这些研究和真实的语言学和语文学材料相去甚远，而且汉语史的巨大丰富性和复杂性或被等闲视之，或被搁到一边。要是继续沿着高本汉学派和新高本汉学派的路子走下去，那汉语史研究就会变成在故纸堆里寻章摘句，无休无止，而对历史进程的新见解却一点都没有。

高本汉学派的另一个消极的影响是，它导致了汉语方言研究的庸俗化。既然《切韵》音系（或是某些晚一点的版本）似乎可以说明方言中的一切现象了，那么只要有人把《切韵》音系构拟好，方言研究就变得很无趣了。如果要对方言进行研究，那就只要看看它们是怎样从《切韵》音系发展来的，它们或多或少从中机械照搬了些什么。因为《切韵》从本质上看是一组韵图，所以在某种研究方言的时候，只要填好一个预先做好的图表，某种方言的研究就完成了。而很少有人关注某方言中实际流行词汇情况，至于它的语法结构，更是无人问津。令人好奇的是，高本汉学派的研究方法还阻碍了对语文材料，特别是各种各样的对音材料的更为严肃的思考。许多人仍然认为，这些材料在汉语史研究中只能充当辅助性角色，这种观点至今仍然大行其道。但是，要是我们能从《切韵》音系是汉语某个真实历史发展时期语音体系的反映的观点中解放出来，那么，像罗常培、陈国（Csongor）、高田时雄等人所研究的汉藏对音材料就会让人眼前一亮。这不是因为这些研究可以用来证实或证伪构拟《切韵》或韵图过程中的某些命题，而是因为这终于可以称得上是对语言实际发展阶段的真实的、独立的见证了。而后者更有价值，因为它们让我们站在传统韵书之外，以崭新的视角看待语言发展史的早期阶段。同样的情形也适用于自东汉以来流传下来的，体量巨大的佛教梵汉对音材料。对音材料之所以没有被充分地加以利用，这在很大程度上是由高本汉对这些材料所抱的态度导致的，而我们对这方面的所知都很有限。

汉语方言比较学方面还有非常多的工作要去完成。我们首先要对方言做更好的分类。这项工作非常重要，因为以严格的原则进行分类，实际上是关乎被分类事物起源的一门理论。通过更好的分类，我们就能对汉语主要方言做更好的理解。在高本汉的语言发展观中，他只看到了方言材料跟中古汉语之间的纵向比较。而同一组方言跟其姊妹方言的横向比较，则几乎完全被忽略了。在过去，为数不多的试图做这样的比较的学者，他们被当作"自以为是的比较学家"而被加以批判，并且他们还受到训斥批评者声称：他们连什么是语言比较都说不清楚。但是，我们认为只有将方言音系追溯到为某些历史文献所记录的、所谓的祖语上，才是语言比较之不二法门。可以肯定的是，将方言与其他与之密切相关的语言形式进行比较，能够让我们对整个方言区进行有启发性的概说而不是孤立地看待它们。通过这一方法，我们将认识到，把汉语方言划分为诸如吴、赣、客家和闽方言，这是非常过时的分类方法。而随着我们从现代方言材料中归纳出一条可向古回溯的道路，我们将慢慢地描绘出一幅更丰富、更真实、更激动人心的中国语言学图景。

参考文献

Baxter, William H. 1992 *A Handbook of Old Chinese*. Berlin and New York: Mouton de Gruyter.

Browning, Robert. 1983. *Medieval and Modern Greek*. Cambridge: Cambridge Univ. Press.

Chang, Kun, and Betty Shefts. 1972. *The Proto-Chinese Final System and the Ch'ieh-yün*. IHP Monographs, series A, no. 26, Taipei: Academia Sinica.

Chao, Yuen Ren. 1983. *A Project for General Chinese* (*Tongtzyh fang'ann* 通字方案). Beijing: Shangwuh Yinn- shugoan.

Chen Ynkeh 陈寅恪. 1949. "Tsorng shyyshyr lunn Chiehyunn 从史实论切韵. *Liingnan shyuebaw* 岭南学报 2.1-18. Reprinted in *Chen Ynkeh Shiansheng lunnjyi* .陈寅恪先生论集 Taipei: San Ren Shyng Chubaansheh, 1974.

Jenner, W. J. F.1981. *Memories of Loyang*. Oxford: Clarendon Press.

Jou Tzuumo 周祖谟. 1966."*Chiehyunn* de shinqjyr her tade inshih jichuu" 切韵的性质和它的音系基础. In *Wenn-shyue jyyi*, vol. II. Beijing. pp. 434-473.

Karlgren, Bernhard. 1915-1926. *Etudes sur la phonologie chinoise*. Leiden: E. J. Brill; Uppsala, K. W. Appelberg.

——.1954. *Compendium of Phonetics in Archaic and Ancient Chinese.* Stockholm: Museum of Far Eastern

Antiquities.

Li, F. K. 1983. "Archaic Chinese." In *Origins of Chinese Civilization*, ed. David N. Keightley. Berkeley and Los Angeles: Univ. of California Press. pp. 393- 408.

Luu Gwoyau 鲁国尧.1985."Mingday guanhuah jyi chyi jichuufangyan wenntyi 明代官话及其基础方言. *Nanjing Dahshyue shyuebaw* 南京大学学报 4.47-52.

Luh Jhywei 陆志韦.1947. *Guuin shuolueh* 古音说略. *Yanjingshyuebaw* 燕京学报, monograph no. 20.

Luo Charngpeir 罗常培.1933. *Tarng wuuday shibeei fangin* 唐五代西北方音. Shanqhae: Academia Sinica.

Pulleyblank, E. G. 1984. *Middle Chinese*. Vancouver: Univ. of British Columbia Press.

Shaw Rongfen 邵荣芬.1982. *Chiehyunn yanjiow* 切韵研究. Beijing.

Twitchett, Denis, ed., 1979. *The Cambridge History of China*, vol.3: *Sui and T'ang China, 589 -906,* part I. Cambridge:Cambridge Univ. Press.

Wang Lih 王力. 1985. *Hannyeu yeuin shyy* 汉语语音史. Beijing.

Yang, Paul Fu- mien.1989. "The Portuguese-English Dictionary of Matteo Ricci: A Historical and Linguistic Introduction." In *Proceedings of the Second International Conference on Sinology, Section on Linguistics and Paleography*.Taipei: Academia Sinica. Vol. I, pp. 191-241.

（译者：余柯君　复旦大学古籍整理研究所）

《切韵序》英译本注评[①]

研究中古汉语音韵，或许没有哪份材料比《切韵》更重要。因此，关于如何恰当地理解它的成书和性质，一直是"切韵学"领域关心的首要问题。周祖谟（1966）[②]对这些问题的研究可能算是现代最具代表性的研究成果。随即，1968年，瑞典汉学家马悦然将周先生的《切韵的性质和它的音系基础》一文翻译成英文，由此，广为西方学者所知。借由马悦然的译文，周先生的原作确实在西方产生了很大影响。

从历史文献角度研究《切韵》，首先要解决的是陆法言的《切韵序》。《切韵序》是讨论《切韵》性质及成书等一系列问题的前提基础。周祖谟原文只涉及《切韵序》的部分内容[③]，所以马悦然译文中呈现的也只是《切韵序》的"节略本"。[④]不过，我们还是要强调，正是借由这"小段儿"译文，西方学者才得以了解《切韵序》。近来，蓝赛也翻译了《切韵序》[⑤]，他的译文对原序缩略较少，但这份译文材料影响却不大，在"切韵学"领域很少被提及。

《切韵序》算不上特别难读的原典文献，但想要彻底把它弄清楚，也不是件简单的事。通过马悦然和蓝赛二人的译作我们发现，对某些地方的理解还是存在很大不同。所以，本文的目的即是想在当代西方"切韵学"史的背景下，去审视译本中出现的"种种差异"。本文所用《切韵序》（附校勘记）的版本取自周（祖谟）书（1960，卷1，pp.14—18；卷2，pp.2—4）。[⑥]注评体例是这样的：先附《切韵序》原文，接着是马悦然和蓝赛的英译文，最后是针对疑义部分的讨论。

---

① 特别感谢北京大学中文系2020级博士研究生王馨璐同学，她参与了译文最后阶段的核校工作并提出若干可行性修改意见。

② 周祖谟：《切韵》的性质和它的音系基础，《问学集》（全二册），北京：中华书局，1966年，第434—473页。

③ 同上书，第434—435页。

④ Malmqvist, Göran（马悦然）：Chou Tsu-mo on the Ch'ieh-yün, 1968, BMFEA 40: 35—36.

⑤ Ramsey, S. Robert（蓝赛）：The Language of China, Princeton University Press. 1987, pp.116—117.

⑥ 周祖谟：《广韵校本》（全二册附校勘记），北京：中华书局。

（1）昔开皇初。有刘仪同臻。颜外史之推。卢武阳思道。李常侍若。萧国子该。辛咨议德源。薛吏部道衡。魏著作彦渊等八人。同诣法言门宿。夜永酒阑。论及音韵。

M[①]— "Formerly, in the beginning of the *K'ai-huang* reign (581—600 A.D.) the *yi-t'ung* Liu Chen, the *wai-shih* Yen Chih-t'ui, the *wu-yang* Lu Ssu-tao, the *chu-tso* Wei Yen-yüan, the *ch'ang-shih* Li Jo, the *kuo-tzu* Hsiao Kai, the *tzu-yi* Hsin Teh-yüan, and the *li-pu* Hsüeh Tao-heng together visited Fa-yen's home. In the evenings, after having enjoyed their wine, their discussions always turned to phonology."

R— "Once about fifteen years ago Liu Zhen and others — in all eight persons — came to visit me and stayed the night. When it grew late and we had been drinking wine for most of the evening, we began discussing the sounds and the rhymes."

马悦然译："从前，在开皇（公元581—600）初年，仪同刘臻、外史颜之推、武阳卢思道、著作魏彦渊、常侍李若、国子萧该、咨议辛德源、吏部薛道衡，常常一起来我家。每晚，把酒言欢之后，总要聊起有关音韵的话题。"

蓝赛译："大约在15年前，刘臻他们八人来我家，并且待到很晚。我们差不多喝了一整晚的酒，席间谈到音韵的话题。"

看这部分翻译，马悦然的译文显然是在表达陆法言和同僚间的讨论发生过好多次，不限于一个晚上。蓝赛译得同样很清楚，只是认为这次会面和讨论只限于某个晚上。然而此处，《切韵序》原文表达得相当含糊，我们无从得知他们究竟会谈了几次。如今这个问题已经不仅仅是"汉英文法层面"讨论的问题了，比如说：在英文语法中，名词必须区别单、复数。这个问题不容小视，因为它直接关系到《切韵》成书作者的认定——为什么说是陆法言自己的作品，而非多人合作的产物？《序》中又进一步表明"颜之推和萧该在讨论中起主导作用"（"颜外史萧国子多所决定"）；但最终事实仍然是，即使大家共同讨论过一、两次，可后来这项相当复杂的工程得以成稿，主要还是靠陆法言一个人完成的。遗憾的是，就这一段来看，关于成书细节，我们没法定论。

（2）欲广文路。自可清浊皆通。若赏知音。即须轻重有异。

M— "If one wished to broaden the path of literature [by accepting forms deviating from the norm] the *ch'ing* ['clear'] and the *cho* ['muted'] should obviously be allowed to interchange freely. But if one wishes to appreciate good diction, then it is necessary to

① 英译文中，M是指马悦然，R是指蓝赛。

distinguish between the *ch'ing* ["light"] and the *chung* ["heavy"]."

R— "If one wishes to widen the circle of readers, then it is all right to allow clear and muddy pronunciations to be interchanged; but if one has discriminating tastes, then there must be a distinction between light and heavy."

马悦然 译："如果有人想拓宽文学之路（以一种偏离规范的形式），「清」跟「浊」显然可以自由切换。但如果有人比较看重标准的咬字方式，那么，「轻」跟「重」一定要加以区别。"

蓝赛 译："如果有人想扩大读者群，「清音」「浊音」当然可以随意运用。但如果某人有很高的「赏音」能力，那么，「轻」「重」一定要明确加以区分。"

马悦然对"欲广文路"的翻译是流于字面的逐词翻译，而原句实际上是某种比喻的表达方式。蓝赛把"欲广文路"解释成"扩大读者群"①，但我们很难看出为什么熟知音韵常识会有如此之功效。或许还是张琨（1979）②的解释更为合理，他说："韵书的目的是鼓励更多的人从事诗文创作……"

我们更关心"若赏知音"这句，字面意思是说"如果有人很看重熟知音声这件事"，相比之下，蒲立本（1984）③翻译成："如果有人特别看重「懂音」的能力。"蓝赛的翻译太随意，不值得借鉴。马悦然的解释基本准确，但他多少加了点"修饰"，可能会曲解原文的意思。在现代英文语境下，"diction"（发音吐字）一词通常是指在公开场合讲话时咬字清晰、准确且令人愉悦。实际口语中，这个词传达的意思是：英文词"措辞得体"语义的一部分，在现代，通常是被当作一种口语表达方式来使用。但此处"知音"一词并没有体现出"口语""措辞"的含义。相反，这一整段文字都是指称文学方面某一更为"狭隘"的概念。它（"知音"）或许是指在文学作品创作过程中，对某些特别的声音类别要十分熟悉。甚至可能是指当人们大声朗读或吟诵文学作品时，基于对这些声音类别的认知力所产生的审美效果。不管怎么说，都无法与"措辞""口语"的含义联系起来。

顺便说一句，我们也注意到马悦然在括号中加的附注说明"以一种偏离规范的形式"。就整体而言，此处用"规范/标准"一词，会给英文读者群一个强烈的暗示，即在陆法言的时代存在（某种）很权威也很规范的"口语"标准。"标准"的概念西方读者很熟悉也很容易接受，但它却没有真正出现在《切韵序》的原文之中。在接下来的讨论中，

① 也许此句，蓝赛是想表达"提升文学的影响力"。——译者

② Chang, Kun（张琨）：The Composite Nature of the Ch'ieh-yün, 1979, BIHP 50.2: 252.

③ Pulleyblank, E. G.（蒲立本）：Middle Chinese: A Study in Historical Phonology, Vancouver: University of British Columbia Press, 1984, pp.138。

我们会再回到关于“标准”和“规范”的问题上来。

（3）因论南北是非。古今通塞。欲更捃选精切。除削疏缓。

M— “And so we discussed the right and the wrong of South and North, and the prevailing and the obsolete of past and present; wishing to present a more refined and precise standard, we discarded all that was ill-defined and lacked preciseness.”

R— “So we discussed the rights and wrongs of the North and the South and the comprehensible and incomprehensible of the ancients and moderns. We wanted to select the precise and discard the extraneous, ...”

马悦然 译：“所以我们讨论南方（方言）、北方（方言）的好与不好、是与非，过去和现在通行的或不流行的，就是希望提出一个更为精准的「标准」，抛弃一切界定不清、不严谨的东西。”

蓝赛 译：“所以我们讨论南北方的「差异」，古今能读懂的和不能懂的部分，我们要选出精确的，同时摒除多余的……”

此处蓝赛的翻译几乎完全复制了上一段（2）的句法结构，以动词“欲”接“捃选精切”和“除削疏缓”，两个并列分句作宾语。除此之外，对于“捃选精切”他翻译成“选出精确的”，更贴近此句本意。相反，马悦然对这句的翻译是“提出更为精准的标准”，背离了原文的本意。最为值得关注的是，他用“精准的标准”一词，以回应（2）里的“规范”，强化读者以这样的印象，即在《切韵序》中已明确提到关于“规范”与“标准”的概念，并且，建立这些“标准”是陆法言及合作者们“有意”为之。可实际上，这句讲的不是关于确立“标准”，而是“精选”和“精切”。

（4）今返初服。私训诸弟。凡有文藻。即须明声韵。屏居山野。交游阻隔。疑惑之所。质问无从。亡者则生死路殊。空怀可作之叹。存者则贵贱礼隔。已报绝交之旨。

M—“...Now I have returned to my original calling, that of tutoring private students. A knowledge of phonology is necessary for any literary undertaking...”

R— “Now I have retired from government service and am giving private instruction in composition to several students. Whenever dealing with writing where elegant style is important, one must be very clear about the tones and the rhymes. But since I am living in seclusion in the country with my relationships and contacts cut off, there is no place to ask when there are things that I have doubts about. As for those among my acquaintances who have died, the roads of life and death have parted and in vain do I harbor a regret that I am not able to consult with them again; as for those who are living, there is now a social barrier between those noble people and the base person that I have become, and this has insured the disruption of friendship."

马悦然 译："……如今我又重操本业，私淑弟子。音韵常识对于任何从事文学的人都是必要的……"

蓝赛 译："如今我已退去公职，正私授几位学生文学课。当遇到那些文辞优美的作品时，我们必须对声韵非常了解。但自打我屏居乡野，与外界失去联系，有疑问的时候，也无处可问。那些熟识的朋友，故去的故去，生死路殊，就算我后悔再不能和他们交谈亦是徒劳。至于那些活着的朋友，尊贵的人与我这样的底层百姓之间已有「阶级之别」，使得友情难以维系。"

在"即须明声韵"之后，周祖谟所引序文中有一长串都标了省略号，马悦然的译文皆原封不动地照搬（也都清清楚楚地注以省略号）。蓝赛则把被省掉的部分也翻译出来，其内容并非毫无价值。由此我们可以知道，等陆法言开始编纂《切韵》的时候，他是独自编纂的，没再联系其他人，早年那几位合作者，要么已故，要么再没往来。这段（被省略掉的）文字是他因无法再与"知音"对谈而空发的感叹。但随着《切韵》日渐成书，这段话也可能被当成一句相当"自谦"的说法，由此可知，《切韵》能够成书，本质上还是他一个人的成就，至少看起来是这样。

值得注意的是，段落里提到的"声韵"一词，马悦然翻译成"音韵"，蓝赛翻译成"声调和韵"。后来，"声韵"确实具有如马悦然所理解并译成的"音韵"含义，二词表义一致；但在陆法言时代，"声韵"二字又确有指"声调"和"韵"的可能，相信这是陆法言和他的同僚们关心的首要问题，并基于此，确立并形成了《切韵》音节类别的架构。而且这样理解的意义在于再次强调了声调和韵对于文学创作的重要性。

陆法言想告诉我们他为什么编《切韵》一书。值得注意的是，这里没提半点"措辞、咬字"，也没提任何关于实际语音标准的事儿。

（5）遂取诸家音韵。古今字书。以前所记者定为切韵五卷。剖析毫厘。分别黍累。何烦泣玉。未可悬金。藏之名山。昔怪马迁之言大。持以盖酱。今叹扬雄之口吃。非是小子专辄。乃述群贤遗意。

M— "And so, choosing from the various rimebooks and other lexica, old and new, and basing myself on my earlier notes, I organized the material into the *Ch'ieh-yün* in five *chüan*, analyzing minutiae and making fine distinctions. It is not so that I have been the sole judge in these matters; I have merely related the opinions of my worthy colleagues."

R—"Consequently, I have taken the sounds and the rhymes of the various specialists and the dictionaries of the ancients and moderns, and by arranging what those before me have recorded, I have made up the five volumes of the *Qieyun*. The splits and analyses are exceedingly fine and the distinctions abundant and profuse. Why should I be concerned with recognition? I would not wish to be like that ancient man whose presentation of jade was repeatedly and unjustly rejected by the king; nor do I think my work can match that of the ancient master who offered gold to anyone who succeeded in improving a single word of his perfect text. The ancients were amazed at Sima Qian's boasting when he said he would store his work on a famous mountain for future generations; now I sigh in sympathy with the stammering Yang Xiong who was fearful that his book would only be fit for covering sauce jars. The present work is not my wanton invention—I am merely transmitting the ideas that all the worthies have left us."

马悦然 译："所以，选取古今各种韵书、字词书，基于我早些年的积累和札记，辨析细节，整理出《切韵》五卷。在这些问题上，我并非唯一的权威，我只是把身边那些令人尊敬的同僚们的想法分享出来。"

蓝赛 译："因此，我汲取了各家及古今字词书中关于音声和韵律的知识，把在我之前已有的材料加以整理，编成《切韵》五卷。剖析非常之精细，特点差别体现得也很充分，我为何要在意外界的认可？我不想象古代给国王展示美玉那人，一再遭到不公正的对待。我也不指望我的成果跟「一字悬金」的大师的作品相提并论。司马迁说要把自己的作品封存于名山，留给子孙后代，人们对此感无比讶异。我倒很同情结结巴巴的扬雄，他担心他的书只会用来作酱缸的盖子。今天，我的成果并非我恣意的发明创造，我只是在传递那些杰出人物（有影响的人们）留给我们的思想。"

在这一部分，周祖谟先生的校注中省去很长一段，"何烦……口吃"一整段都省略掉了。马悦然翻译的时候，这部分省略的内容未做标示，直接从"分别黍累"跳到"非是小子专辄"，也许省略这部分本身不重要，但在马悦然译文中如果不加注释的话，会很微妙地改变序文整体的连贯性。

马悦然把“以前所记者”翻译成“基于我早期年的积累和记录”，蓝赛译成“把在我之前已有的材料加以整理”，表意完全不同。若以文言语法来理解“以前所记者”这句，有相当具体的意义，即指“某人早先记录的东西”，而非像蓝赛所译，指“以前的资料”。这或许是因为蓝赛不得不用“those before me”去解释“前”这个词。这里有一个更为重要且值得关注的地方，序言里之前也有一段直接涉及我们所讨论的问题：“魏著作谓法言曰。向来论难。疑处悉尽。何为不随口记之。我辈数人定则定矣。即烛下握笔。略记纲要。”（M — “The *chu-tso* Wei Yen-yüan said to me, Fa-yen: ‘Now that the doubtful cases have been solved through our recent discussions, why not write it all down［记］in accordance with our discourses? Let us few friends settle these matters once and for all.’ And so I grasped my brush, and aided by the light of a candle, I wrote down［记］a draft summary...”；R — “Then Compiler Wei said to me, ‘Up to now we have been talking and arguing and all the questionable points have been resolved. Why don’t we write down what we have said? If the several of us decide on something, then it is settled once and for all.’ So under the candlelight I took up my brush and jotted down an outline.”）

马悦然 译：“魏著作对我说：「法言，经过我们近期的讨论，不明之处已经基本解决，所以我们为什么不把咱们论及的内容全部写下来呢？咱们几个说做就做，把这些问题都解决了。」于是我在烛下拿起笔，写下这份纲要……”

蓝赛 译：“编纂者魏著作对我说：「基于我们一直在讨论和争论的疑点已经基本解决，咱为何不把讨论的内容都记下来呢？我们几个说做就做，一劳永逸把这问题解决算了。」于是烛光之下，我执笔草草记下大纲。”

一个“记”字——同一术语词在序文中已出现过两次，可以说回应了我们刚刚讨论的问题。这几乎可以肯定，二者间是有关联的，这也倾向于证明马悦然的翻译更合理。

结尾部分的“乃述群贤遗意”，马悦然译成“我只是把身边那些令人尊敬的同僚们的观点表达出来”，蓝赛的翻译是“我只是在传递那些杰出人物留给我们的思想”。马悦然的版本传递出陆法言《切韵》的成书直接并主要参考自当晚会谈那些人的观点。蓝赛的翻译却指向一个更为宽泛的来由，或许包括更多专家及古今辞典上的声韵观点和知识。二者差别还是非常明显的，对我们弄清楚《切韵》的来由很重要，即《切韵》究竟是陆法言和他同时代人共同磋商的结果，还是一部取自不同时期的资料汇编。难点在于“群贤遗意”这句，字面义是说“许多杰出人物留下的思想”。值得注意的是文言文中“遗”的意思，当修饰名词的时候，通常是特指先人或死者留下或遗赠的东西。所以，“群贤遗意”此一句的“群贤”意味着这些人已经故去很久了，足以担得起“贤”的地位。陆法言酒友中有几位故去的，把他们称作“群贤”，顺理成章。但同样的道理，我们也知道陆的“酒友”中有几位在编书的时候还健在，活得还挺好，这样一来，似乎这些活着的人的意见也可算在“群贤遗意”之中，扩大了它（群贤遗意）的内涵。关于“群贤遗意”我们还注意到更微妙的一点是，原文中紧接着大段的“文学典故”，周祖谟和马悦然版本都省去未表，提到了历史上一些杰出人物及其作品，包括扬雄、司马迁、《吕氏春秋》及《韩非子》。这又“流向”另外一种可能，似乎是同《论语》中“述而不作，信而好古”一样的暗示。综合来看，可以说，蓝赛对此句的翻译可能更好一些。“群贤”或许包括陆法言死去的同僚，但几乎可以肯定的是，并不局限于这些人。

序文中与上述问题有关联的语句，周祖谟文章中还提到另外两段，也很有意思。周结合序文得出三个主要推论。其中第三个有可能是最重要的，所示如下[①]：

> 切韵为辨析声韵而作，参校古今，折衷南北，目的在于正音，要求在于切合实际。
>
> M translates (p. 41): “The purpose of the *Ch’ieh-yün* was to provide a phonetic analysis; collating the past and the present and bridging the distinctions between the South and the North, the *Ch’ieh-yün* aimed at providing a correct norm of pronunciation conforming to the [linguistic] reality.”
>
> With this passage we may compare a related statement further on (p. 445):
>
> 马悦然 译[②]：“《切韵》的目的是分析语音，参校古今，弥合南北，《切韵》的目的在于提供一个符合语言实际的发音规范。”

基于这段文字，我们可以进一步与445页一段相关论述做对照：

> ……切韵是……一部有正音意义的韵书……
>
> M translates (p. 48): ...the *Ch’ieh-yün* is a rime dictionary aiming at providing the correct norm of pronunciation...”
>
> 马悦然[③]：“……《切韵》是一部旨在提供正确发音规范的韵书……”

以上，第一段材料中最后两个短语的字面意思主要是说“《切韵》的目的在于正音，

① 《问学集》，第439页。
② Chou Tsu-mo on the Ch’ieh-yün, BMFEA 40: 41.
③ Chou Tsu-mo on the Ch’ieh-yün, BMFEA 40: 48.

能够反映实际语音”。第二段文字则更明确地表明“《切韵》作为韵书，其目的即是正音”。这两处，周祖谟先生都表示《切韵》的成书目的是为了正音。现今，在纠正任何一种错误（说法）时，可能要先以此（纠正错误）为前提，然后才能进一步树立“符合规范”的标准。可是呢，纠正错误和树立标准不见得是同一件事。周先生的论述属“前者”，即他只是先提出他自己的看法，并没有“树立标准”；马悦然的翻译，正相反，他明确提到“规范”的问题，这很容易让读者们误认为在《切韵序》原文中即提出“规范”和“标准”的观念，但正如我们所看到的，原文并没有这样说。

基于对《切韵序》原文及两份译文中某些段落的检视，现总结如下：

1.《切韵》最终成书，陆法言很大程度上赖于同“八人小组”讨论的“纲纪”，其中，尤以颜之推和萧该起的作用最大，这毋庸置疑。但是至于当时他们几人究竟“会谈”了几次？“纲纪”能体现出多少他们当时讨论的结果？都不甚清楚。因此，也许经过几人“商讨”得来的“纲纪”相当简略，说不定，比今天西方汉学家普遍认为的还要短得多。

2.可以肯定的是《切韵》最终成于陆法言一人之手，最终编纂成书的过程中根本无人商量。在这个过程中所有决定都是他一人做的，原文中的每一处细节，包括为每个音节选定反切用字，都归功于他一人。

3.在他的著作中，陆法言对早期资料来源十分重视。他特别指出，在他和“颜萧等八人”交流之后，或者确切地说，在“颜萧等八人”的讨论意见基础之上，在他独自编纂的日子里，还借鉴了早期辞书材料。而且，更为重要的是，陆法言正是秉承了孔子本人的思想传统，声称自己不过是早期材料的传播者、传承者，而非创新者。

4.《切韵》序言中并没有提到确立语音规范或标准的问题，甚至压根就没提到发音规范或标准是否存在的问题，但现代西方学者讨论《切韵》的时候，却经常被提及。恰恰是马悦然的译文将这些术语和概念引入人们的视野。不管这些“术语”和“观念”是否如实地反映了《切韵》及作者陆法言的本意，客观地看，它们都是出自马悦然的推论和翻译，而非序文原话。

5.序文明确指出陆氏着意的“声韵”是“调和韵”，而“调和韵”是文学关注的范畴，非语言学范畴。序文从未讨论“言语”本体的问题，也从未暗示《切韵》里的文字材料是用以“纠正发音”的。相反，《切韵》似乎想展现的是一套用于诗文（文学）创作或注音的“程式”。今天一个常见的说法是:《切韵》所体现的是六世纪中原地区知识分子阶层的“标准音”（即读书音），或者说成那一时期“官话音”的代表，但《切韵序》丝毫未表露这样的痕迹。遍览序文，我们无法发现任何关于描述当时人语言状况的“蛛丝马迹”或“意向”，陆法言只关注诗文用韵，而非语言本体。

参考文献

Chang, Kun. 1979. “The Composite Nature of the Ch’ieh-yün.” *BIHP* 50.2.241-255.

Malmqvist, Göran. 1968. “Chou Tsu-mo on the Ch’ieh-yün.” *BMFEA* 40:33-78.

Pulleyblank, E.G. 1984. *Middle Chinese*. Vancouver.

Ramsey, S. Robert. 1987. *The Languages of China*. Princeton.

Zhou, Zumo 周祖谟. 1960. *Guangyun jiaoben* 广韵校本. Beijing.

Zhou, Zumo 周祖谟. 1966. “Qieyun de xingzhi he tade yinxi jichu” 切韵的性质和它的音系基础, in *Wen xue ji* 问学集. Vol.II. Beijing.

（译者：娄育　中央民族大学文学院）

关于西北方音与《韵镜》的一些思考[①]

一、引言

在汉语语音史的研究中，中古韵图（中文名为“等韵图”，英文称作“Rime Tables”）长期以来备受关注。现代大多数关于等韵图的研究基本以《韵镜》为基础，《韵镜》被认为是最古老的研究材料之一，但是我们实际对它知之甚少。我们不知道它何时、何地或由谁编撰，甚至不知道编撰的目的又是什么。由于《韵镜》有些术语与《切韵》“韵”的命名相关，一般认为《韵镜》与《切韵》在某种程度上存在联系，具有《切韵》音系的某些特征。然而，《韵镜》出现的时间实际要晚于《切韵》，这导致《韵镜》也不能直接基于《切韵》时代任何方言的音系。现存的《韵镜》版本可追溯至12世纪后期，宋本《韵镜》以及与密切相关的韵书《七音略》的序言提到：“七音之作，自西域流入诸夏。梵僧欲以此教传天下，故为此书。”表明原本韵图很早就已经遗失，它是通过佛教传入中国，由僧侣们传播开来。

《韵镜》韵图通过声、韵对汉语音节进行分类，然后从大类中划分出小类，其中最晦涩难懂的主要涉及韵母的划分。韵图先按调类排出韵母，紧接着又将它们置于平行的四列，现存的《韵镜》和《七音略》版本以及宋本序言中都没有给它们命名。传统等韵学把这四个横格称之为“四等”，通常译为“four divisions（or grades）”。“四等”这个术语在汉译佛经中比较常见，通常用来表示四种不同佛陀的美德或品质。虽说如此，但这与等韵图中的四等有什么可能的联系目前仍是未知，更为重要的是，等的语音意义仍模糊不清。假如知道等所表示的确切含义，我们或许可以揭示韵图在韵母层面所蕴含的语言

① 省略语：
LTCA 晚唐长安
ONWC 古代西北方音
STCA 隋唐长安
SZ 沙州
YJ 韵镜

事实。遗憾的是，目前我们还并不清楚《韵镜》的四等代表什么，前人为此提出过许多理论，但最终这些理论都不过是推测。可以想象，假以时日我们或许能够解释“等”的问题，或者可能会发现：第一，谁发现了四等系统；第二，他的语言听起来是什么样的。在这种情况下，通过将必要的材料与相应的韵图联系起来，观察各等对应形式如何彼此区分，我们也许可以推测出等的意义。在此之前，我们很难切实解决四等之谜。

尽管如此，我们还是可以从现代方音解读韵图，观察不同等的音节彼此之间如何区分。自韵图产生之日起，这项工作对于读书识字的人来说是有可能实现的。假如能够听到一个中世纪的中国人大声朗读《韵镜》，无论他说的是什么方音，抑或是他的语言与《韵镜》所代表的语言系统之间有多少关联，这对于我们来说都会很有吸引力。不论是完美还是完全混乱的对应，这种呈现方式本身都将极具趣味性和启发性。遗憾的是，现今我们无法听到这样的诵读，但是我们可以通过利用早期方音的构拟来实现，并设想我们正在听古人的声音。值得注意的是，这样的构拟必须经过仔细甄别，原因在于任何明确以《韵镜》类别或声称代表某种“《韵镜》语言”的构拟体系对我们来说都是毫无意义的。它们无疑是作者基于四等语言意义先入为主的理论产物，是对这些概念人为的假设。相反，我们需要的是没有刻意基于《韵镜》或有关四等性质的理论，这种类型的构拟方法实际是在近代方言的基础上发展起来的。本文主要使用早期西北方言的语料进行构拟，偶尔参考原始客家话的形式（O’Connor 1976），以便观察《韵镜》四等所代表的音节在早期汉语西北方音中可能具有哪些特点。

西北方音的构拟主要包含以下几个历史阶段：

1. 古代西北方音（ONWC；约公元400年）

2. 隋唐长安音（STCA；约公元600年）

3. 中唐长安音（MTCA；公元8世纪）

4. 晚唐长安音（LTCA）；沙州（SZ）（公元9至11世纪）

目前仅关中地区（指长安周边一带）保留四个阶段的材料，甘肃走廊一带（即沙州）只保留了第一、第四阶段的材料，因此，我们将重点关注长安地区的方音材料。我们很早就已经注意到，《韵镜》似乎与《切韵》（成书于公元601年）有着密切联系。古代西北方音早于《切韵》时代，隋唐长安音也可能时代过早，晚唐长安音的材料相对比较匮乏。因此，上述材料都无法满足研究的需要。沙州一带的材料很丰富，但是这些材料并不能区分相当数量的韵图，这就意味着它们要么是传统韵图兴盛以后的材料，要么是偏离传统韵图其他形式的方音。有鉴于此，本文以中唐长安时期的方音材料作为研究对象。

关于中唐长安方音的构拟，早期的两篇文章已有过讨论（参Coblin1991；1994），这里给出的结论取自后者。我们为中唐长安方音构拟了六个辅音声母，分别为*r、k、p、n、ŋ、m，元音主要为*i、u、e、ə、o、ø、ɑ、a；ɨ、ë、ä。如何区分*i和*ɨ仍无法确定，值得注意的是，当两者在语音系统中形成对比时，八世纪的译音材料常用元音*ɨ对译外来语*i，比如慧苑、不空以及慧琳的译音材料（参Coblin 1991：4；1994：第2章）。元音变体*ë和*ä可能卷舌化或带卷舌色彩，它们比单纯的"非变体性元音"更加收舌。转录的声调如下所示：

ping（平）	shang（上）	qu（去）	ru（入）
无标记	:	—	无标记

通过比较《韵镜》各等的例字，确定其出现的各种类型是本文的研究目标。文中引用的每幅韵图用数字标记，通过开合口及内外转加以区分，我们将重点关注各等音节所对应的韵图。文中所举例证限早期西北方音已被考证过的音节，必要时会用同音字替代材料中尚未出现的音节。当然，我们偶尔会引用一些特例，以便从西北方音材料中获得完整的例证，而不只限于那些声、韵、调很规整的音节。如果《韵镜》中的某个位置为空，将用空格代替；如果某个位置缺少相应的方音材料，将用虚线代替。由于材料中缺少一些必要的例子，我们必须忽略韵图中一些有趣的对比。凡是认为在中唐长安方音时期发生了某些变化，我们将列出早、晚两个时期的读音形式，以便选择最符合正在出现的各种演变类型。当然，我们不应以任何方式修改构拟，以适应各种演变类型。相反，为了达到论证的目的，我们猜想韵图时代的早期西北方音可能存在特殊的演变模式，或者根本没有模式可言的情况。

二、有关《韵镜》韵图的解读

先看带"-a类"主元音的韵图，同一等次的例字我们采用罗马数字编号垂直列出：

外转第23开

Ⅰ	Ⅱ	Ⅲ	Ⅳ
珊 sɑn	删 ṣän	羶 śan	先 sian
干 kɑn	谏 kän	謇 kan:	见 kian-
	……	免 man:	眠 mian
难 nɑn	赧 ṇän:	……	年 nian

		然 ńan	
阏 thɑr	……	徹 thar	铁 thiar
兰 lɑn	……	连 lan>lian	莲 lian
安 ˀɑn	……	焉 ˀan	燕 ˀian-
		焉 -an*	

外转第21开

	间 kän	犍 kan	甄 kian
	山 sän		仙 sian
			延 ian

由上举韵图可以发现，一等（即第Ⅰ列）主元音为后低元音 **ɑ*，二等（即第Ⅱ列）主元音更靠前，是一个卷舌化的元音 **ä*，三等（即第Ⅲ列）为更靠前的元音 **a*，唯一的例外是“连”字。为了与上举例字保持一致，我们选择更早时期的形式 **lan*。四等（即第Ⅳ列）为二合元音 **ia*，其中 **a* 带有前高元音 **i*。可以看到，从一等到四等，元音的舌位逐渐向前向上演变：

ia
↑
a ← ä ← ɑ

接着比较以下两幅韵图：

外转第24合

桓 ɣuɑn	还 ɣuän		悬 ɣuian（?）
官 kuɑn	关 kuän	圈 guan:	肙 kuian:（?）
短 tuɑn:	……	转 tuan:	
半 pɑn	颁 pän	变 pan-	
算 suɑn	……	说 suar	

22合

	拔 bär	筏 bvuar	
		圆 uan	缘 iuan
	幻 ɣuän-	劝 khuan-	……
	……		宣 suan

上举例字的韵母除了带有 *u 介音外，我们发现主元音的演变模式与前述两幅韵图相似，唇音声母后不带 *u 介音，其他声母后基本带有 *u 介音。结合早期的西北方音材料，我们发现因缺少材料，四等喉音声母的构拟仍不确定。以“县 *ɣuian-（？）”字为例，《吐蕃大事纪年》（公元741年）所记录的藏文为 *hywan*，似乎对中唐长安方音 *ɣiuan- 产生影响。事实上，藏文 *-yw-* 可能表示［y］，比如沙州地区的一些材料便是如此。由于只有一个例子可供判断，这个问题至今仍存疑。无论如何，上述带 *i 的音节与目前考察的类型相似。“宣”字的情况比较特殊，原因在于 *suan 为三等韵，按理 *-uan 应置于三等而非四等。结合韵图可以发现，*s- 类齿擦音不能出现在三等位置，这似乎违反了韵图的编排规则。因此，*suan 必须放在四等位置，否则就不会被列出。

上述类型也同样出现在其他带 a- 类元音的韵图中，如下所示：

外转第35开

宝 pɑu:	鲍 päu:	表 pau:	
刀 tɑu	……	朝 ṭau	弔 tiau-
高 kɑu	交 käu	骄 kau	……
臊 sɑu	捎 ṣäu	少 sau:	消 siau

外转第39开

感 kɑm:	减 käm:	检 kam:	兼 kiam
耽 tɑm	湛 ḍäm:	霑 ṭam	叠 diap
糁 sɑm:	斩 tṣäm:	睒 śam	

外转第40开

甘 kɑm	甲 käp	劫 kap	
三 sɑm:	衫 ṣäm	……	妾 tshiap

内转第27开

歌 kɑ		迦 ka	

外转第29开

	叉 tṣhä	车 tśha	且 tshia:

再看最后一幅带a-元音的韵图：

内转第31开

当tɑŋ		帐ṭaŋ-	
葬tsɑŋ-	庄tṣaŋ	章tśaŋ	将tsaŋ>tsiaŋ
桑sɑŋ	霜ṣaŋ	觞śaŋ	相saŋ>siaŋ
		常dźaŋ >źaŋ	象zaŋ>ziaŋ-

该韵图与我们所发现的类型有所不同，因为这里的二等元音是普通元音 *a 而不是卷舌化的元音 *ä。值得注意的是，整个韵图卷舌咝音仅限于二等，也是它们唯一可以出现的位置，例如 *tṣ- 和 *ṣ-。中唐长安方音系统肯定存在韵母 *-äŋ，因此韵图缺少元音 *ä 看起来有些奇怪。事实上，韵母 *-äŋ 只出现在下述韵图中，接下来将专门讨论 *-äŋ 以及它所对应的入声韵：

外转第3开/合

幢ḍäŋ（=SZ dźuaŋ）

绛käŋ-（>LTCA kaŋ-）

早期的对音材料表明，自古代西北方音时期以来，韵母 *-äŋ 在西北地区属非圆唇性质，晚唐长安音时期的喉音声母字仍保留这种情况。比如“绛”，《唐蕃会盟碑》写作 *k'ang*。然而，像“幢”字的圆唇成分在九世纪就已经出现，这种同一韵母的两种演变模式，可能是该韵图命名为“开/合”的主要原因，或许有必要为这种韵母专门绘制一幅韵图。另外值得注意的是，在一些早期的方音材料中，图3韵母很可能属于圆唇性质，例如：“讲”中唐长安音拟为 *käŋ:，原始客家话为 *kong*（3）（O'Connor1976）。《韵镜》的编撰者选择将图3放在图1与图2“-ung类型”后，而不是将它移至图31附近的某个位置。这意味着对于编撰者而言，中唐长安音的韵母 *-äŋ 可能有过圆唇的特征，或许他们没有考虑到，图3与图31的韵母也存在诸多联系。

我们把带a-类元音的情况推至其他不同类型的韵母：

内转第37开

斗təu:		昼ṭu>teu	
口khəu:		九kiu:>keu:	……

兽 ˀəu		忧 ˀiu>ˀeu	幽 ˀiu>ˀeu
奏 tsəu	搜 ṣu>ṣeu	咒 tśu- >tśeu-	酒 tsiu: >tseu:

中唐长安音时期，图37的韵母正处于演变过程中。假如采用早期或演变前期的材料，那么咝音声母后的各等韵母之间会存在区别，但是这种现象不会出现在喉音声母后。有趣的是，古代西北方音的喉音声母后也出现类似现象。请比较图37古代西北方音时期的一些例字：

口 khou:		九 ku:	……
兽 ˀou		忧 ˀu	幽 ˀiu
奏 tsou-	搜 ṣu	咒 tśu	酒 tsiu:

古代西北方音没有独立的r音化的音位 **u*，我们猜想，卷舌咝音后的元音 **u*在某种程度上带有r音化的语音特征。据此可得出向上或向前的演变路径，如下所示：

iu ←—— u ←—— u（+r色彩？）
↑ ou

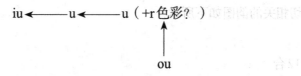

这里提到的古代西北方音时期的韵母，早在中唐长安音时期就已发生演变，但是现代方言可能也有类似的演变模式。不管这些韵母的实际发音是什么，《韵镜》将该韵图放在开口位置，似乎与古代西北方音时期的韵母不相符，但是它与中唐长安音是相符的。比如：

奏 tsəu	搜 ṣeu	咒 tśeu-	酒 tseu:

无论如何，我们很难看出该韵图如何直接反映了中唐长安音。

再看另一幅韵图：

内转第11开

初 tṣhø>tṣhy	诸 tśø>tśy	徐 zø>zy

可以看出，各等之间没有任何区别，通过比较相应的古代西北方音，我们发现它分早、晚两个历史阶段：

初 tṣho>tṣhø　　诸 tśo>tśø　　徐 zio（？）>zø

例如“徐”，其早期的读音形式不确定，如果它是正确的，那么可得出如下演变路径：

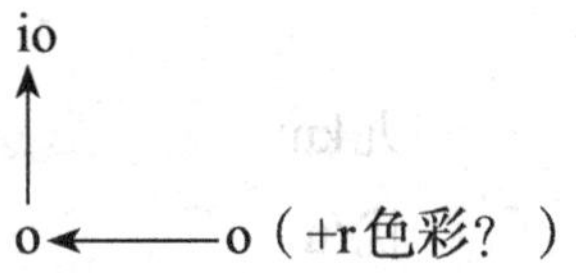

这种古代西北方音的演变模式对本文的研究来说仍为时过早，但是其他方言在某个时期可能也有类似现象。韵图标注“开口”，显然与中唐长安音的情况不符。但奇怪的是，与之密切相关的甘肃走廊方言可能存在这种形式的韵母 *-*i* 和 *-*e*，而不是 *-*ø*，同一时期的其他汉语方言可能也存在非圆唇韵母。

与之密切相关的韵图如下所示：

内转第12合

苏 so　　数 ṣuo-> su-　　输 śuo >śu　　须 suo >sy

如果选择中唐长安音阶段的形式，将会得到如下演变路径：

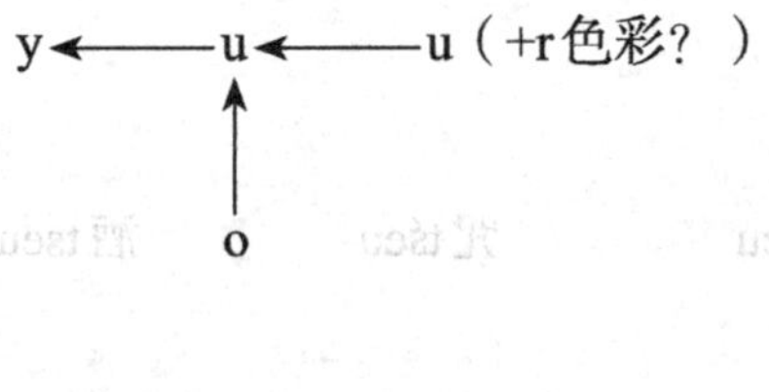

再看两幅与上述开尾韵对应的闭尾韵韵图：

内转第1开

总 tsoŋ:　　众 tṣhuk　　终 tśuŋ　　肃 suk

我们无法区分该韵图的三等与四等，但是我们可能想要知道，“肃”字的音节在中唐时期的方言中是否读 **siuk* 而不读 **suk*。根据客家话的调查材料，**siuk* 实际与O'Connor所构拟的原始客话的读音形式一致。在其他所有条件相同的情况下，我们可以得到如下演变路径：

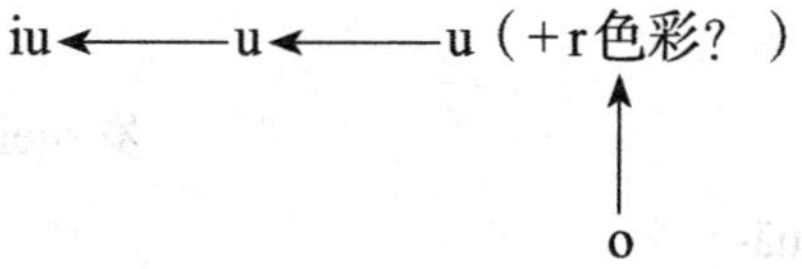

我们注意到，《韵镜》把该韵图记作“开口”，这与中唐长安音的读音形式不太一致。

内转第2合

		钟 tśuoŋ	
宗 tsoŋ			从 dzuoŋ

可以发现，该韵图三等和四等的韵母没有区别，但我们同样想要知道，中古方音系统在四等位置的韵母是否是 *-*ioŋ* 而不是 *-*uoŋ*，比如O'Connor的原始客家话“从”读 *ts'iung（2）。通过这种现象，我们或许可得出如下演变路径：

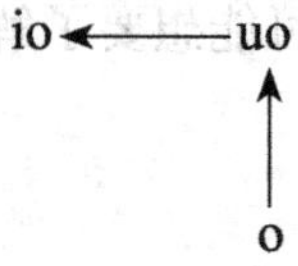

接下来再看其他完全不同类型的韵图：

外转第13开

胎 thai	稀 tëi	……	帝 tɨi>tiei-
该 kai	皆 këi	罽 kei-	计 kɨi->kiei-
载 tsai-	……	制 tsei-	济 tsɨi->tsiei-

外转第14合

悔 huai:	怪 kuëi-	……	惠 ɣuɨi->ɣuei-

外转第15开

盖 kai-	解 këi:	艺 ŋiei-
昧 mai-	买 mëi:	……

外转第16合

最 tsuai-		岁 suei-
会 ɣuai-	画 ɣuä-	

通过上述例字，我们可发现如下演变路径：

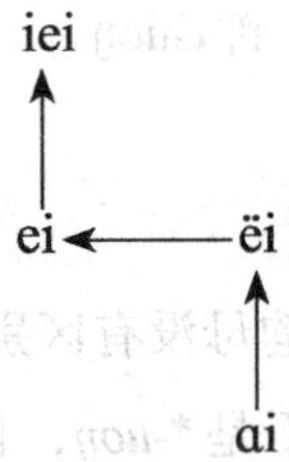

该演变模式是新出现的，但是向上或向前演变的规则与我们之前观察到的情况一致。与前文提到的第一种模式相似，有人可能想要了解，是否存在某些方言，它们的韵母具备如下演变路径：

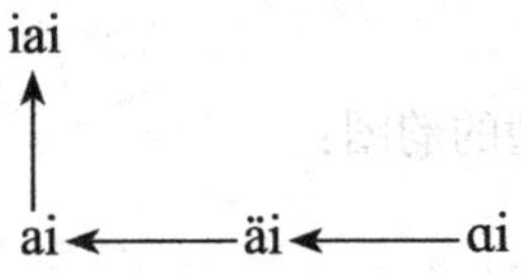

总的来看，这些基本相同的演变格局也出现在下列韵图：

外转第33开

盲 mëŋ	明 meŋ	名 mieŋ
更 këŋ-	敬 keŋ-	轻 khieŋ

外转第34合

横 ɣuëŋ	……	倾 khueŋ

	荣 ueŋ	营 iueŋ

外转第35开

策 tṣhĕk	赤 tśhek	戚 tshɨk（>tshik）
争 tṣĕŋ	正 tśeŋ-	青 tshɨŋ>tshieŋ
佇 ṇĕŋ	贞 teŋ	定 dɨŋ- >dieŋ-

下一组韵图与目前考察的韵图存在较大差异：

外转第4开/合

	彼 piː	俾 pɨː
	绮 khiː	企 khɨː
	支 tśi	紫 tsiː

内转第5合

……	吹 tśhui	髓 suiː

内转第6开

	悲 pi	比 pɨː
	器 khi-	弃 khɨ-
师 ṣi	尸 śi	私 si

内转第7合

……	水 śuiː	绥 sui

内转第8开

史 ṣiː	始 śiː	子 tsiː

可以发现，喉音与唇音三四等韵母主要通过元音 *i 和 *ɨ 来区分。正如我们在第一部分提到的那样，八世纪的汉译佛经本常以元音 *ɨ 对译外来语 *i。这或许表明，此时（指中唐长安方音时期）*ɨ 在语音上接近普通前高元音［i］，而 *i 具有其他一些音值，比如［ɩ］。因此，思考这些韵母在古代西北方音的音值也是很有趣的：

外转第4开/合

		彼 pe:	俾 pie:
		绮 khe:	企 khie:

内转第6开

		悲 pi	比 pii:
		器 khi-	弃 khii-

可以发现，三等与四等主要是 *e 和 *ie 的区别，比如“彼（古代西北方音为 *pe:）”和“俾（古代西北方音为 *pie:）”，这与前述韵图的情况相似。古代西北方音 *-i 和 *-ii 的分别是模糊的，结合大约公元400年的对音材料，*-ii 可能是二合或者三合元音，比如［iei］。如前文所指，古代西北方音时期的材料对于我们的研究来说为时尚早，但是较晚时期的其他汉语方言是否存在与西北汉语早期相同的韵母。

再看最后一幅韵图：

外转第17开

根 kən		巾 kin	……
		乙 ˀir	一 ˀɨr>ˀir
恩 ʔən		……	因 ˀɨn>ˀin
	瑟 ṣir	失 śir	悉 sir

外转第18合

窣 sor	率 ṣuir	出 tshuir	卒 tsuir>tsur
		……	尹 iuin:

这些例子在某些方面与图4至图8的情况相似，对于带喉音声母的音节，可能具有如下演变过程：

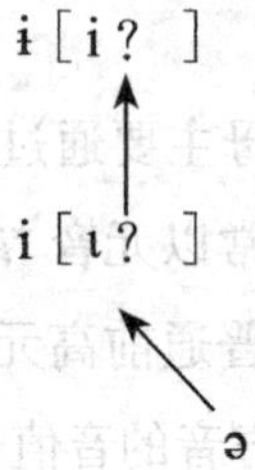

三、结论

在借助早期西北方音的材料考察《韵镜》时，我们发现部分韵图的四等通常会产生一个元音梯形图，主要表现为从低到高，从后至前，演变的终点有时是以 *i起首的二合元音。这种演变类型在某些韵图（比如主元音为“a-类”的韵图）表现得尤为突出，但在其他韵图就表现得没那么明显。通过大量的观察，我们对这些韵图做出一些假设。首先，正如我们长期持疑的一样，四等的划分可能基于音系学的规则。关于这些规则在西北方音里的表现，并不一定是早期的韵图编制者会特别关注的，但是某些韵图的等与中唐长安方音的音系特征之间的关系表明，它至少与中古汉语音系有系统的对应关系。其次，与之相反的是，韵图的某些特例也表明，韵图各等所呈现的规律不能完全或主要基于中唐长安方音的语音系统。

这种推理可通过进一步的观察加以证实。例如，正齿音是韵图中常见的类型，它主要与中唐长安音系统中的舌面音（*tś-）和卷舌咝音（*tṣ-）有关，但是在慧苑与慧琳的反切系统中，两者无法系联。在慧苑、布空及慧琳的对音材料中，中唐长安方音声母 *ś-、*ṣ-分别对应梵文的 *ś、*ṣ。在中唐长安方音系统中，两者有比较明确的语音对应关系，比如：图31“庄”*tṣaŋ与“章”*tśaŋ，以及图17“瑟”*ṣir与“失”*śir。很显然，中唐长安音不能作为《韵镜》各等的来源。如果把时间后推至晚唐长安以及沙州时期的西北方言，那么情况更是如此，因为中唐长安时期反映出《韵镜》的许多区别特征不再出现。如果把时间前推至隋唐长安时期，那么这些材料在某些点上有利于我们的研究，但是接近公元601年的材料与我们的研究无关，因为该阶段是传统等韵图的最终节点。

有鉴于此，我们得出结论，《韵镜》并非源自中古长安方音，或通常我们所认为的早期西北方音。如果我们想要明确知道韵图源自哪种方言或方言类型，那么还需进行深入研究。那些对该研究感兴趣的学者，研究工作还可继续进行下去。在研究过程中我们必须牢记，当需要对某个时期的早期方言进行比较合理的构拟时，可通过对应的韵图及其他韵图进行验证，观察它们之间的相互关系。根据守温残卷下推至《韵镜》及《七音略》，罗常培（1963）认为这项传统的研究工作已经持续了一段时间，确如罗常培所指，《韵镜》和《七音略》实际只是研究过程中持续时间较长的节点。这一套传统研究表明《韵镜》韵图可能源自不同的人、时间和地点，已发现的部分韵图可能是早期发展演变的结果。因此，当它与早期各种方言具有不同程度的相似，却与其中任何一种又不完全相同时，我们也不必惊讶。由此推断，这些韵图可能无法作为任何中古方音构拟的依据，相反，我们通过某些方音更可能在某种程度上获得韵图的特征概貌。

参考文献

Coblin, W. South. 1991. *Studies in Old Northwest Chinese. Journal of Chinese Linguistics* Monograph Series Number 4. Berkeley.

Coblin, W. South. 1994. *A Compendium of Phonetics in Northwest Chinese. Journal of Chinese Linguistics* Monograph Series Number 7. Berkeley.

Luo, Changpei 罗常培. 1963. "Dunhuang xieben Shouwen yunxue canjuan ba" 敦煌写本守温韵学残卷跋，in *Luo Changpei yuyanxue lunwen xuanji* 罗常培语言学论文选集. Peking: Zhonghua shuju.

O'Connor, Kevin A. 1976. "Proto-Hakka". *Journal of Asian and African Studies*. 11:1-64.

（译者：吴春亮　浙江大学中文系）

清初官话的声调与连读变调

一、引言

在汉语历史音韵学中，某个音节的声调在传统调类上的归属，往往是能够相当准确地判断出来的。但是，想要确定现代汉语以前，某个音节声调的具体调值，通常就难得多了，那是因为历时语料要么太困乏，不够完整；要么就晦涩难懂，不知所云。然而，或是出于机缘巧合，清初的语音材料在这方面的表现却很清晰，这使得探求清初汉语标准语声调的调值成为了可能。这种标准语称之为"官话"［即"官方语言"〈language of officials〉或"通语"〈Mandarin〉］[①]，欧洲传教士们曾经非常详尽地对官话做过描写，在当时他们就打算用官话在中华帝国传教。从传教士们留下的材料上看，他们都认为官话就是当时的通语，而官话的基础方言是南京话。事实上，这种江淮类型的官话，在清朝之前的明朝就已经被广泛地使用了。需要着重指出的一点是，与一种可能出现的误解正相反，这种官话既不以北京城的方言为基础也和北京话没有直接的联系。北京话地位上升并成为国家共同语的标准，那是将近一个半世纪以后的事了。

本文着力探究两份与清初官话声调系统相关的共时语音材料。第一份，也是更为详尽的一份材料，是《华语官话语法》〈*Arte de la Lengua Mandarina*〉，它由一位多名我会〈Dominican〉传教士万济国（Francisco Varo，1627—1687）所撰写。这部作品于1682年于福州完成，万氏逝世后，其遗稿在1703年于广州出版。原作本由西班牙语撰写，后由柯蔚南、烈维〈Coblin and Levi〉将全文译为英文，文本所选用的部分章节正出自此英译本。杨福绵（1989）也对此书的部分章节做过翻译，并且曾晓渝（1992）又将其转译为汉语，并且还对此有过讨论。第二份材料则出自《中国哲学家孔子》（*Confucius Sinarum Philosophus*, Bibliothèque nationale, Fonds Latin 6277），此书大约成书于17世纪60年代，

---

① 由于圆括号"（ ）"和方括号"［ ］"在本文有特定的含义。故而在本文中，对译本的补充说明采用尖括号"〈 〉"的形式。——译者

由西西里耶稣会会士殷铎泽（Prosper Intorcetta，1625—1693）及其两位同事——柏应理（Philippe Couplet，1622—1693）和鲁日满（François Rougemont，1623—1676）共同完成。原作本由拉丁文撰写，本文所选用的部分章节，取自龙伯格（Lundbæk，1986:200—201）的本子，在龙氏的本子里，原书的影印件也附在其中。本文所使用的罗马体转写皆保留原貌。在万济国材料中，英译本的译者已将所有与转写相关的汉字补上并插入到下文中。而在殷铎泽的材料中，汉字皆保留手写体原貌，下文中的圆括号的内容是原始版本面貌，方括号中的内容是译者的解释和补充。

二、原始文本

A. 以下内容出自万济国《华语官话语法》，第二章，第9—11页

关于汉语的声调

我们之前已经说过，这种语言中的每个字在发音上是具有不同语调的〈intonations〉，或者说是声调〈tones〉。这样的声调有五个，中国人称之为“五音”。若是脱离了音节，那么声调就是没有意义的。这五个声调又可以分作四类，分别是：基调〈simple〉，喉音或送气音〈guttural or aspirted〉，带圆点〈with dot〉以及喉音带圆点〈guttural with dot〉。该语言中的所有字词的声调都在这四种变体的范畴之内。

第一节：基调

基调与以下符号配合使用如下所示：

ˉ，ˆ，ˋ，ˊ，ˇ

第一声ˉ，第二声ˆ，第三声ˋ，第四声ˊ，第五声ˇ

1. 第一声，它的发音方法是：平和地将发音时间延长，既不上扬，也不下落，就像一个痛苦的人发出叹息：ai［即“唉呀”］。我们看几个在声调上同为第一声的例子。例如：*goēi fūng* 威风，*sī kuā* 西瓜。如我们之前所建议的那样，这里的每个音节都必须加上特定的声调符号，以确保发音的准确。中国人将这一声调称之为*p'īng çhīng*“平清”［原件即讹，解释详见下文］，即“平直而清晰的调子”，他们也把这种声调称为*xáng p'îng*“上平”。

2. 第二声，在双音节词中，若是第二声的字在后一音节上，那么它在发音上就

该发得略微低一些。若是该词只有一个音节，就像*ŷ*，那么发音人应将发音时间延长，带着些许延迟，必须要把音发得仿佛在这里有两个音节似的。这种发音方法跟我们卡斯蒂利亚语〈Castilian language〉中的“*no*”异曲同工——例如，假设有人走到我面前说：“*Juan hizo un hurto*”即“胡安犯了抢劫罪”。但我不相信他说的这话，于是我说道：“*No diga esso, pues Juan auia de hazer tal cosa*”即“不！被这样说，胡安为什么要做这样的事呢”。[这就是说]第二声的发音就跟这个“*no*”一样，[参见本书第10页]其声调阻塞且带着些许低降，这就是第二声的发音方法。例词如：*iuên iêu*缘由，*gô lîng*鹅翎。中国人将这一声调称之为*chŏ p'îng*“浊平”，即“平直而浑浊的调子”，他们也把这种声调称为*hiá p'îng*“下平”。

3. 第三声，其发音以音节里的元音为基点，随后降低三分之一，且带着一些突然和短促。就好像是我让某人去做一件事，而这个人做得不对，或者做得令我不满意，这时我会这样跟他说：“*No, no quierto que lo hagas*”即“不，我不想你这样做”。这里的“*no*”的发音，就是像是官话的第三声。例词如：*ièu kàn*诱惑，*mì fuèn*米粉。中国人也把这种声调称为“上声”。

4. 第四声，从某词的第一个音节的一点开始，上升三分之一（即使这是个单音节词，也要这样），然后在该音的末尾位置延长音长，这就跟我们说反问句时的语调一样。我想举这样一个例子，[在此例情境下]当我决定做某事时，有人跟我说（它似乎想要阻止我）：“*No lo hara V<uestra>m<erce>d*”即“不，别这样做”。我却斩钉截铁地对回应道：“*Como no?*”即“为什么不”。我发“*no*”这个词的末尾在音长是有拖长的，这就是第四声的发音方法。例词如：*lí hái*厉害，*pién lún*辩论。中国人把这种声调称为“去声”。

5. 第五声，第五声的发音方法实际跟第四声很相似，只是第五声的末尾在发音时要用胸腔稍做一些压迫，但这一压迫要比较平稳流畅。就像我们中的某人想要和别人招呼，于是他抬高声音喊出一个“a”。既然[参见第11页]这个音在发音时用了强有力的方式，那么在收音时就应戛然而止，这就是第五声的发音方法。例词如：*pŏhiŏ*博学，*hĕ mĕ*黑墨。中国人把这种声调称为“入声”。

6. 需要特别注意的是，尽管每个字本身都具有固定语调，这是由它们所表示的意义决定的，但是当该声调的字与另一个相同的声调的字相连的时候，那么前一字的声调就会失去部分该字声调特征，它的发音在线性上[西班牙语*linea*]会变得稍微不同。例如：“购买”的这个“买”*mài*字，该字本身是个第三声的字，要是它单独出现，中国人在单独读这个字的时候无疑是读作第三声的。但它跟另外一个第三声[的词]相连的时候，比如“买饼”*mài pìng*，这两个字在发音上连在一起时，这里的“买”*mài*字几乎发成第一声了。可要是“买”字跟一个第四声［的词］相连的时候，例如：表示“购买与卖出”的“买卖”*mái mài*一词中，我们就能清楚地看到“买”字仍是念作它原来的声调的。当两个第四声的字相连时，同样的情形也会发生，这时前一个字［双音节词的第一个字］的读音会立即往第一声的方向上靠，除非该字带着或本身就是喉音［即送气音的喉音］，因为此音是送气音，音高即须更高些，带着些许感情色彩，这正是第四声自然固有的发音特点，例词如：“去世”*k'iú xí*。至于第一声，它则总是保持它的调值，不受后面跟着字的声调影响。不仅从听感的表现上说，我应是对的，而且也能找到充足的证据证明，当中国人快速地讲汉语的时候也是如此，他们自己并没有意识到连读变调的发生，也不会刻意去改变声调的读法。这种现象［即前述的连读变调现象］，在他们的母语中是十分自然地发生的，即使这［对我们来说］仍有些难［复杂］，即说话时似乎要化不少工夫来连读变调。但是，［事实上］要是不这么做的话［即说话时不去连读变调］，那么说话的语速就会被拖慢很多了。例如：“购买”的“买”*mài*字，当它需要连读变调时，读音会往第一声靠，这样一来，在读这个词时，就能轻而易举地从第一音节接续到第二个音节上。但假如不连读变调，“买”仍读第三声的降调，那想要从第一个音节接续到第二个音节时，就要不断地抬高音高了［参见第12页］。我想第四声也是如此，它也是一个升调。当它与另一个第四声的字相接时，前一个字则必须降低音高，或者把音调放缓，这样一来就能立刻接续到后一个第四声的音节上了。第三声降调和第四声升调有时还应随着呼吸起伏而或升或降，例如：要是出现了一连串的第四声字在一起时，不可能每个都读升调；同样地，要是一连串第三声字在一起时，不可能每个都读升调。一方面，要是都发升调让句调很高，那都让人没法呼吸了；另一方面，要是都发低调的话，那么气息也很难运转。我感觉这就跟唱歌很相似，要是一连串的音符都是上升或下降的，那么升到或降到极限的时候，声音就发不出来了，人也会疲惫不堪。当我们在学说汉语的时候，也会遇到这样的情形，当三四个第四声字连在一起的时候，我们要是个个都读正常声调就会很困难，而且这样的发音还显得粗鄙而拖沓。因此在这样的情况下，靠前的音节的声调会读作第一声，因为第一声跟任何声调在一起都不会发生连读变调，因为第一声从头至尾都是既不升最高，也不降的最低的平调，处在高调和低调之间。因此它很适合跟第四声或第三声的字相接，因为第一声的韵母可以很容易地跟第三声声母相接续，也能很好地跟第四声相配，因为它可以先降后升。从上可知，在某些刚来中国的传教士们听来，中国人说某些词的时候似乎不带声调，但这并不是因为这些词在汉语里真的没有声调，而是由上述的连读变调现象引起的。但是，刚才我们所描述的这种种现象，对于一个新来的传教士来说，在初学汉语时学习它还为时太早，它要等到汉语说得更顺畅了、应用自如的时候再进行学习。

B. 以下内容出自殷铎泽《中国哲学家孔子》，第二册

某个词或者某个字，如果以某种不同的语调来读，那么它的意思也是有所不同的。例如“饮”*yn*字，如果以一种生气的语气，或是命令某人做某事的语气匆忙地发出声音，这时的声调就是上声*xám xīm*，我们欧洲人用加上符号“`”的方式来表示。这种声调来读“饮”字，其意思为“喝水”。然而要是读得更欢快些，声音再高点、再尖点，这就是去声*k‘iú xīm*了，这一声调用符号“´”来表示，要是把“饮”读成去声，它的意思则变成了“使某人喝水”。或者换言之，用“`”表示的前者，是个骤然下降的调子；用“´”表示的后者，则是一个上升调。再如：“射”*xé*字，要是发成带有尖音符号的那个读音，其声音仿佛有个双写音，或者说是长音*ee*，例如：*xée*，这时“射”的意思是“练习射箭”。然而，要是读成另一个声调，该声调中国人叫它“入声”*gẻxīm*，这一声调我们用符号“˘”来表示，那它的意思就相反了，是“射中目标”的意思。此外，在发入声调的时候，必须尽可能发得又快又尖，它只出现在某音节中元音的末尾。然而入声调的字，有的发得清晰而洪亮，而有的则发得带着低沉而嘎裂，我们只给低沉嘎裂的音［即后者］上标注“˘”符号。这个情况跟拉丁文中位于倒数第二音节位置上的*e*很相似。比如在*cælestis*一词中*e*就发得清晰而浑厚，而在*celeris*一词中就显得沉郁而没那么浑厚了。两种语调赋予同一个字以不同的含义。例如，“今朝”的“朝”当它念成“平声”，即“平直均匀”的声调——*chāo* 的时候，表示的意思是“早晨”，我们以符号“¯”来标记。如果“朝”字读成沉重而深沉一些“浊平”或者叫“下平”调*c‘hâo*时，它的意思是“朝堂”或“上朝”，这时我们以符号“ˆ”来标记。

三、材料讨论

本文的讨论以万济国的材料为核心，殷铎泽的材料中也有一些简要的标记，在本文中作为补充材料。事实上，万济国讨论了声调系统当中的两个不同的方面。其中1—5段主要关注五个声调的基本音值，而篇幅相当长的第6段则在连读变调问题上倾注了较多的笔墨。在讨论连读变调问题的这段中，其中的一些信息也对我们讨论的声调的语音特征有直接的联系。

尽管万济国偶尔也对官话声调的音高、调型、音长等方面做过一些直白的评述，但他在大多情况下是将这些官话声调的例子跟西班牙语进行比较的，他试图以西班牙语来说明汉语声调的特征。这样看来，这份材料似乎对研究17世纪的标准西班牙语非常有用，但对于我们的研究而言就不过是雾里看花了，因为此材料中的例子比较的对象是1682年的西班牙语，可我们无法得知那个时代西班牙语在发音上的细节。殷铎泽对语音描述的材料也面临着同样的问题，除此之外我们甚至不能准确地知道殷氏是基于哪种或哪几种欧洲语言对汉语语音进行的描写。但不管怎么说，我们别无选择，只能将注意力集中在万济国和殷铎泽对声调语音特征的客观描写上。考虑到这些，我们在下文中首先着力关注基本声调问题，然后再转向连读变调现象。

A. 基本声调的调值

万济国把**第一声**称作*p'îng çhīng*“平清”，这显然是*çhīng p'îng*“清平”之误，此调还有另外一个别名——*xáng p'îng*“上平”。万氏对这个声调的描写是“平和地将发音时间延长，既不上扬，也不下落”。殷铎泽并没有对第一声的调值做具体的描写，这与殷氏对其他声调的处理有所不同。但殷氏却对“平声”的“平”字有过些许评论，翻译过来就是“平直均匀”。如果殷氏确实把它作为一个描述性的注解，那么这就跟万济国的记录十分相合了。不管怎么说，平声在事实上的面貌已经很清楚了。两种材料都没有说明平声有反常地升高或降低，它在声音上应该是个不升不降的平调。这一点在万济国材料中与连读变调相关的章节里也能找到进一步确证的证据，万氏认为第一声“从头至尾都是既不升最高，也不降最低的平调，处在高调和低调之间”。因此我们在这里无疑可以将第一声的调值拟作一个**中平调**。万济国用一个长音符表示，这个符号清楚地说明了其音值的特点。

万济国把**第二声**称作*chŏ p'îng*“浊平”或*hiá p'îng*“下平”，其音长取决于它出现的位置，处在单音节或是复音节的第二个音节上，其音长会有所不同。要是出现在后者的位置上，那么它“在发音上就应稍微低一些”。要是出现在单音节上，那么它“应将发音时间延长，带着些许延迟，必须要把音发得仿佛在这里有两个音节似的”，又或者要“保持住出声并稍稍降低音高”。最后，在这份材料的其他部分中（p.14），万济国做了一个更为有趣的观察，他看到“第二声不能低到喉咙”。殷铎泽则对第二声有过“沉重而深沉”的评论。殷氏的“沉重”和“深沉”都意在说明这个声调是个低调。在连读变调相关的章节中这一声调并没有太详细的描述，但第一声和其他声调相应的描写却有不少。不管怎么说，我们能推测第二声的调值应该是比其他声调都低，它在调型上显然会是个降调，并且相当有可能是个低降调。万济国用一个先扬后抑的符号来表示这一声调，这与他对此调型的描述显然是没有什么相似之处的。之所以选择这样一个符号，这可能是17世纪常见的欧洲语调符号中唯一一个还能用的了，因为其他常见符号已经用在另外四个声调上了。因此这个符号根本没有描写调型的功能。

万济国把**第三声**称为*xáng xīng*“上声”，据万氏的描写，上声的读法是“以音节里的元音为基点，随后降低三分之一，且带着一些突然和短促”。殷铎泽也说上声在发音上要“匆忙地发出”并且“立即下降”。这清楚地表明上声是一个急降调并且它和上文讨论过的第二声的低降调相比，其音高稍高，即它要么是高降调，要么是个中降调。我们注意到，万济国在连读变调一节当中对第一声的发音做了进一步的详尽观察，这不由地让我们比较第一声跟其他声调的相对关系，当两个第三声字相连时，前一个第三声字会变得接近第一声，因为它“可以很容易地跟第三声字的声母相接续”，也就是说，万济国感觉第三声开头的音高并不高于第一声结尾的音高。这表明第三声应该是个急剧下降的调子，是个穿越音域三分之一的**中降调**。

万济国把**第四声**称为*k'iǘ xīng*“去声”，据万氏的描写，去声的读法是“升三分之一”然后“在该音的末尾位置延长音长”。在连读变调一节，他又进一步详细地指出“音高即须更高，带着些许情感色彩，这正是第四声自然固有的发音特点”。殷铎泽也说第四声在发音时要“再高点、再尖点”并且是“上升的”。并且殷氏还补充说它“仿佛有个双写音，或者说是长音［元音］”，这正和万济国认为此音在音长上有延长的特点相呼应。在万氏材料中关于音变的一节中，我们还能看到他辛苦收集到的关于去声特点的进一步信息，当两个第四声字相连时，前一个第四声字也变得像第一声，这样就能“降低音高以便更好地与下一个第四声字的声母相接续”。因此第四声应该是一个**升调**，它的开头位于整个音域的中间偏下，比第一声的音高要低，但它穿越了整个音域的三分之一，音长非常地长，其末尾也升到了非常高的位置。万氏记录这一声调的符号是个上升符，这也非常准确，具有很显著的助记功能。

万济国把**第五声**称为*jě xīng*“入声”，据万氏的描写，第五声和第四声调型相同，它也是个上升调，但本身又带着显著的特点。据说这个声调的“末尾在发音时要用胸腔稍做一些压迫，但这一压迫要比较平稳流畅”并且发音人“在收音时应该戛然而止”。殷铎泽说此音“必须尽可能发得又快又尖”，他又说有些入声字“发地清晰而浑厚”，而那些加上了点的字发得“低沉而嘎裂”。乍一看，后一种说法似乎具有咽音的色彩，但实际上这些加了点的罗马字转写都只是跟音质相关，而并非是超音质部分或特殊的发音类型（参见 Coblin ms.）。我们认为入声是个带着喉塞音的调子，它的调型跟第四声相似，但在音长上却不如后者那么长，入声显然应是个**促升调**。这些欧洲的转写者们，只注意到了入声音节的音长短的特点，并没有注意到喉塞音是个辅音。万济国选用的记音符号无疑说明了入声具有短音的特点。

我们利用赵元任先生的五度标记法，可将清初官话声调的音值拟作如下：

1	2	3	4	5
33	21	42	25	<u>24</u>

下图是我们对清初官话声调调型的描绘：

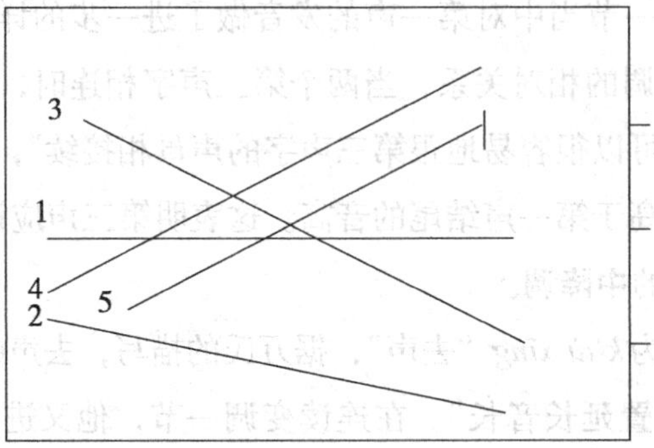

B. 连读变调

殷铎泽并没有提及官话声调的连读变调问题，我们只能从万济国的材料入手。首先，我们注意到第一声和第五声全然没有任何明显的连读变调现象。而如我们在前文提到的，第二声则具有长音和短音两个变体。长音的读法出现在单音节的情况下，而短音的变体则出现在双音节的第二个音节的位置上。至于第一个音节上的第二声的发音特征，万济国并没有告诉我们。但这些位置上的第二声字在音值上可能还都保持着原调的长音不变。

当几个第三声和第四声的字连续出现时，连读变调的影响就显而易见了。万济国说，在此情形下，第三声的连读变调变体的表现是“几乎发成第一声了”。这个连读变调规律似乎是：当一个第三声的字后又接着一个第三声字时，前一个第三声的降调的下降程度将并不如原调那么剧烈，并且此音的收音也比原调高些且接近中音域。在万济国看来，通过这样连读变调，过渡到后面那个第三声字就变得容易多了，因此就产生了一个接近于第一声音值的调型。相似地，当一个第四声的字出现在另一个第四声字之前时，前一个第四声的升调的上升程度也没有原调那么剧烈了。因此，我们可以得出一个结论：第三声的连读变调变体是个中降调，但其结尾只是稍稍低于中音域，而第四声的变体则是一个上声调，但其结尾只是略高于中音域。

四、材料比较

A. 万济国和殷铎泽所使用的记录声调的这套符号系统并非是他们的原创。据利玛窦（Matteo Ricci，1552—1610）记载，这套系统是在利玛窦的指导下，经钟明仁（Sebastian Fernandes，1562—1621）〈或译作“钟鸣仁”〉和郭居静（Lazzaro Cattaneo，1560—1640）的完善而形成的，其中郭居静是一名经验丰富的音乐家。杨福绵（1989：209）曾对利玛窦的材料做过翻译。但是他们的这套系统并没有留下文献记载，但这套系统却在当时成为了天主教传教士记录汉语声调的标准，金尼阁（Niklaas Trigault，1577—1628，其中的Niklaas又作Nicola、Nicolas等）在他撰写的那份著名的音节表《西儒耳目资》中，就使用了这一系统。金尼阁对声调的描述如下（I.50b）：

> 高低何似〇答曰：平声有二，曰清、曰浊。仄声有三，曰上、曰去、曰入。五者有上下之别，清平无低无昂。在四声之中，其上其下每有二：最高曰去，次高曰入，最低曰浊，次低曰上。

这段话经梅祖麟（1977：243）翻译，大意如下：“平声调有两种，分别是阴平和阳平。仄声调有三种，分别是上声、去声和入声。这五个声调的区别就在于音高上：阴平，既不高也不低，其音高在和另外四声比起来处于居中的位置。剩下四声有两声比平声高，两声比平声低。其中最高的是去声，次高的是入声。最低的是阳平，次低的是上声。”在这个系统中，金尼阁着重分析的是相对音高而非调型，显然金尼阁与万济国一样，都将第一声和第二声归为了一类。并且，要是我们把声调末尾的高低作为决定性要素的话，那么金尼阁的另外三种声调跟万济国的描写也相合，即第四声的末尾，位于这一音域的最高位置。至于第五声，它的调型跟第四声相似，只是它在音长上短些，可能在音高上也要低些。并且第三声的末尾在这个音域中可能比在调型为平调的第一声低，可却比在调型上是降调的第二声要高些。两种对声调的描述几乎完全一致，它们在本质上极可能是相同的声调系统。

B. 著名的朝鲜汉学家崔世珍（1478? —1543）在其撰写的《翻译老乞大》和《翻译朴通事》中记载了关于汉语声调的描写。《翻译老乞大》和《翻译朴通事》完成的时代不晚于1517年，它较之本文研究的万济国、殷铎泽的材料要早一些。以下所引用的崔世珍的材料转引自金光洙（1991：106—113）。崔氏对五调系统的发音特征描述如下：

1. 阴平 —“轻呼而稍举”

2. 阳平 —“先低而中按，后厉而且缓”

3. 上 —“低而安”

4. 去 —“直而高”

5. 入 —“如平声浊音之呼而急促”

崔氏还将汉语和中古朝鲜语声调系统进行了比较，通过两种信息的比较，是能够构拟出汉语官话声调系统音值的。以下是两位学者的构拟：

	1	2	3	4	5a	5b
梅祖麟（1977）	35	13	22	55		2
远藤光晓（1984）	45	214	11	55	5	24

尽管上述的两种构拟在某些方面不尽相同，但它们之间仍是存在着一些共同点的，并且有一点似乎是很清楚的，那就是此二人所构拟的声调系统跟万济国材料里反映的是不同的。那么，崔世珍所记录的究竟是何处的汉语方言呢？过去的研究大多认为，崔世珍所记录的方言要么是北京话，要么是范围更为宽泛的“北音”。但近来尉迟治平（1990）对崔世珍有关的文献以及其生平做了更为完整仔细的研究，他的总结对我们的观点很有帮助。尉迟认为崔世珍的材料实际上记录的是一种东北辽东地区的方言。但不管怎么，崔氏材料所反映方言都不可能是南京官话。

C.有几份描写19世纪早期南京官话的材料，但这些材料中没有一份对声调系统有过系统而可信的描写。第一位对南京话自身声调系统的完整的描写，始于艾约瑟（Edkins 1864:18）。为了整体分析汉语各方言的声调，艾约瑟建构了一个复杂且详尽的框架，此框架包含了24个具有解释性的条目与层级。这些内容又分为两大类，“升调”和“降调”。没有一个具有区别作用的中平调。艾约瑟对南京官话的调值描述如下：

1. 阴平 —“低平”或“低且缓降”

2. 阳平 —“高而快升”

3. 上 —“低而缓升”

4. 去 —“速降”

5. 入 —“短促”

至于19世纪晚期的南京方言，我们还能找到几份描写它的材料。这些材料皆出自屈奈特之手（Kühnert 1893; 1894; 1898）。屈奈特在其中的一份材料（Kühnert 1898; 8—9）中对声调系统的描写如下：

1. 阴平 —“保持在同样音高不变”
2. 阳平 —“音高上升至一定高度，然后又降回到初始音高”
3. 上 —“用一定力量上升音高，但最高处比第二声要平，然后骤然上升”
4. 去 —“发音初始时音高较高，声音清晰，但很快下落，声音也迅速变得模糊。仿佛消失在了远处”
5. 入 —“从音高的最高处突然下降，并迅速地闭合声带”

屈氏的材料几年之后，赫美玲（Hemeling）记录了另外一份南京话的材料。赫氏在其研究中特别指出（p.vi），他所记录的是在发音上相当标准的知识阶层的语音，并且他特别指出“他没有接触到当地的白读音”。赫美玲还指出，他的记录跟屈奈特的记录在某些方面上差别很大。赫氏对南京话的声调系统描写如下（Hemeling 1907:4）：

1. 阴平 —“是个低降调，以低沉的发音缓慢消失，声音很钝”
2. 阳平 —“开始处于高声调，随后迅速下降又再次上升，发音时声音清晰”
3. 上 —“是个柔和、拖长的高调，在短暂地间隔后缓慢地上升”
4. 去 —“是个高降调，发音时声音清晰”
5. 入 —“发音非常高和短促，结尾时声门突然关闭（最后不爆破除阻）”

下一份南京话声调的材料是赵元任（1929）的研究。赵元任使用了类似音乐符号的标记音方法，具体方法本文不做展开。但赵氏的这一记音法在后来成为了“五度标记法”，并增加了“平”〈flat〉和“尖”〈sharp〉的符号标记。[①]赵元任对南京话声调系统描写如下：

1. 阴平 — $3^{平}2^{平}$
2. 阳平 — 13

① 赵元任先生《南京音系》一文以音乐的简谱、简图的形式描绘了南京话中的音高。前述的“平”赵文本作“b”，“尖”赵文本作“#”。——译者

3. 上 — 2[平]
4. 去 — 43[平]
5. 入 — 44[尖]

最新的一份对南京话声调系统的研究，出自刘丹青（1994）之手。他认为老派讲的“老南京话”和新派讲的“新南京话”在第一声的发音上有所不同。刘丹青描写的声调系统如下：

基本声调：
1. 阴平 — 31; 41（新南京话）
2. 阳平 — 23
3. 上 — 11
4. 去 — 44
5. 入 — 5

而语流中的连读变调的形式，则会出现在某个词中的倒数第二个音节上。具体情况如下：

老南京话：
1. 阴平（31 → 33）+ 阴平
2. 阳平（23 → 11）+ 入声
阳平（23 → 11）+ 轻声
3. 上声（11 → 12）+ 阴平
上声（11 → 12）+ 上声
4. 去声（44 → 42）+ 入声
5. 入声（5 → 3）+ 入声

新南京话：
1. 阴平（41 → 44）+ 阴平
3. 上声（11 → 23）+ 阴平
上声（11 → 23）+ 上声
4. 去声（44 → 41）+ 入声

从艾约瑟所调查的材料上看，艾氏所见的第一声有两种变体形式：一为平调，一为低降调。屈奈特的材料与前者一致，而赫美玲的材料则与后者相同。从赵元任的材料开始，我们可以注意到平声朝着中降调的方向变化。在刘丹青调查的现代南京方言中，“老南京话”的读音与赵元任所见完全一致，而“新南京话”的音高在初始位置上稍高，但结合结尾来看，新派第一声的结尾仍是符合降调的调型的。有趣的是，不管是新南京话还是旧南京话，当两个第一声字相连时，前一个字的声调都变成了一个平调，这显然是“赵元任之前”阶段的反映。

艾约瑟和屈奈特都认为，第二声是一个高升调，但屈奈特认为第二声在结束发音时，要再次回落。而赫美玲则指出了第二声是个调型为高-低-高的“曲折调”。而赵元任和刘丹青都认为第二声是个相当低的升调，可能是赫美玲所听到的音是“残留”着稍早期南京话面貌的旧音，在此旧音中，第二声在调型上仍具有高升调的某些特征。

艾约瑟、屈奈特以及赫美玲都认为第三声是一个升调，但赵元任和刘丹青认为第三声的调值非常低，这个调子并不往上升。尽管如此，可又要看到，无论是新南京话还是旧南京话中，第三声的连读变调都是升调，这也许是对较古老发音的回归。

艾约瑟、屈奈特、赫美玲以及赵元任都看到了第四声是降调，只有刘丹青认为是个低平调。不过，从连读变调上看，它在变调中的变体也是降调，这倒和早期研究所见相合。

至于第五声，所有的研究对此的看法是基本一致的。艾约瑟认为，它在收音时的调值很高，屈奈特、赫美玲和刘丹青等人则认为此调的音高处于音域的最高值，赵元任则认为它调值很高，但不及最高处。

将以上的材料与万济国1682年材料里的信息做个比较，我们看到艾约瑟和屈奈特对于第一声的记录与万济国的观察相符合，都是平调。但第二声，大多数的研究者认为是升调，这与万氏的材料不同，但是这个声调具有低调的特征，甚至连该调在连读变调中会变成的面貌也与万氏所看到的非常低且略微下降的调型相去不远。第三声和第四声的读音则与万济国所见有明显的不同。所有材料都注意到第五声是个阻塞调，但是万济国笔下的调型却与后来的研究者的有所不同。

从艾约瑟到刘丹青，这些学者在许多问题上的看法是一致的，而他们的描写相乖互之处，则可以看作是历史语言线性发展的结果。从目前可得的材料来看，南京话的声调从1864年以来的历史演变轨迹是不难追溯，是可以理解的。但是以上种种不同时期南京话之间的差异，以及这些材料和时代更早的万济国材料之间的差异，却是个待解决的问题。然而，万济国材料与艾约瑟的材料之间相隔约180年。或许这么大的时间跨度已经足够让前述的语音差异产生了。尽管如此，我们不可以想当然地假定从万济国到艾约瑟他们所描写的语言是一脉相承的。而事实上，情况可能是相反的。南京城在太平天国运动期间［即1850—1864］毁于战火，其人口也因屡遭屠戮而锐减。翟理斯（Giles 1982：xxvii）曾就这场浩劫对语言的影响做出以下评述：

> 自太平天国以来，南京音已然失去作为国家标准音的底气。其缘由显而易见，旧时南京城庞大的人口已经不复存在，如今城中的居民数仅只有为数不多的几千人，所据之地不过全城面积的十分之一，且他们之中尚有大量的从外省或外地迁来的移民，而这些人大多数目不识丁。

赫美玲也注意到了这个情况，并对此发表了以下评论（1907：2）：

> 它［即以南京语音为标准音的通语］经历了灭顶之灾，南京城中的本地居民们也不幸遭到太平军的残忍屠杀。太平天国运动期间，南京被太平军占领，并在1852—1864年间成为太平天国的都城。当清帝国重新夺回这座城市时，清军又在南京进行了更大规模的屠城。太平天国被镇压之后，只有几户南京本地老住户幸免于难，但他们无法同化大量的，来自中国各地的移民。因此，当地人原本标准而典雅的南京话无法渗透到整座城市，甚至时至今日，会讲纯正南京官话的居民的数量仍相对较少。南京官话辉煌的日子一去不复返了。

1864年，即艾约瑟撰写他的材料之时，彼时的南京必定是一片废墟。因此，他找来的发音人说的究竟是怎样的南京话，这很不好说。若翟理斯之言可信，那么在屈奈特研究南京方言的时候，南京城里的人口只剩下了太平天国运动前的十分之一，且这些人口中的大部分是由“目不识丁的移民”组成的。而赫美玲、赵元任，甚至像刘丹青这样的当代学者，他们的研究所得出的结论，在相当大程度上是建立在上面所说的这些人的语音上的。因此，想要厘清太平天国运动前与运动后的南京话的关系是相当困难的。太平天国运动之后的南京话，跟万济国时代的官话之间，究竟有多大的联系，这是值得进一步研究的。

然而，如若清初的通语的声调形式没有在南京地区完整地保存下来，我们仍可以怀疑它是否在别处还有所留存。实际情况或许正是如此。我们从万济国后期的手稿中（1790—1793）中得知，南京官话还完好地保存在江西南部的赣州的一些镇子里。甚至在当时，新来的传教士也有送去那里学习语言而不去南京学习的。如今，赣州被认为是位于广大客家方言区的一个官话方言岛。据颜森（1986：24）的研究，现代赣州方言的声调系统如下：

1	2	3	4	5
33	31	53	13	5

我们觉得万济国处理声调的调值应该是没有太大困难的。万氏的所记的声调系统是可再现的，其构拟如下：

1	2	3	4	5
33	21	42	25	<u>24</u>

也许经过进一步的调查，我们还能在华中、华南的偏远地区找到更多万济国清代官话中的遗迹。

参考文献

Chao, Y. R. 赵元任 . 1929. "Nánjīng yīnxì" 南京音系 . *Kēxué* 科学 13.1005-1036.

Coblin, W. South. ms. "Notes on the Sound System of late Ming Guanhua."

——, and Joseph A. Levi. ms. *Grammar of the Mandarin Language* (An English translation of the *Arte de la Lengua Mandarina* of Francisco Varo).

Edkins, Joseph. 1864. *A Grammar of the Chinese Colloquial Language, commonly called the Mandarin Dialect*. Shanghai.

Endo, Mitsuaki 远藤光晓 .1984. "Fānyì Lǎo Qǐdà Piáo tōngshì lǐ de Hànyǔ shēngdiào" 老乞大朴通士里的汉语声调 . *Yǔyán xué lùncóng* 语言学论丛 13.162-182.

Giles, Herbert. 1892. *A Chinese English Dictionary*. London.

Hemeling, K.1907. *Die Nanking Kuanhua*. Göttingen.

Kim, Kwangjo.1991. A Phonological Study of Middle Mandarin: Reflected in Korean Sources of the Mid-15th and Early 16th Centuries. University of Washington Doctoral Dissertation.University Microfilms, Ann Arbor.

Kühnert, Franz. 1893. "Einige Bemerkungen über die Shēng im Chinesischen und den Nanking-Dialect." *Wiener Zeitschrift für Kunde des Morgenlandes* 7.302-310.

——.1894. "Die Chinesische Sprache zu Nanking." *Sitzungsberichte der Philosophisch-Historischen*

Classe der Kaiserlichen Akademie der Wissenschaften, Wien 131.Abhandlung VI.1-38.

——.1898. *Syllabar des Nankingdialektes oder der correkten Aussprache sammt Vocabular.* Wien.

Liú, Dānqīng 刘丹青.1994. "'Nánjīng fāngyán cídiǎn' yǐnlùn'" 《南京方言词典》引论.*Fāngyán* 方言 1994.2.81-102.

Lundbæk, Knud.1986. *The Traditional History of the Chinese Script from a Seventeenth Century Jesuit Manuscript*. Aarhus.

Mei, Tsu-lin. 1977. "Tones and Tone Sandhi in Sixteenth Century Mandarin." *Journal of Chinese Linguistics* 5.237-260.

Yán, Sēn 颜森. 1986. "Jiāngxī fāngyán de fēnqū" 江西方言的分区. *Fāngyán* 方言 1986.1.19-38.

Yang, Paul F.-M.1989. "The *Portuguese-Chinese Dictionary* of Matteo Ricci: A Historical and Linguistic Introduction." *Proceedings of the Second International Conference on Sinology, Section on Linguistics and Paleography*. Taipei. vol. I, pp.191-241.

Varo, Francisco.1703. *Arte de la Lengua Mandarina*. Edited by Pedro de la Piñuela. Canton.Edition held by the Bibliothèque Nationale de France.

Varo, Francisco. 1790—1793. *Arte de la Lengua Mandarina*.Library of Congress manuscript version, slightly modified from the 1703 edition and dated on the flyleaf to 1793. Internal evidence points to 1790 as the probable date of completion of the text proper.

Yùchí, Zhìpíng 尉迟治平.1990. " Lǎo Qǐdà Piáo tōngshì yànjiě Hànzìyīn de yǔyīn jīchǔ" 老乞大、朴通士谚解汉字音的语音基础. *Yǔyán yánjiù* 1990.1.11-24.

Zēng, Xiǎoyú 曾晓渝.1992. "Xīrú ěrmùzī de diàozhí nǐcè" 西儒耳目资的调值拟测. *Yǔyányánjiū* 1992.2.132-136.

（译者：谢智慧　香港浸会大学中文系，余柯君　复旦大学古籍整理研究所）

明末官话音系的几个问题[①]

一、引言

16世纪末期来华的耶稣会传教士们在他们早期的传教活动中，对当地汉语方言的兴趣寡然。相反，他们首要关注的是所谓的“朝廷话”（*la lingua cina della corte, la lingua cortegiana*）或“官样话”（*la lingua della corte forense, la lingua forense*）。而这种通行于全国（*una lingua universale*）的语言，在中国人那儿又被称为“官话”（即*quonhoa/ cuonhoa/ kuōnhoá*等），也就是欧洲人所谓的“la lingua mandarina”或“simply mandarina”（Yang 1989：199）。尽管北京自1421年起就成为了中国的首都，但直到如今，人们普遍认为明末官话所操持的基础方言实际上源自于明代早些时候位于南方的首都——南京（鲁国尧 1985；Yang 1989）。而在现代术语中，这种官话则可被称为：以江淮官话为基础的共通语。

我们从早期的传教士资料中发现了三种密切相关又有所不同的明末官话语音形式。其中的第一种，是利玛窦（Matteo Ricci S.J., 1552—1610）和他的同事们于16世纪80年代刚开始在广东传教时记录的。这一语音形式载于一本至今未出版的《葡汉辞典》（*Protuguese-Chinese dictionarie*），此书现藏于罗马耶稣会档案馆，杨福绵（Yang 1989）对此进行了相当详细的阐述。该份文献中包含了九页用罗马字拼写的问答，采用了一种与明末官话有所不同但非常相似的语音形式。古屋昭弘后将这些材料出版，并进行了相关的研究（Furuya 1988；1989a）。此书中的这些罗马字拼写，记录了以明末官话最早

---

① 缩略语：
EMZ 西儒耳目资
IPA 国际音标
LMGH 明末官话
QYS《切韵》系统
RES 利玛窦早期系统
RLS 利玛窦晚期系统

变体进行的问答，这种转写显然是试验性的，从某些方面来说，甚至是非常粗糙的。明末官话的第二种语音形式，是在利玛窦晚年用文言文所写的系列文章中发现的。在这些文稿中，众多的汉字都配有分类相当精细的罗马字拼写形式，从整体上看，这些罗马字转写展现出很强的内部一致性，在声调的标注上相当完整等特点。这一材料在中国明末时期有一定的流通性，部分材料被收录在名为《西字奇迹》的文集当中（见文字改革出版社《明末罗马字注音文章》1957）幸而留存至今。明末官话的第三种语音形式被记录在《西儒耳目资》中，该书内含一份规模巨大的音节表，由金尼阁（Niklaas Trigault S.J., 1577—1628, Niklaas又作Nicola、Nicolas等）编译，并于1626年出版。《西儒耳目资》中的罗马字转写及其所反映的基础音系，与二者在利玛窦晚年文章中的表现极为相似又不完全相同。《西儒耳目资》的系统似乎代表了耶稣会记录明末官话标准语音（即其所谓“正音” *chím in*）最终也最成熟的成果，而“正音”正是他们在汉语学习中力图掌握的对象。罗常培以利玛窦晚年所写的材料和《西儒耳目资》为研究对象，写过一篇重要的论文（罗常培1930）。鲁国尧（1947）和藤堂明保（Tōdō 1952）也相继对《西儒耳目资》的语料进行了研究。万济国（Francisco Varo, 1627—1687）曾撰写过一部《华语官话语法》（*Arte de la Lengua Mandarina*），该书1682年于福州完稿，1703年万氏身故后又在广东出版，万氏在书中记录了一种流行于清初的官话语音形式，它与明末共通语的关系密切。对该书的分析研究及其英译本的编纂，也正在进行之中（Azmayesh-Fard 1996; Coblin and Levi此系手稿，待刊）。极为有趣的是，另有一本用清初官话写作的《解罪手册》（*confessionarium*），由叶尊孝（Basilio Brollo de Glemona O.F.M., 1648—1704，又译作“叶宗贤”）所编译。石铎琭（Pedro de la Piñuela, 1650—1704）在整理《华语官话语法》时，将其附在万济国的语法研究之后。叶尊孝的资料已经由古屋昭弘（Furuya 1991; 1992）整理并发表。马若瑟（Prémare 1730）的《汉语札记》（*Notita Linguae Sinicae*）中，也记录了一种与清初官话相似但有所进化的语音形式，对此项研究的详细阐述，可见于龙伯格（Lundbaek 1991：64—104）的文章。

本文的主要目的是探讨《西儒耳目资》所反映的语音系统，特别论及官话作为中国标准语的历史。为此，利玛窦早、晚期系统的一些细节，万济国和叶尊孝的材料中所反映的语音系统，都将被引入并进行比较。在某些情况下，还会引用马若瑟所记录的语言。

今本《西儒耳目资》共有三卷。第一卷是对罗马字拼写系统的详细介绍，主要以利玛窦所谓“西儒”和“中士”之间虚拟问答的形式呈现。第二卷是一份音节表。最后一卷是一份检字索引，按照《康熙字典》检字系统通行以前的部首笔画顺序进行排列。本文所使用的版本为北京文奎堂1993年重印本。罗常培的研究对《西儒耳目资》的语音系统进行了全面的构拟，鲁国尧和藤堂明保也给出了颇为类似的解读。本文所采用的拟音与前人的系统有许多方面的差别，在出现明显差异之处，我们将进行简要的讨论。杨福绵的论文对利玛窦早期系统进行了初步的音系重构，但并没有详细地讨论拟音的问题。必要时，我们将提出我们与杨氏在利玛窦早期音系上的不同见解。但在《葡汉辞典》的完整语料可被获取之前，所有利玛窦早期音系的构拟形式都只是暂定的。关于问答材料所反映的语音系统，古屋昭弘（1988）进行了细致翔实的探讨。在利玛窦早期系统的完整语料缺失的情况下，古屋氏的数据表对了解利玛窦早期系统的语音具有重要的价值。

杨氏在其文章中为利玛窦早、晚期系统的语音形式制作了索引表，我们将该表作为本文的附录列于文末，并将《西儒耳目资》中相应的语音形式也加入表中，以供对比。另还有两个附录，分别是古屋氏的完整语料和利玛窦晚期系统的语料所制成的表格。因篇幅所限，这两种附录未附入本文，读者若有需要本人可为其提供。

二、《西儒耳目资》所反映的明末官话语音系统

声母

明末官话语音系统的声母如下所示（构拟的音值用星号标注，其在原文中相应的拼写形式则置于括号中）：

*p（p）*p'（'p）*m（m）*f（f）*v（v）

*t（t）*t'（'t）*n（n）*l（l）

*ts（ç）*ts'（'ç）*s（s）

*tʂ（ch）*tʂ'（c'h）*ʂ（x）*ʐ（j）

*k（k）*k'（'k）*ŋ~*ɣ（g）*x（h）

*Ø

注释

1）*tʂ，*tʂ'，*ʂ和*ʐ组声母，表示现代江淮方言中具有卷舌色彩的舌尖后音（据《江苏省和上海市方言概况》1960）。赵元任据其在20世纪20年代对南京话所做的观察和记录指出：当时南京话中舌尖后音的发音位置比同期北京话中的稍前（赵元任 1929：1008）。最新的方言研究也认为这些声母是舌尖后音，但却没有对发音的细节进行描述（如鲍明炜1986；刘丹青1994）。罗常培提出，这组辅音在明末官话中可能已经是舌尖后音了，但

他最终仍将其构拟为舌叶音（或叫后腭音），也就是*tʃ, *tʃ',*ʃ和*ʒ。[①]罗氏对此的解释是：前高元音*i不易存在于舌尖后音之后，但这组辅音却可以在系统中与前高元音*i相拼合（罗常培 1930:270）。鲁国尧表达了相似的观点，藤堂明保也赞同此说。杨福绵也许是受罗常培等人的影响，将利玛窦早期系统中这组辅音的音值拟作*tʃ组，却没有给出自己的解释。然而实际上，罗常培及其追随者的疑虑似乎是不成立的，因为据我们所知，舌尖后音与前高元音之间，不存在具备语音普遍性的同现限制。沿着这些思路的方法不能解决这一问题。不过，万济国对该组中一个声母音值的描述，真正阐明了该问题。在罗马字拼写中，该组中的清擦音被拼写为字母*x*，在问题所涉及的年代，这一字母在标准西班牙语中代表的可能是舌尖中擦音［š］（Entwistle，William J. 1969:302—303; Lloyd，Paul M.1987:342—343），而西班牙语正是万济国的读者们所使用的语言。如今，在描述相应的汉语语音时，万济国这样向他的读者们说道："发这个音时，需要卷起舌尖直至向上竖起，就像西班牙乡村的发音那样……卢西塔尼亚人（*Lusitanians*即葡萄牙人）天生就能很好地发出此音。"这就十分清晰地指向了舌尖后音，其发音必然不同于标准西班牙语的*x*所代表的舌尖中音，但似乎存在于一些西班牙语的地方变体当中。同一时期的标准葡萄牙语具有舌尖后（或叫翘舌）的擦音，该音后来已经消失，但在某些方言中仍幸存至今。

2）罗常培（1930:292）将罗马字拼写中的字母*g*-拟定为浊喉擦音*ɣ-。他将构拟的语音记作*ɡ，这一写法在语言学系统暑期研修班上仍然沿用。该符号被其后的一些批评者误解成浊舌根塞音*g-，但罗氏的讨论无疑显示了其构拟为*ɣ-的意图。鲁国尧拟定*ŋ-作为拼写字母*g*-所代表的底层语音。杨福绵在研究利玛窦早期系统的罗马字拼写时，提出以喉塞音*ʔ-作为底层音值。思考这个问题时，将问题所涉及年代的其他转写系统进行比较，就可以发现有趣之处。如马若瑟所使用的、稍晚一些的法语罗马字拼写系统，在某些方面就不同于金尼阁和万济国所使用的。在马氏的罗马字拼写中，金氏的*g*-在大多数字中都被拼写为*ng*-（在元音*e*前或为*ngh*-）。例外的是，马氏的*ouei*音节对应金氏和万氏的*goei*音节，比如"为"字（金氏和万氏作*goêi*，马氏作*ouêi*）。在稍早时期的其他材料中，发现了金尼阁系统的变体，而这些材料也存在着上述类似的情况。例如，我们可以将前述两种系统的形式与《中国哲学家孔子》（*Confucius Sinarum Philosophus*）手稿中的形式进行比较，该书成于17世纪60年代，被认为出自西西里岛耶稣会（Sicilian Jesuit）的殷铎泽（Prosper Intorcetta，1625—1696）之手。此处所引来源于龙伯格（Lund baek 1986）出版的摹本。

---

① *tʃ, *tʃ', *ʃ等构拟之"ʃ"原文本皆作"ʅ"，后者为舌尖后不圆唇元音符号，显然不合文义。查罗常培原文，此三"ʅ"实为"ʃ"之讹，据此校改。下文类似情况皆同此校，不再重复出按。——译者

	金尼阁	殷铎泽	马若瑟
安	gān	ngān	ngān
䭽	gò	ngò	—（参考：鹅ngô）
谓	goéi	guéi	ouéi

追溯至《西儒耳目资》前的时代，我们发现利玛窦早、晚期系统的转写与殷铎泽、马若瑟的基本一致。我们对此进行了更深入的类型比较，确认了语音的概貌，并提出金尼阁和万济国系统中的声母*g-*很可能代表的是舌根鼻音*ŋ-，除非它出现在拼写韵母*-oei*前。而当*g-*和*-oei*相拼的时候，它的音值就不一样了。此时*g-*的读音似乎像是一个圆唇的半元音*w-。而这个*w-在金尼阁和万济国听来像是或者干脆把它当作是圆唇化的喉擦音［$ɣ^w$］来处理了。为了方便起见，我们可以用罗常培的*ɣ-来表示它。这个声母当然与*ŋ-形成互补分布，就像罗马字拼写本身所揭示的那样，但我们将在此保留这一区别，作为羡余符号。我们的*ɣ-实际上与*Ø-形成互补分布，在《西儒耳目资》的语料中，二者的对立仅出现于一些变体形式中，例如“为”*ɣuɛi~*uɛi（goêi, uêi）。万济国也听出了这一变体，他谈论道（Varo 1703：18—19）：“……我们需要注意的是，一些中国人在说这种语言时，可能会说成*guei*或*vuei*，然而在正确的发音中，它应该严格地发成像*goêi*这样的音。”

韵母

晚明官话语音系统的韵母如下所示：

*a（a）*ia（ia）*ua（ua, oa）*ai（ai）*iai（iai）*uai（uai, oai）*au（ao）*iau（iao, eao）*an（an）*uan（uan, oan）*aŋ（am）*iaŋ（iam, eam）*uaŋ（uam, oam）*aʔ（ă）*iaʔ（iă）*uaʔ（uă）

*i（i）*in（in）*iŋ（im）

*ɿ（ů）

*ʅ（i）

*u（u）*ui（ui）*un（un）*uŋ（um）*iuŋ（ium）*uʔ（ŭ）

*y（iụ）*yn（iun）*yʔ（iŭ）

*ɥ（ụ）*ɥʔ（ŭ）

*ɛ（e）*iɛ（ie）*yɛ（iue）*uɛi（uei, oei）*ɛu（eu）*iɛu（ieu）*ɛn（en）*iɛn（ien）*uɛn（uen, oen）yɛn（iuen）*ɛŋ（em）*ɛʔ（ĕ）*iɛʔ（iĕ）*uɛʔ（uĕ,oĕ）*yɛʔ（iuĕ）

*eʔ（ĕ）*ieʔ（iĕ）

*ɚ（ul）

*oʔ（ǒ）*ioʔ（iǒ）

*ɔ（ǒ）*uɔ（uo）*uɔn（uon）*ɔʔ（ǒ）*iɔʔ（iǒ）

注释

1）*-iao*和*-iam*有时拼写作*-eao*和*-eam*的样子，它们分别是前二者的音位变体，条件是*-eao*和*-eam*出现于声母*l-*后，而*-iao*和*-iam*则出现于其余声母后。它们两两相配，分别代表了明末官话*-iau和*-iaŋ的同音位变体。

2）这一系统中，其他类似情况的音位变体还有*ua/oa*，*uai/oai*，*uan/oan*，*uam/oam*，*uei/oei*和*uě/oě*。在这些组合中，以*o-*为韵头的变体出现于明末官话的唇音、唇齿音、舌尖后音和一个或两个喉擦音后，而以*u-*为韵头的变体则不出现于这些声母后。在*uen/oen*这一组中，*oen*仅出现于*x-(h)后，而*uen*则不能出现于此。

3）*-ui（ui）和*-uɛi（uei）韵母①仅在*Ø后存在音位对立。二者出现于*Ø后时，都各自存在着一些竞争性的变体形式，例如："惟"，"维"*ui~*uei（ûi, uêi）。类似的变体也出现于唇音后，例如："妹"*muei~*mui（moéi, múi）。

4）*-un（un）和*uen（uen, oen）韵母基本互补，仅在舌尖后音之后存在对立。

5）《西儒耳目资》（I，53a—b）这样描述拼写符号ụ所代表的发音：其发音位于*u（u）和*ʅ（ú）之间，比前者"细"但比后者"粗"。它看上去还与*iụ*有符号上的联系，而*iụ*代表的是［y］。罗常培（1930：300—301）提议将此ụ用ɥ或ʮ来表示，这两个记音符号由高本汉引进，现被中国方言学家所广泛使用，分别用来代表舌尖前、舌尖后的前圆唇元音。我们认为ụ是舌尖后音ʮ的可能性更大，但是为了印刷便利，我们在此将其拟为ɥ。韵母*-ɥ（ụ）与*-ɥʔ（ụ̌）仅出现于舌尖后音之后，在此声母后，*ɥ与*u（u）形成音位对立，却与*y（iụ）形成互补分布，而*ɥ很有可能是*y（iụ）的同音位变体。我们将在这里保留这一区别，作为特殊的标记。

6）杨福绵构拟了一个舌尖后音*-ʅ（i）（Yang 1989：224—225），但他却没有阐述选择该音值的理由。在杨氏的系统中，*-ʅ（i）是和舌叶音声母相拼的，这显然是不合适的。《西儒耳目资》的拼写系统没有将我们的-ʅ（i）与i（i）相区别，以至于罗常培将它们当作一个韵母，这也是可以理解的。然而，金尼阁在讨论《西儒耳目资》罗马字拼写中的元音符号时，关于字母*i*说过一段有趣的话：

---

① 此处的*-uɛi本作*-uei，然据上文韵母表，《西儒耳目资》中的uei拟音为*-uɛi，据此校改，下文亦有将*-uɛn误作*-uen的情况，皆据韵母表校改，不再重复出按。——译者

元母之三衣i用不用未详。盖风气不同。有为甚。亦有为次。如知纸之类。但忒细易乱。故从便寻之用。一甚之中俱包之。未敢细别。余心未安故耳。

我不确定第三个元音*i*（如衣ī*i）要不要用（即在金尼阁的拼写系统中，甚音标记和次音标记被用来标注更细致的元音等第）。总体来说，它们有细微的差别。有些是甚（即无标记的）音，有些是次（即有次音标记的）音，如“知”（chī*tʂʅ）和“纸”（chì*tʂʅ）。但是分得太细容易混淆，所以我采取了一种最简便的方案，将它们都包含在一类甚音当中（即单一的、无标记形式*i*）。我不敢试图更细致地区别它们，因为它们使我感到不安。

金尼阁在这段话中承认，“知”、“纸”中的元音与“衣”中的元音在某些方面有所不同，但是他自己却不能很好地辨别它们。有趣的是，两百年后的马礼逊（Robert Morrison，1815—1822），在描写他那个年代以南京话为基础的共通语时，也遇到了与过去相类似的情况。在马礼逊基于英语的拼字法中，*e*=IPA［i］，他提到（第二章II，卷I，p.32）*che*（如“知”、“之”）中的*e*元音，发音“几乎像*me*中的一样”（例如“米”）。最有趣的是，马氏对*she*音类（如“时”、“世”）进行了讨论（出处同上，p.733），并将两种共通语中的*e*元音在*she*音类中的发音情况进行比较，一是以标准的南京话为基础的共通语，二是诸如北京等北方地区所使用的共通语。他说道：“*she*在北方的发音，不是严格意义上的开元音*e*，而是舌头挤压上颚，延长*with*当中的*i*所得的音。*sze*（如‘司’）和*tsze*（如‘词’）中的*e*也是如此。”因此，对马礼逊来说，“知”和“纸”音节中的元音，与国际音标中的/i/极为相近却不全然相同，但其音质也显然不同于他在当时北方方言中所掌握的舌尖后音［ʅ］。金尼阁和马礼逊都试图说清楚的，很有可能是普通的［i］和某个音化变体的［i］之间的区别。后者显然不会像现代北方汉语的［ʅ］那样后缩；相反，它与普通的［i］之间的区别一定比其与［ʅ］的区别更为细微。但是，这样的音应该如何表示，却是一个问题。因此，我们将采用杨福绵的记音来表示它。明末官话中的*ʅ，后来与*ʅ（ù）、*i（i）形成互补分布，呈现出许多现代官话方言中都存在的典型规律。*ʅ也与*e（ĕ）形成互补分布。但在我们的记音当中，将暂时保留这些元音之间的区别。

7）我们遵循罗常培等学者的做法，假定《西儒耳目资》系统中的普通拼写形式*o*代表后低圆唇元音*ɔ。但是，如果这一假设成立，那么带点的*ȯ*所记的必定是其他音质不同的元音，这一问题常常被前辈学者所忽略。此外，这一元音必定高于，甚至是远高于*ɔ，才是合乎情理的。万济国的说法也证实了这一点，他指出：“带点的*o*发音几乎同于*u*”，就像是“一个难以听清的*o*与*u*的混合音”，又或者说，像“一个既不能发为*u*也不能发为*o*的混合音”。万氏对汉语发音的描述是针对西班牙语读者的，但在其作序言中，万氏为法语读者提供了一组辅助音。这一音系中，*o*实际上总是出现在入声韵中，读作*ŏ*，万氏因此认为其音值差可与法语中的*ou*相对应。他可能有意用法语中的*ou*来代表一个近似于短*u*的音，与它相应的长音*ous*形成音位对立（详见Catach，Nina. 1995:1158）。万氏还建议用法语中的*ous*来替换其西班牙语式的罗马字拼写中的无标记韵母*-u*。*ŏ*所代表的汉语元音很有可能是一个次高的后圆唇元音，从语音学上来说它的音值可能是［ɷ］。我们将其写作*o。

8）在《西儒耳目资》中，与*ȯ*情况相似的元音还有*ė*。万济国认为其发音“既不像*e*，也不像*i*”。万氏建议法国读者用法语中的*i*来替换*ė*，而*i*大概是一个短元音，与法语中代表前高长元音的*is*或*ys*形成音位对立（详见Catach，出处同上）。反过来，法语中的*is*和*ys*可以替换万济国拼写系统中的无标记韵母*-i*。马若瑟也采用了一套基于法语的拼写系统，在万氏拼写为*ė*之处，马氏都相应地拼写为*ĭ*。*ė*所反映的汉语语音很有可能是一个次高的前元音，也许类似于［ɪ］。我们在此将它写作*e。在《西儒耳目资》的音系中，与我们的*ɔ相对应的是另一个元音，金尼阁将其拼写为无标记的*e*。我们在此将这一元音拟为*ɛ。毫无疑问，它有一些同音位变体形式。例如，当出现在入声韵或复合元音*eu*中时，万氏谈到应该这样发*e*的音：“声音从齿间挤出，直至声音消失之前，舌头都不能发音或移动，就像嘴里有什么东西似的”（Varo 1703:17）。而在别处，万氏又说它应以“一般的方式”来发音，即近似于西班牙语中的发音。

9）万济国对*ɚ（ul）的描述极其清晰：

> ***ul***音要以一种极为特别的方式来发音，耶稣会的神父们将其写作两个字母的***lh***。它仅有三个声调，分别是第二声、第三声和第四声；发这个音，需要轻拢双唇，使之包住牙齿。同时下颚微张，舌尖升至上颚并微微卷起，就像是我们***chaul***（西班牙词语，“一种蓝色的丝织物”）中***ul***的发音方式一样。然而，在以下情况下，***u***几乎不发音，例如儿子（***ûl çhù***）、耳朵（***ùl tò***）、二个（***úl kó***）。

声调

《西儒耳目资》中有五个声调：

‘çīm‘pîm 清平	chǒ‘pîm 濁平	xám 上	‘kiụ́ 去	jě 入
（*ts‘iŋ p‘iŋ）	（*tʂɔʔ p‘iŋ）	（*ʂaŋ）	（*k‘y）	（*ʐeʔ）
ā	â	à	á	ǎ

此处所列声调的汉语名称来源于《西儒耳目资》的文本。这些调名的罗马字拼写则基于万济国的材料（Varo 1703:9—11）。万氏对这些声调的语音描写相当细致，可与同时代其他人的记述相结合，从而给出相当清晰的调值图。清平的调值保持水平不变，有可能是一个中或中高的平调。浊平调值较低，且可能是个轻微的降调。上声是一个降调（需要注意的是，万氏将调名“上”字本身读作去声调）。去声是一个升调，而入声则被认为是短促的。在金尼阁的系统中，“入”字的音节有两种变读，分别是*jĕ*和*jụ̆*（*ʐeʔ~*ʐʮʔ）。万济国使用前者作为调名的发音。连读变调会对上声和去声的调值产生影响。关于声调系统及其连读变调特征的详细考察，不在本文的研究范围之内，另作他文详辨（参见Coblin 1996）。

三、《西儒耳目资》和利玛窦材料的音位系统对比札记

本章提到的一些观点，杨福绵（Yang 1989：222—227）在先前已有阐释。然而，我们在本章中仍会不厌其烦地对这些观点进行复述，不惜负学舌之嫌，是为了以多种方式对这些观点进行补充增益。

声母

标准现代汉语普通话中的舌尖后音，在利玛窦早期系统中有时记作舌尖前擦音。同样的音，在《西儒耳目资》和利玛窦晚期系统中通常记为舌尖后音，但也偶有例外。杨福绵（1989：222—223）引用了十六个例子，并将该现象产生的原因归结为两个方面，一是利玛窦的老师们及发音人的个人习语特征，二是性质不明的方言混入。在下表中，我们列出杨氏所引的例子，再益以见于其文章他处的三例，以及古屋昭弘所公布的问答材料中的五例。此外，我们还补充了由高本汉（Bernhard Karlgren）构拟、李方桂修正的《切韵》音系的读音：

QYS	RES	RLS	EMZ	
渣（QYS tṣa）	za	—	(chā)	*tsa/*tʂa
诈（QYS tṣa-）	za	—	chá	*tsa/*tʂa
茶（QYS ḍa）	zā	—	c‘hâ	*ts‘a/*tʂ‘a
站（QYS ṭăm-）	zan	—	(chán)	*tsan/*tʂan
状（QYS dẓjang-）	zan, ciam	ciám	chóam, chúam	*tsan~*tʂaŋ/*tsuaŋ
撞（QYS ḍång-）	zam, ciã	—	choám, chuám	*tsaŋ~*tʂaŋ/*tsuaŋ

斋（QYS tṣăi）	zai, zāi	—	chāi	*tsai/*tʂai
柴（QYS dẓai）	zai	—	c‘hâi	*ts‘ai/*tʂ‘ai
抄（QYS tṣhau）	zau	—	c‘hāo	*ts‘au/*tʂ‘au
巢（QYS dẓau）	zau	—	c‘hâo	*ts‘au/*tʂ‘au
愁（QYS dẓiəu）	zeu	—	çieū, ‘çeû	*tsiɛu,*ts‘ɛu
初（QYS tṣhjwo）	zo	—	c‘hū, ‘çu	*ts‘o/*tʂ‘u~*ts‘u
锄（QYS dẓjwo）	zu	—	c‘hû, çû	*ts’u/*tʂ‘u~*ts‘u
疮（QYS tṣhjang）	zam	—	c‘hōam, c‘hūam, c‘hām	*ts‘aŋ/*tʂ‘uaŋ *~tʂ‘aŋ
施（QYS śje）	ssi	—	xī	*sɿ/*ʂʅ
知（QYS ţje）	çi, ci	—	chī	*tsɿ~*tʂʅ /*tʂʅ
狮（QYS ṣi）	ssi	—	xī, sū	*sɿ~*tʂʅ /*sɿ
事（QYS dẓi-）	ssi	—	xí, sū	*sɿ~*tʂʅ /*ṣɿ
杀（QYS ṣăt）	sa	—	xă, să	*saʔ/*ʂaʔ~*saʔ
晒（QYS ṣai-）	sai	—	xái	*sai/*ʂai
山（QYS ṣăn）	san	—	xān	*san/*ʂan
衫（QYS ṣam）	san	—	sān, xān	*san/*san~*ʂan
生（QYS ṣʊng）	sen	sēm	sēm	*sɛn/*sɛŋ
争（QYS tṣɛng）	çen	—	chēm, çēm	*tsɛn/*tʂɛŋ~*tsɛŋ
直（QYS ḍjək）	cie, çie, çie`	—	chĕ̌	*tsieʔ~*tʂeʔ/* tʂeʔ

由上表可见，利玛窦早期音系材料中的舌尖前擦音与《切韵》音系中所谓的“照二”组声母关系密切，高本汉将该组声母构拟为舌尖后擦音。另有五例涉及了传统的舌上音知组，该组声母在《切韵》音系中被构拟为舌尖后塞音。在这一普遍规律下，仅有“施”*shi*字一个例外，它属于照三组，而该组声母在《切韵》音系中对应的是舌叶音。因此，声母演变的规律绝非杂乱无章。在利玛窦早期系统的语言中，过去的照二组和知组在一些不同的韵母前，似乎已经或多或少地变为明末官话的舌尖前擦音了。这一现象在利玛窦早期系统中的完成度如何，在完整的语料库可被获取前还尚未可知。《西儒耳目资》系统中的情况则有所不同，上述音变发生的范围显然较小，且常常会出现舌尖前擦音和舌尖后擦音两个竞争性的音位变体。除了上述例子外，《西儒耳目资》的语料库中有更多的例子，可以说明这一现象：

栅（QYS tṣɒk）	‘çĕ	*ts‘ɛʔ
宅（QYS ḍɒk）	çĕ	*tsɛʔ
雏（QYS dẓju）	çû, c‘hû	*ts‘u~*tʂ‘u
楚（QYS tṣ‘jwo:）	‘çù, c‘hù	*ts‘u~*tʂ‘u
数（QYS ṣju:）	sù	*su
使（QYS ṣi:）	sù̉, xì	*sɿ~*ʂʅ
士（QYS dẓi:）	sù̉, xí	*sɿ~*ʂʅ
争（QYS tṣɛng）	çēm, chēm	*tsɛŋ~*tʂɛŋ
臻（QYS tṣiɛn）	çēn, çiēn, chīn	*tsɛn~*tsiɛn~*tʂin
琛（QYS ṭhjəm）	‘çen, c‘hīn	*ts‘ɛn~*tʂ‘in
渗（QYS ṣjəm-）	sén, xín	*sɛn~*ʂin

总之，两组传统声母反映出的舌尖前擦音的特殊演变，在两种明末官话方言中均有体现，但在利玛窦早期系统中的演变范围更广。在《西儒耳目资》的音系中，该语言的使用者可以相当自由地选择音位变体——舌尖后音的读法，使他们在许多字中可以不使用舌尖前音。还需注意是，这些语料反映了一个语音事实，即《切韵》音系的照二组始终是一套独立的声母，迟至利玛窦早期系统和《西儒耳目资》所反映的明末官话语音初期，才在某些情况下或多或少地与舌上音知组声母合流，但仍与照三组声母保持对立。这一演变规律与之前所认为的北方方言一般演变规律的不同之处在于，后者假设照二与照三组声母在较早的时期已经完全合流。

杨福绵（1989：223）曾引用过以下两例，它们反映了利玛窦早期系统音节中的擦音与现代北方话的塞擦音相对立的情况：

RES		RLS	EMZ
辰 scin	—	xîn	*ʂin
尝 sciam	—	c‘hâm, xâm	*ʂaŋ/tʂ‘aŋ~ʂaŋ

我们可以看到，《西儒耳目资》有时会在一个例字上同时标注以上两种形式的变体；这种情况在《西儒耳目资》的文本中并不是孤例，类似的例子还有：

臣 xîn, chîn	*ʂin~tʂ‘in
裳 xâm, c‘hâm	*ʂaŋ~tʂ‘aŋ

成	xîm, c'hîm	*ʂiŋ~tʂ'iŋ
城	xîm, c'hîm	*ʂiŋ~tʂ'iŋ

此外，我们在杨福绵所引的语料中找到一个有趣的例子：

	RES	RLS	EMZ	
常	ciam, ciã	—	c'hâm, xâm	*tʂ'aŋ/tʂ'aŋ~ʂaŋ

问答材料中也有类似的情况：

承	cin	—	c'hîm, xîm	*tʂ'iŋ/tʂ'iŋ~ʂiŋ

在这些例子中，利玛窦早期系统仅有一个塞擦音形式，而《西儒耳目资》却始终提供塞擦音和擦音两种可替换的形式。《西儒耳目资》按其惯例提供更多可供选择的语音，而其中一些语音，必然能够反映出当下被我们视作现代北方话的语音结构。

在《西儒耳目资》的系统中，元音 *a 和 *ɛ 不能出现在零声母音节中，在它们的前面必须加上 *ŋ- 而非其他声母。但金尼阁在关于拉丁字母元音的说明和示意图中（《西儒耳目资》，卷 I），对此类字母开头的韵母进行了必要的抽象处理。为了向他的中国读者阐明这一问题，他举了以下几种类型的例子：

于拉丁字母 -e:	读 额 *ŋɛʔ（gĕ）［土音］
于 -ai:	读 爱 *ŋai（gái）［土音］
于 -ao:	读 澳 *ŋau（gáo）［土音］
于 -am:	读 盎 *ŋaŋ（gàm）［土音］
于 -an:	读 安 *ŋan（gān）［土音］
于 -eu:	读 欧 *ŋɛu（gēu）［土音］
于 -em:	读 硬 *ŋɛŋ（gém）［土音］
于 -en:	读 恩 *ŋɛn（gēn）［土音］

每一个韵母中所举的例字，均不能读作有 *ŋ 声母的标准音，而是要读土音（vulgar or regional pronunciation），以得到拉丁语所要求的发音。这就表明，上述额 *ɛʔ，爱 *ai，澳 *au，盎 *aŋ，安 *an，欧 *ɛu，硬 *ɛŋ 和恩 *ɛn 等音节，在这一时期存在着为人们所熟

知的、非标准的读音变体。这些非标准发音的方言来源尚不明确，值得更深入的研究。最后也最有趣的是，由于标准语中没有*a或*ŋa音节来说明欧洲话的*a*字母，金尼阁利用了汉字“丫”*ia（iā）的土音形式来与之对应，这就表明该音节彼时一定有个读为*a的土音。同样有趣的是，在问答和利玛窦晚期系统的语料中，我们找到了一些与金尼阁的土音形式相符的例子：

	问答	EMZ	
澳	au	gáo	*au/*ŋau
	RLS	EMZ	
欧	ēu	gēu	*ɛu/*ŋɛu

但杨福绵整理的语料显示，这类字在利玛窦早、晚期系统中，绝大多数都有*ŋ声母，这也与我们所观察到的普遍规律相一致。例如：

	RES	RLS	EMZ	
爱	ngai	ngái	gái	*ŋai
安	ngon, ngõ	—	gān	*ŋɔn/ŋan
傲	ngau	—	gáo	*ŋau
额	nghe	—	gě	*ŋɛʔ
恩	nghen	—	gēn	*ŋɛn
我	ngo	ngò	gò	*ŋɔ
硬	nghen	—	Ím, gém	*ŋɛn/*iŋ~*ŋɛŋ

以下有两个描写得模棱两可的例子：

艾	gai	gái	gái	*ŋai（?）
卧	guo	guó	gó	*ŋuɔ/*ŋɔ（?）

这些例子也许表明，*ŋ在早期的语料中可能偶尔被写作*g-*而非*ng-*，这一问题尚不明确。

在利玛窦早期系统和问答语料中，拼写声母*g-*有时出现在所谓“合口”韵的元音组合前，而在所有后期的材料当中，*g-*都不出现于此位置。例如：

瓦	gua	—	uà	*ɣua/*ua
外	guai	vái	vái, uái	*ɣuai/*vai~uai
王	guam	—	vâm, uâm	*ɣuaŋ/*vaŋ~*uaŋ

在此情况下，我们将这些明末官话早期变体中的*g*-暂拟为*ɣ。

利玛窦早、晚期系统中有一个腭化的鼻音声母*ɲ；这些字在利玛窦早期系统中，显示有*Ø-声母的异读。《西儒耳目资》在相应的声母位置，通常会给出*n-和*Ø-两种异读。例如：

业	gnie‘, ie‘	nhiě	niě, iě	*ɲiɛʔ~iɛʔ/*niɛʔ~iɛʔ
宜	gni, i, y	nhî	nî, î	*ɲi~i/*ni~i
疑	gni, i, y	nhî	nî, î	*ɲi~i/*ni~i
义	gni, i	nhí	ní, í	*ɲi~i/*ni~i

与问答语料的例子进行比较：

仪	gni	—	nî, î	*ɲi/*ni~i
拟	gni`	—	nì, ì	*ɲi/*ni~i
严	gnien	—	niê, iên	*ɲiɛn/*niɛn~*iɛn
仰	gnia‘	—	［万济国:niàng］	*ɲiaŋ/*niaŋ

但在另外两个例子中，《西儒耳目资》没有给出异读形式：

浓	gnium	—	nûm	*ɲiuŋ/*nuŋ
女	gnu, nu	niù	niụ̀	*ɲy~ny/*ny

最后，我们还与问答语料中的一个例子进行了比较：

牛	neu	—	nieû, ieû	*nɛu/*niɛu~iɛu

《西儒耳目资》在该例中出现了零声母的异读。从历史上来看，人们可能会认为“牛”字（QYS ngjəu）在过去通常读为零声母音节，但实际上，这种读音在当今中国北

方极为罕见，且似乎仅限于山西的某些地区。然而，在一些明末官话的变体中，这种读音显然是一种标准读法。

在杨福绵整理的利玛窦早期系统语料中，词首字母*v*仅仅出现于传统“微”母（QYS mjw-）所在的音节；但并非所有《切韵》音系的微母字都拼写成*v*。试比较以下两例：

亡	uan	望	van

由于目前可用的语料太少，尚不能通过该现象得出某种结论。在《西儒耳目资》中，*v-（v）倾向于对应微母字，但由于还存在着一些异读，使得这一规律有所模糊。此外，微母与*-v（v）之间对应规律的清晰与否，还取决于其所拼的韵母。试比较以下两组：

I

……	温 *uɛn（uēn）
文，闻（mjw-）*vɛn（vên）	……
吻（mjw-）*vɛn（vèn）	稳 *uɛn（uèn）
问（mjw-）*vɛn（vén）	组 *uɛn（uén）~*yn（iún）

II

微（mjw-）*vi（vî）	微 *ui（uî）	为，遗 *uɛi~*ɣuɛi（uêi, goêi）
惟，维 *vi（vî）	惟，维 *ui（uî）	惟，维 *uɛi~*ɣuɛi（uêi, goêi）
尾（mjw-）*vi（vì）	尾 *ui（uì）	委，伟 *uɛi~*ɣuɛi（uèi, goèi）
未，味（mjw-）*vi（ví）	未，味 *ui（uí）	位，谓 *uɛi~*ɣuɛi（uéi, goéi）

在第一组中，当与明末官话韵母*-(u)en相拼时，所有声母为*v-的字都来源于传统的微母字。在第二组中，有这样一个规律，即传统的微母字存在*vi或*ui的变体，而以其他《切韵》音系声母开头的音节，则被写作*uɛi或*ɣuɛi。但“惟”和“维”等影母字却是例外，它们兼有三种异读形式，而正是这些字的异读使微母字的演变规律变得模糊。

《西儒耳目资》中以*xu-开头的某些音节，利玛窦早期系统倾向于采用*ɣu-作声母。这一现象在平声字中最为普遍，但也见于其他声调字中。例如：

	RES	RLS	EMZ	
淮	guai	hoâi	hoâi	*ɣuai/*xuai

还	cuan, guan, fan	—	hoân	*xuan~*ɣuai~*fan/*xuan
黄	guam	hôam	hoâm	*ɣuaŋ/*xuaŋ
荒	guam	hōam	hōam	*ɣuaŋ/*xuaŋ
灰	guei	hōei	hōei	*ɣuei/*xuɛi
滑	gua	hoǎ	hoǎ	*ɣuaʔ/*xuaʔ

这一情况可能会导致利玛窦早期系统中一些声母本不相同的字变成同音字。将上述“黄”字与下列例字在利玛窦早期系统中的读音进行比较：

王	guam	—	vâm,uâm	*ɣuaŋ/*vaŋ~*uaŋ

这就使人联想到现代吴方言中的类似格局。这可能与下列例子中发现的特殊声母有某种形式上的关联：

完	cuon	—	huôn	*huɔn
玩	cuon,cuoã,guan	—	uôn, uón, uán	*huɔn~*huan ~*ɣuan/*uɔn~*uan

问答文本中也有此类例子：

	问答	EMZ	
完	cuõ 23.1	huôn	*huɔn
顽	quā 9	uân, uôn	*huan/*uan~*uɔn
	quã 9		

在《西儒耳目资》的音系中，声母*n-和*l-是明确地区分开来的，两者的对立几乎与现代汉语普通话中所发现的相一致。但另一方面，在利玛窦早期系统的一些音节中，可以找到*n-和*l-互为异读的例子：

	RES	RLS	EMZ	
赖	lai, nai	—	lái	*lai~*nai/*lai
捞	lau, nau	—	lâo	*lau~*nau/*lau
脑	nau, lo	—	nào	*nau~*lɔ/*nau
内	nui, lui	núi	núi	*nui~*lui/*nui

问答材料中则完全不存在此类异读。《西儒耳目资》的语料中也仅有以下一例：

辇	lien	lièn	nièn,lièn	*liɛn~*niɛn/*liɛn

*n-*和*l-*不分，是某些汉语方言类型的特征，江淮地区的一些方言也属此类。例如，赵元任（1929：1007）为现代南京话设置了［l］母，但却没有［n］母，并注解说：该声母在［i］和［y］元音前产生轻微的鼻音化，此时的实际读音为［n］。

最后，杨福绵（Yang 1989：213）相当详细地探讨了《西儒耳目资》的*f-（f）和*xu-（hu-，ho-）声母与利玛窦早期系统中异读的对应规律。如下所示：

法	fa, cua	fã	fã	*faʔ~ *huaʔ/*faʔ
费	fi, cuei	—	fi	*fi~ *huɛi/*fi
伏	fu, cuo	—	fŏ	*fuʔ~ *huoʔ/*foʔ
服	fu, cuo	—	fŏ	*fuʔ~ *huoʔ/*foʔ
户	cu, fu	—	hú	*xu~ *fu/*hu
花	cua, fa	hōa	hōa	*xua~ *fa/*xua
还	cuan, guan, fan	—	hoân	*xuan~*ɣuan~*fan/*xuan
婚	cun, fun	—	hoēn	*xun~ *fun/*xuɛn
火	cuo, fo	hùo	hò, hùo	*xuɔ~*fɔ/*xɔ~*xuɔ

尽管这的确是某些南方方言群的显著特征，但却似乎不是江淮地区方言的特性。该特征也全然不见诸问答语料当中。

韵母

在利玛窦早期系统中，仅有*-ɛn和*-in始终与《西儒耳目资》中的*-ɛŋ和*-iŋ韵母相对应。例子如下所示：

	RES	RLS	EMZ	
灯	ten	tēm	tēm	*tɛn/*tɛŋ
等	ten	tèm	tèm	*tɛn/*tɛŋ
更	chen	kēm	kēm	*kɛn/*kɛŋ
冷	len	lèm	lèm	*lɛn/*lɛŋ

能	nen	nêm	nêm	*nɛn/*nɛŋ
生	sen	sēm	sēm	*sɛn/*sɛŋ
硬	nghen	—	ím, ŋém	*ŋɛn/*iŋ~*ŋɛŋ
曾	çen	—	‘çêm	*ts’ɛn/*ts’ɛŋ
增	çen	çēm	çēm	*tsɛn/*tsɛŋ
甑	zen	—	çém	*tsɛn/*tsɛŋ
兵	pin	pīm	pīm	*pin/*piŋ
城	cin	ch’îm	c‘hîm,xî	*tʂ‘in/*tʂ’iŋ,*ʂ‘iŋ
鼎	tin	tìm	tìm	*tin/*tiŋ
经	chin	kīm	kīm	*kin/*kiŋ
惊	chijn	—	kīm	*kin/*kiŋ
井	çin	—	—	*tsin/*tsiŋ
净	çin	çím	çím	*tsin/*tsiŋ
灵	lin	lîm	lîm	*lin/*liŋ
命	min	mím	mím	*min/*miŋ
清	çin	ç‘īm	'çīm	*ts‘in/*ts‘iŋ
请	çin	—	'çìm	*ts‘in/*ts‘iŋ
升	scin	xīm	xīm	*ʂin/*ʂiŋ
形	schin	hîm	hîm	*xin/*xiŋ
英	in	īm	īm	*in/*iŋ
整	cin	chìm	chìm	*tʂin/*tʂiŋ
正	cin	—	chím	*tʂin/*tʂiŋ
政	cin	chím	chím	*tʂin/*tʂiŋ
证	cin	chým	chím	*tʂin/*tʂiŋ

在这些韵母中，*-n*和*-ŋ*不分是现代江淮方言的普遍特征，有些江淮方言仅有*-n*声母，而另一些则仅有*-ŋ*声母。值得注意的是，在利玛窦晚期系统中，两者仍保持非常严格的对立，这也与《西儒耳目资》在该点上的表现相一致。

《西儒耳目资》中*-aŋ（am）和*-an（an）构成对立的音节，利玛窦早期系统通常也构成对立；但-aŋ偶然会有其他可替换的拼写形式，而这种拼写形式所对应的变体可能正是*-an，例如：

窗	zan	—	c‘hōam, c‘hūam	*ts‘an（?）/*tʂ‘uaŋ
当	tam, tan, tã	—	tām	*taŋ~*tan（?）/*taŋ
钢	cam, can, cã	—	kām	*kaŋ~*kan（?）/*kaŋ
光	quam, quan	—	kuām	*kuaŋ~*kuan（?）/*kuaŋ
讲	chiam, chian, chiã	—	kiàm	*kiaŋ~*kian（?）/*kiaŋ
降	chiam, chian	—	kiám	*kiaŋ~*kian（?）/*kiaŋ
亡	uan	—	vâm	*uan（?）/*vaŋ
望	van	—	vám	*van（?）/*vaŋ
状	zan, ciam	ciám	chóam, chúam	*tsan（?）~*tʂaŋ /*tʂuaŋ

《西儒耳目资》的*-aŋ（am）和*an（an），在问答文本的拼写系统中已难以保持对立，然而，这一现象究竟是底层音系特征的反映，抑或是欧洲语言记录者在音译时产生的混淆，其性质及程度，我们难以判断。关于该问题的讨论，详见古屋昭弘（1988：43—44）。在万济国的语料中，*-aŋ和*an通常有明显的区分，但两者在某些词语中也会发生混淆，例如，*kāng kāng*（刚刚）写作*kān kān*，*tāng pīng*（当兵）写作*tán pīng*，*çh‘ân k‘ŏ*（残酷）写作*çh‘âng k‘ŏ*，*çh‘ān*（餐）写作*çh‘āng*等。

下列音节类型中的主元音，在以上两种明末官话的基础方言中都为圆唇音，而在现代北方方言中却为不圆唇元音。

搬	pon	（puōn）	puōn（般）	*pɔn/*puɔn
半	pon	—	puón	*pɔn/*puɔn
短	ton	—	tuòn	*tɔn/*tuɔn
官	cuon, cuõ	kuōn	kuōn	*kuɔn
观	cuon	quōn	kuōn	*kuɔn
欢	cuon	huōn	huōn	*xuɔn
乱	luon, lon	—	luón	*l(u)ɔn/*luɔn
团	ton	—	‘tuôn	*tɔn/*tuɔn
完	cuon	—	huôn	*huɔn

有趣的是，在以下例子中，利玛窦早期系统有一个*-an的变体形式。

宽	cuon, quoan	—	‘kuōn	*k‘uɔn~*k‘uan/*k‘uɔn

玩	cuon, cuoã, guan	—	uôn, uón, uán	*huɔn~*huan~*ɣuan/*uɔn~*uan

此类音节在传统等韵图中为一等韵，同一韵图中的二等韵则不含圆唇元音。例如：

班	pan	pān	pān	*pan
办	pan	—	pán	*pan
关	cuan, cuã	kuān	kuān	*kuan
还	cuan, guan, fan	—	hoân	*xuan~*ɣuan~*fan/*xuan

至于韵图中的三等韵，它们在《西儒耳目资》和利玛窦晚期系统中都没有圆唇元音，而在利玛窦早期系统中却出现了圆唇音。

捲	chiuon	—	kiuèn	*kyɔn/*kyɛn
倦	chiuon	—	kiuén	*kyɔn/*kyɛn
全	çiuon	ç‘iuên	‘çiuên	*ts‘yɔn/*ts‘yɛn
泉	yuõ（>çiuõ?）	—	‘çiuên	*ts‘yɔn/*ts‘yɛn
劝	chiuon	k‘iuén	‘kiuén	*k‘yɔn/*k‘yɛn
冤	yuon	—	iuēn	*yɔn/*yɛn
圆	yuon	yuên	iuên	*yɔn/*yɛn
船	ciuon, cion	—	c‘huên	*tʂ‘uɔn/*tʂ‘uɛn

问答语料中也出现了类似的例子：

穿	ciuõ	—	c‘huēn	*tʂ‘uɔn/*tʂ‘uɛn
传	ciuõ	—	c‘huên	*tʂ‘uɔn/*tʂ‘uɛn
砖	ciuõ, ciuo‘, ciuon	—	chuēn	*tʂuɔn/*tʂuɛn

此类音节在现代南京方言当中已经没有圆唇音，但上述现象仍然是比南京话更古老的江淮方言的普遍特征（见《江苏省和上海市方言概况》，1960）。

《西儒耳目资》的*-un/-uen韵母，利玛窦早期系统写作*-uon，在舌尖前音后或写作*-yon。

吞	tuon	—	‘tūn	*t‘uon/*t‘un
饨	tuon	—	‘tún	*t‘uon/*t‘un
滚	cuon	—	kuèn(？)	*kuon/*kuɛn
困	cuon	—	‘kuén	*k‘uon/*k‘uɛn
顺	sciuon	—	xún	*ʂuon/*ʂun
饨	tuon	—	‘tún	*t‘uon/*t’un
村	çiuon	—	‘çūn	*ts‘yon/*ts‘un
寸	çuon	—	‘çún	*ts‘yon ?/*ts‘un
尊	çiuon	—	‘çūn	*tsyon/*tsun

此类音节中，含有*O*-元音的读法可以在某些古老的江淮方言中找到，例如在新海连方言①中就是如此（见《江苏省和上海市方言概况》1960）。最后，在以下的例子中，《西儒耳目资》中的*-yn出现了含圆唇元音的异读。

裙	chiun, chiuon	k‘iûn	‘kiûn	*k‘yn~*k‘yon/*k‘yn
君	chiun, chiuon	kiūn	kiūn	*kyn~*kyon/*kyn
云	iun, iuon	—	iûn	*yn~yon/*yn

经核验，在*-yn的读音上，利玛窦晚期系统的拼写形式总是与《西儒耳目资》保持一致。

《西儒耳目资》和利玛窦晚期系统中，舌边音声母可以与*-ieu韵母相拼，而在利玛窦早期系统中，相应的韵母中却没有-i-元音，例如：

流	leu	liêu	liêu	*lɛu/*liɛu
硫	leu	—	liêu	*lɛu/*liɛu
刘	leu	—	liêu	*lɛu/*liɛu

这一特征使人联想到现代句容方言，在该方言中，此类例字有*niəɯ*^{24}和*nəɯ*^{24}两种异读（见《江苏省和上海市方言概况》，1960：346—348）。问答文本中也有类似的例子，上文也举过该例：

① “新海连”即今连云港市。——译者

牛	neu	—	niêu, iêu	*nɛu/*niɛu~*iɛu

在*ʂ-声母后，《西儒耳目资》通常有*-iɛu和*-ɛu两种变体，例如：

收	xiēu, xēu	*ʂiɛu~*ʂɛu
手	xièu, xèu	*ʂiɛu~*ʂɛu
寿	xiéu, xéu	*ʂiɛu~*ʂɛu

在万济国和叶尊孝的文本材料中，则仅保留了-ɛu韵母的形式。

《西儒耳目资》中唇音声母后的*-uɛi（~*-ui）韵母，利玛窦早期系统通常写作*-oi，例如：

	RES	RLS	EMZ	
贝	poi	—	poéi	*poi/*puɛi
妹	moi	—	moéi, múi	*moi/*muɛi~*mui
陪	poi	—	‘poêi	*p‘oi/*p‘uɛi

以下这些类型的例子似乎也有这一关联：

衰	soi	—	sūi, xoāi	*soi/*sui~*ʂuai
水	scioj, scioi	—	xùi	*ʂoi/*ʂui
碎	soi	—	súi	*soi/*sui

在下列例子中，利玛窦早期系统没有合口呼韵母，而《西儒耳目资》则有合口呼这一特征。

窗	zan	—	c‘hōam, c‘hūam	*ts‘an/*tʂ‘uaŋ
状	zan, ciam	ciám	chóam, chúam	*tsan~* tʂaŋ/*tʂuaŋ
撞	zam, ciã	—	choám, chuám	*tsan~* tʂaŋ/*tʂuaŋ

在《西儒耳目资》中，的确偶尔会出现利玛窦早期系统中所发现的非合口呼变体：

疮 zam — c‘hōam, c‘hūam, c‘hām *ts‘an/*tʂ‘uaŋ~* tʂ‘aŋ

此类音节没有 -u- 介音，是许多现代吴语方言的典型特征。

《西儒耳目资》的 *ɥ 韵母，在利玛窦早期系统材料中通常不被单独转写。然而，我们的确找到了以下这个有趣的例子：

乳 gioj, giuj — jụ̀ *zɥ̀

此例中，利玛窦早期系统的韵母拼写十分奇怪，我们怀疑这一拼写是否实际上反映了一个不常见的、例如 *-ɥ 的音。但不论如何，此类韵母在《西儒耳目资》中的分布情况，值得更进一步的研究。正如前文所提到的，该音与 *-y 互补分布，但与 *-u 形成音位对立。我们来看以下这些例子，此处加入了切韵音系的拟音作为参考：

EMZ *-y（iụ）
趋（QYS tshju） *ts‘y（‘çiụ̄）
须（QYS sju） *sy（siụ̄）
徐（QYS zjwo） *sy（siụ̂）
取（QYS tshju:） *ts‘y（‘çiụ̀）
聚（QYS dzju-） *tsy（çiụ́）
趣（QYS tshju-） *ts’y（‘çiụ́）
絮（QYS sjwo-） *sy（siụ́）

EMZ *-ɥ（ụ）
除（QYS ḍjwo） *tʂ‘ɥ（c‘hụ̂）
厨（QYS ḍju） *tʂ‘ɥ（c‘hụ̂）
主（QYS tśju:） *tʂ‘ɥ（chụ̀）
著（QYS tjwo-） *tʂɥ（chụ́）
处（QYS tśhjwo-） *tʂ‘ɥ（c‘hụ́）
书（QYS śjwo） *ʂɥ（xụ̄）
鼠（QYS śjwo:） *ʂɥ（xụ̀）

EMZ *-u（u）

雏（QYS dẓju）　　*ts‘u~*tʂ‘u（‘çû, ‘chû）

楚（QYS tṣ‘jwo:）　　*ts‘u~*tʂ‘u（‘çù, ‘chù）

锄（QYS dẓjwo）　　*ts‘u~*tʂ‘u（ç‘û, c‘hû）

数（QYS ṣju:）　　*su（sù）

在这些例子中，我们面对是《切韵》音系中*-jwo*和*-ju*韵母的字。而这两个韵母在《西儒耳目资》的系统中却无法彼此区分。在第一组中，《西儒耳目资》的*-y韵母，始终出现于舌尖前音声母后。此时，《切韵》音系的声母同样也是舌尖前音。在第二组中，我们发现，《西儒耳目资》的*-ɥ出现在舌尖后音声母后。这些例子的声母来源于《切韵》音系的"照三"组（该组音在《切韵》音系中拟作舌叶音）和"舌上音"组（该组音在《切韵》音系中拟作舌尖后塞音）。在最后一组中，元音为《西儒耳目资》中的*-u。第三组的声母表现为舌尖前音，通常有舌尖后音的变体，相当于《切韵》音系中的"照二"组声母，该组声母的情况在前文关于声母的讨论中已有陈述。从历史上来看，似乎在某个早期阶段，《西儒耳目资》语言的原始形式中仅有一个韵母，该韵母也许是*-y，对应《切韵》音系中的*-jwo*和*-ju*两个韵母。在第一组的例子中，"前《西儒耳目资》语言"中的*-y韵母可能幸存且保持不变。第二组中，音节只有一种声类，而该声类体现了《切韵》音系的照三和舌上音组声母的合流。在《西儒耳目资》系统中，该声类作为舌叶音，促成了韵母的演变，在语音层面产生了*-ɥ韵母。我们发现，第三组中与《西儒耳目资》*-u韵母相拼的声母，通常有舌尖前音和舌尖后音两种变体。这些声母仅来源于《切韵》音系的照二组。该组声母也对韵母产生了影响，使早期的*-y变为了*-u。

近年来，在《韵镜》的韵图结构和现代北京话语音格局的基础上，有人提出了中古后期汉语方言的普遍发展规律，即：照二和照三组声母合为一组，而舌上音声母仍保持独立，直到晚些时候，后者才加入了前两组，成为了同一组声母。我曾另撰他文指出，这样的猜想与晚唐时期西北方言的情况不相符合（Coblin 1994：66—69）。现在看来，上述规律同样不足以解释《西儒耳目资》中明末官话变体的发展，因为在该语言中，照二组声母一定保持独立直到较晚的时期，且在该语言的声母和韵母系统中都留下了自身演变的痕迹。另一方面，在上述例子所展示的特定语境中，较早时期与照三组发生合流的是舌上音组声母。正如沙迦尔（Sagart）近期指出的那样（Sagart 1993：132—134），此类演变模式实际上在许多现代汉语北方方言中都能找到。这一特征是极为重要的，在任何一个关于汉语北方方言历史演变的一般模型中，它都应该得到充分的解释。而"韵镜模式"无法解释这一特征，至少从迄今为止对它的阐述来看是如此。

最后，我们需要在此注意的是，在万济国的语法材料和叶尊孝的文本中，*-ɥ不再单独用ụ来表示，它被写作*u̇*，这就与*ʅ对应的拼写符号相同了。但这两者之间却没有混淆的危险，因为它们分别仅出现于舌尖后音和舌尖前音后。尽管这个改动有可能反映了某种语音的演变，但在我们看来，它更有可能仅仅是拼写上的修改。在金尼阁的拼写系统中，ụ是唯一一个带下标的元音，该系统中的其他附加符号都写作上标形式。这也许是由于17世纪中叶的某个时候，放弃下标而使用上标是一种符号的改进。关于这个假设，我们可以加入万济国的观察评论作为补充，万氏的*u̇*大致上是一个圆唇元音，但当它出现在舌尖前音后时，它的发音比较特殊，即不以圆唇的方式发音，而是“张开双唇，使牙齿露出，舌头发力抵住牙齿，从而发出一种嗡嗡声，就像要发出元音一样”（Varo 1903:16）。因此，我们可以相当确定地认为，在万氏记录的明末官话变体当中，*ɥ和*ʅ仍然保持着早期的对立。在我们的语料库中，包括马若瑟的材料在内，*ɥ和*u都保持着严格的对立。但到1730年时，一种变化正在发生，马若瑟对此做了一番有趣的评论：“法语的*u*韵母，在汉语当中读作*ou*，北京话尤为如此，例如把*chu*（*ʂɥ）读作*chou*（*ʂu），*tchu*（*tʂɥ）读作*tchou*（*tʂu）等”（Pro *u* gallico finali legunt ipsimet Sinae, maxime Pekini,*ou*, et dicunt *chou* pro *chu*, *tchou* pro *tchu*, etc.）（1730［1892］, p. 15）。因此，在马若瑟的时代，*ɥ和*u的合流正在进行当中，且该现象很有可能始自北京或其周边地区。

利玛窦早期系统把“而”和“二”这样的音节都拼写为*gi*，我们认为其对应的是*ʐʅ。利玛窦晚期系统采用了不同的拼写形式*lh*,《西儒耳目资》则将其写作*ul*。我们认为后两种拼写代表的是卷舌化音节*ɚ。有趣的是，金尼阁对竞争性读音*ʐʅ有着充分的认识，在他的拼写系统中，*ʐʅ都写作*ji*。他提到，虽然正音系统中没有这样的音节，但是却可以在土音当中找到该音节。金氏还加了这样的评论：盖“而”*ûl*字多省读曰*jî*（通常来说，“而”*ûl*在很多省份读作*jî*）(《西儒耳目资》I. 65a)。

正如杨福绵所指出的，利玛窦早期系统的*-ai和*-ɔi作为变体出现，这几乎明确反映了粤方言对广东所使用的明末官话变体的影响。例子如下：

	RES	RLS	EMZ	
该	cai, coi	—	kāi	*kai~*kɔi/*kai
盖	cai, coy	—	Kái	*kai~*kɔi/*kai
海	hai, hoi, hoy	Hài	hài	*xai~*xɔi/*xai
在	zai, zoi	—	çài, çái	*tsai~*tsɔi/*tsai

同一类型的还有以下例子，它们在利玛窦早期系统中读作*-ɔn，而不是预期中的*-an。

安	ngon, ngõ	—	gān	*ŋɔn/*ŋan
乾	con	—	kān	*kɔn/*kan

问答文本中也有这样的对比：

高	cou	—	kāo	*kɔu/*kau

同样地，在问答语料中（1988：56），我们也发现了以下这些有趣的拼写形式：

	RES	RLS	EMZ	
塔	ta`, tap	—	‘tă	*t‘aʔ~*t‘ap/*t‘aʔ
鸦	iap		iă	*iap/*iaʔ

在此，我们可以推测，这些*-ap韵母的拼写形式也反映了广东话对这种明末官话语音变体的影响。

最后，我们在利玛窦早期系统和问答语料中找到了以下这些例子，它们的*-iu韵母与《西儒耳目资》的*-ieu相对应。

酒	çiu	—	çièu	*tsiu/*tsiɛu
纽	niu,liu	—	nièu	*niu~*liu/*niɛu
就	ciu, ciu`, çiu`	—	çiéu	*tsiu/*tsiɛu
修	siu	—	siēu	*siu/*siɛu
袖	siu	—	siéu	*siu/*siɛu
秀	siu	—	siéu	*siu/*siɛu

这些例子也许反映了南方方言的影响。

声调

利玛窦早期系统和问答语料中都没有系统地说明声调，而利玛窦晚期系统和《西儒耳目资》的拼写中却严格地标注了声调。在《西儒耳目资》的音系中，有一个奇怪的现象尤其值得注意。那就是著名的“浊上归去”现象，即在《切韵》音系中，那些声母为浊塞音、塞擦音或擦音，且声调为上声的音节，在许多汉语方言中都变为去声。利玛窦晚期系统的语料和万济国、叶尊孝的材料都清楚地反映了这一演变。然而，在处理这种类型的音节时，《西儒耳目资》通常会给这些字列出异读，一个为上声，另一个为去声。例如：

后	**heu**	**héu**	**héu, hèu**	***xɛu**

最有趣的是，这似乎表明，此时还存在着一种尚未发生浊上归去演变的明末官话标准变体。这实际上也正是陆志韦（1947: 116）基于这些例子所做出的结论。但关于这一点，金尼阁做出了重要且精妙的说明（西儒耳目资I. 94b）：

> 问曰。第十摄后字读系去声。立母乃在上声。为何。答曰。上。古声也。韵书从古。故以之立母。
>
> ［中士］问：第十韵摄的“后”字读作去声。但是，它在设置拼写时却被放入上声中。这是为什么呢？［西儒］答：上声，是其古代的声调。韵书遵从古代的发音；所以，我根据韵书来设置拼写。

抱残守缺是中国传统韵书的通病，刻意存古往往会削弱韵书作为可靠的早期语料的价值，甚至连金尼阁也未能幸免。然而所幸的是，金氏在此处的诚实却帮助我们看清了事实。

四、对官话性质及其历史的思考

“官话”一词在现代汉语中是一个术语，其所指代的是在中国北部、中部、西部和西南地区所使用的大量结构相似的汉语。相应的英文术语“Mandain”也可用来表示此义。但在没有一定语境或限制的情况下，人们通常会觉得它指的是现在全国通用的、以现代北京话为基础的普通话。且从历史的范畴来看，关于官话的历史有一个共识，那就是这种“官方的语言”自元代开始就已经与北京（在元代被称为大都）的方言基本相同。事实上，人们甚至可以听到，这种元代语言在汉学文献中被称为“旧官话”或“早期官话”。

1980年时，李新魁的一篇重要文章就质疑了这一传统的观点。李氏指出，北京音实际上直到19世纪的某个时候才成为了官话的基础音，在此前它从未成为过。这些年来，尽管李氏的观点很少被提及，但其观点的某些方面却被他人的研究所证实。例如，1985年鲁国尧写了一篇简短却十分重要的论文，此文表明，早期耶稣会传教士们在其工作中习得和使用的明末官话，实际上是以南京话的语音为基础的。为此，他从金尼阁翻译的《利玛窦中国札记》中引用了一段重要的话，这段话记述了这样一件事：有个太监把一个来自南京的男童作为礼物送给神父们，并建议他们中的一位新神父向小男孩学习官话，因为男童的南京话说得很地道（Lu 1980：51；又Ricci 1953：362以及Yang 1989：228，以上可资参照）。本文多次提及的、杨福绵作于1989年的文章，对此有更深入的研究，杨氏的发现无疑证明了鲁氏观点的正确性。从1356年到1421年，南京是中国的首都，可以推测在此期间，该地区的方言扮演着国家标准语的角色。但在利玛窦的时代，北京作为主要的政治中心已有近180年，南京话却仍在很长一段时间内发挥着显著的作用，这在如今看来是非常奇怪。然而，利玛窦的记录为我们勾勒出这一情景。在他第一次到访南京的记述中，他写道（Ricci 1953：268—269）：

> 在中国人看来，论风景秀丽与建筑宏伟，这座城市超越了世界上所有其他城市，且在这一方面，也许的确鲜有城市能超越或与之相媲美。这里简直遍地都是官殿、庙宇和桥梁，欧洲几乎没有能超越它们的类似建筑。在某些方面，它优越于我们的欧洲城市……由各个阶层组成的稠密人口；既有黎民百姓，也有尔雅贵族和地方官员。后两者在数量和地位上都可以与北京的相媲美，但因为皇帝不居住于此，所以当地官员被认为比不上京城的官员。当今，在整个中国甚至于所有邻邦，南京都被誉为第一大城市。这座城市曾作为全国的首都以及古代皇帝的居住之地，历经几个世纪，尽管皇帝因前述的一些原因迁都至位于北方的北京，但南京仍不失它的光彩和声望。哪怕是有所削减，这也仅仅证明了之前的南京比现在的更为辉煌。

利玛窦在北京度过了他生命中最后的十年，尽管北京是王朝的政治中心，但利玛窦认为其显然远没有南京令他印象深刻。他说道："城市的规模，房屋的设计，公共建筑的结构，以及城防都远逊于南京，但在人口、军队和朝廷官员的数量上，北京比南京更多"（Ricci 1953：309）。北京是政治和军事中心，但南京显然仍旧是中国的文化中心。对中国人来说，南京是"超越世界上所有其他城市"的"第一大城市"，当地的方言也是全国文人和贵族阶层的语言典范。

在明末汉人的心中，作为官话标准音的正音，就是南京所使用的语音。但是，我们对这一时期实际语料的研究可以证明，这一标准音至少有两个不同的变体。第一个变体，就是利玛窦（Matteo Ricci S.J.，1552—1610）及其同事们在16世纪80年代于广东刚开始传教时记录的。我们使用术语RES（利玛窦早期系统）来表示这一语言的语音系统，我们发现它在具有现代江淮地区方言典型特征的同时，还有一些其他的特征，而这些特征反映出它受到了粤方言以及其他南方方言的影响。第二个变体，记录在RLS（利玛窦晚期系统）的材料中，从《西儒耳目资》以及万济国、叶尊孝语料的表现上看，这一变体在后来又有所发展，它在耶稣会传教范围扩大至长江流域后被其所采用，并自此北传至北京。利玛窦晚期系统的材料，是利玛窦在北京时所写，此时正值17世纪初的头十年。《西儒耳目资》写于RLS之后的十五至二十年，并在杭州出版。尽管这一明末官话变体的语音系统与利玛窦早期系统有许多的共同点，但似乎也反映出与北方方言语音形式相合的特征。我们注意到，在《西儒耳目资》众多异读的拼写形式中，反映了两种不同的、重要的官话变体。有个尤为明显的证据，那就是《西儒耳目资》增加了一些音位对立，如声母*n-与*l-之间、韵尾*-n与*-ŋ之间的音位区别，并对这些区别进行辨析说明。利玛窦晚期系统几乎肯定是明末清初时期官僚阶层所青睐的官话变体，此外，它仍作为中国天主教会在当时所使用的标准汉语方言。

不论是大约1420年的南京方言，还是当时标准的明初官话，我们到现在为止都还没有关于两者语音系统的直接证据。但是，我们假设后者是建立在前者基础之上的。此外，我们还认为前述两个略有差别的明末官话语音系统，即利玛窦早、晚期系统，来源于同一个早期标准形式。因此，二者分化的性质和起源，值得我们进行简要地思考。两种音系存在着一些相似之处，例如：在“官方”的“官”*kuōn*（ *kuɔn）这类字中，都存在圆唇元音，与“关卡”的“关”*kuān*（*kuan）形成对立，我们怀疑这些对立保留了原始语音的特征。利玛窦早期系统还具有一些古老江淮方言的典型特征，例如前文提及的声母*n-和*l-、韵尾*-n和-ŋ之间的混用，以及像“船”*ch'uôn*（RES *tʂ'uɔn）这样的传统三等韵字中存在圆唇元音，我们强烈怀疑它们是早期南京官话特征的遗留。另一方面，利玛窦早期系统表现出一些明显的、类似于粤方言的特征，我们几乎可以肯定，这是早期标准语与当地南方方言相接触所产生的融合。同样地，两种官话类型之间存在着一些基础性的差别，例如《西儒耳目资》中的*n-/*l-、*-n/-ŋ之间有细微区别，“船”字更倾向于采用*ch'uên*的拼写形式（RLS *tʂ'uɛn），这似乎显示了《西儒耳目资》的语言大范围、系统性地适应了北方方言的用法。而最有趣的是，自利玛窦来华至《西儒耳目资》出版的四十年间，“耶稣会士官话”发音所发生的改变。这不是通常意义上所理解的“音变”。相反，这是人们有意且迅速地采用了一种新的语音标准和形式，人们显然觉得这样做是有利的。我们可以推测，在整个汉语史的历程中，官话使用者们做过无数次这种类型的选择。实际上，明代官话的语音标准是灵活或浮动的，并且受到有意识地修改和重构。

除了本文已经讨论过的官话变体之外，明末清初时期至少还有一个不同的、竞争性的地方标准语。这一事实被史皓元所揭示（Simmons 1995），史氏在《唐话纂要》中找到了相关证据，该书1716年编译于日本，是日本人学习汉语的启蒙读本。他的研究显示，这一语言的音系与现代杭州方言的音系极为相似，且在很多方面都比任何一种明末官话变体更为保守。史氏在另一篇文章中提出，杭州方言本身源于一种移民的语言形式，而这种语言是在南宋时期由北方移民带入这座城市的。因此，《唐话纂要》的语言可能与北宋时期洛阳-开封的标准语相关联（Simmons 1992，第7章）。我们可以由此设想，在明末时期，这种古老的、移民的中原标准音与新的、后成为官话标准音的南京话之间，存在着相互影响和相互竞争。在17世纪前期，后一形式无疑取得了优势，甚至在杭州地区也是如此。这是从我们对金尼阁生平和工作的了解所推知的。杭州的传教活动对耶稣会来说有着重要的意义（Dunne 1962; Mungello 1994），金尼阁在晚年的时候，也常住在杭州。据傅路特（Luther Carrington Goodrich）研究，《西儒耳目资》1926年在杭州出版，金尼阁则在此后的两年离世（Goodrich 1976：1296）。然而，据我们所知，金氏对杭州方言或史皓元发现并讨论的地区标准音都不感兴趣，而是一心致力于《西儒耳目资》的编纂。

现在，我们可以对明代官话历史的概述做一个简要的总结。万济国的《华语官话语法》完成于1682年，从万氏对华语官话的描写上看，这一语言的音系与《西儒耳目资》所表现的音系基本一致，这显然表明该汉语形式在清初时期仍作为国家标准语存在。万氏清楚地知道这一语言的基础方言。他鼓励他的读者们向汉语母语者学习发音，但同时他又说道："不要随便找个中国人就跟着学，而是只找那种生来就能把官话语言说得很地道的人，像是南京省的本地人，或是其他官话说得很流利的省份的本地人"（Varo 1703：5）。他同样提倡使用被译为南京话和北京话的词汇；但是，他在此处所说的"北京话"并非指北京方言本身，而是北京人所使用的官话。其后的五十年，我们发现马若瑟（Prémare 1730）描述了一种语言，这种语言尽管比万氏记录的语言稍有进化，但仍可被认为是同一种官话形式。马若瑟偶然提到过北京所使用的语音变体，但对他来说，这些异读显然是不合标准的。并且，这些特征无疑属于带北京口音的官话，而非北京方言本身。

时间来到马若瑟后的六十年，我们找到了万氏《华语官话语法》1790—1793年的手写本，这一版本在某种程度上已被当时某个不知名的编者所修改。在前文所引用的万氏本人评论之处，该编者写道："我在这里所谈到的汉语母语者，指的是那些精通南京语言的人，而南京的语言正是官方语言，也是中国其他汉语的母亲……但是，北京和山东的语言与标准语略有不同。我们的词汇表严格按照南京的语言"（1790—1793：10），显然，万氏原来在最后一行中提及北京话的内容，竟被1790年的编者给删去了！

关于这些问题，另一个有力的证据来源于19世纪早期的英语语法书和辞典。其中最早的一本当属《华英字典》(*Dictionary of the Chinese Language*)，这部巨著的作者是1807年来华的马礼逊（Robert Morrison，1782—1834）。在《华英字典》1815年的序言当中，他说道（Morrison 1815—1822：卷1，第1部分）：

> 在中国这样广袤的国家，鞑靼人（即满族人）和汉人杂居在这里，统一发音的期望是无法实现的，甚至在受教育阶层中也是如此。鞑靼人是统治者；因此他们的发音被众人所模仿。汉人是这个社会的文化构成者，书籍中的发音系统通常是属于他们的。因此，必须采用一些统一的语音系统，否则就会产生无休止的混乱。汉人所谓南京方言的发音起到了这一作用，而并非北京方言。北京方言与南京方言有所不同：I.在元音*E*和*I*前，声母*K*会变为*Ch*，有时甚至变为*Ts*；因此，*King*变为*Ching*，*Keang*变为*Cheang*。II.在元音*E*和*I*前，声母*H*会变为*Sh*或*S*；因此*Heang*变为*Sheang*，*Heo*变为*Sheŏ*或*Seŏ*。III.*Chăng*和*Tsăng*互用，同样的，*Cho*和*Tso*，*Man*和*Mwan*，*Pan*和*Pwan*，*We*和*Wei*，在不同人的发音中产生混淆。IV.鞑靼人以及一些北方省份的居民，将入声调进行拉长和舒缓；*mŭh*变为*moo*……（p.XVIII）
>
> 所谓的官话方言（Mandarin Dialect），也叫作官话（Kwan hwa），就是江南与河南省通常所讲的方言，而这两地都曾是朝廷的所在地；因此，根据"朝廷方言"会成为受教育阶层的标准方言这一共同原理，上述地方的方言相较其他省份的方言取得了优势地位。一种满汉方言正在逐渐普及，如果朝代延续得够久，它将最终得以流行。（p.X）

在19世纪初的前十年里，关于这一类型官话，还有许多其他的研究。其中，稍晚的著作有卫三畏（S. Wells William）的《英华韵府历阶》(*An English and Chinese Vocabulary in the Court Dialect* 1844)。他所记录的这种汉语被描述为"该国通用的语言（它通常被称为官话方言，但这一说法并不不恰当），就像马礼逊博士字典的音节部分所展示的那样"（序言，p.I）。在文中的另一处，他再次说道，"这里的朝廷方言指的是帝国的通用语，就像马礼逊先生的音节字典所定义和整理的那样……"（出处同上，p.VII）。这一"帝国通用语"的音系，正如马礼逊和卫三畏的字典中所展示的那样，尽管在某些方面有更进一步的演变，但仍可被认为是马若瑟一百年前所描述的官话方言的晚期形式，并且据马礼逊所述，其与该时代的北京方言有所不同。

到19世纪中叶的时候，英国人的态度普遍发生了转变。我们将如马礼逊、卫三畏这样的早期观察者称为“南京派”（Nankingist），他们主要由一些传教士组成。但约在1850年后，出现了一个新的群体，我们称之为“北京派（Pekingists）”。这些人在多数情况下都与英国的外交和领事业务有关，其中的一些人积极参与了为政府编译语言教材的项目。这一群体的早期代表人物是英国驻宁波理事罗伯聃（Robert Thom，1807—1845）。其他杰出的成员还有艾约瑟（Joseph Edkins，1823—1905），威妥玛（Sir Thomas Wade，1818—1895）和翟理斯（Herbert Giles，1845—1935）。艾约瑟（Edkins 1864：7—10）对北京派的观点做过一个非常有启发性的表述。其后被威妥玛精辟地总结如下（Wade 1867：VI）：

> 艾约瑟先生比任何人都更努力地探索这些区别的规律和界线（即汉语方言音系之间的区别），他把官话分成三种性质的音系，即南方方言、北方方言和西部方言，三种音系的标准分别是南京、北京，以及四川省省会——成都的语音。根据他的观察，南京官话比北京官话更普及，尽管后者更为时髦，但他也承认：“若想在帝国的朝堂里说得上话，那必须学习北京方言，因为去除了方言成分的北京话，正是朝廷所认可的官话。”

从英国人的观点中，我们可以看到，北京话的地位在大约四五十年间发生了改变。尽管南京方言在当时的中国仍更为普及，但到世纪中叶的时候，北京话成为了实际上的官话语言。北京话也是朝廷更青睐的语言，我们对这一情况实际上存续了多久感到十分好奇。马礼逊的记述指出，在他那个时代，已经有人学习这种形式的汉语，因为他们认为这样做是有利的，具体的原因在于，北京的满族统治阶级使用的就是这一语言。北京话在18世纪期间的确切的社会语言学地位还亟待研究。还有一份材料对我们有所启发，这些记录据说是1793年访问乾隆王朝的马戛尔尼（Macartney）使团成员所留下的。其中最有趣的是使团成员约翰·巴罗（John Barrow）所写的《中国游记》，书中含有一个简短的词汇表和少量的语法笔记，记录了他在旅途中听到的口语（Barrow 1806：241—270）。马礼逊记录了北京话中舌面后音在前高元音前腭化的现象，对比这一材料，我们发现巴罗的游记中存在着令人困惑的形式混乱。一方面我们可以看到不腭化的现象，如（pp. 243—244）“空气”的“气”作*kee*，“飞禽”的“禽”作*kin*，“犬只”的“犬”作*kioon*，“鸡鸭”的“鸡”作*kee*；但另一方面也可以找到像“黄金”的“金”作*tchin*、“腿脚”的“脚”作*tchiau*这样声母腭化的例子。其中的“金”字，在下文不同的语境中，还有读为*kin*的音（p.255）。“郡县”的“县”*xian*字，在地名中始终被巴罗写作*shien*。在当朝皇帝的年号——“乾隆”的词条下（p.258），他提道：“Tchien-lung（或像中国南方方言中通常读作Kien-long）”。巴罗展现给我们的似乎是一个杂糅了书面语和口语、北方形式和南方形式的混合体，但似乎毫无疑问的是，他在中国北方遇到的发音人，他们的舌面后音早已发生了腭化。这一特征存续了多久？在被占领前，用满文拼写的汉语中可能反映了某些东北方言的语音，其中已经出现舌面前音替代舌面后音的现象（罗杰瑞Jerry L. Norman，私人信笺），因此，至少在满族占领北京并驱逐许多原住民之时，这一特征可能就已在北京本地出现了。满族的占领造成了大量人口的流失，在此之后，北京的语言实际上发生了什么样的改变，在清朝延续期间它又是如何进一步演化的，这是一个亟待深入研究的领域。但无论如何，到艾约瑟的时代，这一方言显然已成为了全国公认的官话。

南京及其官话的情况又是如何呢？翟理斯在《华英字典》1982年的序言中叙述了它的悲惨。翟氏虽然将几个来自于长江流域方言点的方言形式列入词目当中，但他特意省略了南京话的语料，他对此的解释如下（1982：XXVII）：

> 自从太平天国运动以来（即1850—1864），南京基本上失去了提供标准发音的声望，原因极为简单，那就是它庞大的人口已经不复存在；现有的几千人仅仅是中等规模的人数，他们占据了市区面积的十分之一，且其中的大多数都是移民自其他省份或地区的文盲。

因此，我们可以看到，这座城市本身的南京官话随着绝大多数南京话母语者一同消亡了，与此同时，英国的观察者们开始宣告北京话的最终胜利。我们想要知道，南京衰败之后，古老的、早期的前北京官话是否在某种程度上以各种形式存留至21世纪，而这些形式有时被称为蓝青官话，或在后来被称为下江官话。

最后，关于罗马字拼写还有一个值得注意的地方。北京派内部对如何拼写北京话也有分歧，但到19世纪80年代，威妥玛的系统经过其挚友翟理斯的略微修改，获得了最终的认可。这一系统被以英语为母语的汉学家作为主要的罗马字转写方案，并沿用至20世纪70年代。法国的情况则有所不同。马若瑟对南京官话的转写在此最为著名，这一转写也被著名的汉学家雷慕沙（Jean Pierre Abel Rémusat，1788—1832，又译作“雷慕萨”）及其学生所采用。马若瑟的转写稍改形式后，就成为了针对汉语的标准法语罗马字转写。例如，马若瑟就可以立即看懂顾赛芬（Couvreur）对汉学经典的转写。有趣的是，北京话虽然取得成为中国标准语的胜利，但这却没有使法语罗马字转写惯例发生实质性的改变。相反，只是在读音规则上发生了变化，而它的拼写形式除做了微调以外并没有太大的改变。法国学者像马若瑟那样分写*si*和*hi*，但却又将两者发成同一个音，就像翟理斯的*hsi*读音一样。这一系统同样也沿用至近些时候。

五、结语

明清时期的官话演变史作为汉语史中的一章，具有十分重要的地位。但作为汉语通用标准语研究的范例，它有着更深远的意义。据我们对官话性质及其历史的观察，可以得出一些关于汉语历史共通语的更具广泛性的推论。这些语言起初来自于真实的、活的方言，但在后来，它们另立门户走上了独立发展的道路，具有超方言性。它们是“真实的”汉语言，但与自然演化的方言有着不同的规律。和其他方言一样，通语也会改变，会分化，甚至相互之间会发生竞争。但是，由于其范围之大不曾见于任何一种汉语方言，共通语作为一个被有意识或半意识地塑造和调整的系统存在和发展，为了适应时间和地点的需要，它的改变有时会非常迅速。另一方面，共通语不一定每次都随着朝代的更迭或政治中心的转移而被弃用或采用。相反，特定的共通语也许不被这样的变迁所影响。但是，它也有可能由于一系列特定的政治、社会或社会语言学力量的影响，在朝代存续期间的某一刻开始不再作为共通语，并被其他方言所替代。显然，不能像人们之前经常做的那样，假设某一朝代的“朝廷语言”在该朝任一时期都理应是作为国家标准的共通语。相反，标准语可能来自于其他地区，而它的使用者们也许对朝廷语言漠不关心，甚至透露出轻视。汉语史的大多数时期都可能存在着标准语，但在没有确凿文献证据的情况下，人们不能想当然地认为某一时期就存在着标准语。脱离同时代这一语言的相关证据来讨论这个或那个朝代的“标准语言”，充其量只是一种误导。共通语绝不是一种原始语，它可以被发现，但不能被重建。

参考文献

Azmayesh-Fard, Sandra. 1996. “Humanismus in China — Die chinesische Grammatik des Dominikaners Francisco Varo, ‘Arte de la lengua mandarina’ (Canton 1703).” Doctoral Dissertation, University of Göttingen.

Bao Mingwei 鲍明炜 1986.“ Nanjing fangyan lishi yanbian chutan” 南京方言历史演变初探. *Yuyan yanjiu jikan* 语言研究集刊 1.375-393.

Barrow, John.1806. *Travels in China*. London.

Catach, Nina. 1995. *Dictionnaire historique de l'orthographie française*. Paris.

Chao, Y.R. 赵元任. 1929. “Nanjing yinxi” 南京音系. *Kexue* 科学 13. 1005-1036.

Coblin, W. South. 1994. *A Compendium of Phonetics in Northwest Chinese*. (Journal of Chinese Linguistics

Monograph Series No. 7.) Berkeley.

——.1996." Tone and Tone Sandhi in Early Qing *Guanhua*." *Yuen Ren Society Treasury of Chinese Dialect Data* 2: 43-57.

——, and Joseph A. Levi. *ms. Grammar of the Mandarin Language* (An English translation of the *Arte de la Lengua Mandarina* of Francisco Varo). In progress.

Dunne, George H. 1962. *Generation of Giants, the Story of the Jesuits in China in the Last Decades of the Ming Dynasty*. Notre Dame.

Edkins, Joseph. 1864. *A Grammar of the Chinese Colloquial Language Commonly Called the Mandarin Dialect*. Shanghai.

Entwistle, William J. 1969. *The Spanish Language, together with Portuguese, Catalan and Basque*. London.

Furuya, Akihiro 古屋昭弘. 1988. "Hinshu mondō shigi no onkei" 宾主问答私拟の音系. *Kai Pian: Chūgoku gogaku kenkyū* 开篇 : 中国语学研究 6.38-56.

——.1989a. "Mindai kanwa no isshiryō: Ricci, Ruggieri no 'Hinshu mondō shigi'" —明代官话の一资料 : リッチ・ルッジエーリの「宾主问答私拟」—. *Tōyō gakuhō* 东洋学报 70.3-4.1-25.

——.1989b."Senkyōshi shiryō ni miru Mindai no kanwa" 宣教师资料に见る明代の官话. *Bungaku kenkyūka kiyō* 文学研究科纪要 35.69-79.

——.1991."Shindai kanwa no isshiryō — Varo, Glemona no chōkai shinfu no reibunshū" 清代官话の一资料 : ウァロ・グレモナの「听解神父の例文集」.*Chūgoku bungaku kenkyū* 中国文学研究 17.18-37.

——.1992. "Shindai kanwa no isshiryō — shōho" 清代官话の一资料・小補. *Kai Pian*: *Chūgoku gogaku kenkyū* 10.39-41.

Giles, Herbert. 1892. *A Chinese-English Dictionary*. London.

Goodrich, L. Carrington (ed.). 1976. *Dictionary of Ming Biography (1368 -1644)*. New York and London.

Jiangsu sheng he Shanghai shi fangyan diaocha zhidaozu 江苏省和上海市方言调查指导组. 1960. *Jiangsu sheng he Shanghai shi fangyan gaikuang* 江苏省和上海市方言概况. Jiangsu renmin chubanshe.

Li Xinkui 李新魁.1980. "Lun jindai Hanyu gongtongyu de biaozhunyin" 论近代汉语共同语的标准音. *Yuyan Yanjiu* 语言研究 1980: 44-52.

Liu Danqing 刘丹青.1994. " 'Nanjing fangyan cidian' yinlun"《南京方言词典》引论. *Fangyan* 方言 1994.2.81-102.

Lloyd, Paul M.1987. *From Latin to Spanish*. Philadelphia.

Lu Guoyao 鲁国尧.1985. "Mingdai guanhua ji qi jichu fangyan wenti" 明代官话及其基础方言问题. *Nanjing daxue xuebao* 南京大学学报 4.47-52.

Lu Zhiwei 陆志韦.1947. "Jin Nige *Xiru ermuzi* suojide yin" 金尼阁「西儒耳目资」所记的音. *Yanjing xuebao* 燕京学报 33.1 15-128.

Lundbaek, Knud. 1986. *The Traditional History of the Chinese Script from a Seventeenth Century Jesuit Manuscript*. Aarhus.

——. 1991. *Joseph de Prémare (1666–1736), S.J., Chinese Philology and Figurism*. Aarhus.

Luo Changpei 罗常培.1930. "Yesuhuishi zai yinyunxue shang de gongxian"耶稣会士在音韵学上的贡献. *BIHP* 1.267-388.

Morrison, Robert. 1815–1822. *Dictionary of the Chinese Language, in Three Parts*. Macao.

Mungello, D.E. 1994. *The Forgotten Christians of Hangzhou*. Honolulu.

Premare, Joseph. 1730. *Notitia Linguae Sinicae*. First circulated in manuscript; then published: Malacca, 1831; Hong Kong 1893. (Both editions used in the present study.)

Ricci, Matteo. 1953. *China in the Sixteenth Century: The Journals of Matthew Ricci:1583—1610*. Translated by Louis J. Gallagher, S.J. New York.

Sagart, Laurent. 1993. *Les Dialectes Gan*. Paris.

Simmons, Richard VanNess. 1992. "The Hangzhou Dialect." (Ph.D. diss., University of Washington. Seattle).

——.1995."A Note on the Phonology of the *Tōwa sanyō*." *Journal of American Oriental Society* 115:26-32.

Thom, Robert. 1846. *The Chinese Speaker*. Ningbo.

Tōdō, Akiyasu 藤堂明保. 1952. "Kanwa no seiritsu katei kara mita Seiju jimokushi"官话の成立过程かち见た西儒耳目资. *Tōhōgaku* 东方学 5.99-122.

Trigault, N. 1626. *Xiru ermuzi* 西儒耳目资. Reprint of the Wenkuitang 文奎堂. Peking, 1933.

Varo, Francisco. 1703a. *Arte de la Lengua Mandarina*. Edited by Pedro de la Piñuela.Canton. Edition held by the Bibliothèque Nationale de France.

——. 1790–1793. *Arte de la Lengua Mandarina*. Library of Congress manuscript version, slightly modified from the 1703 edition and dated on the flyleaf to 1793. Internal evidence points to 1790 as the probable date of completion of the text proper.

Wade, Thomas F. 1867. *A Progressive Course Designed to Assist the Student of Colloquial Chinese*. London.

Wenzi gaige chubanshe 文字改革出版社. 1957. *Mingmo luomazi zhuyin wenzhang* 明末罗马字注音文章. Peking.

Williams, S. Wells. 1844. *English and Chinese Vocabulary in the Court Dialect*. Macao.

Yang, Paul F.-M. 1989. "The *Portuguese-Chinese Dictionary* of Matteo Ricci: A Historical and Linguistic Introduction." *Proceedings of the Second International Conference on Sinology, Section on Linguistics and Paleography*. Taipei. vol. I, pp.191-241.

Yang, Paul F.-M. 1989. "The *Poetuguese-Chinese Dictionary* in the Court Dialect of Matteo Ricci: A Historical and Linguistic Introduction." *Proceedings of the Second International Conference on Sinology, Section Linguistics and Paleography*. Taipei. vol. I, pp.191-241.

附　录

下表将杨福绵（Yang 1989）所引用的利玛窦早期和晚期的语料按拼音的顺序排列，并与《西儒耳目资》中相应的语音形式进行比较。第三列的数字代表杨文中的页码。最右边的一列是我们对这些音系的拟音，当这些音系中存在两种及以上不同的语音形式时，则用斜杠加以区分。同一音系的变体另用波浪线进行标注。《西儒耳目资》中列举了大量的异读，这些异读基于韵书的旧音，主要收集自《洪武正韵》和《韵会》（详见《西儒耳目资》III.4a）。那些可辨认的、来自韵书的异读，并不收入下表的语料中。我们的拟音并未标注声调，但具体的声类可由利玛窦早期系统中音节所标的调号得知。

			RES	RLS	EMZ	拟音
ai4	艾	216	gai	gái	gái	*ŋai
ai4	爱	216	ngai	ngái	gái	*ŋai
an1	安	214	ngon, ngõ	—	gān	*ŋɔn/*ŋan
ao4	傲	216, 223	ngau	—	gáo	*ŋau
ba1	巴	212	pa	—	pā	*pa
ba3	把	230, 231	pa	—	pà	*pa
bai3	百	218	—	pě	pě	*pɛʔ
bai4	败	217	pay	pái	pái	*pai
ban1	班	227	pan	pān	pān	*pan
ban1	搬	227	pon	（puōn）	puōn（般）	*pɔn/*puɔn
ban4	办	230	pan	—	pán	*pan
ban4	半	217	pon	—	puón	*pɔn/*puɔn
bao1	包	217	pau	—	pāo	*pau
bao4	抱	237	pau	—	pào, páo	*pao
bei4	贝	217	poi	—	poéi	*poi/*puɛi
bei4	备	230	pi	—	pí	*pi

bi3	笔	216	pie‘	piĕ	piĕ	*piɛʔ
bian1	边	237	pien	—	piēn	*piɛn
bie2	别	216	pie‘	piĕ	piĕ	*piɛʔ
bin1	宾	225	pin	pīn	pīn	*pin
bing1	兵	225	pin	pīm	pīm	*pin/piŋ
bo2	博	216	po	pŏ	pŏ	*pɔʔ
bu4	不	216, 230	po	pŏ	pŏ	*poʔ
cai2	财	230	zai	—	‘çâi	*ʦ‘ai
cai4	菜	211, 217	zai	—	‘çái	*ʦ‘ai
can1	掺	207	zã	—	‘çán	*ʦ‘an
cang2	藏	217	zam	ç‘âm	‘çâm	*ʦ‘aŋ
cao3	草	211, 212, 230	çau, zau	—	‘çào	*ʦ‘au
ceng2	曾	217, 230	çen	—	‘çêm	*ʦ‘ɛn/*ʦ‘ɛŋ
chai2	柴	222	zai	—	c‘hâi	*ʦ‘ai/tʂ‘ai
chang2	常	211, 217	ciam, ciã	—	c‘hâm, xâm	*tʂ‘aŋ/*tʂ‘aŋ~*ʂaŋ
chang2	尝	223	sciam	—	c‘hâm, xâm	*ʂaŋ/*tʂaŋ~*ʂaŋ
chao1	抄	222	zau	—	c‘hāo	*ʦ‘au/*tʂ‘au
chao2	巢	222	zau	—	c‘hâo	*ʦ‘au/*tʂ‘au
che1	车	216	cie	ch‘e	c‘hē	*tʂ‘ɛ
chen1	沉	217	cin	ch‘în	c‘hîn	*tʂ‘in
chen2	辰	215, 223	scin	—	xîn	*ʂin
cheng2	城	217	cin	ch‘îm	ch‘îm, xîm	*tʂ‘in/*tʂ‘iŋ~*ʂiŋ
chi3	齿	225	ci	ch‘ì	c‘hì	*tʂ‘ʅ
chong2	虫	218, 226	cium, cium, ciũ	ch‘ûm	c‘hûm	*tʂ‘uŋ
chou2	愁	222, 231	zeu	—	çieū, ‘çeû	*ʦiɛu, *ts‘ɛu
chou4	臭	211, 217	ceu	ch‘éu	c‘héu	*tʂ‘ɛu
chu1	出	211	cio	—	c‘hŭ	*tʂ‘oʔ/*tʂ‘ʮʔ

chu2	锄	229	zu	—	c'hû, ç'û	*ʦ'u/*ʈʂ'u~*ʦ'u
chuan2	船	214	ciuon, ciun	—	c'huên	*ʈʂ'uɔn/*ʈʂ'uɛn
chuang1	窗	222, 226	zan	—	c'hōam, c'hūam	*ʦ'an（?）/*ʦ'uaŋ
chuang1	疮	226	zam	—	c'hōam, c'hūam, c'hām	*ʦ'aŋ/*ʈʂ'uaŋ ~*ʈʂ'aŋ
chui1	炊	217	ciui	—	c'hūi	*ʈʂ'ui
chun3	蠢	226	ciun, ciũ	—	c'hùn	*ʈʂ'un
ci2	磁	214	çi, çci	—	'çŭ̂	*ʦ'ɿ
ci4	次	225	çci	çŭ́	'çŭ̂	*ʦ'ɿ
cong2	从	211	zum	—	'çúm	*ʦ'uŋ
cun1	村	211, 217	çiuon	—	'çūn	*ʦ'yon?/*ʦ'un
cun4	寸	227	çuon	—	'çún	*ʦ'yon?/*ʦ'un
da3	打	237	ta	—	tà, tìm	*ta/*ta~*tiŋ
tìm 可能是韵书上的旧读音，从“打”的意义来说，叶尊孝的材料中只有 tà 的读音。						
da4	大	212, 230	ta	—	tá	*ta
dai4	代	217	tai	tái	tái	*tai
dan1	单	214, 226	tan, tã	—	tān	*tan
dang1	当	214, 216, 226	tam, tan, tã	—	tām	*taŋ~*tan（?）/*taŋ
dao3	倒	230	tau	—	táo	*tau
de2	得	214, 216, 230	te'	tĕ	tĕ	*tɛʔ
deng1	灯	217	ten	tēm	tēm	*tɛn/*tɛŋ
deng3	等	215, 223	ten	tèm	tèm	*tɛn/*tɛŋ
dian3	点	225	tien	—	tièn	*tiɛn
di1	低	217	ti	—	tī	*ti
ding3	鼎	217	tin	tìm	tìm	*tin/*tiŋ
dong1	东	211, 214, 226	tum, tun, tũ	—	tūm	*tuŋ

dong4	动	237	tùm	—	tùm, túm	*tuŋ
du1	都	216	tu	tū	tū	*tu
du2	读	207	to	—	tǒ	*toʔ
duan3	短	217	ton	—	tò	*tɔn/*tuɔn
dui4	对	217	tui	túi	túi	*tui
dun2	顿	214, 217, 226	tun, tũ	tún	tún	*tun
duo1	多	216, 230	to	tō	tō	*tɔ
duo（3）	朵	239	to	—	tò	*tɔ
e1	咼(屙)	230	o	—	—	*ɔ（?）/—
e2	额	216	nghe	—	gě	*ŋɛʔ
en1	恩	216, 217	nghen	—	gēn	*ŋɛn
er2	而	218	gi	lĥ	ûl	*zʅ/*ɚ
er2	儿	225	gi	lĥ	ûl	*zʅ/*ɚ
er3	耳	218	gi	lĥ	ùl	*zʅ/*ɚ
er4	二	218	gi	lĥ	úl	*zʅ/*ɚ
fa3	法	212, 213, 216	fa, cua	fã	fã	*faʔ~*huaʔ/faʔ
fang1	方	217	fam	fām	fām	*faŋ
fang3	房	229, 230	fam	—	fâm	*faŋ
fang4	放	237	fan	—	fám	*faŋ
fei2	肥	216	fi	fi	fî	*fi
fei4	费	212, 213	fi,cuei	—	fi	*fi~*huɛi/*fi
feng1	分	217	fuen	—	fuēn	*fuɛn
fen4	粪	217	fun	—	fuén	*fun/*fuɛn
feng1	风	218	fum	fūm	fūm	*fuŋ
feng1	蜂	239	fun	—	fūm	*fuŋ
feng2	缝	237	fum	—	fûm	*fuŋ
fu1	夫	231	fu	—	fū	*fu

fu2	伏	213	fu, cuo	—	fǒ	*fuʔ~*huoʔ/*foʔ
fu2	服	213	fu, cuo	—	fǒ	*fuʔ~*huoʔ/*foʔ
fu3	斧	229	fu	—	fù	*fu
gai1	该	211, 212, 214	cai, coi	—	kāi	*kai ~*kɔi/*kai
gai4	盖	214	can, coy	—	kái	*kai ~*kɔi/*kai
gan1	甘	226	can, cã	—	kān	*kan
gan1	干	230	con	—	kān	*kɔn/*kan
gan3	感	217	can	càn	kàn	*kan
gang1	钢	226	cam, can, cã	—	kām	*kaŋ ~*kan（?）/ *kaŋ
ge1	割	207	co	—	kǒ	*kɔʔ
gen1	根	217, 225	chen	—	kēn	*kɛn
geng1	更	226	chen	kēm	kēm	*kɛn/*kɛŋ
gong1	工	218, 231	cum	cūm, cōm	kūm	*kuŋ
gu4	固	230	cu	—	kú	*ku
gu4	故	207	cu	—	kú	*ku
gua1	瓜	212, 216	cua	koā（?）	kuā	*kua
gua1	刮	216	cua	—	kuǎ	*kuaʔ
guai1	乖	217	quai	—	kuāi	*kuai
guan1	官	222, 226	cuon, cuõ	kuōn	kuōn	*kuɔn
guan1	关	217, 226, 227	cuan, cuã	kuān	kuān	*kuan
guan1	观	217	cuon	quōn	kuōn	*kuɔn
guang1	光	211, 226	quam, quan, quã	—	kuām	*kuaŋ ~*kuan（?）*kuaŋ
guang1	广	218	quam	quàm	kuàm	*kuaŋ
gui3	鬼	217	quei	—	kuèi	*kuɛi
gun3	滚	217, 227	cuon	—	kuèn（?）	*kuon/*kuɛn
guo2	国	216	cuo	quoě	kuǒ, kuě	*kuɔʔ/kuɔʔ~*kuɛʔ

guo4	过	212, 214, 230	co, cuo	—	kó, kuó	*kɔ ~*kuɔ
hai3	海	212, 214, 217	hai, hoi, hoy	hài	hài	*xai~xɔi/*xai
han3	罕	230	han	—	hàn	*xan
han4	仅	212	can	—	（hán）	*xan
hao3	好	212, 216, 217, 230	hau	hào	hào	*xau
he2	何	216	ho	hô	hô	*xɔ
he2	河	206	ho	—	hô	*xɔ
hei1	黑	212	he‘	—	hĕ	*xɛʔ
hong2	红	212	cum, gum	—	hûm	*xuŋ
hou4	后	212, 216, 229	heu	héu	héu, hèu	*xɛu
hu2	湖	216	gu	hû	hû	*ɣu/*xu
hu4	户	213	cu, fu	—	hú, hù	*xu ~*fu/*hu
hua1	花	211, 212, 213, 216	cua, fa	hōa	hōa	*xua ~*fa/*xua
hua2	滑	216	gua	hoă	hoă	* ɣuaʔ/*xuaʔ
hua4	化	216	cua	hóa	hóa	*xua
hua4	话	207, 230	cua	—	hóa	*xua
huai2	淮	217	guai	hoâi	hoâi	*ɣuai/xuai
chu2	欢	211, 217, 229	cuon	huōn	huōn	*xuɔn
chuan2	还	212, 213	cuan, guan, fan	—	hoân	*xuan~*ɣuan ~ *fan/ *xuan
huang1	荒	218	guam	hōam	hōam	*ɣuaŋ/*xuaŋ
huang2	黄	218	guam	hôam	hoâm	*ɣuaŋ/*xuaŋ
hui1	灰	216, 217	guei	hōei	hōei	*ɣuɛi/*xuɛi
hun1	婚	213	cun, fun	—	hoēn	*xun~*fun/*xuɛn
huo3	火	213, 216, 229	cuo, fo	hùo	hò, hùo	*xuɔ~*fɔ/*xɔ ~ *xuɔ
ji2	疾	214	cie‘	—	çiĕ	*tsieʔ
ji3	几	230	chi	—	kì	*ki

jia1	家	216, 229	chia	kiā	kiā	*kia
jia3	甲	216	chia	kiă	kiă	*kiaʔ
jia4	价	230	chia	—	kiá	*kia
jian4	间	217, 226	chian, chiã	kiēn	kiēn	*kian/*kien
jian1	监	223	lan	kien	kién	*lan/*kiɛn
jian4	鉴	223	lan	kien	kién	*lan/*kiɛn
jiang1	将	218	çiam	çiām	çiām	*tsiaŋ
jiang3	讲	207, 218, 226, 230	chiam, chian chiã	—	kiàm	*kiaŋ~kian（?）/ *kiaŋ
jiang4	降	218	chiam, chian	—	kiám	*kiaŋ~kian（?）/ *kiaŋ
jiao1	蕉	223	ziau	—	çiāo	*tsiau
jiao4	叫	223	chiau	—	kiáo	*kiau
jie1	街	217	chiai	—	kiāi	*kiai
jie2	节	211, 214, 216	çie‘	çiĕ	çiĕ	*tsiɛʔ
jie2	解	217	chiai	kiài	kiài	*kiai
jin1	今	226	chin	—	kīn	*kin
jin2	紧	212, 230	ceu	—	kìn	*kin
jin2	谨	217	chin	kìn	kìn	*kin
jin4	近	230	chin	—	kín, kìn	*kin
jin4	进	230	cin	—	çín	*tsin
jin4	尽	217	çin	çín	çín, çìn	*tsin
jing1	经	217, 226	chin	kīm	kīm	*kin/*kiŋ
jing1	惊	207	chijn	—	kīm	*kin/*kiŋ
jing3	井	206	çin	—	çìm	*tsin/*tsiŋ
jing4	净	217, 230	çin	çím	çím	*tsin/*tsiŋ
jiu3	久	230	chieu	—	kièu	*kiɛu
jiu3	九	217	chieu	kièu	kièu	*kiɛu

jiu3	酒	211	çiu	—	çièu	*ʦiu/*ʦiɛu
jiu4	救	217	chieu	—	kiéu	*kiɛu
ju1	居	216	chiu	kiū	kīụ	*ky
juan3	卷	217	chiuon	—	kiuèn	*kyɔn/*kyɛn
juan4	倦	230	chiuon	—	kiuén	*kyɔn/*kyɛn
jue2	绝	216	z(i)uo	çiuě	çiuě	*ʦyɔʔ/*ʦyɛʔ
jue2	蹶	216	chiuo	kiuě	kiuě	*kyɔʔ/*kyɛʔ
jun1	君	217, 227	chiun, chiuon	kiūn	kiūn	*kyn ~*kyon/*kyn
kai1	开	212, 217	cai	k‘āi	‘kāi	*k‘ai
kan4	看	211, 212	can	—	‘kán	*k‘an
kao4	靠	207	cau	—	—	*k‘au
ke4	客	229	chie‘,（che, che‘）	—	‘kě	*k‘ɛʔ
kou3	口	229	cheu	—	‘kèu	*k‘ɛu
ku3	苦	211, 231	cu	—	‘kù	*k‘u
kuai3	快	217	quai	—	‘kuái	*k‘uai
kuan1	宽	211, 217	cuon, quoan	—	‘kuōn	*k‘uɔn~*k‘uan/*kuɔn
kuang4	旷	218	quam	—	‘kuám	*k‘uaŋ
kui1	窥	217	quey	—	‘kuēi	*k‘uɛi
kun4	困	217	cuon	—	‘kuén	*k‘uɔn/*k‘uɛn
la1	拉	216	la	lă	lă	*laʔ
lai2	来	217, 230	lai, lay	lâi	lâi	*lai
lai4	赖	224	lai, nai	—	lái	*lai~*nai/*lai
lang3	浪	217	lam	lám	lám	*laŋ
lao1	捞	224	lau, nau	—	lâo	*la~nau/*lau
le4	肋	216	le‘	lě	lě	*lɛʔ
lei4	泪	217	lui	lúi	lúi	*lui

leng2	冷	225	len	lèm	lèm	*lɛn/*lɛŋ
li2	梨	229	li	—	lî	*li
li4	利	216, 230	li	lý	lí	*li
li4	力	216	lie‘	lyě‘	liě	*lieʔ
liang2	量	218	liam	leâm	leâm	*liaŋ
liao2	燎	217	liau	leâo	leâo	*liau
liao3	了	217, 230	liau	leào	leào	*liau
lei4	裂	214, 216	lie‘	liě	liě	*liɛʔ
lin2	林	217, 225	lin	lîn	lîn	*lin
ling2	灵	225	lin	lîm	lîm	*lin/*liŋ
liu2	流	217	leu	—	liêu	*lɛu/*liɛu
liu2	硫	217	leu	—	liêu	*lɛu/*liɛu
liu2	刘	217	leu	—	liêu	*lɛu/*liɛu
luan4	乱	214, 217	luon, lon	—	luón	*l (u) ɔn/*luɔn
lue4	略	217	lio	liŏ	liŏ	*liɔʔ
luo2	骡	239	lo	—	lô	*lɔ
luo4	落	216	lo	lŏ	lŏ	*lɔʔ
lü2	驴	216	lu	liû	liû	*ly
ma3	马	216	ma	mà	mà	*ma
mao1	猫	214	mau, meau, miau	—	miâo, mâo	*miau,mau
mei4	妹	217	moi	—	moéi, múi	*moi/*muɛi ~*mui
ming4	命	217	min	mím	mím	*min/*miŋ
mo2	磨	230	mo	—	mô	*mɔ
mo4	墨	214, 216	me‘	mě	mě	*mɛʔ
mei2	没	216	mu	mŭ	mǒ	*muʔ/*moʔ
na2	拿	216	na	nâ	nâ	*na
nao3	脑	224	nau, lo	—	nào	*nau~*lɔ

nao4	闹	229	nau	—	náo	*nau
nei4	内	217, 224	nui, lui	núi	núi	*nui~*lui/*nui
neng2	能	225, 230	nen	nêm	nêm	*nɛn/*nɛŋ
ni4	逆	230	gnie‘	—	niě	*ɲieʔ/*nieʔ
nian2	粘	224	lien	nièn	niên	*liɛn/*niɛn
nian3	辇	224	lien	lièn	nièn, lièn	*liɛn/*niɛn ~*liɛn
niao4	尿	230	niau	—	niáo	*niau
niu3	钮	224	niu, liu	—	nièu	*niu~*liu/*niɛu
nong2	浓	216	gnium	—	nûm	*ɲiuŋ/*nuŋ
nong4	弄	239	lu‘	—	lúm	*luŋ
nü3	女	216	nu, gnu	niù	niù	*ɲy~*ny/*ny
pa4	怕	207, 216	pa	p‘á	‘pá	*p‘a
pa4	帕	212	pa	—	‘pá	*p‘a
pei2	陪	217	poi	—	‘poêi	*p‘oi/*p‘uɛi
piao2	嫖	207, 230	piau	—	piáo	*p‘iau
po4	破	216	po	p‘ó	‘pó	*p‘ɔ
qi1	七	214	cie‘	—	‘çiě	*ʦ‘ieʔ
qi1	妻	214	cie‘	—	‘çī	*ʦ‘iɛʔ/*ʦ‘i
qi1	欺	216	chij	k‘ī	‘kī	*k‘i
qi2	其	216	chi	k‘î	‘kî	*k‘i
qi3	起	214, 230	chi, chij	—	‘kí	*k‘i
qi4	气	230	chi	—	‘kì	*k‘i
qian2	前	223	cien	—	‘çiên	*ʦ‘iɛn
qian4	欠	223	chien	—	‘kién	*k‘iɛn
qiang2	强	230	chiam	—	‘kiâm	*k‘iaŋ
qiao2	憔	230	ziao	—	‘çiâo	*ʦ‘iau
qin1	亲	225	çin	ç‘īn	‘çīn	*ʦ‘in
qing1	清	207, 225	çin	ç‘īm	‘çīm	*ʦ‘in/*ʦ‘iŋ

qing3	请	217	çin	—	‘çìm	*ʦ‘in/*ʦ‘iŋ
qiong2	穷	218, 226	chium	—	‘kiûm	*k‘iuŋ
qiu2	求	217	chieu	—	‘kiêu	*k‘iɛu
qu3	曲	216	chio	—	‘kiŏ	*k‘ioʔ
qu3	取	223	çiu	—	‘çiù	*ts‘y
qu4	去	216, 223	chiú	k‘iú	‘kiú	*k‘y
quan2	全	217, 227	çiuon	ç‘iuên	‘çiuên	*ts‘yɔn/*ts‘yɛn
quan2	泉	206	yuõ (>çiuõ ?)	—	‘çiuên	*ts‘yɔn/*ts‘yɛn
quan4	劝	227	chiuon	k‘iuén	‘kiuén	*k‘yɔn/*k‘yɛn
que1	瘸	216	chi(u)o	—	‘kiuê	*k‘io（?）/*k‘yɛ
que4	雀	216	çio	çiŏ	çiŏ	*tsiɔʔ
qun2	裙	217, 226, 227	chiun, chiuon	k‘iûn	‘kiûn	*k‘yn~*k‘yon/*k‘yn
ran2	然	217	gen	gên	jên	*zɛn
re4	热	229	ge‘	—	jĕ	*ʐɛʔ
ren2	人	217, 218, 229	gin	gîn	jîn	*ʐin
ri4	日	211, 225	gi	gĭ	jĕ	*ʐiʔ/*ʐeʔ
rong2	容	218	yum	yûm	iûm	*iuŋ
rou4	肉	207, 211, 214, 216	gio, gyo	jŏ	jŏ	*ʐoʔ
ru3	乳	214, 217	gioj, giuj	—	jụ̀	*ʐʮ
ru4	入	211, 214	ge‘	—	jĕ, jụ̆	*ʐeʔ/*ʐeʔ~*ʐʮʔ
se4	色	214, 216	se‘	sĕ	sĕ	*sɛʔ
se4	瑟	214	scie‘	—	sĕ	*sɛʔ/*sɛʔ
sha1	杀	216, 222	sa	—	xă, să	*saʔ/*saʔ~*ʂaʔ
shai4	晒	222	sai	—	xái	*sai/*ʂai
shan1	山	217; 222	san	—	xān	*san/*ʂan
shan1	衫	229	san	—	sān, xān	*san/*san~*ʂan

shan4	善	217	scien	xén	xién, xén, xièn, xèn	*ʂɛn/*ʂiɛn~*ʂɛn
shan4	扇	237	sciẽ	—	xién, xén	*ʂɛn/*ʂiɛn~*ʂɛn
shang4	上	217	sciam	xám	xàm, xám	*ʂaŋ
shao3	少	217	sciau	xào	xào	*ʂau
she2	舌	214	scie‘	—	xĕ	*ʂɛʔ
shen1	身	217, 225, 230	scin	xīn	xīn	*ʂin
sheng1	声	218	—	xīm	xīm	—/*ʂiŋ
sheng1	升	225	scin	xīm	xīm	*ʂin/*ʂiŋ
sheng1	生	217, 222, 229	sen	sēm	sēm	*sɛn/*sɛŋ
shenmezi	甚么子	230	scin mo zi	—	[xín mò çủ]	*ʂin mɔ tsɿ-

利玛窦早期系统中的这一拼写形式，实际上是其所反映官话中的一个词语。《西儒耳目资》的拼写形式是由本系统的语音组合而成的，只是为了适应表格的需要。而在万济国和叶尊孝的文本中，这一词语相应的拼写形式为 xìn mò（*ʂin mɔ），即“什么”。

shi1	施	222	ssi	—	xī	*sɿ/*ʂʅ
shi1	狮	222	ssi	—	xī, su	*sɿ/*ʂʅ~ *sɿ
shi2	时	216	sci	xî	xî	*ʂʅ
shi2	十	211, 214	scie‘	—	xĕ	*ʂeʔ
shi2	食	230	cie‘	—	xĕ	*tʂ‘eʔ ?/*ʂeʔ

这是利玛窦早期系统中这一拼写形式，反映的是方言词的训读，其词义为“去吃”的“吃”，而不代表“食”字的本音。

shi3	屎	230	sci	—	xì	*ʂʅ
shi4	事	222, 231	ssi	—	xí, sú	*sɿ/*ʂʅ~*sɿ
shi4	是	211, 216, 225	sci	xí	xí, xì	*ʂʅ
shi4	释	214, 216	scie‘	xiĕ	xiĕ	*ʂeʔ
shou2	熟	230	scio	—	xŏ	*ʂoʔ
shou3	手	217	scieu	xèu	xièu, xèu	*ʂɛu/*ʂiɛu~*ʂɛu
shu1	书	207	sciu	—	xụ̄	*ʂʮ

shu4	树	216	sciú	xú	xụ́, xụ̀	*ʂɥ
shua1	刷	216	sciua	—	xoǎ, xuě	*ʂuaʔ/*ʂuaʔ~*ʂueʔ
shuai1	衰	217	soi	—	sūi, xoāi	*soi/*sui~*ʂuai
shui3	水	206, 211, 214, 217, 218	scioj,scioi	xùi	xùi	*ʂoi/*ʂui
shui4	睡	217	sciui	—	xúi	*ʂui
shun4	顺	217	sciuon	—	xún	*ʂuon/*ʂun
shuo1	说	207, 216, 231	sciuo	xoě	xuě	*ʂuɔʔ/*suɛʔ
si1	思	216	ssi	sŭ̄	sŭ̄	*sɿ
si3	死	207, 216, 225	ssi	sù̆	sù̆	*sɿ
si4	四	216	si	sú̆	sú̆	*sɿ
sui4	岁	218	—	súi	súi	—/*sui
sui4	碎	217	soi	—	súi	*soi/*sui
suo3	索	216	so	sǒ	sǒ	*sɔʔ
suo3	所	229	so	—	sò, sù	*so/*so~*su
ta1	他	212, 216, 230	ta	t‘ā	‘tā	*t‘a
tan2	谈	217	tan	t‘ân	‘tân	*t‘an
tang3	倘	217	tam	t‘àm	‘tàm	*t‘aŋ
tian1	天	211, 214, 217, 218, 229	tien, tiē	t‘iēn	‘tiēn	*t‘iɛn
tiao1	挑	207	tau	—	‘tiāo,（‘tāo）	*t‘au/*t‘iau
tong2	筒	239	tū	—	‘tûn	*t‘uŋ
tou2	头	237	teū	—	‘têu	*t‘ɛu
tu2	徒	216	tu	t‘û	‘tû	*t‘u
tuan2	团	217	ton	—	‘tuôn	*t‘ɔn/*t‘uɔn
tun1	吞	217	tuon	—	‘tūn	*t‘uon/*t‘un
tun2	饨	217	tuon	—	‘tún	*t‘uon/*t‘un
wa3	瓦	216, 223	gua	—	uà	*ɣua/*ua

wai4	外	216	guai	vái	vái, uái	*ɣuai/*vai~*uai
wan2	完	223, 224	cuon	—	huôn	*huɔn
wan2	玩	216, 223, 224	cuon, cuoã, guan	—	uôn, uón, uán	*huɔn~*huan ~ *ɣuan/ *uɔn ~*uan
wan4	万	218	—	ván	ván	—/*van
wan4	玩	217	guan	—	uán	*ɣuan/*uan
wang2	亡	207	uan	—	vâm	*uan（?）/*vaŋ
wang2	王	216	guam	—	vâm, uâm	*ɣuaŋ/*vaŋ ~*uaŋ
wang3	往	218	uam	vàm	uàm	*uaŋ/*vaŋ/*uaŋ
wang4	望	207	van	—	vám	*van（?）/*vaŋ
wei2	为	217	guei	guêi	goêi, uêi	*ɣuɛi/*ɣuɛi ~*uɛi
wei4	为	216	guei	guéi	uéi	*ɣuɛi/*uɛi
wen1	瘟	217	guen	—	（uēn）	*ɣuɛn/*uɛn
wen4	问	217	vuen	vuén	vén	*vuɛn/*vɛn
wo3	我	216, 223	ngo	ngò	gò	*ŋɔ
wo4	卧	216, 223	guo	guó	gó	*ŋuɔ/*ŋɔ
wu2	吾	216	gu	gû	û, gû	*ŋu/*u~*ŋu
xi3	喜	216, 229	schi	—	hì	*xi
xi4	戏	239	schi	—	hí	*xi
xia1	瞎	216	schia	—	hiă	*xiaʔ
xia4	下	216, 230	schia	hiá	hiá, hià	*xia
xian1	先	211	sien, siẽ	—	siēn	*siɛn
xian2	闲	217, 230	schian	—	hiên	*xian/*xiɛn
xiang1	相	237	siam	—	siām	*siaŋ
xiang3	想	218	siam	siàm	siàm	*siaŋ
xiang3	响	239	schiã	—	hiàm	*hiaŋ
xiang4	像	218	siam	siám	siàm（tone!）	*siaŋ
xiao3	晓	223, 229, 230	schiau	schiau	hiào	*xiau

xiao3	小	217, 223,	siau	siào	siào	*siau
xie1	些	216	sie	siē	siē	*siɛ
xie2	鞋	217	schiai	hiâi	hiâi	*xiai
xin1	心	217	sin	sīn	sīn	*sin
xin1	辛	231	sin	—	sīn	*sin
xin4	信	207	sin	—	sín	*sin
xing2	形	217	schin	hîm	hîm	*xin/*xiŋ
xiong1	兄	218	schium	hiūm	hiūm	*xyŋ
xiong2	熊	218	schium	—	hiûm	*xyŋ
xu3	许	216	schiu	—	hiụ̀	*xy
xu4	序	214, 216	su, si, ssi, sciu	siú	hiụ̀（tone!）	*sy~*sɿ/*sy
xu4	蓄	216	hio	hiǒ	（hiǒ）	*xioʔ
xue1	靴	216	schio	—	hiuē	*xio/*xyɛ
xue2	学	216	schio	hiǒ	hiǒ	*xiɔʔ
ya1	压	216	ia	—	iǎ	*iaʔ
ya2	牙	216	ia	yâ	iâ	*ia
ya3	雅	216	ia	yà	ià	*ia
yan1	焉	217	ien	iên	iēn, iên	*iɛn
yan2	言	218	—	yên	iên	—/*iɛn
yan2	涎	229	yen	—	siên	*iɛn/*siɛn
yan2	盐	207	yen	—	iên	*iɛn
yan3	眼	217, 239	yan, yẽ	—	ièn	*ian~*iɛn/*iɛn
yang2	羊	239	Ja‘	—	iám	*iaŋ
yao2	摇	237	yau	—	iâo	*iau
yao4	要	229, 230	yau	—	iáo	*iau
ye3	也	216	ie	yè	iè	*iɛ
ye4	夜	216, 229	ie	yè	ié	*iɛ

ye4	业	213, 216, 218, 223	gnie‘, ie‘	nhiě	niě, iě	*ɲiɛʔ~iɛʔ/*niɛʔ~*iɛʔ
yi2	宜	223	gni, i, y	nhî	nî,î	*ɲi~*i/*ni~*i
yi2	疑	223	gni, i, y	nhî	nî,î	*ɲi~*i/*ni~*i
yi4	义	213, 216, 223	gni, i	nhí	ní,í	*ɲi~*i/*ni~*i
yin1	因	226	in	īn	īn	*in
yin1	音	207	yin	—	īn	*in
ying1	英	226	in	īm	īm	*in/*iŋ
ying4	硬	216, 223	nghen	—	ím, gém	*ŋɛn/*iŋ~*ŋɛŋ
yong3	勇	218	yum	yùm	iùm	*yŋ
yong4	用	218, 226	yum	yúm	iúm	*yŋ
yu2	于	216	iu	yû	iụ̂	*y
yu3	雨	206, 218	yu	yù	iụ̀	*y
yu4	欲	216	io	yǒ	iǒ, iú	*ioʔ~ioʔ/*y
yuan1	冤	217	yuon	—	iuēn	*yɔn/*yɛn
yuan2	圆	227	yuon	yuên	iuên	*yɔn/*yɛn
yue4	月	216	iuo	iuě	iuě	*yɔʔ/*yɛʔ
yun2	云	217, 226, 227	iun, iuon	iun, iuon	iûn	*yn~*yon/*yn
zai4	在	229	zai, zoi	—	çài, çái	*tsai~*tsɔi/*tsai
zao3	早	212	zau	—	çào	*tsau
zao3	枣	229	zau	—	çào	*tsau
zao4	燥	230	zau	—	sào, sáo	*tsau/*sau
zeng2	增	225	çen	çēm	çēm	*tsɛn/*tsɛŋ
zeng4	甑	206	zen	—	çém	*tsɛn/*tsɛŋ
zha1	渣	222	za	—	（chā）	*tsa/*tʂa
zha4	诈	222	za	—	chá	*tsa/*tʂa
zhan4	战	211	cen	—	chién, chén	*tʂɛn/*tʂiɛn~*tʂɛn
zhan4	站	222	zan	—	（chán）	*tsan/*tʂan

zhang4	杖	229	ciam	—	chàm, chám	*tʂaŋ
zhang4	丈	211	ciam	—	chàm, chám	*tʂaŋ
zhe3	者	216	cie	chè	chè	*tʂɛ
zhe4	这	216	cie	ché	［ché］	*tʂɛ/—

在万济国和叶尊孝的文本材料中得到证实。

zhen1	珍	217	cen	—	chīn	*tʂɛn/*tʂin
zhen4	镇	225	cin	chín	chín	*tʂin
zheng3	整	217, 230	cin	chìm	chìm	*tʂin/*tʂiŋ
zheng4	正	207	cin	—	chím	*tʂin/*tʂiŋ
zheng4	政	225	cin	chím	chím	*tʂin/*tʂiŋ
zheng4	证	217	cin	chým	chím	*tʂin/*tʂiŋ
zhi1	之	216, 225	ci	chȳ	chī	*tʂʅ
zhi1	知	214	ci, cci	—	chī	*tʂʅ
zhi4	致	207, 230	ci	—	chí	*tʂʅ
zhong1	中	218	cium	chūm	chūm	*tʂuŋ
zhong3	踵	218	cium	chùm	chùm	*tʂuŋ
zhong4	众	218, 231	cium	chúm	chúm	*tʂuŋ
zhou1	州	217	ceu	chēu	chēu	*tʂɛu
zhu2	逐	216	cio	—	chǒ	*tʂoʔ
zhu3	主	216	ciu	chù	chụ̀	*tʂɥ
zhu3	煮	207, 230	chiu, cio	—	chụ̀	*tʂɥ~*tʂoʔ/*tʂɥ
zhu4	祝	216	ciu	chǔ	chǒ	*tʂuʔ/*tʂoʔ
zhu4	柱	229	ciu	—	chụ́~chụ̀	*tʂu
zhuang4	状	222, 226	zan, ciam	ciám	chóam, chúam	*tsan（?）~*tʂaŋ/*tʂuaŋ
zhuang4	撞	226	zam, ciã	—	choám, chuám	*tsaŋ~*tʂaŋ/*tʂuaŋ
zhui1	锥	217	ciui	—	chūi	*tʂui

zi3	子	211, 214, 225, 229, 230	zi, çi	çủ	çủ	*tsɿ
(= mod. 崽)			zai	—	—	*tsai/—
zi4	自	229	zi	—	çứ	*tsɿ
zuni	尊	217	çiuon	—	çūn	*tsyon/*tsun
zuo4	坐	229	zo	—	çó, çò	*tsɔ
zuo4	座	216	zuo	çóo	çó	*tsuɔ/*tsɔ
zuo4	做	211, 230	zo	—	çó	*tsɔ

（译者：顾旖琳　复旦大学古籍整理研究所）

南京方言软腭音的腭化

导　言

南京方言现在类属于江淮官话，据刘丹青（1994）近期报告，在该方言中，软腭音（velar）声母不出现在高前元音之前，只有 ki^{11}“给” 和 $k^{h}i^{44}$“去” 两个土语词是例外。① 但是，在南京方言中却有一套只出现在高前元音前面的硬腭音（palatal）声母 $tɕ$-、$tɕ^{h}$-、ɕ-，在一部分音节中，这套硬腭音声母与一些更加保守的汉语方言，如粤方言、客家方言和闽方言中的喉音（guttural）声母 k-、k^{h}-、x- 相对应。这就让我们想到，南京方言的这部分硬腭音声母是从早期的软腭音声母腭化（palatalization）而来。本文将试图寻证这一腭化过程的历时演变。

讨　论

最早的有确切时间记载的南京音系资料始于19世纪。然而，幸运的是，从1356年前后明王朝定都南京起，直到北京话取得标准音地位的19世纪上半叶，南京话一直作为一种广泛使用的通语的基础方言，在中国话里称作“官话”，也就是“做官的人说的话”。这种官话并非完全等于南京话，就像今天的北京话并非完全等于普通话一样，但是两者具有很多共性。因此，本文对记录官话音系的史料同样充满兴趣。

反映官话音系的最早材料可能是著名朝鲜汉学家申叔舟（1417—1475）注解的韵书《洪武正韵译训》。这些注解历来被认为代表着可能是北京地区的某种汉语北方话，但是据尉迟治平（1990）的最新研究，申叔舟的注解很可能以15世纪的明代官话（如南京话）为基础。此后的官话音系材料散见于各个时期的欧洲人著作。我们将从下述著作中摘录

---

① 此处引述见于刘丹青《〈南京方言词典〉引论》第贰部分“内部差别”，原文是：古见晓组声母在细音 [i y] 前读 [tɕ tɕʰ ɕ]，某些白读音——“去、给、疙”三字，老南京话白读是 [k'i ki kiʔ]，新派只有文读的读法，没有白读的读法。——译者

出与本文研究相关的资料。

1.申叔舟（Sin Sukchu),《洪武正韵译训》，完成于1455年，连同其他有可靠来源的音读材料一起都收入了金光洙（Kim 1991）的著作中。金光洙在他著作的36—47页对这些注音作了音位说明。本文将它们还原回可能的音值，以求合用。

2.金尼阁（Niklaas [Nicola, Nicolas] Trigault)（1577—1628),《西儒耳目资》，1626年出版。本文首列原著的拼写形式，然后在方括号中给出可能的音值，后文仿此。①

3.万济国（Francisco Varo), *Arte de la Lengua Mandarina*（《华语官话语法》), 1703年。

4.马若瑟（Joseph Prémare), *Notitia Linguae Sinicae*（《汉语札记》), 1730年。

5.卫三畏（S.Wells Williams), *English and Chinese vocabulary in the court dialect*（《英华韵府历节》), 1844年。

	申叔舟	金尼阁	万济国	马若瑟	卫三畏
鸡	ki（平）	kī[ki]	kī[ki]	kī[ki]	kí[ki]
家	kja（平）	kiā[kia]	kiā[kia]	kiā[kia]	kiá[kia]
居	kju[ky?]（平）	kiụ̄[ky]	kiŭ̄[ky]	kiū[ky]	kü[ky]
起	kʻi（上）	ʻkì[kʻi]	kʻì[kʻi]	kʻì[kʻi]	kʻí[kʻi]
恰	kʻja（(入))	ʻkiă[k’iaʔ]	—	kʻiă[k’iaʔ]	kiáh[kiaʔ] (sic! aspiration missing)
去	kʻju[kʻy?]（去）	ʻkiụ́[kʻy]	kʻiŭ́[kʻy]	kʻiú[kʻy]	kʻü[kʻy]
喜	xi（(上))	hì[xi]	hì[xi]	hì[xi]	hí[xi]
下	ɣja（(去))	hià[xia]	hià[xia]	hià[xia]	hià[xia]
许	xju[xy?]（(上))	hiụ̀[xy]	hiù[xy]	hiù[xy]	hü[xy]

上述诸例明确告诉我们15到19世纪南京官话是允许软腭音声母出现在前高元音前面的，而且南京话本身即是如此也并非没有可能。②胡垣的《古今中外音韵通例》(1866）是研究南京方言的最早资料之一，这是一本传统语言学的著作。据鲍明炜（1986：384）的研究,《古今中外音韵通例》的音系中只有一类喉音声母，共三个，和南京官话音系中能被观察到的软腭音声母一一对应。现在学界都知道传统的汉语音韵学著作具有保守性和复古性的特点，不进行更多的处理而简单地依靠这类资料作为证据是不行的。但是在本项研究中，不同来源的资料证实胡垣是正确的。

① 译文为了排版方便，只列出柯氏在方括号中给出的音值，特此说明。——译者

② 作者在此处用Nanking Guanhua和Nankingese细分南京官话和南京话两个不同的概念，实际上就是前文所区别的南京官话并非完全等于南京话。所谓南京官话是以南京话为基础的通语。——译者

出版于1864年的艾约瑟（Joseph Edkin）所著*A grammar of the Chinese colloquial language commonly called the Mandarin dialect*（《汉语官话口语语法》）主要研究他那个时代的北京方言。在书中67—69页，作者用其他汉语方言和北京话做比较，在这些比较中就有我们调查所需要的资料。举例如下：

	南京音	北京音
瞎	hiah	ˏsia
恰	k'iah	t'sia'
脚	kioh	'tsiao
觉	kioh	.tsio .tsiau
局	küh	ˏtsu
屈	k'üh	ˏt'sü
血	hiuèh	'sie

这些调查证明了胡垣提供的第一手资料是可信的。我们可以下结论，19世纪中叶南京话在前高元音前允许有软腭音声母。

回到19世纪的最后十年，我们找到屈奈特（Franz Kühnert）分别于1894年和1898年两次对南京方言所作的描写。由于这两处描写都与本课题有关，我们译出相关部分。

屈奈特（Kühnert 1894：14—15）

g　不送气的*k*-音，听起来比德语的g要紧。

k　带有强烈的送气的*k*-音。

gj　像受到*i*影响过的音，比如IPA的半元音j。大部分南京人的发音听起来像腭化过的*d*，比如*dj*-。

kj　像受到*i*影响过的*k*-音，它听起来像*tχ*，比如腭化过的*t*。大部分南京人发*gj*和*kj*音时还保留着*k*-音。

h　在德语*Rache*中的*ch*-音，例如IPA中的χ。

hj　像是被*i*影响过的*ch*-音。它就是德语*ich*中的*ch*，例如IPA中的ç。同时这个音已经和*i*合在了一起。

屈奈特（Kühnert 1898：7—8）

g　比德语的音要紧。

k 带有强烈的送气。

h 德语*Rache*中的*ch*-音。

gj 通常听起来像*dj*，像Magyar中的*gy*，但是也像*gj*。

kj 通常听起来像*tch*，比如IPA中的ʧ，但是也像*kj*。

hj 与ï合起来的*ch*。

屈奈特描写的*gj*、*kj*和*hj*实际上反映了南京话里喉音出现在前高元音之前的事实，这是很有趣的。显然，在一些说南京话的人那儿，某种类型的腭化已经发生了，那是介于同一时期北京话中的硬腭音和接近“纯粹的”软腭音之间的音，以及不同类型的处于“硬腭-软腭”过渡阶段的音。腭化的发音形式“经常”可以听到，但是“许多人”仍然保持着软腭音形式。事实上，屈奈特似乎很难对正处于演变中的语音给出一个简洁的描写。遗憾的是，他对于哪一个语言社区正在发生着腭化现象没有从社会语言学的角度进行观察。

将屈奈特的调查和另一位说德语的赫美玲（H.Hemeling）（1907）稍晚一点的调查成果相比较非常有趣。曾经作为博士论文的赫美玲的著作，虽然用了德文书名，却是用英文写的。他的研究立足于知识阶层的标准发音（p.vi）。他特别指出，他的研究不涉及俗词土语。他相当熟悉屈奈特的著作，并且声明屈奈特的语音描写在某些地方和他自己的有所不同。对我们所研究的声母，他指出（1907：5—6），“……喉音*k*和k^h（在*i*和ü之前）只在土语词中保留着它们旧的发音，即使这样，也并非在所有的土语词都保留着旧读。南京知识阶层的语言中，下列腭元音影响他们，使他们的语音变成混合语音，就像下文所描述的那样。……南京话*i*和*ü*前面的*h*……很可能也失去了他们旧的发音。”我们发现后文还有与此问题相关的论述（Hemeling 1907：24—25）：“在腭化元音*i*和*ü*（同时也包括复合元音*ia*，*iao*，*ieh*，*üen*，*üeh*等）之前的*ch*，但是不在喉音化元音*ih*（比如在*chi*，*chia*，*chiang*，*chieh*，*chü*，*chüen*等）之前，存在着介于英语*jingle*的*j*和*giddy*的*g*之间的音。它不包含前者尾部的、弱化的和带有浊音的*sh*，同时也不像后者听起来那样硬。它更接近于不带浊音的*d*或者是腭化的*g*（就像在*giddy*中）和清擦音的混合体，就像北部德语*ja*中的*j*。在白读中，老派发音（清音、弱化、不送气的*k*）很容易被分辨出来。”赫美玲对南京话腭音声母的印象实际上和屈奈特没有什么不同。这些音都有一个硬腭-软腭音的中间地带。对赫美玲而言，在知识阶层的正音中，这些音已经完全确立了他们的地位。但是老派的舌根音依然在城市的市井阶层中占据着一席之地，这也就是赫美玲所说的白读阶层。

劳乃宣（1843—1921）的《增订合声简字谱》提供了同一时期的不同类型的佐证。

这是一本完全摆脱了传统格局的语音学著作。相反，它试图为南京方言制订出一份音节表。正如同鲍明炜所指出的（1986：388—390）：劳氏的音韵系统中区别出了两套不同的腭音系列，使用了两套不同的字母来标示，如tɕi、tɕ^{h}i、ɕi和tɕy、tɕ^{h}y、ɕy（鲍文将劳氏原来的标音符号替换成了国际音标）。这种字母标示可以看作是以建立在社会语言学层面上的语音描写为基础的，这和赫美玲的做法完全相同。

1929年，赵元任发表了南京话的音系描写。他熟悉南京方言始于1907年至1910年，也就是他居住在南京的这几年。但是他这篇文章的调查记录却是在1927年作的。他记录了一套腭化声母系列，他说，“[tɕ，tɕ^{h}，ɕ] 比北平的略后，但不到德文*ich* [iç] 里 [ç] 的程度，所以现在用近来国际音标里新订的ɕ，代表这称普通部位的舌面腭音（palatals），细说起来，这里的*t*字也应作带左横钩的*t*，因也它也是舌面与腭接触的音，但因为后头已经有ɕ号了，所以第一字母可以从简了。”① 有意义的是，赵元任没有提及舌根音或硬腭-软腭音的音位变体。在他所处时代的南京话，这显然已经不再是值得注意的语音特征了。然而赵氏评论说（1017页），城北的某些发音人已经开始将出现在前高元音之前的*ts*、*ts*^{h}、*s*混入到腭音里去了。他认为这是一种扬州方言特征侵入“纯正的”南京话的表现。

就像此前提到的，刘丹青（1994）对南京话最新的描写确定了一套硬腭音系列，对这套声母他没有做特别的语音学观察，也没有提及舌根音、硬腭-软腭音以及这些声母的后缩变体。在一些年龄最老的受访人中，有一部分人在前高元音之前能很好地区别硬腭音（palatal）和擦音（sibilant），但是还有一部分人则已经模糊了这条界限，这种趋势到中年人那儿更加强化了，至于到了年轻人那儿，两套声母已经完全合而为一，并为硬腭音了。

结　语

我们回顾南京方言高前元音之前的舌根音腭化的证据，可以拟测大约在1860年前后，这一腭化过程还没有发生。无论是中国的资料还是域外转写资料在语音和音位的层面上都没有显露出腭化的蛛丝马迹。到了19世纪90年代和20世纪初叶，域外材料反映出一些变化。在语音的层面，有一种持续的变化趋势，即从后缩的硬腭音向软腭音或硬-软腭音变化。在社会语言学的层面，腭化的趋势在知识阶层的语言中得到体现，而伴随这一趋势的是土语势力对它的抵制。在这一时期，来自本土的材料证实了在语音上明显存在着

① 本段话据赵元任《南京音系》中的原文抄录，《南京音系》又见于商务印书馆2002年1月出版的《赵元任语言学论文集》273—297页。——译者

硬腭音声母系列。约十年时间，近代语言学的描写证明了这一点。因此，我们可以假设发生在南京话里舌根音的腭化在1860年到1900年之间，最先兴起于社会上层，然后波及整个方言群。

我们下一个问题也许是关注这个变化是怎样开始的，又是为什么开始的？这些问题不是很容易回答的，然而也非全无痕迹可寻。在我们研究的关键“腭化时期”的南京语言史既非平滑的也非连续的，事实是在太平天国（1850—1864）时期，南京遭到了实质性的毁坏，城市人口殄灭殆尽。翟理斯（Herbert Giles）（1892：xxvii）就这场灾难对语言的影响做了如下观察：

自从太平天国之后，南京话失去了标准方言的地位，最简单的原因就是城市人口的巨大流失结束了其作为标准方言存在的基础，而现在占据了南京十分之一地区的人口却是来自其他省份或地区的成千上万的目不识丁的移民。

赫美玲同样也了解这个情况，因此他做了如下评述：（1907：2）

太平军占据南京后，随后将之作为都城（1853—1864），南京城的不幸的居民遭受了近乎灭绝的大屠杀之后，它的语言（基于南京话的方言）同样也遭受了灭顶之灾。当清帝国的军队再次占领南京的时候，情况变得更糟。逃脱毁灭的极少数南京原住民已经无力融合太平天国灭亡后从中国其他省份涌来的大量移民。由他们哺育着的标准方言已经不能再通行全南京城，甚至到今天，能够说一口纯正的、不掺杂外路口音的南京官话的人按比例来说已经非常之少。辉煌的时代一去不复返了。

当艾约瑟和胡垣在著述的时候，南京已经成为废墟。他们的描写很可能反映了太平天国占领南京之前的南京话。在这座城市的人口由外来移民再次补充的时期，腭化的分水岭消失了。看起来腭化并非来自翟理斯所说的“目不识丁的移民”，而是赫美玲所说的知识阶层，但是太平天国之后南京的知识阶层又是哪些人呢？谁又说着赫美玲所谓的村俗土语呢？也许历史学家和语言学家的共同探究能够给这些疑问带来曙光。

参考文献

Bào, Míngwéi 鲍明炜. 1986. 'Nánjīng fāngyán lìshǐ yǎnbiàn chūtàn' 南京方言历史演变初探. *Yǔyán yánjiū jíkān* 语言研究集刊, 1:375—93.

Chao, Y. R. 赵元任.1929. 'Nánjīng yīnxì' 南京音系. *Kēxué* 科学, 13:1005—36.

Giles, Herbert. 1892. *A Chinese English dictionary*. London.

Hemeling, K.1907. *Die Nanking Kuanhua*. Göttingen.

Kim, Kwangjo. 1991. 'A phonological study of Middie Mandarin: reflected in Korean sources of the mid-15th and early 16th centuries'. University of Washington Doctoral Dissertation.University Microfilms, Ann Arbor.

Kühnert, Franz. 1894. 'Die Chinesische Sprache zu Nanking', *Sitzungsberichte der Philosophisch-Historischen Classe der Kaiserlichen Akademie der W issenschaften, Wien* 131. Abhandlung VI, 1-38.

——. 1898. *Syllabar des Nankingdialektes oder der correkten Aussprache sammt Vocabular*. Wien.

Liú, Dānqīng 刘丹青.1994. "'Nánjīng fāngyán cídiǎn' yǐnlùn"《南京方言词典》引论. *Fāngyán* 方言 1994, 2:81-102.

Prémare, Joseph. 1730. *Notitia Linguae Sinicae*. First circulated in manuscript; then published: Malacca, 1831; Hong Kong, 1893. [Only the 1893 edition is used in the present study.]

Trigault, N. 1626. *Xīrú ěrmùzī* 西儒耳目资. Reprint of the Wénkuítáng 文奎堂. Peking, 1933.

Varo, Francisco. 1703. *Arte de la Lengua Mandarina*. Edited by Pedro de la Piñuela. Canton. Edition held by the Bibliothèque Nationale de France.

Williams, S. Wells. 1844. *English and Chinese vocabulary in the court dialect*. Macao.

Yùchí, Zhìpíng 尉迟治平. 1990. 'Lǎo Qǐdà Piáo tōngshì yànjiě Hànzìyīn de yǔyīn jīchǔ' 老乞大、朴通事谚解汉字音的语音基础. *Yǔyán yánjiū* 语言研究, 1990, 1:11-24.

（译者：吴葆勤　凤凰出版社）

万济国与清代早期官话音系[①]

汉语历史音韵学的研究历来受到汉字非字母这一特性的困扰。不仅如此，还有一个问题，就是对近代汉语语音系统的细致描写很罕见。在西班牙多米尼加人万济国（Francisco Varo，又名万济国）的《华语官话语法》一书中，我们发现了对17世纪汉语官话最有意思的处理方法。本文总结了万济国的描写，并介绍了他为清代早期官话编订的罗马拼音体系。

一、引言

《华语官话语法》一书由西班牙多米尼加传教士万济国（1627—1687）于1682年在福州完成，在其去世后于1703年在广州印刷成册。这大概对任何汉语变体而言都是最早出版的一部语法书籍。书中所描写的语言中国人称作“官话”（官方语言），而西班牙语 *la lengua mandarina*（“华语官话”）则是其直译。万济国明确表示，这种“官方语言”是一种以南京话为基础的共同语。因此它是江淮方言，而非北京方言范围内的一种北方话。事实上，这和明末汉语的标准形式基本相同，当时，利玛窦（1552—1610）和他的同事们在中国各地都见到并研究过这一语言形式。万济国的《华语官话语法》将这种语言作为一个整体来进行研究。本文考察的是他对官话语音（声调除外）的处理。他对声调的讨论极具趣味性和重要性，这一方面我们目前已有单篇论文（Coblin 1996）论述过，这里仅简要提及（见下文第六部分）。我们所使用的万济国原文的英文翻译出自一部即将出版的英译本（Coblin 、Levi）。下文中涉及的页码对应1703年版本。

万济国对官话音系学的初步研究可见于书中的第一章和第二章。这本书是针对西班牙语读者的；并且，正如他那个年代写作的特点，该书主要是对拼写体系的论述，而并非从语音学的角度来阐释。书中似乎有一个基本的假设，即那些罗马字母基本上可以用

① 本文英文原文刊于 *Journal of the American Oriental Society*（《美国东方学会杂志》）1998年第118卷第2期第262—267页。

同时代的西班牙语读出来，几乎或根本不需要解释。因此，书中的讨论部分主要针对西班牙语读者根据其母语发音形式不能发出正确的汉语读音时的情况。除了这种面向西班牙语的官话语音处理外，序言中还有一套给法语读者的注释。万济国提到自己并不懂法语，但在这一节中，他得到了一位“博学”之人的帮助。他没有说明这个人的国籍。本文中，我们将主要利用书中西班牙语的部分，其次是法语的部分，来阐释万济国的官话语音系统。

万济国使用的罗马拼音系统并非他自创。相反，主要是在利玛窦的指导和影响下，从16世纪末到17世纪初这几十年间发展起来的一种系统。似乎主要是以葡萄牙语为基础，因为葡萄牙语是那时传教的通用语言。这个系统成为17世纪中国境内天主教传教士的官方标准，并在一定程度上被金尼阁（1577—1628）在其著名的音节表《西儒耳目资》中“编订”过。它似乎对说南部罗曼语系语言的人影响相当大。不过，正如我们所看到的，对于最终为汉语建立了自己的拼写体系的法国人来说，却并非如此。万济国为了惠及西班牙语读者，对借用的罗马拼音系统做了一些改动。

二、声母

1. 送气音

万济国的官话区分了送气音、塞音和塞擦音。送气音的标志是一个撇号样的音调符号，这个符号可以写在一个音节中声母辅音后的任意位置，而实际中它经常被加在末尾的位置上。似乎万济国将其视为了一个与声调相关的超音段特征而非声母的特征之一。他将之命名为“喉音”，事实上他建立了一系列与“普通音”平行的“喉音”来解释这个问题。他详细描述了送气音的本质和发音方式，大概是因为西班牙语读者会发现，送气阻碍和普通阻碍之间的音位区分既陌生又难以掌握。在本文中，我们按照万济国拼写系统中的图形惯例，将撇号放在它所在音节的声母辅音的后面。

2. 唇音、唇齿音、齿音

下面是万济国官话中的唇音、唇齿音和齿音。

p［p］	*p'*［p'］	*m*［m］	
f［f］	*v*［v］		
t［t］	*t'*［t'］	*n*［n］	*l*［l］

上面每一对的第一个字母是万济国拼写体系中的形式，后面括号中是他推测的音值。除了送气音的标记，这些辅音在万济国的论述中没有特别的处理。除了送气标记这一点，讲西班牙语或法语的人很容易就能掌握它们。

3. 喉音

包括以下辅音：

k [k]　*k'* [k']　*g* [ŋ]　*h* [x]（或 [h]？）

万济国对声母*g-*的发音没有任何解释。同时期以及包括稍早或稍晚时期的官话传教士拼音通常写作*ng-*而非万济国的*g-*。例如，比较以下*ài*爱：

葡萄牙语-汉语字典（约1580）	*ngai*
利玛窦-罗明坚字典（约1580）	*ngai*
利玛窦（约1605）	*ngái*
金尼阁（1623）	*gái*
万济国（1682）	*gái*
马若瑟（1730）	*ngái*

在给法语读者的注释中，万济国保留了这些例子中的*g-*，但只在一个例子写成*ng-*（他把*gô*鹅为法语读者写成*ngôs*）。无论如何，它在汉语中的潜在发音似乎是一种后鼻音。

关于*h-*，万济国（Varo 1703：18）认为，“以*h*开头的单词发音时应该用力碰撞后面的元音，像安达卢西亚人发音的方式那样”。在万济国时期，用字母*h*写的喉擦音在许多西班牙方言中已经消失。然而，它保留在安达卢西亚西部，至今仍存在于万济国的家乡——塞维利亚（Lloyd 1987：322）。现代南京话和所有被调查过的江淮方言中对应的擦音是舌根音 [x]（江苏省和上海市1960）。

4. 半元音 [w]

除了代表性的 [ŋ]，声母*g-*在万济国的拼写体系中还有另一个功能。这种用法只出现在词尾*-oei*的拼写前。在这些情况中，其他罗马拼写体系不使用和万济国*g-*对立的*ng-*形式。相反，他们要么用*g-*，要么什么也不写；例如，*wéi*为：

葡萄牙语-汉语字典（约1580）	*guei*
利玛窦-罗明坚字典（约1580）	*guei*
利玛窦（约1605）	*guêi*
金尼阁（1623）	*goêi, uêi*
万济国（1682）	*goêi*
马若瑟（1730）	*ouêi*

潜在的发音可能是一个半元音［w］，可能被一些转录者写作［γ^w］。［w］和［v］是互补分布的，这一事实可以通过比较万济国书中下列字音的情况，看出：

［v］

瓦 *và*，外 *vái*，晚 *vuàn*，晚 *vuàn*，万 *vuán*，弯 *vuān*，忘 *vâng*，

王 *vâng*，妄 *váng*，往 *vàng*，望 *vuáng*，未 *ví*，微 *vûi*，违 *ví*，

文 *vuên*，问 *vuén*，勿 *vuǒ*，物 *vuě*，侮 *vù*，无 *vû*

［w］

谓 *goéi*，危 *goêi*，位 *goéi*，威 *goēi*，为 *goêi*，*goéi*

二者可以视为同一个音位的音位变体。在讲官话的人中，［v］和［w］的使用似乎存在一些分歧。万济国（1703：18—19）告诉我们，“我们应该注意到，一些中国人可能会说*guei*或*vuei*；然而，汉语中正确的发音应该是紧密的，发成*goêi*。”

与之相关的是零声母的单词“尾”*uì*。也许有人会认为这个音节在万济国体系中应该写作*vì*，但实际上书中两次写的都是*uì*。

5. 咝音

咝音如下：

çh［ts］　*çh'*［ts'］　*s, ç*［s］

万济国建议将法语中的咝音写成*ts-*，*ts'*和*s-*。在早期利玛窦、金尼阁等人的拼音系统中，这些辅音写成了*ç-*，*ç'-*和*s-*。但万济国（1703：7—8）认为：

我们还建议，以*ç-*开头的单词应在其后的元音前加上*h*，例如，*çhó*、*çhí*，因为

西班牙人特别需要插入*h*的发音。这些单词在一些词汇表中只有元音，例如*çŏ*或*çă*。但是，[*h*]在汉语中的发音是可以感知的，所以书面形式中[*h*]还是必要的。还有许多用*s*、*u*，以及圆点写的单词，这些单词有*ç*，没有*h*，例如，*sú*事“事物”，*sù*死“死亡”，分别读作*çú*和*çù*。每个国家都以自己的语言为基础，所以这些分歧是因为不同国家转录者转写汉语的差异所导致的。

关于这些音的实际发音，万济国（1703：18）认为，“那些以*çh*开头的单词发成一种口齿不清的、嘶嘶作响的声音……”

现在，有意思的是考察万济国拼写偏好背后的拼音和音韵背景。比较古老的罗马拼音是以葡萄牙语为基础的，它实际上反映了早期同样存在于西班牙语中的惯例。根据劳埃德（Lloyd 1988：328—335），字母*ç*最初表示一个齿音塞擦音/ts/。之后在18世纪初的去塞擦音化过程中，西班牙大部分地区产生了齿间擦音。最终，它与*s*/s/融合，或作为齿龈音，或作为齿间擦音，这就是著名的*ceceo-seseo*现象。利玛窦–金尼阁拼音体系反映了葡萄牙语*ç*表示/ts/的阶段。在万济国时代之前，西班牙语就已发生了去塞擦音化。因此，万济国增加了*-h-*作为一种发音符号来表示汉语以[ts]和[ts’]开头的音节。除了已经有[sɿ]的音节，他把汉语的[s]写成西班牙语字母*s-*。这里他觉得西班牙齿间首字母更合适，所以他更喜欢把“死”拼成*çù*而非*sù*。

6. 卷舌音

包含这4个音：

ch[tʂ]　　*ch’*[tʂ’]　　*x*[ʂ]　　*j*[ʐ]

在相近的时期内，*ch-*相当于一个西班牙语的硬腭塞擦音。之前的*x-*表示一个清硬腭擦音/š/，而*j-*表示对应的浊音/ž/。后来，/š/和/ž/都演变成了舌根擦音/x/；劳埃德（Lloyd 1988：343）已经在16世纪的材料中找到了这一变化的证据。这些演变在万济国时期的西班牙语形式中所达到的阶段还不确定。无论如何，万济国（1703：18）对官话中*x-*和*j-*的发音做了以下阐释：

以*j*开头的单词的发音就好像有两个*ii*一样，用某种程度的力量和中等数量的嗡嗡声相互碰撞，而不是用欧洲人的发音方式……以*x*开头单词的发音，是通过稍微张开嘴唇，首先发出相同的嗡嗡声，变得更加柔和，然后对着舌尖直到舌尖上扬，就像西班牙的乡巴佬一样……葡萄牙人能很好地自然地发音。

这些论述指向一种卷舌的音，并且在当时的讨论中，标准葡萄牙语中确实存在一个卷舌音或卷舌的咝音（Entwistle1969：302—303，311）。万济国（1703：18）简要地提到以*ch-*开头的单词要发成“普通的，就像他们听起来一样”。这表明它可能是一个腭音。然而，从中国人的角度来看，这一系列由硬腭和卷舌混合而成的阻碍似乎是不协调的。或许假设这些音就是卷舌音更好理解，而这些擦音的卷舌特质更加引起了万济国的关注。在这里，万济国提议为法语读者把西班牙语的*ch*换成*tch-*。他建议用法语的*ch-*代替*x-*。不建议修改*j-*。

7. 零声母

万济国详细论述了官话中没有可以以元音*a*或*e*开头的单词，实际上他的书中也没有这样的音节。文中只有一个以元音*o*开头的音节，即“恶”*ŏ*（坏的，邪恶的）。以*u*开头的单词相当罕见。有以下几例：

尾 *uì*

五 *ù*

恶 *gú, ú*“厌恶，憎恨”

二 *úl*，而 *ûl*，耳 *ùl*，儿 *ûl*，耳 *ùl*

上面提到的单词“尾”*uì*，我们已经注意到它的预期形式可能是*vì*。我们发现了“恶”的变体*gú*和*ú*（即［ŋu］和［u］）。“五”应该是*gù*（即［ŋu］）而非*ù*（参见“悟”*gú*，午*gù*），但实际上书中的“五”只发成*ù*。如下文所述，*ul*型音节可能已经相当于音标［ɚ］。

书中*i-*开头的音节相当普遍。万济国（1703：17—18）就此谈到：

以*i-*开头单词的发音似乎简单而流畅，例如*ín*印“印刷”，*în çhù*银子“银子”，*ìn lú*引路“指路，引导”。这确实是正确的发音方式，但在某些方面他们（即中国人）在发音上加入了某种力量，所以似乎有两个*ii*。尽管人们在说它的时候可以接受，但这并不是完全正确的，因为人们原本可以更好地理解它。

这似乎表明，对于一些说官话的人来说，首字母［i］有个相当强的半元音性的前滑音，即［ji］，万济国认为这是不标准的。

万济国的拼写系统里没有单独由*i*组成的音节，这样的情况应该是被拼写成了*y*，例如，依ȳ，宜ý。

三、韵尾辅音

万济国识别出了官话中的三个韵尾辅音，即*-ng*、*-n*和*-i*。这里的*i*，万济国称为“辅音”（1703：7），可能相当于韵尾的半元音［j］。*-ng*韵尾表示［ŋ］。这个音给早期的以葡萄牙语为基础的罗马拼音制定者带来了极大的困难，他们最终决定写成*-m*。但是，多亏了西班牙语语音系统的特殊性和自身的拼写惯例，万济国可以很容易地解决这个问题。他（1703：7）评论道，“在基督教之父（耶稣）的词汇中，有很多单词以*m*结尾。但是我们应该把*m*写出来，然后像以*ng*结尾一样说出来。这是因为葡萄牙人的祖先是用张开的嘴唇发*m*音的，像发*ng*一样。但卡斯蒂利亚语的发音不是这种类型。正因为如此，它应该像我们刚才提到的那样写和说。”

与现代语音学家不同的是，万济国没有意识到第五声或入声单词中韵尾［ʔ］的存在。对他来说，单是音长就已成了这种闭音节的显著特征。

四、元音

在官话语音系统中，万济国发现了5个元音，西班牙语与之对应的音显然让人非常满意：

i［i］　*u*［u］
e［ɛ］　*o*［ɔ］
a［a］

元音*i*在卷舌后就变得r音化或者说带有r音色彩。万济国对此不作评论，但金尼阁（1626：第一册53b—54a）注意到了这一点。无论如何，它的r色彩不可能很强。一个多世纪后，马礼逊（Morrison 1815—1822：第二册1：32）认为，在他那个时代，以南京话为基础音的共同语中，*shi*“世”的元音和*mĭ*“米”的元音几乎相同，但其音色和当时北京话“世”中的元音［ʅ］①有很大不同。

---

① 此处英文原文中是［ʃ］，疑为印刷错误，应是［ʅ］。——译者

对于*e*，万济国（1703：17）确实增加了一些细致的观察结果：

> 当*e*前面没有其他元音时，所有以*e*结尾的第五声的单词，和以*eu*结尾同时*e*前面没有其他元音的带有简单声调的单词，都是通过压缩牙齿间的声音来发出的，在舌头没有发音或运动情况下，声音在那里变小，就像嘴巴里有什么东西似的，例如，***mĕ***墨“墨水”，***pĕ***白“白的”，***hĕ***黑“黑的”，***tèu***斗“斗”（一种干量单位），***téu***荳“豆子”。但在***çhièu***酒“酒”和***liĕ***裂“裂开”中并非如此。两者都用一般的方式发音，因为上面提到的元音，也就是*i*，出现在*e*和*eu*之前。

这里万济国详细描述了同音变体。这个发出来“就像嘴巴里有东西似的”、有问题的音值，可能就是［ə］。

官话中还有其他一些元音，和西班牙语中的任一元音都有很大的不同，因此不太容易被转写。在罗马拼音中这些元音常常用在上方写一个圆点来标记。圆点是从早期的利玛窦-金尼阁标注录继承来的，它在利玛窦-金尼阁体系中明确地被当作元音的变音符号。然而，万济国将所有的变音符号都视为超音段符号，因此可以说表示了一种“声调”，尽管他没有用音高或曲线来描述随之产生的带点元音。相反，他（1703：14）说，“这些声调的发音是通过在发音结束时稍微闭上嘴唇来实现的……严格来说，这是发元音*u*的自然方式（尽管不像中国人和法国人那样矫揉造作）。”他（1703：14—15）接着说：

> 这在有*u*的词中是很常见的，当插入这样的点时，特别是在有*i*和*u*的双元音中，如***hiǖ***虚“空的，空无的”，***niù***女“小女孩”，和其他这类词。但是，当我们发*u*的时候不去特地压缩嘴唇，发*i*时就应该张开嘴；而发*u*时应该闭上一些，例如，***kiǖn***军“士兵”，是不圆唇的。同样，当*u*后跟着*e*时，这时*i*该开口，最后闭口，接着再随着*e*再开口，例如，***liuén***恋“喜欢上，爱上”，***kiuén***卷“抄本，练习本”，***hién***炫“杰出的”，***çh'iuên***全“全方位的”（“全部，各方面，每一处”）。之所以这么发音，是因为每个字母自身的自然发音，并且因为在这些双元音中，连接的元音没有发音，因此它们是可分离的。在这些例子中，***hiǖ***虚和***niù***女，*i*和*u*形成了一个双元音；这样发音，*u*的发音或紧缩要低些，*u*的发音是撮口的。

一开始，很重要的一点是万济国明确地声明，他所说的“双元音”*iu*的两个组成部分是不能分开来发音的。那么，这里“双元音”这个词似乎和现代术语“两个相连字母表达单个音素”对应，它在这里指用并列字母来表示一个单个实体。万济国对法语读者的建议里也证实了这一点，就是只需要用*-us*来代替有问题的汉语字母。在此期间，拼音的组合*us*相当于法语中的长音［y:］（与平*u*对比，后者表示较短的［y］；见Catach 1995：1158）。而这反过来又表明，它在汉语中的潜在发音是一个前圆唇元音［y］。对于以卷舌音开头的音节，万济国写的是平*u̇*而非*iu̇*，例如，chū̇铢、chù̇主。这可能表示［y］的一个卷舌音位变体，即［ʅ］。有趣的是，万济国（1703：16）还表明韵母*-un*中的*u*应该发成像个带点的*u*。他举了两个都是有卷舌声母的例子，即*chùn*准和*xûn*纯。他在给法语读者的建议中提供了另外两个例子，第一个例子中声母是齿龈音，即*tsūne*尊和*tch'ūne*春。我们可以怀疑它的韵母是卷舌音后的［ʅn］，和非卷舌音后的［yn］。有趣的是，正如上面提过，万济国在喉音后面写韵母［yn］时，用的是*-iu̇n*［～*-iun*］而非*-un*。

喉音后的圆点*u*还有另一个功能。万济国（1703：15—16）提出：

> 我们必须注意到的事实是，以*ç*开头的单词和词语，如带声调的*çhu̇*和*çu̇*音节，即使它们带有圆点，也不适用于撮口这条规则。首先，发这些音节时要微微张开嘴，碰撞牙齿发出*ç*，就像看着摇篮的妇女一样。这就是为什么*ç*和*z*在撮口时不兼容的原因，因为它的自然发音是在牙齿内部的。因此，当它被紧缩时，就会被用这些词或词语添加的特殊的咝音代替。

稍后在同一页中有进一步的阐释：

> 在这个规则内的以*ç*或*çh*开头的单词，发成……张开嘴唇，可以看到牙齿，让舌头以一定的力量撞击牙齿，以便在发音时发出一种嗡嗡声。

这里我们肯定要处理舌尖元音［ɿ］。万济国通过它缺乏圆唇来明确地区别于［ʅ］。虽然是用同样的方式写的，但这两者之间没有相混淆的危险，因为它们发生在相互排斥的环境中。

万济国（1703：15）指出，带点*o*的发音几乎和*u*一样，并且还说道：

> ……合上嘴唇来念*ȯ*会使它变成*u*，因为*u*的发音是用同样的方式完成的。因此，为了正确地发音，我们必须在试着发*ȯ*的时候呼吸，同时闭上嘴唇。发出来的是一个感觉不到的有*o*又带上个*u*的混合物，例如，*chȯ̌*竹“竹子”，*hiȯ̌*畜“养殖动物”，*lȯ̌*绿“绿的”，*pȯ̌*不“不”。

对于法语读者而言，推荐的转写是*-ǒu*，即非常短的［u］。这里我们似乎需要一个央高或半高的后元音，也就是［ɷ］或［ʊ］。

与前面位置对应的*ȯ*是个带点的*e*，在卷舌音前写成*ė*，在其他位置上写成*iė*。对此万济国（1703：15）说："圆点还可以加在以*e*结尾或在*ie*中的单词上，都是加在简单型和喉音型上，像双元音那样发音，既不是单独的*e*，也不是单独的*i*，例如，*çhiḕ*积'聚集，堆积'，*çh'iḕ*七'七'，*çh'ḕ*吃'吃'"。潜在的音可能是一个央高或半高低的前元音，即［ɪ］。建议法语读者写成*ĭ*。

万济国（1703：18）在音节*ul*这里写了特殊的一段：

> *ul*音是以一种用非常特殊的方式发音的，耶稣会/教会把它写成两个字母*lh*。它只有三个声调，分别是第二声、第三声和第四声；发音时，嘴唇稍微合在一起，牙齿是看不见的。下颚应该稍微张开，舌尖应该抬高到上颚，微微卷曲。就像我们发西班牙单词*chaul*（"一种蓝色的丝织品"）中的*ul*一样。然而，这种情况下*u*就几乎不发音了，例如，*ûl çhù*儿子（"儿子"），*ùl tò*耳朵（"耳朵"），*úl kó*二个（"两个"）。

尽管实际写成元音*u*，万济国提醒我们"这个*u*几乎不发音"。这里可能发成［ɚ］。

五、韵母

万济国体系的韵母如下表所示：

a［a］ *ia*［ia］ *ua, oa*［ua］ *ai*［ai］ *iai*［iai］ *uai, oai*［uai］ *ao*［au］ *iao, eao*［iau］ *an*［an］ *uan, oan*［uan］ *ang*［aŋ］ *iang, eang*［iaŋ］ *uang, oang*［uaŋ］ *ǎ*［aʔ］ *iǎ*［iaʔ］ *uǎ*［uaʔ］

i［i］ *in*［in］ *ing*［iŋ］

u［u］ *ui*［ui］ *un*［yn,ɭn］ *ung*［uŋ］ *iung*［iuŋ］ *ǔ*［uʔ］

ul［ɚ］

iù［y］ *iǔ*［yʔ］ *ù*［ɿ］（咝音后），［ʅ］（除咝音外） *ǔ*［ʅʔ］ *iùn*［yn］

e［ɛ］ *ie*［iɛ］ *iue*［yɛ］ *uei, oei*［uɛi］ *eu*［ɛu］ *ieu*［iɛu］ *en*［ɛn］ *ien*［iɛn］ *uen, oen*［uɛn］ *iuen*［yɛn］ *eng*［ɛŋ］ *ě*［ɛʔ］ *iě*［iɛʔ］ *uě, oě*［uɛʔ］ *iuě*［yɛʔ］

ḕ［ɪʔ］ *iḕ*［iɪʔ］

o［ɔ］ *uo*［uɔ］ *uon*［uɔn］ *ǒ*［ɔʔ］ *iǒ*［iɔʔ］

ȯ̉ [ɷʔ] *iȯ̆* [iɷʔ]

以*u*-和*o*-开头的最后一对韵母，比如*uan-oan*，*uang-oang*等等，在系统中呈互补分布，可能是同音变体。*iao-eao*和*iang-eang*两对也是这样。

六、声调

万济国的官话体系中有五个声调，书中第二章有相当详细的描述。我们把它们列在下面，同时还列出我们在另一篇论文中（Coblin 1996）中对其构拟的音值：

Qīngpíng 清平 中或中高平，写时带有长音符，如，*ā*

Zhuópíng 浊平 低降落，写时带有扬抑音符号，如*â*

Shǎng 上 中降 写时带有抑音符，如*à*

Qù 去 中高向高升，写时带有尖锐音符，如*á*

Rù 入 中升后受阻或被打断，写时带有短音符，如*ă*

当第三声或第四声后的音节后接相同声调的音节时会产生变调。万济国（1703：11）提出，在这种情况下，第三声的变调“几乎是第一声”，而第四声的变调“倾向于第一声”。这一规则就好像是，当第三声后接另一个第三声时，前一个第三声并没有像预期的那样下降那么多，而是在某个较高且接近声音中点的位置结束。在万济国看来，这就提供了一个更简单的从第一个第三声到第二个第三声的过渡，因此产生了一个在某种程度上类似于第一声的中平曲线。同样地，当第四声在另一个第四声前时，第一个第四声并没有达到它能达到的高度。因此，可以得出，第三声的变调是以微低于中平结尾的中降调，而第四声的变调是以稍高于中平结尾的升调。

参考文献

Catach, Nina. 1995. *Dictionnaire historique de l'orthographie française.* Paris.

Coblin, W. South. 1996. "Tone and Tone Sandhi in Early Qīng Mandarin." *Yuen Ren Society Treasury of Chinese Dialect Data*, 2: 43-57.

Coblin, W. South, and Joseph A. Levi. In progress. *Grammar of the Mandarin Language*（An English translation of the Arte de la Lengua Mandarina of Francisco Varo).①

Entwistle, William J. 1969. *The Spanish Language, together with Portuguese, Catalan and Basque*. London.

Jiāngsū shěng hé Shànghǎi shì fāngyán diàochá zhǐdǎozǔ 江苏省和上海市方言调查指导组.1960. *Jiāngsū shěng hé Shànghǎi shì fāngyán gàikuàng* 江苏省和上海市方言概况. Jiāngsū rénmín chūbǎnshè.

Lloyd, Paul M. 1987. *From Latin to Spanish*. Philadelphia.

Morrison, Robert. 1815-1822. *Dictionary of the Chinese Language, in Three Parts*. Macao.

Prémare, Joseph. 1730. *Notitia Linguae Sinicae*. First circulated in manuscript; then published: Malacca, 1831; Hong Kong 1893. [两版本文中均有使用]

Trigault, N. 1626. *Xīrú ěrmùzī* 西儒耳目资. Reprint of the Wénkuítáng 文奎堂. Peking, 1933.

Varo, Francisco. 1703a. *Arte de la Lengua Mandarina*. Edited by Pedro de la Piñuela. Canton. Edition held by the Bibliothèque nationale de France.

（译者：曹媛　南京师范大学文学院）

① 该书2000年已出版。详见Coblin, W. South, and Joseph A. Levi. 2000. *Francisco Varo's Grammar of the Mandarin Language (1703)*. John Benjamins Publishing Company。——译者

接触、沿流和趋同在南京官话中的作用[①]

一、引论

明清官话被广泛认为是一种跟南京话有关的共通语（koine）（鲁国尧 1985；Yang 1989；Coblin Ms. 1）。在过去的四百年间，南京官话连同它的近亲——南京城的实际方言，一起经历了各种音变。这些音变很多都跟作为普通话基础的北方方言中的变化类似，甚至基本一致。相似的过程很可能已经在广大北方方言或北方中部的方言里发生了，它们聚合形成一种“沿流（drift）”（Sapir 1921：第7章；Malkiel 1981）：所有这些方言都向具有“北方话（Mandarin）”或“类北方话（Mandarin-like）”特征的音系结构漂移。本文旨在从几个方面考察这一趋势在南京共通语和南京城内方言中的表现。

二、材料和方法

2.1 材料。本文所引用例的相关信息将按照固定的模式进行罗列，具体情况如下：

例字行。首先列出音节在普通话中的读音，用罗马拼音加以转写。接着列出音节所对应的汉字形式。最后是高本汉构拟、李方桂修订的《切韵》音系的拟音形式（以下简称QYS）。我们引用高本汉的构拟，是为了便于说明例字在QYS中的音韵地位。这些拟音没有加星号，不作为任何一种汉语早期形式的有效构拟。

O行。该行采用取自《蒙古字韵》的八思巴字母拼写形式，所据版本为照那斯图、杨耐思（Junast and Yang 1987）。它们也许可以追溯到13世纪晚期。这些拼写形式首先根据柯蔚南（Coblin Ms. 2）引介的系统进行转写，并在圆括号中标明调类。接着是该拼写形式的拟音，列此拟音只是出于兴趣，仅供参考。我们认为这些拟音可能是以13世纪的

---

① 英文原文发表于《汉语史研究集刊》第二辑（巴蜀书社2000年）第379—425页，原文后附董秀芳教授所译中文摘要，笔者翻译时多有参考，中译题目即沿用董说。——译者

一种或多种中原或北方中部方言为基础的；此处无意争论它代表的是南京官话还是南京方言本身。

A行。明代早期。训民正音（Han'gŭl）的字母表中存有这份资料，来源于朝鲜汉学家申叔舟（1417—1475）。包括以下几种数据类型：

SR—申氏所录"正音"，来自：1）《洪武正韵译训》（1455年成书）；2）《四声通考》（约1450年成书），这本佚书的拼读保留在崔世珍（1478？—1543）的《四声通解》（1517年成书）中。

PR—申氏所录"俗音"，保存在《洪武正韵译训》和《四声通解》中。

LR—崔世珍《翻译老乞大》《翻译朴通事》中的"左音"，它们被认为来源于申叔舟。

尉迟治平（1990：18）指出，其语音基础是15世纪明代官话的变体。据金光洙（Kim 1991：第3章），SR代表一种相当理想的《洪武正韵》音系的读音，PR和LR则是基于申叔舟听到并记录的当时的实际发音。尉迟治平（同上引用）也认为这两类材料（即SR vs. PR/LR）源自两位不同的汉语发音人，历史资料显示他们都曾是申叔舟的调查对象。这些不同类型的朝鲜语转写材料和随后引用的明清官话变体之间的确切关系仍待进一步确认。因此，列出朝鲜语材料只是出于兴趣和对便于参照的考量。这些形式皆取自金光洙（Kim 1991）。此份资料给出了音位（phonemic）转写，但我们把它还原到了相应的严式或者说是语音（phonetic）形式（正如金光洙所确定的），这对践行本文的宗旨更有帮助。在这里，我们用［y］代替金光洙的［ju］。

除了以上提及的形式之外，我们有时也会参考另一种数据：崔世珍的"今俗音"（CPR）和"右音"（RR）。前者见于《四声通解》，后者见于《翻译老乞大》《翻译朴通事》。尉迟治平（同上引用）认为这些读音是以16世纪的某种辽东方言为基础的。它们皆引自金光洙（Kim 1991）。

B行。明代晚期。这些资料可分为两类：

普通类：代表性材料有二。其一是**利玛窦**（1552—1610）逝世前十年间在北京完成的系列文章。其中的汉字伴随着相当复杂的罗马形式，这些罗马形式表现出了具有普遍的内在一致性、有详细的声调指示等特点。这份材料在晚明时期的中国有一定的通行度，其中一部分现今还保存在《西字奇迹》（见文字改革出版社 1957）中。其二为《西儒耳目资》，它是一张大型的官话音节表，由**金尼阁**（1577—1628）编成，刊行于1626年。这些材料，以及下列最初未采用IPA转录的后续资料，我们将在方括号中给出建议性的语音解释。

南方类：这些数据源自两种材料：1）罗马耶稣会档案馆藏**《葡汉辞典》**手稿。该文本（编号"ARSI Jap.-Sin. I, 198"，共189页，长23cm，宽16.5cm）的编纂当归功于利玛窦和/或罗明坚（1543—1607），据信是16世纪80年代在广州附近编成的（Yang 1989）。它代表的可能是晚明官话的一种地域（而且很可能是南方）变体。我很感谢同事及合作者利维（Joseph A. Levi）博士在使用该文本时提供的帮助。2）系列白话**对话**，包含在上述手稿之中。古屋昭弘（Furuya 1988；1989）研析过这份资料，本文用例皆援引于此。

C行。清代早期。1）**万济国**《华语官话语法》，广州，1703年；实则1684年成书于福州。其内容系早期清代官话的语法。本文数据取自其英译稿（Coblin and Levi Ms.）。特殊法语形式之前将加上缩写"Fr."。新发现的万济国《华语官话词典》手稿是对《华语官话语法》的补充，这份手稿藏在柏林的德国国家图书馆，感谢哥廷根大学的阿兹迈什-法德（Sandra Azmayesh-Fard）博士提供复本。取自词典中的字，我们将用带括号的插入符"Voc."来标识。2）**马若瑟**《汉语札记》，这是一本成书于1730年左右的官话语法书。本文数据首先取自1893年的印刷本，其次参考更早的1831年版。感谢博德曼（Richard Bodman）教授提供后一版本的访问权限。

D行。清代中期。1）**马礼逊**《汉英词典》（三部汇编），澳门、伦敦，1815—1822年；第二部分，第二卷：《五车韵府》，按音序排列（Morrison 1820）。这是一部南京官话词典。2）**卫三畏**《英华韵府历阶》，澳门，1844年。这是南京官话的音节表。

E行。清代晚期的南京话。1）**屈奈特**《南京字汇》，维也纳，1898年。这是一份南京城内方言的音节表。为了解释屈奈特的转写，我们还用到了他早年的一篇文章（Kühnert 1894）。极其复杂的转写在这里已略做了简化和规范。2）**赫美玲**《南京官话》，哥廷根，1907年。这部著作名义上是对南京官话的研究，是南京官话的音节表，实际针对的却是城内的方言口语而非共通语本身。赫美玲指出（1907：v—vi），他记录的南京话跟屈奈特研究的有所不同。

F行。现代南京话。1）**《江苏省和上海市方言概况》**，1960年。2）**《南京方言词典》**，南京，1995年。

2.2 方法。在引用每个例子时，我们都将遵循以上模式列出数据，然后从B行开始检索、观测语音变化。一旦确认发生音变，我们就会尝试判断这一特定过程是否可以从历史上更偏北的标准汉语变体中得到预测。

三、音变的证据

3.1 喉音的腭化。南京话喉音腭化的问题曾作为专题单独研究过（Coblin Ms. 3）。以下例子可说明这一变化：

jǐ 几 QYS kjei:

O. 八思巴：蒙古字韵 gi（上）[ki]

A. 明早期：申叔舟 SR kjej（上）；PR ki；LR ki

B. 明晚期：普通类：利玛窦 —；金尼阁 kì [ki]

　　南方类：葡汉辞典 chi [ki]；对话 chi，qui [ki]

C. 清早期：万济国 kỳ [ki]；马若瑟 kì [ki]

D. 清中期：马礼逊 ké [ki]；卫三畏 kí^{3} [ki]

E. 清晚期的南京话：屈奈特 gjí [ci]；赫美玲 chi^{3} [ci]

F. 现代南京话：江苏省和上海市方言概况 [tɕi$^{22\text{上}}$]；南京方言词典 [tɕi^{11}]

qǐ 起 QYS khjï:

O. 八思巴：蒙古字韵 khi（上）[k'i]

A. 明早期：申叔舟 SR K'jej（上）；PR K'i；LR —

B. 明晚期：普通类：利玛窦 —；金尼阁 'kì [k'i]

　　南方类：葡汉辞典 chi，chij [k'i]；对话 chi，chj，ghi [k'i]

C. 清早期：万济国 k'y [k'i]；马若瑟 k'ì [k'i]

D. 清中期：马礼逊 k'e [k'i]；卫三畏 k'í^{3} [k'i]

E. 清晚期的南京话：屈奈特 kjí [c'i]；赫美玲 ch'i^{3} [c'i]

F. 现代南京话：江苏省和上海市方言概况 [tɕ'i$^{22\text{上}}$]；南京方言词典 [tɕ'i^{11}]

xǐ 喜 QYS xjï:

O. 八思巴：蒙古字韵 hi（上）[xi]

A. 明早期：申叔舟 SR xi（上）；PR —；LR —

B. 明晚期：普通类：利玛窦 hỳ [xi]；金尼阁 hì [xi]

　　南方类：葡汉辞典 schi [xi]；对话 schi [xi]

C. 清早期：万济国 hì [xi]；马若瑟 hì [xi]

D. 清中期：马礼逊 he [xi]；卫三畏 hí^{3} [xi]

E. 清晚期的南京话：屈奈特 hjí [çi]；赫美玲 hsi^{3} [çi]

F. 现代南京话：江苏省和上海市方言概况 [ɕi$^{22\text{上}}$]；南京方言词典 [ɕi^{11}]

由这些例子可知，喉音在南京共通语时期可以出现在前高元音之前。不过，如屈奈特、赫美玲所述，对19世纪末20世纪初的城内方言来说，所论声母被定性为后腭音

（post-palatal）或硬腭-软腭音（palato-velar），连续变异实际上已经到达了软腭的范围。赫美玲特别指出，较低阶层的调查对象表现出对后移变体的偏好，而前移变体在受过教育的发音人中更为典型。

另一方面，据马礼逊（1815—1822：II.II. xii、xviii），北京话前高元音前的喉音早已腭化，他于1807年抵达中国，曾明确指出这一特征是北京和其他一些北方地区所独有的。可见南京话的腭化现象比北京话至少要晚一个世纪，而且时间很可能更长，因为18世纪中期的朝鲜语转写材料已经可以证明华北地区发生了这一变化（Kim 1991：265—266）。

3.2 哒音的腭化。从屈奈特、赫美玲记录的南京城内方言来看，前高元音之前的哒音没有发生腭化。但赵元任（1929：1027）在城北的几位发音人那里发现了该音的腭化迹象，他认为这是侵入“纯粹”的南京话中的一种“扬州化倾向”。在当今的南京城里，刘丹青（1994）注意到一些老年调查对象的哒音尚未腭化，而另一些却存在腭音和哒音变体的竞争。这一趋势在中年群体中得到强化，青年和幼年群体则已完全腭化，跟来源于早期软腭音的硬腭音合并了。以下例子可展现这一历史序列：

jiāng 将 QYS tsjang

O. 八思巴：蒙古字韵（dzyang＞）dzyang（平）[tsjaŋ]

A. 明早期：申叔舟 SR tsjaŋ（平）；PR —；LR —

B. 明晚期：普通类：利玛窦 çiām [tsiaŋ]；金尼阁 çiām [tsiaŋ]

南方类：葡汉辞典 çiām [tsiaŋ]；对话 çia˙ [tsiaŋ]

C. 清早期：万济国 çhiāng [tsiaŋ]；马若瑟 tsiāng [tsiaŋ]

D. 清中期：马礼逊 tseāng [tsiaŋ]；卫三畏 tsiáng^{1} [tsiaŋ]

E. 清晚期的南京话：屈奈特 dsïã¯ [tsiã]；赫美玲 tsiang^{1} [tsiaŋ]

F. 现代南京话：江苏省和上海市方言概况 [tɕiã^{31阴平}]；南京方言词典 [tsiaŋ^{31}]

qiān 千 QYS tshien

O. 八思巴：蒙古字韵 tshÿan（平）[ts’jɛn]

A. 明早期：申叔舟 SR ts’jen（平）；PR —；LR —

B. 明晚期：普通类：利玛窦 —；金尼阁 ˙çiēn [ts’iɛn]

南方类：葡汉辞典 —；对话 çie˙ [ts’iɛn]

C. 清早期：万济国 çh˙iēn [ts’iɛn]；马若瑟 t˙siēn [ts’iɛn]

D. 清中期：马礼逊 tsëēn [ts’ien]；卫三畏 ts˙ien^{1} [ts’iɛn]

E. 清晚期的南京话：屈奈特 tsēïn [ts’ɛin]；赫美玲 ts˙ien^{1} [ts’en]

F. 现代南京话：江苏省和上海市方言概况［tɕ'iẽ³¹阴平］；南京方言词典［ts'ien³¹］

xī 西 QYS siei

O. 八思巴：蒙古字韵 si（平）［si］

A. 明早期：申叔舟 SR sjej（平）；PR si；LR si

B. 明晚期：普通类：利玛窦 —；金尼阁 sī［si］

南方类：葡汉辞典 —；对话 si［si］

C. 清早期：万济国 sī［si］；马若瑟 sī［si］

D. 清中期：马礼逊 sē［si］；卫三畏 sí¹［si］

E. 清晚期的南京话：屈奈特 sī［si］；赫美玲 si¹［si］

F. 现代南京话：江苏省和上海市方言概况［ɕi³¹阴平］；南京方言词典［si³¹］

巴罗（John Barrow）是1793年造访乾隆朝的马戛尔尼使团的成员，他所做的有关北方汉语的语言学笔记显示，在他听到的北京话里，咝音尚未腭化（Barrow 1806：243）。马礼逊也注意到了这一情况；且如我们所见，他对北方软腭音的腭化现象相当敏感。根据艾约瑟（Edkins 1864）的记录，北京话前高元音前的咝音到19世纪中期已经完全腭化。南京话类似的音变则晚了将近一个世纪。

3.3 韵母中的-i-在卷舌声母后面变成-ə-。这一变化出现在两类韵母里。第一类韵母的音变不见于马礼逊、卫三畏笔下的南京官话，但在赫美玲的南京城内方言里有所记录。屈奈特的形式可以代表这一过程的过渡阶段。第二类韵母音变的全过程在屈奈特和赫美玲转写中都得到了呈现。

a）-in 演变为 -əŋ

chén 沉 QYS djəm

O. 八思巴：蒙古字韵 cim（平）［dʐim］

A. 明早期：申叔舟 SR dʐim（平）；PR dʐin；LR dʐin

B. 明晚期：普通类：利玛窦 ch'în，c'hîn［tʂ'in］；金尼阁 c'hîn［tʂ'in］

南方类：葡汉辞典 cin［tʂ'in］；对话 —

C. 清早期：万济国 —；马若瑟 tch'îng［tʂ'iŋ］

D. 清中期：马礼逊 ch'ín［tʂ'in］；卫三畏 ch'in¹［tʂ'ɯn］

E. 清晚期的南京话：屈奈特 tshȇng，tshên［tʂ'ɛŋ~tʂ'en］；赫美玲 ch'ên/ch'êng²

[tʂ'ən~tʂ'əŋ]

F. 现代南京话：江苏省和上海市方言概况 [tʂ'əŋ$^{31\text{阳平}}$]；南京方言词典 —

shēn 身 QYS śjen

O. 八思巴：蒙古字韵 shin（平）[ʂin]

A. 明早期：申叔舟 SR ʂin（平）；PR —；LR —

B. 明晚期：普通类：利玛窦 xīn [ʂin]；金尼阁 xīn [ʂin]

南方类：葡汉辞典 scin [ʂin]；对话 scin [ʂin]

C. 清早期：万济国 xīn [ʂin]；马若瑟 chīn [ʂɪn]

D. 清中期：马礼逊 shīn [ʂin]；卫三畏 shin^{1} [ʂɪn]

E. 清晚期的南京话：屈奈特 shēn [ʂen]；赫美玲 shên/shêng^{1} [ʂən~ʂəŋ]

F. 现代南京话：江苏省和上海市方言概况 [ʂəŋ$^{31\text{阴平}}$]；南京方言词典 [ʂən^{31}]

zhēn 真 QYS tśjen

O. 八思巴：蒙古字韵 jin（平）[tʂin]

A. 明早期：申叔舟 SR tʂin（平）；PR —；LR —

B. 明晚期：普通类：利玛窦 chīn [tʂin]；金尼阁 chīn [tʂin]

南方类：葡汉辞典 —；对话 cin [tʂin]

C. 清早期：万济国 chīn，Fr. tchīne [tʂin]；马若瑟 tchīn，tchīng [tʂin~tʂiŋ]

D. 清中期：马礼逊 chin [tʂin]；卫三畏 chin^{1} [tʂɪn]

E. 清晚期的南京话：屈奈特 dshēng，dshēn [tʂɛŋ~tʂen]；赫美玲 chên/chêng^{1} [tʂən~tʂəŋ]

F. 现代南京话：江苏省和上海市方言概况 [tʂ'əŋ$^{31\text{阴平}}$]；南京方言词典 —

b）-iŋ① 演变为 -əŋ

chéng 成 QYS źjäng

O. 八思巴：蒙古字韵 zhing（平）[ʐiŋ]

A. 明早期：申叔舟 SR dʐiŋ（平）；PR —；LR —

B. 明晚期：普通类：利玛窦 —；金尼阁 c'hîm，xîm [tʂ'iŋ~ʂiŋ]

① 英文原文此 -iŋ 误作 -in。——译者

南方类：葡汉辞典 —；对话 —

C. 清早期：万济国 chʿîng［tʂʼiŋ］；马若瑟 tʿchîng，tchʿîng［tʂʼiŋ］

D. 清中期：马礼逊 ching，shing［tʂʼiŋ~ʂiŋ］；卫三畏 chʿing[2]［tʂʼɥŋ］

E. 清晚期的南京话：屈奈特 tshẹ̄ng［tʂʼɛŋ］；赫美玲 chʿên/chʿêng[2]［tʂʼən~tʂʼəŋ］

F. 现代南京话：江苏省和上海市方言概况［tʂʼəŋ[13阴平]］；南京方言词典［tʂʼən[24]］

zhěng 整 QYS tśjäng:

O. 八思巴：蒙古字韵 jing（上）［tʂiŋ］

A. 明早期：申叔舟 SR tʂiŋ（上）；PR —；LR —

B. 明晚期：普通类：利玛窦 chìm［tʂiŋ］；金尼阁 chìm［tʂiŋ］

南方类：葡汉辞典 cin［tʂin］；对话 cin［tʂin］

C. 清早期：万济国 chìng［tʂin］；马若瑟 tching［tʂiŋ］

D. 清中期：马礼逊 chíng［tʂiŋ］；卫三畏 ching[3]［tʂɥŋ］

E. 清晚期的南京话：屈奈特 dshẹ́ng［tʂɛŋ］；赫美玲 chên/chêng[3]［tʂən~tʂəŋ］

F. 现代南京话：江苏省和上海市方言概况［tʂəŋ[22]］；南京方言词典［tʂən[11]］

shēng 升 QYS śjəng

O. 八思巴：蒙古字韵 shing（平）［ʂiŋ］

A. 明早期：申叔舟 SR ʂiŋ（平）；PR —；LR —

B. 明晚期：普通类：利玛窦 xīm［ʂiŋ］；金尼阁 xīm［ʂiŋ］

南方类：葡汉辞典 scin［ʂin］；对话 —

C. 清早期：万济国 xīng［ʂiŋ］；马若瑟 chīng［ʂiŋ］

D. 清中期：马礼逊 shīng［ʂiŋ］；卫三畏 shīng[1]［ʂɥŋ］

E. 清晚期的南京话：屈奈特 shẹ̄ng［ʂɛŋ］；赫美玲 shên/shêng[1]［ʂən~ʂəŋ］

F. 现代南京话：江苏省和上海市方言概况［ʂəŋ[31阴平]］；南京方言词典［ʂən[31]］

艾约瑟（Edkins 1864）记录了北京话这类音节里跟央元音（shwa）类似的元音。而南京话比它的北方邻居晚了至少半个世纪。

3.4 韵母中的-en在卷舌音后面变成-ã。这一变化跟上述音变类似，最先由屈奈特和赫美玲记录下来。例子如下：

zhàn 战 QYS tśjän-

O. 八思巴：蒙古字韵 jÿan（去）[tʂjɛn]

A. 明早期：申叔舟 SR tʂjen（去）；PR —；LR —

B. 明晚期：普通类：利玛窦 —；金尼阁 chién，chén [tʂiɛn~tʂɛn]

南方类：葡汉辞典 cen [tʂɛn]；对话 —

C. 清早期：万济国 chén（Voc.）[tʂɛn]；马若瑟 tchén [tʂɛn]

D. 清中期：马礼逊 chén [tʂɛn]；卫三畏 chen^{5} [tʂɛn]

E. 清晚期的南京话：屈奈特 dshãˈ [tʂã]；赫美玲 chan/chang^{4} [tʂan~tʂaŋ]

F. 现代南京话：江苏省和上海市方言概况 [tʂã^{44去}]；南京方言词典 —

shàn 善 QYS źjän:，źjän-

O. 八思巴：蒙古字韵 zhen（上）[ʐɛn]

A. 明早期：申叔舟 SR zjen（上去）；PR（去）；LR zjen（上）

B. 明晚期：普通类：利玛窦 xén [ʂɛn]；金尼阁 xién，xén，xièn，xèn [ʂiɛn~ʂɛn]

南方类：葡汉辞典 scien [ʂɛn]；对话 scie [ʂɛn]

C. 清早期：万济国 xén，Fr. chéne [ʂen]；马若瑟 chén [ʂɛn]

D. 清中期：马礼逊 shēn [ʂɛn]；卫三畏 shen^{6} [ʂɛn]

E. 清晚期的南京话：屈奈特 shã` [ʂã]；赫美玲 shan/shang^{4} [ʂan~ʂaŋ]

F. 现代南京话：江苏省和上海市方言概况 [ʂã^{44去}]；南京方言词典 —

rán 然 QYS ńźjän

O. 八思巴：蒙古字韵 Zhen（平）[rɛn]

A. 明早期：申叔舟 SR rjen（平）；PR —；LR —

B. 明晚期：普通类：利玛窦 gên [ʐɛn]；金尼阁 jên [ʐɛn]

南方类：葡汉辞典 gen [ʐɛn]；对话 gên，gẽ [ʐɛn]

C. 清早期：万济国 jên [ʐɛn]；马若瑟 gên，jên [ʐɛn]

D. 清中期：马礼逊 jen [ʐen]；卫三畏 jen^{2} [ʐɛn]

E. 清晚期的南京话：屈奈特 λjãˆ [ʐã]；赫美玲 jan/jang^{2} [ʐan~ʐaŋ]

F. 现代南京话：江苏省和上海市方言概况 [ʐã^{13阳平}]；南京方言词典 —

艾约瑟（Edkins 1864）发现相应的北京音里有元音 -a-，这一读音在18世纪反映北方话的朝鲜语转写材料中就已经存在了（Kim 1991：278）。南京话的演变则晚得多。

3.5 唇音后的圆唇特征的丢失。对于以 -n 为韵尾的音节，以下例子可说明这一变化：

běn 本 QYS puən:

O. 八思巴：蒙古字韵 bun（上）［pun］

A. 明早期：申叔舟 SR pun（上）；PR pən；LR pən

B. 明晚期：普通类：利玛窦 puèn［puɛn］；金尼阁 puèn［puɛn］

南方类：葡汉辞典 p［u］on［puon］；对话 pon，põ［pon］

C. 清早期：万济国 puèn［puɛn］；马若瑟 pèn［pɛn］

D. 清中期：马礼逊 pùn［pun］；卫三畏 pan3［pɛn］

E. 清晚期的南京话：屈奈特 bén［pɛn］；赫美玲 pên/pêng3［pən~pəŋ］

F. 现代南京话：江苏省和上海市方言概况［pəŋ22上］；南京方言词典［pən11］

fēn 分 QYS pjuən

O. 八思巴：蒙古字韵 H(w)un（平）［fun?］

A. 明早期：申叔舟 SR fun（平）；PR fən；LR —

B. 明晚期：普通类：利玛窦 —；金尼阁 fuēn［fuɛn］

南方类：葡汉辞典 fuen［fuɛn］；对话 —

C. 清早期：万济国 fuēn［fuɛn］；马若瑟 fēn［fɛn］

D. 清中期：马礼逊 fun［fun］；卫三畏 fan1［fən］

E. 清晚期的南京话：屈奈特 fwēn［fuen］；赫美玲 fên/fêng1［fən~fəŋ］

F. 现代南京话：江苏省和上海市方言概况［fəŋ31阴平］；南京方言词典［fən31］

men 们 QYS —

O. 八思巴：蒙古字韵 —

A. 明早期：申叔舟 SR mun（去）；PR mən；LR mən

B. 明晚期：普通类：利玛窦 —；金尼阁 —

南方类：葡汉辞典 muẽ［muɛn］；对话 muẽ［muɛn］

C. 清早期：万济国 mên［mɛn］；马若瑟 mên［mɛn］

D. 清中期：马礼逊 mún［mun］；卫三畏 mun2［mʊn］

E. 清晚期的南京话：屈奈特 mên［men］；赫美玲 mên/mêng2［mən~məŋ］

F. 现代南京话：江苏省和上海市方言概况 —；南京方言词典［mən］（轻声）

mén 门 QYS muən

O. 八思巴：蒙古字韵 mun（平）[mun]

A. 明早期：申叔舟 SR mun（平）；PR mən；LR mən

B. 明晚期：普通类：利玛窦 —；金尼阁 muên [muɛn]

南方类：葡汉辞典 mue，muẽ，muen [muɛn]；对话 muẽ [muɛn]

C. 清早期：万济国 muên [muɛn]；马若瑟 mên [mɛn]

D. 清中期：马礼逊 mún [mun]；卫三畏 mun^{2} [mʊn]

E. 清晚期的南京话：屈奈特 mên [men]；赫美玲 mên/mêng^{2} [mən~məŋ]

F. 现代南京话：江苏省和上海市方言概况 [məŋ$^{13\text{阳平}}$]；南京方言词典 [mən^{24}]

申叔舟的PR和LR形式反映出某些标准的官话变体中圆唇特征早就丢失的现象，但在最早的欧洲记录者听到的以南京话为基础的共通语里，这一特征仍然存在。马若瑟的记录坐实了一个跟申叔舟所录类似的没有圆唇化的变体。马礼逊则表明圆唇特征已经周遍，不过其友生卫三畏在口辅音声母之后省却了这一特征，但m-后面还能听到这个音。在屈奈特记录的南京城内方言里，它存在于f-之后但不见于别处。从赫美玲开始，这一特征就完全消失了。其中，复数后缀“们”是一个特例，它到万济国的时代已经读为非圆唇，在马礼逊、卫三畏的记录中又显示出圆唇特征，随后永久地变成了非圆唇。

圆唇特征丢失的第二种情况出现在下列以口辅音结尾的音节中：

bèi 贝 QYS pwâi-

O. 八思巴：蒙古字韵 bay（去）[paj]

A. 明早期：申叔舟 SR puj（去）；PR pəj；LR pəj

B. 明晚期：普通类：利玛窦 pœi [puɛi]；金尼阁 poéi [puɛi]

南方类：葡汉辞典 poi [poi]；对话 poi [poi]

C. 清早期：万济国 poéy（Voc.）[puɛi]；马若瑟 poéi [puɛi]

D. 清中期：马礼逊 pèi，péi [pei]；卫三畏 pei^{5} [pɛi]

E. 清晚期的南京话：屈奈特 bwëï [puei]；赫美玲 pei^{4} [pəi]

F. 现代南京话：江苏省和上海市方言概况 [pəi$^{44\text{去}}$]；南京方言词典 [pəi^{44}]

bēi 悲 QYS pji[3]

O. 八思巴：蒙古字韵 bue（平）[puɛ]

A. 明早期：申叔舟 SR pi（平）；PR pəj；LR —

B. 明晚期：普通类：利玛窦 —；金尼阁 poēi，pī［puɛi~pi］

南方类：葡汉辞典 —；对话 —

C. 清早期：万济国 poēi［puɛi］；马若瑟 poēi，pēi［puɛi~pɛi］

D. 清中期：马礼逊 pēi［pei］；卫三畏 pei¹［pɛi］

E. 清晚期的南京话：屈奈特 bweï［puei］；赫美玲 pei¹［pəi］

F. 现代南京话：江苏省和上海市方言概况［pəi³¹阴平］；南京方言词典 —

mèi 妹 QYS muâi-

O. 八思巴：蒙古字韵 mue（去）［muɛ］

A. 明早期：申叔舟 SR muj（去）；PR məj；LR məj

B. 明晚期：普通类：利玛窦 —；金尼阁 moéi，múi［muɛi~mui］

南方类：葡汉辞典 moi［moi］；对话 —

C. 清早期：万济国 moéi［muɛi］；马若瑟 moéi［muɛi］

D. 清中期：马礼逊 mèi［mei］；卫三畏 mei⁶［mɛi］

E. 清晚期的南京话：屈奈特 mweï［muei］；赫美玲 mei⁴［məi］

F. 现代南京话：江苏省和上海市方言概况［məi⁴⁴去］；南京方言词典［məi⁴⁴］

虽然金尼阁和马若瑟都记录了“悲”的非圆唇变体，但南京话的圆唇音仍通过马若瑟保存在这些例子中。到了19世纪早期，它才普遍地丢失。令人惊讶的是，屈奈特记录的南京话变体还保留着圆唇读音。

此处讨论的这类音节在崔世珍的RR形式中没有显示出圆唇特征，因此，这一特征很有可能远在消失于南京官话以前，就在16世纪的一些北方方言中丢失了。

3.6 -ɛŋ演变为-əŋ。这一变化涉及-ɛ-向央元音的央化，见于如下音节：

céng 曾 QYS dzəng

O. 八思巴：蒙古字韵 tsʰing（平）［dzəŋ］

A. 明早期：申叔舟 SR dzəjŋ（平）；PR dzəŋ；LR dzəŋ

B. 明晚期：普通类：利玛窦 —；金尼阁 ç'êm［tʂ'ɛŋ］

南方类：葡汉辞典 çen［tʂ'ɛn］；对话 çen~çê［tʂ'ɛn］

C. 清早期：万济国 çh'êng［ts'ɛŋ］；马若瑟 t'sêng，ts'êng，ts'ên［ts'ɛŋ~ts'ɛn］

D. 清中期：马礼逊 tsăng［tʂ'æŋ］；卫三畏 —

E. 清晚期的南京话：屈奈特 tsẽng［tʂ'ɛŋ］；赫美玲 ts'ên/ts'ẽng²［ts'ən~ts'əŋ］

F. 现代南京话：江苏省和上海市方言概况［ts'əŋ$^{13\text{阳平}}$］；南京方言词典 —

kěn 肯 QYS khəng:

O. 八思巴：蒙古字韵 kh^{h}ing（上）［k'əŋ］

A. 明早期：申叔舟 SR k'əjŋ（上）；PR k'ən；LR k'ən

B. 明晚期：普通类：利玛窦 —；金尼阁 kèm［k'ɛŋ］

南方类：葡汉辞典 —；对话 quen［k'ɛn］

C. 清早期：万济国 k'èng［k'ɛŋ］；马若瑟 k'èng，k'èn［k'ɛŋ~k'ɛn］

D. 清中期：马礼逊 kăng［k'æŋ］；卫三畏 k'ang^{3}［k'əŋ］

E. 清晚期的南京话：屈奈特 kén［k'en］；赫美玲 k'ên/k'êng^{3}［k'ən~k'əŋ］

F. 现代南京话：江苏省和上海市方言概况［k'əŋ$^{22\text{上}}$］；南京方言词典［k'ən^{11}］

lěng 冷 QYS lɐng:

O. 八思巴：蒙古字韵 l^{h}ing（上）［ləŋ］

A. 明早期：申叔舟 SR ləjŋ（上）；PR ləŋ；LR ləŋ

B. 明晚期：普通类：利玛窦 lèm［lɛŋ］；金尼阁 lèm［lɛŋ］

南方类：葡汉辞典 len［lɛn］；对话 —

C. 清早期：万济国 lèng［lɛŋ］；马若瑟 lèng［lɛŋ］

D. 清中期：马礼逊 lăng［læŋ］；卫三畏 lang^{4}［ləŋ］

E. 清晚期的南京话：屈奈特 lẹng［lɛŋ］；赫美玲 lêng^{3}［ləŋ］

F. 现代南京话：江苏省和上海市方言概况［ləŋ$^{22\text{上}}$］；南京方言词典［lən^{11}］

这一变化看似完成于卫三畏笔下，但屈奈特又重述了早期的情况。崔世珍的RR形式显示，16世纪北方方言的相应例子里就有跟央元音类似的元音。申叔舟PR、LR的拼读与之相同。有趣的是，他的SR形式有一个复元音 -əj-，这可能是表现早期南京话有元音 -ɛ- 的一种尝试。不论如何，南京官话改用央元音的转变必定要比北方晚很多。

3.7 由wi到wei的转变。下面是这一变化的例子：

wéi 惟 QYS jiwi

O. 八思巴：蒙古字韵 ywi（平）［yi］

A. 明早期：申叔舟 SR ʋi（平）；PR —；LR —

B. 明晚期：普通类：利玛窦 üûi［ui］；金尼阁 vî，uî，uêi，goêi［vi~ui~uɛi~ɣuɛi］

南方类：葡汉辞典 —；对话 —

C. 清早期：万济国 —；马若瑟 oûei［uɛi］

D. 清中期：马礼逊 wē［ui］；卫三畏 wí²［ui］

E. 清晚期的南京话：屈奈特 'wêï［uei］；赫美玲 wei²［uəi］

F. 现代南京话：江苏省和上海市方言概况［uəi¹³阳平］；南京方言词典 —

wèi 未 QYS mjwei-

O. 八思巴：蒙古字韵 wi（去）［ʋi］

A. 明早期：申叔舟 SR ʋi（去）；PR —；LR ʋi

B. 明晚期：普通类：利玛窦 ví［vi］；金尼阁 ví，uí［vi~ui］

南方类：葡汉辞典 —；对话 ui［ui］

C. 清早期：万济国 ví［vi］；马若瑟 ouéi，oúi［uɛi~ui］

D. 清中期：马礼逊 wè［ui］；卫三畏 wí⁶［ui］

E. 清晚期的南京话：屈奈特 'wèï［uei］；赫美玲 wei⁴［uəi］

F. 现代南京话：江苏省和上海市方言概况［uəi⁴⁴去］；南京方言词典［uəi⁴⁴］

大体来说，这一变化首先出现在屈奈特笔下；不过奇怪的是，它对马若瑟来说已经完成得相当到位了。变化的最终结果是跟下面这类音节完全合并：

wéi 为 QYS jwe

O. 八思巴：蒙古字韵 xue（平）［ɦuɛ］

A. 明早期：申叔舟 SR uj（平）；PR —；LR —

B. 明晚期：普通类：利玛窦 guêy，guêi［ɣuɛi］；金尼阁 goêi，uêi［ɣuɛi~uɛi］

南方类：葡汉辞典 guei［ɣuɛi］；对话 guei［ɣuɛi］

C. 清早期：万济国 goêi［ɣuɛi］；马若瑟 ouêi［uɛi］

D. 清中期：马礼逊 wēi［uei］；卫三畏 wei²［uɛi］

E. 清晚期的南京话：屈奈特 'wêï［uei］；赫美玲 wei²［uəi］

F. 现代南京话：江苏省和上海市方言概况［uəi¹³阳平］；南京方言词典 —

wèi 位 QYS jwi-

O. 八思巴：蒙古字韵 xue（去）［ɦuɛ］

A. 明早期：申叔舟 SR uj（去）；PR —；LR —

B. 明晚期：普通类：利玛窦 —；金尼阁 goéi，uéi [ɣuɛi~uɛi]

南方类：葡汉辞典 —；对话 guei [ɣuɛi]

C. 清早期：万济国 goéi [ɣuɛi]；马若瑟 oúei [uɛi]

D. 清中期：马礼逊 wéi [uei]；卫三畏 wei[6] [uɛi]

E. 清晚期的南京话：屈奈特 ˈwèï [uei]；赫美玲 wei[4] [uəi]

F. 现代南京话：江苏省和上海市方言概况 [uəi[44去]]；南京方言词典 [uəi[44]]

此次合并发生在19世纪的南京，介于卫三畏和屈奈特的记录之间。但崔世珍的RR形式表明，这一现象到16世纪就出现在某些更偏北的方言里了。

四、音变过程的证据

除却一两个例外，上节中的例子可以证明南京话发生过音变，但未能直接展现变化的实际过程。本节我们将尝试找出那些能够展现音变过程的例子。

4.1 ŋ-演变为Ø-。这一变化的大多数例子都属于如下类型：

ɑi 爱 QYS ʔậi-

O. 八思巴：蒙古字韵 ˈay（去）[ʔaj]

A. 明早期：申叔舟 SR ʔaj（去）；PR —；LR —

B. 明晚期：普通类：利玛窦 ngái [ŋai]；金尼阁 gái [ŋai]

南方类：葡汉辞典 ngai，ngoi [ŋai~ŋɔi]；对话 ngai [ŋai]

C. 清早期：万济国 gái [ŋai]；马若瑟 ngái [ŋai]

D. 清中期：马礼逊 gae [ŋai]；卫三畏 ngái[5] [ŋai]

E. 清晚期的南京话：屈奈特 ˈàï [ai]；赫美玲 ai[4] [ai]

F. 现代南京话：江苏省和上海市方言概况 [ɐe[44去]]；南京方言词典 [ae[44]]

不过，接下来这例更加有趣：

ɑn 安 QYS ʔân

O. 八思巴：蒙古字韵 ˈan（平）[ʔan]

A. 明早期：申叔舟 SR ʔɔn（平）；PR ʔan；LR ʔan

B. 明晚期：普通类：利玛窦 —；金尼阁 gān [ŋan]

南方类：葡汉辞典 ngon，ngõ［ŋɔn］；对话 —

C. 清早期：万济国 gān，Fr. gāne［ŋan］；马若瑟 ngān［ŋan］

D. 清中期：马礼逊 gān，an［ŋan~an］；卫三畏 án^{1}［an］

E. 清晚期的南京话：屈奈特 'ã-［ã］；赫美玲 an/ang^{1}［an~aŋ］

F. 现代南京话：江苏省和上海市方言概况［ã$^{31\text{阴平}}$］；南京方言词典［aŋ^{31}］

声母ŋ-的丢失似乎发生在19世纪上半叶。马礼逊、卫三畏在大多数情况下列出的都是ŋ-声母，而非屈奈特和赫美玲记录的零声母。但就“安”这个字而言，马礼逊给出了两类竞争性的读音变体，卫三畏却在1844年为这一例选取了零声母的形式。艾约瑟（Edkins 1864：35）指出，这一时期北京话的首选发音是零声母，南京话则两种类型都能自由使用。

下面是另一个有趣的例子：

yìng 硬 QYS ngɛng-

O. 八思巴：蒙古字韵 ying（去）［jiŋ］

A. 明早期：申叔舟 SR ŋin（去）；PR —；LR —

B. 明晚期：普通类：利玛窦 —；金尼阁 ím，gém［iŋ~ŋɛŋ］

南方类：葡汉辞典 nghen［ŋɛn］；对话 —

C. 清早期：万济国 géng，íng（Voc.）［ŋɛn~iŋ］；马若瑟 nghéng［ŋɛŋ］

D. 清中期：马礼逊 găng'，yíng［ŋæŋ~iŋ］；卫三畏 ngang^{6}［ŋəŋ］

E. 清晚期的南京话：屈奈特 ìng①［iŋ］；赫美玲 yin/ying^{4}［ɪn~ɪŋ］

F. 现代南京话：江苏省和上海市方言概况［iŋ$^{44\text{去}}$~əŋ$^{44\text{去}}$］；南京方言词典［ən^{44}］

“硬”这个字的竞争读音至晚始于、甚至可能早于屈奈特的时代。在19世纪马礼逊给出的变体中，这一竞争仍然存在，但它到晚清就以零声母的形式稳定下来了。

4.2 阳平调音节中的ʂ-演变为tʂ'-。这一变化发生得相当早，竞争变体在屈奈特的音节表里就出现了，但此后一般会选用塞擦音形式。竞争间或持续到了马礼逊的时代。例如：

cháng 常 QYS żjang

O. 八思巴：蒙古字韵 zhang（平）［ʐaŋ］

---

① 英文原文此ìng排版误作tìng。——译者

A. 明早期：申叔舟 SR dʐjaŋ（平）；PR —；LR —

B. 明晚期：普通类：利玛窦 ch'âm［tʂ'aŋ］；金尼阁 c'hâm，xâm［tʂ'aŋ~ʂaŋ］

南方类：葡汉辞典 ciam，ciã［tʂ'aŋ］；对话 cia'［tʂ'aŋ］

C. 清早期：万济国 ch'âng［tʂ'aŋ］；马若瑟 t'châng，tch'âng［tʂ'aŋ］

D. 清中期：马礼逊 ch'ang［tʂ'aŋ］；卫三畏 cháng²［tʂ'aŋ］

E. 清晚期的南京话：屈奈特 tshãˆ［tʂ'ã］；赫美玲 ch'an/ch'ang²［tʂ'an~tʂ'aŋ］

F. 现代南京话：江苏省和上海市方言概况［tʂ'ã¹³阳平］；南京方言词典［tʂ'aŋ²⁴］

cháng 尝 QYS żjang

O. 八思巴：蒙古字韵 zhang（平）［ʐaŋ］

A. 明早期：申叔舟 SR dʐjanŋ（平）；PR —；LR —

B. 明晚期：普通类：利玛窦 xâm［ʂaŋ］；金尼阁 c'hâm，xâm［tʂ'aŋ~ʂaŋ］

南方类：葡汉辞典 sciam［ʂaŋ］；对话 —

C. 清早期：万济国 ch'âng（Voc.）［tʂ'aŋ］；马若瑟 —

D. 清中期：马礼逊 ch'ang［tʂ'aŋ］；卫三畏 cháng²［tʂaŋ］

E. 清晚期的南京话：屈奈特 tshãˆ［tʂ'ã］；赫美玲 ch'an/ch'ang²［tʂ'an~tʂ'aŋ］

F. 现代南京话：江苏省和上海市方言概况［tʂ'ã¹³阳平］；南京方言词典 —

chén 臣 QYS żjen

O. 八思巴：蒙古字韵 zhin（平）［ʐin］

A. 明早期：申叔舟 SR dʐin（平）；PR —；LR —

B. 明晚期：普通类：利玛窦 —；金尼阁 xîn，chîn［ʂin~tʂ'in］

南方类：葡汉辞典 —；对话 —

C. 清早期：万济国 —；马若瑟 t'chîn［tʂ'in］

D. 清中期：马礼逊 chīn［tʂ'in］；卫三畏 chin²［tʂ'ɩn］

E. 清晚期的南京话：屈奈特 tshêng，tshên［tʂ'en~tʂ'eŋ］；赫美玲 ch'ên/ch'êng²［tʂ'ən~ts'əŋ］

F. 现代南京话：江苏省和上海市方言概况［tʂ'əŋ¹³阳平］；南京方言词典 —

chéng 成 QYS żjäng

O. 八思巴：蒙古字韵 zhing（平）［ʐiŋ］

A. 明早期：申叔舟 SR dʐiŋ（平）；PR —；LR —

B. 明晚期：普通类：利玛窦 —；金尼阁 cʽhîm，xîm［tʂ'iŋ~siŋ］

南方类：葡汉辞典 —；对话 —

C. 清早期：万济国 chʽîng［tʂ'iŋ］；马若瑟 tʽchîng，tchʽîng［tʂ'iŋ］

D. 清中期：马礼逊 ching，shing［tʂ'iŋ~ʂiŋ］；卫三畏 ch'ing^{2}［tʂ'ɯŋ］

E. 清晚期的南京话：屈奈特 tshệng［tʂ'ɛŋ］；赫美玲 chʽên/chʽêng^{2}［tʂ'ən~ts'əŋ］

F. 现代南京话：江苏省和上海市方言概况［tʂ'əŋ^{13阳平}］；南京方言词典［tʂ'ən^{2}］

下面是擦音仍占优势且实际上作为变体幸存于今的一个例子：

chén 辰 QYS żjen

O. 八思巴：蒙古字韵 zhin（平）［ʐin］

A. 明早期：申叔舟 SR ʐin（平）；PR —；LR dʐin

B. 明晚期：普通类：利玛窦 —；金尼阁 xîn［ʂin］

南方类：葡汉辞典 scin［ʂin］；对话 —

C. 清早期：万济国 xîn，xín［ʂin］；马若瑟 —

D. 清中期：马礼逊 shīn［ʂin］；卫三畏 shin^{2}［ʂɪn］

E. 清晚期的南京话：屈奈特 tshệng，tshên，shên［tʂ'ɛŋ~tʂ'en~ʂen］；赫美玲 chʽên/chʽêng^{2}［tʂ'ən~tʂ'əŋ］

F. 现代南京话：江苏省和上海市方言概况［tʂ［'］əŋ^{13阳平}］；南京方言词典［tʂ'ən^{24}~ʂən］后者是轻声

不论如何，如崔世珍的CPR和RR形式所示，塞擦音的读法至晚16世纪就在北方完全通行了。

4.3 n-演变为Ø-。该变化只出现在某些字中。对这一现象的全面研究已经另文展开了（Coblin Ms. 4）。例子如下：

yán 严 QYS ngjɐm

O. 八思巴：蒙古字韵 ngem（平）［ŋɛm］

A. 明早期：申叔舟 SR jem（平）；PR jen；LR jen

B. 明晚期：普通类：利玛窦 —；金尼阁 niên，iên［niɛn~iɛn］

南方类：葡汉辞典 gnie'［ɲiɛn］；对话 gnien［ɲiɛn］

C. 清早期：万济国 —；马若瑟 —

D. 清中期：马礼逊 yēn [ien]；卫三畏 yen^{2} [iɛn]

E. 清晚期的南京话：屈奈特 ïẹ̈ïn [iɛin]；赫美玲 yen^{2} [ien]

F. 现代南京话：江苏省和上海市方言概况 [iẽ$^{13\text{阳平}}$]；南京方言词典 [ien^{24}]

yì 义 QYS ngje-^{3}

O. 八思巴：蒙古字韵 ngi（去）[ŋi]

A. 明早期：申叔舟 SR i（去）；PR —；LR —

B. 明晚期：普通类：利玛窦 nhí [ŋ̩i]；金尼阁 ní，í [ni~i]

南方类：葡汉辞典 gni，i，y [ŋ̩i~i]；对话 —

C. 清早期：万济国 ý [i]；马若瑟 í [i]

D. 清中期：马礼逊 é [i]；卫三畏 i^{6} [i]

E. 清晚期的南京话：屈奈特 ì [i]；赫美玲 i^{4} [i]

F. 现代南京话：江苏省和上海市方言概况 [i$^{44\text{去}}$]；南京方言词典 [i^{44}]

在金尼阁记录的标准官话里，这类形式几乎总有两个相互竞争的变体，一个带有声母n-，另一个是零声母。通常只有零形式能幸存到清代早期。下面这例是个例外：

yè 业 QYS ngjɐp

O. 八思巴：蒙古字韵 —；插入一则数据 nge [ŋɛ]

A. 明早期：申叔舟 SR ŋje（入）；PR —；LR —；比较 CPR njeʔ

B. 明晚期：普通类：利玛窦 nhiĕ [ŋ̩iɛʔ]；金尼阁 niĕ，iĕ [niɛʔ~iɛʔ]

南方类：葡汉辞典 gnie'，ie' [ŋ̩iɛ~iɛʔ]；对话 —

C. 清早期：万济国 niĕ（Voc.）[niɛʔ]；马若瑟 —

D. 清中期：马礼逊 nëĕ [niɛʔ]；卫三畏 nieh^{8} [niɛʔ]

E. 清晚期的南京话：屈奈特 ïeï' [ieiʔ]；赫美玲 yeh^{5} [iɛʔ]

F. 现代南京话：江苏省和上海市方言概况 [ieʔ$^{5\text{入}}$]；南京方言词典 —

这里的声母n-流行于卫三畏时代，但屈奈特在南京话里已经找不到它了。对屈氏来说，n-已经为零声母所取代，这使它得以跟总体发展保持一致。

此处讨论的大多数音节在北方可能很早就读成零声母了，而南京似乎到晚明才开始跟进。A行给出的CPR形式显示，“业”字在北方和南京都是个例外。不过到了艾约瑟的时代，这个字在北方就不再读成鼻音声母了（Edkins 1864：37）。

4.4 xu-演变为u-。这一变化发生在如下的少数几个字中：

wán 完 QYS ɣuân

O. 八思巴：蒙古字韵 Xon（平）[ɣɔn]

A. 明早期：申叔舟 SR ɣwɔn（平）；PR wɔn，yen；LR yen

B. 明晚期：普通类：利玛窦 —；金尼阁 huôn [xuɔn]

南方类：葡汉辞典 cuon [xuɔn]；对话 cuõ [xuɔn]

C. 清早期：万济国 huôn [xuɔn]；马若瑟 houān，oüân，ouân [xuan~uan]

D. 清中期：马礼逊 hwan，wan [xuan~uan]；卫三畏 wán² [uan]

E. 清晚期的南京话：屈奈特 'wã^ [uã]；赫美玲 wan/wang² [uan~uaŋ]

F. 现代南京话：江苏省和上海市方言概况 [uã¹³阳平]；南京方言词典 —

wán 丸 QYS ɣuân

O. 八思巴：蒙古字韵 Xon（平）[ɣɔn]

A. 明早期：申叔舟 SR ɣwɔn（平）；PR wɔn，yen；LR yen

B. 明晚期：普通类：利玛窦 —；金尼阁 huôn [xuɔn]

南方类：葡汉辞典 yuon [yɔn]；对话 —

C. 清早期：万济国 iuên（Voc.）[yɛn]；马若瑟 —

D. 清中期：马礼逊 hwan，wan [xuan~uan]；卫三畏 hwán² [huan]

E. 清晚期的南京话：屈奈特 'wã^ [uã]；赫美玲 wan/wang² [uan~uaŋ]

F. 现代南京话：江苏省和上海市方言概况 [uã¹³阳平]；南京方言词典 [uaŋ¹¹]

声母格局xu-持续到了18世纪初，但马若瑟似乎放弃了它，选用了零声母。随后，零声母变体在马礼逊笔下跟xu-发生了竞争，卫三畏则在两者之间动摇。截至19世纪晚期，只有零声母幸存了下来。在崔世珍的RR形式中，这些音节读为[yen]，这是万济国为第二个例子所标的音。19世纪的北京话读为wan²（Edkins 1864：93）。对新语法学派来说，从xu-到u-的演变是不可预测的，因为南京话中存在着未曾经历这一演变的音节形式[xuan]，比如：

huān 欢 QYS xuân

O. 八思巴：蒙古字韵 hon（平）[xɔn]

A. 明早期：申叔舟 SR xwɔn（平）；PR —；LR —

B. 明晚期：普通类：利玛窦 huōn［xuɔn］；金尼阁 huōn［xuɔn］

南方类：葡汉辞典 cuon［xuɔn］；对话 cuon［xuɔn］

C. 清早期：万济国 huon［xuɔn］；马若瑟 houōn，houān，hoēn［xuɔn，xuan，xuɛn］

D. 清中期：马礼逊 hwan［xuan］；卫三畏 hwán¹［xuan］

E. 清晚期的南京话：屈奈特 hwã¯［xuã］；赫美玲 huan/huang¹［xuan~xuaŋ］

F. 现代南京话：江苏省和上海市方言概况［xuã³¹阴平］；南京方言词典［xuaŋ³¹］

huán（hái）还 QYS ɣwan

O. 八思巴：蒙古字韵 Xwan（平）［ɣwan］

A. 明早期：申叔舟 SR ɣwan（平）；PR —；LR —

B. 明晚期：普通类：利玛窦 —；金尼阁 hoân［xuan］

南方类：葡汉辞典 cuan，guan，fan［xuan~ɣuan~fan］；对话 qua'［xuan］

C. 清早期：万济国 hoân，hoán①［xuan］；马若瑟 hoân［xuan］

D. 清中期：马礼逊 hwān，hān［xuan~xan］；卫三畏 hwân²［xuan］

E. 清晚期的南京话：屈奈特 hwã'［xuã］；赫美玲 huan，huang²［xuan~xuaŋ］

F. 现代南京话：江苏省和上海市方言概况［xuɑ¹³阳平］；南京方言词典［xuɑŋ³¹~xae³¹］

（《南京方言词典》显示，在“仍然”这一意义上，老年发音人会把这个字读为xuɑŋ³¹，而年轻人读为xae³¹。）

4.5 Buan演变为Ban。在这里，我们又碰到了唇音后面圆唇特征丢失的情况。例子如下：

bān 搬 QYS puân

O. 八思巴：比较“般”蒙古字韵 bon（平）［pɔn］

A. 明早期：申叔舟 SR pwɔn（平）；PR pɔn；LR pɔn

B. 明晚期：普通类：利玛窦 —；金尼阁 puōn［puɔn］

南方类：葡汉辞典 pon［pɔn］；对话 —

C. 清早期：万济国 puōn（般）［puɔn］；马若瑟（般）Pouān，poüān，pouōn［puan~puɔn］

D. 清中期：马礼逊 pwan［puan］；卫三畏 pwán¹［puan］

E. 清晚期的南京话：屈奈特 bã¯［pā］；赫美玲 pan/pang¹［pan~paŋ］

F. 现代南京话：江苏省和上海市方言概况［pã³¹阴平］；南京方言词典［paŋ³¹］

---

① 英文原文此hoán误作hoân。——译者

bàn 半 QYS puân-

O. 八思巴：蒙古字韵 bon（去）[pɔn]

A. 明早期：申叔舟 SR pwɔn（去）；PR pɔn；LR pɔn

B. 明晚期：普通类：利玛窦 —；金尼阁 puón [puɔn]

南方类：葡汉辞典 pon [pɔn]；对话 —

C. 清早期：万济国 puón [puɔn]；马若瑟 pouán，pán [puan~pan]

D. 清中期：马礼逊 pwán，pán [puan~pan]；卫三畏 pwán[5] [puan]

E. 清晚期的南京话：屈奈特 bã [pã]；赫美玲 pan/pang[4] [pan~paŋ]

F. 现代南京话：江苏省和上海市方言概况 [pã^{44去}]；南京方言词典 [paŋ^{44}]

马若瑟和马礼逊列出了这类例子在某些情况下的变体，且这些变体不见于他处。然而在词典的主条目中，马礼逊却声称这些音节在圆展上有时会发生混淆。他也谈到（1815—1822：I. I. xvii），北京话根本就没有这种区别。卫三畏的记录倾向于圆唇形式，但它们到屈奈特的时代已经完全消失了。

4.6 Bi演变为Bei。这一变化发生在以下类型的音节里：

bèi 备 QYS bi-[3]

O. 八思巴：蒙古字韵 pue（去）[buɛ]

A. 明早期：申叔舟 SR bi（去）；PR —；LR bi

B. 明晚期：普通类：利玛窦 —；金尼阁 pí [pi]

南方类：葡汉辞典 pi [pi]；对话 —

C. 清早期：万济国 pý（Voc.）[pi]；马若瑟 pí [pi]

D. 清中期：马礼逊 pe，pei [pi~pei]；卫三畏 pí[6] [pi]

E. 清晚期的南京话：屈奈特 bweï [puei]；赫美玲 pei[4]，pi[4] [pəi~pi]

F. 现代南京话：江苏省和上海市方言概况 [pəi^{44去}]；南京方言词典 —

bèi 被 QYS bje:[3]，bje-[3]

O. 八思巴：蒙古字韵 pue（上去）[buɛ]

A. 明早期：申叔舟 SR bi（上去）；PR —；LR bi

B. 明晚期：普通类：利玛窦 —；金尼阁 pì，pí [pi]

南方类：葡汉辞典 pi [pi]；对话 —

C. 清早期：万济国 pí [pi]；马若瑟 pí [pi]

D. 清中期：马礼逊 pe［pi］；卫三畏 p'i⁴［pi］

E. 清晚期的南京话：屈奈特 bwĕï［puei］；赫美玲 pei⁴［pəi］

F. 现代南京话：江苏省和上海市方言概况［pəi^{44去}］；南京方言词典［pəi^{44}］

-i和-ei之间的竞争多出现在马礼逊笔下。卫三畏通常保留-i形式，但此后，-ei[①]变得更强，且在现代胜出了。崔世珍的CPR读音有韵母-əj，艾约瑟为19世纪的北京话记的是-ei。这是北方的一种相当古老的演化。就南京音系而言，这一变化在新语法学派看来是不可预测的，因为音节类型“Bi”至迟从晚明到现在都是自然的且为系统所接受的，例如：

bǐ 比 QYS pi:^{4}

O. 八思巴：蒙古字韵 bi（上）［pi］

A. 明早期：申叔舟 SR pi（上）；PR pəj；LR pi

B. 明晚期：普通类：利玛窦 —；金尼阁 pì［pi］

南方类：葡汉辞典 —；对话 pī［pi］

C. 清早期：万济国 pì［pi］；马若瑟 pì［pi］

D. 清中期：马礼逊 pī［pi］；卫三畏 pi^{3}［pi］

E. 清晚期的南京话：屈奈特 bí［pi］；赫美玲 pi^{3}［pi］

F. 现代南京话：江苏省和上海市方言概况［pi^{22上}］；南京方言词典［pi^{11}］

跟这一音变非常接近的是出现在唇齿音f-后的一种变化：

fēi 非 QYS pjwei

O. 八思巴：蒙古字韵 h（w）i（平）［fi］

A. 明早期：申叔舟 SR fi（平）；PR —；LR fi

B. 明晚期：普通类：利玛窦 fī［fi］；金尼阁 fī［fi］

南方类：葡汉辞典 —；对话 —

C. 清早期：万济国 fī，fȳ［fi］；马若瑟 fēi［fei］

D. 清中期：马礼逊 fēi，fī［fei~fi］；卫三畏 fi，fei^{1}［fi~fei］

E. 清晚期的南京话：屈奈特 fwēï［fuei］；赫美玲 fei^{1}［fəi］

---

① 英文原文此-ei误作-er。——译者

F. 现代南京话：江苏省和上海市方言概况［fəi³¹阴平］；南京方言词典［fəi³¹］

féi 肥 QYS bjwei

O. 八思巴：蒙古字韵 H（w）i（平）[vi]

A. 明早期：申叔舟 SR vi（平）；PR —；LR vi

B. 明晚期：普通类：利玛窦 fi［fi］；金尼阁 fî［fi］

南方类：葡汉辞典 fi，foi，poi［fi~foi~poi］；对话 —

C. 清早期：万济国 —；马若瑟 fêi［fei］

D. 清中期：马礼逊 fĕi，fi［fei~fi］；卫三畏 fi，fei²［fi~fei］

E. 清晚期的南京话：屈奈特 fwêi［fuei］；赫美玲 fei²［fəi］

F. 现代南京话：江苏省和上海市方言概况［fəi¹³阳平］；南京方言词典［fəi²⁴］

马礼逊和卫三畏通常承认这些例子存在竞争变体，且这一变化对屈奈特、赫美玲来说是合乎规范的。有趣的是，屈奈特也在这里记录了音节核的圆唇化现象。崔世珍和艾约瑟写的分别是-əj和-ei。

4.7 唇音和唇齿音后的-uŋ演变为-əŋ。紧随着口腔辅音，这一变化发生在屈奈特之后、赫美玲之前，即1900年左右。m-后面的变体出现在马礼逊笔下，但不见于卫三畏的记录。从屈奈特开始，圆唇特征就不再存在了。

péng 篷 QYS bung

O. 八思巴：蒙古字韵 pung（平）[buŋ]

A. 明早期：申叔舟 SR buŋ（平）；PR —；LR —

B. 明晚期：普通类：利玛窦 —；金尼阁 ʻpûm［p'uŋ］

南方类：葡汉辞典 —；对话 pu'［p'uŋ］

C. 清早期：万济国 —；马若瑟 pʻông［p'oŋ］

D. 清中期：马礼逊 pʻung［p'uŋ］；卫三畏 pʻung²［p'ʊŋ］

E. 清晚期的南京话：屈奈特 pwệng［p'ʊŋ］；赫美玲 pʻên/pʻêng²［p'ən~p'əŋ］

F. 现代南京话：江苏省和上海市方言概况［p'əŋ¹³阳平］；南京方言词典［p'ən²⁴］

fēng 风 QYS pjung

O. 八思巴：蒙古字韵 hwung（平）[fuŋ]

A. 明早期：申叔舟 SR fuŋ（平）；PR —；LR —

B. 明晚期：普通类：利玛窦 fūm［fuŋ］；金尼阁 fūm［fuŋ］

南方类：葡汉辞典 fum［fuŋ］；对话 fun［fuŋ］

C. 清早期：万济国 fūng，Fr. fons［fuŋ］；马若瑟 fōng［foŋ］

D. 清中期：马礼逊 fūng［fuŋ］；卫三畏 fung[1]［fʊŋ］

E. 清晚期的南京话：屈奈特 fwẹ̄ng［fʊŋ］；赫美玲 fên/fêng[1]［fən~fəŋ］

F. 现代南京话：江苏省和上海市方言概况［fəŋ³¹阴平］；南京方言词典［fən³¹］

mèng 梦 QYS mjung-

O. 八思巴：蒙古字韵 wung（去）［ʋuŋ］

A. 明早期：申叔舟 SR muŋ（去）；PR —；LR —

B. 明晚期：普通类：利玛窦 —；金尼阁 múm［muŋ］

南方类：葡汉辞典 mu'，mum［muŋ］；对话 —

C. 清早期：万济国 mûng［muŋ］；马若瑟 móng［moŋ］

D. 清中期：马礼逊 múng，mǎng［muŋ~mæŋ］；卫三畏 mung[6]［mʊŋ］

E. 清晚期的南京话：屈奈特 mèng［mɛŋ］；赫美玲 mện/mệng[4]［mən~məŋ］

F. 现代南京话：江苏省和上海市方言概况［məŋ⁴⁴去］；南京方言词典［mən⁴⁴］

4.8 从闭音节变为开音节。南京话从早期发展至今的一个显著特征体现在一类闭音节（即入声）上。这类音节的存在通常被认为是江淮方言的典型特征之一。然而在某些字的读音上，至少有一部分说现代南京话的人已经丢失了闭音节特征，例如：

lā 拉 QYS —

O. 八思巴：蒙古字韵 —；（补充一个例子 la（入）［la］）

A. 明早期：申叔舟 SR la（入）；PR —；LR —

B. 明晚期：普通类：利玛窦 lǎ［laʔ］；金尼阁 lǎ［laʔ］

南方类：葡汉辞典 la［laʔ］；对话 —

C. 清早期：万济国 —；马若瑟 lǎ，lǎ［laʔ~la］

D. 清中期：马礼逊 la，lǎ［la~læʔ］；卫三畏 lá[1]，láh[7]［la~laʔ］

E. 清晚期的南京话：屈奈特 lạ'［lɑʔ］；赫美玲 la[1]［la］

F. 现代南京话：江苏省和上海市方言概况［lɑ³¹阴平］；南京方言词典［lɑ³¹］

ròu 肉 QYS ńźjuk

O. 八思巴：蒙古字韵 Zhÿu（入）[ry]

A. 明早期：申叔舟 SR ru（入）；PR —；LR ru（?）

B. 明晚期：普通类：利玛窦 jǒ[ʐoʔ]；金尼阁 jǒ[ʐoʔ]

南方类：葡汉辞典 gio，gyo [ʐoʔ]；对话 gio，gio' [ʐoʔ]

C. 清早期：万济国 jǒ[ʐʊʔ]；马若瑟 jǒu，jǒ [ʐuʔ~ʐoʔ]

D. 清中期：马礼逊 jŭh [ʐʊʔ]；卫三畏 juh[8] [ʐʊʔ]

E. 清晚期的南京话：屈奈特 ʎjwę' [ʐuʔ]；赫美玲 ju[5]，jou[4] [ʐuʔ~ʐəu]

F. 现代南京话：江苏省和上海市方言概况 [ʐuʔ^{5入文}~ʐəu^{44去白}]；南京方言词典 [ʐəu^{44}]

bù 不 QYS pjəu，pjəu:，pjəu-，pjuət

O. 八思巴：蒙古字韵 bu（入）[pu]

A. 明早期：申叔舟 SR pu（入）；PR —；LR —

B. 明晚期：普通类：利玛窦 pǒ[poʔ]；金尼阁 pǒ[poʔ]

南方类：葡汉辞典 po [poʔ]；对话 pu [puʔ]

C. 清早期：万济国 pǒ，Fr. pǒu [pʊʔ]；马若瑟 poŭ [puʔ]

D. 清中期：马礼逊 pŭh [pʊʔ]；卫三畏 puh[7] [pʊʔ]

E. 清晚期的南京话：屈奈特 bwę' [puʔ]；赫美玲 pu[5] [puʔ]

F. 现代南京话：江苏省和上海市方言概况 [pu^{44去}]；南京方言词典 [puʔ]

zuò 作 QYS tsâk

O. 八思巴：蒙古字韵 dzaw（入）[tsaw]；dzu（去）[tsu]

A. 明早期：申叔舟 SR tsaw（入），tsɔ（去），tsu（去）；PR tso；LR tsawʔ

B. 明晚期：普通类：利玛窦 —；金尼阁 çŏ [tsɔʔ]

南方类：葡汉辞典 —；对话 zo [tsɔʔ]

C. 清早期：万济国 çhǒ，Fr. tsǒ [tsʊʔ~tsɔʔ]；马若瑟 tsǒ，tsó [tsɔʔ~tso]

D. 清中期：马礼逊 tsǒ [tsɔʔ]；卫三畏 tsóh[7] [tsɔʔ]

E. 清晚期的南京话：屈奈特 dso' [tsoʔ]；赫美玲 tso[4] [tso]

F. 现代南京话：江苏省和上海市方言概况 [tso^{44去}]；南京方言词典 [tsoʔ]

韵尾的丢失始于相互竞争的变体，对其中涉及的特定词汇项来说，音节首（onset）的时代似乎也是特定的。有趣的是，在"肉"这个例子里，非闭音节变体用复元音取代了韵核单元音，这不禁让人联想到在更多北方的现代方言里发现的-əu或-ou韵母。

五、退化和保守

完成了对音变过程的考察之后，我们现在要讨论几个例子，它们似乎代表着对某些跟上述音变相同或类似过程的抵抗或逆转。

5.1 对丢失n-的抵抗。我们碰到的这个字，其历史背景在某些方面跟4.3节提到的那些相似。尽管鼻声母变体有时会打着边音或鼻化边音的幌子，但它们在各个阶段都相当顽强，最终得以盛行开来。

yǎng 仰 QYS ngjang:

O. 八思巴：蒙古字韵（ngÿang＞）ngyang（上）[ŋjaŋ]

A. 明早期：申叔舟 SR ŋɑŋ（上）；PR jaŋ，ŋjaŋ；LR jaŋ

B. 明晚期：普通类：利玛窦 nhàm [ɳiaŋ]；金尼阁 gâm [ŋaŋ]

南方类：葡汉辞典 — ；对话 gnia˙ [ɳiaŋ]

C. 清早期：万济国 niàng [niaŋ]；马若瑟 niàng [niaŋ]

D. 清中期：马礼逊 yang, neang, gang [iaŋ~niaŋ~ŋaŋ]；卫三畏 yáng^{4}, ngang^{4} [iaŋ~ŋaŋ]

E. 清晚期的南京话：屈奈特 ïã˙ [iã]；赫美玲 liang^{3} [liaŋ]

F. 现代南京话：江苏省和上海市方言概况 [niã^{22上}]；南京方言词典 —

5.2 对*z-变为ts'-的抵抗未能成功。通过下面这个例子，我们可以观察到阳平字原有的*z-变为后来的ts'-的过程。这一演变在金尼阁时代以竞争变体的形式顺利进行着，到清代早期似乎就完成了。但在马礼逊和卫三畏的时代，竞争却又重新开始，唯有到19世纪的衰亡岁月里，它才最终稳定下来。

xiáng 详 QYS zjang

O. 八思巴：蒙古字韵（zÿang＞）zyang（平）[zjaŋ]

A. 明早期：申叔舟 SR zjaŋ（平）；PR — ；LR zjaŋ；比较 CPR dzjaŋ

B. 明晚期：普通类：利玛窦 c'iâm [ts'iaŋ]；金尼阁 siâm，ç'iâm [ʂiaŋ~ts'iaŋ]

南方类：葡汉辞典 — ；对话 —

C. 清早期：万济国 çh'iâng [ts'iaŋ]；马若瑟 ts'iâng [ts'iaŋ]

D. 清中期：马礼逊 tseang（"更常见的读音"），seang [ts'iaŋ~siaŋ]；卫三畏 siáng^{2} [siaŋ]

E. 清晚期的南京话：屈奈特 tsïãˆ [ts'iã]；赫美玲 tsˈiang^{2} [ts'iaŋ]

F. 现代南京话：江苏省和上海市方言概况 [tɕ'iã^{13阳平}]；南京方言词典 —

崔世珍此处的CPR形式带有塞擦音，而RR是sjaŋ。或许甚至在北方，这样的例子也很长时间都存在着变体。

5.3 闭音节的回归。在这里，我们可以见到这样一个例子：典型闭音节韵母的字受到来自开音节韵母变体的入侵。但最终，原始形式得以幸存，入侵的音至少在一些发音人那里已经丢失了。马礼逊明确指出这个入侵的音是从北方起源的。

liù 六 QYS ljuk

O. 八思巴：蒙古字韵 lÿu（入）[ly]

A. 明早期：申叔舟 SR lu（入）；PR luʔ；LR luʔ

B. 明晚期：普通类：利玛窦 — ；金尼阁 lǒ [loʔ]

南方类：葡汉辞典 lu [luʔ]；对话 —

C. 清早期：万济国 lǒ，lièu [lʊʔ~liɛu]；马若瑟 loǔ [luʔ]

D. 清中期：马礼逊 lŭh，lew（"北音"）[lʊʔ~liu]；卫三畏 luh^{7} [lʊʔ]

E. 清晚期的南京话：屈奈特 lwe̱ˈ [luʔ]；赫美玲 lu^{5} [luʔ]

F. 现代南京话：江苏省和上海市方言概况 [luʔ^{5入}]；南京方言词典 [luʔ~liəɯ^{44}]

5.4 南京话的创新占据优势。下列音节早期的卷舌声母演变为齿咝音（dental sibilant），这在南京话中是很常见的。

chú 锄 QYS dzjwo

O. 八思巴：蒙古字韵 cu（平）[dʐu]

A. 明早期：申叔舟 SR dʐu（平）；PR — ；LR —

B. 明晚期：普通类：利玛窦 — ；金尼阁 cˈhû，çˈû [tʂ'u~ts'u]

南方类：葡汉辞典 zu [ts'u]；对话 —

C. 清早期：万济国 chûˈ（Voc.）[tʂ'u]；马若瑟 tˈsoû [ts'u]

D. 清中期：马礼逊 tsōo [ts'u]；卫三畏 tsˈú^{2} [ts'u]

E. 清晚期的南京话：屈奈特 tswê̱ [ts'u]；赫美玲 tsˈu^{2} [ts'u]

F. 现代南京话：江苏省和上海市方言概况 [ts'u^{13阳平}]；南京方言词典 [ts'u^{24}]

这一变化可以得到许多例子的支撑，它肇始于金尼阁的时代，似乎很早就已经完成了。不过下面这例是个例外：

zhù 助 QYS dzjwo-

O. 八思巴：蒙古字韵 cu（去）[dʐu]

A. 明早期：申叔舟 SR dʐu（去）；PR —；LR —

B. 明晚期：普通类：利玛窦 çú [tsu]；金尼阁 çú，chu [tsu~tʂu]

南方类：葡汉辞典 zu，zo [tsu，tso]；对话 —

C. 清早期：万济国 chu [tʂʅ]；马若瑟 tsoú [tsu]

D. 清中期：马礼逊 chòo，tsòo [tʂu~tsu]；卫三畏 tsú^{6} [tsu]

E. 清晚期的南京话：屈奈特 dswẹ̀，dshwẹ̀ [tsu~tʂu]；赫美玲 chu^{4} [tʂu]

F. 现代南京话：江苏省和上海市方言概况 [tsu^{44去}]；南京方言词典 —

这里的竞争持续了几代，直到20世纪初，结果还有些叫人没有把握。不过最终的结局顺应了本地南京话的趋势，这个字加入了齿音声母（dental initial）的行列。

六、结语

本文对南京官话和南京方言历史音变的研究完全集中在它们跟当代北方共通语越来越相似的地方。其中的孤例或少数例子都无法令人信服地确立起一个显著的音变趋势，因为这样的事件可能是偶然的。不过总的来说，这里看到的演变总和构成了南京话的一种普遍且单向的趋同（convergence）：逐渐接近北方话，最终以北京话为基础。在许多情况下，所讨论的音变都以既定事实的形式出现在我们的数据之中。但当我们找到这一进程中的具体材料时，却发现它们实际上是以竞争变体的形式存在的。这一竞争似乎始于北方话或类北京话形式输入的时候，南京话原有的字具有不同于北方的风格，对这些字而言，北音是一种替代性的语音实现。

趋同现象出现的原因可能在于北京话的声望日益增高，尤其是在清朝衰弱期间，那时朝廷及其相关官员都将首都方言的特殊特征纳入到自己的发音中。马礼逊证实这一现象大约1800年就在满族朝廷中发生了（Morrison 1815—1822：I. I. xviii）。格外引人入胜的事实是，我们研究的许多音变都发生在19世纪40年代（卫三畏工作的时代）和19世纪90年代、20世纪初期之间（当时屈奈特、赫美玲在调查南京方言）。这在一定程度上可能是因为我们所据资料的方言基础从南京共通语转变为了南京城内方言。但另一个重要原因必定在于那段时期的历史浪潮。因为事实是，南京在太平天国运动期间（即1850—1864）遭到了强劲的摧毁，人口大大减少。翟理斯（Giles 1892：xxvii）曾对这一大动乱的语言学影响做过如下评论：

“由于太平天国运动，南京失去了提供标准发音的资格，原因很简单：它的大多数人口都不存在了。为数很少的几千人居住在仅占全城十分之一的地方，并且他们当中的大多数是从其他省份和地区来的不识字的移民。”

赫美玲也注意到了这种情况，并对此评论道（Hemeling 1907：2）：

“它（即以南京话为基础的共通语）在几乎根除了不幸的南京居民的大屠杀中受到了致命一击，被太平天国（随后的1853—1864年建都于此）攻陷之后又遭了罪，到清政府军队收复时，它再次陷入更加糟糕的地步。叛乱被压制以后，从毁灭中逃生的少数旧居民家庭不足以接收来自中国其他地区的移民潮，他们建立的标准读音无法渗透到整个城市，时至今日，说地道又纯正的南京官话的居民也是相当少的。光辉岁月一去不复返了。”

大约也是在这时，像艾约瑟（Edkins 1864）这样的外国观察者开始明确宣称，北京话是如今真正的官话，应该成为想要学汉语的外国人所学习的标准形式。可见，19世纪中叶对各种形式的南京话来说都是一个重要的转折点。一方面，以南京话为基础的共通语最终失去了作为国家标准的资格，此后充其量只是北京话的“奴仆”，实际上，它似乎很快就被废弃了。另一方面，由于南京地区政治和社会的严重破坏，城内方言必定受到了重大的干扰。这就是我们将辅音从这一音系事件的年代确定在卫三畏和屈奈特之间的理由所在。

本文考察的一些音系变化，总体上可以阐明音变的本质。4.3节讨论的声母n-的丢失就是一个很好的例子。从金尼阁所录官话变体的语音系统来看，这种变化叫人感到疑惑。它影响到了n-出现在元音-i-前的那些音节，但对很多类似的音节却没有产生触动。从历史上看，变化的音节几乎可以肯定其来源是早期的声母*ŋi-，没有变化的则是来自*ni-。但在金尼阁记录的方言里，两种类型已经合并了，而且它们各自的源头都是未知的。那么，恰当的音变候选项是如何选取的呢？4.4、4.6节的情况跟这一例有些相似，前者的xu-仅在某些字里让位给u-，后者的［pi］有些变成［pei］而另一些却没有变化。单纯从新语法学派的观点来看，这些变化令人费解。但当视为趋同的结果时，它们就变得可理解了。变体形式经由一种或多种方言引入，且这些方言已经经历了上述音变（也许是以一种有规则的方式），随后，变体最终取代了南京话的本地形式。如果脱离了这一音变环境，那么结果看起来就像是无条件的变化。

本文就南京话历史所做的考察对汉语历史方言学和比较方言学的深入研究都具有一定的意义。被定性为"北方话"的现代方言，在某种程度上之所以这样分类，是因为它们具有共同的音系特征和模式。这种分类的固有假设是它们源自于共同的祖先——所谓"原始北方话（proto-mandarin）"，其音系形态可以通过比较构拟的经典方法来复原。但我们对南京话历史演变的研究表明，北京话和其他北方方言之间，还有那些北方方言自身之间的强相似性，可能并非来自共同祖先的直系血统，而是出于跟北方标准在较长时期内的缓慢而不停的趋同。如果是这样的话，那么获得认可的比较构拟法可能会导致对这些方言音系历史的一种曲解。比方说，倘若比较那些业已证实的音节"本"的现代形式，即《汉语方音字汇》（第二版，1989，p.274）中列出的北方方言读音，人们就会发现如下内容：

北京	‘pən	济南	‘pə
西安	‘pə	太原	‘pəŋ
武汉	‘pən	成都	‘pən
合肥	‘pən	扬州	‘pən

这些数据表明该音节在原始北方话里有一个非圆唇的音节核。就像《江苏省和上海市方言概况》（1960：432）里能找到的所有现代江淮方言的读音一样，现代南京话的pəŋ^{22}也可以支持这个观点。由此得出结论：在今后的很长一段时间内，我们的构拟对原始北方话和它的假定下属分支"原始江淮话"以及南京话本身都会是有效的。但事实上，各时期所列数据显示，至迟从晚明开始到18世纪前叶，南京话的"本"都是有圆唇韵核的。如果申叔舟的SR形式和八思巴拼读可信的话，那这一圆唇现象可能出现得更早。相反，北京话或相关北方形式早就有了非圆唇韵核；南京话的读音则要归因于相当晚期的趋同。上面列出的某些方言可能也是如此。

目前所谓的北方方言是直接起源于一个共同的原型、根据谱系树的情况随时间推移而彼此分离，还是它们起初就跟今天很不相同，通过接触、趋同才变得更加接近？现代共时层面的北方方言分类概念在历时领域有多强的合法性？在中原地区的中世纪方言里，是否存在着我们不知道或只有模糊概念的关系和联盟（alignment），等待我们将之从"北方话"和"原始北方话"的笼统说明中解放出来？本次研究给我们留下了这些问题，有待进一步思考。

参考文献

Barrow, John. 1806. *Travels in China*. London.

Chao, Y. R. 赵元任. 1929."Nánjīng yīnxì" 南京音系. *Kēxué* 科学 13.1005-1036.

Coblin, W. South. Ms. 1. "Notes on the Sound System of Late Ming Guānhuà" In press.

——. Ms. 2. "Thoughts on the Identity of the Chinese 'Phags-pa Dialect." In press.

——. Ms. 3. "Palatalization of Velars in the Nanking Dialect." In press.

——. Ms. 4. "A Palatal Nasal in late Ming Guɑnhuɑ. "

——. and Joseph A. Levi. Ms. *Grammar of the Mandarin Language* (An English translation of the *Arte de la Lengua Mandarina* of Francisco Varo).

Edkins, Joseph. 1864. *A Grammar of the Chinese Colloquial Language commonly called the Mandarin Dialect*. Shanghai.

Furuya, Akihiro 古屋昭弘.1988. "Hinshu mondō shigi no onkei" 賓主問答私擬の音係. Kai Pian: *Chūgoku gogaku kenkyū* 开篇：中国语学研究 6.38 - 56.

——. 1989. "Mindai kanwa no isshiryō: Ricci, Ruggieri no . 'Hinshu mondō shigi'—"明代官话の一资料：りッチ・ルッジェーりの"賓主問答私擬"—.*Tōyō Gakuhō*东洋学报 70.3-4. 1-25.

Giles, Herbert. 1892. *A Chinese English Dictionary*. London.

Hànyǔ fāngyīn zìhuì 汉语方音字汇. Second edition, 1989. Beijing.

Hemeling, K. 1907. *Die Nanking Kuanhua.* Göttingen.

Jiāngsū shěng hé Shànghǎi shì fāngyán diàochá zhǐdǎozǔ 江苏省和上海市方言调查指导组.1960. *Jiāngsū shěng hé Shànghǎi shì fāngyán gàikuàng* 江苏省和上海市方言概况. Jiāngsū rénmín chūbǎnshè.

Junast 照那斯图 and Yáng Nàisī 杨耐思.1987. *Měnggǔ zìyùn jiàoběn* 蒙古字韵校本. Peking.

Kim, Kwangjo. 1991. *A Phonological Study of Middle Mandarin: Reflected in Korean Sources of the Mid-15th and Early 16th Centuries*. University of Washington Doctoral Dissertation. University Microfilms, Ann Arbor.

Kühnert, Franz. 1894. "Die Chinesische Sprache zu Nanking." *Sitzungsberichte der Philosophisch-Historischen Classe der Kaiserlichen Akademie der wissenschaften*, Wien 131. Abhandlung VI.1-38.

——.1898. *Syllabar des Nankingdialektes oder der correkten Aussprache sammt Vocabular.* Wien.

Liú, Dānqīng 刘丹青.1994. " 'Nánjīng fāngyán cídiǎn' yǐnlùn"《南京方言词典》引论. *Fāngyán* 方言 1994. 2. 81-102.

Lǔ, Guóyáo 鲁国尧.1985. "Míngdài guānhuà jí qí jīchǔ fāngyán wèntí"明代官话及其基础方言问题。*Nánjīng dàxué xuébào* 南京大学学报 4.47-52.

Malkiel, Yakov. 1981. "Drift, Slope, and Slant." *Language* 57.535-570.

Morrison, Robert. *Dictionary of the Chinese Language, in three Parts*, Macao and London, 1815- 1822.

Prémare, Joseph. 1730. *Notitia Linguae Sinicae* . First circulated in manuscript; then published: Malacca, 1831; Hong Kong 1893. [Both editions used in the present study.]

Sapir, Edward. 1921. *Language*. New York.

Trigault, N. 1626. *Xīrú ěrmùzī* 西儒耳目资. Reprint of the Wénkuítáng 文奎堂. Peking, 1933.

Varo, Francisco. 1703. *Arte de la Lengua Mandarina*. Edited by Pedro de la Piñuela. Canton. Edition held by the Bibliothèque Nationale de France.

Williams, S. Wells. 1844. *English and Chinese Vocabulary in the Court Dialect* .Macao.

Wénzì gǎigé chūbǎnshè 文字改革出版社, 1957. *Mingmò luómǎzì zhùyīn wénzhāng* 明末罗马字注音文章. Peking.

Yang, Paul F.-M.1989. "The *Portuguese-Chinese Dictionary* of Matteo Ricci: A Historical and Linguistic Introduction." *Proceedings of the Second International Conference on Sinology, Section on Linguistics and Paleography*. Taipei. vol. I, pp.191-241.

Yùchí, Zhìpíng 尉迟治平.1990." Lǎo Qǐdà Piáo tōngshì yànjiě Hànzìyīn de yǔyīn jīchǔ" 老乞大、朴通事谚解汉字音的语音基础。*Yǔyán yánjiū* 语言研究 1990.1. 11-24.

（译者：戴佳文　浙江大学汉语史研究中心）

后 记

2016年3月，我在新泽西州罗格斯大学组织了一场题为“International Workshop on the History of Colloquial Chinese — Written and Spoken”（白话和官话的历史以及方言的历史文献国际研讨会）的小型工作坊，当时Coblin（柯蔚南）教授和张美兰教授都参加了。会后，张美兰教授首先提出了将 Coblin 教授的著作翻译成一套汉译本的设想，我立即同意，觉得这是一个极好的想法。Coblin 教授在官话历史方面的工作是该领域研究的基础。他所进行的批判性研究，为深入探讨官话通语（即普通话的前身）在各个历史阶段的真实性质奠定了基础。他的著述全方位地揭示了官话历史的发展细节，并为我们提供了文献中所保存的关于官话的大量详细记录，从这些记录中，我们可以看到官话那多元的历史阶段、多样的形式表现以及巨大的地域差异。与此同时，张美兰教授的这个想法也得到了商务印书馆的大力支持，进而促成了《柯蔚南语言学论文选》译本计划的最终落实。

接下来的第一项任务是从 Coblin 教授几十年来的众多学术成果中挑选出那些可收录的具有代表性的文章。我问 Coblin 教授他希望在这一文集中看到什么，或者是否有任何偏好可供我们在选择时遵循。他建议我们应该专注于他最近的工作，他觉得这些工作更能代表他认为最有价值和最满意的研究。因此，我把重点放在他20世纪90年代以来的研究上，整理出了26篇文章，这些文章属于他最有价值的学术贡献。这个篇章数目，在确定最终目录的时候，我曾以为我们会缩减一些，但这 26 篇文章中的每一篇都太重要、太有代表性、太有用了，最终，我们无法删除任何一篇。

由于所选文章集中在 Coblin 教授最近二十年左右的工作，因此，内容主要涉及的是官话和北方方言的历史。其中，最早的一篇论文是 Coblin 教授与 Jerry Norman 教授共同撰写的“A New Approach to Chinese Historical Linguistics”（《中国历史语言学的新方法》），其理论构成了Coblin 教授后续研究的基础。这篇文章对领域内普遍接受的中国语言历史模式及其相关的历史语言学方法论进行了批判性的回顾。文章指出，该模式已经脱离了对不同时期、不同地点的汉语实际口语形式的研究，而几乎完全专注于对文献数据所提供的抽象集合或“系统”的解释。因此，文章呼吁采用一种新方法，将学界的研究重新聚焦于更加切合语言实际性质的方向，即中国人所操的实际口语的历史比较和研究上来。

文集中收录的文章充分地为我们展现了Coblin教授是如何将这一呼吁付诸行动的，同时，也为我们了解和运用Coblin教授和Norman教授所提倡的这一新方法提供了示范。

本论文集的选题范围包括：对中国西北方言历史分期的讨论，对官话历史的看法，包括从各种角度和利用各种材料对官话历时音系的研究——移民史、现代方言数据（如长江流域官话共同语）、历史上权威的南北官话形式、官话的八思巴文转写形式、早期朝鲜的官话研究以及18、19世纪西方对官话语音的研究。此外，文集还收录了部分其他主题的文章，例如《切韵》在汉语历史研究中的地位问题、韵图及其解读的问题，以及早期的汉藏对音转录。

目录确定之后，接下来的任务就是找到有意愿且能胜任的翻译者将每篇文章翻译成中文，张美兰教授承担了这一重任。在此，特别感谢我们每一位对Coblin教授论文感兴趣的译者，他们在繁忙的教学研究之余尽心尽力承担了翻译任务。其中邓晓玲、娄育、单秀波、褚福侠等诸位老师是敬仰Coblin教授的访问学者。同时，还有学界朋友为我们介绍的合适的翻译者，孙顺老师、胡平老师、金耀华老师等，就是通过这种途径引介到我们团队来的。复旦大学余可君、吴春亮、顾旖琳，南京大学曹嫄、侯俊、戴佳文，上海师范大学的韩蔚、芦珺等，当时还是博士或博士后，也带着专业朋友和同学加入到团队来。如今这些老师都已经有了新的工作单位和新的发展，感谢他们的参加和奉献。

由于我们没有足够的预算来支付翻译贡献者的费用，在大多数情况下，我们只要求每位译员协助完成一篇文章，但当很难找到更多的译员时，余可君老师、胡平老师、娄育老师等则协助完成了三篇或四篇论文。我们还为所有译者提供了提前单独出版他们译文的选项，这让他们有机会多出版一次，同时这也意味着译文经过了格外的审查和修改，有助于提高本卷译文的整体质量。在翻译过程中，译者与Coblin教授始终保持联系，讨教相关专业问题。2021年1月9日，我们所有翻译人员、出版社责编与Coblin教授一起召开了在线会议，讨论了翻译过程的各个方面，并解决了如何处理引用数据以及术语的确定等方面的许多问题。这有助于翻译的进行及其风格上的统一。

在张美兰教授不懈的努力和指导下，译审工作稳步推进，同时，得益于编辑的专业支持和辛勤协助，《柯蔚南语言学论文选》终于要出版了。这本论文选涉及汉语方言及官话历史研究的众多领域，学术价值巨大。今汇为一集，将惠泽学林。

史皓元（Richard VanNess Simmons）2023年6月